I0094813

Nicander Colophonius

Anthologia Graeca

Nicander Colophonius

Anthologia Graeca

ISBN/EAN: 9783743304307

Manufactured in Europe, USA, Canada, Australia, Japa

Cover: Foto ©Thomas Meinert / pixelio.de

Manufactured and distributed by brebook publishing software
(www.brebook.com)

Nicander Colophonius

Anthologia Graeca

ANTHOLOGIA GRAECA.

TOM. VIII.

COMMENTARIUS.

VOLUMINIS SECUNDI PARS PRIMA.

FRIDERICI JACOBS

ANIMADVERSIONES

IN

EPIGRAMMATA

ANTHOLOGIAE GRAECAE

SECUNDUM ORDINEM ANALECTORUM

BRUNCKII.

VOLUMINIS SECUNDI

PARS PRIMA.

LIPSIAE

IN BIBLIOPOLIO DYCKIO

MDCCXCIX.

POLYSTRATI EPIGRAMMATA.

T. I.] I. *V*at. Cod. p. 582. Primus edidit *Wolfius* in Fragm. Sapph. p. 234. unde idem repetivit *Toup*. in Emend. in Hesych. P. I. p. 308. Ex schedis Vinariensibus protulit *Klotz* in Musa puer. nr. XXXIX. Varietatem lectionis enotavit *Schneiderus* in Per. crit. p. 64. Duplici amore incensus poëta oculos accusat, qui tam gravem ipsi perniciem attulerint. Conf. *Meleagri* Ep. IV. quod hinc expressum videtur. — V. 2. ὀφθαλμὸς καταισσόμενος. *Wolf.* καταισσόμενοι ap. *Toupium* vitiose. — V. 3. εἴδετε, primum Antiochum spectastis, formosum puerum; deinde Stasicratem; unde duplex in animum amor defluxit. Hunc vers. laudat *Alberti* ad Hesych. v. περισκέπτῳ. Puer venustate *conspicuus*, utrum περίσκεπτος appelletur, an περίβλεπτος, ut hoc loco quidam conjecit ap. *Albertum*, utque legitur in apogr. Lips. parum interest; sed non est cur Codicis lectionem relinquendam existimes. — Pro χρυσείοισιν idem Apogr. χρυσείοισιν exhibet. — V. 4. ἐκ θεῶν. *Klotz.* quod correxit *Koehlerus* ad Theocr. p. 16. — ἄνθεμον. *splendidorum juvenum florem.* παίδων ἄνθος *Meleager* Ep. II. Formam ἄνθεμον attigit *Dorvill.* ad Charit. p. 717. — V. 5. ἐπυγάσασθε. Sched. Tryll. In ἐπυγάσασθε duplicandum esse τὸ σ judicat *Brunckius*, metri causa. Antepenultima enim corripitur, ut ap. *Antip. Sid.* LIX. σχοίνων ἠελίους πλόκαμος ηὐγάσατο. Perperam *Wolfius* vertit *illuminastis*, cum sit: *Quid adspexistis* —

In fine distichi interrogandi nota poni debet. — V. 6. edidit *Warton* ad Theocr. T. II. p. 83. πατρίης Sched. Tryll. — V. 7. Similiter *Meleager* l. c. ὀπτᾶσθ' ἐν κάλλει, τύφεσθ' ὑποκαιόμενοι νῦν. — Pro εἵλοιντο, quod ex conjectura, ipsius fortasse *Brunckii*, fluxit, Cod. Vat. εἵλητο legit. Et sic habet apogr. Voss. ubi corrigitur ἀνέλοιτο. Alia Apogr. εἵλοιτε, εἵλοιτο et εἵλοισθε exhibent. *Toupius* corrigere tentat: τὼ δύο γὰρ ψυχὴ οὐκ ἂν ἕλοιτο μία. *utrumque enim amorem una anima non ceperit.* Huic conjecturae patrocinatur locus *Theophyl. Simoc.* Ep. XXXVIII. ὡς γὰρ ἡ γῆ δύω ἡλίους οὐ δύναται θάλπεσθαι, οὕτω μία ψυχὴ δυάδας πυρσῶν ἐρωτικῶν οὐκ ἀνέχεται..

II. Cod. Vat. p. 250. sq. Planud. p. 203. St. 296. W. Scriptum in expugnationem Corinthi; quae urbs a L. Mummio eversa est. Ol. CLIX. 4. anno V. C. 609. — V. 1. Ἀκροκόρινθον. *arx Corinthi.* *Livius* L. XLV. 28. *Urbs erat tunc praeclara ante excidium. Arx quoque et Isthmus praebuere spectaculum: arx inter omnia in immanem altitudinem edita, scatens fontibus; Isthmus duo maria, ab occasu et ortu solis finitima arctis faucibus dirimens.* Corinthi situm ad duo maria passim commemorant, qui amoenitatis loci mentionem faciunt. *Alciphron* L. III. p. 426. Πελοποννήσου προπύλαια καὶ ἡ δυοῖν θαλάσσαιν ἐν μέσῳ κειμένη πόλις χαρίεσσα ἰδεῖν καὶ ἀμφιλαφῆς ἔχουσα τρυφημάτων. *Horatii Corinthus bimaris* expressit *Rutilius* in Itin. I. 319. *Ephyreius Isthmos Ionias bimari litore findit aquas.* — Ut hic Corinthus Ἑλλάδος ἄστρον, sic in Epigr. ἀδεσπ. CDLXXXVII. κολοφὼν τρυφερῆς ἄστρον Ἰωνίης. — σύνδρομον ᾐόνα. Et haec verba circumscriptionem Corinthi continent, quae in Isthmo collocata, eumque fere implens, utrumque litus quasi conjungere et connectere videbatur: *litora concurrentia, urbe conjuncta.* Pro σύνδρομον, quae Cod. Vat. est lectio, veteres editiones omnes σύντροφον habent. Illam tamen et Aldus in Cod. quodam invenit. — V. 3. ἀστυφέλικτα.

Plan. In Vat. Cod. α superscriptum est τῷ ο finali. Non quidem inepta est vulgata lectio; nec tamen satis est causae, cur Mummius hic loqui existimetur. — σκόπελος acervum h. l. significare videtur, in quem devictorum ossa coacervata sunt. — V. 5. Mummii crudelitatem ita excusat poëta, ut Romanos ab Achaeis Trojae eversae poenas sumsisse dicat. — ἀκλαύτους. supremo honore orbatos. ἄκλαυτον καὶ ἄθαπτον *Homer.* Od. λ. 54. unde *Sophocl.* in Antig. 29. ἐᾶν ἄκλαυτον, ἄταφον, οἰωνοῖς γλυκὺν θησαυρόν. *Ovidius* Trist. III. 3. 54. *Sed sine funeribus caput hoc, sine honore sepulcri, Indeploratum barbara terra teget?*

NICANDRI COLOPHONII

EPIGRAMMATA.

¶. 1.] *I.* „In Planudea p. 172. St. 250. W. *Ni*„*carcho* tribuitur et quidem verisimiliter. Sed Vatic. „Codicem in Epigrammatum titulis semper sequor.“ *Brunck.* In Cod. Vat. est p. 507. In Venere omnes varietatem amare ait. — V. 2. αἰνεῖν Planud. quod monachum prodit. κινεῖν Vat. praebuit. ἐκ ψυχῆς. *Theophrast.* in Char. XVII. θαυμάζω, εἰ καὶ ἀπὸ ψυχῆς σύ με φιλεῖς. *Aristoph.* Nub. v. 26. ἀλλ' εἴπερ ἐκ τῆς καρδίας ὄντως φιλεῖς. Similia collegit *Valcken.* ad Theocrit. Eid. II. 61. p. 52. *Wetsten.* ad N. T. I. p. 478. — V. 3. ἡ ῥύσις Vat. Cod. vitiose. — φιλόκνισος. i. e. φιλοῦσα τὸ κνίζεσθαι. hoc enim libidinoso amori proprium ab honesto cum matrona connubio abest. — ἀλλότριος χρώς. Cod. Vat. et Plan. Hoc emendavit *Toup.* in Emend. in Suid. P. II. p. 268. Epist. crit. p. 16. — In seq. vers. τὴν ξεινοκυνατάτην recte vertit *Brodaeus alienae uxoris congressum*, sed male derivat a κυνεῖν, cum ab εὐνάτη deducendum sit. *Tou-*

pius comparavit *Agathias* Ep. LIII. ἡ δὲ τέον βρώματος ἐξαπάτη, ubi *Brunckius* rectius scripsit βρωματομιξαπάτη, quod ad analogiam vocis Nicandreae ξεινοκυνοπαπάτην. formatum esse nullus dubito. In eiusmodi compositionibus ἀπάτη *voluptatem* significat. Vide ad *Meleagr*. Ep. II. — τὸ ξένον hoc sensu usurpavit *Theophyl. Simoc*. Ep. IX. ubi meretrix ad amatorem, καί σοι, ait, τὸ ξένον καὶ τιμιώτερον. — Ut κύστιν Graeci (vid. *Aristoph.* Lysistr. 956.), sic Latini *vesicam* pro parte muliebri dixerunt. *Juvenal.* VI. Sat. 64.

II. Cod. Vat. p. 290. Planud. p. 205. St. 299. W, In Othryadem, qui post pugnam cum Argivis et tropaeo de hostibus erecto, sibi ipse manum intulit, ut narrat *Herodotus* L. I. 82. p. 41. τὸν δὲ ἕνα λέγουσι τὸν περιλειφθέντα τῶν τριηκοσίων, Ὀθρυάδην, αἰσχυνόμενον ἀπονοστέειν ἐς Σπάρτην τῶν οἱ συλλοχιτέων διεφθαρμένων, αὐτοῦ μιν ἐν τῇσι Θυρέῃσι καταχρήσασθαι ἑωυτόν — dissentiente *Pausania* L. II. 20. p. 156. qui eum Perilai manu periisse narrat. Vide de Othryade not. ad *Simonidis* Ep. XXVI. et *Dioscorid.* Ep. XIII. — V. 3. πλευρῶν vulgo. — V. 4. In Cod. Gottingensi *Nicandri* (de quo vid. *Schneider.* in Praef. ad Nicandri Alexiph. p. XIII. sq.), ubi hoc Epigr. exstat, κατατρέψας legitur. Proba est vulgata: Othryades Argivorum spolia sanguine suo inscripsit verbis, quae Spartanorum victoriam, Argivorum dedecus et contumeliam significarent. Hoc est γράψας σκῦλα κατ' Ἰναχιδᾶν, ut ap. *Pseudo-Plutarch.* T. II. p. 306. C. ἔστησε τρόπαιον ἐπιγράψας, Ῥωμαῖοι κατὰ Σαμνιτῶν Διὶ τροπαιούχῳ. Vide quae notavimus ad *Meleagr*. Ep. XXXVI. p. 56.

III. Cod. Vat. p. 274. Edidit *Dorville* ad Charit. p. 421. In sex filios Iphicratidis Spartani, qui cum in Messenae oppugnatione occubuissent, a Gylippo, fratre superstite, concremati sunt. — V. 1. Εὐπυλίδας. in Cod. superscriptum Ἐρπυλίδας. — V. 3. ἄμμι Cod. et Dorv. — V. 8. μεγάλαν στολιάν, fortasse pro πολλὰν positum; fortasse majore cum vi pro fortium virorum cinere. *Sophocl.* Electr. 759. καί νιν πυρᾷ κέαντες εὐθὺς, ἐν βραχεῖ χαλκῷ μέγιστον σῶμα δειλαίας σποδοῦ φέρουσιν. quem locum *Burmannus* comparavit ad *Propertium* L. II. 51. *Et tanti corpus Achillei, Maximaque in parva sustulit ossa manu.*

CRATETIS GRAMMATICI

EPIGRAMMA.

¶. 3.] Vat. Cod. p. 537. Primus protulit *Salmasius* in Scr. Histor. Aug. T. I. p. 154. unde *Toupius* sumsit Epist. crit. p. 134. sq. qui sensum carminis praeclare vidit. Disertius eundem exposuit doctissimus *Moneta* in Epist. ad Buherium, a *Brunckio* edita ad calcem Lectionum p. 316. et in Menagianis Tom. IV. p. 290. sq. Totum hoc carmen obscoenum est et aenigmaticum, rem foedam verbis a re grammatica petitis tecte significans. *Euphorion* Chalcidensis, de quo inprimis *Heynius* consulendus est in Excurs. ad Bucol. III. p. 170. obscurus erat poëta et glossarum plenus, quod testatur *Cicero* de Divin. II. 64. *Quid? poëta nemo, nemo physicus obscurus? Illi vero. Nimis etiam obscurus Euphorio.* ut h. l. post *Lambinum Hottingerus* restituit. Hanc ob causam a Grammatico nostro dicitur κατάγλωττα ποιήματα ποιεῖν, quo et carmina glossarum plena scribere significat, et flagitiosa facinora lingua patrare. Eodem ambiguitatis genere, sed foede, lusit *Ausonius* Epigr. CXXVII. Possis quoque ποιήματα κατάγλωττα de carminibus eleganter et studiose expolitis accipere. (*Aristoph.* Thesmoph. 138. ἀλλ' μέλος — καὶ θηλυδριώδες καὶ κατεγλωττισμένον — ubi respicitur libidinosum osculandi genus, de quo *Pollux* II. 109.

Οἱ κωμικοὶ καταγλωττίζειν ἐν φιλήματι, καὶ καταγλωττισμὸς, καὶ καταγλωττισμένον.) — Sed prior explicatio videtur verior. Hinc intelligitur, cur Euphorion Choerilum dicatur διὰ στόματος ἔχειν, quo aperte quidem critici ejus judicii perversitas, tecte autem flagitiosa ejusdem consuetudo indicatur. Choerili enim nomen ambiguum est, quippe a χοῖρος derivandum. χοῖρος, τὸ γυναικεῖον μόριον. *Schol. Aristoph.* in Acharn. 781. Fuit autem, quod bene monuit *Moneta*, duplex Grammaticorum familia, quorum hi Homero, illi Antimacho omnia summa tribuerent. Homerum cum Antimacho composuit *Propertius* II. 25. 45. *Tu non Antimacho, non tutior ibis Homero.* ubi vide quos laudavit *Burmannus* p. 471. Euphorion autem Ὁμηρικὸς ὤν, Choerilum, qui se totum ad Homeri imitationem dederat, unice admirabatur. De Choerilo et Antimacho veteres disputasse, uter alteri praeferendus sit, apparet ex *Procli* Comm. in Platon. Tim. p. 28. Ἡρακλείδης γοῦν ὁ Ποντικός φησιν, ὅτι τῶν Χοιρίλου τότε εὐδοκιμούντων, Πλάτων τὰ Ἀντιμάχου προὐτίμησεν, καὶ αὐτὸν ἔπεισε τὸν Ἡρακλείδην εἰς Κολοφῶνα ἐλθόντα, τὰ ποιήματα συλλέξαι τοῦ ἀνδρός. De Platonis erga Antimachum studio testatur quoque *Plutarchus* in Vita Lysandri Tom. I. p. 443. C. Non autem solum propter Homeri studium Ὁμηρικὸς appellatur Euphorion, sed multo magis, quia τοῖς μηροῖς incumbebat. Plane eadem ratione in verbo ὁμηρίζειν lusit *Achilles Tatius* VIII. 9. p. 336. ubi Dianae sacerdos Thersandri flagitia his verbis salse insectatur: ὀλίγον ἑαυτῷ μισθωσάμενος στενώπιον, εἶχεν ἐνταῦθα τὸ οἴκημα, ὁμηρίζων μὲν τὰ πολλὰ, πάντας δὲ τοὺς χρησίμους (fortes et in Veneris palaestra probe exercitatos viros) πρὸς ἅπερ ἤθελεν (fort. ἤθελον, Thersander enim illorum libidini morem gessisse dicitur) προσεταιρίζετο δεχόμενος —. Quem locum ne a *Salmasio* quidem recte acceptum esse miror. Mox in eadem oratione p. 337. in verbis μόνην δὲ τὴν γλῶτταν εἰς ἀσέλγειαν ἀσκεῖ, turpis flagitii significationem inesse, post ea, quae de κατογλώττισε ποιήμασι notavimus, nemo dubitabit. — V. 3. κατέγλωσσ' ἐπέων τὰ ποίηματα legit Cod. Vat. — Idem φιλήτρα exhibet. φίλητρον Toupius nunc de amore, nunc de plagio acceptum esse, ait. Suidas: φιλητής. ἐραστής. φιλήτης δὲ ὁ κλέπτης. Vide Albertum ad Hesychium in φιλήτης. — Vereor, ut in hac voce veram lectionem teneamus. Quodsi tamen recte sic legitur, Crates Euphorionem ait artem Homerum compilandi, nec minus impudica basia figendi calluisse.

CALLIAE ARGIVI
EPIGRAMMA.

In Cod. Vat. p. 538. ut Καλλίου prostat. Καλλίου rectius legitur in Planud. p. 167. St. 243. W. In Polycritum quendam, qui cum antea vir bonus esset visus, repente, vino poto, improbus et rabiosus exstitit. Hinc poëta colligit, eum nec antea bonum virum fuisse. Hic sensus Epigrammatis, quem Planudes minus perspectum habuit, cum v. 1. pro χρύσεον, quae Vat. Cod. est lectio, θηρίον ederet. Veram lectionem ex Cod. revocavit Salmas. ad Scr. Hist. Aug. T. II. p. 361. Ad hoc Epigramma respexit idem ad Solinum in Proleg. p. 5. — χρύσεος in laudem dicitur de iis, qui morum elegantia et suavitate sunt conspicui. Antiphil. Ep. XXIV. ἦν ὄντως μερόπων χρύσεον γένος. Theocrit. Eid XII. 15. ἦ ῥά ποτ' ἦσαν χρύσειοι πάλαι ἄνδρες. ut recte emendavit Wassenbergius. Vide Bergler. ad Alciphr. III. 17. p. 314. — Polycritus autem non tantum χρύσεος, sed χρύσεον, merum aurum, fuerat visus. — V. 2. λυσσομανής. Eadem compositione utitur Antip. Sid. XXVII. ῥομβητοὺς λυσσομανεῖς πλοκάμους. — V. 3. οἶνος ἐλέγχει τὸν τρόπον. Vinum, qualis quisque sit, ostendit; quae Chaeremonis fuit sententia, cum diceret: ὁ οἶνος τοῖς τρόποις κεράννυται τῶν πινόντων ap. *Plutarch.* T. II. p. 406. B. Similia dedimus ad *Ionis* Fragm. I. 12. p. 314.

PERSAE THEBANI

EPIGRAMMATA.

¶. 4.] *I.* Cod. Vat. p. 162. Ἀνάθημα τῷ Ἀπόλλωνι παρὰ Χαιρεδαϊλόχου καὶ Πρεμίνους. Edidit *Reiske* in Anthol. p. 9. nr. 414. — V. 1. 2. laudat *Suidas* in ἄφατοι T. I. p. 391. ubi Μαιναλίου perperam legitur. Depravatum Apollinis nomen in apogr. Lipſ. in ἀπαλλον, quod neſcio quis corrigere conatus ἀπ' ἄλλων in margine notavit. Nihil ineptius. ἀπ' αἰθούσαις *Reiske.* ὑπ' tuetur *Suidas* et Cod. Vat. — V. 2. ἔγκειται Vat. Cod. ἄγκειται *Suid.* l. c. et in Μαινάλια T. II. p. 512. *Antip. Sidon.* XI. ἀγκεῖμαι, Φερένικε, τεὸν Τριτωνίδι κούρᾳ, Ἄγκειμαι. More receptum fuiſſe ap. veteres, ut venatores ferarum crania diis dicarent, apparet cum ex aliis locis, tum ex hoc *Libanii* Or. V. p. 225. Tom. I. ed. *Reisk.* ubi orator varia anathematum genera recenſens, ὁ δὲ στέφανον, inquit, ποιμὴν δὲ αὐλόν, καὶ θηρατὴς θηρίου κεφαλήν. Vide Miſcellan. Obſſ. Tom. I. p. 107. — V. 3. ἐξ ἵππων (ἐξύππων apogr. Lipſ.) γυγερῷ χερι δαίλεχος τι. Cod. Vat. *Salmaſius* emendabat ὀθνειρῇ χερί. *Reiskius* varia comminiſcitur: ἐξαίτου φοβερῇ vel ὀθνειρῇ, vel νεαρῇ, vel στυγερῇ χειρί. In contextu dedit ἐξ ἵππων βριαρῇ χέρι. quod *Brunckius* recepit. At ſi hoc voluit poëta, propius ad depravatae ſcripturae ductus accederet κραταιῇ χέρι. Sed nec hoc verum puto. *Tres,* ni fallor, fratres, ſtrenui in Arcadia venatores, *tria* cervorum capita Apollini dono afferunt. Sed tertii fratris nomen latet in corruptis syllabis γυγνεωχερ. Hoc quale fuerit, non tam facile sit conjectura assequi. Sed fac, scriptum fuisse:

ὧς ἴλαον ἐξ ἵππων Ἱεράρχης Δαίλοχός τε

et longe facilius versum et sententiam defluere senties, quam in Reiskiana lectione βραχεῦ χέρι.

II. Cod. Vat. p. 194. Edidit *Pierson* ad Moer. p. 234. *Reiske* in Anthol. p. 54. nr. 520. Tisis mater facta Lucinae munera quaedam dedicat. — V. 1. κοῦρας ὁ ταύταν ἐπὶ παντίδα ν. Cod. Vat. quod sic correxit *Reiskius*: κουροσόα, τ. ἑλικώπιδα. Prius, ad dialecti rationem nonnihil immutatum, recte recepit *Brunckius*. βροτῶν κουροτρόφε δαῖμον vocatur Artemis ap. *Orpheum* Hymn. XXXV. 8. — Pro ἐπὶ, quod in Cod. separatim habetur, Vir doctus in Cod. Paris. ἔχε conjecit. *Toupius* in Em. ad Suid. P. III. p. 405. junctis vocabulis ἐκπαντίδα scripsit, *pupam* sive *nympham marinam* significari pronuntians. Eandem emendationem iterum profert in Epist. crit. p. 130. ubi per *pupam corallinam* sive *ex coralio factam* interpretatur. Mihi *Perses* scripsisse videtur:

πότνια κουροσόα, ταύταν ἐπὶ παστάδι νύμφαν,

quae cum φύλασσε jungenda sunt: *Serva, veneranda dea, hanc pupam in templi tui vestibulo positam.* In παστάσι enim munera dedicatoria frequenter collocantur. *Leonides Tar.* Ep. V. variis ejusmodi muneribus recensitis, ὧν ἤθελεν τυχοῦσ' Ἀλητίδης Κύπρις, Ἐν σοῖς τίθησι Καλλίκλεια παστάσι. Parma Herculi dicatur, ὄφρα ποτὶ στεπτὰν παστάδα κεκλιμένα γηραλέα τελέθοιμι. *Hegesipp.* Ep. I. p. 254. *Damages.* Ep. II. ad Dianam: σοὶ πλόκον οἰκείας τόνδε λέλοιπε νύμφης Ἀρσινόη θῆκεν παρ' ἀνάκτορον. — νύμφη, *pupula*, (*Julian.* in Caesar. p. 28. ἢ γὰρ οὐκ ἔπλαττες ἡμῖν, ὥσπερ ἐκεῖνοι (οἱ κοροπλάσται) τὰς νύμφας. Cf. *Schol.* Theocrit. Eid. II. 110.) inter pueritiae oblectamenta, a virginibus, cum nubiles factae essent, diis, Veneri inprimis, dedicari solebat. *Sappho* ap. Athen. L. IX. p. 410. E. πρὸς τὴν

'Αφροδίτην· χειρόμακτρα (velamentum) πλεγγύνων περφυρόβαπτα μὴ ἀτιμάσῃς, ἃ πέμψα παρθενίας δῶρα τίμια. Sic hunc locum constituere libet, qui vulgo depravatissimus est. Morem illum illustrat *Casaubonus* ad *Athen.* L. VII. p. 553. ad *Persium* II. 70. — V. 2. λιπαρῶν τ' ἐκ Cod. Vat. In marg. apogr. Lipſ. λιπαρὲν τ' ἐκ κ. πλόκαμον. — στεφάναν. Dubito, utrum de velamento accipiendum sit hoc vocabulum, (*Hesych.* στεφάνη. εἶδος περικεφαλαίας, ἐξοχὰς ἐχούσης, καὶ κόσμος γυναικεῖος. Cf. *Schol. Homer.* Il. η. 12.) an de ipsis crinibus, in divae honorem detonsis. Puellas enim nupturas crines Dianae deposuisse, cum ex aliis locis intelligitur, tum ex *Ausip. Sid.* Ep. XXV. Coma autem, verticem ambiens, στεφάνη vocatur. Conf. *Polluc.* I. 40. IV. 144. — V. 3. Εἰλήθυια. Vat. Cod. — *Reiskius* haerebat in nomine Τίσις, quod mulieris esse dubitabat. Corruptelae suspicionem auget *Suidas*, qui h. versum proferens in ῥυτῆρα T. III. p. 272. τὸ εἶδος habet pro τίσιδος, quamvis hoc facile in illud abire potuit. — ῥύσια ὠδίνων munera vocantur, quae pro ope in partu lata deae offeruntur. τὸ ῥύσιον enim pro ἀμοιβῇ passim ponitur. *Sophocl.* Philoct. 959. φόνον φόνου δὲ ῥύσιον τίσω τάλας. *Schol.* ἐνέχυρον, ἀμοιβὴν ἐκτίσω. Loca veterum, qui hoc vocabulo usi sunt, laudat *Pierson* ad Moer. p. 338.

III. Cod. Vat. p. 412. Exstat in Planudea p. 345. St. 484. W. parum emendate scriptum. *Jensius* ut ineditum exhibuit nr 150. Hinc *Reiskius* repetivit in Anthol. p. 175. nr. 801. Tychon, deus inferioris ordinis, illis, qui ipsum res parvas et factu faciles rogaturi sint, se propitium fore promittit. — „Τύχων est nomen „Priapi. Vide Hesychii interpp. in τυχῶν. Diodor. Sic. „IV. p. 252. περὶ μὲν οὖν τῆς γενέσεως τοῦ Πριάπου καὶ τῆς „τιμῆς τοιαῦτα μυθολογεῖται παρὰ τοῖς παλαιοῖς τῶν Αἰγυπτίων. „τοῦτον δὲ τὸν θεὸν τινὲς μὲν Ἰθύφαλλον ὀνομάζουσι, τινὲς δὲ

„Τύχωνα." Alii a Priapo diversum faciunt. Strabo p. 587: „ἀπεδείχθη δὲ θεὸς οὗτος ὑπὸ τῶν νεωτέρων· οὐδὲ γὰρ Ἡσίοδος „οἶδε Πρίαπον, ἀλλ' ἔοικε τοῖς Ἀττικοῖς Ὀρθάνῃ, καὶ Κονισάλῳ, „καὶ Τύχωνι, καὶ τοῖς τοιούτοις." *Brunck.* His locis adde *Plutarchum* T. II. p. 232. ed. Bry. et *Athen.* L. IX. p. 397. A. ubi ex *Antiphanis* Comoedia Στρατιώτης ἢ Τύχων duo tetrametri laudantur, quos *Casaubonus* perperam in senarios mutare conatus est. — V. 1. ἐπιβαίην. Plan. commate in fine hujus versiculi posito. — ἐν σμικροῖς, θεοῖς scil. ne cum *Brodaeo* πράγμασι subaudias. — V. 2. μεγάλῳ Cod. Vat. — V. 3. ὡς ὅτι Plan. et Cod. Vat. Aliam lectionem, ὧν ὅτι, notavit *Brodaeus*. *Stephanus* ὅτι conjicit, τούτων, ὅτι, pro ἃ, jungens. Quod nihili. Fortasse ὅσσα γε scribendum est. — δημογέρων θεός. inter deos minorum gentium sive plebejos honoratus; nisi fortasse simpliciter pro plebejo, δημοτικῷ accipiendum est. — In fine versus Plan. πένητι legit. — V. 4. κύριός εἰμι. sic ex Plan. et Vat. Cod. legendum, quod *Br.* in Lectt. monuit, cum in contextu κύριός ἐστι dedisset. — Τυχῶν. Planud. In Jensianis τυχὼν habebatur, unde *Reiskius* veram lectionem acute perspexit.

IV. Cod. Vat. p. 322. sq. *Reiskius* in Jensian. nr. 689. p. 130. Scriptum carmen in imaginem sepulcro impositam, in qua Neotima conspiciebatur, in matris Mnasyllae ulnis animam agens, et Aristoteles, Neotimae pater, filiae caput tenens. — V. 1. Μνάσιλλα. Jens. — V. 2. μυρομένα κόρα. Cod. quod *Reisk.* emendavit. — γραπτὸν τύπον idem de sculpta imagine accipit. Certe γραπτὸς hanc interpretationem non respuit. Vide *Wolfium* in Prolegg. ad Homer. p. XLV. Nihil tamen est, quod nos a vulgari significatione recedere cogat, cum veteres sepulcra pictis tabulis ornasse satis constet. — κεῖται. hic ut mortua jacet, mortis caligine ejus oculos obducente. — V. 5. ματρὸς Cod. — ὑπὸ Jens. — ¶. 5.] V. 7. ἐστιμάξατο ex *Reiskii* emendatione, pro ἐστιμάσσατο.

Cum κεῖται praecesserit, et omnino de re praesente agatur, corrigendum suspicor:

δεξιτερῇ κεφαλὴν ἐπιμάσσεται. ὦ μέγα δειλοί —

V. 8. οὐδὲ θανόντες. Imago enim, longum tempus duratura, mortuorum doloribus perpetuitatem tribuere videtur. Similia passim occurrunt. Vide *Glaucum* Ep. V. T. II. p. 348.

V. Cod. Vat. p. 292. Planud. p. 257. St. 372. W. ubi *Theophani* tribuitur, quod nomen inter Epigrammatarios poëtas alibi non occurrit. In Theotimi, Eupolis et Aristodicae filii, qui naufragio perierat, cenotaphium.

VI. Cod. Vat. p. 284. Πέρσου Μακεδόνος. Gentile omissum in Planud. p. 288ª. St. 416. W. In Philaenii, quatuordecim annorum puellae, tumulum. Confer Ep. *Anytes* XIX. — V. 2. ὡραίους. Proprie ipsa puella dicitur ὡραία, *viro matura*. Vide *Trilleri* Obss. p. 117. *Julianus Aegypt.* Ep. LVI. ὥριος εἶλέ σε παστὰς, ὥριος εἶλέ σε τύμβος. *Antiphanes* Ep. I. ἐς Παφίης θαλάμους ὥρια παλλοσύνη. — V. 3. κατὰ δρύψασα. Vat. Conf. not. ad *Mnasalcae* Ep. XVII. — V. 4. τεσσερακαιδεκέτιν. Vat. Cod.

VII. »Lemma in Vat. Cod. (p. 275.), cujus lectiones exhibui, Εἰς Μαντιάδην καὶ Εὐστρατον τοὺς Δυμαίους ὑποτύμβιον.« *Brunck.* Planud. p. 214. St. 312. W. ubi v. 1. Μαντιάδης et Ἀχίλλου legitur. Posterius *Casaubonus* in ἄπολλο mutandum censebat. — V. 2. δυσμαίῳ Plan. *Opsopoeus* δυμαίῳ tentabat. Fratres, quorum cippo haec inscripta sunt, Achaei ex urbe Dyme, Δυμαῖοι fuerant. Vide *Steph. Byz.* p. 248. *Strabo* L. VIII. p. 387. *Pausan.* VII. 17. p. 565. — ἐπὶ ξυλόχῳ Aldina pr. et Ascens. — V. 3. ἄγλαυροι. Aldina tert. — ὀρειτύπου Vat. Cod. — V. 4. μηνυταὶ τέχνης Cod. Vat. — Secures lignariorum cippo insculptas fuisse puta.

VIII. Cod. Vat. p. 286. Planud. p. 249. St. 361. W. In naufragum, in Lesbi litus ejectum. — V. 1. Ἔβρον Flor. Εὔρον Ald. pr. et deinde omnes editt. veteres. — κατ' αἰγίδας. Vat. — „Scribe ἐξεκύλισαν, ut recte legitur „in veteribus editionibus omnibus. ἐξεκύλισαν e prava „Stephani emendatione est.“ *Brunck.* Duplex ε tamen Vat. quoque Cod. exhibet. — V. 3. εἰναλίης Λέσβου. *Hermesianax* in Eleg. 54. εἰναλίην δουρὶ κεκλιμένην πατρίδα Λέσβον εἰς εὔοινον. *Callimach.* fragm. CXV. ἐπ' εἰναλίης Χίου. — αἰγίλιπος πέτρου. Homericum. Il. π. 4.

Ceterum Persae in Cod. Vat. tribuitur Ep. Incert. CXIV.

ANTIPATRI SIDONII
EPIGRAMMATA.

¶. 6.] *I.* „Quae asterisco notata sunt, ea in codi„ce adpositum non habent gentile, et sic incertum est, „utrius sint Antipatri. Pleraque tamen Thessalonicensi „tribuenda videntur.“ *Brunck.* Cod. Vat. p. 510. Ἀντιπάτρου. In Planud. p. 179. St. 263. W. ἄδηλον est. Poëta, vitae brevitatis memor, se ad potandum exhortatur. Ad Seleucum orationem dirigit, fortasse eum, qui post Antiochum M. in Syria regnavit. — V. 3. μία καταίβασις. Vide ad *Tymn.* Ep. V. ἔστι γὰρ ἴση πάντοθεν εἰς Ἀΐδην ἐρχομένοισιν ὁδός. quamvis hujus loci paulo diversa est ratio. In Planud. legitur εἰς Ἀ. πάντεσσι κατ. — Pro τάχιον Cod. Vat. τάχειον. et mox Μίνω pro Μίνω, quod pro Μίνωα sive Μίνων ex Atticorum consuetudine positum, illustrat *Wyttenb.* ad Plut. de S. N. V. p. 24. — Omnes, Antipater ait, Orco debemur; si quis habet, quod ad cursum accelerandum valeat, is Minoa citius videbit. Potantes vero hoc assequuntur, ut celerius vivant, nec, ut reliqui, pedibus, sed quasi equo vecti, viam conficiant. — V. 5. πίνομεν et καὶ δὴ γὰρ Cod. Vat. Posterius, quo hiatus vitatur, verissimum. Nam illo quoque ordine hae particulae collocantur. *Aristoph.* Vesp. 1224. καὶ δὴ γάρ εἰμ' ἐγὼ Κλέων. — ἵππος οἶνος Cratini dictum. Vide *Nicaenet.* Ep. IV. οἶνός τοι χαρίεντι πέλει ταχὺς ἵππος ἀοιδῷ.

II. Cod. Vat. p. 395. Ἀντιπάτρου. Planud. p. 62. St. 90. W. In Euagoram quendam, bene nummatum virum, qui pecunia tantum in amore valebat, quantum summi dii fraude et potentia. — V. 1. καβάλλης. Superscriptum in Vat. Cod. ἱππόφορβος. ineptum glossema. Neptunus in equum mutatus ad Cererem accessit; unde natus Arion, equus nobilissimus. *Pausan.* p. 650. — V. 2. ἀμφιβήτης. *Hesych.* Ἀμφιβάτης. περιβήτος. Ἴων Τεύκρῳ. Vide *Bentleii* Epist. ad Mill. p. 55. — V. 3. Vulgo παιδικῶς, quod variis interpretum erroribus locum fecit. Recte *Brunckius* monuit, de Apolline agi, quem Admeti amore incensum greges apud Thessalos pavisse existimabant. *Callimach.* H. in Apoll. 48. Ἐξότ' ἐπ' Ἀμφρυσσῷ ζευγίτιδας ἔτρεφεν ἵππους, Ἠϊθέου ὑπ' ἔρωτι κεκαυμένος Ἀδμήτοιο. Eandem fabulam apud *Rhianum* fuisse, intelligitur ex *Schol.* in Eurip. Alcest. 1. Ῥιανὸς δὲ φησιν, ὅτι ἑκὼν ἐθεράπευσεν αὐτῷ δι' ἔρωτα Ἀδμήτου. — V. 4. οὐ πειθοῦς ἀνύται, ἀλλὰ βίης. Haec in eadem re saepius sibi opponuntur. Amor in *Simmiae* Alis v. 10. αὔτι γὰρ εἶκεν βίᾳ, πᾶν δ' ἐπρήϋνα πειθοῖ. *Pindar.* Pyth. Θ. 69. κρυπταὶ κλαΐδες ἐντὶ σοφᾶς Πειθοῦς ἱερᾶν φιλοτάτων. Poëta dramaticus nescio quis ap. *Plutarch.* T. II. p. 751. D. ὁ δὲ Ἡρακλῆς ὑπό τινος ἐρωτᾶται·

Βίᾳ δὲ πράξας (l. δ' ἔπραξας) χάριτας ἢ πείσας κόρην;

Idem dicere voluit *Philostratus* Jun. Imag. IV. p. 868. ubi Achelous Deïanirae τὸν γάμον σπεύδει, καὶ πειθοῖ μὲν ἄπεστι τῶν δρωμένων. quae inepte vertuntur vulgo. *Plato* de de Rep. VIII. T. II. p. 548. B. Λάθρᾳ τὰς ἡδονὰς καρπούμενοι, ὥσπερ παῖδες πατέρα τὸν νόμον ἀποδιδράσκοντες· οὐχ ὑπὸ πειθοῦς, ἀλλ' ὑπὸ βίας πεπαιδευμένοι. Vide *Wyttenbach.* ad *Juliani* Orat. I. p. 36. sq. — V. 5. „Veterum editio„num omnium et MSS. lectionem revocavi ἂν χαλκός. „Praedives Euagoras non formas alias induit, sed oblato „aere pueris et virginibus potitur. Elegans est Vat. „Cod. lectio ἄτερ δόλου αὐτὸς ἐναργὴς πάντας — suppresso „verbo, quod facile suppletur.' Hanc genuinam esse „lectionem credo.“ *Brunck.* Recte. Planudes procul dubio aposiopesin, in qua verbum nequam subaudiendum est, vitaturus ἀλλάσσει ex suo ingenio scripsit. ἂν χαλκός, quasi in nummos mutatus, ut dii in bestiarum formas. Vulgo ἂν καλός ex *Brodaei* conjectura legitur.

III. Cod. Vat. p. 584. Ἀντιπάτρου. Edidit *Schneider* in Peric. crit. p. 105. Tractavit *Toup.* in Cur. nov. p. 255. Scriptum in Eupalamum, (vitiose apogr. Lips. Εὐ πάλαμος) puerum, cujus pedes totaque pars inferior superiore minus formosa erat. Est hoc carmen ex eo genere, ubi res nequam grammatico acumine tecte et obscure significantur. Eupalamum pulchro colore conspicuum esse ait μέσφ' ἐπὶ Μηριόνην, i. e. μηρούς. Hinc *Rufinus* Ep. III. tres puellas ait certasse, τῶν τρισσῶν τίς ἔχει κρείσσονα Μηριόνην. Lucem his affundit *Sextus Empir.* Pyrrh. Hypot. III. 24. p. 177. καὶ τὸν Μηριόνην τὸν Κρῆτα οὕτω κεκλῆσθαί φασιν δι' ἔμφασιν τοῦ Κρητῶν ἔθους. Mos Cretensium erat pueros amare. *Servius* ad Aen. X. 325. *De Cretensibus accepimus, quod in puerorum amores intemperantes fuerunt.* Vide quae congessit *Wetsten.* in N. T. II. p. 26. — Ex ea inde parte, quam poeta Merionae nomine indicat, Eupalamus Πεδαλείριος erat, quod item herois ap. Graecos nomen, etiam eum significat, qui infirmis est pedibus. λειρός. ὁ ἰσχνὸς· καὶ ὠχρός. καὶ λειρίας λέγουσι αὐτὰς τὰς κατισχνωμένας καὶ ἀποβαλούσας τρίχας. Haec autem pars in Eupalamo si superiori responderet,

Achille foret praeſtantior, qui pedum pernicitate valebat ſcilicet. Hic ſenſus Epigrammatis, quem *Toupius* primus perſpectum habuit. — V. 1. ξανθὸν eſt in Codice, nec cum *Toupio* in ξανθῷ mutandum videtur. ξανθὸν ἐρεύθεσθαι dictum, ut ἁπαλὸν γελᾷν et ſimilia. — Pro ἴσον Cod. Vat. εἶσον. vulgari errore. — V. 2. Cod. μέσσ' ἀπὸ κρ. Brunckiana lectio eſt in margine apographi Lipſ. fortaſſe ex *Salmaſii* emendatione. — V. 3. Ad Πολλαλείριον *Brunckius* εἰς ſubaudiendum eſſe monet. *Toupius* Πολλαλείριος corrigit, quod ſenſum faciliorem fundit. Idem οὔνεκ' ἐς ἠῶ νεῖται (in edit. Lipſ. vitioſe νεῖτωι excuſum eſt) perperam ex *Theocrito* deſumta exiſtimat, Eid. XVIII. 55. νεύμεθα κἄμμες ἐς ὄρθρον, quae cum noſtro loco nihil commune habent. Obſcura verba fortaſſe in hunc ſenſum accipi debent: Superior pars Eupalami ξανθὸν ἐρεύθεται; inferior non eodem colore ſplendet; hinc poëta eam non ad Auroram accedere ait, quae ξανθὴ καὶ ἐρυθρομένη ſcilicet. Fortaſſe verba οὔνεκ' ἐς ἠῶ νεῖται ſimpliciter ſic accipienda, ut inferiores pueri partes ferè exſtinctae et mortuae eſſe dicantur. ἠὼς pro ἡμέρα, φῶς, βίος ponitur. Infra Ep. LXII. κίχλας θαλερὸν δέμας ἐς φάος Ἠοῦς Οὔνεκ' ἀπὸ πλεκτᾶς ἧκε δειραιοπέδας. — V. 5. τά τ' ὑψόθι ap. *Schneiderum*. — V. 6. Idem Ἀχίλλης et Αἰακίδαν. In Cod. Vat. eſt Αἰακίδαι. In apogr. Lipſ. Αἰακίδας. — Comparat *Br.* Epigr. ἀδεσπ. XXXVI. p. 158.

¶. 7.] *IV.* Cod. Vat. p. 538. Ἀντιπάτρου. Plan. p. 130. St. 188. W. Priapus Cimonem bene vaſatum conſpicatus, ſe a mortali ſuperari conqueritur. — V. 1. ἕστηκας. Plan. et Cod. Vat. — Κύμωνος. Ed. Flor. et Ald. pr. — *Juvenal.* Sat. VI. 375. *Conſpicuus longe cunctisque notabilis intrat Balnea, nec dubie cuſtodem vitis et horti Provocat.*

V. Cod. Vat. p. 430. Ἀντιπάτρου εἰς ἐρῶντα πρὸς Κλεόμβροτον. Planud. p. 36. St. 53. W. Hinc a *Gesnero*, ni fallor, relatum in *Stobaei* Florileg. T. LXI. p. 389. 15. Gesn. p. 253. Grot. fine lectionis varietate. Amor in undis natus lacrymis exstingui nequit. sed auro molliendus est. — V. 1. τελμβε. Vat. Cod. — ὕδατι πῦρ. *Zenodot. Ephes.* Ep. I. T. II. p. 61. — ἀντεῖς. intendit τὸ α. *ignis vehementer spirans.* *Casaubonus* incidit in ἀφανές. — V. 4. τικτόμενος. Qui inter veteres Amorem in undis natum dixerit, novi neminem; nec tamen idcirco hunc versum depravatum existimem. *Huetius* conjecit τεγγόμενος. Quo admisso, non satis video, quo τότε referendum sit.

VI. Cod. Vat. p. 103. Ἀντιπάτρου. Edidit *Leichius* in Not. ad Carm. Sepulcr. p. 17. *Reiske* in Misc. Lipf. IX. p. 135. nr. 314. — In Europam quandam, meretriculam perquam humanam et facilem. — V. 1. μήτε (apogr. nonnulla μηδὲ) φοβηθῇς. Cod. Vat. φοβηθεὶς corrigendum esse vidit *Valcken.* in Diatr. p. 286. E. ubi prius distichon exhibet. Europam, drachma soluta, subagites licet, neque quenquam metuens, nec ipsam renuentem experturus. Huc facit *Horatius* I. Serm. II. 119. *Parabilem amo Venerem facilemque; Illam: Post paulo; Sed pluris; si exierit vir; Gallis hanc, Philodemus ait: sibi, quae neque magno stet pretio, neque cunctetur, cum est jussa, venire. — Haec ubi supposuit dextro corpus mihi laevum, Ilia et Egeria est: — Nec vereor, ne, dum futuo, vir rure recurrat.*

VII. Cod. Vat. p. 407. Planud. p. 82. St. 120. W. Ἀντιπάτρου. Bacchum sibi per quietem visum esse ait, qui ipsi mala minaretur, si aquam potare pergeret. Ab eo inde tempore aquam sibi invisam esse. — V. 1. ἀκρῆτον. Cod. Vat. Ὅτι καὶ ἐπὶ τοῦ ὕδατος ἔταττον οἱ παλαιοὶ τὸ ἄκρατον. Σώφρων. ὕδωρ ἄκρατον εἰς τὴν κύλικα. *Athen.* L. II. p. 44. B. — V. 2. ἐμοὶ λεχέων Vat. Cod. Veriorem hanc lectionem penitus ignoravit *Brunckius.* ἄγχι λεχέων παραστὰς ἐμεῖ. Similiter poëtam increpat Apollo ap. *Virgil.* Eclog. VI. 3. *Horat.* IV. Carm. XV. — V. 3. ἀπεχθομένην Ἀφροδίτην. Cod. Vat. Sinceram lectionem *Planudes* servavit. Aquae potorum somnum Veneri invisum esse ait, secundum paroemiam, quae sine Baccho Venerem ait frigere. Fateor tamen, Veneris mentionem mihi ab hoc loco alienam videri. An fuit: ἀπεχθομένων Διωνύσῳ? librario Ἀφροδίτην Baccho substituente, propter Hippolyti commemorationem. — V. 4. πεύθεσθαι. Vat. Cod. — V. 6. ἀπὸ τῆς, τότε νυκτὸς subaudi.

VIII. Cod. Vat. p. 511. Ἀντιπάτρου. Planud. p. 174. St. 253. W. Se improbos et aquae potores detestari ait. — V. 2. ὤρυμον Cod. Vat. unde profluxit vitiosa Planudeae lectio ὀρυόμενον. Vera est lectio Brunckiana, cujus tamen auctoritatem ignoramus. ὠρύειν et ὠρύεσθαι de quavis lugubri voce, de ferarum rugitu, terraeque fremitu usurpatur. Vide *Triller.* Obss. p. 304. Hinc descendit ὠρυγή et ὤρυγμα. Posterius de fluctuum strepitu adhibuit *Qu. Maecius* Ep. VI. Neptune, διπλοῖς ἠιόνων ὠρύγμασι τερφθείς. — V. 3. ἀστράπτῃ primus *Stephanus* dedit; omnes editt. veteres ἀστράπτει. — V. 4. μύθων μνήμονας ὑδροπότας. Huc egregie facit *Philostratus* in Vit. Soph. L. I. p. 507. Ὁ μὲν Αἰσχίνης φιλοπότης ἦν καὶ ἡδὺς καὶ ἀνειμένος καὶ τὸ ἐπίχαρι ἐκ Διονύσου ἡρμηκώς. — ὁ δ' αὖ (Demosthenes) συννεφὼς τε ἐφαίνετο, καὶ βαρὺς τὴν ὀφρὺν καὶ ὕδωρ πίνων, ὅθεν ἐν δυσκόλοις καὶ δυστρόποις ἐγράφετο. — De paroemia, ad quam *Antipater* h. v. respexit, μισῶ μνήμονα συμπόταν, disputavit *Plutarch.* T. II. p. 612. Conf. *Lucian.* T. III. p. 419. sq. et *Martialem* L. I. Ep. XXVIII.

¶. 8.] *IX.* Cod. Vat. p. 149. Ἀντιπάτρου Σιδωνίου. Planud. p. 422. St. 556. W. Bitto, mulier fere quadragenaria, ex Minervae castris ad Venerem transiens, textricum deae radium textorium dedicat. Hinc fortasse expressum, geminum certe germanum Epigr. ἀδέσπ.

CXVI. Conf. etiam *Nicarchi* Ep. X. — V. 2. 3. laudat *Suidas* v. λιμηρὸς T. II. p. 448. — χήρη ἐγὼ γάρ. Nescio, quid alii sentiant; mihi quidem *viduitatis* mentio ab hoc loco aliena videtur. Nec in Epigrammate, huic nostro simillimo, ejus rei vestigium. Fortasse igitur pro χήρη aliud quid lectum fuit. Suspiceris:

καὶ τήνδ' ἔχε κερκίδ'· ἐγὼ γὰρ —

quo simul hiatus tollitur. Neque tamen huic conjecturae multum tribuerim; praesertim cum ad τήνδε substantivum κερκίδα elegantius subaudiatur. Videant alii. — V. 5. δῶρα. Minervae munera sunt lanificium. — V. 6. ἔρως. Cupiditatem plus valere quam aetatem, jam ad senium inclinantem. θάλπει proprium verbum in re venerea. Vide *Alc. Messen.* Ep. I. *Rufin.* Ep. XXXV. ἁ μὲν γὰρ βραδέως, ἁ δὲ θέλει ταχέως.

X. Cod. Vat. p. 149. Ἀντιπάτρου Σιδωνίου. Planud. p. 442. St. 575. W. Pherenicus Minervae tubam ponit. Expressum ex *Tymn.* Ep. I. — V. 1. ὑποφῆτιν. et pacis et belli interpretem. — V. 2. βάρβαρον. Tyrrhenorum inventum tuba. — V. 4. πολέμου καὶ θυμέλας. *Pollux* IV. 85. — Posterius distichon laudat *Suidas* in θυμέλη Tom. II. p. 211.

XI. Cod. Vat. p. 168. sq. Ἀντιπ. Σιδ. Prius distichon excitat *Suid.* v. ἀεὶ Tom. I. p. 504. ubi *Kusterus* totum Epigr. edidit. Posterius id. v. κελαδοῦσιν T. II. p. 292. Ex Cod. Bodl. produxit *Bentlej.* ad Callim. p. 231. *Reisk.* in Anth. p. 16. nr. 442. — V. 1. μέλος. *Suid.* et Cod. Vat. Quaedam apogr. μένος. — V. 2. ἰατροχ. μέλος *Kuster.* errante calamo. — V. 3. ἔγκειμαι Codd. *Suidae* praeter Parisinum; et in Vat. Cod. quoque, quamvis ductus paulo obscurior, ἔγκειμαι tamen potius quam ἄγκειμαι scriptum fuisse videtur. Sed vide *Bentl.* l. c. et ad *Pers. Theb.* Ep. I. 2. — Τριτωνίδα. apogr. Lipſ. vitiose.

XII. Cod. Vat. p. 142. Ἀντιπάτρου, gentili non addito. Edidit *Kusterus* ad *Suid.* T. III. p. 642. *Reiske* in Anth. p. 2. nr. 398. In aram Minervae a Seleuco positam. — V. 1. laud. *Suid.* v. φυγαδίμνιος. — Σωτείρας cognomen pluribus deabus commune. Vid. *Hesych.* v. — V. 3. βωμὸν κεραοῦχον. *Reiskius* cogitabat de ara e ferarum cornibus exstructa, (*cornibus ara frequens* ap. *Martial.* I. Ep. I. 4.) qualis fuit Apollinis ara in Delo, de qua *Plutarch.* T. II. p. 983. E. et in Vita Thes. c. XXI. Conf. *Spanhem.* ad Callim. H. in Apoll. 60. p. 116. At recte hoc fieri propter linguae analogiam dubitabat *Ernestus* ad Callim. l. c. qui aram cornibus instructam, quales fuerunt, qui in libris sacris crebro commemorantur, intelligendam existimat. — Σέλευκος. Vide Ep. I. Probabile est, Seleucum regem cum *Reiskio* intelligendum esse. — V. 4. „Perspicuus non est ultimi penta„metri sensus. An oraculi jussu aram hanc exstruxerat „Seleucus? Sic legendum esset Φοιβείου λαχὼν φθεγξαμένου „στόματος. Φοιβείου reponebat Salmasius. An Seleucus „ipse, Apollinis antistes, oraculorum ὑποφήτης erat? „tum legendum erit φοιβείαν λαχὼν φθεγγόμενος στόματι.“ *Brunck.*

XIII. Cod. Vat. p. 158. Ἀντιπ. Σιδ. Edidit *Reiske* Anth. p. 5. nr. 406. *Toup.* ad Suid. P. III. p. 414. Harpalion piscator, senex factus, Herculi hastam dedicat. — V. 1. Cod. Vat. ἰυτιρουλιευτής. (πλιυνευτής.) Nostram lectionem *Reiskius* in marg. apogr. Lips. repertam in textu posuit. Pro meo tamen sensu ὤν elegantius abesset. Vide an scriptum fuerit:

ὁ πᾶς ἰυτὶς, ὁ 'πιπλιευτὴς,

i. e. ὁ ἐπιπλιευτής. quod a codicis lectione proxime abest. Vide *Abresch.* ad Hesych. v. — V. 2. „Scribe uti „in Cod. est τένδε παρ' Ἡρακλεῖ δῆμέ με τὴν σιβύνην. [in „Anal. *Br.* dedit τήνδε — τὴν σιγύνην] Graecis perinde est

»ὁ σιβύνης, ου: et ἡ σιβύνη, ης. Male in Suida Kusterus »edidit τήνδε — τὴν σιγύνην. In edit. Mediolanensi recte »τήνδε τὴν σιγύνην. Sed alieno loco hoc exemplum posuit »Suidas, et omnino scribendum σιβύνην. In hac voce »media corripitur, at in σιγύνη producitur. Oppian. »Cyneg. I. 152. αἰχμὴν τριγλώχινα, σιγύνην εὐρυκάρηνον. »Poëta ap. Suidam in hac voce: τὸν κύνα, τὰν πήραν τε »καὶ ἀγκυλέεντα σίγυνον. Sigynorum Thraciae populi no»men Σίγυνοι sic unico ν in veteribus libris scriptum »conspicitur, producta media. Apollonii Rhodii codd. »L. IV. 320. σὺν δ' αὖ Θρήϊξι μιγάδες Σκύθαι, οὖτε Σίγυνοι." *Brunck.* Vide de hoc instrumento ad *Meleagr.* Ep. CXXVIII. p. 123. Laudat h. v. *Suidas* in σιγύνη T. III. p. 311. — ¶. 9.] πλείονος. *Reisk.* Accentus male positus *Reiskium* in errorem induxit. πλειὼν est annus. Respexit hunc vers. *Suid.* in πλειών. πλειῶνος. ἐνιαυτὸς. Ἐκ πολλοῦ πλειῶνος. ἤγουν ἐκ πολλοῦ χρόνου. T. III. p. 129. Conf. *Eustath.* ad Il. p. 118. 3. *Callim.* H. in Jov. 89. οἱ δὲ τὰ μὲν πλειῶνι, τὰ δ' οὐχ ἑνί. *Heinsius* ad Hesiodi Ἔ. κ. Ἡ. 617. — V. 4. ἴεθνον Cod. Vat. ἴστεγον est exemendatione *Salmasii*. *Hesych.* στέγει. βαστάζει. ὑπομένει.

XIV. Vat. Cod. p. 182. Ἀντιπάτρου. Edidit *Kusterus* ad Suid. T. I. p. 151. *Reiske* in Anth. p. 30. nr. 473. In scolopendrae frustum a piscatore Ino et Palaemoni dedicatum. Conf. Ep. *Theodoridae* I. T. II. p. 41. — V. 1. excitat *Suid.* in ἀμφίπλαστον. ubi σκολοπένδρης legitur, plane ut in Cod. Vat.. Ceterum haec scolopendra, cujus λείψανον quadraginta octo cubitorum erat, qualis bellua fuerit, ne *Schneiderus* quidem definire ausus est ad *Aelian.* H. A. XIII. 23. ubi haec habentur: πέπυσμαι καὶ σκολοπένδραν εἶναί τι θαλάττιον κῆτος, μέγιστον αὐτῶν καὶ τοῦτο, καὶ ἐκβρασθεῖσαν μὲν θεάσασθαι οὐκ ἄν τις θαρσήσειε. — ἤδη δ' ἄρα αὐτῆς τὸ λοιπὸν σῶμα ἐπιπολάζον τοῖς κύμασιν ὁρᾶται, ὅσον ἀντιπρῴρου τριήρους τελείας αὐτὸ μεγέθει· νήχεται δὲ ἄρα πολλοῖς τοῖς ποσί. Longe diversa est scolopendra, quam *Aristoteles* descripsit H. A. II. 14. nec non ea, cujus calliditatem narrat *Plinius* H. N. IX. 67. p. 528.— V. 2. 3. laudat *Suid.* in ὀργυιὰ T. II. p. 709. et v. 3. iterum in πεφορυγμένον T. III. p. 104. ubi πολλῷ π. ἀφρῷ legitur. In Cod. Vat. est ὑπό. In apogr. Lips. et Bigot. ὑπαὶ, unde *Kusterus* ἄπαν emendavit. Facile adducar, ut gravius mendum subesse existimem, veramque lectionem, cujus vestigia sunt apud *Suidam*, fuisse:

ὡς τετρόργυιον, πολλῷ πεφορυγμένον ἀφρῷ.

— V. 4. ap. *Suid.* in ξαίνω T. II. p. 642. — Similiter Ep. ἀδέσπ. CXXVIII. λίνου λείψανον αὐχμηρὸν ξανθὲν ὑπ' ἠϊόνων. *Oppian.* Hal. III. 23. κρᾶθ' ἑκατὸν πέτρῃσι ξαινόμενος. — V. 5. 6. *Suidas* v. γριπεὺς Tom. I. p. 498. et iterum in Ἑρμώναξ T. I. p. 861. Utroque loco ante δείξαντο inseritur δ', ut etiam in Vat. Cod. — V. 6. πολέγους. *Reisk.* — V. 7. εὑρὼν δ' ὠίετησεν. ut *Theodorid.* Ep. II. τίς σ' ἀνέθηκεν, ἀγρέμιον πολιῆς ἐξ ἁλὸς εὑράμενος.

XV. Cod. Vat. p. 143. Ἀντιπ. Σιδ. Planud. p. 431. St. 565. W. sine diversitate lectionis, nisi quod versu 4. dorismus neglectus est. Conf. *Leonidae Tar.* Ep. XIX. Vers. 1. laudat *Suid.* v. ἄρμενα T. I. p. 333. et in μῦθοισι p. 378. V. 1. et 2. in ἐρεισόμενον T. II. p. 711. — V. 3. πετεινῶν Cod. Vat. πετεινὸν *Suid.* in δεραιοπέδη T. I. p. 526. ubi τάνδε δεραιοπέδην habet, ut est in Vat. τήνδε δ. Planud. — V. 5. λιμηνης. Vat. Cod.

XVI. Vat. Cod. p. 143. τοῦ αὐτοῦ, οἱ δὲ Ζωσίμου. In Planud. p. 431. St. 565. W. *Zosimo* soli inscribitur. Hujus esse, verisimile videbitur *Zosimi* Epigrammata comparantibus, inter quae tres sunt in eodem argumento lusus. — V. 2. ὑπ' ἠερίων. Vat. Cod. et omnes Planud. editt. vett. praeter Stephan. In Edit. Lips. vitiose Πίγρες pro Πίγρης excusum. — V. 4. Vulgatam ἠερίων αὐτῷ emendavit *Pierson.* in Verisim. p. 88. cujus emendationem Cod. Vat. confirmat.

XVII. Cod. Vat. p. 161. ἀνάθημα τῷ Πανὶ παρὰ Κραύβιδος. Ἀντιπάτρου. ubi gentile non magis additur, quam in Planud. p. 434. St. 568. W. Craubis, venator, auceps et piscator, Pani arma venatoria ponit. Hoc carmen expressit *Philipp. Thess.* Ep. VIII. — V. 2. κἰχνοπέδαν. Sic „legendum e Cod. Vat. et ita exhibent edit. Flor. et „Planudeae codd. plerique: vestigii seu pedis vinculum, „ut infra λαιμοπέδαν colli vinculum.“ *Brunck.* Vulgo ἰχνοπέδαν. *Philippus* νευροπλεκεῖς σκυδάλων ἐπισφύρους vocat. *Pedica* esse videtur, quam vulgo ποδάγραν vocant. τρίκλωτος. *Pollux* V. 27. de ἄρκυσι agens, δεῖ δὲ, inquit, αὐτὰς εἶναι κατὰ τὸν τοῦ Ξενοφῶντος λόγον (de Venat. X. 2.) λινοπλόκους, ἐκ τριῶν τόνων συμπεπλεγμένας. — πέπλεκται δὲ ὁ τόνος ἐκ λίνων τριῶν. — ¶. 10.] V. 3. κλωβούς. Ap. *Philipp.* τραχηλοδεσμῶτας κλοιοὺς κυνοῦχους. Idem, quas *Antipater* δειράγχας appellat, δεραγχίας πάγας vocat. Voce κλωβὸς usus est Paraphrastes *Oppiani* in Ixeut. III. 14. ubi *caveam* significat, avibus captandis aptam. Sed h. l. de ferarum captura agitur. Quare vide an scribendum sit:

κλῳοὺς ἀμφιδράγχας,

quae est Atticorum forma pro κλοιούς. Vide *Schol.* in Aristoph. Vesp. 892. τὸ καλλάριον τὸ παρ' ὑμῖν λεγόμενον, ᾧ εἰώθασι τοὺς κύνας δεσμεύειν. κλοιὸς pro *torque* occurrit ap. *Eurip.* in Cyclop. 184. ubi vide *Musgrav.* — In fine vers. δέ τε ῥάγχας Planud. Veram lectionem perspexit *Brodaeus* et *Jos. Scaliger* in not. msc. — V. 4. πυρὶ θηγαλέους στάλικας. pali in inferiore sua parte praeusti et acuti, quibus retia sustinentur. Vide *Polluc.* V. 31. — V. 5. 6. Sequuntur instrumenta aucupii. — δρυὸς ἰκμάδα. viscum. — τῶν δὲ πετηνῶν. Cod. Vat. — ἰξῷ μυδαλέον. visco inunctum. — V. 7. καὶ τρυφίον. Cod. Vat. ἐπιστασσῆρα explicat *Schneiderus* ad Eutecnium de

Aucup. L. III. 12. Est funis, quo orbes lignei semicirculares adducuntur, ut praeda intra illos includatur. — V. 8. „καὶ λαιμοπέδαν, ὅ ἐστιν ἀρὴ, ἤγουν λαιμὸς τῶν κλαγερῶν γεράνων. In Vat. Cod. prius scriptum fuit ἄρην, sed correctum ἄρκυν. Hoc autem male scriptum pro ἄρκυν, quod habet Suidas in γλάγος: (T. I. p. 482.), ubi hunc versum sic profert: γλάγος. γάλα. καὶ γλαγερὸν, ἀντὶ τοῦ πλεονόν. ἐν ἐπιγράμματι· ἄρκυν τε γλαγερῶν λαιμοπέδαν γεράνων. Hinc ἄρκυν sumendum, quod pro vera lectione habeo; sed γλαγερῶν Suidae relinquendum, licet id in suo codice invenisse videatur Aldus, a cujus editionibus in ceteras propagatum est. Lectionem Florentinae κλαγερῶν revocavit H. Stephanus. κλαγερὸς *stridulus*, vox optimi commatis addenda est Lexicis, derivata a κλάζω, clango, quod verbum gruibus fere proprium. Homer. Il. γ. 3. ἠΰτε περ κλαγγὴ γεράνων πέλει οὐρανόθι πρό. De iisdem, χηνῶν ἢ γεράνων — κλαγγηδὸν προκαθιζόντων. Vide infra Epigr. LXXVIII. 6." *Brunck.* κλαγερῶν *Ascensius* quoque servavit, et *Scaliger* assensu suo comprobavit. Quod autem *Brunckius* ait, in Vat. Cod. ἄρην esse a prima manu, idque in ἄρκυν postea mutatum videri, ejus rei nullum est vestigium in apogr. Spallet. quod ἄρκυν τε κλαγερῶν exhibet. Vocabulum λαιμοπέδαν *Antipater* debet *Leonidae Tar.* Ep. XXXIV. καὶ τῶν φορίνων λαιμοπέδαν σκυλάκων. — V. 9. „Scr. Νεολάϊδα. Νεολαΐδας nomen Arcadicum ap. Pausaniam p. 452. Idem p. 698. [et 706.] habet nomen Arcadicum Κραῦγις, quod hic etiam reponendum est. Κραῦβις est in Cod. Vat. Planudea Κράμβις." *Brunck.* Vide ad Epigr. *Simonid.* LXXV. 2. p. 249. In Analectis Br. Νεολάδα dederat, ut est in Cod. Vat. et Plan.

XVIII. Cod. Vat. p. 162. ubi gentile non magis comparet, quam in Planud. p. 435. St. 569. W. De tauro in Orbelo monte a Philippo Macedone occiso. Conf. *Samii* Ep. I. et II. — V. 1. laudat *Suidas* in θηρὶ T. I. p. 534. et in 'Ορβηλοῖο T. II. p. 707. — V. 2. idem in ἱερομαντὶς T. I. p. 853. ubi vulgo θήραμα Μακηδονικὸν legitur; in Cod. Paris. autem θῆρα Μακηδονικόν. quod *Kusterus* sincerum putabat. — V. 3. Recte *Br.* ἐλατῆρα, quae omnium librorum lectio est, in ἐλατὴρ mutandum esse vidit. Philippus Dardanos, perpetuos Macedonum hostes, superavit Olymp. CXLIX. 1. *Livius* L. XXXI. 42. Conf. Epigr. ἀδέσπ. CLXIII. et *Polyb.* XXIV. 6. Nihil aptius epitheto ἐλατὴρ, quo in simili re utitur auctor incert. Epigr. CCCLXI. ἤνυσας ἐλατῆρα ὑπερφιάλου βασιλῆος. *Nonnus* Dionys. XX. p. 532. τιτήνων δ' ἐλατῆρα, προμαχιστῆρα τοκῆος. — V. 5. βριαρᾶς βύρσας. *Plinius* L. VIII. 30. de tauris silvestribus: *tergori duritia silicis, omne vulnus respuens.* — V. 6. ἔρεισμα. ἐπφάλισμα. κεράτωμα. *Schol. Sophocl.* Oedip. Col. 59. cornua, quibus tauri caput munitur. Supersedere possumus itaque conjectura viri docti ap. *Huetium* p. 41. ἔρυμα, quam *Br.* ad h. l. p. 123. pro vera habuit, melior a postea edoctus p. 317. ἔρυμα enim mediam necessario corripit. Vide *Valcken.* ad Eurip. Phoen. p. 360. — V. 7. ἐκ ῥίζας. Reges Macedoniae generis originem ad Herculem referebant, quare etiam in nummis leonis exuviis ornati conspiciuntur. Vide inprimis *Spanhem.* de Usu et Praest. Num. Diss. VII. p. 371. sqq. — V. 8. πατρῴου Cod. Vat. Referenda sunt haec ad borem Cretensem, quem Hercules perdomuit.

XIX. Cod. Vat. p. 162. 'Αντιπάτρου. gentili omisso, ut etiam in Planud. p. 435. St. 568. W. Lycormas exuvias et cornua cervi Dianae dicat. — V. 1. τὰν ἔλαφον. Cervae h. l. cornua tribui, nemo mirabitur post iteratam doctorum virorum observationem de poëtarum in hoc genere licentia. Vide inprimis *Gatacker.* Misc. Advers. II. 9. p. 312. et *Fischer.* ad Anacr. p. 353. — (In edit. Lips. pro Λάδωνα perperam 'Αάδωνα excusum.) — V. 2. Φαλῆρος. Plan. — Θεαρίδεω, nomen Thearidae Spartani occurrit ap. *Plutarch.* T. II. p. 221. C. Alium, Achaeorum legatum, commemorat *Polyb.* XXXII. Tom. IV. p. 577. et p. 685. Hic legatione apud Romanos functus est Ol. CLV. 1. et CLVIII. 1. quo tempore *Antipater* vixisse videtur. — De urbe Lasione vide *Schneiderum* ad Xenoph. Hellen. VII. 4. p. 447. — V. 4. laudat *Suidas* in ῥομβεῖν T. III. p. 264. — V. 5. 6. idem in δικέραιον T. I. p. 587. — δικέραιον στρέβδυγγα. bina cornua. Quicquid in apicem fastigiatum erat, στρέβδυγγα vocabant. κορύνην εὐστρέβδυγγα. *Leonidas Tar.* XXXIV. εὐστρέβδυγγι Πριήπῳ. *Crinag.* Ep. VI. Conf. *Diodor. Zon.* Ep. III.

XX. Cod. Vat. p. 163. Ἀντιπάτρου. Planud. p. 436. St. 569. W. Sosis, sagittarius, Apollini arcum; Phila, citharoeda, testudinem; Polycrates, venator, retia dedicat. — ¶. 11.] V. 4. ἀγρευτής. Vat. Cod. — V. 5. πράτας ἴδε. Cod. Vat. sed error emendatus. — πρῶτα κυν. praemia summae in venando praestantiae. Vide ad *Leonid. Tar.* XXXI. 6.

XXI. »Epigramma hoc olim in Planudea legebatur, »quod ut quaedam alia, nescio quo casu a librariis omis»sum, quum non repertum fuerit in Codice, ex quo »Anthologia primum Florentiae excusa est, diu latuit. »Exstat in Planudeae optimo codice Bibl. regiae, scri»ptum post Epigr. quod sequitur, Πάλλαδι ταὶ τρισσαί.« *Brunck.* Est in Vat. Cod. p. 178. Ἀντιπάτρου Σιδ. Edidit *Kusterus* ad Suidam T. II. p. 292. *Reiske* in Anthol. nr. 460. p. 24. Quinque Aristotelis filiae Veneri Uraniae dona offerunt. In eodem argumento versatur *Archias* Ep. V. — V. 1. Βίτυνα diserte legitur in Cod. Vat. et ap. *Suid.* qui h. v. laudat in Θαλπτήρια T. II. p. 163. et in Βίτυνα T. I. p. 435. *Kusterus* Βίτυννα dedit et vertit *sandalia Bithynica.* — V. 2. ἱρατῶν εὐτοτόμων καμάτων. Cod. Vat. Nostram lectionem exhibuit

Kuſterus et *Reiſkius*. — V. 3. φιλοπίστοιο. *Reiſk.* Codicis lectionem tuetur *Suidas* in κεκρύφαλος, ubi laudat v. 2. 3. T. II. p. 292. Linteum illud capitis ornamentum, quod Philaenis Veneri dicabat, erat βαπτὸν ἄνθεσιν ἁλός. i. e. *purpura*, ut *Reiſkius* interpretatur. *Archias* l. c. πολυπλέκτου δὲ Φιλαινὶς Πορφύρεον χαίτας ῥύτορα κεκρυφάλου. *Paulus Silent.* Ep. XXII. ἐς τί δὲ κοσμήσεις ἁλιανθέϊ φάρεα κόχλῳ. ἁλιπόρφυρον ῥέγος ex *Anacreonte* ſervavit *Etymol. M.* in ῥῆγος. *Heſych.* ἁλιπόρφυρα. ἁλουργῆ, τουτέστιν ἐκ τῆς θαλασσίας πορφύρας. *Alcman* ap. Athen. L. IX. p. 374. ἁλιπόρφυρος ἱαρὸς ὄρνις. ἄνθος autem cum omnino de coloribus, tum de purpura potiſſimum uſurpatur. — V. 5. σ' Ἀττικὰ pro δ' Vat. Cod. — V. 6. ἀραχναίοις νήμασι. *Achilles Tat.* L. III. 7. p. 118. τὸ δὲ ὕφασμα λεπτὸν, ἀραχνίων ἐοικὸς πλοκῇ. Ejusmodi quid fortaſſe olim legebatur ap. *Callimachum*, ex quo verba ἔργον ἀράχνα laudat *Suidas* in ἀράχνη. Apud eundem ex *Sophoclis* Inacho commemorantur *telam texentes araneae*, ἔριθοι ἀράχναι. quod expreſſit *Philoſtrat.* II. 29. p. 854. araneae telam deſcribens: αἱ δὲ ἔριθοι δι' αὐτῶν βαδίζουσι. — V. 7. 8. laudat *Suidas* in εὐσπειρῆ T. I. p. 910. δράκοντα εὐσπειρῆ *Brunckius* de faſciis cruralibus, forte e ſerpentum pellibus factis, accipit, laudans *Herodotum* p. 359. qui populum quendam Libyae memorat, τῶν αἱ γυναῖκες περισφύρια δερμάτων πολλὰ ἑκάστη φορεῖ. Longius petita interpretatio. Aureum annulum ſive catellam ex auro factam, brachia crurave ambientem, δράκοντα appellatam eſſe, nihil habet quod miremur. Ad formam fortaſſe reſpicitur in hoc nomine, fortaſſe etiam nonniſi ad flexus. Vide ad *Meleagri* Ep. CXXIX. 7. p. 147. Commentum de pellibus ſerpentum penitus evertit *Lucian.* in Amor. c. 41. Tom. V. p. 304. ed. Bip. inter ceterum muliebrem ornatum τοὺς περὶ καρποῖς καὶ βραχίοσι δράκοντας commemorans, addita imprecatione, ὡς ὤφελον ὄντως ἀντὶ χρυσίου δράκοντες εἶναι. *Philoſtrat.* Epiſt. XL. p. 931. τὸ ψέλιον, καὶ ὁ κηρὸς, καὶ τὸ Ταραντινὸν, καὶ οἱ ἐπικάρπιοι ὄφεις, καὶ αἱ χρυσαῖ πέδαι. *Clemens Alex.* in Paedag. II. 12. ὡς γὰρ τὴν Εὔαν ὁ ὄφις ἐξηπάτησεν, οὕτω καὶ τὰς ἄλλας γυναῖκας ὁ κόσμος ὁ χρυσοῦς, δελέατι προσχρώμενος τοῦ ὄφεως τῷ σχήματι, ἐξέμηνεν εἰς ὕβρεις, μυραίνας τινὰς καὶ ὄφεις ἀποπλαττόμενος εἰς εὐπρέπειαν. Hinc armillas revera quandam cum ſerpentibus habuiſſe ſimilitudinem, colligi poſſe videtur. Adde *Heſych.* in ὄφεις. τὰ δρακοντώδη γινόμενα ψέλλια. Vide inprimis *Trilleri* Obſſ. p. 411. — V. 9. πατρὸς. *Kuſterus* Ἀριστοτέλεια ἐπώνυμος citra neceſſitatem corrigere tentat. *Archias* l. c. οὔνομ' Ἀριστοτέλευς πατρὸς ἐνεγκαμένα.

XXII. Cod. Vat. p. 171. Ἀντιπάτρου. Planud. p. 424. St. 558. W. gentile *Sidonii* addit. Hoc fortaſſe Epigr. expreſſit *Archias* Ep. XI. Conf. et *Philipp.* Ep. XVIII. Tres puellae Palladi lanificii inſtrumenta dicant. — V. 1. 2. excitat *Suidas* in ἀράχνη T. I. p. 310. ubi μίτον legitur pro στήμον', ut eſt ap. Plan., ſive στάμον', quod in Vat. Cod. habetur. *Suidae* lectionem metrum reſpuit. *Archias* l. c. ἀραχναίοιο μίτου πολυδινέα λάτριν. — V. 3. *Suid.* in τάλαρος T. III. p. 426. εὔκλωκος. Cod. Vat. et Ἀρσινόα. — V. 4. ἐργάτην — ἠλακάτην. Edit. pr. εὐκλώστου fili *bene deducti*, ut interpretatur *Schneiderus* in Indice Script. R. R. voce *Tela* p. 361. — V. 5. *Suid.* in κερκίς T. II. p. 300. et iterum cum v. 6. in μίτος T. II. p. 567. Radium textorium poeta ἀηδόνα vocat ab arguto, quem edit, ſtrepitu. Vide *Leonid. Tar.* Ep. VIII. 5. Huc referenda ἡ τῆς κερκίδος φωνὴ, ex *Sophoclis* Tereo commemorata ap. *Ariſtotel.* in Poët. IX. 7. de qua interpretes mira comminiſcuntur. Conf. *Twining.* in Notis ad Poët. p. 362. κερκίδος ἀοιδοῦ μελέτας. *Eurip.* in Meleagr. ap. *Schol. Ariſtoph.* Ran. 1351. Tarſenſibus, rhonchos inter loquendum per nares edentibus, vicini nomen Κερκίδων impoſuerant. *Dio Chryſoſt.* Or. XXXIII. p. 405. 18. ubi vulgatam lectionem temere ſollicitant. — V. 6. κεὐκρέκτους. Sic optimus Planudeae Cod. et Vat. membr.

„In aliis Planudeae Codd. εὐκρίτους, quod ultimum habet ed. Flor. et Suid. in μίτος; pessime a Brodaeo emendatum εὐκρίτους, tam quoad sententiam, quum sequatur εὔκριτε, quam quoad metrum; εὔκριτος enim mediam corripit." *Brunck.* εὐκρέκτους legendum esse, vidit etiam *Jos. Scaliger* in not. mstis. Pro ἃ Cod. Vat. vitiose εὖ. Ducta sunt haec ex *Leonid. Tar.* Ep. VIII. καὶ τὴν ἄτρια κρινάμενον Κερκίδα, τὴν ἱστῶν μολπάτιδα. — V. 7. 8. excitat *Suid.* in ἀκριμένη T. I. p. 335. et in ἔνιδ.; T. II. p. 696. Utroque loco ἦδελ' ἔκαστα exhibet, ut etiam Vat. Cod. legit.

XXIII. Cod. Vat. p. 196. Ἀντιπάτρου. sine gentili, ut in Plan. p. 425. St. 559. W. Expressum hoc carmen ex *Leon. Tar.* Ep. XX. — V. 1. 2. laudat *Suidas* in πέζα T. III. p. 70. — ¶. 12.] V. 4. πολυπλανέος. Plan. et Vat. Cod. sed superscr. γρ. παλιμπλ. — V. 5. Quae in sinistra Maeandri parte erant ornamenta, ea Anticlea, in dextra, Bittium texuerat. — Pro μήσατο, quod vulgo legitur, *Brunck* ex Ed. pr. et Cod. Planudeae Ja. Lascaris νήσατο recepit, a νέω, νήθω. Infra Ep. LXX. ἄφθιτα νησαμένας δῶρ' Ἑλικωνιάδων. At hujus loci diversa est ratio. Sappho, quae carmina *tenui deduxit filo*, probe dici poterat νήθουσα δῶρα. At in nostro Epigrammate de opere textorio agitur. Praefero itaque vulgatum μήσατο, quod Vat. quoque Cod. tuetur, et fere dictum est, ut ἐβούλευσεν ap. *Anacreont.* Ep. LXXI. Πρηξιδίκη μὲν ἔρεξεν, ἐβούλευσεν δὲ Δύσηρις Εἷμα τόδε. — Pro Ἀντικλεία Ed. pr. vitiose Ἀτίκλεια. — V. 7. τὴν δὲ νῦν. Cod. Vat. et λεοντόλαστον. — V. 8. σπιθαμήν. Cod. Vat.

XXIV. Cod. Vat. p. 179. τοῦ αὐτοῦ. Praecedit Ep. Ἀντιπάτρου (sine gentili) quod *Br. Antipatro Thessalonicensi* tribuit nr. XXII. non immerito; nam idem carmen iterum legitur in Vat. Cod. p. 419. cum lemmate Ἀντιπ. Θεσ. Hinc sequitur, nostrum quoque carmen *Thessa-*

Ionicensi poëtae tribuendum esse. — Edidit *Reisk.* Anth. nr. 462. p. 25. et *Valcken.* ad Theocr. Adon. p. 350. A. Scriptum est in Veneris statuam a Cythera, Bithyna muliere, dicatam. — V. 1. Βιθυνίς. *Reisk.* qui dubitat, utrum sit gentile mulieris nomen, an appellativum. Si prius, illa *Cythera* appellabatur; sin posterius, Κυθέρη pro Veneris epitheto habendum, Κύπρι Κυθέρη, i. e. Κυθέρεια. Illud probabilius. — V. 2. μορφᾶς — εὐξαμένα, et in fine ὁμοφροσύνης Cod. Vat. — Mulier nostra ex voto (εὐξαμένη) ponit statuam ex marmore Pario, λύγδινον εἴδωλον. Vide *Schol. Pindari* Nem. IV. 131. et *Fischer.* ad Anacr. XXVIII. p. 109. — Praxitelis opera λύγδινα πάντα καὶ ἄκρα in Epigr. ἀδεσπ. CCCXV. — V. 3. In marg. apogr. Lips. ubi μεγάλην exaratum, nescio quis conjecit μὲν ὅλην. inepte. *Valckenarius* comparat versum *Callimachi* ap. Stob. p. 517. Gesn. emendatum a *Cantero*: αἰεὶ τοῖς μικκοῖς μικκὰ διδοῦσι θεοί. — V. 4. ὡς ἔθος, ut dii solent parvis mortalium donis magna retribuere. *Reiskius* laudat *Horat.* II. Serm. VI. 14. *Hac prece te oro, Pingue pecus domino facias et cetera, praeter Ingenium, usque soles, custos mihi maximus adsis.* Magna autem illa gratia, quam Cythera Venerem rogat, haec est, ut concordi cum marito sit animo. Hoc praeclarum!

XXV. »Integrum legitur hoc Epigr. infra p. 527. »Tertium distichon in Cod. a praecedentibus avulsum, »tanquam novum Epigramma praefixum habet nomen »Damagetae, et ibi corrupte legitur, uti id exhibui »infra p. 38. Re attentius considerata, et observato »ap. Suidam in Ἰόπτης et in Αυκομήδειος hoc disticho, vidi »ad praecedentia duo pertinere. Hoc etiam in apogra»pho Buheriano, quod nondum habebam, cum haec »excuderentur, exilibus characteribus, litura post ob»ductis, ita tamen ut qui oculorum acie valet scriptu»ram adhuc legere possit, notatum his verbis: *Subjun»gendum hoc distichon superiori tetrasticho, ut fiat hexasti»chum.*

„cbum. Δαμαγήτου nomen sequenti Epigrammati praefigen„dum. Sequitur in Cod. Damagetae Epigramma Ἄρτεμι „τόξα λαχοῦσα, sed cui nullum nomen praefixum. De„scriptoris est error inde ortus, quod duo disticha ab „eadem voce Ἄρτεμις incipiunt. Scriptum autem in Cod. „Δηϊότητι, ad quod refertur marginalis nota Salmasii, „ἐκφέρου. Falso. Puellae nomen Ἵππη, quae fuit filia Λυ„κομήδεος, unde dicitur Λυκομήδεος παῖς.“ Brunck. Quae in hac nota de lectionibus Vat. Cod. dicuntur, fallissima sunt. Nullum est in eo erroris vestigium, sed tria illa disticha junctim sub Antipatri nomine leguntur p. 102. tum sequitur tetrastichon Damagetae, cui ejus nomen praefixum est. Nec v. 5. Δηϊότητι in Cod. exhibetur, sed τῇ δ' Ἰότητι. Quatuor priores versus edidit Reisk. Anth. nr. 522. p. 55. Hippe, Lycomedis filia, viro nuptura, Dianae comam suam dicat, precibus de futuro matrimonio additis. — V. 1. ἀπιδήσατο. Cod. Vat. In Schedis Dorvill. Vir doct. ἀνεθήκατο conjecit. Num fuit olim

ἀπεδύσατο

exuit, deposuit comam. — V. 2. εὐώδεις σ. κρόταφον (κροτάφων apogr. Lips.) Cod. Vat. εὐώδη Reisk. restituit ex Sched. Dorv. σμηχομένα sic interpretatur: inuncta smegmate quoad tempora, i. e. rasa. Nam ubi capillus demendus est novacula, debet cutis prius smegmate illini. Vide Hadrian. Junium de Coma IX. p. 398. Smegma de unguento manibus purgandis inungendisque proprio dixit Philoxenus ap. Athen. IX. p. 409. E. ἔπειτα δὲ παῖδες νίπτρ' ἔδοσαν κατὰ χειρῶν σμήγμασιν ἰρινομίκτοις, χλιαροθαλπέα (fort. πυριθαλπέα) ὕδωρ ἐπεγχέοντες. — V. 3. γάμου τέλος. De nuptiarum mysteriis explicat Reiskius, quae marem feminamque velut novae vitae initiatos conjungunt, ut verbis utar Ruhnkenii ad Tim. p. 225. qui inprimis consulendus est. Hoc sensu serioris aevi poëtas formulam γάμου τέλος accepisse, nullus dubito; sed apud Homerum, qui ejus auctor est (Odyss. υ. 74.

κούρης αἰτήσοισα τέλος θαλεροῖο γάμοιο) vocabulum τέλος nonnisi periphrasi inservire videtur, plane ut in verbis θανάτου τέλος. Quod *Antipater* dixit εἰ ἐπῆλθε γάμου τέλος, ap. *Callimachum* est τελέειν γάμον, Hymn. in Apollin. 14. — Pro γάρ εἰ in Cod. Vat. γάρ τοι. quod *R.* correxit. Idem v. 4. pro αἰτέομεν, quod est in Vat. et in Apogr. αἰνέομεν dedit. — παρθενίας, i. e. παρθένου, χάριτας, puellae, cujus olim fuimus, amabilitatem et gratiam laudamus. — V. 5. 6. laudat *Suidas* T. II. p. 122. et in Λυκομήδειος T. II. p. 468. τῇ τοῦ Λυκομήδεος παιδὶ φιλαστραγάλῃ. In Cod. Vat. τῇ Λυκομηδείου π. φιλαστραγάλῃ. Epitheton puellae nostrae in hac praesertim dedicatione tributum non dubito, quin aliis quoque displiciturum sit. Quid enim attinebat dicere, Hippen *talorum amantem* esse? et quam decorum, ejusmodi rei studium in virgine, nuptiis cum maxime initianda, commemorari? Corruptelae suspicionem auget Codicis lectio. Vide, an corrigendum sit:

τῇ Λυκομηδείῳ παιδὶ Φίλας θ' ἁπαλῇ.

sive:

Φίλας τε καλῇ.

Nomen patris fuit Lycomedes; mater *Phila* vocabatur. Vide supra Ep. XX. 2. *Theaetetus* Ep. I. 5. In Λυκομηδείῳ genitivus latet. Vulgaris ratio tulisset: Λυκομήδους καὶ Φίλης παιδί.

XXVI. Cod. Vat. p. 169. Ἀντιπάτρου Σιδ. Planud. p. 424. St. 558. W. Expressit *Philipp. Thess.* Ep. XVIII. — V. 1. metro graviter laborante Planud. ὀρθρινῇ χελιδόνων. Emendavit *Huetius* p. 40. et *Dorvill.* ad Charit. p. 253. *Aratus* in Phaen. 948. ἢ τρύζει ὀρθρινὸν ἐρημαίη ὀλολυγών. Vide *Brunck.* ad *Aristoph.* Pac. 800. T. III. p. 141. Telesillae in texendo assiduitas laudatur, quae inde a primo diluculo ad opus suum incumbere solebat. — κερκίδα — ἀλκυόνα. *quia pecten sive radius in agitando sonum edis, et eum quasi querulum. Dorvillii* sunt verba. — V. 3. πολυδινήεντον. Plan. et Vat. Cod. Veram lectionem servavit ed. Mediolanensis *Suidae*, qui hoc distichon laudat in ἄτρακτος T. I. p. 373. Idem absque *Suida* intellexerat *Huetius* p. 40. — καρηβαρέοντα ob perpetuam convolutionem, quasi vertigine laborantem interpr. *Brodaeus*. Sed est potius fusus in superiore sua parte lanae globo gravatus. De papillis *Paul. Silent.* Ep. VIII: μῆλα καρηβαρέοντα κορύμβοις. *Schneiderus* in Ind. Script. R. R. voce *Tela* p. 361. hoc epitheton refert ad *verticillum* capiti fusi additum. — V. 5. πήνιας. Vat. Cod. Saltem πηνία scribendum erat. — τολύπας φύλακα. Sic *Catull.* LXIV. 320. *Ante pedes autem candentis mollia lanae Vellera virgati custodibant calathisci.* — V. 7. φιλαεργός. Vat. — V. 8. in Analectis vitiose excusum κούρα pro κούρᾳ. Minerva virgo intelligitur.

¶. 13.] *XXVII.* Cod. Vat. p. 180. Ἀντιπάτρου. Planud. p. 426. St. 561. W. Notam de Gallo historiam, sed fusius narrat, quam *Simonid.* CXII. et reliqui, qui eandem dederunt. — V. 1. – 5. in Galli descriptione versatur. V. 1. laudat *Suidas* v. σηκασθεὶς T. III. p. 306. sed exemplum pertinet ad σεσοβημένος. — V. 2. idem T. II. p. 476. λυσσομανεῖς. ὑπὸ μανίας λελυσσηκότας. *Appul.* Metam. L. VIII. p. 581. de sacerdotibus Isidis: *Cervices lubricis intorquentes motibus, crinesque pendulos in circulum rotantes.* — V. 3. *Suid.* in βοστρύχοις T. I. p. 351. εὐπλέκτοισι κορύμβοις. De capillis in capitis vertice intortis accipiendum videtur. — V. 4. *Suidas* in ἄμματα T. I. p. 134. ἁβρῶν καὶ στρ. legit. ἁβρῶν agnoscit etiam Vat. Cod. et Plan. — V. 5. νηπιάχοις e conjectura est, quae „mihi jam non probatur. Libri omnes habent, ut et „Suidas (in κοιλάδας T. II. p. 384.) ἴδρις ἀνὴρ, quod cor„ruptum videtur. Scribendum censeo ἄβρος ἀνὴρ et su„periori versu χρυσῷ τε στρεπτῶν. E Suida scribendum „πέτρον." *Brunck.* Altera conjectura priore non probabilior. Praeclare rem expedivit doctissimus *Huschke*, qui corrigit:

Ἶθρις ἀνὴρ — —

Hesychius: Ἶθρις. σπάδων. τομίας. εὐνοῦχος. Vide *Albertum*. Qui plurimas eunuchorum appellationes recensct, *Suidas* in ἄῤῥεν, nec hanc omisit: Ἶθρις. οὗ ἰσχὺς τεθέρισται. — πέτρην superscripto α Cod. Vat. — V. 6. ἠλαστρηθείς. forma Ionica. Vide *Eustath.* Il. Σ. p. 1219. 24. et *Valckenar.* ad *Herodot.* L. II. p. 181. 22. Laudat h. v. *Suid.* T. I. p. 708. — V. 7. τῷ δὲ κιν. Plan. τὸν δὲ καὶ ἀῤῥήγητος ἐπεισέθορε. Vat. Cod. Fortasse fuit:

τὴν δὲ καὶ ἀῤῥίγητος ἐπεισέθορε.

in hoc antrum etiam leo irruit. Conf. *Dioscorid.* Ep. XI. 7. τοῦ δὲ λέων ἄρουσε κατὰ στίβον. Sic omnia recto ordine procedunt: Gallus antrum subit; leo ejus vestigia sequitur, virum adspicit (v. 9.) et posterioribus insurgens pedibus impetum parat. In vulgata lectione ordo inversus. — V. 8. προμολών. Cod. Vat. — V. 11. 12. ap. *Suidam* in σφαδανῶν. στρέψας. ἰσχυρῶν. T. III. p. 416. — Cod. Vat. σφαδανόν. — Mox Plan. et Vat. Cod. ὄβριμον. *Suid.* ἔμβριμον. — V. 13. ὕλης Vat. Cod. sed error emendatus. Initio versus ed. princ. ἦχει. — V. 15. Junge ἀνάγκη θυμὸν ἐν στέρνοις. Sed fateor, nihil mihi videri inficetius voculis ἐν μέν. Aliud quid lectum fuisse suspicor. Fortasse: αὐτίχ' ἅπαντα. Sive paulo audaciori conjectura:

αὐτὰρ ὁ θαμβήσας φθόγγον βαρὺν, ὄμμα τ' ἀπαντῶν.

Gravem illum rugitum cum stupore exaudiens, et leonis oculos conspicatus, graviter animo commotus est. Sic haec verba ad amussim respondent verbis v. 11. ὄμμα δ' ἑλίξας βρυχᾶτο. — V. 18. ἐδίνησεν. Plan. et Vat. Cod. Hic quoque versus est ex iis, ubi pentametri caesura in brevem syllabam cadit. Vid. ad *Platon.* Ep. XXX. p. 358. — V. 21. ἐπ' ἀρωγόν. Vat. Cod. — Mox βύρσας corrigit *Br.* — V. 23. laudat *Suidas* in ἀνάγκῃ T. I. p. 160.

XXVIII. Cod. Vat. p. 368. cum lemmate: Ἀντιπάτρου. ὅτι ἡ πρὸς Ἑρμῆν θυσία εὔκολος, ἡ δὲ πρὸς Ἡρακλέα δύσκολος. βουφάγος γὰρ καὶ γαστρίμαργος. Planud. p. 56. St. 80. W. Mercurium loquentem tibi finge, parvo mellis lactisve munere contentum deum; cum contra Herculeſ, qui frequenter in eadem cum Mercurio ara colebatur, agnos haedosque ſibi expoſceret. Conf. *Leonid. Tar.* Ep. XXIX. — V. 1. εὔχωλος vett. quaedam editt. *Heſych.* εὔκολος. εὐχερής. καὶ ὁ ἐναντίος τῷ δυσκόλῳ. καὶ Ἑρμῆς παρὰ Μεταποντίνοις. Priori ſignificatu hoc epitheton Mercurio tribuitur tanquam palaeſtrae praeſidi. Hoc loco altera ſignificatio locum habet. Vide *Rubnken.* Epiſt. crit. II. p. 181. — ἐν δὲ γαλ. Cod. Vat. et Plan. — V. 2. δρυΐνῳ μέλιτι. ex arboribus collecto melle, quod vilius eſt eo, quod in alvearibus ſervatur; mel ſylveſtre, ἄγριον, vocant. Vide *Wetſten.* ad N. T. I. p. 258. De diis, quibus mel libari ſolebat, conf. *Bochart.* Hieroz. T. II. p. 529. — ¶. 14.] V. 4. ἐν θύος. Non valde placet repetitio τοῦ ἐν, quod nullam h. l. vim habet. An fuit: καὶ πάντως οἱ θύος ἐ.? — V. 5. At, dixeris, lupos tamen abigit. — Quid intereſt, grex utrum per lupos an per cuſtodem pereat? — Pro λύκων in Cod. Vat. λύκος, in Planud. λύκοις legitur. Haec lectio non ſpernenda.

XXIX. Cod. Vat. p. 410. Ἀντιπάτρου. Plan. p. 3. St. 7. W. Expreſſum carmen ex *Leonid. Tar.* Ep. XLVII. Conf. *Meleagr.* Ep. CXV. Mars nova ſibi et ſplendida arma dicata eſſe conqueritur. — V. 1. βοάγρια. *ſcuta.* *Euſtath.* ad Il. p. 244. 45. — ἀφόρυκτα. ſanguine non maculata. Formatum verbum ad ſimilitudinem τοῦ αἱμοφόρυκτος ap. *Homer.* Od. υ. 348. — V. 5. τεράμνοις: in cubiculis, ubi epulae et convivia habentur. οἰνόπληξ idem, quod μεθύπληξ, hominum epitheto ad locum tranſlato. Quare ſuperſedere poſſumus conjectura V. D. in Miſc. Obſſ. T. V. p. 279. οἰνόφλυξι, *vinum ſpirantibus* —

V. 6. πλάθειν. Haec est codicum lectio, quam revocavi. „Cum verbo conjungenda est praepositio per tmesin divulsa: τᾶδ' ἔσκεν ἀμπλάθειν i. e. ἀμπλάζειν εἰνοπλῆξι τετράμενος ἀνταλλάμαν. Deest πλάθειν in Florentina, vacuo „relicto spatio; reposuit Aldus in prima editione: at in „secunda, nescio unde, dedit κεῖσθαι, quod in ceteras „propagatum est. Emendatio est, quae necessaria videbatur, quum non intelligeret, qui eam invexit, quomodo construenda esset praepositio.“ *Br.* — In Vat. Cod. πλάθειν. — V. 7. ἶδε pro ἄδε. Vat. Cod.

XXX. Cod. Vat. p. 395. Ἀντιπάτρου. Planud. p. 322. St. 462. W. Argutum Epigramma in statuam Apollinis pueri ex aere, Onatae opus. Hanc statuam apud Pergamenos fuisse, ex *Pausan.* L. VIII. 42. p. 687. tradit *Schol.* ad h. l. — V. 1. βούπαις. qui pubertatis annis proximus est. *Eustath.* in Il. p. 944. 17. *Phurnutus* de Nat. Deor. p. 70. βούπαιδος ἡλικίαν ὁ Ἀπόλλων ἔχει, καθ' ἣν καὶ οἱ ἄνθρωποι εὐειδέστεροι ἑαυτῶν φαίνονται. κάλλιστος γὰρ ὀφθῆναι, καθαρὸς ὢν καὶ λαμπρός. In Cod. Vat. ἀπόλλων et in fine vers. ἐόντα legitur. — Illustre Onatae Aeginetae nomen, de quo vide *Junium* in Catal. — V. 2. ἀγλαΐα. Filii pulcritudo patris dignitatem matrisque venustatem arguit. — V. 3. οὐ μάταν. non indigna fuit Latona, quam summus Jupiter amaret; nec falsum est, quod ajunt, Jovem et capite et oculis praestitisse. κατ' αὐγάν. Respicitur locus *Homeri* Il. β. ὄμματα καὶ κεφαλὴν ἴκελος Διὶ τερπικεραύνῳ. — V. 5. Ex operis praestantia poëta colligit, ipsam Lucinam Onatae in eo edendo et progignendo tulisse opem; unde sequitur, Junonem sculptori Apollinem privignum edenti non succensuisse. Hoc argute magis quam bene et probabiliter dictum. Vide *Heynium* in Comm. T. X. p. 82. — Nata est ἔννοια hinc, quod artifices opus ad naturae similitudinem prope accedens fingentes, illud τεκεῖν dicuntur. Epigr. ἀδέσπ. CCXXIV. ὁ βοῦς, ὁ τίκτων' ἀπὸ γαστέρος ἔπλασε τὴν βοῦν. 'Α δὲ Μύρωνος χεὶρ οὐ πλάσεν, ἀλλ' ἔτεκε. — V. 6. Εἰλειθυίης. omnes libri. Metri causa 'Ελειθυίης correxit *Huetius* p. 31. Haec forma passim obvia apud *Pindarum*. Vide *Maittaire* D. D. p. 158. B. Brunckiana 'Ελήθυίη quam auctoritatem habeat, ignoro.

XXXI. Planud. p. 324. St. 463. W. 'Αντιπ. Σιδ. In Praxitelis Venerem Cnidiam et Amorem Thespiensem, quae numina poëta tantam vim habere ait, ut in uno loco posita omnia igne consumtura essent. — V. 2. „Sic „in omnibus libris legitur hic versus, cujus scriptura „forte sollicitanda non est, ob sequens οὐχ ὅτι πέτρον. „Sed mallem: ἅδε που ὡς φλέξει καὶ θεὸν οὖσα λίθος." *Br.* Non magni pretii conjectura, qua elegans oppositio et membrorum concinnitas penitus tollitur. Noli tamen dubitare, quin depravata sit vulgata lectio. Sensus est: Haec vel lapidem incendat, *cum* dea sit, καὶ λίθον, θεὸς οὖσα; sive: licet dea sit, καίπερ θεὸς οὖσα. Sive hanc, sive illam interpretationem admiseris, sensus evadet subabsurdus. Scribendum videtur:

ἅδε που ὡς φλέξει καὶ λίθος οὖσα λίθον.

Haec quamvis lapidea, tamen vel saxum amore incendat. Causa erroris in aperto est. Scribebatur: ΚΑΙΛΙΘΟC — ubi cum ΛΙ a praecedente ΑΙ absorptum esset, orta est lectio ΚΑΙ ΘΟC. Nihil magis in artium operibus mirari solent poëtae et sophistae, quam vitae et sensus speciem, inanimis rebus tributam. Plena est exemplorum Anthologia, plenus *Callistratus*. Quare duo loca hic laudasse suffecerit. Epigr. ἀδέσπ. CCCII. Μαίνῃ καὶ λίθος οὖσα. *Callistr.* Stat. IX. p. 901. ἀλλὰ καὶ λίθος ὢν εἶχεν ἐξουσίαν φωνῆς. Gravium autem animi sensuum vim ita significare solent poëtae, ut eos vel ad inanimas res permanare dicant. Epigr. ἀδέσπ. DCLVI. Τίς λίθος οὐκ ἐδάκρυσε, σέθεν φθιμένοιο, Κλέανδρε; Τίς πέτρος, ἐς τὴν σὴν λήσατο ἀγλαΐην; — V. 3. De Amoris ap. Thespienses statua vid. ad *Leonid. Tar.* Ep. XL. — V. 4. νῦν ψυχρῷ πῦρ ἀδάμαντι. Color fortasse ductus ex nobili *Pindari* loco ap. *Athen.* L. XIII. p. 601. in Pindari Fragm. p. 22. ed. *Heyn.* τὰς δὲ Θεοξένου ἀκτῖνας ὄσσων μαρμαρίζοισας; Δρακεὶς, ὃς μὴ πόθῳ κυμαίνεται, Ἐξ ἀδάμαντος ἢ σιδάρου κεχάλκευται Μέλαιναν καρδίαν. Conf. *Wyttenb.* ad Plutarch. de S. N. V. p. 69. — V. 6. ἵνα μή Non valde dispari acumine Pompejorum sepulcra divisa esse dicuntur: *jacere Uno non potuit tanta ruina loco*, ap. *Martialem* L. V. 75. et ap. *Petron.* c. 120. *Et quasi non posset tot tellus ferre sepulcra, Divisit cineres.*

§. 15.] *XXXII.* Planud. p. 326. St. 465. W. Ἀντιπ. Σιδ. Ducta ἔννοια ex *Leonid. Tar.* XLI. Nostrum carmen imitando expressit *Julian. Aegypt.* Ep. XXXII. Vertit *Ausonius* Ep. CVI. hunc in modum:

Emersam pelagi nuper genitalibus undis
Cyprin Apellei cerne laboris opus:
Ut complexa manu madidos salis aequore crines
Humidulis spumas stringit utraque comis.
Jam tibi nos, Cypri, Juno inquit, et innuba Pallas,
Cedimus, et formae praemia deferimus.

Comparavit hoc nostrum carmen cum Epigrammate *Leonidae*, ita ut archetypo praemium decerneret, *Ilgen* in Opusc. phil. Tom. I. p. 35. sqq. — V. 3. χειρί. Veneris imago obversabatur *Ovidio*, cum puellae comas comparat cum illis, *quas quondam nuda Dione Pingitur humenti sustinuisse manu*, I. Amor. XIV. 33. Nymphae ap. *Himer.* Eclog. XIII. 21. p. 222. ὅτι λευκὸν ἐκ τῆς θαλάττης ἀφρὸν ἐξ ἄκρων πλοκάμων στάζουσι. — V. 6. Hunc versum in parodiam suam transsumsit *Philippus* Ep. XXXVI. οὐκέτι σοὶ χειρῶν εἰς ἔριν ἐρχόμεθα, monente etiam *Valckenario* ad Theocr. Adon. p. 301. A.

XXXIII. Planud p. 325. St. 464. W. Ἀντιπάτρου. Verba hujus distichi satis quidem expedita; sed in sensu haeremus. Saltem scribendum: Ἡ λίθος — —. Sive hoc marmor Veneris formam et arma assumsit; sive Venus, hanc statuam conspicata, dixit: Sic esse volui. Quibus verbis dea statuae ejusmodi praestantiam videtur tribuere, qualem ipsa voluerit. *Brodaeus* ad εἶναι subaudit θωρηχθεῖσα. Fortasse recte. Sed, ut dixi, sensus carminis mihi non satis expeditus esse videtur.

XXXIV. Planud. p. 325. St. 465. W. Ἀντιπάτρου. Venerem Spartae armatam esse ait, ut Spartanam et Martis conjugem. Conf. ad *Leonid. Tar.* Ep. L. — V. 1. Vulgo verba hujus distichi continua serie, sine distinctione leguntur. Recte quidem *Br.* post Σπάρτας distinxit; sed in sequentibus aliquid deesse passus est, quod ad cola melius connectenda requiri videtur. Scripserim:

οὐκ ἄστεσι δ' οἷον ἐν ἄλλοις.

— V. 2. στολίδας. tunicas, ut ap. *Euripid.* in Helen. 1379. Phoen. 1498. ubi vide *Musgrav.* Ex hoc loco colligit cl. *Visconti* in Museo Pio-Clem. T. III. p. 9. Venerem plerumque tunicis στολιδωτοῖς indutam fuisse in veteribus statuis. Cnidiae certe Veneris nuditatem turpem nonnullis fuisse visam, idem notavit ad Tom. I. Tab. IX. not. f. — V. 3. καλύπτρας. quas vulgo gerit. *Pausanias* tamen L. III. 15. p. 246. Veneris armatae apud Spartanos signum commemorat, καλύπτραν ἔχούσης καὶ πέδας περὶ τοῖς ποσί. — V. 4. χρυσείων ἀκρεμ. *Aureus* ramus, quo poëta Venerem vulgo instructam esse ait, fortasse pro *pulchro* accipiendus est; quo sensu χρύσεον ῥέθος dixit *Rhian.* Ep. IV. et puella χρυσοτέρη Κύπριδος in Ep. ἀδεσπ. 732. Florem, lilium inprimis, Venus manu tenet in veteribus monimentis. Vide *Winkelmann.* Monim. inediti c. XII. p. 36. Fortasse frons myrti intelligitur, quam Veneri sacram fuisse constat ex *Pausan.* VI. 24. p. 540.

XXXV. Planud. p. 334. St. 473. W. Ἀντιπάτρου. In tres Musarum statuas, trium sculptorum opera. Dedit nonnulla de hoc carmine *Winkelmann*. Mon. Ined. T. I. in Tratt. Prelim. p. LXVII. — V. 1. τρίζοντες. Nonnisi tres Musae vetustissimis temporibus colebantur, Μελέτη, Μνήμη et Ἀοιδὴ, docente *Pausan*. L. IX. 29. p. 765. Vide *Davisium* ad Cicer. de N. D. L. III. 21. Tres esse volebant nonnulli propter tria τῶν μελῳδουμένων genera; τὸ διάτονον καὶ τὸ χρωματικὸν καὶ τὸ ἐναρμόνιον, secundum *Plutarch*. T. II. p. 744. C. Hinc ultimum carminis nostri distichon explicandum venit. Prima illarum Musarum est ἡ κραντεῖρα τόνου, diatonicum moderatur genus; altera, μελῳδὸς χρώματος, chromatici generis auctor; tertia, εὑρέτις ἁρμονίας, enharmonici inventrix. — Pro τρὶδ' Ed. pr. τρὶδ. — V. 4. Καναχὰ editt. vett. omnes usque ad Stephan. Canachos, Onatae aequalis, secundum *Pausan*. p. 688. De ejus arte judicat *Cicero* in Brut. c. XVIII. Frater ei fuit, arte non multum inferior ipso, *Aristocles*. *Pausan*. VI. 9. p. 472. De *Agelada* Argivo, eodemque Onatae aequali vide *Pausan*. VIII. 42. p. 688.

¶. 16.] *XXXVI*. Cod. Vat. p. 484. Ἀντιπάτρου. Planud. p. 357. St. 496. W. ubi ἄδηλον. Scriptum in templum Dianae Ephesiae, quod eam Olympo et deorum contubernio praeferre ait Antipater. — V. 1. παρθενῶνα. illum Dianae virginis thalamum, qui ei, ut reliquis diis deabusque, in Olympo exstructus fuit. ἐμβεβαῶτα. exstructum, collocatum. Verbo simplici βαίνειν sic utitur *Pausan*. L. III. 7. p. 222. καὶ ὁ πόλεμος οὗτος τὸ τὴν Ἑλλάδα ἤδη βεβηκυῖαν διέσεισεν ἐκ βάθρων. Ex *Xenophonte* βεβηκυίας τῆς οἰκίας ἐν ἐδάφει laudat *Bud*. in Comm. L. Gr. p. 120. Quaedam huc facientia vide ap. *Inspp. Herodoti* L. VII. p. 581. *Schweigh*. ad Polyb. T. VI. p. 445. — V. 3. πόλις Ἀνδρόκλοιο, Ephesus ab Androclo, Codri filio, condita. *Strabo* L. XIV. p. 633. et 640. *Pausanias* L. VII. 2. p. 526. — V. 6. τὰν τροφόν. Ephesi enim nata putabatur Diana. Vide ad *Nossidis* Ep. III

p. 414. — Pro ἐνταυθοῖ Cod. Vat. elegantius ἐν ταύτᾳ. — Τανυσσαμένα. *Callimachus* H. in Dian. 110.

XXXVII. Cod. Vat. p. 489. Ἀντιπ. Σιδ. Planud. p. 75. St. 110. W. Conf. *Leonid. Tar.* Ep. LVII. Vere ineunte Priapus nautas hortatur, ut navigationem suscipiant. Nostrum carmen expressit *Agathias* Ep. LVII. — V. 1. ῥόθιος ναΐ. celeriter et cum strepitu undas secanti navi. *Schol. Apollon.* L. II. 1110. et *Hesych.* ῥόθιον. ῥεῦμα. κῦμα. τὸ μετὰ ψόφου γινόμενον. Vide *Musgr.* ad Euripid. Iph. Taur. 407. et *Ducker.* ad Thucyd. L. IV. 10. p. 17. ed. Bip. — V. 2. φρικί. *Homer.* Il. η. 63. οἵη δὲ Ζεφύροιο ἐχεύατο πόντον ἔπι φρὶξ Ὀρνυμένοιο νέον, μελάνει δέ τε πόντος ὑπ' αὐτῆς. — V. 5. Hinc *Satyrus Thyill.* Ep. V. σχοίνους μηρύεσθε, ἐφ' ὁλκάδα φορτίζεσθε ἀγκύρας. — V. 6. φωλάδας. Vat. Cod. Quod de bestiis, reptilibus praesertim, usurpatur vocabulum φωλὰς, in anchoram transtulit poëta, in arena latentem. φωλάδες ὕδραι *Nonn.* Dion. II. p. 48. φωλεύειν dicuntur ursi, araneae, reptilia, quae in antris et speluncis degunt. Vide *Salmas.* ad Solin. p. 223. *Wetsten.* ad N. T. I. p. 351. — V. 8. ἀνερμύτας. Vat. Cod. ἀνερμίτας. Plan. Vera lectio non fugit *Jos. Scaligerum.*

XXXVIII. Cod. Vat. p. 393. Planud. p. 10. St. 19. W. Ἀντιπάτρου. Gentile *Sidonii* nomen membranae Vat. addunt. Platanus, quae longa senectute exaruit, felicitatem suam praedicat, quod vitis ipsam viridantibus pampinis ambiat. Suave carmen. — Vitem platano junctam commemorat etiam *Thall. Miles.* Ep. IV. — V. 3. ἀγλαόφυλλος. Vat. vitiose. Ego, quae olim inter viridantes meas frondes hujus vitis nutrivi uvas. — V. 4. ἀντιπελαστέρη. Vat. — V. 5. Tales sibi quisque amicos alat, qui ei vel mortuo gratiam referant. — μόνη. Eximiam passim praestantiam significat μόνος. Exempla vide ap. *Wetsten.* in N. T. I. p. 942.

XXXIX. Cod. Vat. p. 451. Ἀντιπάτρου. Plan. p. 1. St. 3. W. Ariae stadiodromi celeritas laudatur et cum Persei pernicitate comparatur. — V. 1. οὐ καταλέγχει. οὐ καταισχύνει. *Schol.* Sic hoc vocabulo usus est *Pindar.* Pyth. VIII. 50. Perseo poëtae pedes alatos tribuunt. *pennipes Perseus* ap. *Catull.* LV. 24. ubi vide *Doeringium.* Tarsum (*Persea Tarsos* ap. *Lucan.* L. III. 225.) Ariae patriam fuisse, licet diserte non dicatur, dubitari tamen non potest. — τὸν κτίστην. *Dionys.* Perieg. 868. Τάρσον ἐϋκτιμένην, ὅθι δή ποτε Πήγασος ἵππος Ταρσὸν ἀφεὶς χώρῳ λίπεν οὔνομα. *Ammian. Marc.* L. XIV. p. 39. *Ciliciam vero, quae Cydno amne exultat, Tarsus nobilitat, urbs perspicabilis, quam condidisse Perseus memoratur, Jovis filius et Danaes,* ubi vide *Valesium.* — ¶. 17.] V. 3. Hunc ne Perseus quidem currendo praevertisset, νῶτον ἔδειξε, quod in cursus certamine victoribus proprium. — V. 5. ὑσπλήγγων. Plan. — Summam Ariae celeritatem ita describit poëta, ut eum aut ad carceres aut ad metam visum esse dicat, nunquam in medio stadio. Sic Orestes ap. *Sophoclem* in Electra v. 686. δρόμου δ' ἰσώσας τῇ φύσει τὰ τέρματα Νίκης ἔχων ἐξῆλθε πάντιμον γέρας. Plutus ap. *Lucian.* in Timon. 20. T. I. p. 90. Bip. ὁπόταν ἀπαλλάττεσθαι δέῃ, πτηνὸν ὄψει, πολὺ τῶν ὀνείρων ὠκύτερον· ἅμα γοῦν ἔπεσεν ἡ ὕσπληγξ, κἀγὼ ἤδη ἀνακηρύττομαι νενικηκώς, ὑπερπηδήσας τὸ στάδιον, οὐδὲ ἰδόντων ἐνίοτε τῶν θεατῶν. In quibus verbis color ductus ex Epigr. ἀδεσπ. 312. quod nunc mutilum, aliquando integritati restituere conabimur. — In Schedis Krohnianis v. 1. Ἀρίας, v. 3. οὐκ ἂν legitur.

XL. Legitur in Cod. Vat. post titulum, et iterum p. 191. Ἀντιπάτρου. Planud. p. 2. St. 3. W. In Nicophontem Milesium, pugilem, quem Olympiae vincentem ne Jupiter quidem sine metu videre potuit. Partem hujus carminis expressit *Philipp.* Ep. XLVI. — V. 1. excitat *Suidas* in τέτορας T. III. p. 447. et iterum cum v. 2. in Ἄτλας T. I. p. 372. ubi εὐδρόμους legitur. —

ταύρου βαθὺν τένοντα. Describitur Nicophontis, quem Milesium gigantem appellat poëta, robur. τένων cervix est, secundum Homericum dicendi usum. Vide *Foesium* in Oec. Hipp. v. τένοντες p. 370. In tauro cervix pars validissima; unde qui Herculem finxerunt statuarii, cervicem inprimis ad tauri similitudinem finxisse existimantur; quae *Winkelmanni* est sententia in Mon. Ined. Tratt. prelim. T. I. p XLIII, exornata a viro illustri *Ramdohr über Mahlerei und Bildh. zu Rom* T. I. p. 9. Talem cervicem labor palaestricus efficiebat. *Philostr.* Vit. Soph. II. p. 552. εὐτραχήλως ἔχοντα τοῦ αὐχένος· τουτὶ δὲ ἐκ πόνων ἥκειν αὐτῷ. De Patroclo idem in Heroic. p. 736. IX. ἡ κεφαλὴ δὲ ἐβεβήκει ἐπ' αὐχένος, οἷον αἱ παλαῖστραι ἀσκοῦσιν. *Heliodor.* L. VII. p. 368. εὐρύς τις ἦν τὰ στέρνα καὶ τοὺς ὤμους καὶ τὸν αὐχένα ὄρθιον καὶ ἐλεύθερον ὑπὲρ τοὺς ἄλλους αἴρων. — εὐαρέους ὤμους. Amyclus ap. *Theocritum* Id. XXII. 46. στήθεα δ' ἐσφαίρωτο πελώρια καὶ πλατὺ νῶτον σαρκὶ σιδαρείῃ. *Artemidor.* Oneir. I. 52. σιδηρέους λέγομεν τοὺς πολλὰ κακὰ ὑπομένοντας. Cum Atlante cur in hac parte comparetur Nicophon, apparet ex *Eurip.* Ion. init. Ἄτλας ὁ χαλκέοισι νώτοις οὐρανὸν θεῶν παλαιὸν οἶκον ἐκτρίβων. Conf. *Aeschyl.* in Prom. 428. quem locum nuper praeclare emendavit *Herrmann.* in Obss. crit. p. 14. sq. *Barth.* ad Stat. Theb. L. I. 489. Tom. I. p. 168. — V. 2. κόμαν Ἡρακλέους. Quid sit, quod Herculis comam ab aliorum distinguat coma, docuit *Winkelmann* in Histor. Artis p. 46. et 56. et in Tratt. Prelim. p. LVIII. sq. Ad hanc in Herculis coma proprietatem respicit *Ovid.* in Heroid. IX. 63. *Ausus es hirsutos mitra redimire capillos.* — V. 3. λέοντος ὄμματα. *Philostrat.* Her. XI. p. 718. de Ajace Telamonio: βλοσυρωπός τε χαροποῖς τοῖς ὀφθαλμοῖς ὑπὸ τὴν ὀφρύν, οἷον οἱ λέοντες ἐν ἀναβολῇ τοῦ ὁρμῆσαι. *Callim.* H. in Cer. 51. τὰν δ' ἄρ' ὑποβλέψας χαλεπώτερον ἠὲ κυναγὸν ὤρεσιν ἐν Τμαρίοισιν ὑποβλέπει ἄνδρα λέαινα. — V. 5. Jupiter Gigantem se videre putans, nova sibi bella excitatum iri fortasse existimabat. — V. 6. πυγμήν. Plan.

XLI. Planud. p. 329. St. 468. W. Ἀντιπάτρου. Plures exstant lusus in Amoris vincti imaginem. Vide *Alc. Mess.* Ep. XI. *Satyr. Thyill.* Ep. IV. *Quint. Maec.* IX. *Crinagor.* I. — V. 2. πῦρ πυρί. Hinc *Meleager* Ep. LXXVI. φλέγεται πῦρ πυρὶ καιόμενον. — V. 3. Ne lacrymas fundas; merito enim haec tibi contigerunt, cum aliorum lacrymis gaudeas.

XLII. Planud. p. 316. St. 456. W. Ἀντιπάτρου. De Niobe, Dianae et Apollinis ira bis septem liberis orbata. — V. 1. *Jos. Scaliger* eleganter corrigit: δὶς ἑπτάκι τέκνα. idem v. 3. κόραις, ubi vulgo κούραις habetur. — κούρα. Diana. ἄρσην. Apollo. In Analectis pro ἄρσενι vitiose ἄρσενι excusum est. — V. 6. Planudeae Codd. teste *Brunckio*, ut libri excusi, λείπεται γηροκόμω. In uno λείπετο, superscripto αι. Hanc lectionem sinceram esse, cum metri ratio, tum sequens ἄγοντο arguit. — ἐφ᾽ ἑνὶ λείπεσθαι. *Aelian.* V. H. VI. 10. κατελείφθη δὲ Περικλῆς ἐπὶ τοῖς νόθοις. et sic passim. Vide *T. H.* ad *Lucian.* T. II. p. 436. Bip. De γηροκόμος et γηροκομεῖν dixit *Eustath.* ad Od. p. 840. 6. γηροβοσκὸς pro eo usurpavit *Sophocl.* Aj. 570. *Eurip.* in Phoen. 1445. — ¶. 18.] V. 10. δεῖμα λίθος. De lapide Tantali capiti imminente vide ad *Archilochi* fragm. XLIII. p. 177. Adde *Heynium* ad *Pindar.* I. Olymp. 89. p. 13.

XLIII. Planud. p. 316. St. 456. W. Ἀντιπάτρου. Hoc carmen expressit *Meleager* Ep. CXVII. Ipsam nobis Nioben poëta exhibet post liberorum mortem externatam, manibus ad coelum sublatis, tanquam minabundam. χεῖρα πίτνουσα. Vide *Wakefield.* in Silv. crit. V. p. 64. — V. 2. λῦσον κόμαν, crinibus passis, ut Baccha externata. Ariadne ap. *Ovid.* in Heroid. X. 47. *Aut ego diffusis erravi sola capillis; Qualis ab Ogygio concita*

Baccha deo. XV. 139. *Illuc mentis inops, ut quam furialis Erichtho Impulit, in collo crine jacente, feror.* I. Amor. IX. 37. *Atrides, visa Priameïde fertur Maenadis effusis obstupuisse comis.* Vide *Valcken.* ad Phoen. p. 293. — V. 10. „In uno Planudeorum κάϊδι τειρομένα. super„scripto τ. Neutrum verum esse credo. Corruptus lo„cus." *Brunck.* Merito vir perspicacissimus de novissimi versus sinceritate dubitat, cum Niobe in Sipyli monte in lapidem conversa non dici possit *apud Plutonem* affligi. Aliter res se habet ap. *Theocrit.* Eid. α. 103. Δάφνις κὴν Ἀΐδᾳ κακὸν ἔσσεται ἄλγος Ἔρωτι. Nullus dubito, quin *Antipater* expresserit locum Homericum de Niobe Il. ω. 617. ἔνθα λίθος περ ἐοῦσα θεῶν ἐκ κήδεα πέσσει. Quare minima mutatione lego:

αἴτρᾳ ἴσᾳ Νιόβα ΚΑΔΕΪ τειρομένα.

Epigr. ἀδέσπ. DCLVI. τοκῆας γηραλέους, στυγερῷ πένθεϊ τειρομένους. *Paul. Silent.* Ep. LXXXII. δυςτλήτῳ πένθεϊ δαπτομένων. Conf. *Merrick* ad Tryphiodor. 185. *Ovid.* Metam. VI. 301. *orba resedit Exanimes inter natos natasque virumque Diriguitque malis.* Forma κᾶδος aeolicae dialecto propria, (vide *Valcken.* ad Adon. p. 204. B. C.) nec Doriensibus tamen plane incognita fuit. *Hipparchus* quidem ap. Stobaeum T. CVI. p. 578. 48. τὰ ἴδια κάδεα.

XLIV. Planud. p. 366. St. 505. W. Sine auctoris nomine. In nonnullis tamen codicibus hoc Epigr. *Antipatro Sidonio* tribui monuit *Leo Allatius* de Patr. Homeri p. 116. Satis noti distichi in eum poëtam, *patriam cui Graecia, septem dum dabat, eripuit* (quae *Manilii* verba sunt L. II. 7.) lectionem diversam vide inter Ep. ἀδέσπ. CDLXXXVI.

XLV. Planud. p. 366. St. 505. W. Ἀντιπάτρου. Veram Homeri patriam coelum esse, nec eum ex mortali matre, sed ex Calliope natum videri: Hinc expressum

Ep. ἄδηλον. CCCCLXXXVII. — V. 3. ἐύκλαρον. i. e. εὐτυχῆ, εὐήμερον. Vide *Hesych.* in εὐκληρία. — V. 4. Λαπιθέων est in Edit. pr. et Ald. pr. Seriores Λαπιθῶν. — V. 6. πινυτᾶς omnes vett. editt. et ἄνδιχα. In marg. Wechel. γρ. καὶ ἀμφαδά. Poëta deorum interpretem agens, veram Homeri patriam indicat. Apollinis opus carmina Homerica esse, suspicatur *Philostratus* in Heroic. XVIII. p. 726. cujus verba dabimus ad Ep. Heroic. XIX. T. III. p. 146.

¶. 19.] *XLVI.* Cod. Vat. p. 367. Ἀντιπ. Σιδ. Planud. p. 92. St. 134. W. ubi μνημοσύναν habetur. — V. 2. μοῦσαν. Vat. Cod. — Sappho Musarum decima ap. *Platon.* Ep. XII.

XLVII. Cod. Vat. p. 320. Ἀντιπάτρου. Planud. p. 280. St. 405. W. Pauca Erinnae carmina, Musis faventibus scripta, multis multorum versibus anteponenda. Obversabatur poëtae *Asclepiadis* Ep. XXXV. — V. 1. παυροεπής. Erinnae enim Ἠλακάτη, quod solum poëma paulo longius reliquit, non ultra trecentos versus excurrebat. — τοῦτο τὸ βαιὸν ἔπος. Fere ut *Meleagr.* Ep. I. 6. Σαπφοῦς βαιὰ μὲν, ἀλλὰ ῥόδα. —. V. 3. Hinc gloria puellam sequitur, nec Orci premitur tenebris. *Tullius Laur.* Ep. III. γινώσκω, ὡς Ἀΐδαν σκότος ἔκφυγεν· οὐδέ τις ἔσται Τῆς λυρικῆς Σαπφοῦς νώνυμος ἠέλιος. — κωλύονται. mors non impedit, quominus clara sit et illustris Erinna. Respondet verbum Latinorum *premere*, quod illustravit *Mitscherlich* ad Horat. I. Od. IV. 16. Contra *Sappho* in illustri fragmento de puella ingloria in Anal. I. p. 57. XI. ἀφανὴς κὴν Ἀΐδα δόμοις φοιτάσεις . . . οὐδέ σε βλέψει ταῖς ποτ' ἀμαυρῶν νεκύων ἐκπεποταμέναν. — Nocti tribuuntur alae ap. *Aristoph.* in Avibus 694. νὺξ ἡ μελανόπτερος. Conf. *Winkelm.* in Monim. ined. Nr. XXVII. *Heynium* ad Tibull. II. 1. 89. — V. 5. Recentiorum poëtarum carmina in oblivionem abeunt. Tempus, quod omnia exstinguere et in oblivionem adducere videtur

ap.

ap. *Diodor.* in Exc. p. 556. 96. ὁ χρόνος, ὁ πάντα μαραίνων τἄλλα, ταύτας (τὰς ἀρετὰς) ἀθανάτους φυλάττει, καὶ πρεσβυτέρους γενόμενος αὐτὰς ταύτας ποιεῖ νεωτέρας. Dicit μαραινόμεθα, se ipsum cum ceteris sui aevi poëtis comprehendens; ut adeo non necessarium sit, cum *Sonnagio* in Hist. Poës. brev. p. 21. statuere dialogum inter recentiores poëtas et *Antipatrum*. — ἀναρίθμητοι. Cod. Vat. — μαραινόμεθα. evanescimus. — V. 7. Hoc distichon laudat *Suid.* in λῶιον T. II. p. 462. — κύκνου. Poëtae eximii imago cycnus, ut notum, (vide *Böttigerus* in not. ad Horat. p. 158.) hoc loco tanto aptior, quo brevior ejus cantus esse putabatur. Ex nostro fortasse loco profecit Auctor Carm. ἀδεσπ. DXXIV. in Erinnam κυκνείῳ φθεγγομένην στόματι. — κρωγμός. ὁ τῆς κορώνης ἦχος. *Eustath.* ad Od. Δ. p. 179. 33. De barbarorum cantibus *Julian.* in Misop. p. 337. C. ἄγρια μέλη, παραπλήσια ταῖς κρωγμοῖς τῶν τραχὺ βοώντων ὀρνίθων. — Pro ἠδ Cod. Vat. ἤδε. — Eandem sententiam iisdem fere verbis expressit *Lucret.* L. IV. 182. *Parvus ut est cycni melior canor, ille gruum quam Clamor, in aetheriis dispersus nubibus austri.*

XLVIII. Planud. p. 367. St. 506. W. Ἀντιπάτρου. — In Pindarum, reliquos omnes poëtas, ipso Pane teste, superantem. — V. 1. νέβρειοι αὐλοί, ex hinnulorum ossibus factae tibiae, quas etiam ὀστίνους appellant. (vide *Aristoph.* in Acharn. v. 863.) Thebanorum inventum ex *Ioba* tradit *Athen.* L. IV. p. 182. *Pollux* L. IV. 75. Vide quae collegit *Spanhem.* ad Callim. H. in Dian. 244. et *Beckmann.* ad Antig. Caryst. c. VIII. p. 16. Hinnuleorum ossibus postea asinorum ossa substitui coeperunt, ut docet *Plutarch.* T. II. p. 150. E. quem locum adscribam, ut conjecturam expromam de *Cleobulines* loco longe corruptissimo: Εἶγε οἱ οἷας, ὦ ξένε, τοὺς νῦν αὐλοποιοὺς, ὡς προέμενοι τὰ νέβρεια, χρώμενοι τοῖς ὀνείοις, βέλτιον ἠχεῖν λέγουσιν. Διὸ καὶ Κλεόβουλον ἡ πρὸς τὸν Φρύγιον αὐλὸν νεβρογόνος κνήμη κερασφόρον οὖας ἦξε θαυμάζειν ἕκατι κρούσεως· ὥστε θαυμάζειν κ. τ. λ. *Wyttenbachii* Codd. ſic legunt: πρ. τ. Φ. αὐλὸν ἤρξατο κνήμη νεβρογόνος αἷμα κερασφόρῳ οὖας ἔκ τι κρούσεως. Mihi perſuaſum habeo, poſtremo vocabulo ως adhaeſiſſe ex ſequenti ὥστε. Vide, an totus locus ſic poſſit probabiliter refingi: διὸ καὶ Κλεοβουλίνη· ὑπὲρ τὸν Φρύγιον αὐλὸν ἦξε τὸ κνήμης νεβρογόνου ἄημα, κερασβόλα οὖας ἐκ τ' ἔκρουσε. *Tibiae binnuleae ſonitus ſuper Phrygiam ſeſe extulit tibiam, et duras aures ſtupore quodam affecit.* Junge οὖάς τε κ. ἐξέκρουσε. — Ut ad *Antipatrum* redeam, ſimili comparatione utitur vanus ille ap. *Lucianum* rhetor T. III. p. 14. ἐμὸ, dicens, τούς γε ἄλλους τοσοῦτον ὑπερφανοῦντα εὑρήσεις, ὁπόσον ἡ σάλπιγξ τοὺς αὐλοὺς, καὶ οἱ τέττιγες τὰς μελίττας καὶ οἱ χοροὶ τοὺς ἐνδιδόντας. Conf. T. III. p. 92. 25. et 199. 90. — V. 3. Conf. not. ad *Platon.* Ep. XXIX. 6. p. 357. In Pindari pueri labiis apes conſediſſe, elegans poëtarum commentum, quo futuram pueri in canendo dulcedinem ſignificarent. *Pauſan.* L. IX. 23. qui egregie huc facit: μέλισσαι δὲ αὐτῷ καθεύδοντι προσεπέτοντό τε καὶ ἔπλασσον πρὸς τὰ χείλη τοῦ κηροῦ. Conf. *Aelian.* V. H. XII. 45. et *Philoſtrat.* II. Imag. 12. p. 829. — V. 5. Μαινάλιος. Pan, qui ſacellum habebat prope Pindari domum, (Pyth. III. 137. ſqq.) poëtae hymnos ceciniſſe fertur. Ut noſter, *Philoſtrat.* l. c. φασὶ δὲ τὸν Πᾶνα, ὅτε Πίνδαρος ἐς τὸ ποιεῖν ἀφίκετο, ἀμελήσαντα τοῦ σκιρτᾶν, ᾄδειν τὰ τοῦ Πινδάρου. — Pro τὸν ἕνα *Sonntag* in Hiſt. Poëſ. brev. p. 19. τῶν corrigit, ut Pan non unum ſolum, ſed omnino hymnos Pindari ceciniſſe dicatur. Comparat *Plutarch.* T. II. p. 1103. Πίνδαρος ἀκούων ᾄδεσθαι (Πᾶνα) τι μέλος, ὧν αὐτὸς ἐποίησε. — Ad hunc verſum reſpexit *Euſtath.* p. 1917. ed. Rom. ὡς δηλοῖ ὁ γράψας ἐν Ἐπιγράμματι Πινδάρου περὶ τοῦ Πανὸς τὸ νομίων λησάμενος δονάκων, ἤγουν ἐκλαθόμενος τῆς σύριγγος.

XLIX. In Planud. p. 66. St. 96. W. *Antipatro* tribuitur. In Vat. Cod. p. 362. *Leonidae Tarentini* nomen prae se fert. Ut *Leonidae* et ut ineditum hoc carmen ex *Grotii* mantissa expromsit *Burmann.* in Add. ad Anth. Lat. T. II. p. 729. Temporum ratio non obstat, quominus *Leonidae* sit. Hic enim poëta et Aratus Antigono Gonata regnante, circa Olymp. CXXV. floruerunt. — V. 1. In *Arati* de astris carmen. — δηναιόφι. πολυχρονίους. *Eustath.* ad Il. α. p. 96. 4. In hoc epitheto, sed sine causa idonea, haesit *Casaubon.* quem hic aliquid conjecisse ex Schedis Bibl. Bodl. apparet, sed ductus obscuri sunt. — V. 4. „ἰλλόμενος, quod e Scaligeri cod. notatum probat *Huetius*, habet unus Planud. codicum ex „correctione ab eadem manu, ι scripto supra α. Editio„nes aliae ἀλλόμενος." *Br. Casaubonus* adscripsit ὡς ἄλλως κυκλόεις. In Vat. autem Cod. ἀλλόμενος habetur. In vulgata acquievisse videtur *Grotius*, qui vertit: *Seu vaga sint seu fixa, quibus pulsatur Olympi Regia, tam multis orbibus implicita.* Stellas quidem novi saltantes et choros ducentes, (vide ad *Dionys.* II. 17. T. II. p. 254.) sed οὐρανὸς ἀλλόμενος nimis absone dictum. Quare probabilis *Brunckii* emendatio: οὐρανὸς κύκλοις ἰλλόμενος, *coelum viis circumdatum*, per quas stellae cursum conficiunt. ἰλλόμενος, συνεχόμενος, σφιγγόμενος, interprete *Proclo* ad *Platonis* Tim. p. 281. Vide *Ruhnken.* ad Tim. p. 69. ubi haec glossa habetur: γῆν ἰλλομένην. συγκεκλεισμένην καὶ περιειλημμένην. ἰλλάδας γὰρ οἱ δεσμοί. Fortasse tamen κύκλοις pro κύκλῳ positum, ἴλλεσθαι autem vertendi volvendique sensu accipiendum est: *coelum in orbe circumactum.* — δεδίδεται. *stellis coelum aptum*; ut *Ennius* dixit ap. *Macrob.* in Saturn. VI. 1. eumque secutus *Virgil.* Aen. IV. 482. — V. 5. εἶναι, λεγέσθω scil. *Secundus* a Jove esse putetur is, qui stellas splendidiores et illustriores reddidit, carmine eas describendo et illustrando scil.

¶. 20.] *L.* Cod. Vat. p. 380. Ἀντιπάτρου. Plan. p. 100. St. 147. W. Nereïdes Corinthi, a Romanis everſae, fata lugent. Hoc carmen obverſatum eſſe videtur *Agathiae* Ep. LXI. — V. 3. ὁμάμαρτες Σισύφιαι. nobiles Corinthi matronae, a Siſypho, priſco Corinthi rege. — V. 5. οὐδ' ἴχνος. *Seneca* Epiſt. XCI. *Omnium iſtarum civitatum, quas nunc magnificas et nobiles audis, veſtigia quoque tempus eradet. Non vides, quemadmodum in Achaia clariſſimarum urbium jam fundamenta conſumta ſint, nec quidquam exſtet, ex quo appareat, illas ſaltem fuiſſe.* — V. 6. ἐξέφαγε πόλεμος *Br.* dedit in Analectis, cujus eum poſtea poenituit. Scr. cum Plan. πτόλεμος. In Vat. Cod. ἐξέφαγεν πόλεμος. — Tempus, quae pereunt, comedere dicitur, ut in Anth. Lat. II. p. 445. vel maxima monimenta *Concuties ſternesque dies, quoque altius exſtat Quodque opus, hoc illud carpes edesque magis.* — V. 8. ἀλκυόνες. calamitatem tuam lugemus. Halcyon triſtis et querula. Vide *Bochartum*, qui veterum loca diligenter collegit, in Hieroz. T. II. p. 219.

LI Cod. Vat. p. 326. Ἀντιπάτρου. Plan. p. 372. St. 511. W. ubi ultimum diſtichon deeſt. Lemma acceſſit ex Vat. Non ſatis conſtat, hoc carmen in urbem compoſitum eſſe. Aggeris moli aut caſtello alicui verba poëtae non minus convenirent. Hoc apparet, de magno aliquo, ingentis altitudinis roborisque aedificio agi. Reliqua incerta ſunt. — V. 1. ἄπαν ſi ſincerum eſt, conjungi debet cum λάϊνον, totum ex lapidibus exſtructum. — Ἀσσυρίης Σεμιράμιος. (Σεμιράμεως Cod. Vat) Haec non pro circumſcriptione ipſius Babyloniae, ſed comparative accipienda ſunt: molem haud diſſimilem ei, quam Semiramis exſtruxit, Babyloniam altiſſimis cingens moenibus. — Κύκλωψ. Ad fabulam de muris urbium Mycenarum et Tirynthis a Cyclopibus aedificatis reſpicitur. *Pauſan.* L. VII. 25. p. 589. *Alpheus* Ep. VIII. ubi Mycenae Κυκλώπων vocantur πόλις. *Statius* Sylv. V. 3. 47.

Atque utinam fortuna dares mihi Manibus aras, Par templis opus, aëriamque educere molem, Cyclopum scopulos ultra, atque audacia saxa Pyramidum. — V 4. ἐγχ. πλ. *Propert.* L. III. El. I. 57. *Pyramidum sumtus ad sidera ducti.* Anthol. Lat. II. p. 449. CCLXII. *Tu licet extollas magnos ad sidera montes, Et calidas aeques* (f. Et coelo exaeques) *marmore pyramidas.* — V. 6. φυρηθέν. *Schol.* qui totum hoc carmen de Semiramidis aedificiis interpretatur, huic vocabulo adscripsit, οὕτως εἶπεν διὰ τὴν ἄσβεστον. Aut scripsit aut scribere voluit: τὴν ἄσφαλτον. Si recte scribitur φυρηθὲν, de calce macerata et subacta accipiendum. Sed fortasse scribendum:

πυργωθὲν γαίης εὐρυπέδοιο βάρος.

— V. 7. »Lemma et ultimum distichon suppeditavit »Cod. Vat. Spatium vacuum in pentametro repletum a »recentiori manu, sed inepte, his verbis, νεφέων τεῦξεν »ἐπ' — probabilius esset οὐρανίων νεφέων νάσσατο πρὸς γυάλοις. Sed hoc conjecturis tentare, idem est ac κοσκίνῳ »ὕδωρ ἐπιφέρειν, quum ex addito lemmate, cujus veritas »admodum suspecta, de ipso Epigrammatis argumento »minime constet. Ἡράκλεια commune pluribus urbibus »nomen. De qua hic agatur, si modo in urbem ali»quam facti hi versus, ego non divinarim.« *Brunck.* In Codic. Medic. ap. Bandin. p. 102. versus septimus sic legitur, ut in Vat. Postremi autem versus noninsi primum vocabulum οὐρανίων ibi conspicitur. In Vat. est Ἡρακλείως.

LII. Cod. Vat. p. 366. Ἀντιπάτρου. Planud. p. 71. St. 103. W. Ex omnibus in orbe terrarum mirabilibus nihil sibi majus et admiratione dignius fuisse visum templo Dianae Ephesiae. Idem color in Epigr. I. *Martial.* L. I. — V. 2. Ζηνὸς. Plan. Jovis Olympii statua, Phidiae opus. — V. 3. Mira lectio in Vat. Cod. κύκλου τ' αἰώρημα. — V. 6. De eodem Dianae templo *Callim.*

H. in Dian. 249. τοῦδ' οὔτι θεώτερον ὄψεται ἠὼς Οὐδ' ἀφνειότερον· ῥέα κεν Πυθῶνα παρέλθοι. *Plin.* L. XXXVI. 14. *Magnificentiae vero admiratio exstat templum Ephesiae Dianae ducentis viginti annis factum a tota Asia.* — V. 7. κὴν ἴδε. Vulgo, commate post ἄλιος posito. Hoc frustra tuetur *Huetius* p. 9. ubi profert conj. *Jos. Scaligeri:* καὶ ἴδε. Nec tamen in Brunckiana lectione acquiescam. Nihil esset difficultatis, si legeretur:

κεῖνα μὲν ἠμαύρωτο κεκρυμμένα, νόσφι δ' Ὀλύμπου —

sed hoc hariolari est. — V. 8. ἐπαυγάσατο. Cod. Vat. et Plan.

¶. 21.] *LIII.* Vat. Cod. p. 378. Ἀντιπάτρου. Planud. p. 56. St. 80. W. In sacellum Veneris marinae. Dea et nautis et amantibus opem pollicetur suam. Expressum videtur ex Epigr. *Anytes* V. — V. 1. κύματι πηγῷ. Homericum. Odyss. ε. 388. ψ. 235. — V. 3. δειμαίνοντι. Vide notas ad *Anyten* l. c. p. 425. — V. 4. εἰς ἐμέ. nautis mea ope salvis. — V. 6. οὔριος πνεύσομαι. tibi aut naviganti aut amanti placida afflabo. Ambiguo sensu adhibitum verbum πνεύσομαι, altero proprio, altero figurato. Vide *Heyne* ad Tibull. II. El. I. 80.

T. II. p. 528.] *LIII*[a]. Cod. Vat. p. 485. Ἀντιπάτρου. Alterum distichon laudat *Alberti* ad Hesych. T. I. p. 148. — In Niciae tabulam, quae Ulyssis ad inferos descensum, ad Homericum archetypum adumbratum, repraesentabat. In Cod. est Νίκου. Sed de veritate emendationis *Brunckianae* dubitare non patitur locus *Plutarchi* T. II. p. 1093. E. ὅπου γὰρ οἱ φιλογραφοῦντες οὕτως ἄγονται τῇ πιθανότητι τῶν ἔργων, ὥστε Νικίαν γράφοντα τὴν νεκυίαν, ἐρωτᾷν πολλάκις τοὺς οἰκέτας, εἰ ἠρίστηκε· Πτολεμαίου δὲ τοῦ βασιλέως ἑξήκοντα τάλαντα τῆς γραφῆς συντελεσθείσης πέμψαντος αὐτῷ, μὴ λαβεῖν. Non Ptolemaeum, sed Attalum tantam Niciae pecuniam obtulisse, narrat *Plinius* H. N. XXXV. p. 704. 16. *Athenis* (est) *Necromantia Homeri.* *Hanc vendere noluit Attalo regi talentis LX, potiusque patriae donavit, opibus abundans.* — Pro καιζώνιο Vat. Cod. καιζώνιος. — πάσης ὑψῶν ἠλικίης. monimentum omnis futurae aetatis. — V. 3. Scribe Ἀϊδωνῆος. — Ὁμήρου. Homerus enim, ut Ulyssis descensum describeret, Orcum peragravit.

LIV. Cod. Vat. p. 477. Ἀντιπάτρου. Planud. p. 303. St. 443. W. — ἦν βραδύνῃ. Si mugire cesset, aeris natura in culpa est, non Myronis ars. Sculptoris igitur artem ait, cum spiritum vaccae inspirasset, aeris naturam tamen penitus vincere non potuisse. Lusus, pro meo quidem sensu, satis frigidus.

LV. Cod. Vat. p. 476. Ἀντιπ. Σιδωνίου. Plan. p. 303. St. 443. W. — ἢ δ' ὁ Προμηθεύς. Vide ad Epigr. *Erinnae* I. p. 186. — Post μόνος comma ponendum, quod typothetae in edit. Lipf. omiserunt.

LVI. Cod. Vat. p. 477. Ἀντιπάτρου. Plan. p. 304. St. 444. W. — εἵνεκα τέχνας. Tua enim ars effecit, ut vel verae et spirantis vaccae vices implere possim. Hoc fortasse distichon obversabatur *Gemino* Ep. VI. μυκᾶται γὰρ ὁ χαλκός· ἴδ' ὡς ἔμπνουν ὁ τεχνίτας Θήκατο, κὴν ζεύξῃς ἄλλον, ἴσως ἀρόσει. *Aemilianus* Ep. II. T. II. p. 275. τέχνας εἵνεκα σεῖο καὶ ἁ λίθος οἶδε βρυάζειν.

LVII. Cod. Vat. p. 476. Ἀντιπάτρου Σιδ. Planud. p. 303. St. 443. W. Color, ut in Ep. *Leonidae Tar.* XLII.

LVIII. Cod. Vat. p. 476. Ἀντιπ. Σιδ. Plan. p. 303. St. 443. W. Vertit *Ausonius* Ep. LXI. *Errasti attendens haec ilia nostra, juvence, Non manus artificis lac dedit uberibus.* Similiter idem Ep. LIX. *Ubera quid pulsas frigentia matris ahenae, O vitule, et succum lactis ab aere petis? Hunc quoque praestarem, si me pro parte parasset Exteriore Myron, interiore deus.*

¶. 22.] *LIX.* Bis in membranis legitur p. 197. Ἀντιπάτρου. et p. 383. ubi ἀδέσποτον. Sic quoque in Plan. p. 160. St. 232. W. auctoris nomine caret. — Sidonii esse dubito. Narratur vinosae fraus mulieris, quae, cum votorum damnata esset, invenit, quomodo votorum solutionem eluderet. — V. 1. excitat *Suidas* v. σποδὸς T. III. p. 364. Βακχυλὶς ἡ Βάκχου κυλίκων σποδὸς ἔν ποτε νούσῳ Κεκλιμένη. In Vat. Cod. loco pr. sic legitur, ut *Br.* dedit: Βακχυλὶς (non Βακκυλὶς, ut ille ait in Lectt. p. 126.) ἡ Βάκχου. loco altero ἡ γραῦς ἡ Β. — ἔν ποτε νούσῳ. Mulierem siccantem calices, κυλίκων σποδὸν, *Antipater* duxit ex *Leonid. Tar.* Ep. LXXXVII. — V. 2. „In „Planudea Ζηνὶ τεῶν. Illud Ζηνὶ in nullo Cod. inveni. „Omnes habent Δοὶ, quod ob pravam pronuntiationem „corruptum est e sincero Δηοῖ, quod exhibet Vat. membr. „[loco pr. altero enim etiam Δοὶ] Δοὶ cum metro re„pugnaret, mutaverunt editores in Ζηνί.“ *Br.* Vat. membr. loco sec. κεκλιμένη, δὴ τεῶν ἔλεξεν ἔπος. Prius verbum et tria postrema sic etiam Plan. habet. — Cereri vetula nostra hoc votum facit, cui divae solemnia instituebantur jejunia. — V. 3. διάκαυμα. Plan. In Vat. utroque loco διὰ κῦμα. Hoc fortasse verum. *Febris undas*, i. e. *periculum*, effugere, ab hujusmodi poëtarum dicendi genere non omnino abhorret. Sic fere *Lucian.* Ep. XXX. ἀμφεκάλυψεν Οὐλομένης πενίης κῦμα παλιῤῥόθιον. De omni vero malorum genere, quae in homines redundant, poëtae κυμάτων, πελάγους, χειμῶνος imaginem usurpant. Etiam ap. *Suidam*, qui laudat v. 3. 4. cum parte quinti in ἀβρόμιος T. I. p. 13. veteres editt. κῦμα exhibent. — V. 4. ἀροτρῶν π. ἐκ λιβάδων. Vat. Cod. loco pr. ἀροτρῶν λιβάδος loco sec. ut Plan. Nostra lectio est ap. *Suidam* — ἡελίους. Vota faciens mulier, se centum dies nihil praeter aquam poturam esse significare volebat; postea mentem immutavit, et fallaciam struxit, quam ei suppeditabat ambiguitas vocis ἡέλιος. — V. 5. ὑπ' ἄλυξεν ἀνίην Vat. loco pr. Planud. et Vat. loco sec. nostrum habet. — V. 6 — 8. *Suidas* in μέχρις Tom. II. p. 557. — „Vat. Cod. λευκὸν γὰρ — τρητὸν habet etiam Suidas.

„Prius unice verum est. λεπτὸν κόσκινον. un tamis fin. to-„nue cribrum. πυκινοῖς σχοίνοις ridicule explicat Bro-„daeus." *Br.* In Vat. Cod. loco pr. τρητόν. loco sec. λεπτοῦ et in fine πυκνῶν habetur. σχοῖνοι sunt funiculi, ex quibus cribrum contextum.

LX. Cod. Vat. p. 219. 'Αντιπάτρου. Ab alia, antiqua tamen manu Σιδωνίου additum. Plan. p. 285[b]. St. 421. W. Septem Sapientum nomina et patria recensentur. Conf. Ep. ἀδέσπ. ἡρ. XXX. T. III. p. 149. — V. 2. φατὶ δὲ – ἔχειν. Vat. Cod. quod elegantius vulgata. — V. 4. Θαλῆς. Cod. Vat. — ἔρεισμα Δίκης. Virum eximie justum significat, quo civitatis salus nititur. Viros eximios civitatum columina, ἐρείσματα, crebro vocant poëtae et sophistae. Videatur, qui nec nostrum locum praetermisit, *Rittershus.* ad Oppian. I. Cyneg. 1. et *T. H.* in *Lucian.* T. I. p. 422. Bip. — V. 6. φύλακας. *Horat.* I. Serm. I. 17. *Virtutis verae custos rigidusque satelles.*

LXI. Vat. Cod. p. 530. 'Αντιπάτρου. Plan. p. 188. St. 274. W. In hominem nequam, cynico habitu incedentem, quo nemo ipso indignior. Quare indignantem facit peram, clavam, et quae cetera sunt Cynicorum insignia, ab illo gestata. — V. 1. ἄριστον. clava Herculea *eximium* Diogenis gestamen. Herculem cynicos imitatos esse, constat vel ex *Luciani* Vit. Auct. §. 8. T. III. p. 89. Bip. Vide *Casaubon.* ad Diog. Laërt. VI. 13. p. 322. Diogenis μέγαλον vocat *Antipater*, quia Cynicorum longe celeberrimus fuit. *Diocles* enim ap. *Diogen. Laërt.* l. c. Antisthen hoc tribuit, ὅτι πρῶτος ἐδίπλωσε τὸν τρίβωνα καὶ μόνῳ αὐτῷ ἐχρῆτο, καὶ βάκτρον ἀνέλαβε καὶ πήραν. Alii tamen hoc inventum ipsi Diogeni tribuisse videntur. L. VI. 23. De baculi gestatione ap. veteres nuper quaedam docte monuit *Boettiger in den Vasengemälden,* Fasc. II. p. 61. sq. — Σινωπέου Διογένους Vat. Cod. Vulgo junctim βριθυσινωπίτου. *Brodaeus* interpretatur, ac si esset βρωθυεσνυσίθου. — Ipse Hercules βαρυσκίπων vocatur ap. *Callim.* fr. CXX. p. 488. — V. 3. πεπαλαγμένον. Dictum ad imitationem *Homeri* αἵματι καὶ λύθρῳ πεπαλαγμένον Il. ζ. 268. unde *Theocrit.* Eid. XXV. 224. ἀμφὶ δὲ χαίτας αὐχμηρὰς πεπάλακτο φόνῳ. *Callimach.* H. in Pall. 8. λύθρῳ πεπαλαγμένα τεύχεα. Gloriabatur autem squalore ineptus Cynicorum grex, quem respicere videtur *Plutarch.* T. II. p. 82. B. ἄχρι δὲ οὗ τις ἐπιδεικνύμενος ῥύπον ἢ κηλῖδα χιτῶνος, ἢ διεῤῥωγὸς ὑπόδημα, καλλωπίζεται πρὸς τοὺς ἐκτὸς — ὀλίγον αὐτῷ προκοπῆς μέτεστι, μᾶλλον δὲ οὐδέν. — In Planudea ῥυπόωντι legitur; pro πεπαλαγμένον autem, quod *H. Stephanus* primus ex Lectionibus Aldinae pr. recepit, ed. Flor. et Ald. pr. πεπλασμένον. Ald. sec. πεπλαγμένον (quod Brod. interpretatur). πεπλαμένον Ald. tertia. *Scaliger* notavit, ut quidem in Schedis Bibl. Gotting. exaratum est, πεπαλμένον. — V. 4. διπλάσιον vulgo. Veram tamen lectionem jam *Aldus* e codd. enotavit; eamque *Brod.* interpretatur. Diogenem designans *Horatius* L. I. Ep. XVI. 25. *quem duplici panno sapientia velat.* Conf. *Diogen. Laërt.* loco supra laudato. Noster Ep. LXXX. de eodem Cynico: ὦ μία τις πήρα, μία διπλοΐς. et qui eum expressit *Archias* Ep. XXXIV. ἔλπην καὶ σκίπωνα καὶ διπλόον εἷμα. — Hoc Cynicorum pallium poëta appellat ἀντίπαλον νιφάδων, quod fortasse ex *Callimacho* ductum est, qui, ni fallor, de Herculis tegumento, τὸ δὲ σκύλον ἀμφὶ καλύπτρῃ γιγνόμενον, νιφετοῦ καὶ βελέων ἔρυμα. ap. *Schol. Sophocl.* ad Aj. 26. De munimento et praesidio ἀντίπαλος ponitur in Ep. *Alphei* XII. ἢ γὰρ ὕμεσιν αἰθέρος ἦδ᾽ αἰνῶν ἀντίπαλος νεφέων. — V. 5. ἢ tres Aldinae et Vat. ἦν Ascens. et Steph. — V. 6. οὐράνιος. ille inter sidera canis. Laudat *Brod.* verba ex supposititia *Diogenis* Epistola: καλοῦμαι γὰρ ὁ κύων ὁ οὐρανοῦ, οὐχ ὁ γῆς, ὅτι ἐκείνῳ εἰκάζω ἐμαυτόν. — ὄὺν σποδιῇσι. qui in coeno et sordibus volutatur. — V. 8. τράγων. Hircis comparantur philosophi propter barbam. *Lucian.* Ep. XXIII. Ἢν *lianus* in Misopogon. p. 339. A. δίδωμι γὰρ αὐτὸς τὴν αἰτίαν, ὥσπερ οἱ τράγοι τὸ γένειον ἔχων.

¶. 23.] *LXII*. Cod. Vat. p. 368. Ἀντιπάτρου. Planud. p. 85. St. 126. W. Historia de merula una cum turdo laqueis capta, sed, quia cantorum genus sacrum, incolumi dimissa. Conf. *Archiam* Ep. XXIII. *Paul. Silent.* Ep. LXXII. — κίχλη et κόσσυφος passim junguntur. Vide *Rhian.* Ep. VI. — V. 1. διεσσόν. Vat. — V. 2. ἰππεία — πάγα. Vat. quod et ipsum locum habet. Laquei, quibus aviculae capiuntur, ex pilis equinis fieri solent. — V. 3. ἀλλὰ μὲν κίχλης. Vat. — V. 4. δειρωπίδας. Vat. — Veteres quaedam editt. πλεκτὰς, vitiose. — V. 5. τὸν ἱερόν. Ap. *Rhianum* quoque l. c. ἱερὸς ὄρνις vocatur merula. — ἦν ἄρ' ἀοιδῶν. vulgo. idque verius puto, propter imitationem *Archiae* l. c. ἦ ἄρα πολλὴν Καὶ κωφοὶ πταγῶν φροντίδ' ἔχουσι τύχην.

LXIII. Cod. Vat. p. 238. Ἀντιπάτρου. In Planud. p. 266. St. 384. W. ἀδέσποτον est. De serpente, quae, cum hirundinis pullis devoratis ipsam matrem appeteret, in flammam incidens combusta est. Ductum videtur ex *Homer.* Il. β. 315. sq. — V. 1. „Planudea in„cude formatum versum cum meliore commutavi, quem „dedit Vat. Cod.“ *Br.* Vulgo habetur: Ἀργυγενῶν σε χελιδὼν οὔσαν μητέρα τ. quod emendare conatus *Joseph. Scaliger*, verba transposuit: Ἀργυγ. οὖσαν σε χελιδών. frustra. Cod. Vat. sic habet, ut *Br.* nisi quod ibi χελιδὼν legitur; quam lectionem accentu mutato servandam censet *Huschkius*. Est enim forma paulo rarior χελιδονίς, qua utitur auctor Ep. ἀδεσπ. DCCXXXII. ἡ φαιδρὴ λαλίη τε χελιδονίς. — V. 3. 4. laudat *Suidas* v. ἄϊξας T. I. p. 67. Comparandus *Theocrit.* Eid. XXIX. 12. νοίησαι καλιὰν μίαν εἰν ἑνὶ δενδρέῳ, Ὅππα μηδὲν ἀπίξεται ἄγριον ἑρπετόν. — ὠδῖνες h. l. pulli, quibus serpens hirundinem privarit. Vide *Spanh.* ad Callim. H. in Jov. 29. — τετράλλακτος.

Nonnus Dion. L. IX. 256. αὐχμηραῖς τρίβλιπτον ὄφιν σπειρηδὸν ἐθείραις Ἥρπασε. Recte igitur *Wesselingius* defendit lectionem vulgatam in *Herodot.* L. VI. p. 474. 3. δεινὸς ὄφις τρίβλιπτος ἀνώλετο. — V. 5. 6. laudat *Suid.* in κνυζομένη T. II. p. 318. ubi δαίζεν legitur, ut in Plan. et Cod. Vat. a pr. manu. *Homerus* l. c. τὴν δ' ἐλελιξάμενος πτέρυγος λάβεν ἀμφιαχυῖαν. — ἀθρόος. ut ap. *Theocrit.* Eid. XXV. 252. ὧς ἐπ' ἐμοὶ λῖς αἰνὸς ἀπόπροθεν ἀθρόος ἆλτο. — ἐπ' ἄσθμα πυρός. quam etiam ἀϋτμὴν, Latini *auram* vocant. Epigr. ineditum: ἔνδον δὲ φυγόντες ὀπωρινοῦ κυνὸς ἄσθμα. — ἐσχαρέου πυρὸς, τοῦ ἐπὶ τῆς ἐσχάρας, ap. *Suid.* qui laudat v. 6. T. I. p. 874. et iterum in ἤριπε T. II. p. 76. — V. 7. *Suidas* v. ἠλιτοεργός. ὁ τοῦ ἔργου ἀποτυχών. ὡς θάνεν ἠλιτοεργός. T. II. p. 56. In Plan. est καὶ θάνεν. Vide an corrigendum sit:

ὧς θάνεν ἁ 'λιτοεργός.

i. e. ἁ ἀλιτοεργός. *scelesta.* — V. 7. Ἥφαιστος. Vulcanus servavit hirundinem simulque punivit serpentem, quae scelus in Erichthonii prolem commiserat. Vulcanus pater Erichthonii, qui ipse Procnes et Philomelae avus fuit.

LXIV. Cod. Vat. p. 429. Ἀντιπάτρου. Planud. p. 45. St. 65. W. In canem, qui, cum siti laborans fontem pedibus effodere frustra conatus esset, mortuus cecidit; quo facto aqua scaturire coepit. Nulla difficultate implicatum censebat *Opsopoeus* hoc carmen, quod tamen in Planudea gravissimis mendis scatet. — V. 1. Λάμπωνα, canis nomen. — V. 3. Scribendum ἄρυσσε, monente *Br.* — τὸ νωθὲς ὕδωρ. Aqua tarda ex occulto fonte non celeriter prosiluit. ταχύνον h. l. vi neutra accipiendum, qua saepissime gaudet, propter id, quod sequitur: εἶτ' ἔβλυσεν, ὕδωρ scil. — V. 5. πῖπτον Cod. Vat. Deinde idem, plane ut Planudea: αἶψ' ἔβλυσαν παρὰ N. et vers. seq. κταμένῳ. Parum aut nihil juvant interpretes; nisi quod *H. Stephanus* κταμένων commodiorem lectionem esse pronuntiat, et *Jos. Scaliger* in marg. Ald. στεμμένων μᾶλιν ἔθεντ' corrigit. *Brunckius* suae lectionis auctoritatem non indicavit; ipse igitur eam invenisse videtur. ἢ ἄρα probum est, quippe quod proxime accedit ad vulgatum παρα· alias enim et ἢ τάχα legere possis. Pro αἴδ' ἔβλωσαν autem ἠδ' ἔβλωσεν corrigo. Subaudiendum ex praecedentibus, ἡ πίδαξ. — Pro ἔθεσθ' tres Aldinae et Asc. ἔθεντ' legunt.

LXV. Cod. Vat. p. 227. Ἀντιπάτρου Σιδ. Planud. p. 237. St. 344. W. ubi gentile non additur. Virtus ad Ajacis tumulum sedens de hominum injustitia conqueritur. Conf. *Aristotel.* in Peplo nr. 6. p. 179. — V. 1. 2. excitat *Suidas* v. Συμβαρής T. II. p. 211. V. 2. — 4. in πινόεσσα T. III. p. 117. — ἀπιβροντηθεῖσα. Vat. Ajax sepultus in promontorio Rhoeteo. *Quintus Cal.* L. V. 654. περὶ δὲ σφισι γαῖαν Χεῦαν ἀπειρεσίην Ῥοιτηΐδος οὐχ ἑκὰς ἀκτῆς. Vide *T. H.* ad *Lucian.* T. III. p. 407. Bip. *Wasse* ad *Thucyd.* L. IV. p. 433. Bip. — ¶. 24.] V. 3. ἄπλοκ. Comis detonsis et luctu squalida, ut moerentes solent. Melior hujus versiculi distinctio debetur *Piersono* ad Moer. p. 66. Vulgo enim comma post κρίνειν ponitur. — V. 5. Ipsa Achillis arma Ajacis esse mallent, quam Ulyssis. μῦθοι σκολιοὶ sophisticam et fraudulentam Ulyssis eloquentiam designant. σκολιὰ φρονῶν dicitur, qui fraudem molitur, in Scol. XIV. Tom. I. p. 157. σκολιαὶ δίκαι de iniquitate *Callimach.* H. in Jov. 83.

LXVI. Cod. Vat. p. 226. Ἀντιπάτρου. Plan. p. 238. St. 346. W. In Priami tumulum, parvum, ut ab hostibus factum. Ex hoc disticho ductum est illud, quod in nonnullis codd. annectitur Ep. ἀδεσπ. DCXIX. in Hectoris tumulum: εἰ δ' ὀλίγην ἀθρεῖς ἐπ' ἐμοὶ κόνιν, οὐκ ἐμὸν αἶσχος. Ἑλλήνων ἐχθραῖς χερσὶν ἐχωννύμεθα.

LXVII. Cod. Vat. p. 280. Ἀντιπ. Σιδ. Planud. p. 269. St. 388. W. ubi gentile non additur. Orphei mortem poëta luget. — V. 1. *Suidas* excitat in δρῦς T. I. p. 630.

— θελγομένας δρύας. Hinc in Ep. ἀδεσπ. CDLXXXII. ἀπεδέξαντο δὲ πέτραι καὶ δρύες, ἃς ἐρατῇ τοπρὶν ἔθελγε λόγῳ. Conf. *Philostrat. Jun.* Imag. VI. p. 870. *Callistrati* Stat. VII. p. 898. Fabulam de Orpheo interpretari ſuscepit *Maxim. Tyr.* Diſſ. XXXVII. 6. — V. 3. *Suid.* in βρόμος T. I. p. 457. ſimul cum v. quarto in σποράδες T. III. p. 411. Loco priore exhibetur νιφάδεσσι et χαλάζης. Ductus color ex Ep. *Leonidae Tarent.* quod *Br.* male retulit inter Epigr. Alexandrini hujus nominis poëtae nr. XII. — Tempeſtates igitur, grandinem, nives avertere docuit Orpheus, fortaſſe in phyſicis, qui ipſi tribuebantur, libris. — V. 4. παγεῦσαν Vat. Cod. — V. 7. Ipſae Muſae Orpheum ſepeliviſſe et planxiſſe dicuntur Ep. ἀδεσπ. CDLXXXIII. et paſſim in locis ſupra laudatis. — V. 7. 8. profert *Suidas* in ἀλαλκεῖν T. I. p. 98. Expreſſum fortaſſe hoc diſtichon ex *Simonidis* Melicis Fragm. I. vid. not. p. 203. *Martialis* L. IX. Ep. 88. de diis agens, qui liberos morte perdiderunt, *Numina cum videas duris obnoxia fatis, Invidia paſſis exonerare deos.*

LXVIII. Cod. Vat. p. 208. Ἀντιπάτρου. Planud. p. 269. St. 388. W. De Homeri tumulo in litoris arena exſtructo. Exſtat hoc carmen, una cum Epigr. ἀδ. CCCCXCVIII. ſq. Romae in Mauſoleo Auguſti, inſculptum Termino, cui olim Homeri caput impoſitum fuit. Hinc editum a *Lipſio* in Append. ad Smet. p. 58. ap. *Gruterum* pag. CCCCXIX. 1. et alios. — V. 1. κάρυκα ἀρ. Marmor. *Philiſcus* in Epigr. in Lyſiam T. I. p. 184. ἀρετῆς κάρυκα ὕμνον. Themiſtocles apud *Plutarchum* T. II. p. 185. A. heroas victoribus in Olympicis, Homerum praeconi comparat. Alexander ap. eund. Vit. Al. c. 15. Achillem felicem praedicabat, ὅτι τελευτήσας μεγάλου κήρυκος ἔτυχεν. — V. 2. Ἐ. δόξης δεύτερον. Marm. βιοτῇ Vat. et *Suidas* in βιοτή T. I. p. 434. qui et ἥλιον legit. De viro ſapientiae eximiae *Paul. Silent.* Ep.

LXXVIII. ἀλλ' ἐπὶ δηρὸν Ἥλιος σοφίης μίμνετω ἡελίῳ. Vide not. ad *Melagri* Ep. XXXV. p. 55. — V. 3. „ἀγήραν„τον. In Vat. Cod. ſcriptum ἀγήρατον. Sic etiam in „marmore antiquo Romae . . . . errore, quo plus ſemel „peccarunt librarii. In *Simonidis* Ep. XXXII. ubi in „typis expreſſis libris legitur κεῖμεθ' ἀγηράντῳ χρώμενοι „εὐλογίῃ, Vat. Cod. et tres regii Planudeae habent ἀγη„ράτῳ. Vide *Ruhnk.* ad Tim. Lex. p. 12. (p. 17. ed. „nov.) Sibi ſuam emendationem placere ait *Toup.* ad „Suidam I. 17. (p. 20. ed. Lipſ.) cui judicium ſuum „relinquo; at mihi certiſſimum eſt, ἀγήραντον hic ſince„rum et genuinum eſſe.“ *Br.* *Suidas* in ἀλιῤῥόθιον T. I. p. 114. ἀλιῤῥόθιον κῦμα θαλάσσης. ἀκήρατον στόμα κόσμου παντὸς, ἀλιῤῥόθιος, ξεῖνε, κέκευθε κόνις. ubi ἀκηράσιον legendum eſſe contendit *Toupius.* Eadem eſt lectionis diverſitas in fragm. *Hyperidae* ap. *Stob.* Tit. CXXIV. p. 616. ubi εὐδοξίαν ἀγήραντον ſcribendum eſſe, contextus docet. ἀκηρότατον in noſtro Epigr. corrigebat olim *Schneiderus* in Per. crit. p. 112. *Wakefield*, offenſus ſubita figurarum commutatione, proponit in Sylv. crit. T. I. p. 128. M. φέγγος Ὁμήρου ἀκήρατον, ὄμμα δὲ κόσμου παντός. ὄμμα κόσμου ſolem ſignificat. *Orphei* H. in Solem: κόσμου τὸ περίδρομον ὄμμα. *Sophocl.* Antig. 104. *Ovid.* Metam. IV. 226. *Suidas* in ὄμμα. Ingenioſum hoc. Vulgata tamen mutatione non eget. ἀγήραντον στόμα immortalem poëtam ſignificat, cujus carmina per totum mundum quovis tempore floruerunt ſemperque florebunt. — V. 4. ἀλιῤῥόθιος ex *Suida* ductum. Vulgo enim et in Cod. Vat. ἀλιῤῥόθια legitur. In Marmore totus verſus mutatus eſt ſic: παντὸς ὁρᾷς τοῦτον δαίδαλον ἐσχάτιον.

LXIX. Cod. Vat. p. 207. Ἀντιπ. Σιδων. Planud. p. 268. St. 386. W. Hoc quoque Epigramma conſcriptum in Homeri tumulum in inſula Io. Conf. *Alc. Meſſen.* Ep. VII. — V. 1. 2. laudat *Suidas* v. Μαιονίδας T. II. p. 512. — τὸ μέγα στόμα. *os profundum et alte sonans.* *Horat.* I. Sat. IV. 43. — φθεγξαμένην Cod. Vat. — V. 3. ναείτης. Vat. Cod. σπιλάς. insula saxosa Ios. — ¶. 25.] V. 5. νεῦμα. Respicitur locus nobilissimus Il. α. 528. Pro ᾧ Ed. pr. ὡς legit. — V. 6. Αἴαντ. Ajacem naves contra Hectorem defendentem, praecipue Il. XV. — V. 8. δρυπτόμενον. secundum Il. ω. 20. ubi Apollo Hectoris cadaver servaturus αἰγίδι πάντα κάλυπτε, χρυσείῃ, ἵνα μή μιν ἀποδρύφοι ἑλκυστάζων. — V. 9. τηλίνον. Vulgo. Veteres autem Planud. edd. ita ut Vat. Cod. ταλίνον. Color fere, ut in Ep. *Zenodoti* T. II. p. 78. *Valckenar.* ad Phoeniss. p. 491. comparavit Horatiana I. Carm. XXVIII. *Te cohibent, Archytas, Pulveris exigui prope litus parva Matinum Munera.* — Peleus in insula Ico sepultus esse dicitur. *Schol. Pindari* Pyth. III. 167. Ὁ δὲ Πηλεὺς ἐν Κῷ τῇ νήσῳ ἀτυχήσας τὸν βίον, οἰκτρῶς καὶ ἐπωδύνως ἀπέθανεν· ὡς καὶ Καλλίμαχος μαρτυρεῖ. ubi *Brodaeus* ἐν Ἰκῷ τῇ νήσῳ correxit, quod non animadvertit *Bentlej.* ad *Callim.* fragm. CCCLXXII. Icus una ex Cycladibus. Inter Sciathum et Scyrum positam esse, docet *Strabo* L. IX. p. 436. quod etiam apparet ex *Livio* XXXI. 45. med.

LXX. Cod. Vat. p. 209. sq. Ἀντιπ. Σιδ. Edidit *Daniel Heinsius* in Carm. gr. p. 144. *Wolf.* in Fragm. Sapph. p. 160. et *Burm.* in Addend. ad Anthol. Lat. T. II. p. 727. *Reiske* Anth. nr. 556. p. 70. Sappho poëtriam laudans Parcas accusat, quod ei non immortalem vitam tribuerint. — V. 1. 2. ut ineditos profert *N. Heinsius* ad Ovid. II. Amor. XVIII. 26. „μετὰ Μουσῶν „ἀθανάταν. Sic apogr. Buher. In marg. notatum: *Alii* „Μοίραις ἀθανάταις. Hoc ad aliam eamque veram lectio„nem ducit, quam Vat. Cod. esse testatur Dorvill. ap. „Wolfium in fr. Sapph. p. 161. μετὰ Μούσαις ἀθανάταις. „Sic scribendum, tum quia haec praepositionis constructio „magis poëtica, tum ad vitandum ejusdem soni toties „repetiti concursum." *Br.* In contextu Cod. Vat. legitur Μούσαις ἀθανάταις. supra scriptum Μούσαις ἀθανάταις.

Hoc

Hoc probat *Markland.* ad *Statii* Sylv. p. 345. *Reiskius* praeterea ἀθανάτους dedit; ut *Heinſius* Μούσαις ἀθανάταις. — ἀοιδομέναν. Vat. Cod. — V. 3. σὺν ἅμ'. Vat. Cod. In apogr. Lipſ. ἔτρεφον. Sapphus, qua nemo amores ſuavius cecinit, ingenium Venus et Amor nutriviſſe dicuntur. De puero venuſto *Aſclepiad.* Ep. VI. παρὰ τὴν Κύπριν ἔτι τρέφεται, ut mihi quidem emendandum videtur. *Ibycus* ap. *Athen.* XIII. p. 564. F. σὲ μὲν Κύπρις ἅ τ' ἀγανοβλέφαρος Πειθὼ ῥοδέοισιν ἐν ἄνθεσι θρέψαν. — V. 4. ἔμπλεκ' apogr. Lipſ. Apte Suadelae tribuitur τὸ πλέκειν στέφανον Πιερίδων, cum una ſit Gratiarum, ſecundum *Hermeſianactem* ap. *Pauſan.* L. IX. p. 781. Gratiae autem in Muſarum comitatu ſunt. — στέφανον. Vide not. ad *Meleagr.* I. p. 2. — V. 7. ἐκλώσασθε. Homericum: ὡς γὰρ ἐπεκλώσαντο θεοὶ δειλοῖσι βροτοῖσι, et ſic paſſim. — V. 8. μνησαμέναι δῶρ' Ἑλικωνιάδων. Vat. Cod. μνησαμένᾳ dederunt *Heinſ.* et *Wolf.* μνησαμένᾳ *Reisk.* dedit ex Cod. Lipſ. Nec temere damnanda lectio. Vide ad Ep. XXIII. 5. Lectionis νησαμένᾳ *Dorvill.* mentionem fecit ap. *Wolfium.* νήθεσθαι ἀοιδὰς dictum, ut *carmina deducere* ap. Latinos. *Horat.* II. Ep. I. 225. *Tenui deducta poemata filo;* unde *Columella* L. X. 40. *Pierides tenui deducite carmina Muſae.* et 225. *Me mea Calliope — Jam revocat parvoque jubet decurrere gyro, Et ſecum gracili connectere carmina filo.* *Tibull.* IV. El. I. fin. *Inceptis de te ſubtexam carmina chartis.* — Hac igitur lectione recepta elegans oritur et arguta antitheſis. — Ἑλικωνιάδες omnes, quos vidi. Fortaſſe ſic in Codice deſcribendo emendaverat *Salmaſius.*

LXXI. Cod. Vat. p. 210. Ἀντιπάτρου. In Planudea p. 279. St. 404. W. ἄδηλον eſt. *Antipatro* vindicavit *Burm.* in Addend. ad Anth. Lat. T. II. p. 727. Ad verbum vertit neſcio quis in Anthol. II. 210. p. 405.

Tantum ego carminibus ſuperavi Sappho puellas,
Maeonides quantum vicerat ante viros.

— V. I. ἀοιδῶν θηλειῶν. Plan. Et ſic legitur in lapide,

quem *Jo. Jucundus* Veronensis Pergami in Asia vidit. Vide *Donium* p. 336. — In Vat. Cod. ἀοιδὰν ἀνδρῶν θηλειᾶν. sed error emendatus.

LXXII. Cod. Vat. p. 211. Ἀντιπ. Σιδων. In Planud. p. 275. St. 399. W. hoc carmen in duo divisum est, ita ut prius in v. 6. terminetur. Jungenda haec esse vidit *Huetius* p. 27. In Vatic. tamen ultimo disticho novum lemma adscriptum est: εἰς τὸν αὐτὸν Ἀνακρέοντα. Hic fons erroris. Ceterum conf. *Simonid.* Ep. LIV. LV. *Dioscorid.* Ep. XXIV. — V. 1. excitavit *Suid.* in τετρακόρυμβος T. III. p. 452. — V. 3. idem in ἀργεννόεις T. I. p. 312. Expressi versus ex *Dioscorid.* l. c. αὐτόματαί τοι κρῆναι ἀναβλύζουσιν ἄκρητον, κἠκ μακάρων προχοαὶ νέκταρος ἀμβροσίου. — V. 4. 5. laudat *Suid.* in μέθυ T. II. p. 520. et v. 6. in χρίμπτεται T. III. p. 688. Defuncti, quos *Plato* loquentes facit in *Menexeno* p. 248. B. ἀλλ' εἴ τις ἐστὶ τοῖς τετελευτηκόσιν αἴσθησις τῶν ζώντων, οὕτως ἀχάριστοι εἶεν ἂν μάλιστα κ. τ. λ. *Propert.* IV. El. VI. 33. sq. Anthol. Lat. T. II. p. 21. *Si quid adhuc manes, cineres atque ossa sepulta.* Ibid. p. 52. *Si cineres vitae specimen post fata reservant.* Plura hujus generis collegit *Burmannus* p. 101. — V. 7. 8. habet *Suidas* in διαπλέξας T. I. p. 564. Hoc distichon etiam *Scaliger* in not. mstis jungebat cum praecedentibus, sed ita, ut illud primo disticho praefigendum censeret. Ingeniosa sane conjectura, quam veram dicerem, nisi sic hoc Epigramma paulo vividiore spiritu inciperet, quam veteres in hoc carminum genere solent facere. Ne quid tamen dissimulem, cum praecedente disticho (5. 6.) hoc nostrum (7. 8.) non omnino bene coire videtur. — διαπλέξας. Vide not. ad *Leonid. Tar.* Ep. XII.

¶. 26.] *LXXIII.* Cod. Vat. p. 212. Ἀντιπ. Σιδ. Addidit auctor lemmatis: θαυμαστὸν τὸ ὅλον ἐπίγραμμα. Planud. p. 277. St. 400. W. — V. 1. laudat *Suidas* v. Ἴωνος

T. II. p. 135. et cum v. 2. in ἄνδιχα T. I. p. 187. Pro μέτ' ἐρατῶν in Vat. Cod. vitiose μήτε ἄτερ κ. — Mox v. 3. δὲ idem omittit. ὄμματα ὑγρὰ δερκόμενα frequenter amantibus tribuuntur, ut *putres oculi* ap. *Horat.* I. Carm. XXXVI. 17. *Antipatro* obversabantur verba *Leonidae Tar.* XXXVII. ὁ γέρων Αἰσχυλίοισιν ἐπ' (f. ἐν) ὄμμασιν ὑγρὰ δεδορκώς. ubi vide not. — οὖλον ἀείδοις. De cantu λιγυρῷ fortasse dictum. Apud *Homerum* Il. ρ. 749. κολοιοὶ οὖλον κεκλήγοντες. *Schol.* interpretatur ὀξὺ, πυκνόν. Melius tamen de cantu molli et delicato, ἁπαλῷ καὶ μαλακῷ, acceperis. Vide *Hesych.* in οὖλος. — Pro ἀείδοις ed. Flor. vitiose ἀείδεις. — V. 4. αἰθύσσων. Ed. Flor. et tres Ald. αἰθύσσον. Ascens. et Steph. Recte *Br.* lectionem vett. editt. revocavit. Huc facit glossa *Hesychii:* αἰθύσσειν. ἀνασείειν. Σοφοκλῆς Σίνωνι. Cf. eundem in ἀναιθύσσειν. In *Sophoclis* tragoedia hoc verbum de Sinone facem attollente et vibrante (vide *Heynium* Exc. VIII. ad Aen. II. p. 303.) usurpatum esse suspicor; hoc autem loco poëta nihil dixisse videtur, nisi Anacreontem pulchros et *splendentes* flores in capite *gessisse*. *Simonid.* l. c. κεφαλῆς ἐφύπερθε φέροιτο Ἀγλαὸν ὡραίων βότρυν ἀπ' ἀκρεμόνων. Si quis tamen sic interpretari malit: ἀνθεῖον στέφανον ὕπερθε κόμης, nec hoc ineptum. — V. 5. „Μεγιστῇ contractum „ex Μεγιστέα. Vide Simonid. Ep. LV. In Cod. Jani „Lascaris scriptum Μεγιστῆν. μεγίστην Brodaeus p. 400. „pro adjectivo habuisse videtur. Haec scriptura nomi„nis proprii defendi potest et ad Aeolicam dialectum re„ferri. Vide Maittaire p. 183. Sed quod dedi non mu„to." *Br.* Μεγίστην vulgo et in Cod. Vat. — Εὐρυπύλῃ. Ed. Flor. — V. 6. πλόκαμον. Vide *Aelian.* V. H. IX. et *Maximum Tyr.* in loco a nobis laudato ad *Simonid.* Ep. LV. p. 235. — V. 7. habet *Suidas* in ἀμφίβροχος T. I. p. 149. — V. 8. „Inepte Planudea νέκταρ ἀπὸ σταλίκων. „Guietus ad oram libri sui, qui e Bibliotheca Domus „Professae Jesuitarum Parisiensium in meam transmi-

»gravit, emendabat σταφυλῶν, quod profecto vulgata »melius est. Vat. membr. σταλίδων. E Suida in στόλιον »(T. III. p. 377.) legendum στολίδων, quod absque »Suida viderat Salmasius. στολίδες idem quod εἵματα v. »praecedenti. Supra XXXII. Venus ἐκ θαλάμοιο νοτερῶν ἀφρὸν »ἀπὸ πλοκάμων.« *Br.* *Wakero* in Amoen. liter. c. 8. p. 52. sq. *Suidae* lectio probe cognita nihil ad verum intelligendum profuit: corrigit enim σταφυλῶν. Aliter sensit *Schneiderus* in Per. crit. p. 121. *Opsopoeus* de κυ[..]κων cogitabat; *Reiskius* in not. mss. de στομάτων. *Julius Pollux* VIII. 54. Εἴη δ' ἂν τις καὶ στολιδωτὸς χιτών· στολίδες δέ εἰσιν αἱ ἐπίτηδες ὑπὸ δεσμοῦ γιγνόμεναι κατὰ τέλη τοῖς χιτῶσιν ἐπιπτυχαί. Vide *Salmas.* ad Tertull. de Pall. p. 368. et ad Scr. H. Aug. T. II. p. 146. — Eleganter dictum κατεσπείσθη βίοτος, de *vita* Musis, Baccho et Amori *sacra*.

LXXIV. Cod. Vat. p. 212. Ἀντιπ. Σιδ. Plan. p. 276. St. 400. W. Ex hoc Epigrammate ductum Ep. ἀδέσπ. DXXVI.:

Ὦ ξένε, τόνδε τάφον τὸν Ἀνακρείοντος ἀμείβων,
σπεῖσόν μοι παριών· εἰμὶ γὰρ οἰνοπότης.

— V. 4. ὀστέα νοτιζόμενα. Potator quidam in Anthol. Lat. T. II. p. 34. *Ossa merum sitiunt, vino consperge sepulcrum, Et calice epoto, care viator, abi.* Lenae iratus *Propertius* L. IV. 5. 2. inter gravissima quae ei imprecatur mala, *Et tua*, ait, *quod non vis, sentiat umbra sitim.* — V. 5. »In aliis libris legitur: ὡς ὁ Διωνύσου μεμελημένος οὔασι κῶμος. absque ullo sensu: ipsius Ana»creontis persona exprimi debet in hoc versu, ut et in »sequentibus. Ineptam lectionem in contextu relinque»re nolui, cujus facilis erat emendatio.« *Br.* Facilem esse hanc emendationem, apparet; certam et in textu ponendam, omnino nego. In μεμελημένος potius latet μεμνημένος. Quare haud inepte correxeris:

ὡς ὁ Διωνύσου μεμνημένος ὄργια κώμων.

quandoquidem ego in mysteria comissationum Dionysi in-itiatus, nec apud inferos Bacchi donis patienter carebo. Ut hic μεμυημένος ὄργια, sic *Achill. Tat.* L. V. p. 313. μυηθῶμεν οὖν; ὦ φίλτατε, τὰ τῆς Ἀφροδίτης μυστήρια. Verbum μυεῖσθαι ab ipsa mysteriorum initiatione ad alias res, quibus quis imbuitur, eleganter transfertur. Vide notata ad *Stratonis* Ep. LIII. — Ad nostrum locum inprimis facit *Philodemus* Ep. XIX. κεκώμακα· τίς δ' ἀμύητος κώμων; — Nec ὄργια κώμων poëtae elegantia indignum videbitur. *Aristophan.* Lysistr. 832. τοῖς τῆς Ἀφροδίτης ὀργίοις εἰλημμένος. Vide *Dorvill.* ad Charit. p. 402. ὄργια Μουσῶν. *Aristoph.* Ran. 355. unde *orgia Pieridum Statius* V. Sylv. V. 4. Cf. *Intpp. Propertii* III. El. I. 4. — *Joseph. Scaliger* huic versui adscripsit conjecturam κώμων, qua vitium non tollitur. — V. 6. φιλακρήτου ἁρμονίης. Carmina mero quodammodo imbuta significari videntur. φιλακρήτοιο μέθης. *Nonn.* Dion. XVII. p. 463. — V. 7. ὑποίσω. *habitare sustineam.* ὑπ' οἴσω. Vat. Cod.

LXXV. Cod. Vat. p. 212. Ἀντιπ. Σιδ. Planud. p. 277. St. 401. W. — V. 2. εὕδει. Ductum videtur ex *Simonide* in Anacreontem Ep. LV. βάρβιτον οὐδὲ θανὼν εὔνασεν εἰν Ἀΐδῃ. — Ejus citharam (κιθάρη Vat. Cod.) νυκτίλαλον vocat, qua pervigilia celebraverat; unde ap. *Dioscorid.* Ep. XXIV. κώμου καὶ πάσης κοίρανε παννυχίδος. — V. 3. πόθων ἔαρ. quasi decus et ornamentum Cupidinum. Hinc *Julian. Aegypt.* LI. Χαρίτων ἐξαπόλωλεν ἔαρ. — V. 4. „ἀνθοκρούον νέκταρ ἐναρμόνιον. Hinc Persius in prologo: *Cantare credas Pegaseium nectar.* Quae ex nostris carmini„bus exempla profert *Casaubon.* ad tuendum *melos*, cor„rupta sunt et in hac editione emendata, ut mox in sq. „videbis.“ *Br.* Tanquam *Anacreontis* haec laudat *Scaliger* in A. P. II. 15. Χεῖ μοι νέκταρ ἀνθοῦν Μελικόν. Vide *Fischer.* p. 414. Dulcissimum et praestantissimum harmoniae genus significari, neminem fugit. Sic *Appulejus* se *philosophiae crateram unam inexplebilem, nectaream* bibisse ait, in Florid. IV. p. 363. — V. 5. „Mallem „ἠΐθεον γὰρ Ἔρ. — et sic scribendum censeo.“ *Br.* Amorem puerilem, ut videtur, intelligens cl. Editor, non penitus persuadet. Comparantibus *Posidippi* Ep. I. ἐγὼ σκοπὸς εἷς ἅμα πολλοῖς κεῖμαι — non improbabile videbitur, ejusmodi quid fuisse scriptum ab *Antipatro:*

Εἷς σὺ, γέρον, γὰρ Ἔρωτος ἔφυς σκοπός.

quod bene respondet sequentibus: εἰς δέ σε μοῦνον. — σκολιὰς ἐκηβολίας (ἐκηβολίδας Cod. Vat.) inepte interpretatur *Opsopoeus.* *Brodaeus* difficiles esse vult, asperas, in amore non respondentes. Simplicissimum fortasse fuerit σκολιὰς ad τόξον σκολιὸν referre. *Hermesianax* Eleg. v. 63. Euripidem quoque Amoris sagittis percussum esse dicens, eum ὑπὸ σκολιοῦ τυπέντα τόξου, ait, νυκτερινὰς οὐκ ἀπέθεσθ᾽ ὀδύνας. *Reiskius* in not. mstis σκοτίας tentavit, docente *Schneidero* in Per. crit. p. 71. qui ipse δολιχὰς corrigit, ex Ep. *Julian. Aegypt.* XXXI. κοθόρνια φέρειν ἀδάμαντι φαρέτρῃ τόξα τε, καὶ δολιχῆς ἔργον ἐκηβολίης.

.¶. 27.] *LXXVI.* Cod. Vat. p. 212. Ἀντιπ. Σιδ. Planud. p. 277. St. 401. W. — V. 1. ἀνθέων. Vat. Cod. — μανίη παίδων. quo nemo puerorum fuit amantior. μανίη ζωροτάτη, *merus furor*, ut in Epigr. ἀδεσπ. XXV. ἄκρητον μανίην ἔπιον. Vide *Gatacker* in Advers. Posth. c. V. p. 450. sq. *Paul. Sil.* Ep. XXXVII. κάλλεος ἀκρήτου ζωροτέρῃ θεραπίς. — V. 3. „In Planudea corruptissime „legitur ἀκμὴν οἱ λυρόεν μελίζεται ἀμφὶ Βαθύλλῳ. Vir doctus „in exemplari Florent. edit. quod habeo, emendabat „ἀκμὴν ἱμερόεντι, quod nihili est, ob sequens ἵμερα. Paulo „melius Guietus λειριόεντα, quod accusativus esset pen„dens a μελίζεται, quo jam refertur ἵμερα. Omnino scri„bendum λειριόεντι relatum ad Βαθύλλῳ. Pulcherrimi „adolescentis mentio non sine laude fieri debebat. ἀκμὴν „adverbium est temporis. Hesych. ἀκμήν. ἔτι.“ *Br.* Mirum, viros doctos, neque *Brunckium* adeo, animadvertiſſe, jam *Brodaeum* reſtituiſſe λειφθέντι, cui lectioni patrocinatur *Salmaſ.* in Epiſt. LXXXVII. contra *Caſaubonum* disputans, qui in Not. ad *Perſii* Prolog. v. 14. priorem in μέλος produci poſſe contenderat, noſtro loco prolato. *Joſeph. Scaliger* tentavit ἀλελίζεται k. B. ἠέριμα. *Huetius* p. 27. ὁ λυρίον τι μελ. — In Vat. Cod. legitur: ἀκμὴν οἱ λυρόθεν μελίζεται. Aut multum fallor, aut ſcripſit *Antipater*:

ἀκμὴν οἱ λύρ' ἔνερθε μελίζεται — —

Haec bene cum ſeqq. coëunt: *Suaviter adhuc apud inferos ejus lyra Bathyllum canit,* — *nec Orcus ejus amores exſtinxit.* Plane ut *Simonides* de Anacreonte: Μολπῆς δ' οὐ λήθη μελιτερπέος, ἀλλ' ἔτ' ἐκεῖνο βάρβιτον οὐδὲ θανὼν εὔνασεν εἰν Ἀΐδῃ. — V. 6. ὠδῖνας. Veneris aeſtu laboras. *Homer.* Od. ι. 415. Κύκλωψ δὲ στενάχων τε καὶ ὠδίνων ὀδύνῃσι.

LXXVII. Cod. Vat. p. 219. Ἀντιπάτρου. Planud. p. 279. St. 403. W. In Steſichorum, Catanae ſepultum, Homeri animatum anima. — V. 1. 2. *Suidas* excitat in ζαπληθὲς T. II. p. 3. ubi Στησίχορον ζ. ἀμέτρητον habetur, ut et in Plan. et in Vat. Cod. ἀμετρήτου *Br.* ex ingenio emendaſſe videtur. Indicat hoc epitheton multitudinem carminum Steſichori, quem *Suidas* XXVI. libros reliquiſſe narrat. — V. 2. ἐκτέρεσεν. Plan. et Vat. Cod. Catanae Steſichorum ſepultum fuiſſe, teſtatur *Suidas* v. Στησίχορος. — ἐλθεῖν εἰς Κατάνην, κἀκεῖ τελευτῆσαι, καὶ ταφῆναι πρὸ τῆς πόλεως, ἥτις ἐξ αὐτοῦ Στησιχόρειος προσαγορεύεται. Contra Himerae ſive Thermis ejus ſepulcrum fuiſſe ait *Pollux* L. IX. 100. *Euſtath.* Il. ψ. 289. Eadem in urbe fuit *Steſichori poëtae ſtatua ſenilis, incurva, cum libro, ſummo artificio facta, Cicerone* teſte in Verrin. II. 35. Etiam hodie Thermitani ſtatuam monſtrant, quam pro vetere illa, a *Cicerone* deſcripta, haberi volunt, cum ſit ſtatua ſenatoria, docente *Dorvillio* in Sicul. T. I. p. 24. Epitaphium in Steſichorum exſtat in Anthol. Lat. T. I. p. 404.:

Ossa ego Stesichori Aetnaeis hic ossibus ossa
Clausa tego vatis, cetera mundus habet.

αἰθαλόεν δάπεδον. *Catana nimium ardenti vicina Typhoeo.* *Sil. Ital.* XIV. 196. Egregie hoc epitheton explicatur loco *Strabonis* L. VI. p. 269. et, ubi Catanae solum cum Mysia comparat, L. XIII. p. 932. — V. 3. Πυθαγόρειον φυσικὴν Vat. Cod. In Plan. Πυθαγόρου. Huc facit inprimis *Quinctil.* L. X. 1. 62. *Stesichorum, quam sit ingenio validus, materiae quoque ostendunt, maxima bella et clarissimos canentem duces et epici carminis onera lyra sustinentem. — Si tenuisset modum, videtur aemulari proximus Homerum potuisse.* — V. 4. ἐλ στέρνοις δ. ᾤκησατο. Vat. Cod. Verum videtur ἐνὶ et reponendum.

LXXVIII. Cod. Vat. p. 325. Ἀντιπ. Σιδων. Planud. p. 278. St. 403. W. Duo postrema disticha hujus Epigrammatis tanquam peculiare carmen edidit *Jensius* nr. XLIII. quem errorem notavit *Heringa* in Obss. p. 264. In Ibycum a latronibus interfectum. Historiam, cui hoc carmen superstructum est, narrat *Erasmus* in Adagio *Ibyci Grues.* Chil. I. IX. 22. ex *Plutarcho* T. II. p. 509. F. — V. 1. 2. Offendebant piratae Ibycum in litore deserto insulae, nescio cujus, in quod escenderant. — V. 3. ἀλλ' ἐπιβωσάμενον Vat. Cod. vitiose. *Volucrum precator Ibycus* ap. *Statium* Sylv. V. 3. 152. — Recte Plan. πολλά, ut *Anton. Lib.* c. VII. p. 50. equi τὸν Ἄνθον κατεβίβρωσκον πλεῖστα ἐπιβοώμενον ἀμῦναι τοὺς θεούς. — Pro ἵκοντο *Jos. Scaliger* ἵκοιντο corrigit, nescio quare. Hac quidem mutatione non efficitur, ut verba αἵ — θάνατον Ibyci sint; quae *Scaligeri* sententia fuisse videtur, per se minime inepta. *Suidas* in Ἴβυκος T. II. p. 93. συλληφθεὶς ὑπὸ λῃστῶν ἐρημίας ἔφη, κἂν τὰς γεράνους, ἃς ἔτυχεν ὑπερίπτασθαι, ἐκδίκους γενέσθαι. An igitur voluit:

ὡς οἱ ἵκοιντο
μάρτυρες, ἄλγιστον ὀλλυμένῳ θάνατον.

— V. 5. κοινή τις vitiosa est lectio Aldinae sec. et tertiae, quas ceterae editt. secutae sunt. Ed. pr. ποινῆτις, quod et Vat. Cod. confirmat et *Plutarch.* l. c. ἐλεγχθέντες δὲ οὕτως ἀπήχθησαν, οὐχ ὑπὸ τῶν γεράνων κολασθέντες, ἀλλ' ὑπὸ τῆς αὐτῶν γλωσσαλγίας, ὥσπερ Ἐριννύος καὶ Ποινῆς, βιασθέντες ἐξαγορεῦσαι τὸν φόνον. — V. 6. Latronibus enim Corinthi (Σισυφίην κατὰ γαῖαν) in foro, sive, ut alii tradunt, in theatro sedentibus, cum grues praetervolarent, unus eorum ad proxime assidentem, En tibi, dixit, Ibyci vindices. Quod cum et alii audivissent, Ibyco jam diu desiderato, suspicio orta ipsaque res brevi tempore patefacta est. — V. 8. πεφόβησο. Vat. Cod. — V. 9. καινῶν. Perperam *Brodaeus* θεῶν castigat. — κοιλῶν Cod. Vat. Agamemnon Clytaemnestram vatis cujusdam fidei commiserat, quem Aegisthus, mulierem corrupturus, ἄγων ἐς νῆσον ἐρήμην, Κάλλιπεν οἰωνοῖσιν ἕλωρ καὶ κύρμα γενέσθαι. *Homer.* Od. γ. 269. sq. ubi vide *Clark.* Hujus sceleris graves poenas ab Aegistho petiverunt Εὐμενίδες μελάμπεπλοι. *Euripid.* Alcest. 843. ἄνακτα τὸν μελάμπεπλον νεκρῶν Θάνατον, ad quem locum olim nonnulla dedimus in Animadverss. p. 34. sq. — Non praetereundum est, in Cod. Vat. post v. 6. breve relinqui spatium, novo lemmate appicto: Εἰς τὸν αὐτόν. Εἰς Ἴβυκον τὸν ποιητὴν ὑπὸ λῃστῶν ἀναιρεθέντα. In autographo scilicet, unde Vat. Cod. descriptus est, in hoc versu novae paginae initium fuisse puta.

LXXIX. Cod. Vat. p. 213. Ἀντιπ. Σιδ. Planud. p. 272. St. 393. W. In Pindari tumulum. Prius distichon profert *Suidas* in εὐαγὴς T. I. p. 880. et in χαλκεοτὴς T. III. p. 650. Utroque loco εὐαγέων legitur, quod etiam in Plan. et in Vat. Cod. habetur. Hanc lectionem, quam *Toupius* recte explicavit in Em. in Suid. P. III. p. 559. idem tentavit in Epist. crit. p. 118.

εὐαχέων corrigens, ex *Pindari* Pyth. III. 25. εὐαχέα βασι-λεῦσιν ὕμνων. Falsis ratiunculis hanc conjecturam convellere suscepit *Koppiers* in Obss. philol. p. 89. cui respondet *Toupius* in Curis nov. p. 202. εὐαγέων et εὐαχέων pronuntiandum τρισυλλάβως; in utroque enim vocabulo α producitur, ut apparet ex *Leonid. Tar.* Ep. XXVIII. Recte autem vulgatae patrocinatur *Brunckius*, docens, verba a fabrili arte traducta esse — Pindarum enim ὕμνων χαλκευτὰν dici —; ut igitur poëta in eadem persistat metaphora, verius et elegantius epitheton excogitari non posse verbo εὐαγέων. Sunt autem ὕμνοι εὐαγέες *hymni bene tornati*, ut est ap. *Horat.* A. P. 441. ubi vulgatae lectioni, *Et male tornatos incudi reddere versus*, ex nostro loco robur accedit contra *Bentleji* molimina. Nostrum ductum videri potest ex *Aristophan.* Eqq. 527. τέκτονες εὐπαλάμων ὕμνων. Similiter locutus est *Euripid.* in Andr. 477. *Antip. Thess.* Ep. XXIV. Πιερίδων χαλκευτὸν ἐπ' ἄκμο-σιν. — Vitiose vulgo βαρυνόμενον legitur. βαρὺν legendum esse viderat *Jos. Scaliger*, et habet *Suid.* loco sec. et Vat. Cod. — Ut hic *Antipater* Pindarum σάλπιγγα propter gravem carminum sonum, sic Demosthenem simili de causa *Christodorus* in Ecphr. v. 23. δημηγόρον σάλπιγγα appellat. Quaedam hujus generis ex sophistis vide ap. *Wernsdorf.* ad Himer. XXII. 6. p. 759. — ¶. 28.] V. 3. εἰς κίον. Cod. Vat. et Μουσῶν. In fine carminis ἀπε-πλάσατο Plan. et Vat. Cod. Quod *Brunckius* recepit, est ex emendatione *Reiskii*. *Hesych.* ἐκβλίσαι. ἐκθλίψαι. ἀποπιέσαι. βλίζειν γὰρ τὰ κηρία ἐκθλίβειν. et iterum: βλίσαι. καπνίσαι μελίσσας καὶ ἐξελάσαι τῶν σμηνῶν, ὑπὲρ τοῦ τὸ μέλι τρυγῆσαι. Hinc βλίττειν simpliciter pro τρυγᾶν, sive, ut *Timaeus* interpretatur, ἀφαιρεῖν τὸ μέλι ἀπὸ τῶν κηρίων. ubi vide *Ruhnk.* p. 63. Pro *eripere* occurrit ap. *Aristoph.* Av. 497. ἀπέβλισε θοἰμάτιόν μου. Sensus igitur est: Pindari carmina audiens dices, Thebanos quoque poëtica facultate excelluisse. Poëticam facultatem per σμῆνος ἀπὸ

Μουσῶν designat; sic enim jungenda verba. Κάδμου θάλαμοι, Thebae. Fortasse praeterea corrigendum: καὶ Κάδμου.

LXXX. Cod. Vat. p. 217. Ἀντιπ. Plan. p. 284ᵇ. St. 419. W. Diogenis Cynici vita paucis contenta animusque malis infestus laudatur. — V. 1. 2. excitat *Suidas* in γυμνῆται Tom. I. p. 502. — βίος γυμνήτης non tam *nuda vita*, ut vulgo vertitur, sed *frugalis* potius et paucissimis rebus instructa; quandoquidem Diogenes omnia abjecerat, quae ei ad vitam tolerandam non omnino necessaria esse viderentur. — V. 3. μία ante διπλοῖς in Cod. Vat. lineae superscriptum. — V. 6. φαύλων. Malos et vitiosos, quos per omnem vitam allatravi, etiam apud inferos odio habeo.

LXXXI. Servavit *Diogen. Laërt.* VII. 29. Ἀθηναῖοι ἔθαψαν αὐτὸν ἐν τῷ Κεραμεικῷ καὶ ψηφίσμασι τοῖς προειρημένοις ἐτίμησαν, τὴν ἀρετὴν αὐτῷ προσμαρτυροῦντες· καὶ Ἀντίπατρος ὁ Σιδώνιος ἐποίησεν οὕτως· Τῆνος ὅδε . . . . Hinc receptum est in Append. Planud. p. 523. St. *23. W. Zenonem defunctum ad Olympum properasse ait, sola sibi sapientia et continentia via ad superos munita. — V. 1. Κιττίε. vulgo. Urbis, unde Zeno (Κιττιεὺς) originem ducebat, nomen fuit Κίτιον. — V. 2. ἐνθέμενος. Non, ut Aloeï filii, Pelion Ossae imponentes. *Homer.* Odyss. λ. 314. Ὄσσαν ἐπ' Οὐλύμπῳ μέμασαν θέμεν, αὐτὰρ ἐπ' Ὄσσῃ Πήλιον εἰνοσίφυλλον, ἵν' οὐρανὸς ἀμβατὸς εἴη. Apte *Toup.* in Em. ad Suid. P. I. p. 161. comparat *Lucian.* T. III. p. 34. Bip. καὶ δυνησόμεθα, ὦ Ἑρμῆ, δύ' ὄντες ἀναθέσθαι ἐφ' ἅμα τὸ Πήλιον ἢ τὴν Ὄσσαν; — V. 3. ἄεθλα. vulgo. Duplex prostat *Meibomii* conjectura, οὐδ' ἀρεθ' Ἡρ. et οὐδ' ἔκαμ' Ἡρ. Una litera mutata *Toupius* scripsit: ἄεθλει. Neque Herculis labores exantlavit, quibus ille *nixus*, *arces attigit igneas. Horat.* III. Carm. III. 10. — V. 4. ἀτραπὸν μούνος. vulgo. ἀτραπιτὸν, in quod *Huetius* incidit p. 81.

Meibomius recepit ex emend. *H. Stephani*. Hercules apud *Senecam* in Herc. Oet. 1941. *Virtus mihi in astra et ipsos fecit ad superos iter.* De superbis *Rhian.* I. 15. νόσφιν ἀτραπιτὸν τεκμαίρεται οὐλυμπόνδε. μοῦνος, quod ex *Meibomii* conjectura mutatum est, fortasse conservari debebat. Metro non timendum post tot exempla brevis syllabae in caesura productae.

LXXXII. Cod. Vat. p. 269. hoc Epigr. *Antipatro Thessalonicensi* tribuit. In Planud. p. 234. St. 339. W. gentile non additur. Scriptum est in Hipparchiam, quae abjectis muliebribus artibus, Cynicam vitam sectabatur. Vide de ejus vita *Diogen. Laert.* VI. 87. et 96. et *Menagium* de Mul. phil. in Append. p. 497. — V. 2. ἑλόμαν. Vat. Cod. — V. 3. περονήτιδες οὐδὲ βαθύπεπλος τ. Vat. Cod. et optimus Planud. Cod. quo *Br.* usus est. Vulgo οὐ βαθύπεπλος. Quod epitheton voci εὐμαρὶς, qua calceamenti genus significatur, cum tribui nequeat, *Salmasius* corrigit βαθύπελμος, idque *Toupius* quoque vidit ad Suid. p. 339. εὐμαρίς. εἶδος ὑποδήματος, διὰ τὸ εὐμαρῶς, ὅ ἐστιν εὐχερῶς βαδίζειν τοὺς ὑποδεδεμένους. Εὐριπίδης· βαρβάροις ἐν εὐμαρίσιν. *Etymol. M.* *Toupius* praeterea laudat *Pollux.* IX. 2. *Schol. Apollon. Rh.* L. II. 102. Locus *Euripidis* est in Orest. 1370. ubi vide *Musgrav.* πέλμα calcei est *solea*; hinc calceus μονόπελμος, *qui nonnisi unam soleam habet*; ut ap. *Phaniam* Ep. II. βαθύπελμον autem auctor emendationis de *calceo altisoleato* interpretatur, quales delicatiorum et elegantiorum hominum erant.— Quas poëta h. l. ἀμπεχόνας περονήτιδας vocat, hae vestes etiam uno vocabulo ἀμπεχονοπερόνιδες vocabantur. Vestis videtur fuisse interior, quae fibulis adstringebatur. *Casaubon.* Lect. Theocrit. p. 272. ἀμπεχόνη autem est vox latioris significationis, quae modo pallam designat (ut τὸ ἀμπέχονον ap. *Theocrit.* Id. XV. 21.) modo quamlibet vestem. De veste interiore, quales Cynici non gerebant, usurpavit *Agath. Schol.* Ep. V. ἐφεστησαμένη δ' ὑπὲρ ὤμων Στῆθεὶ παλλεύκῳ τήνδε ὧδε ἀμπεχόνην. — V. 4. λιπαρὸν κεκρύφαλος, unguentum redolens velamen. Vide ad *Nossidis* Ep. V. p. 415. sq. — V. 5. „Editi οὐδας absque „ullo sensu. Eadem docta manus, cujus paulo ante me„mini, in margine exemplaris Florentinae scripsit πήρη, „ad sensum bene; sed verum est θυλάς. Lectio corrupta „ex librarii oscitantia, qui ad quadratatum literarum, „quibus olim utebantur, formam et lineamenta non „satis attendit: ΟΥΔΑΣ et ΘΥΛΑΣ facile confundi potue„runt. Hoc jam emendaveram ex Hesychi glossa θυλάδες, „πῆραι, θύλακοι, ubi vide Intpp., antequam Toupii Em. „in Suid. T. III. prodiret, quem vide p. 93. [p. 358.]“ *Br.* *Toupius* tamen θύλαξ corrigebat. Idem vitium *Ruhnkenius* exemit fragmento *Callimachi* 360. πτωχῶν θυλάδες κεὶ κενὴ, pro οὐλαὶ κ. κεναί. Vide Epist. crit. II. p. 188. — Vat. Cod. σκήπωνι. Vide not. ad *Leonid. Tar.* Ep. X. — συνέμπορον corrigebat *Jos. Scaliger*. Hoc vocabulum sensu metaphorico usurpavit *Macedon.* Ep. XII. de ense, οὗτος ἐμοὶ παθόντι ξυνέμπορος. Navis συνέμπορος ἀνέρι κέρδους ap. *Antiphil.* Ep. I. et XLII. — V. 6. βλῆμα κοίτας pro circumscriptione cubilis in terra positi habendum est: huic habitui conveniens cubile, χαμαὶ βεβλημένον, i. e. τεθειμένον. Proprie βλῆμα, quodcunque jacitur. *Herodot.* L. III. p. 212. 47. *Eurip.* in Suppl. 330. — V. 7. ἄμμι δὲ Μ. κάῤῥων ἀμιν Α. Cod. Vat. *Brunckii* lectio est in Plan. ubi tamen non ἧς, sed ἦν habetur, et κρέσσων. Κάῤῥον. βέλτιον. *Hesychius*. *Eustath.* ad Odyss. p. 790. 28. — V. 8. σοφία et ὀρειδρομίης Vat. Cod. ὀριδρομίας Plan. Hipparchia se cum Atalanta comparat, ita tamen, ut suam vitam Atalantae vita tanto praestantiorem judicet, quanto sapientia venationem superet.

LXXXIII. Cod. Vat. p. 239. sq. Ἀντιπ. Σιδων. Planud. p. 225. St. 327. W. In membranis Vat. v. 3. 4. leguntur ante v. 1. 2. Sequitur deinde alterum distichon

Ep. *Platon.* VI. Deinde integrum Epigramma a primo versu ad postremum. — Elegans carmen in Laïdem Corinthiam, quae viva quaestum meretricium faciens novi belli incendium prohibuisse videbatur, mortua a Venere et Cupidine defletur. — V. 1. 2. laudat *Suid.* in θρέπτεται T. II. p. 208. — ἁλουργίδι. Purpura et auro meretrices publice utebantur. θρυπτομένων. *Aelian.* V. H. L. 19. Colophonii ἐσθῆτι πολυτελεῖ ἐθρύπτοντο καὶ τραπέζης δαπάνῃ. — ¶. 29.] V. 3. *Suidas* in ἀλιζώνου T. I. p. 112. et iterum T. III. p. 140. simul cum v. 4. in Πειρήνη T. III. p. 106. *Ephyreia Lais E gemino dotata mari. Claudian.* in Eutrop. L. 90. Vide *Burmann.* ad Propert. II. El. V. p. 249. Ex Hyccari tamen Siciliae oriunda putatur. In proximo versu poëta Pirenes fontis mentionem facit, unde Laïs olim aquam hausisse dicitur: 'Απελλῆς ὁ ζωγράφος ἔτι παρθένον οὖσαν τὴν Λαΐδα θεασάμενος ἀπὸ τῆς Πειρήνης ὑδροφοροῦσαν. *Athen.* L. XIII. p. 588. C. — In contextu Vat. Cod. loco priore λευκῆν λευκοτέρην λιβάδος, vulgata lectione superscripta; altero loco nihil plane varietatis. λευκὸν ὕδωρ Homericum. Il. ψ. 282. *Callimach.* H. in Jov. 18. 'Ερύμανθος λευκότατος ποταμῶν. Vide *Spanhem.* ad Juliani Caes. p. 42. — V. 5. 6. 7. *Suidas* habet v. ἐρέπτεται T. I. p. 628. ubi ἐφ' ἧς legitur. — μνηστῆρες. *Propert.* II. 5. 1. *Non ita complebant Ephyreae Laïdos aedes, Ad cujus jacuit Graecia tota fores.* Vide notas ad *Platonis* Ep. VII. p. 343. — V. 8. *Suidas* in ὄδωδε T. II. p. 657. Non viva tantum Laïs redoluit unguenta, sed ejus ossa adhuc suavissimum unguentorum exhalant odorem. Crocus et crocinum unguentum in conviviis, theatris et funeribus frequenter adhibebatur. Vide *Salmas.* in Plin. p. 76. D. *T. Hemsterh.* ad Lucian. T. I. p. 281. Bip. *Philodem.* Ep. XXII. κροκίνοις χρίσατε γυῖα μύροις. In epitaphio pueri auctor Ep. ἀδεσπ. DCXCV. optat, ut ossa suavem odorem spirent. Sed hujus rei alia est ratio. Apud nostrum ad Laïdis luxuriem et ad unguenta rogo infusa respicitur. *Statius* in Sylv. II. 1. 157. *Quid ego exsequias et prodiga flammis Dona loquar, moestoque ardentia funera luxu? – Quod Cilicum flores, quod munera graminis Indi, Quodque Arabes, Phariique Palaestinique liquores Arsuram lavere comam?* Cf. II. 6. 86. III. 3. 33. — Pro ἧς ἔτι *Suid.* ἧς αἰεί. qui v. 9. 10. laudat in κνώδης T. II. p. 308. et v. 10. iterum in θυόεν T. II. p. 214. Priores ejus editiones pro ἄσθμα vitiose ἆσμα legunt. — V. 11. ἧς ἐπὶ Plan. et *Suid.* in ἀμύξεις T. I. p. 147. Ipsa Venus Laïdis mortem luctu prosecuta est. μῦθος h. l. θόρυβον, ταραχή· ut *Hesychius* interpretatur. Vide *Schneider.* ad Nicandri Alex. 456. p. 224. sq. — V. 12. *Suidas* in λύζει T. II. p. 466. De voce λύζειν fuse egerunt *Sallier* ad Thom. M. p. 585. *T. Hemsterh.* ad Lucian. T. I. p. 177. sq. Amoris singultim plorantis imaginem fortasse duxit *Antipater* ex *Bionis* Eid. α. 80. ἀμφὶ δέ μιν κλαίοντες ἀναστενάχουσιν Ἔρωτες Κειράμενοι χαίτας ἐπ' Ἀδώνιδι. — V. 13. Laïs nisi concubitum omnibus communem fecisset, novum de ea non minus quam propter Helenam exarsisset bellum.

LXXXIV. Vat. Cod. p. 285. *Antipatro Thessalonicensi* tribuit; quod perperam fieri censet *Brunckius*, caussam sententiae nullam reddens. In Planud. p. 263. St. 380. W. gentile non additur. Scriptum est carmen in matrem et filiam Corinthias, quae, urbe a Romanis expugnata, sese mutuo peremerant. Similia complura in nobilissima illa Corinthi clade facta esse, probabile fit. Notum illud Diaci, Achaeorum praetoris, facinus, qui, victo a Romanis exercitu, domum properavit, eam incendit conjugemque peremtam in flammas praecipitavit. *Pausan.* L. VII. 16. p. 561. *Aurel. Vict.* de Vir. Ill. c. LX. — V. 1. Ῥοδόπα et Βοΐσκη. Vat. Cod. — V. 2. κεκλίμεθα. non succubuimus hostium violentiae. *Hermesianax* El. 54. αἰνηρὴν δουρὶ κεκλιμένην πατρίδα. Vide not.

ad *Mnasalc.* Ep. XVIII. p. 411. — V. 4. ἄλκιμον. Nobis ipsae mortem fortiter conscivimus. — V. 5. διὰ σφαγῆς. Vat. Cod. — σφάγιο. Ed. pr. — V. 6. φειδὼ βίου. quod ignavorum est. *Solon* El. V. 45. φειδωλὴν ψυχῆς οὐδεμίαν θέμενος. *Tyrtaeus* El. I. 14. θνήσκωμεν ψυχέων μηκέτι φειδόμενοι. Vide quae collegit *Wetsten.* ad. N. T. II. p. 290. — V. 7. ἱερὸν βρόχον. Vat. Cod. quod fortasse verum, modo ἐναυχενίῳ scripseris:

ἅψε δ' ἐναυχενίῳ ἱερὸν βρόχον.

Euripid. Hel. 135. βρόχῳ γ' ἅψασα εὐγενῆ δέρην. *Alcest.* 229. βρόχῳ δέρην οὐρανίῳ πελάσαι. *Sophocl.* Antig. 1221. τὴν μὲν κρεμαστὴν αὐχένος κατείδομεν βρόχῳ μιτώδει σινδόνος καθημμένην. — In fine vers. Cod. Vat. ἡμῖν. — V. 8. ἄμμιν Plan. quae et vers. praec. ἦν legit. Mortem liberam generosi servitutis contumeliae nunquam non praetulerunt. Polyxena in *Euripidis* Hec. 550. ἐλευθέραν δ' ἐμέ, ὡς ἐλευθέρα θάνω, πρὸς θεῶν, μεθέντες, κτείνατ'· ἐν νεκροῖσι γὰρ δούλη κεκλῆσθαι, βασιλὶς οὖσ', αἰσχύνομαι.

LXXXV. Cod. Vat. p. 230. Ἀντιπ. Σιδ. Edidit *Majus* in Catal. Bibl. Uffenb. p. 579. *Leichius* in Sepulcr. p. 22. *Wolf.* ad Fragm. Erinnae p. 21. *Reisk.* Anth. nr. 569. p. 74. Expressum ex Epigr. *Leonid. Tar.* LXXI. — V. 3. ἴχνος. In marg. γρ. ἔδειμε. Vat. Cod. — V. 4. παρθενίης. Vat. Cod. — ἅμματα. zonam virginalem. Hoc distichon protulit V. D. in Miscell. Obss. I. 3. p. 130. ὃς πρὶν ἄτιντα vitiose exhibens. — V. 5. λοχίοις. Vat. Cod. — ¶. 30.] V. 9. πλείστην τρίχα. In codicis „margine γρ. πολιήν. Sitne hoc varians lectio, an glossa, „an emendatio, nescio. Sed πολιὴν verum credo. Expres„sum est hoc Ep. e Leonidae LXXI. ubi καὶ δὲ βαθὺ γῆρας „ἵκοιτο, quod his verbis reddere debuit Antipater: ἔλθοι „ὡς ὀλβίστην πολιὴν τρίχα." *Br.* Post ἔλθοι in Vat. Cod. lineae superscriptum δ'. *Reiskius* vertit: *Venias ille opto ad felicissimam pubertatem* (*aut senectutem*); graeca verba utram-

utramque interpretationem admittere docens. Quum ἱερὸς ponatur pro σεμνὸς, σεμνὴν τρίχα autem pro canis recte posueris, emendandi necessitatem non video. Sanctam parentis canitiem dixit Statius Silv. III. 3. 18. — V. 10. οὔριον βίοτον. Metaphora a navigatione ducta, cui Fortuna praeest. Vide ad Bacchylid Fr. I. p. 259.

LXXXVI. Cod. Vat. p. 230. Ἀντιπ. Σιδ. οἱ δὲ Ἀρχίου. Leichius in Sepulcr. nr. XV. p. 20. Reiskius, quia parum a praecedente differt, repetere noluit. — V. 2. Leich. Καλλιτέλους et v. 6. Καλλιτέλων, ut est in Vat. Cod. — V. 7. ἐνδρέσει. Cod. Vat. recte.

LXXXVII. Cod. Vat. p. 271. Ἀντιπάτρου. Primum distichon et duo postrema protulit Salmas. in Plin. p. 859. F. Integrum carmen edidit Leich. in Sepulcr. p. 18. Reisk. nr. 616, p. 93. Continet descriptionem et explicationem cippi aenigmaticis figuris exornati. — V. 1. „In Cod. scriptum μαστεύω τίς ἐναγὶς ἐπὶ σταλλιτίδι πέτρῃ. Quae corrupta a Salmasio ita, ut exhibui, emen- „data sunt, et profecto Salmasiana haec lectio multo „melior barbarie, quam invexerunt quidam, qui hoc „epigramma ediderunt. Non mihi tamen omnino satis- „facit. Viator, qui hic loquitur, non quaerit, quis sym- „bola illa tumulo imposuit, sed quare ea aliquis impo- „suerit. Huic quaestioni, non illi, responsio congrua. „Scribendum τί ποτ᾽ ἄν τις ἐπὶ — Ex ΤΙΤΕΑΙΤΙΣ facile corrupta „lectio τισεναγις oriri potuit. τί, i. e. διὰ τί quare?“ Br. Non accurate Cod. lectionem indicavit Brunckius, quae haec est: τίς εἰναγὶς ἐπὶ σταλλίτιδι πέτρῃ. Reiskius dedit τί σου, ὅστις, vertens: quamobrem tuo in cippo, quisquis id feceris, incideris sculptam hanc sententiam. — Cum reputaveris, quanta sit in codd. similitudo literae α et ευ, γ et ν, et proinde Codicis nostri lectionem sic tibi finxeris in autographo, unde Vat. fluxerit, scriptam: τισευνωνις, facile mihi concedes, corrigendum esse:

Μαστεύω, τί σύνεστιν ἐπὶ — —

Quaero, cur maritus tuus cippo hanc sententiam, sub aenigmaticis figuris reconditam, inciderit? Sic plane Epigr. seq. τοιαῦτ' ἀμφ' ἔργοισιν ἀγάθεον, ἔνθεν ὅμευνος Τοιάδ' ἐμῷ στάλᾳ σύμβολα τεῦξε βίτων. — V. 3. Perperam in fine hujus distichi major distinctio posita; sententia continuatur. Sculpta autem fuerunt in hoc cippo lora, fiscella sive capistrum, quo equorum ora continebantur, et gallus gallinaceus. Haec omnia ad matronam pertinere poëta negat. De voce κημὸς vide ad *Philodemi* Ep. XXVII. 1. — οἰωνὸς Ταναγρᾳ βλαστῶν. Nihil illustrius gallis Tanagraeis, de quibus nonnulla dedit *Pausan.* L. IX. 22. p. 753. *Suidas:* Ἀλεκτρυόνα ἀθλητὴν Ταναγραῖον. οὗτοι γὰρ ὡς εὐγενεῖς ᾄδοντας. *Columella* L. VIII. 2. 4, ibique *Schneiderus.* — V. 5. laudat *Alberti* ad Hesych. in ὑπερόφιον, ubi ὑπερόφιαι exhibet, quae est Vat. Cod. lectio. παρθένος ὑπερόφιος *Apollon.* Argon. L. IV. 68. — V. 6. τάδ' ἱστον. Vat. Cod. recte. Nec aliter *Reisk.* et *Leich.* Comparandus *Theocrit.* Eid. XXVIII. 1. ὦ φιλέρεθ' ἀλακάτα, δῶρον Ἀθηνάας, γυναιξὶ νόος οἰκωφελίεσσιν αἷς ἐπήβολος. *Liban.* Orat. V. Tom. I. p. 227. de Diana: οὐ μὴν οὐδὲ ἱστὸν καὶ ἔρια καὶ ταλασίαν καὶ ἔργα γυναικῶν ἠξίωσεν ἐφορᾶν — ἀλλ' ἀφῆκεν αὐτὴν ἐπὶ τὰ θηρία. — V. 7. Sequitur interpretatio signorum. Gallus mulierem indicat mane ad opus surgentem. Iis, quae dedimus ad *Meleagri* Ep. CXXIII. 7. p. 136. adde *Artemidor.* Oneirocr. II. 47. ἀλεκτρυὼν ἐν μὲν πένητος οἰκίᾳ τὸν οἰκοδεσπότην, ἐν δὲ πλουσίᾳ τὸν οἰκονόμον σημαίνει, διὰ τὸ ἀνιστᾶν τοὺς ἔνδον ἐπὶ τὰ ἔργα. — V. 10. φευχίης Vat. Cod. ἡσυχίας *Wetsten.* qui hoc distichon profert ad N. T. II. p. 164. Laudatur in mulieribus silentium et linguae continentia. *Sophocl.* Aj. 294. *Euripid.* Heracl. 477.

LXXXVIII. Cod. Vat. p. 271. Ἀντιπ. Σιδ. Primum distichon protulit *Salmas.* in Plin. p. 859. G. Totum carmen *Leichius* in Sepulcr. p. 20. *Reisk.* in Anth. nr. 617. p. 94. — V. 1. In cippo Myrus insculpta erant signa: flagellum, bubo, arcus, anser et canis. In pentametro *Brunckius* voces transpositas putat, et hoc ordine ponendas: χᾶνα, βιὸν, χαρωπὸν γλαῦκα. nam epitheton χαρωπὸν non anseribus, sed buboni convenire. In Cod. Vat. est χαροπὰν, quod reponendum, quamvis et χαρωπὸν ferri possit. Lineae superscriptum γρ τάνδε θεᾶν σκύλακα. — ¶. 31.] V. 3. εὔτονον. Cod. Vat. quod mutatione non indiget: εὔτονος enim *intentam* rei familiari matronam non minus significat, quam ἔντονος. Eadem est lectionis diversitas in *Polyb.* Hist. L. VIII. 7. 2. εὐτονωτέροις καὶ μείζοσι λιθοβόλοις καὶ βέλεσι τιτρώσκων. Quaedam de hoc verbo notavimus in Exercitt. crit. T. II. p. 95. sq. — V. 4. κηδομέναν. *Reisk.* contra codicis fidem. — V. 5. ἀλλ' ἀγέρωχον. τὸ ἀγέρωχον εἶναι de viris, militibus praesertim, in bonam partem passim usurpatum, in mulieris tamen laudem dictum miror. Quare mihi quidem verissima videtur *Reiskii* emendatio: οὐδ' ἀγέρωχον δμωσί. *neque in servos ferocem.* — Apodosis continetur verbis κολάστειραν ἔ. ἀ. peccatorum justas ab iis sumebat poenas. — V. 7. In Cod. Vat. versus non integer: τὰν δὲ δόμων φύλακα μ. τάνδ' ἀ . . . . In marg. apogr. Lips. suppletum et emendatum χανὸς ἄγαλμα. *Reiskius* conjecit χὰν ἀγορεύει, quam *Salmasii* quoque conjecturam esse *Br.* monuit. Structura orationis sententiarumque nexus postulare videtur, ut scribatur:

χὰν δὲ δόμων φυλακᾶς μελεδήμονα τάνδ' ἀγορεύει.

τάνδε ad Myro, sub tumulo sepultam, referri debet. — V. 8. γλαὺξ ἅδε γλαυκᾶς. Vat. Cod. quod *Reiskius* verbis transpositis emendavit. Facilis emendatio, qua tamen admissa versus paulo durius ad aures accidit. Fortasse legendum:

γλαὺξ δ' ἅδε γλαυκᾶς Παλλάδος ἀμφίπολον.

ut Epigr. praec. ἱππαστὴρ δ' ὅδε κημὸς ἀείσεται οὐ πολέμωθεν. — Palladis ministra Myro dicitur propter lanificium.

LXXXIX. Vat. Cod. p. 271. Ἀντιπ. Σιδ. εἰς Βιττίδα τὴν Κρῆσσαν αἰνιγματῶδες, εὔληπτον δέ. Planud. p. 227. St. 331. W. — V. 1. Bis legitur in Vat. Cod. ubi κίσσαν et κίσσα legitur. In Plan. καὶ ἄλλος ὁ ξ. κίσσα. Pica mulieris loquacitatem significabat. Sycophantam quendam loquacissimum Athenis κίτταν fuisse appellatum, narrat *Aristoph.* in Av. 1297. ubi vide *Schol.* — V. 2. φράσσω. Vat. Cod. quod metrum respuit. — κύλιξ. Poculum cippo insculptum vinosam indicabat. Vide Ep. sq. et *Leonid. Tar.* Ep. LXXXVII. — σύντροφος dicitur, qui familiaritatem cum aliquo contraxit, tum ad res transfertur, quibus quis adsueverit. Hinc fortasse *Antiphilus* Ep. VII. Δημήτηρ δὲ μέθην σύντροφον οὐ δέχεται. De Anacreonte noster supra Ep. LXXIV. ὁ φιλακρήτου σύντροφος ἁρμονίης. — V. 4. ἄνδεμα μίτρας. Forma rarior, nec fortasse alibi obvia, pro ἀνάδημα sive ἀναδέσμη ponitur. *Homer.* Il. χ. 468. varia capitis ornamenta complexus: τῆλε δ' ἀπὸ κρατὸς χέε δέσματα σιγαλόεντα, Ἄμπυκα, κεκρύφαλόν τ', ἠδὲ πλεκτὴν ἀναδέσμην, Κρήδεμνόν θ' —. *Mitra* inter vetularum ornamenta inprimis commemoratur, ut ap. *Ovid.* Fast. IV. 517. *Simularat anum, mitraque capillos Presserat.* Vide *Burmann.* ad Propert. IV. El. V. 7. p. 804. Nec tamen vetulis solis propriam fuisse mitram, id quod *Scaliger* videtur putasse ad *Virgilii* Copam v. 1. p. 93. docuit *Barthius* in Adverss. L. XXXIII. 22. et *Burm.* ad Anth. Lat. T. I. p. 708. — V. 5. σταλουργὶς τύμβος ex hoc loco in Lexicis explicatur de tumulo, cui cippus impositus est; nescio quo jure. Analogiae enim leges σταλουργὸν de sculptore, qui cippos facit, explicare suadent. Legeris fortasse:

τοιάνδε σταλοῦχος ὅδ' ἔκρυψε Βιττίδα τύμβος.

talis fuit Bittis, quam hic tumulus, stela instructus, continet. Eadem analogia λυχνοῦχος vocatur, qui lychnum, πυργοῦχος, qui turrim sustinet, ut ap. *Pollux.* I. 92. Vide *Schweigh.* ad *Polyb.* T. VII. p. 243. Sed haec mox expedire conabimur. — V. 6. „Τιμίλου ἄχραντον. Hoc ex „conjectura dedi. Planudeae Codd. et veteres edd. ha„bent τὰν τιμολέχραντον, quod in recentioribus mutatum, „qua de causa nescio, in θυμολέχραντον. Vat. Cod. τιμο„λέχραντον, omisso τάν. Ex scripturae compendio ortum „mihi hoc videtur. ου super λ positum, omissum fuit a „descriptore, qui duas voces in unam conjunxit. Nomen „Τίμιλος alicubi vidi, ubi vero, nunc non succurrit." Br. *Scaliger* in not. mstis conjecit τάν τε Μελαγχράντου, quod ferri nequit propter τε plane otiosum. *Brodaeus* vocibus sejunctis τάν τι μελάγχραντον, μελαγχραίναν ἢ μελαγχρώταν inepte legit. Viri nomen latere, dubitari nequit; sed hoc quale fuerit, sine codd. ope nemo dixerit. In τὰν τιμελαχράντου latere suspiceris:

Ἀντιμένου Κράντου (υἱὸν scil.) —

sed hoc verum esse nemo, nisi vanus et stolidus, spoponderit. — V. 7. οἰχομένοισιν. Si recte intelligo hujus distichi sensum, pluralis pro singulari est positus, οἰχομένῃ, mihi apud inferos degenti eandem sermonis gratiam et voluptatem praebeas. Ad loquacitatem mulieris respicitur. Nec sic tamen sensus satis expeditus. Putabam olim, verba sic accipienda esse: Et tu salve, et me vicissim salvam esse jube. Sed sic αὖθις abundat et μῦθον. Tertia igitur superest interpretandi via, eaque omnium verissima. Bittis, quae hic loquitur, viro, qui sculptor fuisse videtur, gratias agit, eumque hortatur, ut etiam in posterum defunctis ejusmodi cippos ponat, qui ipsis quasi facultatem loquendi et se praetereuntibus indicandi tribuant: τὰν αὐτὰν χάριν, *eandem*, quam mihi tribuisti, *facultatem*, μῦθον, *loquendi*. Sed sic praecedentia quoque nonnihil immutanda videntur. Videtur igitur *Antipater* scripsisse:

τοιόνδε σταλουργὸς δ' ἔγραψε Βιττίδα τύμβον
[Ἀντιμένους Κράντου] τερψιλάλον ἄλοχον.

XC Vat. Cod. p. 258. Ἀντιπ. Σιδ. Plan. p. 243. St. 353. W. Maronis, vetula vinosa, calicem in tumulo habens, nec de liberis, nec de marito, quos egenos reliquit, sed de sicco calice dolet. Expressum carmen ex *Leonid. Tar.* Ep. LXXXVII. — V. 5. Vulgo ὅττι τὸ Βάκχῳ ἄρμενον. Veram lectionem *Br.* ex Vat. Cod. restituit, olim Βάκχω scriptum fuisse existimans, terminatione dorica, cujus dialecti vestigium remansit in ὀρῆς v. secundo. Ad ἄρμενον *Casaubonus* adscripsit ὄργανον, interpretandi causa, ut videtur. Pro τὸ, cum in Ald. sec. ὃν legatur, *Jos. Scaliger* ἣν conjecit. Color in ultimo hoc disticho fere, ut in *Simonid.* Ep. LV. 5. — 8.

XCI. Vat. Cod. p. 271. Ἀντιπ. Σιδ. Εἰς τινα οἶδεν Θεοδώρου, οὗτινος ἐπὶ τῷ τάφῳ σύμβολον ἵσταται λέων. Edidit *Leich.* in Sepulcr. p. 12. *Reisk.* Anth. nr. 618. p. 95. — V. 1. τί πρὸς. *Reiskius* pro πρὸς τί metri causa opinabatur positum, et ἀμφιβέβηκας vertit: *stas divaricatis pedibus.* Inepte. Jam ad *Homeri* Il. α. 37. ὃς Χρύσην ἀμφιβέβηκας Intpp. monuerunt de vero hujus vocabuli sensu. *Aeschyl.* VII. c. Th. 176. δαίμονες Αντήριοι ἀμφιβάντες πόλιν. hoc est, ἐπίσποντες. — τί πρὸς mihi depravatum videtur. In Cod. Vat τι lineae superscriptum. Legerim:

Εἰπὲ, λέων, φθιμένοιο τίνος τάφον ἀμφιβέβηκας;

Nihil in Codd. inter se similius voculis πρὸς et τίνος. — V. 2 Cod. Vat βουφάγε, quod a *Br.* inconsiderate mutatum est, *Simonid.* Ep. CXII. βουφάγος δ᾽ κοίλην ἀτραπὸν ἵκτο λέων. — τίς. Quis dignus fuit, cujus tumulo leo, fortitudinis index, imponeretur? Leonum in fortium virorum tumulis exempla quaedam laudavimus ad *Simonid* Ep. XXXV. p. 222. sq. — ¶. 32.] V. 3. Τελευτιαῖ. Vat. Cod. quod jam apud *Reiskium* emendatum est, qui monet, hunc Teleutiam certe diversum esse ab Agesilai fratre, quem memoravit *Diodor. Sic.* XV. 21. Fuit nimirum Agesilaus Archidami filius, cum contra Teleutias noster Theodori vocetur filius. Quod si igitur *germanus* Agesilai frater fuit, recte judicavit *Reiskius*. Sed res se aliter habet. Fuit Teleutias ὁμομήτριος ἀδελφὸς Ἀγησιλάου, id quod *Diodorus* significare voluit, *Plutarchus* diserte dicit T. III. p. 391. ed. Bry. Tenemus igitur nomen patris Teleutiae, aliunde non cognitum. Is autem ad Olynthum fortiter pugnans occubuit Ol. XCIX, 3. Vide *Xenoph.* Hist. Gr. L. V. 3. 6. p. 291. ed. *Schneider.* — V. 5. μάταν. apogr. Lips. — φέρω δ' ἔτι. Cod. Vat. — V. 6. οἱ temere omisit *Leich.* — *Diotimus* Ep. IX. οὐδὲ λέων ὡς κεινὸς ἐν οὔρεσιν, ὡς ὁ Μίκωνος υἱὸς Κριναγόρας ἐν σακέων πατάγῳ.

XCII. Vat. Cod. p. 229. sq. Ἀντιπ. Σιδ. Planud. p. 197. St. 286. W. Aquila, Aristomenis Messenii tumulo imposita, se praestantem Aristomenis fortitudinem significare ait. An revera fortissimi hujus Messeniorum ducis tumulus aquila insidente ornatus fuerit, ignoro; non tamen improbabile. Qui ejus res gestas poëticis coloribus illustraverunt, *Rhianus* inprimis, ni fallor, (vide *Pausan.* L. IV. 24. p. 338.) eum, quum a Lacedaemoniis in Ceadam esset injectus, ab aquila servatum tradiderunt. *Pausan.* L. IV. 18. p. 324. In scuto eum aquilam, utramque alam usque ad scuti ambitum pandentem, gessisse testatur idem L. IV. 16. p. 319. Sepultus est Rhodi, ubi ei Rhodiorum rex, monimento exstructo, insignes honores tribuit. Id. L. IV. 24. p. 338. Postea tamen Messenii in patriam reducti se ejus ossa, a Rhodensibus accepta, in patrio solo condidisse, gloriabantur. L. IV. 32. p. 359. — V. 1. διάκτορα. *Sed leporem aut capream famulae Jovis et generosae In sylvis venantur aves. Juven.* Sat. XIV. 81. — V. 4. ἱμάθων. Ed. Flor. et Ald. pr. — V. 5. Ignavorum tumulis pavidae insideant columbae. Hic igitur non ad consuetudinem aliquam columbas in tumulis collocandi, sed ad columbarum naturam et indolem, quae aquilarum indoli prorſus oppoſita eſt, reſpicitur. Paſſim tamen aves cippis inſculptas eſſe conſtat. Corvus lapideus, a Marcello tumulo magiſtri impoſitus, facete dicto Ciceronis locum fecit, ap. *Plutarch.* T. I. p. 874. B. T. II. p. 805. A. — Excitavit hoc diſtichon *Suidas* in πελειάδες T. III. p. 72. additis verbis, φησὶν ἀστός· unde editores hos verſus ex fabula quadam deſumtos eſſe arbitrati ſunt. Vide *Fabricii* Bibl. Gr. T. IX. p. 837. in *Fabulae;* quod notavit *Brunck.* Lectt. p. 318. ubi lectionem *Suidae* ἐφεδρεύουσιν vulgatae praefert. Mihi tamen futurum tempus, a forma inſolentiore ἐφεδρέω, in hac verborum continuatione non ineptum videtur.

XCIII. Cod. Vat. p. 272. Τοῦ αὐτοῦ Ἀντιπάτρου (Σιδ.) εἴς τινα τάφον, ἐν ᾧ σύμβολον ἐννέα ἀστράγαλοι ἐνεχάραττο· ἦν δέ τε οὗτος ὁ τάφος Ἀλεξάνδρου τινὸς Χίου. ἔστι δὲ καὶ αὐτὸ αἰνιγματῶδες. Ultimum diſtichon protulit *Salmaſ.* ad Solin. p. 859. A. Integrum primus dedit *Pauw* in Diatribe de Aleae Luſu et *Dorville* in Vann. crit. p. 167. *Leich.* in Sepulcr. p. 14. *Reisk.* in Anthol. nr. 619. p. 96. Expreſſum eſt ex noſtro Ep. *Meleagri* CXXIII. — V. 2. „δμαθέν. Cod. Vat. mallem γλυφθέν. Sed poſt viros „doctiſſimos *Dorvillium* et *Reiskium*, qui de hoc car„mine optime meriti ſunt, aliquid mutare veritus „ſum." *Br.* τμαθὲν ex conjectura *Guieti* fluxit. *Herodot.* L. VIII. 22. p. 629. ἐντάμνων ἐν τοῖσι λίθοισι γράμματα. Ap. eundem L. IV. 87. p. 321. Darius ad Bosporum στήλας ἔστησε δύο λίθου λευκοῦ, ἐνταμὼν γράμματα. — V. 3. Falſum eſt, quod *Dorvill.* ait, in omnibus libris πεπτηότας haberi; in Vat. Cod. πεπτηῶτας legitur, quamvis vitioſe. πίπτειν proprie de talis, quando jaciuntur. — Novem tali cippo inſculpti erant; quorum quatuor efficiebant eum jactum, qui Ἀλέξανδρος vocabatur. *Heſych.* Ἀλέξανδρος. ὄνομα βόλου. καὶ κύριον. — V. 5. Quatuor alii monſtrabant τὸν ἔφηβον. Vide *Salmaſ.* l. c. ἀφήβου perperam exhibuit *Leich.* Hunc jactum poëta circumſcribens, ipſum juventutis florem vocat, in quem ſcilicet *epheborum* incidit aetas. — V. 6. Qui ſupererat talus, *Chium* oſtendebat jactum. Χῖος legit Cod. Vat. Χῖον *Dorvillius* correxit cum *Pauwio*, laudans *Euſtathium* p. 1289. Vide not. ad *Leonid. Tar.* Ep. LXXXIV. unde, cur hic jactus ἀφαυρότερος vocetur, intelliges. — V. 7. Jam interpretationem periclitatur *Antipater:* ſenſum fortaſſe eſſe hunc, nec regiam dignitatem, nec juventutem impedire, quominus, qui utraque inſtructi ſint, morte ſuperentur. Alexandri nomen viri σκηπτροφόρου eſſe poſſe σύμβολον, Chium jactum mortis. — Sed hanc explicationem, quamvis ſpecioſam, ipſe tamen ſtatim rejicit. — In Vat. Cod. καὶ ἐνλαμπροῖσι junctim, non ὃς κλάμπροισι, ut quidam putarunt. — V. 9. ποτὶ σκοπόν. *Meleager* l. c. νῦν δὲ ποτ' ἐρωτας ἐφρασάμην. Vide not. p. 136. — Mox Cod. Vat. ἰὼν legit, et ὅτος pro ὥς τις. In apogr. Lipſ. οὗτος. *Dorvillius* ſe Vatic. Cod. lectionem germanam dare putavit, cum ederet: ἰὼν Κρηταιεὺς αὐτὸς ὀϊστοβόλος — in verbis ἰὼν ὀϊστοβόλος eam linguae abundantiam eſſe ſtatuens, quae habetur in locutionibus ἄπαις τέκνων, ἄχαλκος ἀσπίδων et ſimilibus; αὐτὸς autem vertit *ego ipſe*; quod tamen in hoc verſu perperam abundare videtur. Recte igitur *Br.* recepit conjecturam *Reiskii:* ἰὼν, Κ. ὥς τις ὀ. quae facillima eſt, et ſenſum fundit longe expeditiſſimum. — ἰὼν ἰάλλειν ποτὶ σκοπὸν conjectator dicitur, qui animum alicui rei, quae ipſi metae eſt loco, intendit. *Pindar.* Ol. β. 160. ἔπεχε νῦν σκοπῷ τόξον, Ἄγε, θυμέ. Τίνα βάλλομεν — εὐκλέας ὀϊστοὺς Ἱέντες. — V. 12. ἀφ' ἥβης θ' ἅλτ' ἐν ἀλ. Vat. Cod. *Brunck.* exhibuit lectionem *Dorvillii*, qui tamen τ' ante ἅλτ' poſuit; δ' ſcribendum eſſe vidit *Reisk.* — V. 13. ἄκριτα. *Pauw* reddit *obſcurius, ambigue, aenigmatice*; cui interpretationi vocula εὖ videtur adverſari; quare *Dorvill.* vertit: *ſimul. una. mixtim. indiſcretim.* Poëta ſimul Alexandrum jactum et juvenem Alexandrum; ſimul jactum Ephebum et ſimul aetatem ephobi; jactum Chium et natione Chium talis indicarat. Mihi tamen, ne quid dissimulem, haec interpretatio Pauwiana illa non verior esse videtur. Junge: ὡς τὸ εἶνα τὸν ἄκριτα φθίμενον νέον. Quem Parca, nulla tenerae aetatis ratione habita, trucidat, is ἄκριτα φθίνεσθαι νέος dici posse videtur *). Hanc ob causam *Theodorid.* Ep. XI. Parcam ipsam ἄκριτον appellat: Οὕτω δὴ Πόλιον τὸν Ἀγήνορος, ἄκριτε Μοῖρα, Πρώιον ἐξ ἥβας ἐθέρισας Αἰολέων. Hoc sensu τὸ ἄκριτον passim copulatur cum τῷ ἀλογίστῳ. Vide *Leunep.* ad Phal. p. 207. Fortasse igitur poëta significare voluit, Alexandrum illum temere projecisse vitam, ἀκρίτως καὶ ἀλογίστως, ut ap. *Polyb.* XXVII. p. 381. προΐεσθαι σφᾶς αὐτοὺς ἀκρίτως. Hanc explicationem quodammodo firmant sequentia: καὶ τὸ κυβευθὲν πτῦμα, in quibus verbis inconsiderantiae fuisse videtur significatio. *Polybius* ap. *Suidam* κυβεύειν ἐν τῷ βίῳ dixit pro caput temere periculis objicere. Vide inprimis *Gatackerum* ad *M. Anton.* I. 8. p. 9. *Elsner.* in Obss. Sacr. T. II. p. 215. Nec tamen scio, an scribendum sit:

ἔκ τε κυβευθὲν

πτῦμα.

Onosander c. XXXII. στρατεύματι δὲ παντὶ τὴν ἄδηλον ἀνακυβεύειν τύχην οὐ δοκιμάζω. Loca veterum, ubi vita hominum tesserarum ludo comparatur, quaedam collegit *Leichius.* — πτῦμα *Dorvill.* sine causa, nonnisi studio *Pauwium* carpendi ductus, repudiavit, et πτῶμα scripsit. — διὰ φθεγκτῶν edebatur ante *Reiskium*, cujus emendationem δι' ἀφθέγκτων *Dorvillius* assensu suo probavit ad *Charit.* p. 410. ubi similia ex Anthologia laudavit. His adjice *Antiphil.* Ep. XVII. de horologio: σῆμα — τρισσάκις ἐγλώσσῳ φθεγγόμενον στόματι. Est in his jucundum oxymoron. Sculptor per mutos talos locutus est, i. e. quid vellet, indicavit.

*) Hanc ipsam interpretationem *Reiskio* quoque placuisse, nunc demum video.

T. 33.] *XCIV.* Bis legitur in membranis Vat. p. 380. ubi *Antipatro*, et p. 398. ubi *Philippo Thessalonicensi* inscribitur. Sic quoque in Plan. p. 31. St. 48. W. bis legitur, mutato tantum priore disticho, quod *Philippo* tribuitur. Hoc se sic habet:

> Ἠρίθμει πολὺν ὄλβον Ἀριστείδης ὁ πενιχρὸς
> τὴν ὄϊν ὡς ποίμνην (ποιμένην Plan.), τὴν βόα δ' ὡς ἀγέλην.

Hoc distichon alteri praeferendum et totum Epigramma *Philippo* adscribendum suspicatur *Brunck.* Scriptum est in Aristidem, qui, cum unam bovem, unamque ovem, quae ejus omnis erat possessio, perdidisset, vitam suspendio finivit. — V. 2. ὤλεσεν edd. quaedam. — V. 3. ἀμνὴν λύκος ἔκτανεν, ᾤδις τὴν δαμ. Plan. et Vat. Cod. loco pr. — V. 4. δ' ὤλετο. Plan. et Vat. Cod. loco sec. — V. 5. πηροδέτῳ δ' ἱμάντι. Vat. Cod. loco sec. Pro λυγώσας autem idem loco sec. κηδήσας legit.

XCV. Cod. Vat. p. 380. Ἀντιπάτρου. Planud. p. 31. St. 47. W. In eodem cum praecedente argumento versatur. — V. 1. τοῦ βουκέῤῥιος. quid hoc sit nescio. De „hujus vocis natura et significatione altum apud interpretes silentium. — Adjectivum πενιχρὸς in disticho „supra laudato simile quid hic desiderari et olim lectum „fuisse, e quo depravatum βουκέῤῥιος, suspicionem movet: „aut si hoc rectum est, nomen proprium fuerit Βόκεῤῥις, „et Ἀριστείδης ὁ Βοκέῤῥιος, est Aristides Bocerris filius, „quod mihi admódum frigere videtur." *Brunck.* Pro proprio nomine habuit *Grotius*, qui vertit:

> *Pastor Aristides habuit non multa Bocerrae,*
> *Res ovis una viro, bosque, sed una, fuit.*

— V. 4. θῆρες ἕν. Plan. et Vat. Cod. Nostra lectio igitur ex *Brunckii* conjectura vidétur profecta, cujus nos auctori gratiam facimus. Nihil vetat, quominus plures lupi unam ovem laniaverint; sed si vel unius hoc fuerit facinus, licuit tamen poëtae plurali numero uti. —

V. 5. αἰδλαχὶς Ald. sec. ex Lect. Ald. pr. temere assumsit. — V. 6. ἐμφέμενεν. Plan. et Vat. Cod.

XCVI. Vat. Cod. p. 307. Ἀντιπάτρου. Plan. p. 80. St. 117. W. Pyrrhi piscatoris, fulmine in mari percussi, cymba sponte ad litus rediens, sulfure et fuligine indicium fecit, quo mortis genere dominus perierit. — V. 1. μουνοφέρτης. Vat. Cod. Pro τῷ *Joseph. Scaliger* τῷ emendavit, quae dativi forma alibi non occurrit. — φυκίς, piscis genus, quod alii φυκίδιον vocant. Vide *Asclepiad.* Ep. XXVIII. φυκίδας καὶ μαινίδας jungit *Aelian.* Hist. An. XII. 28. — τριχίνη κάθετος. linea piscatoria ex seta equina. In Vat. Cod. καθέτης legitur. Eadem est lectionis diversitas ap. *Oppian.* Hal. L. III. 77. ubi vide *Schneiderum* p. 405. et *Intpp. Hesych.* in καθετῆρες. — V. 5. λιγνύϊ. *Apollon. Rhod.* L. I. 389. περὶ δέ σφισιν ἀϊδνὴ κήκιε λιγνύς. — V. 6. Α. κοῖν ἦν. Vat. Cod. Illum ut afferret nuntium, non opus ei erat ligno illo fatidico, Argo navi inserto, quod navigantibus deorum voluntatem significabat.

XCVII. Vat. Cod. p. 305. Edidit *Jens.* nr. 94. *Reisk.* nr. 745. p. 152. In Diodorum Calligenis filium, qui, multa maria emensus, in portu, dum abundantem cibum evomeret, e navi excussus erat. — V. 1. Ὀλύνθιον. Olynthum a Philippo Macedone funditus eversam esse, satis constat. Jam cum *Antipater Sidonius*, Philippo duobus pene seculis posterior, memoret Olynthium hominem, *Reiskius* colligit, Olynthum e ruinis suis resurrexisse, idque, quamvis Historicis et Geographis tacentibus, ex hoc Epigrammate effici putat. Sed haec ratio admodum fallax est. Nunquam enim certis argumentis probari poterit, *Antipatrum* hoc carmine rem sua aetate factam narrare. Vetustioris potius poëtae carmen, ut in plurimis aliis, sic in hoc quoque Epigrammate expressisse videri debet. — V. 3. ὅτ' ἤμεσν Cod. Vat. quod

Reiskius probabiliter emendavit: ἐπήμεσεν. Fortasse tamen fuit: δαιτὸς ἐκεῖ τὸ π. ὅτ' ἤμεεν. cum *ibi*, in prora scil., *abundantem cibum ejiceret*. — ὢ πόσον. Quantillum aquae perdidit virum tanto pelago spectatum! κρίνεσθαι, cerni. *Leonid. Alex.* Ep. XV. ἀντλίᾳ δ' ἴσχεν Σαθεὶς κεκριμένην ὕδατι καὶ πολέμῳ. Vide *Gronov.* ad *Cebet.* p. 163. — Postremo hujus Epigrammatis versu lecto, nonne aliquid ad sententiae integritatem in hoc carmine deesse sentis? Nonnè verba τόσσῳ πελάγει lectores videntur ad aliquid in praecedentibus remittere, quod tamen desideratur? Cùm enim dicit poëta, Tantillum aquae *tanto pelago* spectatum virum perimere potuit! aperte significat, nobis de illius viri itineribus constare. Sed unde, quaeso, constare potest, cum ipse nihil ejusmodi praemiserit? Hinc, ni fallor, sponte apparet, initio carminis aliquid intercidisse, quod tibi jam, optimi Vat. Cod. ope, restituemus. In hoc Cod. nostrum carmen praecedit Epigr. *Diodori Sard.* XVI. quod vulgo desinit in verbis πλόος βρέξας ἁλιβρέφθις. In Cod. Vat. distichon additur hoc:

Εἰδότα κὐπὰτ Ἄλαντα τεμεῖν πόρον, εἰδότα Κρήτης
κύματα καὶ πόντου ναυτιλίην μέλανος.

quod cum illo *Diodori* carmine nihil commune habet, sed ad nostrum pertinet, a quo librarii vel imperitia, vel negligentia, cum lemma non suo loco in margine collocaret, avulsum est. Jam totum Epigramma sic legi debet:

Εἰδότα κὴπ' Ἄτλαντα τεμεῖν πόρον, εἰδότα Κρήτης
κύματα, καὶ πόντου ναυτιλίην μέλανος,
Καλλιγένευς Διόδωρον Ὀλύνθιον ἴσθι θανόντα
ἐν λιμένι, πρώρης νύκτερον ἑζόμενον,
δαιτὸς ἐκεῖ τὸ περισσὸν ὅτ' ἤμεεν. ὢ πόσον ὕδωρ
ὤλεσε τὸν τόσσῳ κεκριμένον πελάγει!

¶. 34.] *XCVIII.* Cod. Vat. p. 319. Ἀντιπάτρου. Ex *Jensio* nr. 24. repetivit *Heringa* in Obss. p. 195. sq.

Reisk. in Anth. nr. 675. p. 122. In Clinaretam, Nicippi et Damus filiam, inter ipſum nuptiarum apparatum exſtinctam. Vide not. ad *Meleagr.* CXXV. p. 139. — V. 1. Πιτανάτιδι νύμφᾳ. Haec verba, quod *Heringa* monuit, reſpexiſſe videtur *Stephan. Byz.* v. Πιτάνη. πόλις Αἰολίδος. ὁ πολίτης Πιταναῖος, καὶ Πιτανῖτις χώρα καὶ Πιτανῖτις νύμφη καὶ Πιταναία. Non tamen propterea Πιτανάτιδι mutandum videtur, quam formam tuetur *Heſychius* in Πιτανάτης, et alii. — παστὸς torus eſt nuptialis, quem jam in Cleariſtae thalamo ſtratum fuiſſe ait *Antipater*. Junguntur παστοὶ καὶ θάλαμοι in Epigr. ἀδεσπ. DCCX. ἐκ δ' ἐμὸ παστῶν Νύμφην πρὶν θαλάμων ἥρπασ' ἄφνως Ἀΐδας. et in alio, quod *Br.* inſeruit Lect. p. 303. οὔπω νυμφείου θαλάμου καὶ παστάδος ὥρης γευσαμένην. *Philodem.* Ep. XXIV. τὸν ἡμίσεα παστῶν ἀπὸ κροκέων ἐμὸ παστῶν. Vide notas ad *Philippi Theſſ.* Ep. LIV. ubi corrigo:

σοὶ παστὰς φίλος ἦν καὶ ὁ χρυσοκόμης Ὑμέναιος
καὶ λιγυρῶν αὐλῶν ἡδυμελεῖς χάριτες.

ubi vulgo σοὶ παιὰν non ſatis apte legitur. — V. 3. δι' ὠλένιον. *Jenſ.* quod *Heringa* in διωλύγιον mutare conabatur. *Reiskius* voculas temere diſcerptas conjunxit, διωλένιον, ipſe tamen interpretationem ſuam parum diſerte interpretatus. διωλένιος is dicitur, qui brachia ſublata gerit, quales multos videre licet in priſcis monimentis λαμπαδοφόρους. Epitheton ab iis, qui faces geſtabant, ad ipſas faces tranſlatum eſt, ita ut fax protenſa, ſublata ſignificetur. *Schneiderus* tamen διωλένιοι legendum ſuſpicabatur, comparans *Arati* Phaen. v. 202. ἀλλ' ὥμοις πέπταθι διωλενίη τετάνυσται. *Schol.*: διωλενίη. ἐκτεταμένας ἔχουσα τὰς χεῖρας. — V. 5. Δυμὼ et ἐφ' ἁρπάξασα Cod. Vat. — V. 7. ἐκάμαντο. Vat. Cod. — In fine carminis membranae θάλαμον praebent; quod variis conjecturis locum fecit. *Heringa* dure et contorte: σ. ἄγχι θυρέτρων Ἄλλαστον λίδεω στυγνοτοκεῖς θάλαμον. Longe melius quoad ſenſum Lipſienſis editor: οὐχὶ χορείαν, Ἀλλὰ τ. λ. στυγνοτοκεῖ μέλψων. Metri difficultates non curabat vir doctissimus. Merito *Brunckius* his conatibus praeferebat conjecturam *Musgravii* ad Eurip. Suppl. v. 603. πάταγον corrigentis, quod huic loco unice convenit. Exprimit hoc vocabulum non minus strepitum saltantium et plaudentium in thalami limine, quam planctum lugentium et pectora ferientium. χειροτυπὴς πάταγος. *Meleager* Ep. LX. θαλάμων ἐπλαταγεῦντο θύραι. Id. Ep. CXXV. ἄμφω καταπαταγοῦσαι τὰ στέρνα. *Eustath.* in Amor. H. et H. p. 448. -

XCIX. Cod. Vat. p. 243. Ἀντιπ. Σιδων. Planud. p. 219. St. 319. W. In Ptolemaeum, regis Aegyptii filium, qui ante regnum initum pestilentiae contagio abreptus periit. *Reiskius* in Not. poët. p. 186. suspicatur, hunc Ptolemaeum filium fuisse Ptolemaei Epiphanis, et fratrem Ptolemaeorum Philometoris et Physconis. Nititur haec conjectura nomine Andromachi, quem *Antipater* Ptolemaei nostri nutritorem vocat. Jam Andromachum et Nicolaïdam legatos a Physcone Romam missos legimus ap. *Polybium* L. XXXIII. 5. 4. Quum Andromachi nomen inter Graecos minime sit infrequens, sponte apparet, hanc conjecturam non multum habere ponderis; nec tamen in hac incertitudine ulterius progredi licet. — V. 1. ἐπὶ μύρια habet Plan. Vat. Cod. et *Suid.* qui hoc distichon laudat in τοίρει T. III. p. 457. — *Stephanus* notavit etiam pro πλοκάμους ap. *Suidam* μαστοὺς legi; ubi, non indicans. — Vulgata lectio servanda videtur: μυρία σοὶ ἔτι πατὴρ, μυρία μήτηρ τειρομένα. Comma post πατὴρ ponendum. — V. 3. 4. laudat *Suid.* in τιθηνὰς T. III. p. 467. τιθηνήτειρα· — πολλὰ τιθηνήτειρ' ὀλοφύρατο χ. ἀμήσασ' Ἀνδρομάχης δ. quae lectio orta videtur ex ea, quam Planud. et Vat. Cod. habent, Ἀνδρομάχοις, quaeque ap. ipsum *Suidam* reperitur v. ἀνεξαρὸν T. I. p. 612. ubi ἀμήσας legitur, terminatione mascula et forma vulgari, quam Vat. quoque Codex et Planud., tuentur. — V. 5. Inveteratum hujus versiculi vitium ἀπὸ ἐλάψατο κ. in quo cum Planud. conspirat Vat. Cod. qui conjunctim ἐκαυτοιελάψατο legit, et *Suidas* v. ἐλάψατο T. I. p. 513. et v. ἑαυτῷ T. I. p. 665. nemini interpretum suspectum fuit ante *Scaligerum*, qui in notis mstis ἐκ ὀλόψατο (voluit ὠλόψατο) praeclare restituit. Hanc *Scaligeri* emendationem ignoravit *Huetius*, qui p. 22. ἐκ κατεδάψατο correxit, partem certe veri probe intelligens. Plane sic, ut *Scaliger*, hunc locum emendandum vidit *Bentlejus*, cujus correctionem *Kusterus* laudat ad *Suid.* v. ἐλάψατο, unde *Br.* eam accepit. *Hesych.* ὀλόπτειν· τίλλειν. λεπτίζειν. κολάπτειν. Sed emendationis veritas inprimis apparet ex *Callim.* H. in Dian. 76. στήθεος ἐκ μεγάλου λασίης ἐδράξαο χαίτης, ὤλοψας δὲ βίηφι. Quod ante oculos habuit *Nonnus* Dion. XXI. p. 558. ἀνδρὸς ἀμαιμακέτοιο κόμην ὤλοψε Πελωρεί. Vide *Ruhnken.* Epist. crit. p. 145. — V. 6. Ἠῴους δόμους. *Propert.* L. I. El. 6. 4. *Ulteriusque domos vadere Memnonias.* L. II. El. 8. 20. *Et domus intactae te tremit Arabiae.* ubi vide *Burmannum.* — V. 7. 8. Hoc ante oculos habuit *Crinagoras* Ep. XXXVIII. ubi scribendum videtur:

Καὐτὴ δή σ' ἤχλυσεν ἀκερσεκόμης ἀνιέλλουσα
Μήνη, φέγγος ἑὸν νυκτὶ καλυψαμένη.

Vulgo πένθος legitur. Apud nostrum correxerim:

καὶ σ' αὐτὰ — —

— V. 8. 9. Vat. Cod. in contextu omittit; adscripti sunt margini. — V. 9. 10. excitat *Suid.* v. θοινήτωρ T. II. p. 209. neglecto Dorismo. λοιμὸς θοινάτωρ, quia pestis contagione serpit; de quali morborum genere θοινᾶσθαι usurpant. *Eurip.* in Phil. ap. *Aristot.* Poët. 12. φαγέδαιναν, ἥ μου σάρκα θοινᾶται ποδός. Simili metaphora Philoctetis morbus διάβορος et ἀδηφάγος νόσος vocatur in *Sophocl.* Phil. v. 7. et 313. Idem in Trach. 770. εἶτα φοινίας ἐχθρᾶς ἐχίδνης ἰὸς ὣς ἐδαίνυτο. Vestimentum venenatum πλευραῖσι προσμαχθὲν ἐκ μὲν ἐσχάτας βέβρωκε σάρκας.

— V. 10.

— V. 10. σκήπτρον. Vat. Cod. — V. 11. Te post mortis tenebras non Orci receperunt tenebrae; tales enim reges non Orcus sibi vindicat, sed Jupiter ipse in Olympo collocat. Similia de Christianis praesertim passim in Epitaphiis. Conf. Ep. ἀδέσπ. DCLXXXIII. et sq. quod *Gregorii* est *Theologi* Conf. not. ad Scolion VII. p. 297. et ad *Simonid.* Ep. XXXIII. p. 221. Inprimis comparandus *Theocrit.* Eid. XVII. 45. αὐτὰ 'Αφροδίτα, Σοὶ τήνα μελέδοντο· οἶδεν δ' ἕνεκεν Βερενίκα Εὐειδὴς 'Αχέροντα πολύστονον οὐκ ἐπέρησεν κ. τ. λ. quem locum ante oculos habuit *Nonnus* Dion. XII. p. 334. Ζώει τοι, Διόνυσε, τεὸς νέος· οὐδὲ περήσει Πικρὸν ὕδωρ 'Αχέροντος.

C. Vat. Cod. p. 244. 'Αντιπάτρου. In Planud. p. 203. St. 295. W. ἄδηλον est. Dicitur scriptum esse in eos, qui cum Leonida ad Thermopylas occubuerint. Mirum est, quod illi dicuntur adamasse κῦδαν ἐνύπνιον, mortem somnium, seu, ut somnium, *Broduco* interprete. Aliud quid olim scriptum fuisse, probabile est. Putabam:

οἶδ' κῦδαν στέρξαντες ἐνόπλιον — —

mortem in pugna et armis. Supra Epigr. LXXXIV. κῦδαν ἄλκιμον εἰλόμεθα. ἐνόπλια παίγνια dixit *Plato* de LL. VII. p. 796. Hac lectione totius distichi sensus valde erigitur. Hi, quod mortem appetiverunt fortium virorum, non, ut ceteri, columnam, sed ipsam virtutem virtutis suae monimentum acceperunt. Huic autem conjecturae merito confido, cum *Casaubonum* in eandem incidisse videam. — Pro ἅπερ ἄλλοι Vat. Cod. ἅπερ ἄλλος. ἄλλος etiam Aldina pr. et Ascens. legit. In altero versu malim:

ἀλλ' ἀρετὰν μνᾶμ' ἀρετᾶς ἔλαχον.

Haec uncialibus scripta ΑΡΕΤΑΝΜΝΑΜ quomodo in ΑΡΕΤΑΝ ΑΝΤ abire potuerint, sponte apparet. *Simonides* Ep. XLVII. κάλλιστον δ' ἀρετῆς μνῆμ' ἔλιπον φθίμενοι. Idem Ep. XL. ἀντ' εὐεργεσίας μνᾶμ' ἀνέθηκε τόδε.

II. 35.] CI. Cod. Vat. p. 244. Ἀντιπ. Σιδ. Εἰς τοὺς ἐν Ἰσσῷ Πέρσας πεπτωκότας ἐν τῇ πρὸς Ἀλέξανδρον τὸν Μακεδόνα μάχῃ. Plan. p. 200. St. 291. W. — V. 1. προβολῇσιν Plan. προβολὰς, quae vox de murorum munimentis proprie usurpatur, de rupibus et saxis prominentibus explicat *Salmas.* ad Solin. p. 604. sq. nixus praesertim loco *Harpocr.*: πρόβολοι. αἱ εἰς θάλασσαν ἐγκείμεναι πέτραι, καὶ οἷον ἀκταί τινες Loca *Demosthenis*, ad quae *Harpocration* respexit, laudat *Valesius* p. 65. qui *Polybii* quoque locum excitat, L. I. 53. ubi προβολὴ eodem sensu occurrit. Vide *Schweigh.* T. V. p. 285. Nihil igitur est in hac lectione, quod merito vituperes. Cum tamen Vat. Cod. προμολῇσιν praebeat, hanc lectionem *Br.* praetulit. *Suidas*: προμολῇσιν. ἐξοχαῖς. ἀκρωρείαις. *Damaget.* Ep. V. παρὰ προμολῇσιν Ὀλύμπου. — V. 3. 4. laudat *Suidas* in αἷμα T. II. p. 666. — ἐφ᾽ ἑστέμμεθα. Vat. Cod.

CII. Cod. Vat. p. 251. Ἀντιπ. Σιδ. Plan. p. 221. St. 322. W. In puerum, venti impetu de navis tabulato deturbatum. — V. 2. ὀρειάμενος. Vat. Cod. — V. 3. ὁ Θρῆιξ ἀνέμοις. Boreas vere Thracius, i. e. ferus, saevus, humanitatis expers. *Thrace* ap. *Statium* Theb. V. 84. *saeva* vocatur. *Impia Thracum pectora* ex *Horatio* nota Epod. V. 14. — De Borea Thraciae vide not. ad *Simonid.* Ep. CV. p. 266. — V. 5. ἀνοικτείρμων omnes eddverr. usque ad *Stephanum*. Crudelitatis poëta accusat Ino, Melicertae matrem, quae, sui filii a Nereïdibus servati immemor, puerum, Melicertae aequalem, non servaverit. Ino navigantibus opitulari putabatur. *Orpheus* H. in Leucoth. LXXIII.

CIII. Cod. Vat. p. 427. Ἀντιπ. Σιδ. Plan. p. 19. St. 30. W. In vernam puerum, qui in mare delapsus perierat. — V. 3. ἄνει. Omittit poëta commemorationem rei, quam eventus docet. Puer cum ad maris litus prorepsisset, fluctibus absorptus est; quo facto πάλιον ἴκετο κωδων μαζῶν, paulo plus bibit, quam materna ipsi mamma solebat porrigere. — Frigidum carmen.

CIV. Cod. Vat. p. 280. Ἀντιπάτρου. Εἰς Ἀρετεμίαν τὴν Κνιδίαν μετὰ τὸ τεκεῖν τελευτήσασαν. Planud. p. 234. St. 340. W. Hoc carmen expressit *Heraclides* Ep. I. p. 261. — V. 1. Ἀρετιμίας. Vat. Cod. et Ιαόνιον vitiose. — V. 2. θερμόν. Vat. Cod. ἠίδω Planud. — V. 3. Vat. Cod. νέα a pr. man. Superscriptum νέον, quod fortasse verum. *Tymn.* Ep. VI. ὤλετο δαιμονίη Ἀρετεῖνος· τὸ δὲ Μοῖρα κατῆγε νέον βρέφος ᾅδην. ut nos quidem hunc locum corrigendum putamus. *Wakefield* in Sylv. crit. T. II. p. 13. conjicit: ἄρτι τεῷ φ. quod vulgata deterius est. — V. 4. Δωρίδες. Mulieres Cnidiae. De Rhodiis agens *Strabo* L. XIV. p. 965. C. Δωριεῖς δ' εἰσὶν, ὥσπερ καὶ Ἁλικαρνασσεῖς καὶ Κνίδιοι καὶ Κῷοι. Ut hic *Antipater* mulieres Cnidias Aretemiadi in Orco obviam venientes fingit, sic *Statius* de Priscillae apud inferos adventu in Sylv. L. V. 1. 253. *si quando pio laudata marito Umbra venit, jubet ire faces Proserpina laetas, Egressasque sacris veteres Heroïdas antris Lumine purpureo tristes laxare tenebras, Sertaque et Elysios animae praesternere flores.* — V. 5. ξαίνουσα. Proprie qui unguibus genas radunt, ξαίνειν dicuntur παρειάς. Hoc loco paulo generaliori significatione accipitur, ut ap. *Euripidem* in Troad. 509. δακρύοις καταξανθεῖσα. quae verba idem plane significant ac δακρύοις ἐκτήκειν χρόα ap. eund. in Helena 1435. Vide *Abresch.* in Aeschyl. L. II. p. 264. Non igitur opus est emendatione *Gilberti Wakefield* l. c. ξαίνουσα corrigentis. — V. 6. ἤγγειλα; καὶ ἀμφὸν ἴσως Vat. Cod. quod vulgatae praeferendum. ἀγγέλλειν h. l. pro λέγειν simpliciter. — V. 7. αὐδοῦσα. Vat. Cod. Pro τέκος Aldina sec. τέκον. In marg. Plan. εὐξαμένας καὶ ὦ φίλαι. unde *Brunckius* eleganter corrigit:

δισσὰ δ' ἐν ὠδίνασι, φίλαι, τέκος — —

quam correctionem non improbare debebat doctissimus *Wakefield.* Comparandus *Ausonius* in Parent. XXIII. 17.

Quatuor ediderat nunc facta puerpera partus: Funera sed tumulis jam geminata dedit. Sit satis hoc, Pauline pater; divisio facta est. Debetur matri cetera progenies. Conf. Epigr. ἀδέσπ. DCCXXX. Similia collegit *Burmann.* ad Anthol Lat. T. II. p. 51. — V. 8. Ἐκφρονι tentat *Scaliger*; male. Εὔφρων tuetur *Heraclid.* l. c. Εὔφρονος ἦλθον εἰς λέχος. — Si tamen pro φθιμέναις alicubi reperiretur φθιμένη, id lubenter amplecterer.

§. 36.] *CV.* Vat. Cod. p. 232. Ἀντιπ. Σιδων. Planud. p. 240. St. 349. W. In aucupem, quem, dum avibus struebat insidias, vipera mordens occiderat. — V. 1. 2. laudat *Suidas* in Βιστονία T. I. p. 435. et in ψῆφος T. III. p. 704. Loco priore ὑψιπέτην legitur. Βιστονία vocatur grus, quae in Thracia praecipue nasci putabatur. Discessurae dicebantur ad Hebrum congregari indeque in Aegyptum pergere. Vide *Bochartum* in Hieroz. T. II. p. 70. sq. Sementem sequuntur, terrasque, cum grana deficere vident, relinquunt. Hinc σπέρματος ἁρπάκτειρα. Grues autem fundis dejiciebantur. *Virgil.* Aen. L. XI. 578. *Tela manu tenera jam tum puerilia torsit, Et fundam tereti circum caput egit habena; Strymoniamque gruem, aut album dejecit olorem.* — κύκλα ἑλικτροφα ῥινοῦ fundam circumscribunt. — V. 3. 4. *Suidas* in ἄπαθεν T. I. p. 274. et in κύκλα T. II. p. 361. tandem in ῥινόν T. III. p. 260. Tertium versum solum in χερμαστής T. III. p. 664. Idem laudat v. 5. 6. in εὐτύκτειρα T. II. p. 743. et v. 6. in ἐνεῖσα T. I. p. 744. De dipsade videndus *Aelianus* H. A. VI. 51. — V. 7. ἤδ' in Vat. Cod. a lineae superscriptum, ἦδε; ibidem λεύσσων legitur. — V. 8. τούμπαιν. Vat. Cod. — Veteres edd. et duo regii Planudeae πῆμα exhibent. Ap. *Stephanus* κῦμα. Ducta sunt verba ex *Homer.* Il. Λ. 347. νῶϊν δὴ τόδε πῆμα κυλίνδεται ὄβριμος Ἕκτωρ.

CVI. Cod. Vat. p. 286. Ἀντιπ. εἰς Δάμιδα τὸν Νηναία ναυηγὸν ὑπὸ ψύχους τελευτήσαντα. Planud. p. 255. St.

369. W. — In Damidem nautam, qui in ipso portu nive crebro cadente perierat. — V. 1. Δᾶμις ὁ Νησαιεὺς Vat. Cod. In Planud. regio optimo ὁ Νυσαιεύς. In cod. *Jani Lascaris* ὁ Νικαιεὺς et suprascriptum Νικαιεύς. Vide de hac forma Stephanum Byz. in Νίκαια. Sed hanc lectionem emendanti librario deberi suspicor. Vaticani aliorumque Codd. lectio eo ducit, ut corrigendum dicas:

Δᾶμις ὁ Νυσαιεὺς — — —

Vide *Steph. Byz.* in Νύσσα. Similiter peccatum est in Epigr. *Antiphili* XLI. ubi lectio Vat. Cod. Γλαῦκος ὁ νησαίου in Νεσσαίου mutanda et de freto Nessaeo explicanda est. — V. 5. Navem simul cum hominibus et omni onere salvam in portum perduxit. ἀσκηθέας omnes vett. edd. praeter *Stephan.* qui tamen ipse in notis intellexit, melius scribi ἀσκηθεῖς. Hoc verum. — V. 6. ἢ μύσας. Plan. Junctim ἤμυσας legendum censebat *Stephanus*, apostrophen esse putans. Huic opinioni nonnihil patrocinatur versu sequ. ἰδὼν, ut in Cod. Vat. ed. Flor. Ald. pr. et Ascens. legitur. Sed vel sic apostrophe locum non habet post κάτθανεν. ἠμύσας, non ἤμυσας, legebat *Brodaeus*, qui vertit: flecto, inclino, cado; et *Opsopoeus:* cum inclinasset, se scil. Hanc lectionem *Brunckius* inconsiderate mutavit, μύσας corrigens, quo recepto non satis video, quomodo metrum salvum esse possit: μυσας | ὁ πρου | βὺς ἴδ' | ὡς λιμε | να — cum ἠμύσας et metro et sensui satisfaciat. ἠμύειν dici potest is, qui sedens somnum capit, inclinato capite. *Apollon. Rhod.* L. II. 581. οἱ δ' ἀείδοντες Ἤμυσαν λεξοῖσι καρήασιν. *Homer.* Il. θ. 306. Μήκων δ' ὡς ἑτέρωσε κάρη βάλεν, ἥτ' ἐνὶ κήπῳ Καρπῷ βριθομένη, νοτίῃσί τε εἰαρινῇσιν· Ὣς ἑτέρωσ' ἤμυσε κάρη πήληκι βαρυνθέν. Id. Il. τ. 405. ἄφαρ δ' ἤμυσε καρήατι. — In Cod. Vat. vitiose ἠμύσας ὁ πρ. — Pro ἰδὼν, quod Aldus in suis Codd. invenit, ἴδυ exhibet Ed. Ald. filior.; quod pro mero typographorum errore habendum est. ἴδῃ tamen huic loco etiam conveniret.

CVII. Cod. Vat. p. 265. sq. Ἀντιπάτρου. Plan. p. 243. St. 354. W. In Polyxenum quendam, qui, cum a coena per noctis tenebras domum rediret, de lubrica via delapsus periit. Expressum videtur ex *Leonid. Tar.* Ep. LXXV. — V. 1. Δειλινοσόν. Cod. Vat. — V. 5. Hinc Polyxenum Smyrnaeum fuisse intelligitur. Quo loco autem perierit, non dicitur. Certe non in loco patriae propinquo, ut apparet ex verbis ὧδε Σμύρνης, et ex Archetypo: ἀντὶ δὲ γαίης Πατρίδος ὀθνείην κεῖμαι ἐφεσσάμενος, An v. 3. pro ἀγρόθε (Ed. Flor, ἀγρόθι) olim Ἀγρόθι fuit?

¶. 37.] *CVIII.* Cod. Vat. p. 308. Ἀντιπάτρου. Planud. p. 252. St. 365. W. Aristagoras, postquam famosissima quaeque maris loca salvus praeternavigaverat, in ipso portu naufragium fecit. — V. 1. θάλαττα bis, vulgo. Mare ubique mare, ubique ferox et perfidum. Similiter *Petronius* c. XLII. *Sed mulier est mulier! milvinum genus.* si recte emendavimus. — V. 2. ὀξείας. *Casaubonus* adscripsit: *cautes vel insulae.* Proprie ὀξεῖαι sunt rupes asperae in mari exstantes. *Lucian.* T. VIII. p. 162. Bip. ἀπόξυροι δὲ οἷαι πέτραι καὶ ὀξεῖαι, παραθηγόμεναι τῷ κλύσματι. *Pollux* L. I. 115. χοιράδες, ἄκραι χοιμήριαι, ὀξεῖαι. Sed hoc loco nomen proprium regionis cujusdam naufragiis infamis requiritur. Nec dubites, quin scribendum sit:

καὶ Ὀξείας ἠλεὰ μεμφόμεθα.

Sunt enim Oxiae Insulae in mari Ionio, prope Echinadas. Vide *Strabon.* L. X. p. 458. *Stephanus Byz.* in Ἀρτέμιτα. — ἔστι δὲ πλησίον τῶν Ὀξειῶν νήσων νῆσος Ἀρτέμιτα. Ῥιανὸς· ἐν Θεσσαλικῶν (fort. Ῥιανὸς ἐν Θεσσαλικῶν δ. vide *Fabric.* Bibl. Gr. IV. p. 658.) Νήσοις Ὀξείῃσι καὶ Ἀρτεμίῃ ἐνέβαλλον. ubi *Pinedo* Ἀρτεμίτῃ corrigit. — Has igitur regiones *temere* prae aliis incusari ait. ἠλεά. *Callimach.* ap. *Etym. M.* ἠλεός, μάταιος. — ἠλεὰ μὲν ῥέξας, ἰχθρὰ δὲ πεισόμενος. — V. 3. τοὔνομ' ἔχουσι. ὄνομα in talibus *praetextus* est. ὄνομα καὶ πρόσχημα jungitur ap. *Polyb.* L. XI.

6. 4. μετ' ὀνομάτων καλῶν *Thucyd.* L. V. 89. Vide *Dorvill.* ad Charit. p. 82. — ἐπεί. Quod nisi ita se haberet, quomodo, quaeso, factum esset, ut me, his omnibus vitatis, portus Scarphaeus obrueret? — V. 5. νόστιμον. Jam totam rem concludit poëta: Secunda fortuna est, quae reditum efficit; hanc sibi quisque precatur. εὐπλοΐη νόστιμος, secunda navigatio, quae in locum destinatum ducit, σωτήριος, ἀνακομιστικός, ut *Hesych.* interpretatur v. νόστιμον ἦμαρ. Passim ὄριος est *salutaris*, *secundus* simpliciter, nullo ad vocis originem respectu habito. Vide *Spanhem.* ad Callim. H. in Cer. 134. — ὡς τά γε πάντου πόντος. Nam mare quidem ubique sui simile esse, mea experientia edoctus scio. *Propert.* L. II. El. XIX. 64. *An quisquam in mediis persolvat vota procellis, Cum saepe in portu fracta carina natet.* L. III. 5. 50. *Ventorum est, quodcunque paras: haud ulla carina Consenuit: fallit portus et ipse fidem.* — In Edit. Lips. vitiose εὐπλοίην excusum.

CIX. Cod. Vat. p. 408. Plan. p. 21. St. 33. W. Gorgo vetula gravi tonitru perterrefacta ad focum mortua concidit. — V. 1. χειμέριον. Plan. et Vat. Cod. In edit. *Hieronymi de Bosch* χειμέριην video excusum, quod consulto factum esse non puto. — ἄνθρωποι Vat. Cod. — V. 2. ἐξεπέπληξε, terrore percussit, attonitam reddidit. *Homer.* Od. σ. 326. σύ γε τις φρένας ἐκπεπαταγμένος ἐσσί. ἐκπεπληγμένος. ἄφρων. *Hesych.* — V. 3. κατήμυσε. exstincta est, oculos clausit. *Callimach.* Ep. XLV. κἠπέμυσ' ἐκείνων Εὐγήρως ὑπὸ χερσίν. Plene Auctor Ep. ἀδεσπ. DCLX. κανθοὺς τοὺς γλυκεροὺς ἔμυσας. *Philo* Tom. I. p. 645. 31. καμμύσαντες τὸ τῆς ψυχῆς ὄμμα. Vide *Merrick* ad Tryph. v. 15. *Intpp. Thomae M.* p. 175. — πνεύμονα ψυχθεῖσα. pulmonibus subito contactis frigore. Laudat *Brodaeus Galenum* περὶ αἰτίων συμπτ. Καὶ ἀπέθανον ἤδη τινὲς ἐπὶ φόβοις ἐξαιφνιδίοις, ὅταν ἀσθενὲς φύσει ψυχάριον ἰσχυρῷ πάθει κατασχεθὲν κατασβεσθῇ τε καὶ καταπνιγῇ. — V. 4. πρόφασις. Secundum *Tryphonem* T. II. p. 451. προφθάσειν οὐκ ἐπορεῦ θάνατος. Senis, caſu exſtincti, hiſtoriam narrans *Antiphil.* Ep. XXXV. ἦν γὰρ ἕτοιμος εἰς Ἀΐδην, ἐκπάλαι δ' ἡ πολιὴ πρόφασιν.

CX. Cod. Vat. p. 280. Ἀντιπάτρου. Planud. p. 287[a]. St. 415. W. In Artemidorum, duodecim annorum puerum, praematura morte matri ereptum. — V. 1. σήματι. Vat. Cod. — V. 2. δωδεκέτην. Vat. Cod. ita tamen, ut ν lineae ſuperſcriptum ſit. — γοάουσα. Idem. — V. 3. εἰς ante πῦρ omittit Vat. Inepta lectio πόνος εἰς πόνον, quam corrigens *Guil. Canter.* Nov. Lect. II. 1. εἰς σποδὸν reponendum judicavit, probante *Brunckio.* Idem *Joſ. Scaliger* adſcripſit margini. — V. 4. ὤλεθ' ὁ Παμμίλεως γεινομένου κάματος. Cod. Vat. In his ſaltem verum ὤλεθ' ὁ —. — V. 5. ὤλετ' ἀπευθής. Si ſincerum, idem eſt ac ἄφαντος ᾤχετο, ἠφανίσθη. Sed de ſinceritate lectionis dubitare nos cogit et verſus inconcinnitas et Vatic. Cod. ſcriptura: ὤλετο ἀποθενὰ τέρψις — unde facili opera elicimus lectionem vulgata et doctiorem et elegantiorem:

ὤλετο δ' ἁ ποθενὰ τέρψις εἶθεν.

ποθενὰς pro ποθεινὰς uſurpavit *M. Argentar.* Ep. XXXII. ὁ τὰς ποθενὰς ἐπιμασθίδας αἰὲν ἑταίρας πέμπων. — ἄκαμπτον non vulgari ſignificatione accipiendum eſt, quo durum et inflexibilem notat, ſed de loco dicitur, unde nemo revertitur. Ducta metaphora ab equis curſoriis, qui in fine curriculi dicuntur κάμπτεσθαι· et auriga equos circa metam flectens κάμπτει. *Theocrit.* Eid. XXIV. 118. καὶ περὶ νύσσαν ἀσφαλέως κάμπτοντα τροχῷ σύριγγα φυλάξαι. Vulgaris circumſcriptio viae ad inferos. ἀνόστητος χῶρος. *Nonnus* Dion. XXX. p. 772. εἰ πάλι νόστιμος εἶμι ἀνοστήτοιο βερέθρου. *Catull.* III. 10. *Qui nunc it per iter tenebricoſum Illuc, unde negant redire quenquam. Philetas* ap. Stob. p. 599. ἀτραπὸν εἰς Ἀΐδαο ἤνυσα, τὴν οὔπω τις ἐναντίον ἦλθεν ὁδίτης. Eodem ſenſu *Hermeſianax* ap. *Athen.* XIII. p. 597.

ἔντεινας δὲ κακὸν καὶ ἐπειδέα χῶρον. — V. 7. ἐφηβείην vulgo et Vat. Cod. Deinde tres Aldinae ἐλθὼν legunt, cum φίλος jungendum; Ascens. et Steph. revocaverunt lectionem Ed. Fl. ἐλθών. — Vat. Cod. ἤλθες legit, quod vulgatae fortasse praeferendum. — κωφὰ κόνις. *Catull.* CII. *Ut te postremo donarem munere mortis, Et mutum nequidquam alloquerer cinerem.*

CXI. Cod. Vat. p. 238. Ἀντιπ. In Anth. Planud. p. 266. St. 383. W. ἄδηλον est. In formicae tumulum, prope aream exstructum. Prius distichon laudat *Suid.* in ἅλωας T. I. p. 124. et in δυηπαθὴς T. I. p. 631. — Versum 2. 3. 4. idem in ἠρία T. II. p. 75. — δυηπ. ἐργάτα. *parva magni formica laboris. Horat.* I. Serm. I. 33. — V. 3. Vulgo σταχυηφόρος. Ap. *Suidam* σταχυοτρόφος. Nostrum est in Cod. Vat. Ad sententiam conf. notas ad *Meleagr.* Ep. CXX. p. 133. — Pro ἐροτεαῖς *Schneiderus* mallet ἐρουραῖς. θαλάμη est μυχὸς, ὀπή, ipsum sepulcrum, in agro.

Praeter haec Epigrammata in Cod. Vat. *Antipatro Sidonio* tribuitur Epigr. *Anytes* XX. *Cerealii* III. ἀδέσπ. CCXXVII. CCXXVIII.

DAPHITAE GRAMMATICI

EPIGRAMMA.

T. III. p. 330.] De Magnesia agens *Strabo* L. XIV. p. 958. A. κεῖται ἐν πεδίῳ, ait, πρὸς ὄρει καλουμένῳ Θώρακι ἡ πόλις· ἐφ' ᾧ σταυρωθῆναί φασι Δαφίταν τὸν γραμματικὸν, λοιδορήσαντα τοὺς βασιλέας διὰ στίχου· Πορφύρεοι — — καὶ λόγιον δ' ἐκπεσεῖν αὐτῷ λέγεται, φυλάττεσθαι τὸν Θώρακα. Alii historiam paulo aliter narrant; de qua diversitate dicemus in Historia Poët. Anthol. Rex, quem Daphitas contumeliis lacessisse dicitur, fuit Attalus, is, ut videtur, qui sibi primus regium nomen arrogavit. Hunc cum cetera regia familia appellat πορφυρέους μάλωπας, i. e. servos flagellorum vibicibus terga signata habentes, propter Philetaerum, Lysimachi eunuchum, qui primus Pergamum a Lysimacho avertit, sibique subjecit, ingenti gaza, quae ipsius fidei a Lysimacho commissa erat, occupata. Propter hanc causam poëta ejus successores ἀποψήγματα γάζης A. vocat, quasi scobem et purgamenta dixeris. In πορφύρεοι ludicra est ambiguitas. Simul enim ad vibicum colorem, simul ad purpuram regiam respicitur. De Philetaero ejusque familia diserte tradidit *Strabo* L. XIII. p. 925.

DAMAGETAE EPIGRAMMATA.

¶. 38.] *I.* Inducendum est hoc distichon, quod librarii errore *Damagetae* tributum est, cum pars sit Epigrammatis *Antipatri Sid.* XXV. ubi vide notas.

II. Cod. Vat. p. 194. Primus, quod sciam, edidit *Reiskius* in Anth. nr. 495. p. 42. Repetivit *Toup* in Cur. nov. p. 165. Arsinoë, Ptolemaei filia, Dianae comae suae cincinnum dedicat. Plures tamen fuerunt hujus nominis puellae in Ptolemaeorum familia, inter quas illa, quam Philadelphus in matrimonium duxit, notissima. — V. 1. laudat *Suidas* in ἀλκήεντας T. I. p. 117. unde veram lectionem recepit *Reiskius*. Nam in Cod. Vat. ἀκήεντας habetur, quod *Br.* in Analectt. in αἰχήεντας mutavit; in Lectt. ἀλκήεντας restituendum censet. — V. 2. 4. ap. *Suid.* in πλόκον T. III. p. 132. cujus lectionem τόνδ' ἀνέθηκε κόμης a *Toupio* lectioni Vat. Cod. non sine causa idonea praelatam esse censet *Brunckius*. — V. 4. ἱμερτοῦ πλοκάμου. Sic cod. noster et Suidas: subauditur ἀπὸ vel μέρος. Emendabat Salmasius ἱμερτὸν

„πλήκαμεν, quod minime necessarium est." *Br.* Τηρίνε ἱμερτοὺς πλοκάμων; corrigebat. Idem vir doct. in marg. apogr. Lipf. notavit.

III. Anth. Plan. p. 2. St. 4. W. Spartanus luctator, nescio quis, gloriatur, se non arte, ut Messenios et Argivos, sed corporis vi et robore pollere. Praeclare ad hoc carmen illustrandum facit locus *Plutarchi*, a *Brodaeo* excitatus, T. II. p. 233. E. τοῖς παλαίουσι παιδοτρίβας οὐκ ἐφίστασαν οἱ Λακεδαιμόνιοι, ἵνα μὴ τέχνης, ἀλλ' ἀρετῆς ἡ φιλοτιμία γένηται. Apud Argivos autem ars palaestrica inprimis floruit. *Dioscor.* Ep. V. 'Αργείων ἁ πάλα, οὐ Λιβύων. Cf. *Theocrit.* Eid. XXIV. 109. — ἀπὸ Μεσσάνας. *Brodaeum* impugnat *Burmannus Sec.* ad Numism. Sic. in *Dorvillii Sicul.* T. II. p. 300. quod hunc locum de Messeniis, Peloponnesi incolis, acceperit. Messenen Peloponnesi nunquam a veteribus Μεσσάναν appellari, quod nomen Messanae Siciliae proprium fuerit. Quod si verum est, Μεσσήνης scribendum; Siculos enim arte luctandi excelluisse, nemo tradidit. Sed apud *Nicandrum* quoque *Colophonium* Ep. III. Μεσσάνα scribitur, ubi, nisi omnia fallunt, de Messene Peloponnesi agitur.

Ex Tom. III. p. 331.] *III**. „Planud. p. 309. St. „449. W. Damagetae tribuitur hoc Epigr. quod multo „recentioris pessimique poëtae esse videtur. μείζων in „2. vers. (sic enim in Flor. edit.) contra metrum; quod „autem reposuerunt μεῖζον, contra syntaxin est. Inepta „est ταυτολογία in 4. vers. ὑπὲρ ζωᾶς καὶ βιοτᾶς, cujus „vitium paulisper minueretur, scribendo ὑπὲρ ψυχᾶς καὶ „βιοτᾶς. Nihil in toto carmine, quod non ex aliis emen„dicatum. Cura, qua v. 2. emendavi, supersedere po„tuissem." *Br.* Scriptum est, cujuscunque tandem auctoris fuerit, in Herculem cum leone Nemaeo pugnantem; in quo argumento versatur etiam *Archias* Ep. XXVII. Praeter tautologiam versus quarti non video, quid nos in hoc carmine tantopere offendere debeat, ut illud ex *Damagetae* carminibus eximendum esse statuamus. Interpolatum tamen videtur et depravatum. — V. 2. πολλὸν ὁ μὲν θηρῶν μείζων. Vulgo. Metri vitium tollere conantes μεῖζον nonnulli dederunt. Hic desideramus melioris codicis opem. Nostra lectio audax est et mire vitiosum *Brunckii* commentum, cui talem versum excidere potuisse miror. Nihil in talibus mutari tutius. — V. 3. ὄμμα λοξόν. *Gregor. Nazianz.* in Vita sua p. 28. D. πάτρες — λοξὸν βλέποντες ἐμβρίθεις τοῖς ὄμμασιν συνῆπτον. *Theocrit.* in Hercule λεοντοφόνῳ v. 241. ὁ δέ μ' εἶδε παραγληνώμενον ὄσσοις θὴρ ἄμοτος. — V. 4. Non dubito, quin interpolatus sit hic versus. Fortasse scribendum:

— ὑπὲρ ζωᾶς αἰνόβιαι σφετέρας.

sive:

— — — αἰνολέται σφετέρας.

Leonem Nemaeum αἰνολέοντα vocat *Theocrit.* Eid. XXV. 168. et θηρίον αἰνόν 205. — V. 6. Omnem circa Nemeam regionem leonis illius timor desertam reddiderat. *Theocrit.* l. c. 218. οὐδὲ μὲν ἀνθρώπων τις ἔην ἐπὶ βουσὶ καὶ ἔργοις φαινόμενος σπορίμου δι' αὔλακος, ὄντιν' ἐροίμην· Ἀλλὰ κατὰ σταθμοὺς χλωρὸν δέος εἶχεν ἕκαστον. — Pro Νεμέα tres Aldinae Νεμέᾳ legunt.

IV. Cod. Vat. p. 286. Edidit *Jensius* nr. 54. *Reisk.* in Anth. nr. 704. p. 134. Thymodes filio Lyco, qui in fluctibus perierat, cenotaphium exstruit. — V. 1. Θυμώλης *Jens.* unde *Reisk.* Θυμοκλῆς. — V. 3. οὐδὲ γὰρ ὀθνείην ἔλαχον κόνιν. Hoc tam indubitanter pronuntiari miror. Verisimile erat, naufragi corpus in litore alicubi putrescere; certum non erat. Quare recte v. 5. ἔνθ' ὄγε που, ubi ille *fortasse* insepultus jacet. Haec efficiunt, ut scribendum censeam:

οὐδὲ τάχ' ὀθνείην ἔλαχε κόνιν.

Triste est et parvum fortunae munus, in terra *peregri-*

να humari; sed ne hoc quidem Lyco contigisse probabile est. — V. 4. νήῖες ἢ γήσων ποντιάδος τις ἔχει. *Jensius.* unde *Bernardus* in Epist. ad Reisk. p. 507. infeliciter corrigit: ἢ γαίης ποντίας ὅστις ἔχει; Veram lectionem, quam *Br.* ex codice dedit (ubi νᾶς legitur) absque codice perspexerunt *Lennep.* et *Rubnkenius* in Ep. crit. p. 121. *Reiskius*, reliqua recte corrigens, ἀκτῇ νηιάδος (Bithyniae aut Phrygiae litus. *Schol. Apoll. Rh.* L. I. 1116.) perperam scripsit. Codicis tamen lectionem idem retineri posse putans, de monte Ithacae Νήϊον cogitabat. *Brunckius* verba ἀκτῇ νηΐδος interpretatur ἀκτὴν νηῶν δεκτικὴν, litus, ubi naves stationem habent. Sed tum prorsus inepte suspicatur poëta, naufragi corpus insepultum jacere in litore navibus frequentato. Adde, quod omnino ad miserationem faciendam non ejusmodi litus, sed potius saxosa aliqua et deserta regio fingi debebat. Et sic in hoc argumento passim fieri video. *Antip. Thess.* Ep. LXVI. κεῖσαι δὴ ξείνῃ γυμνὸς ἐπ' ἠιόνι Ἦ σύ γε πρὸς πέτρῃσι. *Zonas* Ep. IX. ἀλλά σ' ἐρημαῖοί τε καὶ ἄξεινοι πλατυμῶνες Δέξοντ' Αἰγαίης γείτονες ἠιόνες. *Archias* Ep. XXXIII. ἢ γὰρ ἀλιζζήκτοις ὑπὸ δειράσιν, ἀγχόθι πόντου Δυσμενέος, ξείνων χερσὶν ἔκυρσα τάφου. Quae cum ita se habeant, veram lectionem in νηλὰς latere suspicor. Alii aptius epitheton circumspiciant. — Ποντιάδος *Rubnkenius* et *Reiskius* de nomine proprio insularum Ponti Euxini acceperunt; *Brunckius*, ut videtur, de appellativo. Hoc melius. Non multum quidem ponderis hoc epitheton habet; sed multa occurrunt hujus generis et hoc ipsum vocabulum ap. *Euripid.* Iph. Aul. 253. ποντίας νᾶας. — V. 5. πάντων κτερέων. ne parvo quidem pulveris munere accepto. — ἀξείνου. in litore inhospitali, ubi nemo de humando naufrago cogitaverit. Si Ποντιάδος recte scribitur, verba ἀξείνου αἰγιαλοῦ ad maris Euxini, quod etiam Ἄξεινος vocatur, litora referenda sunt.

¶. 39.] *V.* Cod. Vat. p. 209. Planud. p. 269. St. 388. W. sine auctoris nomine. Comparandum Epigr. *Antip. Sidon.* LXVII. et Epigr. *Palladii* in Anth. *Lat.* T. I. p. 99. — V. 1. 2. *Suidas* laudat in προμολῆσιν T. III. p. 190. Ut de omni Orphei vita, sic etiam de ejus sepulcro diversa traduntur. Fuerunt, qui eum Dii in Macedonia sepultum dicerent. *Diogen. Laert.* Prooem. § 5. *Pausan.* L. IX. p. 769. Ἰόντι ἐκ Δίου τὴν ἐπὶ τὸ ὄρος, καὶ στάδια προεληλυθότι εἴκοσι, κίων τέ ἐστιν ἐν δεξιᾷ, καὶ ἐπίθημα ἐπὶ τῷ κίονι, ὑδρία λίθου. Ἔχει δὲ τὰ ὀστᾶ τοῦ Ὀρφέως ἡ ὑδρία, καθὰ οἱ ἐπιχώριοι λέγουσι. — V. 3. *Suidas* v. ἀπεχθῆ T. I. p. 261. In Cod. Vat. σὺν ἄμ' divisim. — V. 4. ὀλλυμένων ἀγέλα. Vat. Cod. ἀγέλη Planud. — V. 5. ἀπεῖπε. Cod. Vat. μυστηρίδας Βάκχου. Erat in Helicone Orphei statua, adstante Τελετῇ. πεποίηται δὲ περὶ αὐτὸν λίθου τε καὶ χαλκοῦ θηρία ἀκούοντα ᾄδοντος. *Pausan.* l. c. p. 768. *Damageses* noster mysteria Orphica cum Bacchicis confundit; quae illis recentiora fuisse, dubitari non potest. — V. 6: ἡρῴῳ ποδί. heroico metro primus aptavit verba. Fuerunt igitur, qui Orpheum pro hexametri inventore haberent. Primos versus heroicos a vatibus Delphicis concinnatos esse, tradit *Plin.* H. N. VII. 57. Haec res ejusmodi est, ut vel vetustissimi Graecorum scriptores nihil certi de ea pronuntiare potuerint. — V. 7. 8. *Suidas* in ἀκήλητον T. I. p. 83. et in Κλύμενος T. II. p. 333. οὕτω λέγεται ὁ Ἅιδης, ἢ ὅτι πάντας προσκαλεῖται εἰς ἑαυτὸν, ἢ ὁ ὑπὸ πάντων ἀκουόμενος. *Pausan.* L. II. 35. p. 195. Apud Hermionenses e regione templi Χθονίας templum Κλυμένου esse narrat: Κλύμενον δὲ οὐκ ἄνδρα Ἀργεῖον ἐλθεῖν ἔγωγε ἐς Ἑρμιόνα ἡγοῦμαι· τοῦ θεοῦ δέ ἐστιν ἐπίκλησις, ὅντινα ἔχει λόγος βασιλέα ὑπὸ γῆν εἶναι. *Aristodic.* Epigr. II. p. 260. Ἤδη γὰρ λειμῶνας ἐπὶ Κλυμένου πεπότημαι, Καὶ δροσερὰ χρυσέας ἄνθεα Φερσεφόνας. Veterum loca de Clymeno collegit N. *Heinsius* ad Ovid. Fast. VI. 757. — βαρὺ νόημα καὶ ἀκήλητον θυμὸν Plutoni similiter tribuit *Virgil.* Georg. IV. 469.

regemque tremendum Nesciaque humanis precibus mansuescere corda. Non satis apparet, quid in vulgata lectione offenderit *Piersonum*, qui in Verisim. p. 87. τὸν ἀμάλακτον θυμὸν corrigere tentavit. Non valde quidem elegans est vulgata, nec tamen propterea correctione indiget. Minime enim *Damagetes* melioribus Anthologiae poëtis accensendus est.

VI. Bis legitur in membranis p. 242. et p. 274. Anth. Plan. p. 199. St. 289. W. In Aristagoram, Theopompi filium, qui, pugna pro urbe Ambracia suscepta, perierat. Ad quod aevum haec historia referenda sit, ignoramus. *Schneidero* tamen judice ad illud tempus pertinet, quo Philippus, Demetrii filius, cum Epirotis urbem Ambraciam vi expugnavit, narrante *Polybio* L. IV. 61. T. II. p. 144. sq. Si hoc Epigramma ex antiquiore poëta expressum est, putaveris, scriptum esse in Lacedaemonium (Λακρικὸν ἄνδρα) aliquem ex iis, qui anno septimo belli Peloponnesiaci Ol. LXXXVIII. 4. ab Ambraciae civibus praesidii causa arcessiti fuerant, ut est ap. *Diodor. Sic.* XII. 03. Tom. I. p. 520. — βοαδρόμος. i. e. βοηθός. ut *Suidas* interpretatur, hunc versum laudans Tom. I. p. 439. ubi φεύγειν ἤθελεν legit. Eadem est lectionis diversitas ap. *Antip. Sidon.* Ep. XXII. 7. — V. 2. sic et hic et in Planudea legitur in Vat. Cod. loco pr. Longe diverso modo ibid. loco sec. τεθνάμεν ἢ τὸ φυγεῖν εἵλετ' Ἀρηϊμένης. — Omissum est μᾶλλον ante ἤ, cujus ellipsios exempla dedit *Abresch.* in Animadv. in Aesch. T. II. p. 19. Vide not. ad *Meleagri* Ep. CVI. p. 117. — V. 3. υἱὸς τ' εὐπόμπου. Vat. Cod. loc. pr. υἱὸς ὁ Θευπ. loco sec. Nostrum est in Planud. — V. 4. Pro οὐ ζωῷ; Vat. Cod. loco sec. οὐχ ἥβας, quod elegantius.

VII. Cod. Vat. p. 273. Planud. p. 201. St. 293. W. Scriptum in Gyllin, Lacedaemonium, qui, tribus Argivis interfectis, ipse periit. Hunc Gyllin eundem esse putant,

Quatuor ediderat nunc facta puerpera partus: Funera sed tumulis jam geminata dedit. Sit satis hoc, Pauline pater; divisio facta est. Debetur matri cetera progenies. Conf. Epigr. ἀδέσπ. DCCXXX. Similia collegit *Burmann.* ad Anthol Lat. T. II. p. 51. — V. 8. Εὔφρονι tentat *Scaliger*; male. Εὔφρων tuetur *Heraclid.* l. c. εὔφρονες ἦλθον εἰς λέχος. — Si tamen pro φθιμένοις alicubi reperiretur φθιμένῃ, id lubenter amplecterer.

Ϛ. 36.] *CV.* Vat. Cod. p. 232. Ἀντιπ. Σιδων. Planud. p. 240. St. 349. W. In aucupem, quem, dum avibus struebat insidias, vipera mordens occiderat. — V. 1. 2. laudat *Suidas* in Βιστονία T. I. p. 435. et in ψῆφος T. III. p. 704. Loco priore ὑψιπέτην legitur. Βιστονία vocatur grus, quae in Thracia praecipue nasci putabatur. Discessurae dicebantur ad Hebrum congregari indeque in Aegyptum pergere. Vide *Bochartum* in Hieroz. T. II. p. 70. sq. Sementem sequuntur, terrasque, cum grana deficere vident, relinquunt. Hinc σπέρματος ἁρπάκτειρα. Grues autem fundis dejiciebantur. *Virgil.* Aen. L. XI. 578. *Tela manu tenera jam tum pueri ilia torsit, Et fundam tereti circum caput egit habena; Strymoniamque gruem, aut album dejecit olorem.* — κῶλα ἰσότροπα ῥινοῦ fundam circumscribunt. — V. 3. 4. *Suidas* in ἄποθεν T. I. p. 274. et in κῶλα T. II. p. 361. tandem in ῥινόν T. III. p. 260. Tertium versum solum in χερμαστὴς T. III. p. 664. Idem laudat v. 5. 6. in εὐτύπτειρα T. II. p. 743. et v. 6. in ἰνδέα T. I. p. 744. De dipsade videndus *Aelianus* H. A. VI. 51. — V. 7. Ἰδ' in Vat. Cod. e lineae superscriptum, Ἴδε; ibidem λεύσων legitur. — V. 8. τεύμησσιν. Vat. Cod. — Veteres edd. et duo regii Planudeae πῆμα exhibent. Ap. *Stephanus* κῦμα. Ducta sunt verba ex *Homer.* Il. Α. 347. νῦν δὴ τόδε πῆμα κυλίνδεται ὄβριμος Ἕκτωρ.

CVI. Cod. Vat. p. 286. Ἀντιπ. εἰς Δάμιδα τὸν Νηξάκα ναυηγὸν ὑπὸ ψύχους τελευτήσαντα. Planud. p. 255. St.

369. W. — In Damidem nautam, qui in ipso portu nive crebro cadente perierat. — V. 1. Δᾶμις ὁ Νυσαιεύς Vat. Cod. In Planud. regio optimo ὁ Νυσαιεύς. In cod. *Jani Lascaris* ὁ Νικαιεύς et suprascriptum Νικαιεύς. Vide de hac forma Stephanum Byz. in Νίκαια. Sed hanc lectionem emendanti librario deberi suspicor. Vaticani aliorumque Codd. lectio eo ducit, ut corrigendum dicas:

Δᾶμις ὁ Νυσαιεύς — — —

Vide *Steph. Byz.* in Νύσσα. Similiter peccatum est in Epigr. *Antiphili* XLI. ubi lectio Vat. Cod. Γλαῦκος ὁ νησαίοιο in Νεσσαίοιο mutanda et de freto Nessaeo explicanda est. — V. 5. Navem simul cum hominibus et omni onere salvam in portum perduxit. ἀσκηθείς omnes vett. edd. praeter *Stephan.* qui tamen ipse in notis intellexit, melius scribi ἀσκηθέα. Hoc verum. — V. 6. ἠ μύσας. Plan. Junctim ἤμυσας legendum censebat *Stephanus*, apostrophen esse putans. Huic opinioni nonnihil patrocinatur versu sequ. ἴδυς, ut in Cod. Vat. ed. Flor. Ald. pr. et Ascens. legitur. Sed vel sic apostrophe locum non habet post κάτθανεν. ἠμύσας, non ἤμυσας, legebat *Brodaeus*, qui vertit: flecto, inclino, cado; et *Opsopoeus:* cum inclinasset, se scil. Hanc lectionem *Brunckius* inconsiderate mutavit, μύσας corrigens, quo recepto non satis video, quomodo metrum salvum esse possit: μυσας | ὁ πρεσ | βυς ἴδ' | ὡς λιμε | να — cum ἠμύσας et metro et sensui satisfaciat. ἠμύειν dici potest is, qui sedens somnum capit, inclinato capite. *Apollon. Rhod.* L. II. 581. οἱ δ' ἀειδόντες ἤμυσαν λοξοῖσι καρήασιν. *Homer.* Il. θ. 306. Μήκων δ' ὡς ἑτέρωσε κάρη βάλεν, ἥτ' ἐνὶ κήπῳ Καρπῷ βριθομένη, νοτίῃσί τε εἰαρινῇσιν· Ὣς ἑτέρωσ' ἤμυσε κάρη πήληκι βαρυνθέν. Id. Il. τ. 405. ἄφαρ δ' ἤμυσε καρήατι. — In Cod. Vat. vitiose ἠμύσας ὁ πρ. — Pro ἴδυ, quod Aldus in suis Codd. invenit, ἴθυν exhibet Ed. Ald. filior.; quod pro mero typographorum errore habendum est. ἴθυν tamen huic loco etiam conveniret.

CVII. Cod. Vat. p. 265. sq. Ἀντιπάτρου. Plan. p. 243. St. 354. W. In Polyxenum quendam, qui, cum a coena per noctis tenebras domum rediret, de lubrica via delapsus periit. Expressum videtur ex *Leonid. Tar.* Ep. LXXV. — V. 1. Αὐτονεσθ. Cod. Vat. — V. 5. Hinc Polyxenum Smyrnaeum fuisse intelligitur. Quo loco autem perierit, non dicitur. Certe non in loco patriae propinquo, ut apparet ex verbis ἑκὰς Σμύρνης. et ex Archetypo: ἀντὶ δὲ γαίης Πατρῴης ὀθνείην κεῖμαι ἐφεσσάμενος. An v. 3. pro ἀγρόθι (Ed. Flor. ἀγρόθι) olim Ἀγρόθι fuit?

¶. 37.] *CVIII.* Cod. Vat. p. 308. Ἀντιπάτρου. Planud. p. 252. St. 365. W. Aristagoras, postquam famosissima quaeque maris loca salvus praeternavigaverat, in ipso portu naufragium fecit. — V. 1. θάλαττα bis, vulgo. Mare ubique mare, ubique ferox et perfidum. Similiter *Petronius* c. XLII. *Sed mulier est mulier! milvinum genus.* si recte emendavimus. — V. 2. ὀξείας. *Casaubonus* adscripsit: *cautes vel insulae.* Proprie ὀξεῖαι sunt rupes asperae in mari exstantes. *Lucian.* T. VIII. p. 162. Bip. ἀπόξυροι δὲ εἶσι πέτραι καὶ ὀξεῖαι, παραθηγόμεναι τῷ κλύσματι. *Pollux* L. I. 115. χοιράδες, ἄκραι, χοιμῶραι, ὀξεῖαι. Sed hoc loco nomen proprium regionis cujusdam naufragiis infamis requiritur. Nec dubites, quin scribendum sit:

καὶ Ὀξείας ἠλεὰ μεμφόμεθα.

Sunt enim Oxiae insulae in mari Ionio, prope Echinadas. Vide *Strabon.* L. X. p. 458. *Stephanus Byz.* in Ἀρτέμιτα. — ἔστι δὲ πλησίον τῶν Ὀξειῶν νήσων νῆσος Ἀρτέμιτα. Ῥιανός· ἐν Θεσσαλικῶν δ. (fort. Ῥιανὸς ἐν Θεσσαλικῶν δ. vide *Fabric.* Bibl. Gr. IV. p. 658.) Νήσους Ὀξείας τε καὶ Ἀρτεμίτην ἐσέβαλλον. ubi *Pinedo* Ἀρτεμίτην corrigit. — Has igitur regiones *temere* prae aliis incusari ait. ἠλεά. *Callimach.* ap. *Etym. M.* ἠλεός, μάταιος. — ἠλεὰ μὲν ῥέξας, ἐχθρὰ δὲ ποιεύμενος. — V. 3. τοῦνομ' ἔχοντι. ὄνομα in talibus *praetextus* est. ὄνομα καὶ πρόσχημα jungitur ap. *Polyb.* L. XI,

6. 4. μετ' ὀνομάτων καλῶν *Thucyd.* L. V. 89. Vide *Dorvill.* ad Charit. p. 82. — ἐπεί. Quod nisi ita se haberet, quomodo, quaeso, factum esset, ut me, his omnibus vitatis, portus Scarphaeus obrueret? — V. 5. νόστιμον. Jam totam rem concludit poëta: Secunda fortuna est, quae reditum efficit; hanc sibi quisque precatur. εὔπλοια νόστιμος, secunda navigatio, quae in locum destinatum ducit, σωτήριος, ἀνακομιστικός, ut *Hesych.* interpretatur v. νόστιμον ἦμαρ. Passim ὤριος est *salutaris*, *secundus* simpliciter, nullo ad vocis originem respectu habito. Vide *Spanhem.* ad Callim. H. in Cer. 134. — ὡς τά γε πάντου πόντος. Nam mare quidem ubique sui simile esse, mea experientia edoctus scio. *Propert.* L. II. El. XIX. 64. *An quisquam in mediis persolvat vota procellis, Cum saepe in portu fracta carina natet.* L. III. 5. 50. *Ventorum est, quodcunque paras: haud ulla carina Consenuit: fallit portus et ipse fidem.* — In Edit. Lips. vitiose πάντων excusum.

CIX. Cod. Vat. p. 408. Plan. p. 21. St. 33. W. Gorgo vetula gravi tonitru perterrefacta ad focum mortua concidit. — V. 1. χειμέριον. Plan. et Vat. Cod. In edit. *Hieronymi de Bosch* χειμέριον video excusum, quod consulto factum esse non puto. — ἄνθρωπι Vat. Cod. — V. 2. ἐξεπάταξε. terrore percussit, attonitam reddidit. *Homer.* Od. σ. 326. σύ γε τις φρένας ἐκπεπαταγμένος ἐσσί. ἐκπεπληγμένος. ἔκφρων. *Hesych.* — V. 3. κατήμυσε. exstincta est, oculos clausit. *Callimach.* Ep. XLV. κατέμυσ' ἐκεῖνον Κλεινέρως ἐνὶ χερσίν. Plene Auctor Ep. ἀδεσπ. DCLX. καλῶς τοὺς γλυκεροὺς ἔμυσας. *Philo* Tom. I. p. 645. 31. καμμύσαντες τὸ τῆς ψυχῆς ὄμμα. Vide *Merrick* ad Tryph. v. 15. *Inspp. Thomae M.* p. 175. — πνεύμονα ψυχθεῖσα. pulmonibus subito contactis frigore. Laudat *Brodaeus Galenum* περὶ αἰτίων συμπτ. Καὶ ἀπέθανον ἤδη τινὲς ἐπὶ φόβοις ἐξαιφνιδίοις, ὅταν ἀθρόως φόβοι ψυχάριον ἰσχυρῷ πάθει κατασχεθὲν καταπεσεῖν τε καὶ καταπνιγῇ. — V. 4. πρόφασις. Seeundum *Tryphonem* T. II. p. 451. τραγῳδίαν οἶα ἐπιγῶν θάνατος. Senis, casu exstincti, historiam narrans *Antiphil.* Ep. XXXV. ἦν γὰρ ἕτοιμος εἰς Ἅιδην, ἐκάλει δ' ἡ πολλὴ στρόφασις.

CX. Cod. Vat. p. 280. Ἀντιπάτρου. Planud. p. 287ᵃ. St. 415. W. In Artemidorum, duodecim annorum puerum, praematura morte matri ereptum. — V. 1. εὐματι. Vat. Cod. — V. 2. δωδεκέτην. Vat. Cod. ita tamen, ut ν lineae superscriptum sit. — γαίας. Idem. — V. 3. εἰς ante πῦρ omittit Vat. Inepta lectio πόνος εἰς πόνον, quam corrigens *Gail. Canter.* Nov. Lect. II. 1. εἰς σποδὸν reponendum judicavit, probante *Brunckio*. Idem *Jos. Scaliger* adscripsit margini. — V. 4. ὤλεθ' ὁ Παμμέλεος γεινομένου κάματος. Cod. Vat. In his saltem verum ὤλεθ' ὁ —. — V. 5. ὤλετ' ἀπευθής. Si sincerum, idem est ac ἄφαντος ᾤχετο, ἠφανίσθη. Sed de sinceritate lectionis dubitare nos cogit et versus inconcinnitas et Vatic. Cod. scriptura: ὤλετο ἀποθανὰ τέρψις — unde facili opera elicimus lectionem vulgata et doctiorem et elegantiorem:

ὤλετο δ' ἁ ποθεινὰ τέρψις εἴθεν.

ποθεινὰς pro ποθεινὸς usurpavit *M. Argentar.* Ep. XXXII. ὁ τὰς ποθεινὰς ἐπιμισθίδας αἰὲν ἑταίρας πέμπων. — ἄκαμπτον non vulgari significatione accipiendum est, quo durum et inflexibilem notat, sed de loco dicitur, unde nemo revertitur. Ducta metaphora ab equis cursoriis, qui in fine curriculi dicuntur κάμπτεσθαι· et auriga equos circa metam flectens κάμπτει. *Theocrit.* Eid. XXIV. 118. καὶ περὶ νύσσαν ἀσφαλέως κάμπτοντα τροχῷ σύριγγα φυλάξαι. Vulgaris circumscriptio viae ad inferos. ἀνόστητος χῶρος. *Nonnus* Dion. XXX. p. 772. εἰ πέλε νόστιμος οἶμος ἀνοστήτοιο βερέθρου. *Catull.* III. 10. *Qui nunc it per iter tenebricosum Illuc, unde negant redire quenquam.* *Philetas* ap. Stob. p. 599. ἀτραπὸν εἰς Ἀΐδεω Ἦνυσα, τὴν οὔπω τις ἐναντίον ἦλθεν ὁδίτης. Eodem sensu *Hermesianax* ap. *Athen.* XIII. p. 597.

ἔπλευσε δὲ κακὸν καὶ ἀπειθέα χῶρον. — V. 7. ἐφηβείην vulgo et Vat. Cod. Deinde tres Aldinae ἐλθὼν legunt, cum πίνας jungendum; Ascens. et Steph. revocaverunt lectionem Ed. Fl. ἐλθών. — Vat. Cod. ἤλθες legit, quod vulgatae fortasse praeferendum. — κωφὰ κόνις. *Catull.* CII. *Ut te postremo donarem munere mortis, Et mutum nequidquam alloquerer cinerem.*

CXI. Cod. Vat. p. 238: 'Αντιπ. In Anth. Planud. p. 266. St. 383. W. ἄδηλον est. In formicae tumulum, prope aream exstructum. Prius distichon laudat *Suid.* in ἀλωὰς T. I. p. 124. et in δυηπαθὴς T. I. p. 631. — Versum 2. 3. 4. idem in ἠρία T. II. p. 75. — δυηπ. ἐργάτα. *parva magni formica laboris. Horat.* I. Serm. I. 33. — V. 3. Vulgo σταχυηφόρος. Ap. *Suidam* σταχυοτρόφος. Nostrum est in Cod. Vat. Ad sententiam conf. notas ad *Meleagr.* Ep. CXX. p. 133. — Pro ἀροτραίη *Schneiderus* mallet ἀρουραίη. θαλάμη est μυχὸς, ὀπή, ipsum sepulcrum, in agro.

Praeter haec Epigrammata in Cod. Vat. *Antipatro Sidonio* tribuitur Epigr. *Anytes* XX. *Cerealii* III. ἀδέσπ. CCXXVII. CCXXVIII.

DAPHITAE GRAMMATICI

EPIGRAMMA.

T. III. p. 330.] De Magnesia agens *Strabo* L. XIV. p. 958. A. κεῖται ἐν πεδίῳ, ait, πρὸς ὄρει καλουμένῳ Θώρακι ἡ πόλις· ἐφ' ᾧ σταυρωθῆναί φασι Δαφίταν τὸν γραμματικὸν, λοιδορήσαντα τοὺς βασιλέας διὰ στίχου· Πορφύρεοι — — καὶ λόγιον δ' ἐκπεσεῖν αὐτῷ λέγεται, φυλάττεσθαι τὸν Θώρακα. Alii historiam paulo aliter narrant; de qua diversitate dicemus in Historia Poët. Anthol. Rex, quem Daphitas contumeliis lacessisse dicitur, fuit Attalus, is, ut videtur, qui sibi primus regium nomen arrogavit. Hunc cum cetera regia familia appellat πορφυρέους μώλωπας, i. e. servos flagellorum vibicibus terga signata habentes, propter Philetaerum, Lysimachi eunuchum, qui primus Pergamum a Lysimacho avertit, sibique subjecit, ingenti gaza, quae ipsius fidei a Lysimacho commissa erat, occupata. Propter hanc causam poëta ejus successores ἀποῤῥινήματα γάζης A. vocat, quasi scobem et purgamenta dixeris. In πορφύρεοι ludicra est ambiguitas. Simul enim ad vibicum colorem, simul ad purpuram regiam respicitur. De Philetaero ejusque familia diserte tradidit *Strabo* L. XIII. p. 925.

DAMAGETAE EPIGRAMMATA.

¶. 38.] *I.* Inducendum est hoc distichon, quod librarii errore *Damagetae* tributum est, cum pars sit Epigrammatis *Antipatri Sid.* XXV. ubi vide notas.

II. Cod. Vat. p. 194. Primus, quod sciam, edidit *Reiskius* in Anth. nr. 495. p. 42. Repetivit *Toup.* in Cur. nov. p. 165. Arsinoë, Ptolemaei filia, Dianae comae suae cincinnum dedicat. Plures tamen fuerunt hujus nominis puellae in Ptolemaeorum familia, inter quas illa, quam Philadelphus in matrimonium duxit, notissima. — V. 1. laudat *Suidas* in ἀλκήεντας T. I. p. 117. unde veram lectionem recepit *Reiskius*. Nam in Cod. Vat. ἀκήεντας habetur, quod *Br.* in Analectt. in αἰχήεντας mutavit; in Lectt. ἀλκήεντας restituendum censet. — V. 2. 4. ap. *Suid.* in πλόκον T. III. p. 132. cujus lectionem τόνδ' ἀνέθηκε κόμης a *Toupio* lectioni Vat. Cod. non sine causa idonea praelatam esse censet *Brunckius*. — V. 4. ἱμερτοῦ πλοκάμου. Sic cod. noster et Suidas: subauditur ἀπὸ vel μέρος. Emendabat Salmasius ἱμερτὸν

»πλέκαμεν, quod minime necessarium est.« *Br.* *Toupius* ἡμετέροις πλοκάμου; corrigebat. Idem vir doct. in marg. apogr. Lipſ. notavit.

III. Anth. Plan. p. 2. St. 4. W. Spartanus luctator, neſcio quis, gloriatur, ſe non arte, ut Meſſenios et Argivos, ſed corporis vi et robore pollere. Praeclare ad hoc carmen illuſtrandum facit locus *Plutarchi*, a *Brodaeo* excitatus, T. II. p. 233. E. τοῖς παλαίουσι παιδοτρίβας οὐκ ἐφίστανον οἱ Λακεδαιμόνιοι, ἵνα μὴ τέχνης, ἀλλ' ἀρετῆς ἡ φιλοτιμία γίνηται. Apud Argivos autem ars palaeſtrica inprimis floruit. *Diosim.* Ep. V. Ἀργείων ἁ πάλα, οὐ Λιβύων. Cf. *Theocrit.* Eid. XXIV. 109. — ἀπὸ Μεσσάνας. *Brodaeum* impugnat *Burmannus Sec.* ad Numiſm. Sic. in *Dorvillii Sicul.* T. II. p. 300. quod hunc locum de Meſſeniis, Peloponneſi incolis, acceperit. Meſſenen Peloponneſi nunquam a veteribus Μεσσάναν appellari, quod nomen Meſſanae Siciliae proprium fuerit. Quod ſi verum eſt, Μεσσήνης ſcribendum; Siculos enim arte luctandi excelluiſſe, nemo tradidit. Sed apud *Nicandrum* quoque *Colophonium* Ep. III. Μεσσάνα ſcribitur, ubi, niſi omnia fallunt, de Meſſene Peloponneſi agitur.

Ex Tom. III. p. 331.] *III*[a]. »Planud. p. 309. St. »449. W. Damagetae tribuitur hoc Epigr. quod multo »recentioris peſſimique poëtae eſſe videtur. μείζων in »2. verſ. (ſic enim in Flor. edit.) contra metrum; quod »autem repoſuerunt μεῖζον, contra ſyntaxin eſt. Inepta »eſt ταυτολογία in 4. verſ. ὑπὲρ ζωῆς καὶ βιοτῆς, cujus »vitium paulisper minueretur, ſcribendo ὑπὲρ ψυχῆς καὶ »βιοτῆς. Nihil in toto carmine, quod non ex aliis emen»dicatum. Cura, qua v. 2. emendavi, ſuperſedere po»tuiſſem.« *Br.* Scriptum eſt, cujuscunque tandem auctoris fuerit, in Herculem cum leone Nemaeo pugnantem; in quo argumento verſatur etiam *Archias* Ep. XXVII. Praeter tautologiam verſus quarti non video, quid nos in hoc carmine tantopere ostendere debeat, ut illud ex *Damagetae* carminibus eximendum esse statuamus. Interpolatum tamen videtur et depravatum. — V. 2. πολλὸν ὁ μὲν θηρῶν μείζων. Vulgo. Metri vitium tollere conantes μεῖζον nonnulli dederunt. Hic desideramus melioris codicis opem. Nostra lectio audax est et mire vitiosum *Brunckii* commentum, cui talem versum excidere potuisse miror. Nihil in talibus mutari tutius. — V. 3. ὄμμα λοξόν. *Gregor. Nazianz.* in Vita sua p. 28. D. κάπροι — λοξὸν βλέποντες ἐμπύροις τοῖς ὄμμασιν συνῆπτον. *Theocrit.* in Hercule λεοντοφόνῳ v. 241. ὁ δέ μ' οὐδὲ περιγληνώμενον ὄσσοις θὴρ ἄμοτος. — V. 4. Non dubito, quin interpolatus sit hic versus. Fortasse scribendum:

— ὑπὲρ ζωᾶς αἰνόβιος σφετέρας.

sive:

— — — αἰνολέτας σφετέρας.

Leonem Nemaeum αἰνολέοντα vocat *Theocrit.* Eid. XXV. 168. et θηρίον αἰνὸν 205. — V. 6. Omnem circa Nemeam regionem leonis illius timor desertam reddiderat. *Theocrit.* l. c. 218. οὐδὲ μὲν ἀνθρώπων τις ἔην ἐπὶ βουσὶ καὶ ἔργοις φαινόμενος σπορίμοιο δι' αὔλακος, ὅντιν' ἐροίμην· Ἀλλὰ κατὰ σταθμοὺς χλωρὸν δέος εἶχεν ἕκαστον. — Pro Νεμέα tres Aldinae Νεμέᾳ legunt.

IV. Cod. Vat. p. 286. Edidit *Jensius* nr. 54. *Reisk.* in Anth. nr. 704. p. 134. Thymodes filio Lyco, qui in fluctibus perierat, cenotaphium exstruit. — V. 1. Θυμώλης *Jens.* unde *Reisk.* Θυμώδης. — V. 3. οὐδὲ γὰρ ὀθνείην ἔλλαχεν κόνιν. Hoc tam indubitanter pronuntiari miror. Verisimile erat, naufragi corpus in litore alicubi putrescere; certum non erat. Quare recte v. 5. ἔνθ' ὅγε που, ubi ille *fortasse* insepultus jacet. Haec efficiunt, ut scribendum censeam:

οὐδὲ τάχ' ὀθνείην ἔλλαχε κόνιν.

Triste est et parvum fortunae munus, in terra *peregri-*

na humari; sed ne hoc quidem Lyco contigisse probabile est. — V. 4. νηΐδος ἢ γαίων ποντιάδος τις ἔχει. *Jensius*. unde *Bernardus* in Epist. ad Reisk. p. 507. infeliciter corrigit: ἢ γαίωσος ποντίας ὅστις ἔχει. Veram lectionem, quam *Br.* ex codice dedit (ubi νηὰς legitur) absque codice perspexerunt *Lennep.* et *Rubnkenius* in Ep. crit. p. 121. *Reiskius*, reliqua recte corrigens, ἀκτὴ νηρίδος (Bithyniae aut Phrygiae litus. *Schol. Apoll. Rh.* L. I. 1116.) perperam scripsit. Codicis tamen lectionem idem retineri posse putans, de monte Ithacae Νήϊον cogitabat. *Brunckius* verba ἀκτὴ νηΐδος interpretatur ἀκτὴν νηῶν δεκτικήν, litus, ubi naves stationem habent. Sed tum prorsus inepte suspicatur poëta, naufragi corpus insepultum jacere in litore navibus frequentato. Adde, quod omnino ad miserationem faciendam non ejusmodi litus, sed potius saxosa aliqua et deserta regio fingi debebat. Et sic in hoc argumento passim fieri video. *Antip. Thess.* Ep. LXVI. κεῖσαι δὴ ξείνῃ γυμνὸς ἐπ' ἠϊόνι Ἢ σύ γε πρὸς πέτρῃσι. *Zonas* Ep. IX. ἀλλά σ' ἐρημαῖοί τε καὶ ἄξεινοι πλαζόμενος ἀξονται Αἰγαίης γείτονες ἠϊόνες. *Archias* Ep. XXXIII. ἢ γὰρ ἀλιρρήκτοις ὑπὸ δειράσιν, ἀγχόθι πόντου Δυσμανέος, ξείνων χερσὶν ἔκυρσα τάφου. Quae cum ita se habeant, veram lectionem in νηΐδος latere suspicor. Alii aptius epitheton circumspiciant. — Ποντιάδων *Rubnkenius* et *Reiskius* de nomine proprio insularum Ponti Euxini acceperunt; *Brunckius*, ut videtur, de appellativo. Hoc melius. Non multum quidem ponderis hoc epitheton habet; sed multa occurrunt hujus generis et hoc ipsum vocabulum ap. *Euripid.* Iph. Aul. 253. ποντίας νῆας. — V. 5. πάντων κτερέων. ne parvo quidem pulveris munere accepto. — ἀξείνου. in litore inhospitali, ubi nemo de humando naufrago cogitaverit. Si Ποντιάδων recte scribitur, verba ἀξείνου αἰγιαλοῦ ad maris Euxini, quod etiam Ἄξεινος vocatur, litora referenda sunt.

¶. 39.] *V.* Cod. Vat. p. 209. Planud. p. 269. St. 388. W. sine auctoris nomine. Comparandum Epigr. *Antip. Sidon.* LXVII. et Epigr. *Palladii* in Anth. Lat. T. I. p. 99. — V. 1. 2. *Suidas* laudat in προμολῆσιν T. III. p. 190. Ut de omni Orphei vita, sic etiam de ejus sepulcro diversa traduntur. Fuerunt, qui eum Dii in Macedonia sepultum dicerent. *Diogen. Laert.* Prooem. § 5. *Pausan.* L. IX. p. 769. Ἰόντι ἐκ Δίου τὴν ἐπὶ τὸ ὄρος, καὶ στάδια προεληλυθότι εἴκοσι, κίων τέ ἐστι ἐν δεξιᾷ, καὶ ἐπίθημα ἐπὶ τῷ κίονι, ὑδρία λίθου. Ἔχει δὲ τὰ ὀστᾶ τοῦ Ὀρφέως ἡ ὑδρία, καθὰ οἱ ἐπιχώριοι λέγουσι. — V. 3. *Suidas* v. ἀπειρέσιοι T. I. p. 261. In Cod. Vat. εὖν ἅμ' divisim. — V. 4. ὑλαινόμων ἀγέλα. Vat. Cod. ἀγέλη Planud. — V. 5. ἐπιόντα. Cod. Vat. μυστηρίδας Βάκχου. Erat in Helicone Orphei statua, adstante Τελετῇ. πεποίηται δὲ περὶ αὐτὸν λίθου τε καὶ χαλκοῦ θηρία ἀκούοντα ᾄδοντος. *Pausan.* l. c. p. 768. *Damagetes* noster mysteria Orphica cum Bacchicis confundit, quae illis recentiora fuisse, dubitari non potest. — V. 6. ἡρώῳ ποδί. heroico metro primus aptavit verba. Fuerunt igitur, qui Orpheum pro hexametri inventore haberent. Primos versus heroicos a vatibus Delphicis concinnatos esse, tradit *Plin.* H. N. VII. 57. Haec res ejusmodi est, ut vel vetustissimi Graecorum scriptores nihil certi de ea pronuntiare potuerint. — V. 7. 8. *Suidas* in ἀκήλητον T. I. p. 83. et in Κλύμενος T. II. p. 333. οὕτω λέγεται ὁ Ἅιδης, ἢ ὅτι πάντας προςκαλεῖται εἰς ἑαυτὸν, ἢ ὁ ὑπὸ πάντων κλυόμενος. *Pausan.* L. II. 35. p. 195. Apud Hermionenses e regione templi Χθονίας templum Κλυμένου esse narrat: Κλύμενον δὲ οὐκ ἄνδρα Ἀργεῖον ἐλθεῖν ἔγωγε ἐς Ἑρμιόνα ἡγοῦμαι· τοῦ θεοῦ δέ ἐστιν ἐπίκλησις, ὅντινα ἔχει λόγος βασιλέα ὑπὸ γῆν εἶναι. *Aristodic.* Epigr. II. p. 260. Ἤδη γὰρ λειμῶνας ἐπὶ Κλυμένου πεπότημαι, Καὶ δροσερὰ χρυσέας ἄνθεα Φερσεφόνας. Veterum loca de Clymeno collegit N. *Heinsius* ad Ovid. Fast. VI. 757. — βαρὺ νόημα καὶ ἀκήλητον θυμὸν Plutoni similiter tribuit *Virgil.* Georg. IV. 469.

regemque tremendum Nesciaque humanis precibus mansuescere corda. Non satis apparet, quid in vulgata lectione offenderit *Piersonum*, qui in Verisim. p. 87. τὸν ἀμείλικτον κευθμὸν corrigere tentavit. Non valde quidem elegans est vulgata, nec tamen propterea correctione indiget. Minime enim *Damagetes* melioribus Anthologiae poëtis accensendus est.

VI. Bis legitur in membranis p. 242. et p. 274. Anth. Plan. p 199. St. 289. W. In Aristagoram, Theopompi filium, qui, pugna pro urbe Ambracia suscepta, perierat. Ad quod aevum haec historia referenda sit, ignoramus. *Schneidero* tamen judice ad illud tempus pertinet, quo Philippus, Demetrii filius, cum Epirotis urbem Ambraciam vi expugnavit, narrante *Polybio* L. IV. 61. T. II. p. 144. sq. Si hoc Epigramma ex antiquiore poëta expressum est, putaveris, scriptum esse in Lacedaemonium (Λακωνὸν ἄνδρα) aliquem ex iis, qui anno septimo belli Peloponnesiaci Ol. LXXXVIII. 4. ab Ambraciae civibus praesidii causa arcessiti fuerant, ut est ap. *Diodor. Sic.* XII. 63. Tom. I. p. 520. — βοαδρόμος. i. e. βοηθός. ut *Suidas* interpretatur, hunc versum laudans Tom. I. p. 439. ubi φεύγειν ἤθελεν legit. Eadem est lectionis diversitas ap. *Antip. Sidon.* Ep. XXII. 7. — V. 2. sic et hic et in Planudea legitur in Vat. Cod. loco pr. Longe diverso modo ibid. loco sec. τεθνάμεν ἢ τὸ φυγεῖν εἵλετ' Ἀρηΐμανης. — Omissum est μᾶλλον ante ἤ, cujus ellipsios exempla dedit *Abresch.* in Animadv. in Aeschl. T. II. p. 19. Vide not. ad *Meleagri* Ep. CVI. p. 117. — V. 3. οἷος τ' εὐπόμπου. Vat. Cod. loc. pr. οἷος ὁ Θευπ. loco sec. Nostrum est in Planud. — V. 4. Pro οὐ ζωᾶς Vat. Cod. loco sec. οὐχ ἥβας, quod elegantius.

VII. Cod. Vat p. 273. Planud. p. 201. St. 293. W. Scriptum in Gyllin, Lacedaemonium, qui, tribus Argivis interfectis, ipse periit. Hunc Gyllin eundem esse putans, qui vulgo Othryades appellatur. Sed si nobilem illam Argivorum Spartanorumque de Thyrea pugnam respexit noster, traditionem a vulgata longe diversam secutus esse videri debet. Vide ad *Simonid.* Ep. XXVI. — V. 1. ὕμμιν. Vat. Cod. ὔμμιν. ed. Flor. — V. 3. ἄνδρα δ' ὃς 'Α. Vat. Cod. et in fine versus εἶπεν. Miror, *Brunckium* tam patienter tulisse inutile sulcrum, inter τόδε et εἶπε intrusum. Scribendum videtur:

ἄνδρας ὃς Ἀργείων τρεῖς ἔκτανε, καὶ τόδ' ἔειπε.

Posteriorem hunc emendationem confirmat conjectura *Jos. Scaligeri*, qui etiam in capite versus ἀνέρ', ὃς emendandum censebat. ἄνδρας mihi quidem videtur verius.

VIII. Cod. Vat. p. 274. Planud. p. 202. St. 294. W. In Machatam, Achaeum, qui in pugna contra Aetolos perierat. Viri nomen vulgo μαχητὰ, ut adjectivum, scribitur; quod emendavit *Scaliger*. Planudeae interpretes tamen hoc carmen referunt ad Machatam illum, de quo *Polybius* multa narrat Libro IV. In qua conjectura egregie falsi sunt. Noster enim Machatas Ἀχαιικὸς ἀνὴρ diserte vocatur; ille, quem *Polybius* commemorat, Aetolus fuit. Vide L. IV. 34. et 36. Passim hoc nomen occurrit. Μαχάτα cujusdam sororem Philippus, Amyntae fil., in matrimonio habuit, narrante *Athen.* L. XIII. p. 557. C. Machatam πρωτεύοντα τῶν Ἠπειρωτῶν, qui Tito Flaminio viam monstravit, qua hostes circumveniret, commemorat *Plutarch.* Vit. T. II. p. 405. — Ceterum Achaei cum Aetolis bellum gesserunt Ol. CXXXIX. 4. anno U. C. 534. — V. 1. Docte *Jos. Scaliger* legendum suspicatur: Πατρέων περὶ Λῃΐδα. Fuit enim *Patrae* urbs Achaiae. Vide *Berkel.* ad *Steph. Byz.* p. 632. *L. Holsten.* p. 247. Probabilitatem huic conjecturae conciliat, quod ex *Polybio* discimus L. IV. 6. 9. Aetolos eodem, quod supra designavimus, anno Patrensium agros populatos esse. Tum Λῃΐς accipiendum de praeda, quam Aetoli

conati

conati fuerant abigere, Machata aliisque prohibentibus. Mihi etiam olim ſcribendum videbatur:

ὤλεο δὴ πατέρων περὶ λήια — —

periiſti majorum tuorum agros et poſſeſſiones defendens. — V. 3. πρόσθ' ἥβας. Vat. Cod. — χαλεπόν. Color eſt, ut ap. *Phalaecum* Ep. IV. ἐν ἁλὶ δ' οὔ πως Σύμαχος εἰς πολιὴν ἀνδρὸς ἰδεῖν κεφαλήν.

¶. 40.] *IX.* Cod. Vat. p. 292. Plan. p. 202. St. 294. W. In Chaeronidam, qui pro foſſa, neſcio qua, in Achaeorum agro propugnans, ab hoſtibus interemtus fuit. — V. 2. μέζον. Miror *Caſaubonum*, qui adſcripſit νίκαν, quod hic certe locum non habet. — V. 3. τάφον. Vat. Cod. — τῇ τότε νυκτί. nocte, qua periiſti. — V. 5. »ἄλις ἀείδει. Quin haec verba corrupta ſint, dubitare non »ſinit prima in ἄλις producta. Scribendum Ἆλις, i. e. Elis, »Peloponneſi regio. Doriſmum, qui olim hic obtinebat, »mutarunt, pro more ſuo, librarii. Scripſerat poëta:

»καὶ μὰν ἀλλ' ἀρετᾶς σε διακριδὸν Ἆλις ἀείδει.

»In ἀρετᾶς ſubauditur ἕνεκα.« *Br.* In eandem conjecturam incidit *Joſeph. Scaliger* in not. mſtis; eamque expreſſit *Grotius*: *Aeternum meritis Elide nomen habes.* Elis virtutem tuam, quam in ſuam civiumque ſuorum perniciem experta eſt, celebrabit. Elei in bello contra Achaeos ab Aetolorum partibus ſtabant. Ad quam vero pugnam referendum ſit carmen, non facile dictu eſt. *Opſopoeus* quidem Chaeronidam pro Aëtolo habens, de Aetolorum circa Aegiram pugna agi exiſtimavit; de qua vide *Polyb.* IV. 58. T. II. p. 137. ſq. Sed iſta pugna non fuit circa foſſam, ſed circa acropolin; nec Eleorum in ea partes fuiſſe videntur. Equidem non dubito, quin reſpiciatur pugna quaedam, aliunde fortaſſe non cognita, circa eam regionem, quae proprie τάφρος et τάφρος μεγάλη vocabatur, illuſtris clade Meſſeniorum a Lacedaemoniis ibi accepta. Vide *Pauſan.* IV.

17. p. 321. et 323. *Polyb.* L. IV. 31. — Pro κεῖθει Cod. Vat. κεῖθη. — V. 6. ξείνην. In peregrina igitur terra Chaeronidas obiit. *Lycophr.* 296. πυκνοὶ κυβιστητῆρες ἐξ ἐδωλίων Πηδῶντες αἱμάξουσιν ὀθνείαν κόνιν. quod expressum ex *Euripid.* Phoen. 1162. sqq. ubi cum legatur: ξηρὰν δ' ἔδευον γαῖαν αἵματος ῥοαῖς — apud nostrum quoque ξηρὴν κόνιν non incommode legi posse putabam ad *Anytes* Ep. XV. p. 432. Licet tamen in vulgata acquiescere. — Non omittendum, quod *Casaubonus* vers. quintum sic legendum censebat: καὶ μὴν ἀλλ' ἀρετή σε διαπρεπέων αἰὲν κεῖθει. *Scaligeri* inventum melioris est commatis.

X. Cod. Vat. p. 292. Plan. p. 209. St. 305. W. Duo Charini filii, Thebani, a Thracibus interemti, rogant praetereuntes, ut patri nuntium de morte sua ferre velint. — V. 1. Πρὸς Ζηνὸς vulgo. quod ex Lectt. Aldinae pr. in sequentes edd. venit. Ed. pr. enim, Ald. pr. et Ascens. πρὸς Διὸς legunt, quae est etiam Cod. Vat. lectio. *Salmasius* emendavit πρός σε Δ. — V. 3. Πολύνικον. Vat. Cod. et Plan. — V. 4. „ἄμμι. nihil mutant Codd. „nec necesse est reponere ἀμφὶ, quod volebat Reisk." *Br.* ἄμμι conjecit *Jos. Scaliger*; nec *Brodaeus* aliter legit. Sed tum profecto mallem ἀμφὶ, quod etiam *Schneidero* in mentem venit. — V. 5. „ὑπὸ Θρηκῶν. Sic Vat. Cod. „Planud. ὑπὸ θνητῶν, quod alii in ὑπὸ θητῶν, alii in ὑπ' „ὀθνείων mutabant, quia manifesto corrupta erat vulgata „lectio. Sed absque codice difficile erat genuinam assequi." *Br.* ὑπὸ Θρηκῶν tamen praeclare assecutus est *Brodaeus*; fortasse etiam *Casaubonus*, ex cujus schedis enotatum reperio θρανῶν sive θρηνῶν. — ἀλλὰ τὸ κ. Praeclara ironia. Non nostram mortem, sed orbam ipsius senectutem lugemus. ὀρφανίη. *Eurip.* Ion. 790. τὸ δ' ἐμὸν ἄτεκνον ἔλαβεν Ἀρὰ βίοτον· ἐρημίᾳ δ' ὀρφανοὺς δόμους οἰκήσω.

XI. Cod. Vat. p. 323. Planud. p. 231. St. 336. W. In vett. edd. ἄθηλον est. Ap. Stephan. ἄσυλον, al. δὲ Δημάντον. Auctoris nomen recte legitur scriptum in membranis Vat. — Theano Appellichi conjux moribunda absentem maritum desiderat. — V. 1. ὕστατον φ. Vat. Cod. omisso ὦ, quod *Br.* inseruit. Vulgo ὑστάτιον, φάνεια — quod verum videtur, ita tamen, ut scribatur:

ὑστάτιον, φώνημα, κλυτὴ πόλις, τοῦτο Θεανὼ
εἶπ' ἔπος, ἀτρύγετον νύκτα κατερχομένη.

Color ductus ex Epigr. *Simmiae* III. ὕστατα δὴ τάδ' ἔειπε φίλαν ποτὶ ματέρα Γοργὼ δακρυόεσσα. Recte autem mihi scripsisse videor: τοῦτο Θ. εἶπ' ἔπος. *Leonid. Tar.* Ep. LXI. τῷ δ' ἔπος ἐκ γαίης τόσσον ἄπυε. *Apollonid.* Ep. XX. τοῦτο δ' ἔπος τόσ' ἔλεξεν. — V. 2. εἶπες Vat. Cod. ἀτρύγετος νύξ. Orci tenebrae. *Homer.* Il. ρ. 425. δι' αἰθέρος ἀτρυγέτοιο. — V. 4. οἰκείη et πόρεις Cod. Vat. Prius, in hoc praesertim poëta, non omnino spreverim. — V. 5. μόνος Membr. Vat. — V. 6. Vulgo βαλοῦσα. In marg. Wechel. λαβοῦσα, quod Vat. Cod. confirmat. *Tibull.* I. El. I. 60. *Te spectem, suprema mihi cum veneris hora, Te teneam moriens deficiente manu.*

XII. Hoc carmen, quod ἄδηλον est in Plan. p. 244. St. 354. W. in Vat. Cod. p. 258. nostro poëtae vindicatur, ubi lemma: εἰς Πραξιτέλην τὸν ἀγαλματοποιὸν τὸν ἐκ νήσου Ἄνδρου. Huic lemmati si fides habenda est, tenemus Praxitelis patriam, de qua aliunde nihil commemorari video. Mihi tamen hic testis non valde idoneus videtur; nec in ipso Epigrammate est, quod ejus sententiam confirmet. — V. 3. ἱκανὴ μοίρης musicae facultatis eximie particeps. De voce μοίρης vide ad *Tymn.* Ep. IV. ἱκανὸς ἀνὴρ, qui operi suscepto sufficiat; ut ap. *Longin.* Π. Ὕ. p. 13. Timaeus ἀνὴρ τὰ μὲν ἄλλα ἱκανός. ap. *Platonem* in Gorg. p. 514. D. ἱκανοὶ ἰατροὶ, *medici nomine suo digni,* quos ἱκανοὺς τὴν ἰατρικὴν τέχνην ἄνδρας vocat *Xenoph.* K. Π. I. 6. 15. ἱππεῖς ἱκανοὶ ap. eund. IV. 3. 14. — V. 4. κρήγυος. bonus et verax. *Theocrit.* Ep. XX. εἰ δ' ἐστὶ κρήγυος τε καὶ παρὰ χρυσόν. Id. Eid. XX. 19. εἴπατέ μοι τὸ κρήγυον.

THEODORIDAE EPIGRAMMATA.

---

§. 41.] I. Cod. Vat. p. 182. Θεωρίδα. Edidit *Kuster*. ad Suid. Tom. I. p. 666. *Reisk.* in Anthol. nr. 472. p. 30. Nautae ingens ſcolopendrae fruſtum, a fluctibus in litus ejectum, diis dicant. — V. 1. 2. laudat *Suidas* in ἴβρυκες. et in κυρῷ T. II. p. 391. Male in apogr. Lipſ. μυριόποδον legitur. — κυμηθείς eleganter de mari turbato. *Alciphron* L. I. 10. p. 36. ἄνεμοι ἔσειν εὖτε κυκήσειν τὸ πέλαγος ἐπαγγέλλονται. Hinc translatum ad pericula gymnici certaminis ap. *Sophocl.* in Electr. 732. ταραχῆς κλύδων' ἔφιππον ἐν μέσῳ κυκώμενον. — V. 2. „Minime neceſſe eſt „cum Kuſtero ſcribere Ἰαπυγίοις. In hac voce, ut fere „in nominibus propriis omnibus, υ modo longum, modo „breve. *Dionyſ.* in Perieg. 379. φῦλα Ἰηπύγων τετα„νυσμένα μέσφ' Ὑρίης. Sic ap. *Apollon. Rhod.* Βέβρυκες me„diam modo corripit, modo producit. In Cod. ſcriptum „ἐπὶ σκοπέλοις, quod relinqui poterat, licet conſtructio „cum quarto caſu ſit uſitatior." *Br.* Apud *Suidam* σκοπέλους habetur, nec aliter lego in apogr. Spallett. — V. 3. 4. *Suidas* in βουφόρτων T. I. p. 450. ubi recte habetur σελάχεος, cum in membranis Vat. σελάγεος legatur. Vitioſe in apogr. Lipſ. ἧς τόδ' ἀ. β. σελάγεως, quod etiam *Reiskium* in errorem induxit. In eodem apogr. ἀνθέμεν et κοίρανος legitur. — σελάχη primus Ariſtoteles vocavit piſces, qui pro ſpina cartilaginem habent et animal pariunt, ſecundum *Plin.* H. N. IX. 24. Etymologia vocabuli eſt ap. *Galenum* de Alim. 3. Cf. *Suidam* in σελάχεσι et *Foeſium* in Oecon. Hipp. p. 338. — V. 4. δαίμοσι. diis marinis, Ino praeſertim et Palaemoni, ut apparet ex *Antip. Sid.* XIV. quod carmen *Thessalonicensis Antipatri* et ex nostro expressum puto. — βούφορτοι ὁλκάδες, naves onerariae; nihil amplius, *Reiskius* de alia hujus vocabuli interpretatione non cogitare debebat.

II. Cod. Vat. p. 182. Θεοδωρίδα. ἐπὶ κόχλῳ θαλασσίῳ. Hoc quoque carmen primus edidit *Kuster*. ad Suid T. II. p. 407. *Dorvillius* in Sicul. T. I. p. 13. *Reisk.* in Anth. nr. 474. p. 31. Dionysius, Protarchi filius, Nymphis cochleam marinam dono affert. — V. 1. *Suidas* in λευρόθινος. κοχλιοειδὴς τόπος. — σημαίνει δὲ καὶ τὸ τῶν ἀντριάδων Νυμφῶν ἀνάθημα. Posteriora haec etiam in Lex. Coislin. leguntur p. 235. — In Cod. Vat. legitur εἰν ἁλὶ, ut ap. *Suidam*, ubi *Kuster*. εἰνάλιος corrigit, idque in Cod. haberi affirmat. In apogr. Lips. εἰνάλιε item ex emendatione legitur. Metro timens *Dorvill.* εἰνάλι' ὦ λ. Parum jucunda tautologia in verbis εἰνάλιε (cf. *Antip. Sid.* Ep. XIV. 8.) et ἐξ ἁλός. Vix tamen quidquam novandum esse putaverim, cum nec vers. 3. et 6. a putida repetitione earundem verborum immunes sint. — V. 2. *Suid.* T. I. p. 37. in ἀγρέμιον. ὁ ἀπὸ τῆς ἄγρας. idem, quod ἄγρευμα. vocabulum aliunde non cognitum. — Pro εὑράμενος, quod *Suidae* acceptum ferimus, membranae εὑρόμενος exhibent. — V. 3. Nymphae Naiades in antris praecipue colebantur, ut docet *Goens* ad Porphyr. p. XXIV. ubi duo posteriora hujus carminis disticha excitavit. *Suidas* ἀντριάσι. ταῖς τοῖς ἄντροις φιλοχωρούσαις. Ejusmodi antri, Nymphis sacri, (νυμφαῖον vocant) descriptionem satis illustrem dedit *Longus* L. I. p. 5. — V. 4. Πελωρίδος. Inventa erat illa cochlea ad Pelorum sive Pelorida, Siciliae promontorium. Cochlearum Peloritanarum carnes in deliciis fuisse, testas vero a ludentibus usurpatas, docet *Dorvill.* in Sicul. p. 13. Earum carnes alvum emollire, narrat *Plin.* H. N. XXXII. 31. — V. 4. laudatur ap. *Suid.* in πελώριον T. III. p. 73. V. 6. in ἀντριάσι T. I. p. 235. — σπαλὶς παρθικέ.

Apollon. Rhod. L. II. 549. σπιλάδα πέτρω στεινωπὸν — τετρηχυίης σπιλάδεσσιν ἐεργμένον. — Postremi hujus distichi color ductus ex *Callim.* Ep. XXXI. de concha Arsinoae dicata: Ἐς τ' ὄνεσσιν παρὰ θῖνας Ἰουλίδος, ὄφρα γένωμαι σοὶ τὸ περίσκεπτον παίγνιον, Ἀρσινόη.

III. „In Cod. Vat. p. 195. tributum est hoc Epi„gramma *Theodoro.* Θεοδώρου ortum est ex compendio „scripturae in nomine Θεοδωρίδα: aut ab oscitante libra„rio sic scriptum pro Διοδώρου, quod probabilius est. „Διόδωρος a Christianis saepe in Θεόδωρος mutatum.“ *Br.* *Diodori Zonae* stilum hoc carmen redolet. Eodem modo nomina Θεοδώρου et Θεοδωρίδα confusa sunt in Ep. XI. Argumentum his verbis indicat *Brunckius:* Postquam Calliteles ex ephebis excessit et palaestram frequentare desiit, gymnasticam supellectilem Mercurio dedicavit ob peractam ordinate et modeste ἐφηβοσύνην, *juventutem.* — V. 1. 2. *Suidas* laudat in πέτασον T. III. p. 102. et in πιληθέντα p. 115. Utroque loco πέτασον exhibet, (quae Vat. quoque Codicis scriptura est) idque interpretatur πίλημα ἐξ ἐρίου πιληθέν; quae non tam interpretatio quam conjectura vocanda est. πέτασον *Salmasius* inter describendum emendasse videtur; idque ex apogr. Lips. edidit *Reiskius* Anth. nr. 500. p. 44. Eadem est lectionis varietas in *loco Dioscoridis*, prolato a *Bod. a Stapel* ad Theophr. p. 441. ὁ πέτασος epheborum gestamen. Vide notata ad *Meleagri* Ep. IX. p. 24. sq. — Ceterum Cod. Vat. versu praeced. πιγηθέντα habet, quod mutatum in πηγηθέντα. Idem εὐξάνθου. Lana bene carminata εὔξαντος. εἴρια ξαίνειν est ap. *Homer.* Od. χ. 423. Cf. *Eustath.* Il. α. p. 67, 16. Notandum, veteres pileos ex lana confecisse. πῖλος ipse nomen ducebat ἀπὸ τοῦ ἐρίου πεπιλημένου, ut bene monuit *Schol. Homeri* Il. κ. 265. et *Etymol. Mag.* πῖλος· τὸ ἐξ ἐρίων εἰργασμένον. Exquisita de hoc vocabulo dedit *Graev.* in Lect. Hesiod. XII p. 60. sq. — V. 3. *Suid.* in περόνη T. III. p. 109. Fibula chlamydem, quod item epheborum gestamen, ut docuimus ad *Meleagr.* Ep. IX. in humeris tenebat. Egregie huc facit locus *Luciani* in Amor. Tom. V. p. 306. ed. Bip. ubi mulierum fuco simplices puerorum munditias opponit: ὄρθριος ἀναστὰς ἐκ τῆς ἀζύγου κοίτης, τὸν ἔτι τῶν ὀμμάτων ἔτι λοιπὸν ὕπνον ἀπονιψάμενος ὕδατι λιτῷ, τὴν ἱερὰν χλαμύδα (sic lege cum vett. editt. Chlamys vocatur ἱερὰ propter puerorum sanctitatem. *Graevius* et *Solanus* h. l. corruperunt.) ταῖς ἐπωμίοις περόναις συῤῥάψας, ἀπὸ τῆς πατρῴας ἑστίας ἐξέρχεται. — Poëta noster fibulam vocat δίβολον, quia binis dentibus utramque chlamydis laciniam mordet. — Vat. Cod. στεγγίδα habet, et *Suidas* quoque corrupte: περόνη. πόρπη. (falsa interpretatio. Vide *Pollux*. VII. 54. et *Spanhem.* ad Callim. H. in Apoll. p. 96. sq.) καὶ δίβολον περόνην καὶ στεγγίδα, τανυσθὲν τόξον. — Strigilis sive στλεγγίδος usus in gymnasiis, quippe qua, antequam ingrederentur balneum, sordes in palaestra collectas destringebant. Ferreae plerumque, apud Spartanos autem e calamis factae, ut discimus ex *Plutarch.* T. II. p. 239. B. apud Agrigentinos aureae. secundum *Aelian.* H. V. XII. 29. Confer *Raderum* ad *Martial.* XIV. 51. p. 922. Sordes derasas γλοιὸν vocabant. *Hesych.* στλεγγίς. ξύστρα. στλέγγισμα. ὁ ἀπὸ τῶν ἀποξυσμάτων γλοιός. Hinc ap. nostrum γλοιοπότις χλαμύς. Inter instrumenta, ferris, qui pueros comitantur, portanda, strigilem et sphaeram recenset *Aristophan.* in Γήρᾳ ap. *Suid.* T. III. p. 377. Εἰ παιδαρίοις ἀκολουθεῖν δεῖ, σφαῖραν καὶ στλεγγίδ' ἔχοντα. — Quod deinde commemoratur τόξον τανυσθὲν, non est *arcus intendi natus*, ut *Reiskius* vertit, sed arcus cum nervo. τανύειν est nervum arcui aptare. — τριβώνιον. chlamydem attritam et sordidam. Utrumque cave ne in dei, cui haec chlamys dicatur, contumeliam accipias. Gaudere deum volebat puer, vestimentum ei appendens, cui tam multa exercitationum palaestricarum vestigia inhaerebant. — V. 5. σχίζας *Reiskius* interpretatur de rudibus, quibus batuebant, qui artes palaestricas excolerent. Proprie tamen rudis, qua gladiatores, (ad hos enim hoc exercitii genus pertinebat) in illa pugnarum quasi meditatione utebantur, ῥάβδος est. et ξίφος ξύλινον. ut ap. *Dion. Cass.* T. II. p. 1219. 55. ubi vide *Reimarum*. *Böttigerus* in literis ad me datis σχίζας de *sagittis* interpretabatur, quo sensu hoc vocabulum passim occurrit in versione τῶν ό. Vide *Bielii* Lexicon ad Sept. Intpp. v. — V. 5. *Suidas* in σφαῖρα T. III. p. 415. ubi epitheton ἀείβολον interpretatur τὴν ἀεὶ βαλλομένην. Non satis commodum hoc verbum videbatur *Reiskio*, qui in versione expressit conjecturam εὔβολον, quod multo minus aptum. — V. 6. δῶρα φιλοστάκτου δῶρον ἀφημοσύνας. Cod. Vat. Pro δῶρον *Reiskius* emendavit δαῖμον, quod admisit *Toupius* ad Suid. P. III. p. 461. ubi praeterea φιλοστοίκτου corrigit. Secundum eum φιλοστοιχτος ἀφημοσύνη est *jaculatio, quae a scopo aberrare non solet*. ἀφημοσύνη. βλῆσις. ἐκβοτικία. *Hesych.* Merito *Brunckius* in Lect. p. 132. praetulit lectionem apographi sui φιλαυτάκτου ἀφηβοσύνας, *juventutis modeste peractae*, quam tamen perperam pro ipsa Cod. scriptura habebat Quanquam ἀφημοσύνη et ἀφηβοσύνη nonnisi pusillo apice distant.

IV. Cod. Vat. p. 168. In Planud. p. 342. St. 481. W. sine auctoris nomine prostat. Gorgus Dianam precatur, ut agrum suum a furibus defendat, votis additis. Est igitur ad Ἄρτεμιν εὔτειχον, ut *Diotimi* Ep. II. Φωσφόρος, ὦ σώτειρ', ἐπὶ Παλλάδος ἵστασο κλήρῳ, Ἄρτεμι, καὶ χαρίεν φῶς ἐπ' ἀνδρὶ δίδου. — V. 2. laudat *Suid.* in κλαδὶ T. II. p. 332. — V. 3. in ἐπιβρίξει T. I. p. 826. et iterum in νομαῖα T. II. p. 629. — Pro ἐάων duae Ald. et Ascens. ἐάω — quod *Stephanus* praetulit. ἐάων est in Ed. pr. Vat. Cod. et Suid. Utramque formam poëtae adhibent et ἐάω non apud Doricos tantum, sed etiam ap. *Homerum* occurrit Il. π. 363. — ¶. 42.] V. 3. ἐπὶ

αι.
ῥέξει. Vat. Cod. νομευς. Id. *Theocrit.* Ep. IV. κεὐθὺς ἐπιρ-ρέξειν χίμαρον καλόν.

V. Cod. Vat. p. 168. Plan. p. 439. St. 573. W. Puer Apollini sacra facit, comam ponens. — V. 1. 2. laudat *Suidas* v. κρώβυλος T. II. p. 380. ἄλσεος κόμαν ductum ex *Callimachi* H. in Del. 296.

Ἤτοι Δηλιάδες μὲν, ὅτ' εὔηχος ὑμέναιος
Ἤθεα κουράων μορμύσσεται, ἥλικα χαίτην
Παρθενικαῖς, παῖδες δὲ θέρος τὸ πρῶτον ἰούλων
Ἄρσενες ἠϊθέοισιν ἀπαρχόμενοι φορέουσιν.

ut *Stephanus* hunc locum feliciter constituit, judice *Ruhnkenio* Epist. crit. II. p. 163. ubi et nostrum Epigr. comparat et *Nonn.* Dion. p. 356. — Ephebos comam et barbam Apollini aliisque numinibus totondisse, allatis exemplis docuit *Brodaeus*; et jam satis nota res. — ὁ κρώβυλος. Mirum in modum Intrpp. fluctuant, utrum ὁ κρώβυλος hoc loco nomen sit proprium, an cincinnum significet. Hoc Scholia sequuntur et *Brodaeus* primo quidem versu, nam v. 5. Κρώβυλον de pueri nomine interpretatur. Illum olim *Brunckio* probabile visum, qui in Analectorum contextu Κρώβυλος, initiali majore, et versu seq. κόρον exhibendum curavit; cujus facti cum eum postea poenituisset, κόρος ex Codd. et *Suida* revocavit, idque pro pueri nomine habuit. *Suidas* tamen parum aut nihil opis affert, cujus verba et corrupta et confusa sunt: Κρώβυλος, ὁ μαλλὸς τῶν παιδίων καὶ ὁ πλόκαμος, ὃν ἀνέβαλον (fort. ὃν περόνῃ ἀνέβαλον) οἱ τὸν χρυσοῦν τέττιγα φοροῦντες. ἀνάδεσμα. ὁ ἐκ τῶν τριχῶν συμπλεγμένος πλόκαμος. ἐν ἐπιγράμμασι· Ἄλλως .... Κρωβύλος κόρον. Vera hujus carminis interpretatio pendet a sensu postremi distichi, ubi *Br.* κρωβύλου corrigit vertitque: *Apollo, hunc puerum, qui pervenit ad finem crobyli,* i. e. *ejusmodi crinium plegmatis, quod tibi jam dedicat, ad virilem aetatem velis pervenire.* Quae quam dura quamque inepta sint, nemo, qui hunc locum rite perpenderit, non intelliget. Nihil expeditius, nihil disertius verbis: θείης τὸν Κρώβυλον ἐς τέλος ἄνδρα, *Crobylum ad virilem aetatem perducas*; contra Brunckiana et emendatione et interpretatione nihil contortius. Hinc mihi apparere videtur, Κρώβυλον etiam vers. 1. pro nomine proprio habendum esse. Nec profecto tam infrequens tamque raro obvium. Erat Crobylus, pulcritudine conspicuus, Corinthi, Alexandro M. regnante. Vide *Plutarch*. T. IV. p. 32. ed. Bry. Hegesippus quidam cognomine Crobylus ap. eund. T. II. p. 187. E ed. Frcf. Crobylus ὀψοποιὸς occurrit ap. *Clement. Alex*. Strom. VII. p. 530. ed. Wirceb. Alius ap. *Aeschinem* Or. c. Timarch. p. 86. Vide Schol. p. 733. Reisk. ed. — Jam vero quid fiet vocabulo κῶμος versu secundo; quod *Kusterus* ad Suid. l. c. de juvenili lascivia interpretatur; male. Inveteratum est mendum, quippe quod jam *Suidas* reperit, qui tamen, quod saepe jam monuimus, in plerisque cum Vat. Cod. conspirat. Recte *Jos. Scaliger* emendavit κῶρος ὁ τετραέτης. — Pro πέξατο Cod. Vat. πεῖξατο habet, in marg. γρ. πλέξατο. Hoc etiam ap. *Suidam* reperitur. Verum videtur ἀπεπέξατο, quod cum proprium sit de tonsura ovium, non sine suavitate quadam ad comae tonsuram translatum est. — V. 3. αἰχμητάν. Vat. Cod. Plan. et *Suid*. qui hoc distichon protulit in τυροφόρον T. III. p. 519. Ap. eundem v. πλακόεις T. III. p. 122. quaedam verba ex utroque versu leguntur. — ἐπέθυσεν omnes vett. edd. In Stephan. ἀνέθυσεν. Gallum gallinaceum Apollini pro deliciis suis voverat *Tull. Laurea* Ep. I. Cf. *Statyll. Flacc*. Ep. II. Soli enim sive Apollini sacer erat; quare Idomeneus, genus a Sole deducens, gallum gallinaceum in scuto gerebat. *Pausan*. L. V. p. 444. — πλακόεντα τυροφόρον. In ed. pr. τυροφάγον. Est placenta caseo inspersa. *Theocrit*. Eid. I. 58. τυρόεντα μέγαν λευκοῖο γάλακτος. *Hesych*. τυρόεντα. πλακοῦντα. — V. 5. εἰς τέλος. i. e. τέλειον ἄνδρα. Illustravit hanc locutionem *Gilb. Wakefield* in Sylv. crit. T. II. p. 50.

VI. Cod. Vat. p. 168. Planud. p. 440. St. 573. W. *Brunckius* lacunae indices asteriscos initio carminis posuit. Quum enim verbum θῆκε non habeat, quo regatur, aliquid intercidisse probabile est. Charisthenis coma deabus Amarynthiis dedicatur. — V. 1. 2. laudat *Suidas* in [illegible] T. II. p. 358. ubi χαρισθέντα legit. — σὺν τέττιγι. Veteres Athenienses cicadam auream in crinibus gestasse, satis constat ex *Thucyd.* L. I. 6. p. 18. ubi vide *Hudson.* et *Perizon.* ad *Aelian.* V. H. IV. 22. — V. 2. Ἀμαρυνθιάσι. *Pausan.* L. I. 31. p. 78. ἔστιν Ἀμάρυνθος ἐν Εὐβοίᾳ. καὶ γὰρ οἱ ταύτῃ τιμῶσιν Ἀμαρυσίαν Ἄρτεμιν, ἑορτὴν δὲ καὶ Ἀθηναῖοι τῆς Ἀμαρυσίας ἄγουσιν, οὐδέν τι Εὐβοέων ἀφανέστερον. Templum Ἀρτέμιδος Ἀμαρυνθίας commemorat *Strabo* L. X. p. 687. C. et festum Ἀμαρύνθια *Schol. Pindari* Ol. XIII. 159. Hinc colligo, κούρας Ἀμαρυνθιάδας Nymphas esse Dianae Amarynthiae. — V. 3. 4. *Suidas* in [illegible] T. III. p. 164. primis hexametri versibus omissis. χρυσοφαέντα si sincerum est, ad τέττιγα et τρίχα referri debet. *Brodaeus* χρυσοφαέντι legit. Is, qui illa dona ponebat, simul taurum immolabat dijs. χαρίσσασθαι igitur sensu latiore accipiendum pro *dedicare*, respectu tamen habito ad hostiam simul immolandam. — ἶσον ἀστέρι. *Homer.* Il. ε. 5. ἀστέρ' ὀπωρινῷ ἐναλίγκιον, ὅστε μάλιστα λαμπρὸν παμφαίνῃσι λελουμένος Ὠκεανοῖο. Astyanax ἀλίγκιος ἀστέρι καλῷ. Il. ζ. 401. Pallas ap. *Virgil.* Aen. L. VIII. 589. *Qualis, ubi Oceani perfusus Lucifer unda — Extulit os sacrum coelo.* Similiter *Martialis* Polytimum post crines detonsos splendentem laudat L. XII. 86. *Talis eras, modo tonse Pelops, positisque nitebas Crinibus, ut totum sponsa videret ebur.* — V. 4. ἄνθος. παιδείου χροός. decussa puerili lanugine. πῶλοι et pueri et puellae ap. poëtas. *Hesych.* πῶλος. — καὶ τοὺς νέους καὶ τὰς νέας καὶ παρθένους. Sed sic non video, quam vim habeat comparatio ὡς ἵππος. Putabam aliquando, haec verba ex glossa voci πωλικὸν forte adscripta in textum irrepsisse. Sed sic nodus inciditur potius, quam solvitur. Verba etiam sic jungere licet: παῖς λάματα ὡς ἵππος ἀποσεισάμενος χνοῦν. At quid χνοῦς equi? An spuma circa os collecta? ut ἁλὸς χνοῦς de maris spuma ap. Homer. Od. Ζ. 226. De coma enim circa humeros equi volitante χνοῦς vix accipi potest. Boettigerus a me consultus χνοῦν πωλικὸν de sordibus accipiendum censebat, quae aqua abluuntur. Theodoridam fortasse respexisse Homerum Il. ε. 508. sqq.

VII. Planud. p. 316. St. 456. W. Describitur Niobes luctus de liberis ab Apolline et Diana interemtis. Conf. not. ad *Meleagr.* Ep. CXVII. p. 127. sq. — V. 3. Vulgo ἔτρωσε. Hoc recte emendavit *Br.* Idem vidit Vir doctus in Schedis Bibl. Bodl. — δυωδεκάπαιδα. Alii non duodecim, sed quatuordecim liberos numerant. Totidem, ut noster, numerat *Pherecydes* ap. *Schol. Eurip.* in Phoen. 162. Vide cl. *Sturz* in Fragm. Pherec. p. 141. *Libanius* Tom. I. p. 234. R. Νιόβη θρηνήσασα κόρας ἐξ τετοξευμένας. — V. 5. μεμιγμένην. Pars corporis jam in lapidem abierat; altera adhuc naturalem servabat colorem. Hinc *Meleager* l. c. μάτηρ σαρκοπαγὴς εἷα πέπηγε λίθος. — V. 7. Has voces edere videtur Sipylus: Gravis mortalium linguae morbus inest. Hoc ductum ex *Eurip.* Orest. v. 10. de Tantalo: ἀκόλαστον ἔσχε γλῶσσαν, αἰσχίστην νόσον. — Mox vulgo ἀ ἀχάλινος legitur. Lingua, quae sibi temperare nequit, ἀχάλινος. *Eurip.* Bacch. 385. ἀχαλίνων στομάτων ἀνόμου τ' ἀφροσύνας τὸ τέλος δυστυχία. Hinc *Theodoridam* sententiam derivasse, nemo dubitabit. Cf. Epigr. ἀδεσπ. CCLV. *Joann. Laurent.* 2. p. 2. χαλινοῦσαι τὴν ψυχὴν θεσπίζει τὰ λόγια· χρὴ δὲ χαλινοῦσαι ψυχὴν βροτὸν ὄντα νοητόν.

¶. 43.] *VIII.* Cod. Vat. p. 611. Καὶ τῷ ἀρτίῳ τρομέτρῳ ἄλμετρον ἀπὸ τοῦ ῥυθμιχμιματικοῦ μέτρου. Primus hoc carmen edidit *Koenius* ad Gregor. de D. p. 119. post eum *Toup.* in Addend. ad Theocr. p. 395. Scriptum in Mnasalcam, poëtam elegiacum, qui inflatus tumidusque vocatur. Ad v. 1. respexit *Strabo*, quod *Brunckius* monuit, L. IX. p. 632. A. Ἔστι δὲ καὶ ἐν τῇ Σικυωνίᾳ δῆμος Πλαταιαί, ὅθεν περ ἦν Μνασάλκης ὁ ποιητής· Μνασάλκειος τὸ ῥῆμα τοῦ Πλαταιάδα. unde metri causa restituendum τῶ Πλαταιάδα sive Πλαταάδα.— V. 2. Cod. Vat. τοῦ Ἀγγυτοιοῦ.— V. 3. πλάθας Cod. Vat. Quaedam apogr. πλάτας. Hoc pro genuino habet *Toupius*, et *Simonidis tabellam* interpretatur, laudans *Aristoph.* in Thesm. 777. νδ' ἐγὼ καὶ δὴ φέρω Ἐκ τοῦ Παλαμήδους· ὡς ἐκεῖνος τὰς πλάτας Ῥίψω γράφων. Idem poëtam captasse jocum censet ex alliteratione: *Plataeensis* Mnasalcas fuit, et idem ἀποσπάραγμα πλάτας. At si hoc modo jocari voluit poëta, nihil ejus joco frigidius. *Jo. Pierson*, cujus conjecturas ex schedis laudat *Koenius*, σπάδας legebat; interpretatione non addita. Vox σπάδη cum alias significationes habet, tum etiam de *palmae ramo* usurpatur ap. *Herodot.* VII. 65. p. 541. *Pollux.* I. 138. p. 94. ubi simili errore φοίνικος πάθει. Nihil, ut mihi quidem videtur, hac lectione aptius. Mnasalcae poësis nonnisi ramulus de Simonidis procera palma decerptus; quo imitator Simonidis fuisse significatur. Jam vides, satis commode dici σπάδης ἀποσπάραγμα, cum nihil sit durius quam ἀποσπάραγμα πλάτας. Eadem ratione in *Meleagri* Prooemio Simonides οἰνάνθης κλῆμα vocatur, et de Arato: οὐρανομάκεος φοίνικος κέρας πρωτογόνους ἕλικας. — Pro ἧς in nonnullis apogr. ἃς legitur. Errorem correxit *Koenius*. — V. 4. καλά τε καὶ γλῶν παντιλαμπηθέστρα. Cod. Vat. Pro γλῶν apogr. nonnulla γλῶς praebent. Pessime corruptum locum *Jo. Pierson* in hunc modum tentabat: κενά τε κάρφη κέπφ. *Brunckii* lectio ex *Toupii* correctione profluxit, qui haec notavit: κενὴ καὶ ἐπιλαμπηθέστρα finitima verba et ejusdem tumoris, bombi et inanitatis sunt. Nam κέπφος nos comica

„et ridicula est. De qua viri docti ad *Aristophanis* Ranas. „*Ampullam* vocat *Horatius*. (A. P. 97. cf. I. Epist. III. 14.) „Hinc ληκυθίζειν et Musa ληκύθειος ap. *Hephaestionem*, de „qua *Bentl.* ad Callim. (Fragm. CCCXIX.) et κομπολακύθης „ap. *Aristoph.* in Acharn. 589. ubi Schol.: ἀπὸ τοῦ λη- „κυθίου ἐν παραγωγῇ γέγονε τὸ ληκύθιον. ληκυθίζειν γὰρ τὸ „μεῖζον βοᾷν καὶ ψοφεῖν. ἦχον γὰρ ἀποτελεῖ καὶ ἡ λήκυθος, ἐπεὶ „καὶ αὕτη πεφύσηται. πάντα γὰρ τὰ πεφυσημένα κόμπον ποιεῖ. „Cf. etiam Etym. M. in Κομπολακύθης." Haec *Toupius*. Vocem ληκυθιστὴς agnoscit *Hesych.* qui κοιλόφωνος interpretatur. — In *Toupii* lectione displicet γὰρ, quod hic locum non habet, nec in codice est. Nihil igitur vetat, quominus in hoc versiculo experiaris ingenium. Codicis scripturam ΚΑΙΝΑ ΤΕ ΚΑΙΓΑΝ rimantibus non inepta videbitur conjectura nostra:

κενά τε ΚΛΑΓΓΑΝ κἠπιλακυθίστρια,

inanem strepitum et clamorem edens. κλαγγὴ de inconditis avium majorum, porcorum canumque vocibus usurpatur. γεράνων κλαγγὴ est ap. *Homer.* Il. γ. 3. Odyss. ξ. 412. κλαγγὴ δ' ἄσπετος ὦρτο συῶν αὐλιζομενάων. κλαγγὰ κυνῶν est ap. *Leonid. Tarent.* Ep. VI. Mnasalcae igitur Musa κενὰ κατὰ κλαγγὰν vocatur, quae alta voce verba fundit inania. — V. 6. διθυραμβοχῶνα exhibet Cod. Vat. quod intactum reliquit *Koen.* et *Pierson.* διθυραμβοχόνα *Toupii* inventum est. χώνη est *infundibulum.* Vide *Foes.* Oecon. Hipp. p. 413. Dicitur igitur Mnasalcas dithyrambos tanquam ex infundibulo (quod angustum collum habet) ebullivisse. — V. 7. ζῶν Cod. ζῆν emendavit *Pierson*, qui etiam ultimum versum tentat τύμπανόν γ' ἦ φαίην. perperam, judice *Toupio*. Dici enim τύμπανον φυσᾷν, ut ἀσκὸν φυσᾷν, λήκυθον φ. et similia, quod hominis magnum quid et inane spirantis. Disertius sic explicaveris: τύμπανον φυσᾷν is dicitur, qui tantum spiritum fundit, ut tibi tympanum exaudire videaris. Eadem analogia Graeci eum, cujus obtutus Martis Gorgonisve speciem refert, Ἄρη, Γοργόνα βλέπειν dicunt. τύμπανον autem bene de κενοφώνῳ. *Quintil.* Inst. Or. V. 12. 21. *nos, qui oratorem studemus effingere, non arma, sed tympana eloquentiae demus?* Cf. *Cresoll.* Theatr. Rhet. III. 27. Thes. Gron. X. p. 172. De muliere eloquentiam et eruditionem ostentante *Juven.* Sat. VI. 440. *Verborum tanta cadit vis: Tot pariter pelves, tot tintinnabula dicas Pulsari, jam nemo tubas, nemo aera fatiget: Una laboranti poterit succurrere lunae.* Ad rhetores tumidos *Virgilius* in Anth. Lat. T. I. p. 426. CCXLIII. 5. *Ite hinc inanis cymbalum juventutis.* Nota paroemia ἐπὶ τῶν πολλὰ λαλούντων, a *Menandro*, ut videtur, primo usurpata, τὸ Δωδωναῖον χαλκεῖον. Vide *Schottum* ad Zenob. VI. 5. p. 153.

IX. Cod. Vat. p. 267. Εἰς Εὐφορίωνος τάφον τοῦ μυστοῦ τῶν Ἑλληνικῶν μυθολογημάτων ἢ τελεσιουργημάτων. Primus edidit *Holsten.* ad Steph. Byz. p. 248. *Majus* in Catal. Bibl. Uffenb. p. 582. *Reiske* in Anth. nr. 608. p. 90. In Euphorionem poëtam Chalcidensem hoc carmen compositum esse, censebat *Reiskius.* Vide de eo *Toup.* in Ep. crit. p. 132. sq. et inprimis *Heynium* ad Virgil. Tom. II. p. 298. — V. 1. ποίημ. Vat. Cod. Haec verba vix aliter quam de eximia facultate poëtica, qua Euphorion excelluerit, accipi possunt. — Πειραϊκοῖς σκέλεσι. In apogr. Lips. vitiose Πειραϊκοῖς legitur. Pro σκέλεσι *Majus* σκελέτοις conjecit; quem errorem humane excusat *Reiskius.* *Diodor. Sic.* T. I. p. 629. 5. ὥστε τὰ μακρὰ σκέλη καὶ τὰ τείχη τοῦ Πειραιῶς περιελεῖν. ubi *Wesselingius* hoc distichon excitavit. — Difficultatem movet hoc, quod Euphorion Chalcidensis a *Suida* in Syriae urbe sepultus esse narratur. In nostro igitur Epigrammate de cenotaphio, intra Piraeei crura exstructo, agi censebat *Schneiderus* in Anal. crit. p. 7. *Reiskius* Euphorionis ossa fortasse ex Syria Athenas translata esse suspicatur. Euphorion enim τῷ θέσει Atheniensis fuit. — V. 3. ἀλλὰ καὶ Cod. Vat. et Holst. Mystae Euphorioni malum punicum, five aliud malum, five myrti ramum dari jubet. τῆς ῥοιᾶς usum fuisse in mysteriis, apparet cum ex celeberrima illa de granis mali punici, a Proserpina comesis, fabula, tum ex *Achill. Tat.* L. III. p. 65. ubi cum Jovem Casium ῥοιὰν manu tenere dixisset, addit: τῆς δὲ ῥοιᾶς ὁ λόγος μυστικός. *Pausan.* L. II. 17. p. 148. descripta Junone Polycleti, quae ipsa quoque malum punicum manu tenebat, τὰ μὲν οὖν, ait, ἐς τὴν ῥοιὰν (ἀποῤῥητότερος γάρ ἐστιν ὁ λόγος) ἀφείσθω. — Myrtis vero initiati coronabantur. Ap. *Aristoph.* in Ran. 329. chorus Iacchum celebrat ἀμφὶ κρατὶ βρύοντα στέφανον μύρτων gerentem. *Schol.*: μυῤῥίνης στεφάνῳ ἐστεφανοῦντο οἱ μεμυημένοι. — ὁ δὲ Ἀπολλόδωρος καὶ τοὺς ἐσεμαθέντας φησὶ διὰ τῆς μυῤῥίνης στέφεσθαι· ὅτι οἰκεῖος ἔχει πρὸς τὸ φοιτὸν ὁ θεὸς, καὶ ὅτι τοὺς ἡδονάς ἀνάφωνο. *Schol.* in *Sophocl.* Oedip. Colon. 713. ὁ δὲ Ἴστρος τῆς Δήμητρος εἶναι στέμμα τὴν μυῤῥίνην καὶ τὴν σμίλακα. — At *Reiskius* negat, μύστην hoc loco vulgari sua significatione accipiendum esse; *Musarum* enim *sacerdotem* significari. Hoc si dicere voluit *Theodoridas*, miror, eum sententiam non paulo disertius explicuisse, addito Μουσῶν similive verbo. Equidem non dubito, quin in muneribus, quae Euphorioni offerri jubet, ad mysteria proprie dicta respexerit. Jam vero mala et myrtus in aliis quoque mysteriis, Veneris nimirum, usum habent, quod nemo ignorat. (Vide ad *Platon.* Ep. IV. p. 340. De myrto *Kuhn.* ad *Pausan.* VI. 24. p. 514.) Hinc καὶ γὰρ ζωὸς ἐὼν ἐφίλει, *nam, dum viveret, indulgebat amori.* Euphorionem ab Alexandri, Euboeae regis, conjuge amatum fuisse, narrat *Suidas* in Εὐφορίων T. I. p. 915.

X. Cod. Vat. p. 323. ἔστι δυσεύρετον διὰ τὰ σφάλματα. Edidit *Pierson.* ad Moer. p. 409. *Jensius* nr. 41. *Reisk.* nr. 691. p. 131. Sensum optime expedivit *Toup.* ad Suid. P. III. p. 452. Scriptum est carmen in Cinesiam, foeneratorem; qui cum membris integris obiisset, justus voca-

vocatur debitor, quippe qui morti omnia rite persolverit. — V. 1. ἄχευε τ' ἀκαίπων. Cod. Vat. unde *Pierson* fecit: ἄχευ ἔτ' ἀ. in quod etiam *Reiskius* incidit. Nostrum est ex emendatione *Toupii*. Idem in fine versus λάτρις acute correxit, cum in membranis esset ἄγρις. Quaedam apogr. ἄγρι. Trapezita dicitur famulus Mercurii, rei pecuniariae praesidis. — V. 2. ἐκτίσων. Opportune comparavit *Pierson Aeschinem* Socraticum in Axioch. p. 1305. D. εἶτα λαθὼν ὑπεισῆλθε τὸ γῆρας, εἰς ὃ πᾶν συῤῥεῖ τὸ τῆς φύσεως ἐπίκηρον καὶ δυςαλθές· κἂν μή τις θᾶττον ὡς χρέος ἀποδιδῷ τὸ ζῆν, ὡς ὀβολοστάτις ἡ φύσις ἐπιστᾶσα ἐνεχυράζει τοῦ μὲν ὄψιν, τοῦ δὲ ἀκοήν. Ex vetere philosopho procul dubio derivatus similis *Plutarchi* locus T. II. p. 106. F. διὸ καὶ μοιρίδιον χρέος εἶναι λέγεται τὸ ζῆν, ὡς ἀποδοθησόμενον, ὃ ἐδανείσαντο ἡμῶν οἱ προπάτορες· ὃ δὴ καὶ εὐκόλως καταβλητέον καὶ ἀστενάκτως, ὅταν ὁ δανείσας ἀπαιτῇ. Cum quibus comparanda sunt, quae in eundem sensum dicuntur p. 116. B. Anthol. Lat. T. II. p. 26. *Reddere depositum lex est: ideoque petenti Corpus humo, manes restituoque polo.* — V. 3. γυρᾷ ἔτ' Vat. Cod. (non, ut *Br.* ait, γήραϊ τ') et sic *Jensius*. *Reiskius* γήρᾳ ἔτ' recte emendavit, idque ipsi *Brunckio*, cum Lectiones scriberet, verisimilius videbatur commento *Toupii* γυῖα ἔτ'. Senectutis mentio obliteranda non erat, πάντα ἄρτια, corpore integro, nulla ejus parte senectutis onere debilitata ad inferos descenderat. *Philostrat.* Vit. Soph. L. I. p. 494. λέγεται δὲ ὁ Γοργίας μὴ καταλυθῆναι τὸ σῶμα ὑπὸ γήρως, ἀλλ' ἄρτιος καταβιῶναι, καὶ τὰς αἰσθήσεις ἡβῶν. Id. p. 515. διετέλεσε γὰρ καὶ ἐς γῆρας βαθὺ ὑγιαίνων καὶ ἄρτιος. Hieronymum narrat *Lucian.* T. III. p. 224. 89. ἄρτιον ὄντα ἐν ταῖς συνουσίαις, καὶ πᾶσι ταῖς αἰσθητηρίοις μηδενὸς γενόμενον τῶν πρὸς ὑγίειαν ἐλλιπῆ. — V. 4. Ἀχέρων. Recte dedit *Reisk.* et *Pierson*; cum in cod. sit ἄχεων. παντοβίης Ἀχέρων exhibuit quoque *Albert.* ad *Hesych.* in καταφέρτης T. II. p. 183.

XI. Cod. Vat. p. 274. sq. Θεοδωρίδα. In Plan. p. 214. St. 311. W. edit. Flor. Aldina pr. et ed. filior. Aldi Θεοδώρου habent. Θεοδωρίδου tamen in Cod. invenit Aldus. Cf. ad Ep. III. — In Pylium, Agenoris filium, immatura morte exstinctum. ἄκριτα Μοῖρα, iniqua, nihil inter senes juvenesque discriminis statuens, ἀλόγιστα. Vid. *T. H.* ad Lucian. T. I. p. 179. et ad *Antip. Sidon.* Ep. XCIII. — πρώϊον ἔθρισας. *veluti cum flos succisus aratro Languescit moriens.* *Virgil.* Aen. IX. 435. *Euripid.* Hypsip. Fr. IV. ἀναγκαίως δ' ἔχει βίον θερίζειν, ὥστε κάρπιμον στάχυν. Conf. *Eichstaedt* de Dram. Sat. p. 148. — Ἀλκίμον. Thebanus fortasse fuit. Cf. *Damaget.* Ep. X. 2. — Vulgo ἄφνως legitur. — V. 3. βίου κύνας. quasi canes, qui vitam mordeant et lanient. *Brodaeus.* cujus interpretationem improbat *Ruhnkenius* Epist. crit. I. p. 93. ubi corrigit: Κῆρας ἐπισσεύουσ', Ἀΐδεω κύνας — comparato inprimis *Apollonio Rh.* IV. 1665. θέλγε δὲ Κῆρας θυμοβόρους, Ἀΐδαο θοὰς κύνας, αἳ περὶ πᾶσαν Ἠέρα δινεύουσαι ἐπὶ ζωοῖσιν ἄγονται. κύνας autem vocari ministros, qui deorum mandata exsequantur, post *Dan. Heinsium* ad Hesiod. p. 69. magna cum eruditionis copia demonstrat. Alia etiam exempla proferens *Schneiderus* Per. crit. p. 86. *Ruhnkenii* tamen emendationem impugnat. κῆρας varias esse mortis causas, quas fatum hominibus immittere dicatur. κῆρες βίου, ut ap. *Hipparch.* *Stobaei* in Flor. p. 574. 47. πολλαὶ κῆρες κατὰ πάντα τὸν βίον πεφύκαντι. et *Democrit.* p. 534. 4. *vitam* dicit πολλῇσι κηρσὶ συμπεφυρμένην καὶ ἀμηχανίῃσι. Conf. *Valckenaer.* ad Hippol. p. 283. C. — Vulgo ἐπισσεύουσα legitur.

¶. 44.] *XII.* Cod. Vat. p. 321. Θεοδωρίδα. In Buberiano apogr. *Dioscoridi* tributum invenit hoc distichon *Br.* Error describentis inde ortus, quod *Dioscoridis* Epigramma praecedit. Edidit *Alberti* ad *Hesych.* v. Δάειρα T. I. p. 935. *Jensius* nr. 30. *Reiske* in Anth. nr. 681. p. 125. — Cod. ἀμφίφαγον vitiose. ἀμφίφατον. ἐν πολέμῳ προφορτώματα. *Hesych.* — κλαίω *Jens.* temere omisit. *Reiskius* κεύθω dedit, Cod. lectionem non ignorans. Duriusculum enim putabat, lapidem plorare cadaver ipsi subjectum. Sed cippo haec verba tribui non plane necessarium esse videtur.

XIII. Cod. Vat. p. 290. Planud. p. 205. St. 299. W. In Dorotheum, Sosandri filium, qui pro Phthia propugnans perierat. — V. 1. τόλμα. Audacia et ad deos evebit et in Orcum detrudit mortales. *Euripid.* ap. Stob. Tit. XLIX. p. 355. οὐκ ἔνεστι στέφανος, οὐδ' εὐανδρία, εἰ μή τι καὶ τολμῶσι κινδύνου μέτα· Οἱ γὰρ πόνοι τίκτουσι τὴν εὐανδρίαν. Lege εὐδοξίαν ut est in alio ejusdem poëtae fragmento ex Archelao nr. VII. *Horat.* III. Od. II. 21. *Virtus recludens immeritis mori Coelum.* — V. 2. πυρᾶς. Vat. Cod. — V. 4. „Σηκοῦ μεσσόθι καὶ χιμάρας. Inepte „Opsopoeus, *in medio stabulorum et caprorum.* Dubium „non est, quin haec locorum sint nomina, circa quae „commissum proelium, in quo fortiter dimicavit Doro„theus. Sed ubinam terrarum haec loca? Plinius L. IV. „initio: *In Epiri ora castellum in Acroceraunìis Chimae„ra.* Ab hoc castello longiori intervallo distat Sicum in „Dalmatia prope Salonam, ut ad Theodoridae Σηκοῖς „referri possit. In Vat. Cod. scriptum χιμέρας. Probabile „est, nomina esse ignobilium in Thessalia vicorum." *Brunck. Casaubonus* in notis mstis tentavit μεσσόθι τῆς Χιμάρας. unde non multum lucramur. ἐῤῥαίσθη, interemtus est, ut ap. *Apollon. Rhod.* L. I. 617. οὐκ οἶον σὺν τῇσιν ὁμῶς ἔῤῥαισαν ἀκοίτας.

XIV. Cod. Vat. p. 290. Plan. p. 225. St. 340. W. ubi vulgo Θεοδωρέτου. Recte hoc nomen scribitur in Edit. pr. In Phaenaretam, Larissaeam, primo quem edidit partu exstinctam. — V. 1. ὑπώρειον. pro ὑπὸ simpliciter, respectu habito ad τὴν ταφὴν, sub terra conditam. — V. 3. vitiose excusum in edit. Lips. πρωτοτόκων. Corr. πρωτοτόκον. — In fine Ed. Fl. et Ald. pr. τοκῆας.

XV. Cod. Vat. p. 324. integrum carmen servavit, cum in Plan. p. 253. St. 366. W. nonnisi prius distichon legatur. Ex Gruterianis Excerptis protulit *Burmann.* ad Anth. Lat. T. II. p. 390. — In Timarchum naufragum. — V. 1. Κληΐδες sive Κλεῖδες insulae prope Cyprum, quarum situm accurate descripsit *Strabo* L. XIV. p. 1000. C. Ad *Herodotum* L. V. 108. p. 432. 79 ἐκ τῆς Κιλικίης ἤισαν ἐπὶ τὴν Σαλαμῖνα πεζῇ· τῇσι δὲ νηυσὶ οἱ Φοίνικες περιέπλεον τὴν ἄκρην, αἳ καλεῦνται Κληΐδες τῆς Κύπρου — — *Wesselingius* nostri loci non immemor fuit. — ἐσχατιαὶ Σαλαμῖνος. pro periphrasi urbis, in extrema Cypri ora (ἐν ἐσχατιαῖς) positae, habenda sunt. — V. 3. κόνιν δὲ οἱ. Cod. Vat. Ap *Burm.* δ' οὔτ' ἀμφὶ μ. Praeferenda *Brunckii* lectio. Ne cineres quidem tuos parentes acceperunt sepeliendos.

XVI. Cod. Vat. p. 248. In Planud. p. 257. St. 371. W. *Antipatro* tribuitur. — ναυαγοῦ vulgo. In Ed. pr. ναυηγοῦ. — V. 2. ἀλλόμεθ' Plan. ὀλλόμεθ' Cod. Vat. — Quamvis hic naufragi vides tumulum, ne tamen idcirco a mari abstineas; alii enim nautarum servantur, alii pereunt. Ego quidem cum naufragium facerem, ceteris navibus nihil mali accidebat. Hoc expressit *Leonid. Alex.* Ep. XL.

XVII. Cod. Vat. p. 290. Planud. p. 262. St. 378. W. In Theodotum juvenem. — V. 1. Planud. κηδεμόνες μ. δ. εἰς σὲ θανόντα Κάνωπον. quod ne graecum quidem. In Vat. Cod. legitur κηδεμόνων μ. δ. ἐπιθανόντων. Pars igitur lectionis *Brunckianae* ex conjectura fluxit satis probabili. *Diodorus* Ep. IX. Ἀστακίην δὲ μέγ' ἤκαχες, ἥ σε μάλιστα θλιπτρὰ τὸν ἠβητὴν κώκυεν ἠΐθεον. — §. 45.] V. 3. ἐριόλεω. vett. edd. omnes, praeter Ascens. quae δειλόλεω legit, quod Stephanus recepit. Vat. Cod. αἰλινόλεω. *Brunckius*, unde suam lectionem duxerit, non indicavit; sed sic *Jos. Scaligerum* in not. mstis emendasse video.

XVIII. Cod. Vat. p. 283. Plan. p. 215. St. 313. W. Θεοδωρίδου. De Heracliti philosophi sepulcro prope viam. — V. 2. δ' ἔνδον. Cod. Vat. quod fortasse verum, servato ἔχων, ut legitur in Planud. Vide *Dorvill.* ad Charit. p. 643. — V. 3. Expressa sunt haec ex *Leonid. Tar.* Ep. LXVII. μνῆμα δὲ καὶ τάφος αἰὲν ἁμαξεύοντος ὁδίτου, Ἄξονι καὶ τροχιῇ λεπτὰ παραξέεται. — In Cod. Vat. est ἔτρεψεν καλαῖς ἴσον. Desidero in hoc disticho particulam, quae illud priori disticho oppositum esse significet. Fortasse scribendum:

ἀλλ' αἰών μ' ἔτρεψε κρόκαις ἶσον.

κρόκη idem quod κροκάλη, παραθαλάσσιος ψῆφος, ut est ap. *Hesychium.* — V. 4. τέταμαι pro κεῖμαι illustrat *Dorville* l. c. — ἀνοδίη vitiose ed. Flor. Ald. pr. et Asc. — V. 5. Quamvis cippo carens, tamen mortalibus nuntio, me divinum illum populi latratorem tenere, i. e. Heraclitum. Vide not. ad *Meleagr.* CXVIII. p. 130. Malo *Brodaeus: Heraclitum, cynicum quendam philosophum;* cum de illustri illo Ephesio agatur.

POSIDIPPI EPIGRAMMATA.

---

§. 46.] *I.* Cod. Vat. p. 575. Edidit *Alberti* ad Hesych. v. λόχη T. II. p. 52. *Klotz* ad Tyrt. p. 62. *Warton* ad Theocrit. T. II. p. 90. *Brunckius* in omnibus conspirat cum *Schneidero* in Per. crit. p. 70. Amores, non sine ironia quadam, ut mihi quidem videtur, exhortatur, ut omnes ipsum spiculis configant suis. — V. 1. βάλλοις pro πολλοῖς. Cod. Vat. Apographa etiam depravatius εἰς ἅμα β. unde *Gueto* legendum videbatur: εἰς ἐμὲ βάλλειν. i. e. ἐγὼ σκοπὸς ὑμῖν κεῖμαι, ἔκκειμαι. *Warton* corr.: εἰς κατὰ πολλῶν. Nostrum, quod a *Salmasio* videtur profectum, reperitur in contextu apographi

Lipſ. — *Lucian.* Amor. §. 1. Tom. V. p. 257. Bip. ἄχθομαί τε, νὴ τοὺς σοὺς Ἔρωτας, οἷς πλατὺς εὐρέθης (ſic recte legit *Gesnerus* pro εὑρέθη) σκοπὸς, ὅτι πέπαυσαι διηγούμενος. Conf. *Antip. Sidon.* Ep. LXXV. 5. — V. 2. φαίνῃ *Wart.* — ἦν γάρ *Albert.* — V. 3. ἐν ἀνθρώποισιν apogr. Lipſ. Color eſt, ut ap. *Virgil.* Aen. IV. 93 *Egregiam vero laudem et ſpolia ampla refertis, Tuque puerque tuus: magnum et memorabile numen, Una dolo Divum ſi femina victa duorum eſt.* ὀνομαστοὶ, illuſtres ac celebres, illuſtravit *Elsner* in Obſſ. ſacr. p. 90. — μεγάλ. ἰοδόκ. *Guietus* adſcripſit: ἐμοῦ τοῦ βελῶν πλήρους. Non aliter accepit *Schneiderus* l. c. Videtur poëta ſe pharetram Amorum dicere, quia omnia ſua tela in eum conſumſerant. Simile, ſed minus ineptum acumen eſt ap. *Ovid.* II. Amor. IX. 35. *Fige, puer: poſitis nudus tibi praebeor armis. Hic tibi ſunt vires, hic tua dextra facit. Huc, tanquam juſſae, veniunt jam ſponte ſagittae; Vix illis prae me nota pharetra ſua eſt.* Huc facit *Paul. Silent.* Ep. XX. μηκέτι τις πτήξειε πόθου βέλος· ἰοδόκην γὰρ εἰς ἐμὲ λάβρος Ἔρως ἐξεκένωσεν ὅλην.

II. Vat. Cod. p. 587. Nemo, quod ſciam, hoc carmen ante *Br.* edidit. — Poëta ſe, dum ſobrius ſit, ſatis contra Amorem, quamvis mortalem contra deum, valere ait. Pro εὔοπλον Vat. Cod. εὔοπλος legit; et προσσεὶ junctim. — Deſideramus in his verſiculis juſtam verborum antitheſin. Opponuntur ſibi θνητὸς ἐὼν et πρὸς σὲ, θεὸν ſcil. Sed εὔοπλον in altero membro non habet, quod ipſi opponatur. Ex comparatione Epigrammatis *Rufini* XXIII. quod hinc expreſſum, ſuſpiceris, lectum fuiſſe:

Εἰς μοῦνον καὶ πρὸς σὲ μαχήσομαι.

Fortaſſe tamen alterum antitheſeos membrum in ſequ. diſticho quaerendum. Te armatum non timeo; nam dum non ebrius ſum, Rationem mecum pugnantem habeo. — λογισμὸν. Vide not. ad *Meleagri* Ep. LVI. p. 72.

III. Cod. Vat. p. 589. Edidit *Wolf* in Fragm. Sapph. p. 242. *Wesseling.* in *Diodor. Sic.* T. I. p. 393. *Valcken.* in Adon. p. 391. C. Callistium meretricula Venerem sibi propitiam precatur. — V. 1. *Spanhemius*, qui hoc distichon profert ad *Callim.* H. in Del. 21, p. 338. ἁ, ἅτε et ἐποιχνεῖς habet. ἐποιχνεῖς, ut Homericum ἀμφιβέβηκας, *colendi* significationem habet. *Catull.* Carm. XXXVI. 12. *quae sanctum Idalium — colis, quaeque Amathunta quaeque Golgos.* *Virgilius* Epigr. VI. *o Paphon, o sedes quae colis Idalias.* — Μίλητον. Venus tutelare Mileti numen, ubi habebat templum ἐν καλάμοις. *Theocrit.* Eid. XXVIII. 4. πόλιν ἐς Νείλεω ἀγλαάν, Ὄππα Κύπριδος ἶρον καλάμω χλωρὸν ὑφ' ἀπαλῶ. ubi fortasse metri causa ἐπαντίω sive ὑπαὶ καλῶ legendum est. De Venere Milesia vide *Spanh.* ad Callim. in Dian. 225. p. 330. — V. 2. καὶ καλόν. Inserto articulo suaviores decurrent numeri:

καὶ τὸ καλὸν Συρίης ἐπιστρεφέτου δάπεδον.

Venus inter Syros insigni honore colebatur. *Pausan.* I. 14. p. 36. *Lucian.* T. IX. p. 86. Bip. Templum Veneris, quod Ascalone fuit, omnium antiquissimum putabatur, secundum *Herodotum* L. I. 105. p. 53. Vide, quae de Venere Syria eleganter disputavit *Manso* in Dissert. mythol. p. 5. sqq. et p. 156. sq. — V. 3. ἃ τὸν —. Sic corr. in Ed. Lips. pro ἢ τόν.

IV. Cod. Vat. p. 115. Edidit *Reiske* in Misc. Lips. T. IX. p. 455. nr. 350. Lepidum carmen amatoris ad Philaenidem meretricem, quae, quemcunque amatorem amplexibus cum maxime fovebat, eum omnium maxime se amare profitebatur. — V. 1. πιθανῶς. Cod. quod *Reisk.* correxit. — δάκρυσι. membr. δακρύοισι. apogr. Dresd. — V. 3. τοῦτον ἴσον *Reisk.* ex Cod. Sed recte *Brunckius* τοῦτό γ' ἴσον. Hoc loco particula γε necessario requiritur. — Vitiose apogr. Lips. παρ' ἐμοῦ κάλλιστα. Vera lectio non latuit editorem Lipsiensem.

V. 47.] *V.* Cod. Vat. p. 119. Exhibuit *Reisk.* in Misc. Lips. IX. nr. 364. p. 472. Poëta, vino madens, per noctis tenebras Amore duce ad Pythiadem meretricem venit, eamque, ut se in domum recipiat, precatur. Hoc certe argumentum *Brunckius* sibi finxisse videtur. Sed res incerta, ut mox docebimus. — V. 3. ἐκκάλεσαι. Cod. Vat. quod *Reiskius* servavit, vertens: *sine te, per Jovem, huc evocari*; e lecto tuo scil. huc ad fores tuas. Hanc interpretationem vereor ut sermonis indoles ferat. *Brunckium* recte emendasse puto εἰσκάλεσόν νιν. — V. 3. „αἶψε δὲ σημεῖον. E Salmasii emendatione. In „cod. scriptum est εἶπε." *Br.* Sed haec lectio commodum sensum non habet. Varia frustra tentanti mihi visum est, fieri posse, ut Codicis lectio servetur: εἰπὲ δὲ σημεῖον: Carmen ab initio mutilum est. Poëta, quod acute intellexit *Reiskius*, servum suum ad meretricem praemittere videtur, verbis, quae ille nuntiet, mandatis. Hoc mandatum priore continetur disticho. Deinde haec addit εἰπὲ δὲ σημεῖον. plane ut *Asclepiad.* Ep. XXVII. 11. 12. Ede signum, quo me agnoscat; hominem nimirum audacem et vini et amoris impotentissimum. Pro ἦλθον Cod. Vat. ἦλθεν habet. διὰ κλωπῶν. *Reisk.* *Tibull.* I. El. II. 25. *Venus — non sinit occurrat quisquam, qui corpora ferro Vulneret, aut rapta praemia veste petat.* *Propertius* media nocte ad puellam vocatus L. III. 14. 5. *Quid faciam? obductis committam mene tenebris? Ut timeam audaces in mea membra manus.* — Praeferenda tamen Cod. lectio διακλωπτῶν, i. e. κλεπτόμενος, *allant à tâtons*, ut *Br.* interpretatur. — Amore duce puella *pedibus praetentat iter, suspensa timore, Explorat coecas cui manus ante vias.* ap. *Tibull.* II. 1. 77. — V. 4. θρασεῖ ἡγεμόνι. *Ovidius* I. Amor. VI. 9.

At quondam noctem simulacraque vana timebam:
Mirabar, tenebris si quis iturus erat.

Risit, ut audirem, tenera cum matre Cupido,
Et leviter, fies tu quoque fortis, ait.
Nec mora, venit Amor, non umbras nocte volantes,
Non timeo strictas in mea fata manus.

VI. Cod. Vat. p. 119. Ποσειδίππου ἢ Ἀσκληπιάδου. *Posidippo* soli inscribitur in Plan. p. 473. St. 614. W. *Asclepiadis* tamen potius esse, facile crediderim propter illius Ep. XIV. ubi Νικὼ occurrit. — Cleander Nicus in mari natantis amore captus, votis ad Venerem factis assecutus est, ut puella potiretur. — V. 1. ἐν Πάφῳ κ. vulgo. *Opsopoeum* tamen Παφίῃ legisse, ex ejus interpretatione apparet. Ceterum nihil hoc versu ineptius, quo Cleander nonnisi *unam Nicus genam* conspexisse dicitur. Scripturae depravationem praeclare ostendit Cod. Vat. qui παρ' ἠϊόν' legit, quod vel absque codice conjectura assecutus est Anonymus Bibl. Bodl. Sed hoc nondum ad emaculandos hos versus sufficit. Scribendum est, nisi me omnia fallunt:

Σὴν, Παφίη Κυθέρεια, παρ' ἠϊόν' εἶδε Κλέανδρος
Νικοῦν ἐν χαροποῖς κύμασι νηχομένην.

Hujus emendationis veritatem arguit Epigr. finis: οὐδ' ἀτελεῖς γὰρ Εὐχαὶ, τὰς κείνης εὔξατ' ἐπ' ἠϊόνος. Recte autem dedimus Νικοῦν νηχομένην, partim auctoritate Vat. membranarum nixi, in quibus perspicue scriptum νηχομένην. — V. 3. καιόμενος libris invitis scribendum esse censet *Br. Schneideri* sententiam amplexus. In fine ἀνὴρ Plan. ἄνθρακας de Veneris aestu iterum Ep. VIII. Fortasse etiam in Ep. ἀδεσπ. XXII. ubi legendum suspicor:

ἀνθρακιὴ διὰ παντὸς ὅλην κατέτηκ' Ἀρίβαζος
τὴν Κνίδον, ὦ πέτρα θρυπτομένα θέρεται.

Cod. ἄθρει μοι exhibet. Conf. *Asclepiad.* Ep. XIII. 4. — V. 5. ἐναυάγει. Hinc fortasse *Macedon.* III. τὸν ναυηγὸν ἐπ' ἠπείροιο φανέντα. Epigr. ἀδεσπ. LXVI. Κύπρι, χάρμα τὸν ἐν γῇ ναυηγὸν, φιλίη, σῶσον ἀπολλύμενον. Non solum in re amatoria, sed in aliis quoque conditionibus naufragium dicuntur facere, quibus res male cedit. *Alciphron* L. I. 18. p. 69. Πέπαυσο εἰς ταῦτα δαπανώμενος, μή σε ἀντὶ τῆς θαλάττης ἡ γῆ ναυηγὸν ἀποφήνῃ, ψιλώσα τῶν χρημάτων. *Philo* Tom. I. p. 678. ἐξοκείλαντές τε καὶ ναυαγήσαντες ἢ περὶ γλῶτταν ἄθυρον ἢ περὶ γαστέρα ἄπληστον. *Patrimonio naufragus* est ap. *Ciceron.* pro Sull. c. XIV. *Horat.* II. Serm. III. 18. *Postquam omnis res mea Janum Ad medium fracta est.* — V. 6. οἴχοσαν. Hujus flexionis unicum e probato scriptore exemplum affert Maittaire p. 225. En tertium e Scymno Chio 694. — τηνικαῦτα δὲ τῆς Σάμου Ἐπιδεξάμενοί τινας συνοίκους εἴχοσαν." *Br.* Similes verborum formas collegit *Reisk.* ad Constant. Porphyr. Cerem. p. 48. — V. 7. οὐκ ἀτελεῖς εὐχαί. Vota, quae ille in maris litore concepit, exitu non caruerunt. Comparat *Toup.* in Cur. nov. p. 262. *Sophocl.* Philoct. 780. ἀλλ' οὖν δέδοικα, μὴ ἀτελὴς εὐχὴ, τέκνον. — ἀκτῆς. Veneris in litore: quoniam Venus in litoribus colitur. Vide not. ad *Anytes* Ep. V. p. 425.

VII. Hoc carmen in Vat. Cod. p. 116. ita ut in Planud. p. 451. St. 586. W. titulum gerit: Ποσειδίππου ἢ Ἀσκληπιάδου. Alterius tamen poëtae nomen in Ed. pr. non conspicitur. In Irenen, puellam eximie formosam. — V. 1. εἶδον. Amores, ex Veneris thalamo prodeuntes, Irenium viderunt, omnibus gratiis ornatissimam. Me in his nonnihil haerere fateor. Causae et temporis expressam significationem desidero. Quid est enim, quod Amores ex Veneris thalamo prodeant? An forte fortuna accidit, ut prodeuntes Irenium videant? An ejus videndae causa prodeunt? Nonne dicendum erat, quo tempore, quave opportunitate hoc factum esset? Vide igitur, an ἐρχομένην scribendum sit. Irenium, ut altera Pandora, in ipsis Veneris penetralibus omni venustate ornata et dotata, inde procedens Amorum in se convertit oculos, quorum adspectus et ipse ad augendum puellae decus faciebat. — V. 3. 4. laudat *Suidas* in Λύγδινα T. II. p. 465. qui servavit lectionem βρεθομένην χαρίτων, in vett. edd. in θαλάμων depravatam. Una Ascens. καρίτων. unde *Stephanus* χαρίτων. — ἱερὸν θάλος. Vide ad *Meleagr.* Ep. LXXXVIII. p. 102. — λυγδοῦ omnes edd. vett. Non solum ad splendorem cutis, sed etiam ad perfectam omnibusque numeris exactam puellae pulcritudinem significandam faciunt verba οἷα λύγδου γλυπτήν. Statuis formosi formosaeque comparari solent. *Euripid.* Hecuba v. 560. Vide *Dorvill.* ad Charit. p. 12. sq. Ad nostrum locum faciunt inprimis Horatiana, ex graeco fonte derivata: *Glycerae nitor Splendentis Pario marmore purius.* I. Carm. XIX. 6. Anthol. Lat. L. III. 171. *facie micat rubenti Et vibrat Parium nitens colorem.* — V. 5. πολλαῖς χερσὶν vulgata lectione πολλοῖς elegantior est. Sed cum hanc non Planud. solum, sed Vat. quoque Cod. et *Suidas* (qui hoc distichon excitat in ἀμαλδύνας T. I. p. 336.) tueatur, certae Critices leges eam in contextu servari jubent. — ἦχεν. *Suid.*

VIII. Cod. Vat. p. 119. Plan. p. 473. St. 615. W. Conqueritur poëta, quod Venus et Amores nunquam non gravissimis eum cruciatibus afficiant. — V. 1. τί μ' ἐγείρετε. quid me, cum vix ex incendio evaserim, iterum ad novos amoris cruciatus perpetiendos excitatis? Cf. *Horat.* IV. Carm. I. 1. sq. — Sic haec commode explicari possunt. Nondum tamen me poenitet conjecturae, quam similes loci confirmant:

τί μ' ἐρείδετε, πρὶν πόδας ἆραι
ἐκ πυρὸς, εἰς ἑτέρην Κύπριδος ἀνθρακιήν;

Propert. L. III. El. IV. 39. *Me quoque consimili impositum torquerier igni.* Epigr. ἀδέσπ. III. Οὔ μοι θῆλυς ἔρως ἐγκάρδιος, ἀλλ' ἐμὲ πυρσοὶ Ἄρσενος ἀσβέστῳ θῆκαν ὑπ' ἀνθρακιῇ. quod geminum germanum est. ἐρείδειν ponere, imponere passim. *Theocrit.* Eid. VII. 104. ἄκλητον τήνον φίλας δὲ χεῖρας ὀρέξαις. *Euripid.* in Heracl. 603. λάβεσθε παῖς ἴδεσν μ' ὀρέξατε. — Ceterum Vat. Cod. post δάκρυα inserit μὲν, et in fine versus αἱρεῖ, cui superscr. γρ. ἄρει. — V. 4. „In Vat. Cod. ut et in Plan. ἄλγος ὃ μὴ κρίνων. „sed ex correctione. Aliud quid fuit antea. Apparent „voces ἄλγος et κρίνων, sed media deleta a correctore re„positum ὃ μή. Legendum ὃ μὴ κραίνων. Ordo est: καὶ ὅδε μοι ἐξ Ἀφροδίτης πόθος, ὃ μὴ κραίνων ἄλγος κοινὸν τῷ „ἄγοντι. Epigramma est παιδικὸν, quod non intellexit „bonus Planudes." *Br.* At nec in Cephalae collectione leguntur ἐν τοῖς παιδικοῖς; nec facile *Brunckius* prudentibus de sententiae suae veritate persuadebit. Hic locus multos exercuit. Scholia Wechel.: καί μοι ἄλγος ἐστὶ λύπη, ἀντὶ τοῦ, καί μοι λύπην προξενεῖ ὁ ἐξ Ἀφροδίτης πόθος. ἤτοι Ἔρως ὁ μὴ κρίνων τὸ κοινόν. τὸ δὲ ἄγοντι, ἀντὶ τοῦ ἐμοὶ τῷ ἄγοντι, τουτέστι φέροντι κατὰ μετάληψιν. τὸ δὲ κοινὸν κρίνων διὰ τὸ μὴ ὑπὸ τῆς ἐρωμένης ἀντερᾶσθαι. Simili ratione Anonymus Bibl. Bodlej. hunc locum expedire conatus est: ἔστι δέ μοι ἄλγος ὁ πόθος ὃ μὴ κρίνων κοινὸν, τοῦτ' ἔστιν, ὁ μὴ ὢν κοινὸς, ἄγοντι, ἤγουν ἐμοὶ τῷ φέροντι, τὸν Ἔρωτα δηλαδή. Scaligeranus codex ap. *Huetium* p. 47. correctionem praebebat hanc: ὃ μὴ κιρνῶν κοινὸν ἄγοντι πόθος. Eandem reperio in notis mstis *Jos. Scaligeri.* Quem sensum singulis verbis subjecerit *Grotius*, non satis apparet ex ejus versione, quam *Burmannus* edidit ad Propert. p. 21.

Me Venus exercet semper, succedit Amori
Ilicet ex causa qualibet ortus Amor.

Schneiderus in notis mstis suspicabatur: κοινὸν ἀγῶνα πόθος. eo fere sensu, ni fallor, quem expressit *Propert.* L. I. 1. 31.

Vos remanete, quibus facili deus annuit ore,
Sitis et in tuto semper amore pares.
In me nostra Venus noctes exercet amaras,
Et nullo vacuus tempore desit Amor.

Wyttenbach. in Bibl. crit. II. 2, p. 6. ἄλγος· ὃ μὴ κραίνει κακὸς ἄλλοτι πόθος, interpretatione non addita. Nullus me Anthologiae locus minori cum fructu gravius exercuit. Ponam tamen ex variis conjecturis eam, quae mihi et contextui et poëtae ingenio maxime videtur consentanea:

καὶ νέον ἐξ Ἀφροδίτης
ἄλγος ἐμοὶ, κνιδῶν κνισμὸν ἄγων τε πόθος.

Semper mihi novus aliquis a Venere dolor, et urticae morsibus afficiens desiderium nascitur. κνιδῶν κνισμὸν in re amatoria non ineptum judicabunt comparantes Ep. *Artemonis* II. p. 79. in puerum: ἄλλοτε μειδιόων, ὅτε δ' οὐ φίλος, ἆρα μελισσῶν Ἑσμοῦ καὶ κνίδης καὶ πυρὸς ἡψάμεθα. *Urticam* pro irritamento libidinis posuit *Juvenal.* Sat. XI. 165. *Irritamentum Veneris languentis, et acres Divitis urticae.* Pro quavis cupidine id. Sat. II. 128. ubi vide Intpp. Cf. *Foes.* in Oecon. Hipp. κνίδωσις p. 208.

¶. 48.] *IX.* Cod. Vat. p. 584. Neminem scio, qui hoc carmen ante *Br.* ediderit. „Vereor, ut integrum sit hoc „carmen. Post πεπονημένη in v. 3. reliqui distichi pars et „sequentis initium deesse videntur. Tum scribendum „ἀλλ' ἀθερίζει seu potius ἀθερίζεις." *Br.* In Vat. Cod. junctim ἀλλαθερίζει. Huic lectioni si unius literae mutatione subveneris, non opus erit de carminis integritate dubitare. Scribendum puto:

ἆθλ' ἀθερίζει.

labores et aerumnas, τοὺς τοῦ Ἔρωτος πόνους, *contemnit.* Junguntur ἄλγεα et ἄεθλα in carmine T. III. p. 146. XVIII. — Jam reliqua videamus. ὁ Πόθος animam vinctam spinis imponit, ignem ei subjiciens. ὁ Μουσῶν τέττιξ anima est Musarum artibus probe instructa. Poëtae cicadis comparantur propter cantus suavitatem. Cf. Epigr. ἀδέσπ. CCCCLXVIII. Εἰ κόκκυξ τέττιγος ἐστὶ λιγυρώτερος ᾠδῇ, Ἴσα ποιεῖν καὶ ἐγὼ Παλλαδίῳ δύναμαι. — καπνίζειν θάλπει.

i. e. spinis tanquam lecto imponit. Comparandus inprimis, qui passim poëtas epigrammatarios compilavit, *Eustathius* de Hysm. L. III. p. 84. καὶ νῦ τὸν Ἔρωτα τὴν στεφάνην ἀκάνθινον οἶχεν καὶ ὡς ἐπὶ πυρᾶς ἐκτεθμένος στρεφόμενος ἦν. Erat poenae genus ap. veteres, huic, quod *Posidippus* describit, haud absimile, secundum *Platon*. in Polit. X. p. 519. D. τὸν δὲ Ἀρδιαῖον καὶ ἄλλους συμποδίσαντες χεῖράς τε καὶ πόδας καὶ κεφαλὴν καταβαλόντες καὶ ἐκδείραντες, εἷλκον παρὰ τὴν ὁδὸν ἐκτὸς ἐπ' ἀσπαλάθων κνάμπτοντες. Vide *Ruhnken*. ad Tim. p. 160. — Ceterum in Vat. Cod. τῶν M. τέτυγγα habetur. — V. 3. βέβλαις Cod. Color est, ut in Epigr. ἀδέσπ. XLVII.

τὸν γὰρ ἐπαυδήσαντα πόνοις καὶ Ἔρωτι δαμέντα
οὐδὲ Διὸς τρύχει πῦρ ἐπιβαλλόμενον.

Anima in philosophorum scriptis probe exercitata, labores ab Amore ipsi impositos nihili pendit. Maxim. Tyr. Diss. XIII. 5. ἡ μὲν οὖν ἀγαθὴ ψυχὴ καὶ διαπεπονημένη καὶ ἠσκημένη ἀμελοῖ καὶ ὡς τάχιστα δέξεται γυμνασθῆναι. *Synesius* in Dione p. 62. B. τῷ τοῖς ἀδιορθώτοις τῶν βιβλίων ἐγγεγυμνάσθαι.

X. Cod. Vat. p. 595. Edidit *Reiske* in Not. ad Anth. p. 246. et hinc *Warton* ad Theocrit. II. p. 156. — V. 1. Poëta in compotatione ministrum jubet duo pocula in Nannus et Lydae honorem, totidemque in honorem Antimachi et Mimnermi infundere. ἔγχει δύο Ναννοῦς. ut ap. *Meleagr*. Ep. XCIX. ἔγχει τᾶς Πειθοῦς. Notissima Nanno, Mimnermi amasia, de qua vid. *Ruhnk*. ad Hermes. v. 37. p. 291. De Lyda, cujus nomine Antimachus carmen inscripsit, cf. not. ad *Asclepiad*. Ep. XXXVI. — In exitu versus καὶ φερεώνυμον Vat. Cod. Hanc lectionem *Reiskius* pro genuina habuisse miror, dum vertit: *suum seorsim cujusque singula*. Nec tamen *Brunckii* emendatio ferenda est. Epitheton *Antimachi* nomini additum ostendit, Mimnermum quoque epitheto a poëta fuisse ornatum. Scribendum puto:

καὶ φιλακρήτου

Μιμνέρμου, καὶ τοῦ σώφρονος Ἀντιμάχου.

Hoc epitheton poëtam decere apparet, qui *fine amore jocisque nil jucundum* censebat, ut est ap. *Horat.* I. Epist. VI. 65. De eodem *Hermesianax* El. v. 35. in loco depravatissimo:

Μίμνερμος δὲ, τὸν ἡδὺν ὃς εὕρετο, πολλὸν ἀνατλὰς,
ἦχον, καὶ μαλακοῦ πνεῦμ' ἀπὸ πενταμέτρου,
καίετο μὲν Ναννοῦς, χαλῷ δ' ἐπὶ πολλάκι κώλῳ,
κημωθεὶς, κώμους στεῖχ' ἀναπειρατόων.

Sic haec fortasse legi debent. Poëtae comissationes agenti tribuitur κῶλον χωλὸν propter numeros impariter junctos, quibus ille primus usus esse dicitur. Notus *Ovidii* locus L. III. El. I. 8. *Venit odoratos Elegeia nexa capillos: Et, puto, pes illi longior alter erat.* Tribuuntur nonnunquam scriptoribus, quae ipsorum operibus propria sunt. Ut *Horatius* Dorsenni in scribendo negligentiam notans, *Adspice*, ait, *Quam non adstricto percurrat pulpita socco.* II. Epist. I. 174. Sed haec obiter. — V. 3. ἐμὸν Cod, ἐμοὶ *Reisk.* Pro ἑαυτοῦ, quod *Brunckii* inventum esse videtur, membranae iterum ἑκάστου exhibent. An fuit:

τὸν δ' ἕκτον ἀΐτου.

in sequenti autem versu:

εἴπας, ὅντιν' ἐρῶν ἔτυχες.

Sextum poculum deliciis tuis infunde, ejus, quem deperis, nomine appellato. *Theocrit.* XIV. 17. ἔδοξ' ἐπιχεῖσθαι ἄκρατον, Ὥτινος ἤθελ' ἕκαστος· ἔδει μόνον ᾧτινος εἰπῆν. — V. 7. 8. „Hoc distichon, quod ita in Cod. scriptum „est, ut id exhibui, manifesto corruptum est. Con„jecturam meam in textum inferre nolui, quam hic „proponam: Κύπρι· σοὶ γὰρ ἐραστὴς Νύμφων τ' οἰνωθεὶς τ' „εὔχαρις ἐστιν ἐμᾶς." *Br.* Sed, hac conjectura admissa, postremum distichon cum praecedentibus vix coit. Adde, quod relinquitur difficultas in verbis μοῦνον ὑπὲρ χείλευς εἵλομεν, Κύπρι· quae ad quod poculum referenda sint, non facile dictu est. Si ad praecedens, cur Venerem alloquitur? sin Veneris poculum significare voluit, aliquid ad sermonis integritatem requiritur. Hinc suspicor, in Κύπρι τἄλλα latere κύπελλα, et poëtam hunc sensum voluisse efficere: Jam Amoris pocula non, ut cetera, numerabimus. Huic sensui verba carminis accommodare conatus sum, sic scribens:

— — Μνημοσύνης δέκατον
μοῦνον ὑπὲρ χιλίους πίομαι· τὰ κύπελλα δ' Ἔρωτος
οἰνωθέντ' ἀριθμεῖν ναιχὶ λίην ἄχαρι.

Amoris pocula ebrios numerare, nimis ineptum foret. Plurima igitur ei se fusurum esse, nullo calculo inito, significat. Non tamen tantum huic conjecturae tribuo, ut eam pro genuina poëtae manu haberi velim. Viderint alii.

XI. Cod. Vat. p. 106. Edidit *Wolf* in Fragm. Sapph. p. 232. *Dorville* ad Char. p. 371. *Reisk.* in Misc. Lips. IX. p. 144. nr. 322. Oblitus philosophorum de recte vivendo praecepta, vino et amori indulgere sibi proponit. — V. 1. Κεκροπὶ λάγυνε. lagena fictilis. Vasa fictilia, quae ap. Atticos fiebant, (ὁ Ἀττικὸς κέραμος *Athen.* L. I. p. 28. C.) in magno ap. veteres honore fuisse, monuimus ad *Leonid. Tar.* Ep. LXXXVII. — πολύδροσον. rorulentum Bacchi laticem. *Simonid.* Ep. LIV. in Anacreontem: καί μιν ἀεὶ τέγγοι νοτερὴ δρόσος. — V. 2. ῥαῖνε. Cod. Vat. — συμβολική. Erat convivium, ubi de symbolis coenabant. — V. 3. ἐνθάδα *Wolf.* qui inepte corrigit ἐνθάδε. — Zenon ὁ σοφὸς κύκνος. Ergo non poëtae tantum, sed alii quoque scriptores cum oloribus comparantur. *Reiskius* tamen de *canitie* Zenonis poëtam cogitasse suspicabatur. πολιόχρως κύκνος est ap. *Euripid.* in Bacch. 1361. et chorus senum in Herc. fur. 692. κύκνος ὥς, γέρων ἀοιδὸς πολιᾶν ἐκ γενύων κελαδήσω. In simili ad potandum exhortatione item Zeno cum Cleanthe jun-

jungitur, In Ep. *Marci Argent.* XIX. Εἰ δέ σοι ἀθάνατος σοφίης πόθος, ἴσθι Κλεάνθης Καὶ Ζήνων ἀΐδην τὸν βαθὺν ὡς ἔμολον. Erat autem Cleanthes, *Zenonis auditor, quasi majorum gentium Stoicus.* Cic. Acad. Qu. L. IV. 126. Hinc *Claudianus* de Fl. Mallii Theod. Conf. 88. Stoicos *Cleantheam turbam* appellat

XII. Vat. Cod. p. 114. Ποσειδίππου καὶ αὐτὸ κώμου καὶ μονομαχίας μοιστόν. *Reisk.* in Miscell. Lipf. T. IX. p. 321. nr. 347. *Meleagri* nomine infcripfit, cujus poëtae Epigramma praecedit in Codice. Ex *Dorvillii* fchedis protulit *Burmann.* ad Sicul. T. II. p. 556. Convivium poëta inftruens, puerum mittit, qui majorem vini copiam potaturis fuppeditet. Conf. *Afclepiad.* Ep. XXVII. et XXVIII. — V. 2. γνωμένους. Cod. — Pro ἐν Χίον *Brunckius* verbis transpofitis Χῖον ἐν legendum cenfet. In Χῖος enim, contracto ex Χίιος, priorem fyllabam femper produci. *Suidae* locum v. Ἀθήναιος· Ὁ Χῖος Ἴων τραγῳδίαν νικήσας Ἀθήνησιν ἑκάστῳ τῶν Ἀθηναίων ἔδωκε Χῖον κεράμιον, *Reiskius* quoque laudavit. Ductus eft ex *Athen.* L. I. p. 3. F. — V. 3. Ἀρίστιον, oenopolam puta. — V. 4. Cod. ἡμιδαῖς. Noftram lectionem *Pofidippo* reftituit *Reiskius* ex *Suida* T. II. p. 60. Ἡμιδαής· ἡμίκαυτος. ἡμιδεὴς δὲ πίθος, ὁ τοῦ ἡμίσεως αὐτοῦ ἔνδειαν ἔχων. ἐν Ἐπιγράμματι· ἡμιδεὴς π. . . . . In Schedis Dorvill praeterea ἕκαστο erat. — V. 6. ὥρας πέμπτης. De die igitur potaturi erant. Vulgo, quod *Reiskius* ad h. l. monuit, hora nona demum compotationum fiebat initium. *Horat.* I. Ep. VII. 71. Qui prius accumbebant, *de die convivia facere* dicebantur, ut eft ap. *Catull.* XLVII. 6. ubi vide cl. *Doering.* p. 143. *Potores liquidi media de luce Falerni* ingeniofe emendavit *Bentlejus* ad *Horat.* I. Epift. XVIII. 91. quem confule.

T. 49.] *XIII.* Servavit Planud. p. 346. St. 486. W. In Lyfippi Sicyonii Occafionem. Nobiliffimam hanc ftatuam defcripfit *Calliftratus* c. VI. Cf. Exercitatt. crit.

T. II. p. 97. sqq. Veterum loca collegit *Junius* in Catal. Pict. p. 114. *Politianus* in Misc. c. XLIX. *Wernsdorf.* ad *Himer.* Eclog. XIV. p. 240. sq. In *Ausonii* Ep. XII. quod ex carmine, huic nostro simillimo, conversum est, haec statua perperam Phidiae tribuitur.

Cujus opus? Phidiae, qui signum Pallados, ejus,
Quique Jovem fecit, tertia palma ego sum.

— V. 3. ἐπ' ἄκρα β. *Himerius* l. c. ἔμψυχον a statuario fictum esse ait, πτερωτὸν τὰ σφυρά, οὐχ ὡς μετάρσιον ὑπὲρ γῆς ἄνω κουφίζεσθαι, ἀλλ' ἵνα, δοκῶν ἐπιψαύειν τῆς γῆς, λανθάνῃ κλέπτων τὸ μὴ κατὰ γῆς ὑπερείδεσθαι. — V. 5. ξυρόν. *Phaedrus* L. V. 8. in descriptione Occasionis, *cursu*, ait, *volucri pendes in novacula.* Prorerbialis locutio ἐπὶ ξυροῦ ἀκμῆς ἱσταμένη sculptorem commovisse videtur, ut deam novacula instrueret. εἴδωλον simpliciter vocat *Himerius.* Hujus autem rei nec *Callistratus* meminit nec *Ausonius.* — Ceterum ὀξὺς passim de tempore adhibetur. Vide *Dorvill.* ad Charit. p. 663. qui laborantem distinctionem vers. 7. 8. emendavit. Nam in Plan. verba τί δαί interroganti tribuuntur, nunc, ut ap. *Brunckium*, Occasioni. Sed cl. *Sonntag* in Histor. Poës. brev. voculas τί δαί ab hoc loco alienas esse censens, καίρια legendum esse suspicabatur; cui emendationi cave fidem habeas. Non sine elegantia et gravitate τί δαί in hunc modum poni solet; et vim habet fere hanc: Quid est quod quaeras? nullam ob aliam, ut apparet, causam, nisi ut obviam facti coma apprehensa me retineant. — *Phaedrus* l. c. *Quem si occuparis, teneas; elapsum semel Non ipse possit Jupiter reprehendere.* — In fine v. 10. Cod. Vat. in quo hoc carmen recentiore manu paginis in fronte agglutinatis adscriptum est, ἐξόπιθεν et v. 11. νῦν ὁ τ. με διέπλασεν legit; posterius, ut in Planud. unde procul dubio descriptum est. Emendavit errorem *Dorvill.* l. c. — ἐν προθύροις. in templi vestibulo me posuit, ut mortales docerem.

XIV. Planud. p. 314. St. 454. W. Legebatur olim hoc Epigramma, vel saltem pars ejus ap. *Himerium* Orat. XIV. 14. p. 634. Οὐ γὰρ δὴ Λυσίππῳ ὄνομά τε ἐδίδου καὶ δόξαν Ἀλέξανδρος ὑπ' ἐκείνου πλαττόμενος, ὡς καὶ αὐτὴν τὴν ποίησιν σφόδρα θαυμάσαι τὸ φιλοτέχνημα. Ἢ οὐκ ἀκούετε τὸ Ἐπίγραμμα τὸ ἐπὶ εἰκόνος τῆς Ἀλεξάνδρου λεγόμενον, τό· Λύσιππε πλάστα Σικυώνιε .... χείρ. Fuit, qui lacunam voce δαιδαλέη implendam censeret; quod non satis caute probavit *Wernsdorfius*, quod poëta artificem ab artificio potius quam ab audacia commendare deberet. Sed solent artificibus, poëtis, scriptoribus ea tribui, quae ipsorum operibus propria sunt. Epigr. ἀδεσπ. CCXCV. in Ajacem Timomachi, ὁ γράψας οὐδέ σε μαινόμενον, Καὶ συνελυσσήθη χεὶρ ἀνέρι. Recte igitur Lysippo, qui *animosa signa* fingebat (*Propert.* III. 7. 9.) χεὶρ θαρσαλέη tribuitur. Comparandum inprimis Epigr. *Archelai* I. et Ep. ἀδεσπ. CCCIX. — V. 2. πῦρ ὁρᾷ. De Hercule *Euripides* in Syleo fr. IV. σὲ δ' εἰσορῶν Πᾶς τις δέδοικεν· ὄμμα γὰρ πυρὸς γέμεις, Ταῦρος λέοντος ὡς βλέπων πρὸς ἐμβολήν. — V. 4. βοῦς non pro convicio habendum. Etiam taurus fortis et robustus, sed nihil ad leonem.

XV. Servavit *Athen.* L. X. p. 412. E. Θεαγένης δ' ὁ Θάσιος ἀθλητὴς ταῦρον μόνος κατέφαγεν, ὥς Ποσείδιππός φησιν ἐν Ἐπιγράμμασιν· καὶ περὶ .... Hinc *Eustathius* ad Odyss. p. 206. 36. Θεαγένης γοῦν, φασὶν, Θάσιος αὐλητὴς (l. ἀθλητὴς) ταῦρον κατέφαγε μόνος· ὅς καί φησι παρά τινι ποιητῇ, ὡς ἔφαγον Μῃόνιον βοῦν, ἤγουν Λυδόν, πάτρη γὰρ βρώμην οὐκ ἂν ὑπέσχε Θάσος. Illustris fuit ille incredibili palmarum multitudine, quas in variis certaminibus acceperat. Mille et quadringentas fuisse, narrat *Pausan.* L. VI. 11. p. 478. Mille et ducentas numerat *Plutarch.* T. II. p. 811. D. unde μυριάθλος vocatus est ab Oraculo, quod servavit *Dio Chrysost.* Or. XXXI. Tom. I. p. 617. *Reisk.* Quae ap. *Pausaniam* de Theagene narrantur, eadem *Suidas* de Nicone pugile narrat T. II. p. 625. — In nostro carmine ſententiarum nexus aut nullus eſt, aut certe parum perſpicuus; quare penitus adſentior cl. *Heynio*, qui illud integrum eſſe dubitabat in Comment. T. X. p. 103. — V. 1. Καίνεις vulgo, quod *Caſaubon.* emendavit. Devoravi quondam ex pacto bovem Maeonium. Idem fecerat Hercules, ταυροφάγος propterea appellatus; idem et alii. Exempla voracitatis congeſſit *Caſaubon.* p. 704. — V. 2. οὐκ ἂν ἐπέσχε. Haec indicare videntur, Theagenem, quod patria ipſi non ſufficeret ad victum, in peregrinas terras abiiſſe. Quare γὰρ ad Μῃόνιον referendum. Theagenem vitam mendicando ſustinuiſſe, quod *Caſaubonus* ait, his quidem verbis minime efficitur. — Quae ſequuntur, ὅσσα φαγών, ἔτ' ἐπῄτεον, non magis mendici conditionem ſignificant. Senſus eſt, ejus famem nunquam fuiſſe expletam; nam, toto bove devorato, plura tamen petebat. Hinc fortaſſe factum eſt, ut manu porrecta fingeretur. — V. 3. Θευγένει' et εἵνεκεν. vulgo. — Plures ſtatuas χεῖρας προϊσχομένων ex antiquitate recenſet *Heynius* l. c. — Ceterum Theagenis ſtatuae, quae ap. Thaſios erat, vis aegrotos ſanandi tribuebatur, quod, praeter *Pauſaniam*, *Lucianus* narrat in Deor. Conc. §. 12. T. III. p. 534.

Ex T. II. p. 528.] *XV*^{a}. Servavit hoc Epigramma *Tzetze* in Chil. VII. 662. p. 133. unde emendatum dedit *Voſſius* de Hiſtor. gr. p. 187. in Oper. T. IV. *Tzetza Poſidippo* auctore tradit, in Libycorum draconum capitibus lapides inveniri δρακοντίας, in quibus modo currus modo alius rei figura inſculpta videretur; nec tamen figuram apparere prius, quam lapidem in ceram impreſſeris. *Philoſtratus*, ubi dracones Indicos deſcribit, in Vit. Apollon. L. III. 8. p. 100. lapidum quoque illorum virtutes commemorat; ſed nihil de figuris; ut nec *Plinius* H. N. XXXVII. 57. p. 789. *Draconites ſive Draconsia e cerebro fit draconum: ſed niſi viventibus abſciſſo nunquam gemmeſcit, invidia animalis mori ſen-*

tientis. Igitur morientibus amputant. — Esse autem colore translucido, nec postea poliri aut artem admittere. Attigit hunc locum *Salmas.* ad Solin. p. 275. D.— V. 1. οἱ ποτ. Non in fluminis litore, sed in capite draconis hic lapis repertus est. — αὐτάγων. γένεια βοστρυχώδη draconibus Indicis tribuit *Philostratus.* — V. 2. κεφαλῇ *Tzetz.* et mox λευκῇ, quod Intpr. latinus cum κεφαλῇ junxit; et sensu et metro refragante. λευκὰ adverbii vicem implet. λευκὰ φαληρίοωντα, lapidem albescentem. *Eustath.* Il. p. 321. 52. πέτρη φαληριόωσα, παρὰ Λυκόφρονι, ἡ λευκὴ πέτρα. καὶ κύματα παρ' Ὁμήρῳ φαληριόωντα, τὰ λευκά. Il. ν. 799. κυρτὰ, φαληριόωντα. — Parum eleganter τὸ γλαφὺ ἔρμα ἐγλύφετο, ut facile suspiceris, aliud olim epitheton hic lectum fuisse. — V. 4. λυγκείου. Hoc poëta videtur dicere: Currum in hoc lapide latentem non iis, quibus scalptores vulgo utuntur, instrumentis factum, sed quasi lyncei oculi obtutu intus in ipsis lapidis visceribus scalptum esse. — V. 5. Colon non in hexametri fine, sed post γλύμμα ponendum erat. Obscurum distichon. ψεῦδος χειρὸς accipio de ejusmodi fallacia, quales praestigiatores et psephopaectae observantibus struunt, dum spectatores videre cogunt, quod non videant, contra, quae videant, non cernere. Hujusmodi igitur fallaci ludo similem videri ait imaginem in interiore parte lapidis; in ipsa enim ejus area non conspici. — πρόβολος πλατὺς lata lapidis superficies. Ignoro, an πρόβολος eodem sensu occurrat alibi; nec tamen linguae analogia hanc significationem respuit. — V. 7. εἰ καί. *Tzetz.* — πῶς ὁ λιθουργός. Hoc mirabile, quomodo oculi, qui intenta acie hanc imaginem intra lapidem tam artificiose elaborarunt, tantam intentionem ferre potuerint.

XVI. In Cod. Vat. p. 416. prostat cum lemmate: Ποσειδίππου, οἱ δὲ Πλάτωνος τοῦ Κωμικοῦ. In Plan. p. 16. St. 27. W. titulus est: Ποσειδίππου, οἱ δὲ Κράτητος τοῦ Κυνικοῦ. Sic quoque in *Stob.* Tit. XCVI. p. 530. Gesn. 411. Grot.

Vere igitur ἄδηλον est. Poëta varias vitae conditiones recensens, omnibus multum malorum admixtum videt; ut igitur optimum sit, aut omnino non nasci, aut quam primum mori. Parodiam hujus carminis dedit *Metrodorus* Ep. I. T. II. p. 476. *Julian. Aeg.* Ep. XLIII. *Agathias* Ep. III. *Aeschines Socr.* in Axiocho c. XI. ποίαν δέ τις ἑλόμενος ἐπιτήδευσιν ἢ τέχνην οὐ μέμφεται καὶ τοῖς παροῦσι χαλεπαίνει. Imitatus est hoc carmen *Ausonius* Eid. XV. cujus initium et finem adscribam.

Quod vitae sectabor iter? si plena tumultu
Sunt fora: si curis domus anxia: si peregrinos
Cura domus sequitur: mercantem si nova semper
Damna manent: cessare vetat si turpis egestas:
Si vexat labor agricolam, mare naufragus horror
Infamat, poenaeque graves in coelibe vita,
Et gravior cautis custodia vana maritis:
Sanguineum si Martis opus: si turpia lucra
Foenoris, et velox inopes usura trucidat.
Omne aevum curae: cunctis sua displicet aetas.
— — — — — — — *Ergo*
Optima Grajorum sententia: quippe homini ajunt
Non nasci esse bonum, natum aut cito morte potiri.

— V. 1. γάμοι. vulgo et in Vat. Cod. γάμῳ corrigit *Brunck.* ad *Aristoph.* Plut. 438. p. 291. e cod. regio Stobaei. — ¶. 50.] V. 4. ἔχεις. Vat. Cod. — V. 5. οὐκ ἀμέριμνος. *Terent.* Adelph. V. 4. 13. *Duxi uxorem; quam ibi miseriam vidi! Nati filii; alia cura!* — V. 6. ζῇς ἔτ' ἐρημότερον. *Steph.* cum Ed. pr. et Ald. pr. In Cod. Aldi, quem Ald. sec. et tertia sequutae sunt, ἐρημότερος legitur. Sic quoque Vat. Cod. ζώεις *Br.* recepit ex marg. *Stobaei.* In ed. Trincav. ζῇς ἔτ' ἐρημότερος. Apud *Metrodorum* quoque l. c. ζῇς ἔτ' ἐλαφρότερον. — V. 9. τοῖν δυοῖν. Plan. et Vat. Cod. — ἢ τὸ γενέσθαι Μήποτε ἢ τὸ θανεῖν αὖ. Vat. Cod. — Apud *Stobaeum* ἦν ἄρα τῶν πάντων τόδε λαῖον ᾖδ γ. Μήποτε ἢ θανέειν. In Plan. ſic eſt, ut *Br.* exhibuit. *Sophocles* ap. *Stobaeum* Tit. CXIX. τὸ μὴ γὰρ εἶναι κρεῖσσον ἢ τὸ ζῆν κακῶς. cujus generis multa collegit *Wetsten.* ad N. T. H. p. 264. ſq. Vide not. ad *Bacchyl.* fr. VII. p. 281. ἔννοιας, quam *Poſidippus* his verbis expreſſit, auctorem *Silenum* facit *Cicero* in Tuſc. Qu. I. 48. *Non naſci homini longe optimum eſſe; proximum autem quam primum mori.* Vide *Harduinum* ad *Plin.* L. VII. Prooemium T. I. p. 369.

XVII. *Athenaeus* L. X. p. 414. E. Ἡράκλειτος ἐν τῷ ξενίζοντι Ἑλένην φησὶ τινὰ γυναῖκα πλεῖστα βεβρωκέναι. — Ποσείδιππος δὲ ἐν Ἐπιγράμμασι Φυλόμαχον. εἰς ὃν καὶ τόδε ἐπέγραψεν· Φυλόμαχον .... Hoc Epigramma, quod inſigniter depravatum eſt ap. *Athenaeum*, *Brunckius* edidit ad mentem *Toupii* in Epiſt. crit. p. 121. Statim in primo carminis limine nomen viri depravatum eſt. Scribendum Φυρόμαχον, ut legitur in antiquiſſimis libris et in Epitome. Phyromachum cum Corydo, et ipſo belluone, jungit *Athen.* L. VI. p. 245. E. Ejusdem familiae eſt *Euphanes* ap. eund. L. VIII. p. 343. B. ubi vulgo depravate legitur:

Τίς ἐκ μέσου τὰ θερμὰ δεινὸς ἁρπάσαι;
Ποῦ Κόρυδος ἢ Φυρόμαχος ἢ κοίλου βία;

Manifeſtum eſt, latere nomen tertii alicujus belluonis. Fortaſſe:

ἢ Διοκλέους βία

De Diocle vide p. 344. B. ſive:

ἢ Κλεοῦς βία.

ut ſignificetur nobilis illa ὀψοφάγος, de qua diximus ad *Hedyli* Epigr. IV. (T. II. p. 527.) Alius eſt Phyromachus, de quo *Alexis* in Tarentinis loquitur L. IV. p. 161. C. — κορώνην παννυχίαν *Toupius* interpretatur cornicem νυκτίνομον, quae noctu veſcitur. *Artemidor.* IV. 58. τὰ δὲ νυκτερινὰ καὶ μηδὲν ἐν ἡμέρᾳ πράσσοντάς τι, μοιχοὺς ἢ κλέπτας ἢ συντεχνίην ἔχοντας ἐργασίαν. ὡς γλαὺξ — καὶ κορώνη, καὶ τὰ ὅμοια. Sed sic nihil hoc epitheto frigidius. *Salmasius*, qui hoc Epigr. protulit ad Solin. p. 858. E. πανδοχικὴν (vulgo enim παννυχικὴν legitur) emendat: *cornicem tabernariam*. *Salmasii* vestigiis insistens corrigendum suspicor:

Φυρόμαχον, τὸν πάντα φαγεῖν βόρον, οἷα κορώνην,
πανδοχίου τ' ἄτην, ῥωγὰς ἔχει κάπετος.

Homo vorax et helluo, qui omnia rapit et deglutit, *macelli pestis et pernicies* vocatur, πανδοχίου ἄτη. ut ap. *Horat.* I. Epist. XV. 31. *Maenius* — *Pernicies et tempestas barathrumque macelli*, *Quidquid quaesierat, ventri donabat avaro.* Verba οἷα κορώνην ad voracitatem hominis referenda sunt. Vir doctus ap. *Huetium* p. 80. παννυχὶ κὴν αὐτῇ —, quod graecum esse merito dubitabat doctissimus Praesul. Ipse corrigit: οἷα κορώνην πάννυχον, ἐν ταύτῃ ῥωγὰς ἔχει καπέτῳ. *Weston* denique in Hermesian. p. 32. in *Toupii* concedens sententiam, παννυχίην ἀκτῇ inepte tentat, quod cornices nocturnae ad mare degant. Cf. *Homer.* Od. ε. 67. — ῥωγὰς κάπετος est cavitas, rima terrae, forte exorta, cujus opportunitate usi erant ad Phyromachum, vilissimum hominem, sepeliendum. ῥωγάδες ἐκ πέτρης: est ap. *Apollon. Rhod.* L. IV. 1448. Vide *Arnaldi* Lectt. gr. p. 233. — V. 3. ἐν τρύχει *Casaub.* restituit pro εὐτρέκει. lacero panno penulae Pellenicae, quas penulas crassas fuisse constat ad arcendum frigus. Ap. *Pindarum* Ol. IX. 146. ejusmodi vestis ψυχρᾶν εὐδίανον φάρμακον αὐρᾶν vocatur. Intus floccis lanae instructae erant. *Pindar.* Nem. X. 82. ἐκ δὲ Πελλάνας, ἐπιεσσάμενοι νῶτον μαλακαῖσι κρόκαις. Cf. *Pollux.* L. VII. 67. *Schol. Aristoph.* Av. 1421. *Suidas:* Πελληναῖος χιτών. ἀπὸ τῶν παλαιῶν (fort. παχέα) φορούντων ἱμάτια. — V. 4. καὶ χερία εἰς τύπον vulgo. Nostra lectio est ex emendatione Viri docti ap. *Huetium*. Nec aliter emendavit *Salmasius*, qui totum hoc distichon sic restituit, ut *Br.* dedit. Seq. enim versu εἰπόντες οἱ προκώμων legitur. Stela fossae fuit imposita, quam poëta ab Attico quodam inungi coronarique vult. Causam adjicit: εἴ ποτέ σοι προκώμων συνεκώμασε, si quando tecum comissationibus interfuit. Parasitum, qui, dum viveret, regem suum ubique comitatus erat, illius *prognonem* sive anteambulonem vocat. Non acquievit in hac emendatione *Weston*, sed corrigere conatur: καὶ γράψον εἰς θήκην, Ἀττικὲ, καὶ στ. Εἴποτε σοὶ προφαγὼν α. „Sed „tu, Attice, inscribe hujusce conditorium titulo et co„ronam adde, si quid ante alios comedens, si helluo „iste tecum unquam comissatum iverit." Inepte. — ἦλθε. Jam ipse homo describitur. ἀμαυρὰ βλέψας. *Paul. Silent.* Ep. L. ἀπὸ χρόνου ἀμαυρὸς ἤδη Ἦλθε κατ' ὀφθαλμῶν φωτὸς ἐπισκιάσμενον. — ἐκ πολλῶν ἐπιών. liventibus superciliis, aetate fortasse, fortasse etiam plagis. — *Salmasius* scripsit ἐκ παλῶν. — V. 7. 8. Nihil his versi. corruptius. Ὁ τριχὶ διαφθείρας et in fine Ληναϊκὴν ἦλθ' ὑπὸ Καλλιβίου *Casaubonus* tentavit: ὦτα διαφθείρας — τὸν τότε Ληναϊκὸν ἤ. ὁ. τὸν κάπετον. *fractis auribus* (ut pugil: vide *Winkelmann. Anmerkungen zur Gesch der K.* p. 55. et passim.) *et plagis coopertus ex Lenaïcis ludis recta in foveam descendis.* Putabat nimirum *Casaubonus*, Phyromachum pugilem fuisse, et ἀγῶνας Ληναϊκοὺς proprie de certaminibus in Bacchi honorem habitis accipiebat. Quod mihi secus videtur. Ludi illi lenaïci sive Bacchici, quos poëtas significat, compotationes sunt, in quibus etiam certamina, ἀγῶνες, sed potandi, non pugnandi, instituuntur. In ejusmodi compotatione parasitus noster exspiraverat. Quod si igitur in praec. versu πολλῶν de oculis plagarum impetu lividis accipiendum est, de plagis cogitare debemus, quibus parasiti in conviviis solebant affici. — *Weston* conjecit ὦτα διαφθείρας, de oculis e caestus contusionibus sugillatis cogitans. *Toupius* ad suam emendationem firmandam *Lucianum* comparavit in Tim. 8. T. I. p. 115. διαπαλαίσας καὶ διαφθείρας, ὡς ὀρῶ, ἀπολιπὼν ὑπ' αἰσχύνης τὸ ἄστυ, μισθοῦ γεωργεῖ, μελαγχολῶν τοῖς κακοῖς. Quae quamvis ingeniosa sunt, non tamen propterea *Salmasii* emendatio penitus rejicienda videtur; qui ἄθρει, εὔφθιμος scribendum censebat. Prius certe vocabulum propius abest a vulgatae ductibus, quam *Toupii* ὄχθει. — μονολήκυθος is est, qui nihil praeter lecythum habet; quo sensu etiam αὐτολήκυθος dicitur. Inprimis huc facit *Etymol. M.* Αὐτολήκυθος ὁ πένης ἀπὸ τοῦ ἑαυτοῦ τοὺς ληκύθους φέρειν εἰς τὰ βαλανεῖα, οἱ δὲ ἄπαντες παρὰ τὰς συμβολὰς ἐν τῇ ληκύθῳ ἔχειν καὶ περιφέρειν εἰς τὰ συμπόσια, ἢ ὡς αὐτὸ τὸ λήκυθον μόνον ἔχοντες. Vide *H. Valesium* ad *Harpocr.* p. 108. et *T. H.* ad *Pollac.* X. 62. p. 1221. — In fine carminis *Salmasius* corrigit ἦλθ' ὑπὸ γαῖαν vel ὑπόγαιον ὀπήν. Felicius *Toupius* ὑπὸ κοίλην ὀπήν — quam emendationem age exemplis adstruamus. *Sophocl.* in Antig. 1323. νυμφεῖον Ἅιδου κοῖλον εἰσεβαίνομεν. in Ajace 1403. ἀλλ' οἱ μὲν κοίλην κάπετον χερσὶ ταχύνετε. *Philostrat.* in Vit. Apoll. VI. 11. p. 249. χθόνιοι βάθρον ἀσπάζονται καὶ τὰ ἐν κοίλῃ τῇ γῇ δρώμενα. *Babrius* ap. *Suidam* T. III. p. 633. φωλάδος κοίλης. *Aratus* ap. *Plutarch.* de Sol. An. T. II. p. 967. ἢ κοίλης μύρμηκας ἔχεις.

XVIII. In membranis Vat. bis legitur: p. 231. Ποσειδίππου. p. 283. sq. Καλλιμάχου. In Planud. p. 220. St. 321. W. uni *Posidippo* tribuitur. Legitur etiam in Collect. Epigr. *Callimachi* nr. LXIX. p. 331. Scriptum est in puerum trimum, qui cum in puteo imaginem suam vidisset, in aquam delapsus est, postea tamen in matris sinu exspiravit. — V. 1. τριετῆ Vat. utroque loco. — Ἀρχιάνακτα. Vat. loco pr. Ἀρχιάνακτα loco sec. In Planud. Ἀστυάνακτα. — V. 2. μορφῆς. Vat. loco pr. *Visae correptus imagine formae Rem sine corpore* (κωφόν τι χρῆμα) *amat. Ovid.* Metam. L. III. 416. — ἐπ' ἀνάκτι. Vat. utroque loco. — V. 3. ἥρπασε et καταγομένη. Idem loco pr. — V. 5. γόνοις. Vat. pr. loco. — V. 6. κοιμηθεὶς

Ibid. — *Sophocl.* Electr. 510. ποντισθεὶς Μυρτίλος ἐκοιμάθη. Vid. *Valcken.* ad Hipp. p. 314. D.

¶. 51.] *XIX.* Cod. Vat. p. 246. Plan. p. 245. St. 355. W. Naufragus se prope mare sepultum esse conqueritur; nihilominus tamen iis, qui ipsum sepeliverint, gratias agit. — V. 1. ἄνευθε. Vat. Cod. — V. 2. *Brunckius* ναυηγῷ τλήμονι legendum censet; sine causa idonea. Licuit poëtae epitheton τοῦ ναυηγοῦ ad ejus tumulum transferre. Decebat vos miserum naufragi tumulum procul a mari erigere. — V. 3. καὶ αὔτως. Vat. — V. 4. „Corruptum est οἰκτείρετε, quod arguit Codd. „varietas. Vat. οἰκτίρετε. Planud. reg. optimus οἰκτείρετε. „Scribendum ἐκτέρετε. Est aoristus 2. verbi κτέρω, unde „κτερείζω. Verbum in aoristo esse debet.“ *Br.* Hanc emendationem jam *Brodaeus* commemorat. Etiam *Jos. Scaliger* in not. mstis ἐκτέρετε sive ἐκτέρετε legit. In Ed. Flor. Ald. pr. et tertia οἰκτείρετε. Vulgata οἰκτείρετε in Ald. sec. primum reperitur. Non acquiescebat in *Brunckii* emendatione *Gilbertus Wakefield*, qui in Addendis ad Bion. et Mosch. II. 36. ᾠκτείρετε corrigit.

XX. Servavit *Athen.* L. XIII. p. 596. C. unde *Wolfius* retulit in Fragm. Sapph. p. 102. *Athenaei* verba haec sunt: Εἰς δὲ τὴν Δωρίχαν τόδ' ἐποίησε τὸ ἐπίγραμμα Ποσείδιππος, καίτοι ἐν τῇ Αἰθιοπίᾳ πολλάκις αὐτῆς μνημονεύσας. ἔστι δὲ τόδε· Δωρίχα ..... *Posidippi* Aethiopia an alibi commemoretur, dubito. Vide *Fabricii* Bibl. Gr. T. II. p. 490. Fuit Dorica meretrix Naucratitis, quam Charaxus, Sapphus frater, deperibat, unde Sappho eam διὰ τῆς ποιήσεως διέβαλλε, ὡς πολλὰ τοῦ Χαράξου νοσφισαμένην, quae *Athenaei* sunt verba. Maxime huc facit *Strabo* L. XVII. p. 1161. D. pyramidem describens: Λέγεται δὲ τῆς ἑταίρας τάφος γεγονὼς ὑπὸ τῶν ἐραστῶν, ἣν Σαπφὼ μὲν ἡ τῶν μελῶν ποιήτρια καλεῖ Δωρίχαν, ἐρωμένην τοῦ ἀδελφοῦ αὐτῆς Χαράξου γεγονυῖαν, οἶνον κατάγοντος εἰς Ναύκρατιν Λέσβιον κατ' ἐμπορίαν· ἄλλοι δ' ὀνομάζουσι Ῥοδώπην. (Ῥοδῶπις est ap. *Herodot.* L. II. 135. p. 168.) Ad Charaxi amores et sua in Doricam carmina, respicientem facit poëtriam *Ovidius* Heroid. XV. 63.:

> *Arsit inops frater, victus meretricis amore,*
> *Mistaque cum turpi damna pudore tulit.*
> *Factus inops agili peragit freta caerula remo;*
> *Quasque male amisit, nunc male quaerit opes.*
> *Me quoque, quod monui bene multa fideliter, odit.*
> *Hoc mihi libertas, hoc pia lingua dedit.*

De Rhodopide vide *Perizon.* ad Aelian. V. H. XIII. 33. — Difficile fit cum his de Dorica narrationibus nostrum carmen conciliare, quod *Brunckius* ad *Toupii* (Epist, crit p. 121.) mentem emendatum dedit. — V. 1. σ' ἁπαλὰ κοσμήσατο δεσμῶν vulgo. Nostra lectio *Casaubono* debetur. Male Gallicus *Athenaei* interpres T. V. p. 127. vertit: *le noeud qui liait ses cheveux, et une robe qui exhalait des parfums exquis, faisaient jadis la parure de sa personne.* Nec tamen primum hunc versum *Casauboni* conjecturis persanatum esse crediderim, quibus sententiarum nexus subabsurdus exsistit: Jamdiu quidem vittae crinales et pectoralis fascia tua ossa ornaverunt; sed adhuc Sapphus carmina manent. Nisi dicere voluit: Tu quidem jamdudum periisti, sed adhuc Lesbiae illius poëtriae carmina florent. Depravatam ap. *Athenaeum* scripturam ὀστέα μὲν σαπαλὰ κοσμήσατο δεσμῶν — sic fortasse paulo audacius licebit refingere:

Δωρίχα, ἐς σποδιὴν σπατάλη μὲν ἐβρήσατο δεσμῶν.

Vittae crinales illae, quibus te olim ornasti (σπατάλη), *in cinerem quidem abierunt.* Hoc contextui saltem aptissimum. Ductus color ex *Callimachi* Ep. XLVII. — ἀλλὰ σὺ μέν που, ξεῖν' Ἁλικαρνησσεῦ, τετράπαλαι σποδιή· Αἱ δὲ τεαὶ ζώουσιν ἀηδόνες. Quod autem scripsi σπατάλη δεσμῶν, et a vulgata proxime abest, nec elegantia caret.

Agathias Ep. III. μαχλάδος οἰμώξεις χρυσομανῆ σπατάλην. Id. XXVII. χεῖρα περισφίγξω χρυσοδέτῳ σπατάλῃ. *Macedonius* Ep. V. τὴν χρυσοκροτάλῳ σειομένην σπατάλῃ. Etiam ap. *Philodemum* Ep. XXII. olim lectum fuisse suspicor:

λευκοίων σπατάλην καὶ ψάλματα.

pro vulgato λευκοΐνους πάλι δεῖ. — V. 3. ἥποτε. vulgo. — Mox σύγχρους vulgo inepte vertitur *concolor* (vino nimirum, quod matutino jentaculo bibebatur) idque secutus est Gallicus interpres: *aussi vermeille que le vin qu'on boit dans la coupe du matin, tu enlaçais le beau Charaxus dans tes bras.* Sed σύγχρους hoc loco a χρὼς, *cutis*, derivandum, puellam cum amante cubantem, συγχρωτίζουσαν, significat. χρωΐζειν in hac re usurpatur ap. *Theocrit.* Eid. X. 18. Vide *Valken.* ad Phoen. p. 545. — V. 5. Σαπφῷ αἱ δὲ vulgo. *Casaubonus* Σαπφοῦς αἱ δὲ μ. Melius *Toupius* Σαπφῷαι, quod formatum ad analogiam τοῦ Λητῷος a Λητώ. — λευκαὶ σελίδες, *candidae*, i. e. *illustres*, *chartae*. λευκαὶ, λαμπραὶ, est ap. *Hesych.* in λευκαὶ φρένες. Vide *Heynium* ad *Pindar.* Pyth. IV. 194. p. 270. — φθεγγόμεναι. *Catull.* LXVII. 46. *Haec charta loquatur anus.* ubi vide Intrpp. — Distinctionem emendavit *Casaubonus.* Vulgo enim post σελίδες comma ponitur. Deinde v. 7. ὁ N. et v. 8. ἔστ' ἂν εἴῃ N. ν. ἐ. γεγάνῃ. Haec omnia emendavit *Casaubonus.* — Haereo in verbis οὔνομα σὸν μακάριστον. Qui enim poëta Doricae nomen, in Sapphus carminibus traductum et laceratum, felix et beatum praedicare potest? Dixeris, *Posidippum* aliam quandam traditionem secutum esse. At res in Sapphus carminibus diserte expressa esse debuit. Nec ironia locum habere videtur. Num fuit:

οὔνομα σὸν μάλα πιστόν,

talis enim fama meretrici convenit. Nihil tamen definire ausim. — ἔστ' ἄν. tuum nomen manebit, dum naves secundo Nilo in mare deferentur. Naucratis emporium Aegypti celeberrimum, quod Graeci inprimis mercatores frequentare solebant. *Athen.* L. XI. p. 480. E.

XXI. Ex *Athenaei* L. VI. p. 318. D. relatum est in Append. Anth. Plan. p. 520. St. 22. W. *Athenaeus* laudato Epigrammate *Callimachi* XXXI. haec scribit: ἔγραψε δὲ καὶ Ποσειδίππος εἰς τὴν ἐν τῷ Ζεφυρίῳ τιμωμένην Ἀφροδίτην τόδε τὸ Ἐπίγραμμα· Τοῦτο ..... Scriptum in templum Arsinoës Zephyritidis a Callicrate nauta in litore maris exstructum. Positum erat hoc templum in promontorio haud procul a Nicopoli, (vide *Strabon.* L. XVII. p. 1152. B) non ad Nili ostium, sed in ipso litore maris. Hinc colligo, poëtam non ποταμῷ scripsisse, sed

Τοῦτο καὶ ἐν πόντῳ καὶ ἐπὶ χθονὶ — —.

haec enim sibi invicem opponi solent. — τῆς Φιλαδέλφου. Ptolemaei Philadelphi, fratris sui, conjux. — V. 5. ἣ δὲ καὶ vulgo. quod *Brunckius* praeter necessitatem mutavit. — V. 6. εὐλιπανεῖ. *Ovid.* Heroid. XIX. 159. *Quod timeas non est: auso Venus ipsa favebit: Sternet et aequoreas, aequore nata, vias.* Vide not. ad *Anytes* Ep. V. p. 425. et ad *Addaei* Ep. VI.

PHANIAE EPIGRAMMATA.

¶. 52.] *I.* Edidit *Dorville* ad Charit. p. 310. Poëta inter pocula puerum, jam in ipso adolescentiae limine collocatum, hortatur, ut tempore utatur, et severus esse desinat. In Vat. Cod. p. 573. Φανίου inscriptum. — V. 1. ναὶ Θέμιν. Cur hanc sibi deam potissimum advocet, ignoro. An pro mera interjectione alibi occurrit, ut νὴ Δία, et similia? — ὃ σεσάλευμαι. Conf. ad *Leonid. Tar.* Ep. XXXVII. Tom. II. p. 95. — V. 2. βαιός. Dictum videtur pro: βαιὸν χρόνον ὁ σὸς Ἔρως ἔχει. parum temporis superest, quo amore dignus videri possis. — V. 3. ὑπὸ τρίχα. sic Cod. et Dorvill. Salmasius emendabat ὑπότριξ, quae vox an graeca sit, nescio; ex analogia ὑπότριχος scribendum esset, quod non admittit metrum. „Sed proba est Cod. lectio et nihil mutandum.“ *Br.* μηρὸς ὑπὸ τρίχα. femora pilis quasi victa et superata. — V. 4. λοιπόν. In quibusdam apographis λοιπὸς et versu sequ. ἐπ' ἴχνια legi, *Dorvillius* monuit, qui de significatione adverbii λοιπὸν nonnulla dedit: *Jam nos Cupido ad aliam flammam invitat.* — μανίη de vehemente amore ap. *Antip Sid.* LXXVI. ἡ παίδων ζωροτάτη μανίη. *Philodem.* Ep. XIV. ἱμερτῆς ἐκπεπτώκας μανίης. *Theocrit.* Eid. XI. 11. ἤρατο – ὀλοαῖς μανίαις. — V. 5. ὅτι δὴ *Dorvill.* In nostro apogr. δὴ omittitur. — σπινθῆρες. nonnullae ignis, quo puer nos incendebas, scintillae. *Strato* Ep. XXXVIII ὀφθαλμοὺς σπινθῆρας ἔχεις. ubi vide not. — ἴχνιον simili ratione dixit *Isidorus Schol.* T. II. p. 474. οὐ σώζει προτέρης ἴχνιον ἀγλαΐης.

II. Cod. Vat. p. 197. Edidit *Kuster.* ad *Suid.* T. II. p. 319. *Reisk.* in Anthol. nr. 526. p. 319. Callon, ludimagister, senio confectus, professionis suae insignia Mercurio dedicat. — V. 1. 2. laudat *Suid.* in νάρθηξ T. II. p. 597. In membranis legitur πρὸ ποδὸς γουνάτων τι καὶ παρὰ πίταν. *Suidas* prius hemistichium omisit; in fine πανακίταν exhibet. *Salmasius*, qui hoc distichon protulit in Diss. de Homon. Hyl. Iatr. p. 5. D. παρακίταν pro Cod. lectione venditat. Sic etiam *Kusterus* exhibuit. Probabilem esse hanc emendationem, apparet ex *Martial.* L. XIV. 80. *Invisae nimium pueris grataeque magistris, Clara Prometheo munere ligna sumus.* νάρθηξ enim est *ferula*, quam ob usum, quem ludimagistris praebebat, *minacem* vocat *Columella* X. 119. Idem v. 21. *nec manibus mites ferulas.* Vide *Bodaeum a Stapel* ad Theophr. L. VI. p. 582. Adde *Philostrat.* Vit. Soph. L. I. p. 483. Ferularum medulla autem igni conservando et alendo inserviebat; unde Prometheus ignem diis ferulae ope subduxisse putabatur. *Schneiderus* in Per. crit. p. 18. comparat *Nicandri* Alexiph. 272. Ῥαῖε δὲ νάρθηκος νεάτην ἐξαίνυσο νηδὺν, Ὅστε Προμηθείοιο κλοπὴν ἀνεδέξατο φωρῆς. ubi vide ejusdem notas p. 164. Minime igitur admittenda est conjectura *Reiskii*, qui πυρακαύτην legit, ferulam igne duratam et ambustam significari censens, quo fortius feriret scilicet. — Lorum, ἱμάντα, quod simul cum ferula commemoratur, eidem usui inserviisse probabile est. Servos loris esse caesos, nemo ignorat. — Pro πλήκτορα in antiquis *Suidae* edd. πλήγκτορα legitur. — V. 3. ap. *Suid.* in κίρκος T. II. p. 319. κίρκον ἀπ' εὐόλκων. In membr. Vat. sic legitur, ut ap. *Br.* Hanc lectionem *Kusterus* interpretatur de vase oleario curvo et inflexo, a similitudine accipitris dicto, rostrum aduncum habentis. *Reiskius* εὐρύοπον conjicit, εὐρεῖαν ὀπὴν ἔχοντα, annulum intelligens amplo foramine, per quod funis trajiceretur, quo ludimagister contumaces pueros alligaret. κίρκον *annulum* significare non dubito. πάντα τὰ ἐπικαμπῆ κίρκοι λέγονται. Vide *Lennep.* in Origin. T. I. p. 407. *Herodot.* L. II. p. 120. 8. Hinc κιρκόω, *annulo circumdo*, ap. *Aeschyl.* in Prom. 74. σκέλη δὲ κίρκωσον βίᾳ. Epitheto εὐόλκων autem quid faciendum sit, non video. Sinceram esse lectionem, non puto. Si annulus, quem Callon Mercurio dedicat, eum ipsi usum praestiterat, quem *Reiskius* voluit, scribendum existimaverim:

κίρκον τ' εὔολκον φιλοπαίκτιδα.

annulum incurvum, attractorium. — μονόπελμον *Suidas* tuetur hoc distichon proferens v. συγχίδα T. III. p. 390. Veteres tamen ejus edd. μονόπεπλον habent. In apogr. Lips. μονόπελτον habetur. — In membr. et ap. *Suid.* συγχίδα. Hoc in συκχίδα mutavit *Salmasius*, qui sic exhibet scriptum ad *Tertull.* de Pall. p. 414. συκχὶς id esse videtur, quod alii συκχὰς vocarunt. *Pollux* L. VII. 86. ἡ δὲ συκχὰς περσικὸν μὲν ἐστιν, ὀνόμασται δὲ ἐκ τοῦ συνέχειν τὸν πόδα. *Hesych.*

Hesych. Συγχάδες. εἶδος ὑποδήματος. σύνχοι φρύγια ὑποδήματα. — De πέλμα alibi diximus. — Fortasse etiam *solea* ad puerorum castigationem referenda, secundum ea, quae de magistrorum in discipulos severitate dixit *Cresollius* in Theatr. Rhetor. V. 6. Thes. Gronov. X. p. 221. sqq. ubi etiam de *solea*. — V. 4. στεγανὸν ex *Suida* in contextum venisse videtur. In membranis enim στεγανὸν reperitur. *Reiskius*, accentu mutato, scribit στεγάνον, ut sit στέγω, κάλυμμα. Ejusdem analogiae est στεφάνη. Sed vide, an poëta scripserit:

καὶ σκέπανον κρατὸς ἐρημόκομου.

pileum, calvi capitis tegumentum. Leonid. Tar. Ep. XI. καὶ πῖλον κεφαλᾶς οὐχ ὁσίας σκέπανον. — V. 5. 6. laudat *Suid.* in παίδειος T. III. p. 66. ubi σύμβολον ἀγωγῆς legitur. Pro παιδείου *Reiskius* παιδείας habet. — πολλῷ καμάτῳ gravi senectutis pondere. *Theaetet.* Ep. II. γήραϊ νουσοφόρῳ βριθομένης παλάμης. Non minus bene scripsisset *Phanias*: πολλῷ — καμάτῳ. ut *Philipp. Thess.* Ep. XXII. ἔντρομος ἤδη δεξιτερὴν, πολλοῖς ἀχθόμενος (sic scribendum, non βριθόμενος) καμάτοις. sive δολιχῷ — καμάτῳ, ut Ep. ἀδεσπ. LI. τρομερὴν ὑπὸ γήραος ὄκνῳ χεῖρα καθαρμόζων ἐκ δολιχῶν καμάτων.

III. Vat. Cod. p. 197. sq. Primus edidit *Kusterus* ad Suidam T. II. p. 421. unde illud repetivit et illustravit *Schwarzius* de Ornament. Libr. Diss. VI. p. 229. ed. *Leuschneri. Reiskius* in Anthol. nr. 527. p. 57. Acestondas scriba, cum inter vectigalium coactores receptus esset, prioris conditionis instrumenta Musis appendit. — V. 1. Ἀκεστώνδας apogr. Lips. — σμίλαν scalpellum, quibus calami finduntur. γλύφανον καλάμων, πλατέος γλυχῖνα σιδήρου appellat *Damocharis* Ep. II. T. III. p. 69. σμίλαν δονάκων ἀκροβελῶν γλυφίδα *Philipp.* Ep. XVII. Vide, quae larga manu affudit *Schwarzius* l. c. p. 208. sq. *Salmasius*, ubi κάλαμον γλύφειν et σμιλεύειν illustrat, hoc distichon profert ad Solin. p. 735. B. — V. 2. habet *Suidas* in σπόγγος T. III. p. 364. et in ψαίστερα T. III. p. 701. ubi male ἔχειν. Cod. Vat. ἴχειν unde ortus error. Ceterum ap. Lexicographum non minus quam in Cod. ἀπὸ Κνιδίων divisim scribitur. *Brunckium* decepit apogr. Idem voculam ἀπὸ non ferens, ψαίστερα τῶν Κνιδίων corrigendum proponit. Alii tmesin maluerunt statuere ἀποψαίστερα, praeeunte *Salmasio* ad Solin. p. 917. C. ubi, de Cnidiis arundinibus agens, hunc versum iterum excitat. *Plinius* H: N. T. II. p. 26. *Chartisque servient calami, Aegyptii maxime, cognatione quadam papyri. Probatiores tamen Cnidii, et qui in Asia circa Anaiticum lacum nascuntur.* *Ausonius* Epist. VII. 50. *Cnidiae sulcus arundinis.* Conf. *Vossium* ad Catull. p. 89. et *Schwarz.* p. 214. sq. Spongia et abstergendis calamis et literis in tabula delendis inserviebat; nota res. Vide *Interpp. Martialis* ad L. IV. Ep. X. — V. 3. laudat *Suidas* in σελὶς T. III. p. 297. κανόνισμα φιλόρθιον illustrat *Paul. Silent.* Ep. LI. ἡγεμόνα γραμμῆς ἀπλανέος κανόνα. *Damochar.* Ep. II. κανόνα γραφίδων ἰθυντῆρα φάλαγγος. — In fine hujus vers. Cod. Vat. ἔργματολείας σχμαθίτῃ κ. τ. σέμιλον β. quam lectionem *Reiskius* exhibuit, in versione latina miram, quam excogitavit, conjecturam exprimens: ἔργμα τ' ἐλείας ἀμφόδετον κοίτας ἐμμελανοβροχέα. quod secundum ipsum auctorem significat: *opus palustris cubilis nodis nexum, atramento mersile.* *Brunckius* πορείας ex *Salmasii* conjectura exhibuit, quam ipse tamen ejus auctor non sequitur ad Solin. p. 644. B. ubi h. v. laudat. ἕρμα ipsius est editoris inventum. Ad τελείας γραμμῆς subaudit *Schwarzius*, qui probe intellexit, σαμόθετα scribendum esse. γραμμὴ σαμόθετος foret linea, quae literarum situm definit. Elegantius est πορείας, etsi, vere sic emendatum esse, affirmare nolim. *Julian. Aegypt.* Ep. X. ἀπλανέας γραφίδεσσιν ἐπιθύνοντα πορείας Τόνδε μόλιβδον ἄγων, καὶ μόλιβον κανόνα. — ἕρμα valde blanditur.

Cum literae lineâ, quae ope regulae ducitur, quasi nitantur, ἐρείδοντα, ipsa regula recte vocatur ἔρμα sive ἔρεισμα πορείας, fulcimentum itineris, per quod literae quasi incedunt. ᾗς ἔπι ῥιζοῦται γράμματος ἁρμονίη. *Paul. Silent.* Ep. LII. — Mox *Kusterus* ἐν μολύβῳ βροχίδα exhibuit, contra Cod. fidem. — Quid βροχὶς h. l. significet, nemo dixit interpretum. Ap. *Antipatrum Sid.* Ep. LXII. pro *laqueo* ponitur; quod ab h. l. alienissimum est. *Schneiderus* in Lexico Gr. a βρέχειν derivat, et *atramentarium* significare existimat. In reliquis tamen carminibus, ubi instrumenta artis scriptoriae enumerantur, cum *regula*, κανόνι, *plumbum*, quo versus signantur, arcte conjungitur. *Damocharis* l. c. γραμματόεντα πλήθοντα μολύβδῳ κυκλομόλιβδον Καὶ κανόνα — —. *Paul. Sil* Ep. LI. τὸν τροχόεντα μόλιβδον, ὃς ἀτραπὸν οἶδε χαράσσειν Ὀρθὰ παραξύων ἰθυτενῆ κανόνα. Hoc plumbum *Phaniam* quoque significasse, vix dubito; sed an depravatum sit v. βροχίδα, quidve reponendum sit, non dixerim. — V. 5. *Suidas* in λιάντειραν T. II. p. 421. ad quem locum *Portus* emendandum censebat καρκίνον τε πυροῦχον, sensu non minus quam metro reclamante. In apogr. Lips. reperitur καρκίνα τ' εὔπειρον χαλκαντείραν κ. quod *Reiskius* ex *Kusteri* exemplo emendavit. *Schwarzius* vertit *forpicem*, *quae spiram habet* σπειροῦχα vocari, quia duae forpicis partes forte per spiram conjungerentur. At forpicis mentio in hoc carmine non valde desiderabatur; magisque arridet conjectura *Salmasii*, qui τὸν διαβήτην (*le compas*) significari existimat. Huic sententiae etiam *Br* favebat. Aliter *Reiskius*, qui, quia ap. *Hesychium* κάρκινος explicatur δεσμός τις, κάρκινα σπειροῦχα de voluminibus membranae interpretatur, quae, taeniis decussatim sese secantibus, colligata essent. In plurimis aliis, quae hinc expressa videntur, ejusdem argumenti carminibus nihil tale occurrit. — λιάντειρα κίσηρις. pumex membranis laevigandis adhibitus. *Philipp.* Ep. XVII. καὶ τὴν παρὰ θῖνα κίσηριν αὐχμηρὴν πάντοσε τρηματόεντα, λίθον. Ejusdem erat usus in acuendis calamis. Vide *Schwarz.* p. 212. — V. 6. Laudat hunc versum *Dorvill.* in Vann. crit. p. 142. ubi de colore καλλαΐνῳ agit. Vide, quae notavimus ad *Meleagr.* Ep. CXXIII. p. 135. πλινθίδα *Schwarzius* p. 229. interpretatur de conspicillo e vitro viridi, quali scribae nostris quoque temporibus ad tuendos oculos utuntur; πλινθίδα forte a forma quadrata dici existimans. At *Guietus* ap. *Dorvillium* l. c. *laterculum* sive *cotem Veneti coloris* interpretatur. Quae si vera est interpretatio, cotem intellige, qua scalpellum obtusum acuebant scribae. — V. 7. φιλολύχνου corrigit *Schwarzius* vertitque: *Postquam tenues panes lucratus est quaestus lucubratorii.* Scribarum enim quaestum φιλόλυχνον esse, *lucernarum amantem.* Sed φιλόλυχνος μᾶζα est placenta esu jucunda, qua h. l. victus paulo lautior significatur, qui scribae nostro, postquam τελώνης factus erat, contigit. — V. 8. ἄρμεν' ἐρέμασον. *Kuster.* ἐπεργήμασιν suspicabatur *Schwarz.* Sed in Cod. est ἀνεργήμασιν.

¶. 53.] *IV.* Cod. Vat. p. 198. ἀδέσποτον. Integrum carmen primus dedit *Reiskius* in Anthol. p. 58. nr. 529. unde illud emendatius protulit *Toup.* in Cur. nov. p. 240. Alcimus, postquam, terrae colendae labore fere confectus, thesaurum invenerat, instrumenta Minervae dedicat. — V. 1. 2. cum particula tertii exhibuit *Kusterus* ad Suid. T. I. p. 38. vers. 2. cum parte praecedentis *Suid.* in φάρσος T. III. p. 582. — ἀγρεῖφαν Cod. Vat. litera ν erasa; et sic legitur in apogr. Lips. *Suidas* tamen ἀγρεῖφναν legit, cujus haec sunt: ἀγρεῖφνα· γεωργικὸν ἐργαλεῖον, δι' οὗ συνάγουσι τὸν χόρτον. Ἄλκιμος ἀγρεῖφναν καὶ κενοδόντιδα καὶ φιλοδούπου φάρσος ἅμα στ. κ. λ. *Rastrum dentibus vacuum* interpretatur *Kusterus*; *Reiskius* autem rastrum, cui dentes distantes interjectisque vacuis spatiis distincti sunt. Hunc sequitur *Br.* — In fine vers. Cod. Vat. (Gothanum saltem apogr.) φιλοδόπου. φιλοδούπου ap. Suidem utroque loco. — V. 2. ἄμα Cod. et *Suid.* quod *Reiskius* frustra explicare conatur. Veram lectionem indagavit *Toup. Suid.* ἄμη· ὀρυκτικὸν ἐργαλεῖον· ὃ ἡμεῖς συνήθως λέγομεν οὐκ ὀρθῶς Vide inprimis *Salmas.* ad Script. Hist. Aug. T. II. p. 392. Hujus instrumenti nonnisi *frustum* (φάρος), manubrio etiam destitutum, Alcimus dedicat. De φάρος vide *Toupium* in Em. ad Suid. P. III. p. 536. ad quem locum *Tyrwhittus* in Not. ad Toup. Tom. IV. p. 424. sponte sua in ἄμας incidit. — σπαλεῖν. τὸ τοῦ πηλίνου ξύλον. *Hesych.* — V. 3. »In Cod. scriptum: ἀρθρονίδαν, στύμον τε. Ap. Suidam legitur στεῦ»ρόν τε. ἀρθρονίδη στερεὰ nihil aliud esse potest, quam »*validum, rigidum membrorum vinculum*, quod ab hoc »loco alienum videtur. μονορόχης ὄρυξ. instrumentum »fossorium unius dentis. gallice *Pic.*« *Br.* στεῦρόν τε exhibuit *Reiskius*, (ex *Suida*, qui h. v. laudat v. ἀρθρονίδαν T. I. p. 330.) vinculum illud esse existimans, quo equis et bobus pascentibus pedes anteriores constringuntur, ne aufugiant. Sed hoc a fossoris conditione alienum est. *Toupius* κρατερόν τε legit, compedes, quibus servorum fossorumque pedes constringuntur, interpretatus. Ad Cod. lectionem στύμον τε nihil propius accedit, quam

στιβαρόν τε.

unde facile στεῦρον fieri potuit. ἀρθρονίδη autem, nisi me fallit opinio, tabulae sunt sive asseres pedum planta paulo majores. Hos enim fossores, ubi solum aequandum est, pedibus subnectunt, iisque induti terram calcant. — σφῦραν. mallei genus, quo glebae frangebantur et comminuebantur. — Post vers. 3. Cod. Vat. legit versum 2. Epigr. *Leonid. Tar.* XII. quod proximum a nostro locum occupat. ὄρυξ. λαοξοϊκὸν σκεῦος. *Hesych.* *Glossae:* ὄρυξ. *sarculum. ligo. dolabra. obpopa. fossorium.* Epitheton autem μονορόχην *Toupius* derivat de ὀρύχῃ, suis rostrum, quo terram fodit et subvertit: hinc oryx, unum rostrum sive aciem habens. — V. 5. ἄμα-

στῆρας dedit *Reisk.* Nostrum est in Cod. Occae intelligendae videntur. — V. 6. *ῥαπτάς.* corbes contextas, quibus terra egerebatur. — V. 7. „*τάχ᾽ οἱ ὁ.* E Salmasii emendatione, quae proba esse videtur, nam particula *ἂν* jam est in sequ. versu. *κ᾽ εἰς* est pro *καὶ εἰς Ἀΐδαν*, „quod accentus positione indicavi. In Cod. scriptus hic „locus, ut ap. Suidam in *κυφαλία* T. II. p. 405. Sin, „scribendum est: *ἐπεὶ τάχ᾽ ἂν ὁ πολυκαμπὴς ἰξὺς εἰς Ἀΐδαν.*" *Br.* Legendum, servato *τάχ᾽ ἂν*, quod Salmasianae emendationi omnino praeferendum:

ἰξὺς κὴς Ἀΐδαν ᾤχετο κ.

i. e. *καὶ ἐς Ἀ. vel ad Orcum descendisset.* De *καὶ ἐς* in *κὴς* coalescente vide *G. Koen.* ad Corinth. p. 88. — Ceterum hujus loci color ductus est ex *Cratetis* Fragm. VIII. *στείχεις δὴ φίλε κύρταν, βαίνεις τ᾽ εἰς Ἀΐδαο δόμους κυφὸς διὰ γῆρας.*

V. Cod. Vat. p. 198. Edidit *Oudendorp.* ad Thom. Mag. p. 251. *Reiske* in Anth. nr. 531. p. 59. Emendatius *Toup.* in Epist. crit. p. 104. Mercurio et Minervae, in eadem forte ara positis, egenus quidam homo bellaria quaedam cibique reliquias pro munere offert. — V. 1. „Male in Cod. *γεραροῦ*, a quo magis recedit *Toupii γεραιοῦ.*" *Br.* Quum in apogr. Lipsiensi *φάρος σοι γεραροῦ* habeatur, *R.* corrigit: *τάρσος σοι ῥαπανοῦ v. calathus vimineus uvis maturis plenus.* Sed verum esse *φάρσος*, nos dubitare non sinit Epigr. praeced. ubi *φάρσος ἄμας* legimus. — V. 2. *Suidas*: *Ἰπνὸς ὁ φοῦρνος — ἰπνιτάλλου φθόις· τουτέστι πλακοῦντος.* T. II. p. 140. quod, nisi hoc carmine cognito, nemo emendare potuit. In Cod. est *ἰπνεῦτα.* *Reisk.* *ἰπνευτὸν* dedit: *fragmentum pinguis placentae in furno coctum.* *ἰπνίτα Toupius* emendavit in Em. in Suid. P. II. p. 180. *ἄρτου ἰπνίτου* meminit *Athen.* L. III. p. 109. C. — *φθόις* placentae genus ex melle et caseo, docente *Eustathio* ad Odyss. κ. p. 533. 52. Vide ad *Addaeum* Epigr. I. — V. 3. laudatur a *Suida* in *οἴνου*

T. III. p. 392. et iterum cum v. 4. in δρύππα T. I. p. 630. — „In Cod. ἀπ' ἰφουλαῖς δρύππα, [ἰφιουλαῖς δρύππα „potius] quod manifesto corruptum. Emendabat *Salma„sius*: ἐπιουλίς, ἀφ' ἧς ἐστιν ἴουλος. *lanuginosa*. Qua ra„tione labes augebatur potius, quam tollebatur. Quis „enim unquam in mensa lanuginosas olivas vidit?" *Br.* Nostrum est ex emendatione *Toupii*, qui eam sic interpretatur: δρύπεπα sive δρυπεπῆ est vox romana. *Athen.* L. II. p. 56. Εὔπολις φησίν, δρυπεπεῖς τ' ἐλάας. ταύτας Ῥωμαῖοι δρύππας λέγουσιν. *Phanias* autem τὴν δρύππαν vocat ἐφολκίδα, i. e. *coenae appendiculam*; olivae enim in mensis secundis. De δρυπεπής notabimus quaedam ad *Longin.* Epigr. I. p. 200. — V. 4. „δρύψελλα. Cod. δρύψια. Mihi „in mentem venerat θρύψια *fragmina* a θρύπτω *frango*. „Sed vox haec auctoritate caret. Vereor ut δρύψελα Tou„pii hic bene conveniat, qua voce notatur *cortex*, *pu„tamen*. Casei frustum deo dicare, pii hominis est, sed „irrisoris donum est casei cortex. κυκλιὰς si vox graeca „est, juxta analogiam generis est feminini et cum τυροῦ „construi non potest. Scribendum forte κυκλίδιον. κυ„κλιάδας habet codex noster. Ap. Suidam legitur κυκλιά„δων. Nec κυκλιὰς nec κυκλάδιας in lexicis reperire est." *Br.* In Cod. Vat. legitur δρύψια κυκλιάδων. Nec aliter *Oudendorp*. nisi quod δρύψια dedit. *Suidas* interpretatur: τυροῦ περιφεροῦς ξύσματα. Non video, quid in Codicis lectione tantopere reprehendendum sit. δρύψιον a δρύπτω (i. e. ξύω, *rado*) derivandum, alibi quidem non occurrit; sed quam multa sunt in his carminibus ἅπαξ λεγόμενα! δρύψιον ramentum est, κυκλιάδων τυροῦ, de orbe casei derasum, casei itaque formae orbicularis. — V. 5. *Suidas* in θωμὸς T. II. p. 201. „Κρηταιίς. Sic in Cod. et ap. *Suidam*. „εὐτρίβιος τ' ἐρεβίνθου. praeclara Toupii restitutio. In „Cod. scriptum τε ῥοῖτα. Apud Suidam τερ . . . . . θωμοί. „Suspicabatur Salmasius, vocem ῥοῖτα ex aliquo Cereris „nomine, quod quaerendum esset, corruptam esse.

„θωμὸς ῥοιῆς εὐτριβέος· ἤγουν τῆς Δήμητρος σωρὸς εὖ τρί-„βεσθαι δυναμένης. Hesych. θωμὸς, σταχύων σωρός." Hr. *Toupius* hunc locum sic explicat: „ἀκτὰ Κρηταιὲς *farina* „*Cretica*, quod vellem non attigisset cl. *Reiskius*. *Ari-„stippus* in Epist. ad Antisth. ap. Allat. p. 25. τῶν δὲ „ἰσχάδων ἀποτίθεσο ὧν ἔχεις εἰς τὸ χεῖμα καὶ τῶν ἀλφίτων τῶν „Κρητικῶν. ita scribendus est iste locus. Recte autem jun-„guntur ἀκτὴ et ἐρέβινθος. Porphyr. in Vit. Pythag. καὶ „ἀσφοδίλων ἀνθερικῶν, καὶ μαλάχης φύλλων, καὶ ἀλφίτων, καὶ „κριθῶν, καὶ ἐρεβίνθων. Quin et turpiculi quid hic videtur „subesse. Nam ἐρέβινθος verbum praetextatum est." Haec ille. Qui quod de nequitia latente in his verbis suspicatur, id ab hoc loco alienissimum est. ἀκτὴ de farina notum. Hoc sensu legitur in fragmento *Alexidis* comici ap. *Athen.* L. III. p. 124. A. quod sic fortasse corrigi debet;

> ἀκτῆς δὲ, τῆς καθ' ἡμέραν τροφῆς, πάλιν
> γλιχόμεθα τὴν μάζαν, ἵνα πάλλευκα τραφῇ,
> ζωμὸν δὲ ταύτῃ μέλανα μηχανώμεθα.

Placentas e farina candidissimas esse volumus; ex eadem tamen jus nigrum conficimus. Temere *Casaubonus* vocalum ἀκτῆς hinc removebat. — In *Phaniae* nostri carmine *Reiskius* lectionem Cod. ῥοιᾶν in ῥόινον mutabat; existimans, *punicum malum* εὐτριβὲς vocari, quia, ad maturitatem perductum, in plures partes diffinditur. *Crinagoras* Ep. VI. εὐσχίστοιό τε ῥοιῆς θρύμματα. Sed tum saltem scribendum: εὐτριβέος τ' ἀπὸ ῥοιῆς θ. At nec hoc, nec *Toupii* emendationem veram puto. Acutiores videant. — V. 6. ἐπὶ δορπίδιον. Vat. Cod. Et hujus vocabuli forma insolentior est, pro ἐπιδόρπιον, ἐπιδείπνιον. — Hic, ut in reliquo carmine, agnoscimus imitationem Epigr. *Leonidae Tar.* XIII. ubi inter alia est: καὶ σπονδὴν τήνδ' ὑποσπονδίδιον. — V. 7. μάζαν. apogr. Lips. Seq. vers. *Reiskius* αἰγιπόδαν exhibuit. Sana est Cod. Vat. lectio. Idem ἀγγιώδεις et ἀγγίωπας. Utitur hoc epitheto de arietibus

Sophocl. in Aj. 237. δύο ἀργίποδας κριοὺς ἀνελών. — Qui haec munera Mercurio et Veneri offert, se iisdem diis, ubi haec propitio numine accepissent, majora olim in litore oblaturum esse promittit.

VI. Cod. Vat. p. 200. Edidit *Kuster* ad Suidam T. I. p. 85. *Reiske* in Anth. nr. 535. p. 61. Emendare conatus est *Toup.* in Em. in Suid. P. III. p. 450. Carmen scriptum in Eugathem, tonsorem, qui similis Alfeno illi ap. *Horatium* I. Sat. III. 130. quem item tonsorem fuisse *Bentlejus* docuit, arte relicta, in Epicuri hortos transierat; postea vero, fame prope consumtus heque sapientior factus, relictam tonstrinam repetivit. — V. 1. Λαπιθανός. Thessalus. Λαπίθη. Θεσσαλίας πόλις. *Steph. Byz.* — ἐσοπτρίδα. Speculum ubique inter instrumenta tonstrinae numerant. *Plutarch.* T. II. p. 42. B. οὐ γὰρ ἐκ κουρείου μὲν ἀναστάντα δεῖ τῷ κατόπτρῳ παραστῆναι καὶ τῆς κεφαλῆς ἅψασθαι, τὴν περικοπὴν τῶν τριχῶν ἐπισκοποῦντα. *Lucian.* T. III. p. 124.. τοὺς κουρέας — ξυρὸν καὶ μαχαιρίδας καὶ κάτοπτρον σύμμετρον ἔχοντας. Epitaphium tonsoris ap. Gualtherum in Tab. Ant. Insc. Sic. p. 41.

Ars speculi, pecten, periere novacula, thecae,
Et simul hic mecum cuncta sepulta jacent.

Seneca de Brev. Vit. c. 12. *Quis est istorum — qui non comtior esse malis quam honestior? Hos tu otiosos vocas, inter pectinem speculumque occupatos.* — φιλόθριξον σινδόνα, nisi in hoc contextu, de linteo capitis velamento acciperem. Sed h. l. linteum videtur esse, quod in pectore et circum humeros tondendorum ponitur. Hoc φιλόθριξον vocatur, quia crines de capite et barba detonsos excipit. — V. 2. φᾶρος ὑπὸ ξύριον Cod. Vat. πετασὸν φᾶρος ὑπεξύριον edidit *Reiskius*, qui πετασὸν pro adjectivi forma habendum existimans, *pansilem et explicabilem pannuciam* interpretatur. Vide not. ad *Constantin.* Ceremon. p. 48. D. — Nostra lectio *Toupio* debetur, cui πετάσου φᾶρος ἐπιξύριον est frustum, reliquiae *pilei tonsorii.* Tonsoribus tamen petasos prae aliis usurpatos fuisse, aliunde non constat. — V. 3. *Suidas* in ἀκίτα T. I. p. 85. καὶ ψήκτραν ἀκίταν ἀκίτευτον. nec aliter habet in ψήκτραν T. III. p. 703. et in φάγανον T. III. p. 582. ubi hunc versum cum sequ. profert. Hac depravata lectione in errorem inductus est *Kusterus*, ut Codicis sui lectionem δοναχῖτιν (sic enim est in Vat.) prae illa contemneret, et ἀκίταν corrigendum putaret. Sed errorem agnovit et correxit idem in Diatribe Anti-Gron. p. 45. ubi δονακῖτιν corrigit, comparato loco *Plutarchi* de Lacon. Instit. p. 239. A. στλεγγίσιν οὐ σιδηραῖς, ἀλλὰ καλαμίναις ἐχρῶντο. quo usus est etiam *Reinesius* in Var. Lect. p. 147. *Schneiderus* in Not. mstis monuit, per *strigilem* medicamenta in aurem aliasque corporis partes instillari et infundi; iisque veteres ad vinum et aquam hauriendam usos fuisse, teste *Aristoph.* in Thesm. 556. et *Schol.* ad Eqq. 580. In tonstrina tamen τὴν στλεγγίδα adhibitam esse puto ad deradendum smegma, quo capillus et barba inungebantur. — λιτοκώπους emendavit *Toup. cultelli manubriis destituti.* In Cod. λιτοκόπτους habetur; ap. *Suid.* v. συλόνυχας T. III. p. 394. λιτοκόπους. in φάγανον autem p. 582. λιτοκόπρους. — V. 4. συλόνυχας ὄνυχας. Vat. Cod. et *Suidas.* στόνυχας jam *Salmasius* emendavit, nec aliter *Reiskius* et *Kuster.* ad Hesych. v. στόνυχα. στόνυξ cultellum h. l. significat. Sed quid impedit, quominus et ὄνυχας verum sit, quod eodem sensu usurpatur? Vide not. ad Epigr. *Anytes* I. Tom. I. p. 422. *Phaniam* hujusmodi alliterationibus delectatum esse, apparet ex Ep. IV. ubi est μουνορέχαν ὄρυγα. — In συλόνυχας ultima syllaba vi caesurae producitur. Erat autem tonsorum ungues et paronychia demere. Unde ὀνυχιστήρια λεπτὰ inter instrumenta tonsorum recenset *Pollux* L. X. 140. ad quem locum *Salmasius* dubitat, utrum haec instrumenta συλόνυχες sive συλονύχαι, an ὄνυχες in Epigrammate nostro vocentur. Mire!— V. 5. ἔπτυσε δ' ἰταλίδας ξ. Cod. Vat. quod *R.* in εὐπέταλα mutavit, epitheto et ad θρόνον et ad ξυρὰ referendo: utrumque enim leve gestatu esse atque complicatile. Nostrum est ex conj. *Toupii*, qui se veram lectionem vidisse existimabat, quia in Epigr. *Philippi* XII. reperitur: ἑστὼς δὲ πᾶς ὤλισθεν εἰς ἅλα πτύσας. At nihil est inter utrumque locum similitudinis; nec intelligi potest, cur in mare potissimum instrumenta sua abjecerit Eugathes. Tu lege sine haesitatione:

ἔπτυσε δὲ ψαλίδας, ξυρὰ καὶ θρόνον.

In Codd. ψ saepe sic pingitur ┼; vide *Villoison.* in Anecdot. p. 165. unde facile fieri potuit, ut cum τ commutaretur. Hinc factum ἰταλίδας. Est autem ψαλὶς, *forfex*, inter haec instrumenta non ultimum. *Pollux* L. II. 32. ἔλεγον δέ τι οἱ κωμῳδοὶ καὶ κείρεσθαι δίκτῃ ἐπὶ τῶν κατακτενιζομένων. τὴν δὲ μάχαιραν ταύτην καὶ ψαλίδα κεκλήκασιν. Idem L. X. 140. καὶ ψαλὶς δὲ τῶν κουρέων σκευῶν, ἣν καὶ μίαν μάχαιραν καλοῦσι, καὶ ξυρὸν . . . . *Julian. Antiocens.* Ep. II. in hirsutum: ἀμητὸς πολύς ἐστι τεῶν κατὰ δάσκιον ὤμων· τῷ σε χρὴ δρεπάνοισι καὶ οὐ ψαλίδεσσι καρῆναι. *Hesych.* ψαλίξαι. κεῖραι. Hinc ψαλιστὸς, *tonsilis*, quod vocabulum illustravit *Salmas.* in Script. Hist. Aug. T. I. p. 88. — V. 6. κηπολόγους. Cod. Vat. quae si vera est lectio, de Epicuri sectatoribus accipi debet, qui magistri morem imitati in hortis docebant. ἄλατο εἰς κηπολόγους Ἐπικούρου. Sive scribendum: ἄλατο κηπολόγος. In Epicuri se disciplinam commisit, ut et ipse *philosophus ex horto* fieret. — κηπολόγον ex *Salmasii* fortasse emendatione in nonnulla apogr. venit, inter quae apogr. Lips. non est. — V. 7. ὕπνουν. Vat. Cod. De paroemia ὄνος λύρας ἀκούων vide *Erasmum* Chil. I. 4. 35. — V. 8. στέργει. *Kuster.* male.

¶. 54.] *VII.* Cod. Vat. p. 199. Planud. p. 62. St. 89. W. Phanias piscatorem hortatur, ut, si quid delicatioris cibi ceperit, de rupe descendens, hoc ipsi vendat. — V. 1. καλαμευτὰς, quod ap. *Theocritum* Eid. V. 111. messorem significat, h. l. de piscatore usurpatur, a κάλαμος, *arundo piscatoria.* Cf. *Theocrit.* XXI. 43. — ξερὸν forma Homerica. Odyss. ε. 402. Cf. *Eustath.* ad Il. p. 24. 35. — πέτρας. Vat. — V. 2. λάβεν ἀρχὰν vulgo. Nec aliter in Vat. Cod. Eleganter *Toupius* in Epist. crit. p. 16. vocabulis melius divisis: λάβ' εὔαρχον. *Etymol. M.* Εὔαρχος. οὕτως ἐκαλεῖτο ὁ Κόνωψ διὰ τὸ ἐπιτυχῶς καυλίσαι τὸ δόρυ τοῦ Ἀχιλλέως. καὶ γὰρ οἱ μεταβόλοι εὐφημιζόμενοι τοὺς πρώτους ὠνητὰς εὐάρχους καλοῦσι. Idem vocabulum attigit *Berkelius* ad Steph. Byz. p. 424. — *Casaubonus* in Not. mst. ἱμερᾶν πρίαιτο l. conjecit. — V. 3. μελανουρὶς nihil diversus videtur a μελανούρῳ, qui ex sparorum est genere, et hodie parvi aestimatur. Vide *Camus* Notes sur Aristotle p. 499. — μορμύρον sive μορμύλον. Vide *Oppian.* Halieut. I. 100. Hic piscis hodiedum eandem appellationem servat, monente *Duhamel* Traité de Pêches P. II. Sect. 4. ch. 2. — σίχλην cum σκάρῳ jungit *Leonid. Tar.* Ep. XCIII. — Is piscis, quem *Phenias* σμαρίδα appellat, recentiores Graeci *marida* vocant. Magnum hujus generis numerum Massiliae capi, eosque ibi sale condiri, notavit *Camus* l. c. p. 775. — V. 5. αὐτὸν αὐδάκεις μετὸν. Vat. Cod. Nec hoc plane sincerum, nec quod vulgo legitur. Naevus videtur haerere in αὐτὸν τ'. — Se ὀψοφάγον profitetur *Phenias*, qui non carnem, sed pisces, θάλασσαν, magni faciat. Quae sequuntur, *Toupius* ita accipit, ut poëta se mari delectari dicat, quod pisces alat, cibum jucundissimum. ψαφαροῦ κλάσματος ἀκάτην enim *cibum* esse *suavissimum et delicatissimum.* Satis probabiliter. Sed hunc sensum, cum in ipsis verbis quaerimus, intelligimus laborare. ἀκάτην pro voluptate, τέρψει, positum illustravimus ad *Meleagr.* Ep. II. et *Nicandri* Ep. I. ψαφαρόν. εὔθραυστον. *Suid.* Ap. *Hesychium:* ψαφαρόν. ξηρόν. αὐχμηρόν. ἀραιός. ἐλαφρόν. Potest igitur κλάσμα ψαφ. de essa tenui et delicata accipi, quae in lingua posita facile comminuitur et tantum non liquescit; sed vereor, ut contextus hanc explicationem ferat. Est potius h. l. victus aridior (ξηρὸς), qualis est panis, quem victui de piscibus posthabet Ph. Ut illum igitur quodammodo gratiorem et jucundiorem reddat, se pisces quaerere ait. εἰς ἀνάπαυσιν ψ. κ. ad taedium aridi cibi fallendum et superandum. Utinam teneamus, quomodo *Grotius* haec verba aut correxerit, aut explicuerit. Vertit ea in hunc modum:

Nam mare, non carnes cordi mihi: piscis amore
Me spectas alios in mare ferre cibos.

Ceterum haud scio, an hoc distichon melius post v. 2. collocetur. Continuatur enim descriptio τοῦ ὀψοπώλου, et oppositio est in verbis αὐτὰ σὺ γ' — σμαρίδα et χαλκίδας ἢ δὲ φέρεις, quae melius apparet tertio disticho post primum posito. — Pro ἀνάπαυσιν Cod. Vat. ἀνάπαυσιν legit. — V. 7. χαλκίδας. Viliorem fuisse piscem, spinisque horrentem, ex h. l. cognoscitur. Alibi enim nihil de eo reperio, quod cum *Phaniae* judicio conveniat. Fuerunt, qui eum pro halece haberent. Vide *Camus* Notes s. A. p. 183. sq. qui rem incertam esse pronuntiat. — θρίσσας idem est procul dubio, quem alii θρίσσαν vocant, quod ipsum h. l. reponendum esse existimabat *Scaliger* in not. mst. et *Schneiderus*, quem vide ad *Aelian.* V. H. VI. 32. p. 197. τῶν κεστρέων generi annumeratur ap. *Aristotelem* H. N. IX. 37. — φιλοκανθίδας Cod. Vat. — οὐδ' ὄγκος. Inter eas est formulas, quibus contemtum significabant veteres; quarum nonnullas explicuit *Valcken.* ad Hippol. p. 178. B. — λίθινον φάρυγα. ut vel durissima quaeque deglutire possim; quod voracis est et helluonis.

VIII. In Planud. p. 216. St. 314. W. Θεοφάνους est. Θαλλοῦ γραμματικοῦ inscribit Vat. Cod. p. 292. In Mantithei cenotaphium, a patre ipsi exstructum. — V. 1.

πολυκλαύτου ἐπὶ παιδὸς *Brunckius* revocavit ex veteribus Planudeae editt. cum quibus Vat. Cod. conspirat. Prima edit. Ascens. πολυκλαύτῳ — παιδὶ, eamque secutus est *Stephanus*. — V. 2. A. ἴσχων. vulgo. Nostram lectionem Vat. Cod. servavit. — V. 3. οὔνομα. nihil nisi inane ipsius nomen sepelivit, cum ipsius viri reliquiae in parentum manus non pervenerint. Mantitheum naufragio periisse, suspicor; miror tamen, poëtam hoc non disertius indicasse. Nisi fortasse olim scriptum fuit:

ἤλυθε ναυηγοῦ λείψανα — — —.

CHAEREMONIS EPIGRAMMATA.

¶. 55.] *I.* Planud. p. 205. St. 298. W. In Vat. Cod. p. 321. ζτ. ὅτι ἀδιάγνωστόν ἐστι τὸ ἐπίγραμμα. A Planude, sive etiam a librariis interpolatum videtur. In Vat. enim Cod. prius distichon sic concipitur:

τοῖς Ἄργει παρθενικαι χέρες, ἶσα δὲ τεύχη
συμβάλαμεν· Θυρέαι δ' ἦσαν ἄεθλα δορί.

In edit. pr. Plan. χειμῶν omittitur. Cum hoc Epigramma scriptum sit in Spartanos et Argivos, qui de agro Thyreatico pugnaverunt, nullus dubito, quin in παρθενικαι lateat Σπαρτῆθεν ἴσαι. Fortasse igitur scribendum:

Ἀργόθι καὶ Σπαρτῆθεν ἴσαι χέρες — —

Totidem manus eorum fuerunt, qui Sparta, quam eorum, qui Argis huc venerant; eademque arma commisimus. — Mox Θυρέαι probum est. Non minus enim plurali quam singulari numero hujus oppidi nomen effertur. *Stephanus Byz.* v. Θυρέα. . . λέγεται καὶ πληθυντικῶς [καὶ] κατὰ σανίδα Θύρα. Sic scribendus locus, ubi vulgo καὶ desideratur. Sic etiam in *Lentuli* Ep. II. p. 166. *Brunckius* edidit: Θυρέαι δ' ἦσαν ἄεθλα δορός. quamvis ibi Cod. Vat.

Θυρία exhibet. — V. 3. ἀπερφθόμεισθα. quovis praetexto, quo pugna relicta domum reverteremur, abjecto, avibus mortem nostram nuntiandam mandavimus.

II. Cod. Vat. p. 321. Primus edidit *L. Holsten.* ad St. Byz. p. 141. *Jensius* nr. 29. (*Reisk.* Anthol. p. 125. nr. 680.) Ille carminis initium mutilum exhibuit: κλεινα-σου τοι μοι ὑπερ —, cum in Vat. Cod. habeatur: κλεινάσου τολμοικλεινς ὑπέρ. In fine idem ἀμφιτεμνόμενος. Hinc *Heringa* in Obss. p. 199. emendare conatus est: Κλεόβουλ' οἴμοι κλεινὸς — ἀμφιλόγου γᾶς ἐπ' ἀποφθίμενος. *Reiskius* autem: Κλευᾶς σύ τοι μοι ἄκλεως ὑπὲρ Θυρέας κ. τ. λ. Ἀμφιλόχων γᾶν ἀμφιτεμνόμενος. quae mera est scabrities. Cod. Vaticani lectiones exhibuit *Dorvill.* ad Charit. p. 365. nihil ipse correctionis expromens. *Brunckius* carminis initio expressit acutam et elegantem emendationem *Ruhnkenii* in Epist. cr. p. 119. qui pentametrum sic exhibet scriptum: Ἀμφιλόχων γαῖαν ἐπεσσάμενος. Praeferendum ἀμφίλογον, incertam, cujus gentis esset, multaeque adeo rixae causam. Sed in fine versus *Brunckium* Ruhnkenianae emendationi suam praetulisse miror. Codicis lectio γαναμφιτεμνόμενος, plane eo ducit, ut legamus:

γαῖαν ἐφεσσάμενος.

sic enim malim pro ἐπεσσάμενος, ut corruptae lectionis ductibus quam maxime inhaereamus. *Nicomach.* T. II. p. 283. ἱερὰν πέτραν κεῖμεθ' ἐφεσσάμενοι. Vide *Hemsterh.* ad Hesych. v. ἐπιέσσασθαι γῆν. Nomen *Cleuas* occurrit ap. *Livium* L. XLIII. 21. 23. ap. *Strabon.* L. XIII. p. 832. *Etymol. M.* p. 498. l. 32. Κλέης καὶ Κλεύας, καὶ τροπῇ Δωρικῇ Κλεύας.

III. Cod. Vat. p. 281. „Editum a Du Fresne in „CP. Christiana P. II. p. 193. sine lectionis diversitate. „Non videtur ejusdem Chaeremonis esse, qui superio„rum fuit auctor." *Br.* Athenagoras rhetor commemoratur ap. *Ammian.* Epigr. I. ubi vide not. Post Εὔβουλον

Cod. Vat. δ' inserit. An carminis initium periit? — ὤκυμορον φωτὸς brevis aevi virum.

DEMODOCI EPIGRAMMATA.

¶. 56.] *I.* Cod. Vat. p. 539. In Planud. haec tria Epigrammata deinceps leguntur p. 168. St. 244. W. Prius hoc distichon ductum est ex Epigrammate *Phocylidis* X. (T. II. p. 522.) quod *Demodocus* leviter immutavit. In fine vers. minoris vulgo καὶ Πρ. δὲ Χῖος. quod Vat. quoque habet. Sed Χῖος priorem producit. Orta lectio ex verbis archetypi: καὶ Προκλέης Λέριος. Ceterum quid *Demodocus* in Chiis tantopere reprehenderit, difficile sit conjectura assequi. — In eadem Codicis Vaticani pagina *Demodoco* tribuitur hoc distichon:

Πάντες μὲν Κίλικες κακοὶ ἀνέρες· ἐν δὲ Κίλιξιν
εἷς ἀγαθὸς Κινύρης· καὶ [Cod. δὲ] Κινύρης δὲ Κίλιξ.

II. Cod. Vat. p. 539. Legitur etiam apud *Constantin. Porphyr.* L. I. Themat. 11. p. 7. ed. *Bandur.* una cum sequente. — Quam viles apud veteres Cappadoces fuerint, quippe quos ad servitutem natos arbitrabantur, satis constat. Veterum loca collegit *Brodaeus.* Demodocus eos h. l. ut malignos et veneni plenos tradicit. — V. 1. καὶ αὐτή. Cappadox ille itaque periit, sed una cum eo vipera quoque, venenato ipsius sanguine gustato, exstincta est. Melius itaque et probabilius noster, quam *Lessingius* Epigr. LXXXIII. T. I. p. 50. qui hoc distichon imitatus, cum sententiam acutiorem reddere conaretur, aculeum revera retudit.

III. Cod. Vat. p. 539. *Constantinus Porph.* l. c. ultimum distichon omisit. Vide *Banduri* in Not. p. 8. — V. 1. Codd. *Constantini:* Καππαδόκας φαύλους μὲν ἐν ξείνοις δ' αἰνοκακ εἶναι φ. — ζώνη, cingulum militare, ipsam militiam denotat. Cappadoces, homines ignavos, in bello etiam ignaviores esse solito, ait. — V. 3. δράξωνται ex Ald. pr. et Ascens. recepit *Stephanus*. Veteres enim edd. reliquae δράξονται. — In interpretatione verborum μεγάλης ἀπήνης et *Opsopoeus* a vero aberravit, nec *Brodaeus* verum vidit. Recte *Grotius*:

Quod si praeterea sumat bis terve curules,
Ilicet evadit pessimipessimina.

ἀπήνη *carrucam* significat, quatuor equis junctam aureisque laminis inductam, qua magistratus utebantur insigniores. Jam ἀπήνη ponitur pro ipso magistratu, fortasse praefectura urbium provinciarumque imperio. Vide *Reiskium* in Notis ad Constant. Porph. Ceremon. p. 116. — Cum vocabulo φαυλεπιφαυλότατοι, risus movendi causa ficto, *Huetius* p. 17. comparat *Nicarchi* λεπτοτιλεπτότεροι in Ep. XVI. — V. 5. μὴ τετράκις. Ne, quaeso, patere, Cappadocem quarta vice ejusmodi magistratum inire, ne omne humanum genus paulatim in Cappadocum mores et indolem delabatur.

HIPPIAE ELEI EPIGRAMMA.

¶. 57.] In lucem protraxit hoc carmen *Gualterus* in Inscript. Sic. p. 27. ed. Panorm. p. 6. ed. Messan. Hinc *Muratorius* in Thesaur. p. 748. 4. *Dorvill.* ad Charit. p. 186. Tractaverunt illud *Placid. Reynam* in Notit. Urbis Messanae P. I. p. 162. et *Leichius* in Misc. Lips. T. I. p. 500. et iterum in Curis secundis p. 51. Apte *Gualterus* comparaverat *Pausaniam* L. V. 25. p. 442. ubi narratur naufragium triginta quinque puerorum Mamertinorum, qui Rhegium ad festum ibi celebrandum missi, una cum chori magistro in illo freto perierunt. Horum statuae positae Olympiae *ἔργα Ἠλείου Καλλῶνος*. Antiquum autem Epigramma, eodem *Pausania* tradente, has statuas significabat *ἀναθήματα εἶναι τῶν ἐν πορθμῷ Μεσσηνίων· χρόνῳ δὲ ὕστερον Ἱππίας ὁ λεγόμενος ὑπὸ Ἑλλήνων σοφὸς τὰ ἐλεγεῖα ἐπ' αὐτοῖς ἐποίησεν.* Hujus loci auctoritate igitur *Brunckius* hoc Epigramma *Hippiae* tribuendum censuit. Conjectura probabilis, quamvis non omnino certa. Quod si tamen *Hippiae* sunt versus, *Platonis* carminibus in I. Vol. praeponendi erant. Ceterum cum hoc Epigramma Messanae ad Fretum Siculum inventum sit, *Dorvillius* suspicatur, Messanenses exemplar hujus inscriptionis, quae Olympiae erat, in sua civitate collocandum curasse. — V. 3. 4. apud *Gualt.* sic leguntur: *αυτος εχει ποθης εν και . . . τευξελυγροισιν: ους ουτο καλον κοσμει περικειμενον ουνομα τυμβους ου γλυκυς ουθημαιν και φθιμενοις ζηνερως.* Idem tamen in Omissis sic eundem locum exhibet: *αυτος εχει ποθης εν και . . . . τευξε λυγροις μ. . . ματα μυρομενε ου* etc. in fine autem: *καμφθιμενοισιν ερως.* unde *Leichius* p. 51. haec excudit:

> *αὐτὸς ἔχεις πόθεν ἦν καὶ τύμβον . . . . .*
> *δάκρυσι τεῦξε λυγροῖς ὄμματα μυρομένη.*
> *οὐ τὸ καλὸν κοσμεῖ περικείμενον οὔνομα τύμβους.*
> *οὐ γλυκὺς ἐσθ' ἡμῖν κἀν φθιμένοισιν ἔρως.*

Ipse senes unde eram et tumulum . . . . . Exstruxit, tristibus lacrymis oculos perfusa. Non pulcrum appositum nomen tumulos ornat, Non dulcis nobis etiam inter mortuos amor est. Parum feliciter. *Brunckius* exhibuit correctiones *Dorvillii*, quae, quamvis ingeniosae, longius tamen absunt a literarum in marmore ductibus, ut iis confidere queas. Fortasse fuit:

> *πάντας τ' αὐτὸς ἔχει πορθμὸς, καὶ εἰκόνας αὐτὸς*
> *μοίρης τεῦξε λυγρῆς μνήματα μυρόμενος —*

Similiter *Schneiderus*, qui minori versui sic succurrebat: *τεῦξε λυγρῆς μοίρης μνήματα μυρόμενος.* — V. 5. Unus has imagines fecit, unus, cujus pulchrum nomen hunc cippum ornat, quemque nos etiam apud inferos amore prosequimur. Nomen artificis, quod his verbis circumscribitur, Χάλλων fuit; hinc οὐ καλὸν οὔνομα. Similes propriorum nominum periphrases vidimus ad *Meleagr.* Ep. I. 24. et 44. *Dorvillius* comparavit Ep. ἀδέσπ. CXC.

EURIPIDIS EPIGRAMMA.

Vide Tom. I. p. 319.

ARCHELAI EPIGRAMMATA.

¶. 58.] *I.* Cod. Vat. post titul. Ἀρχελάου ἢ Ἀσκλη . . . ἰάδου (Ἀσκληπιάδου). Sic quoque Planud. p. 314 St. 454. W. In statuam aeneam Alexandri, Lysippi opus. Hinc expressum Ep. Incert. CCCIX. Consulendum Ep. *Posidippi* XIV. Posterius distichon excitat *Plutarch.* T. II. p. 331. A. et p. 335. B. qui locus inprimis huc facit: Λυσίππου δὲ τὸν πρῶτον Ἀλέξανδρον πλάσαντος, ἄνω βλέποντα τῷ προσώπῳ πρὸς τὸν οὐρανὸν, (ὥσπερ αὐτὸς εἰώθει βλέπειν Ἀλέξανδρος, ἡσυχῇ παρεγκλίνων τὸν τράχηλον) ἐπέγραψέ τις οὐκ ἀπιθάνως· αὐδασοῦντι . . . . Idem in Vita Alexandri c. IV. T. I. p. 666. B. Τὴν μὲν οὖν ἰδέαν τοῦ σώματος οἱ Λυσίππειοι μάλιστα τῶν ἀνδριάντων ἐμφαίνουσιν . . . . καὶ γὰρ ἃ μάλιστα πολλοὶ τῶν διαδόχων ὕστερον καὶ τῶν φίλων ἀπεμιμοῦντο, τήν τ' ἀνάτασιν τοῦ αὐχένος εἰς εὐώνυμον ἡσυχῇ κεκλιμένου. καὶ τὴν ὑγρότητα τῶν ὀμμάτων, διατετήρηκεν ἀκριβῶς ὁ τεχνίτης. Ex his locis sua hausit *Tzetza* in Chil. XI. 368. — V. 2. Λύσι . . . . . χαλκός. Vat. Cod. — V. 3. αὐδάσοντι vulgo. Nostrum est ap. *Plutarchum.* — αὐδαι . . . . . . χάλκεος. Vat. — V. 4. ἐμοὶ omittit Cod. Vat.

Ex Tom. III. p. 330.] *II.* Servavit hoc carmen *Antig. Caryst.* c. XCVI. p. 146. ed. Beckm. Ἴδιον δὲ καὶ τοῦτο νεκρὸν τινων, τοῦ μυελοῦ σαπέντος, ἐκ τῆς ῥάχεως ὄφεις γίνεσθαι, ἐὰν πρὸ τοῦ τελευτᾷν τεθνηκότος ἀλιγώσωσι τὴν ὀσμὴν κ. τ. λ. Vulgarem hanc ap. veteres opinionem fuiſſe, apparet ex *Plin.* H. N. X. 66. p. 57ἐφ. *Anguem ex medullis hominis ſpinae gigni, accipimus a multis.* Quum Cleomenes Spartanus Alexandriae cruci affixus eſſet, et ſerpens prope eum apparuiſſet, res miraculi loco habita eſt, populo Cleomenem diis exaequante, ἄχρις οὗ κατέπαυσαν αὐτοὺς οἱ σοφώτεροι, διδόντες λόγον, ὡς μελίττας μὲν βόες, σφῆκας δ' ἵπποι κατασαπέντες, ἐξανθοῦσι, κάνθαροι δ' ὄνων τὸ αὐτὸ παθόντων ζωογονοῦνται· τὰ δ' ἀνθρώπινα σώματα, τῶν περὶ τὸν μυελὸν ἰχώρων συῤῥοήν τινα καὶ σύστασιν ἐν ἑαυτοῖς λαβόντων, ὄφεις ἀναδίδωσι. *Plutarch.* Vit. Cleom. c. 39. T. V. p. 203. ed. Tubing. — V. 1. *Xylander* edidit σφαραγίζεται, quod *Meurſ.* in σφραγίζεται mutavit; non ſatis apparet, quo ſenſu. Nam nec *ſignandi* nec *confirmandi* ſignificatio hic locum habet. *Niclas*, V. clar., qui *Antigonum Car.* criticis inſtruxit et exornavit notis, σφαραγίζεσθαι corrigit; comparans *Heſiod.* Theog. 706. σὺν δ' ἄνεμοι ἔνοσίν τε κόνιν θ' ἅμα ἐσφαράγιζον. ἠχεῦντες συνετάρασσον. Senſum igitur vult eſſe: *Aevum omnia perturbare ac permiſcere.* At in verbo σφαραγίζεσθαι ſtrependi et ſonandi dominatur notio, quae ab h. l. aliena eſt. Videndum igitur, an pro ταράττειν ſimpliciter occurrat.— V. 4. ὃς ad νέκυος referendum videtur: qui ex hoc monſtro (ſerpente illo puta, quem hominis medulla progenuit) novum ducet ſpiritum. At certe ex ejusmodi ſerpentibus homines denuo fieri, *Archelaum* dixiſſe, parum fit credibile. Quare poſt τέρας incidendum puto, ὃς autem referendum ad ὄφις, qui ex illa medulla (τέρας vocat propter effectum,) novum ſpiritum ſumit, vitalemque naturam ex defuncto ducit.

Ex Tom. III. p. 830.] *III.* et *IV.* Etiam haec duo diſticha ſervavit *Antigon. Caryſt.* c. XXIII. p. 35. φασὶ δὲ καὶ τὸν κροκόδειλον σκορπίους γεννᾷν καὶ ἐκ τῶν ἵππων σφῆκας γεννᾶσθαι. In alterius distichi v. 2. Xylander edidit: σφῆκας δὲ ζώων. quod *Meursius* emendavit. *Pisides* in Mundi Opif. v. 1312. Οὐδ' ὡς λέγουσιν ἐκ μὲν ἵππου σώματος Σφηκῶν κύησιν, ἐξ ὄνου δὲ κανθάρους, βοὸς δὲ τὴν μέλισσαν τὴν φιλεργάτιν. quae derivata sunt ex *Aeliano* H. A. II. XXXIII. p. 62. ed. *Schneid.* Plurimum huc facit *Varro* de R. R. L. III. 16. p. 236. ed. Bip. *Primum apes nascuntur partim ex apibus, partim ex bubulo corpore putrefacto. Itaque Archelaus in Epigrammate ait, eas esse* βοὸς φθιμένης πεποτημένα τέκνα. *Idem,* ἵππων μὲν σφῆκες γενεά, μόσχων δὲ μέλισσαι.

PHILOXENI EPIGRAMMA.

Cod. Vat. p. 410. Primus edidit *Salmasius* Exerc. in Plin. p. 648. F. Inter Jensian. nr. 140. *Reisk.* Anthol. nr. 791. p. 171. *Dorvill.* ad Charit. p. 433. In Tlepolemum Polycritis filium, qui Mercurii signum in stadii carceribus posuerat. — *Salmasius,* qui ad repagulum, quo stadium claudebatur, duos hermulas exstitisse arbitrabatur, qui fune demisso repagulum solverent, ex hoc carmine censebat effici, ut Tlepolemus hermularum in carceribus ponendarum auctor fuerit. Hunc vero Tlepolemum eundem esse suspicatur, qui ap. *Pausaniam* L. V. 8. p. 395. Lycius fuisse dicitur. Μύρα enim Lyciae oppidum. — V. 1. ἕρμα. Sic est in Cod. Junge: Τληπ. θῆκεν Ἑρμᾶν, ὥστε εἶναι τοῖς σταδιοδρόμοις ἕρμα ἀφετήριον. Mercurii signum, unde stadiodromi currendi initium facerent. Haec autem meta ἕρμα vocatur propterea, quod lapide ibi posito signata erat. Quaecunque enim vel aliis rebus fulcro sunt, vel ipsae aliquo fundamento firmiter nituntur, ἕρματα appellantur. Sed *Dorvillius* non ἕρμα, sed Ἑρμᾶ legit, idque longe elegantius esse judicat: Tlepolemus

Mercurium posuit Mercurio. Ἑρμᾶς enim et ipsum deum significat et statuam, seu truncum Hermae, solitum adhiberi pro meta, carceribus, repagulis, initio curriculi. — V. 2. ἱεροδρόμοι stadiodromi sunt. *Jensius* ἰσοδρόμοις conjicit, quam conjecturam *Dorvillius* refutavit. — Nomen Πολυκρίτου, quod in Cod. est, *Reiskius* in Πολυκράτου mutavit, sine causa idonea. *Polycriti* nomen est ap. *Polybium* L. IX. 34. 10. — V. 3. haereo in verbis ὡς δέ κ' ἀπὸ σταδίων, quae R. vertit: *ad spatium viginti stadiorum*; sensu parum expedito. An στάδιον pro νίκη ἐν σταδίῳ positum? ut poëta dicat, Tlepolemum post viginti victorias, e cursus certamine reportatas, hanc statuam posuisse? Alii videant. — ἀναγώνιον cum Ἑρμᾶν jungendum. ἀναγώγιον ap. *Dorvillium*, vitiose.

DURIDIS EPIGRAMMA.

¶. 59.] Bis legitur in Cod. Vat. p. 430. sq. 432. in Planud. p. 101. St. 150. W. ubi Δούριδος Ἐλεάτου legitur. Ἐλαΐτου exhibet Cod. Vat. et *Stephan. Byz.* qui hoc carmen profert v. Ἔφεσος p. 282. Ἡ δὲ πόλις ἐν κοίλῳ τόπῳ κατοικισθεῖσα, χειμῶνος κατεκλύσθη, καὶ μυρίων ἀποθανόντων Λυσίμαχος τὴν πόλιν μετέθηκεν, ἔνθα νῦν· ἐκάλεσε δὲ Ἀρσινόην αὐτὴν ἀπὸ τῆς γυναικὸς Ἀρσινόης. οὗ τελευτήσαντος ἡ προτέρα κλῆσις ἀνελήφθη. φέρεται δὲ Δούριδος ἐπίγραμμα τοῦ Ἐλαΐτου εἰς τὸν κατακλυσμὸν οὕτως· Ἠέριαι . . . Lysimachum post hanc calamitatem Ephesiis persuasisse narrat *Strabo* L. XIV. p. 640. ut in novas sedes concederent. Coëgisse hunc regem Ephesi incolas, ut ad maris litus habitarent, ait *Pausan.* L. I. 9. p. 23. VII. 3. p. 528. *Salmasius* vulgatis meliora se daturum professus in Exercit. Plin. p. 569. E. F. pusillam rem in fine emendavit; in reliquis nihil mutavit. — V. 1. πιοῦσαι. Wechelianae vitium servavit *Salmas.* Hunc versum c. sequente laudat *Eustath.* ad Dionys. Perieg. v. 828. — V. 2. ἀστεμφεῖ fatali illa et crudeli nocte. ἀστεμφὴς enim sive ἀστεμβὴς est τὸ ἀμετακίνητον, ut interpretatur *Eustath.* ad Il. p. 178. 7. τὸ τραχὺ, τὸ χαλεπὸν, secundum *Hesychium.* — V. 3. Totam regionem ita devastatam fuisse significat, ut Libyae potius deserta referret, quam cultissimi illius agri, quo Ephesus olim conspicua fuerit, praeberet speciem. — Pro μακρῶν, quod ex *Salmasii* emendatione profluxit, vulgo legitur μακάρων, in Plan. ap. Steph. Byz. et in Vat. Cod. utroque loco. Non offendit haec lectio *Grotium*, qui vertit — *et secli tot melioris opes.* Gravior tamen sensus evadit ex nostro: μακρῶν ἐξ ἐτέων κτέανα, opes inde a multis annis congestae et collectae. — V. 5. σαωτῆρος. Diana inprimis, tutelare Ephesi numen. ἔτρεπον. Plan. et Vat. Cod. ἄμμα. vulgo in Plan. ὄμμα legendum esse, jamdudum viderant *Brodaeus* et *Opsop.* nec aliter habetur in Vat. Cod. et ap. Steph. Byz. *Jos. Scaliger* tamen in ἅρμα inciderat. — V. 6. πολλῶν vulgo ap. Steph. Byz. — V. 8. πεπταμένοισι. omnes, praeter *Salmasium.* Vulgata lectio accipienda de fluminibus extra litora effusis latoque adeo alveo manantibus. Si legis κεῖνα — πεπταμένα, opes sunt et divitiae direptae et per undas dispersae. Aliud quid *Grotium* in mente habuisse, suspicari licet ex ejus versione:

Omnia cum ventis cumque amnibus illa voluta
In mare fluxerunt, ut levis unda solet.

Legit itaque:

εἰς ἅλα σὺν ποταμοῖς ἔδραμε σύν τ' ἀνέμοις.

XENOCRATIS EPIGRAMMA.

Anth. Plan. p. 327. St. 467. W. Mercurius conqueritur, quod, palaestrae cum praesit, sine manibus pedibusque fingatur. — V. 2. τὸ κολοβὸν δηλοῖ τὸ μὴ ἔχον ὁλότητα. *Eustath.* II. p. 917. 18. Apte *Brodaeus* excitat *Plutarch.* T. II. p. 797. F. διὸ καὶ τῶν Ἑρμῶν τοὺς πρεσβυτέρους ἀχείρας καὶ ἀπόδας, ἐντεταμένους δὲ τοῖς μορίοις δημιουργοῦσιν. Caussam hujus rei allegoricam affert *Cornutus* de N. D. p. 167. πλάττεται καὶ ἄχειρ καὶ ἄπους ὁ Ἑρμῆς — ἐπεὶ (ὁ λόγος) οὔτε ποδῶν οὔτε χειρῶν δεῖται πρὸς τὸ ἀνύσαι τὸ προκείμενον αὐτῷ. adde *Dion. Cassium* LIV. T. I. p. 739. 11. ibique *Fabricium.* — V. 3. χειρονομεῖν. πυκτεύειν. *Suid.* quo sensu hoc vocabulo usus est *Pausanias* L. VI. 10. p. 475. σκιαμαχοῦντος δὲ ὁ ἀνδριὰς παρέχεται σχῆμα, ὅτι ὁ Γλαῦκος ἦν ἐπιτηδειότατος τῶν κατ' αὐτὸν χειρονομῆσαι πεφυκώς. Initio procul dubio hoc verbum de iis usurpatum est, qui in saltatione manus rite moverent; deinde generaliori significatione adhibuerunt veteres. De Hippoclide pedibus gesticulante *Herodot.* L. VI. p. 498. 7. τὴν κεφαλὴν ἐρείσας ἐπὶ τὴν τράπεζαν τοῖσι σκέλεσι ἐχειρονόμησε. — V. 4. ἀμφοτέρων ἐς βάσιν. *utroque, quo ambulem, pede orbatus,* vertit *Brodaeus.* Vix recte. Junge potius ἑστάμενος ἐς βάσιν (pro ἐν βάσει) ἀμφοτέρων ὀρφανός. cum sic manibus pedibusque orbatus in basi collocatus sim.

PARRHASII PICTORIS
FRAGMENTA.

§. 60.] *I.* et *II.* Servavit *Athen.* L. XIII. p. 543. D. E. Καὶ Παῤῥάσιον τὸν ζωγράφον πορφύραν ἀμπέχεσθαι, χρυσοῦν στέφανον ἐπὶ τῆς κεφαλῆς ἔχοντα ἱστορεῖ Κλέαρχος ἐν τοῖς βίοις. οὗτος γὰρ παρὰ μέλος ὑπὲρ τὴν γραφικὴν τρυφήσας, λόγῳ τῆς ἀρετῆς ἀντελαμβάνετο, καὶ ἔγραφε τοῖς ὑπ' αὐτοῦ ἐπιτελουμένοις ἔργοις·

ἁβροδίαιτος ἀνὴρ ἀρετήν τε σέβων τάδ' ἔγραψε.

καί τις ὑπεραλγήσας ἐπὶ τούτῳ παρέγραψε·

ῥαβδοδίαιτος ἀνήρ.

ἐπέγραψε δὲ ἐπὶ πολλῶν ἔργων αὐτοῦ καὶ τάδε·

ἁβροδίαιτος . . . . τέχνης.

ηὔχησε δ' ἀνεμεσήτως ἐπὶ τούτοις, ὅτε οὐκ ἄπιστα τοῖς πλέοσι λέγων·

φημὶ γὰρ . . . . βροτοῖς.

Ad subscriptionem illam, qua Parrhasius utebatur, *Plinius* respexit H. N. XXXV. p. 693. 16. *Foecundus artifex, sed quo nemo insolentius et arrogantius sit usus gloria artis. Namque et cognomina usurpavit, Abrodiaetum se appellando, aliisque verbis principem artis et eam ab se consummatam.* De Parrhasii mollitie et delicato cultu quaedam ex *Theophrasto* narrat *Aelian.* L. IX. c. XI. ubi *Perizonius Athenaei* locum interpretatur. — V. 1. Haud scio, an melius scribatur: ἀρετὴν δὲ σέβων. *Vir delicatus quidem, virtutis tamen amans.* Particula μὲν in priore membro frequenter omittitur. — V. 3. In verbis ὅς γ' ἀνέφυσε mire inepta mihi videtur particula γε. Fortasse scribendum:

ὅς νιν ἔφυσε.

Quod ἐξελαθόμην praecessit, huic correctioni non obstat. Hoc poëta ex sua persona dicit; de Parrhasio pictore tanquam de tertio quodam agens. Vulgo distinctione hic versus laborat. — Negat *Valckenar.* ad Herodot. p. 727. 21. graece dici τὰ πρῶτα φέρειν, dicendum esse φέρεσθαι. Praeter nostrum tamen sic quoque locutus est *Eustath.* de Hysm. IX. p. 400. τὰ πρῶτα τῶν ἐν Αὐλικώμιδι φέροντι. — Ceterum primum hujus Epigrammatis versum *Athenaeus* iterum laudat L. XV. p. 687. 13. ubi τάδ' ἔγραψεν habetur.

Ad II. fragmentum haec notavit *Brunckius:* „Hoc „fragmentum legitur etiam in Aristidis Orat. περὶ τοῦ „παραφθέγματος p. 386. ex cujus cum Athenaeo compa„ratione video primum hexametrum integrum super„esse et sic scribendum:

„οὐχὶ κλύουσιν ἄπιστα λέγω τάδε· φημὶ γὰρ ἤδη — —

„Legitur enim ap. *Aristidem:* ἀλλ' ἐμὲ πρώην ἀνὴρ ἑταῖρος „— ζωγράφου τι ἐπίγραμμα ἐξεδίδασκε τουτονὶ κἄπιστα κλύουσι „λέγω τάδε· φημί .. Manifestum est, verba, quae apud „Athenaeum et Aristidem leguntur tanquam illorum, „partem esse versiculi Parrhasii. Zeuxidis pictoris simi„lis sententiae elegos, sed mutilos, ibidem refert „Aristides:

„Ἡρακλεία πατρίς, Ζεῦξις δ' ὄνομ'· εἰ δέ τις ἀνδρῶν
„ἡμετέρης τέχνης πείρατά φησιν ἔχειν,
„δείξας νικάτω . . . . . δοκῶ δέ φησιν
„ . . . . . . ἡμᾶς οὐχὶ τὰ δεύτερ' ἔχειν."

— In illis ap. *Aristidem* verbis versus initium esse, nec *Palmerium* fugerat in Exercitatt. p. 490. qui tamen vitiosum procudit versum: Κἄπιστα κλύουσι λ. τ. Non enim fieri potest, ut κλύειν priorem producat. Οὐ ab initio lectum fuisse, ex *Athenaeo* apparet. Sed vide, an *Parrhasius* scripserit:

Οὔ κεν ἄπιστα κλύουσι λέγω τάδε· φημί . . . . .

— V. 2. τῆς τέχνης ap. *Aristidem.*

III. Exstat ap. *Athen.* L. XII. p. 543. F. 544. A. de Parrhasio: τερατευόμενος δὲ ἔλεγεν, ὅτε τὸν ἐν Λίνδῳ Ἡρακλέα ἔγραφεν, ὡς ὄναρ ἐπιφαινόμενος ὁ θεὸς σχηματίζοι αὐτὸν πρὸς τὴν τῆς γραφῆς ἐπιτηδειότητα· ὅθεν καὶ ἐπέγραψε εἶναι· οἷος . . . . *Plinius* H. N. XXXV. 36. 5. p. 694. Parrhasium gloriatum esse ait, *Herculem, qui est Lindi, talem a se pictum, qualem saepe in quiete vidisset.*

PHILEMONIS FRAGMENTUM.

¶. 61.] Anthol. Plan. p. 117. St. 169. W. *Vitae Euripidis* hos ſenarios addidit *Thomas Mag.* quos *Opſopoeus* ex Philemonis Comoedia ductos ſuſpicatur. Huic ſententiae ſuffragatur *Clericus* in Fragm. Philem. nr. LXX. p. 365. — Habentur hi verſus etiam in Vat. Cod. p. 436.

ZENODOTI EPHESII EPIGRAMMATA.

I. Anthol. Plan. p. 38. St. 56. W. Ap. *Stob.* in Flor. T. LXI. p. 289. Geſn. 253. Grot. In Amoris ſtatuam prope fontem collocatam. Poëta ante oculos habuit *Antip. Sidon.* Ep. V. Μὴ κλαίων τὸν Ἔρωτα δόκει, Τηλέμβροτε, παίειν, Μηδ' ὀλίγῳ παύσειν ὕδατι πῦρ ἀνταθές.

II. Anth. Plan. p. 218. St. 318. W. ubi ἄδηλον. Vat. autem Cod. p. 253. Ζηνοδότου, οἱ δὲ Ῥιανοῦ, inſcribit. In Timonis tumulum, quem ipſe Timon ſentibus obſtrui et obduci optat, ne vel avis ad eum accedat. Expreſſum videtur ex *Hegeſippi* Ep. VIII. ubi vid. Not. T. II. p. 176. — V. 1. τρηχεῖαν. Alii contra rogant ſuperſtites, ut tumulum a vepribus purgare velint. Vide ad *Leonid. Tar.* Ep. LXXXIII. T. II. p. 138. Idem color eſt in contraria ſententia ap. *Philodemum* Ep. XXXI. Φῦε κατὰ στήλης, ἱερὴ κόνι, τῷ φιλοβάκχῳ Μὴ βάτον, ἀλλ' ἁπαλὰς λευκοΐων κάλυκας. — V. 2. ἄγρια κῶλα. Plan. et Vat. Cod. σκῶλον. ὅπερ αἶδος ἀκάνθης φασὶν, ἥτις πυρωθεῖσα σύντονος γίνεται. *Euſtath.* ad Il. p. 923. 7. Etiam pro σκόλοψ ponitur. σκῶλα. ξύλα ὠξυμμένα. *Heſych.* Hoc ſenſu vocabulum accepit *Br.* cujus haec eſſe videtur emendatio: *fera ſpinarum impedimenta.* Haec lectio ſi ex cod. fluxit, merito in contextum recepta est; sin ex conjectura, eam minime necessariam esse arbitror. κῶλα pro *pedibus* saepenumero obvium ap. veteres. Jam vero plantis et arbustis, quae per terram serpunt, pedes poëtae tribuere solent. *Philippus* Ep. XLV. λάθριον, ἑρπυστὴν, σκολιὸν πόδα, κισσὲ, χορεύσας. Sed vide, quae notavimus ad *Simmiae Theb.* Ep. I. Tom. I. p. 330. sq. Notanda epithetorum permutatio, pro σκολιὰ ἀγρίας βάτου κῶλα. Sed sic solent poëtae. — V. 4. ἐρημαίαν est in nonnullis editt. — V. 6. γνήσιος. amatus et desideratus. Conf. *Reiskium* ad Constant. Ceremon. p. 89.

III. Ducti sunt hi senarii ex *Stobaei* Florileg. Tit. II. p. 30. Gesn. p. 11. Grot. — V. 1. „κηρύσσεται αἰεὶ ἡ „ἀρετή. *Stob.* Scribendum: κηρύσσετ' αἰεὶ ἡ ἀρετή. In ἡ ἀ„sit synizesis. Sic apud eundem *Stobaeum* p. 70. ἀλλ' „ἡ φρόνησις ἡ ἀγαθὴ, θεὸς μέγας. et p. 79. ὅτῳ δ' ἐλεύθερον „ποθεινὸν ἡ ἀλήθει' ἄγει. Vide *Toup.* Cur. Nov. p. 261. (ed. „Lips.)" *Brunck.*

ARCESILAI EPIGRAMMATA.

§. 62.] *I.* Servavit *Diogen. Laërt.* L. IV. p. 246. unde relatum est in Append. Planud. p. 527. St. 24. W. Scriptum in victoriam ab Attalo ex certaminibus Olympicis reportatam. — V. 2. αὐδᾶται. κηρύσσεται. In stadio Olympico, simul cum victoris nomine, ipsius patria praeconis voce celebrabatur. — V. 4. πολλὸν ἀοιδοτέρη. aliis scilicet victoriis. — Pro θνατῷ vulgo ap. *Diogen.* θνατῶν legitur. Illud est in Msc. regio.

II. Ap. *Diogenem* l. c. Εἰς Μηνόδωρον τὸν Εὐδάμου ἕνα τῶν συσχολαστῶν ἐρώμενον. Appendix Planud. p. 527. St. 25. W. — V. 1. Thyatira, Macedonum colonia. Vide *Strabon.* L. XIII. p. 625. — V. 3. ἶσα κέλευθα. Anaxagorae hoc dictum tribuitur ap. *Diogen. Laert.* II. 11. πρὸς τὸν δυσφοροῦντα, ὅτι ἐπὶ ξένης τελευτᾷ, Πανταχόθεν, ἔφη, ὁμοία ἐστὶν ἡ εἰς ᾅδου κατάβασις. Paulo aliter Cicero in Tusc. Qu. L. I. 43. *Praeclare Anaxagoras: qui cum Lampsaci moreretur, quaerentibus amicis, velletne Clazomenas in patriam, si quid accidisset, auferri, Nihil necesse est, inquit; undique enim ad inferos tantundem viae est.* ubi vide *Davisium*, et quae notavimus ad *Tymn.* Ep. V. — V. 4. ὡς δεῖν' ἐπ' ἀνδρῶν correxisse dicitur *Huetius* p. 81. sed aliud quid scripsisse doctissimum praesulem probabile est. In vulgata subaudiendum ἔφη. Depravationem suspicabatur quoque cl. *Wakefield* in Sylv. crit. T. I. p. 53. ὦ 'δῖτα, πάντων πάντοθεν μ. — V. 5. Εὐδάμου. Hujus viri mentionem facit *Plutarch.* in Vita Philopoem. c. I Ἤδη δὲ τοῦ Φιλοποίμενος ἀντίπαιδος ὄντος Εὔδημος (vulgo Ἐκδημος) καὶ Δημοφάνης, οἱ Μεγαλοπολῖται, διεδέξαντο τὴν ἐπιμέλειαν, Ἀρκεσιλάῳ συνήθεις ἐν Ἀκαδημίᾳ γεγονότες καὶ φιλοσοφίαν μάλιστα τῶν καθ' ἑαυτοὺς ἐπὶ πολιτείαν καὶ πράξεις προαγαγόντες. Cum in Εὔδαμος media syllaba necessario producatur, vide, an scribendum sit:

σῆμα δέ σ' Εὔδαμος τόδ' ἔρεξεν ἀριφραδὲς, ᾧ σὺ — —

σ' pro σοὶ positum. — V. 6. Verba πολλῶν πενεστέων προσφιλέστερος paroemiae speciem prae se ferre, notavit *Menagius.* Sensus esse videtur, Eudamum a Menodoro, tanquam virum ingenuum et vere amicum, pluris esse habitum, quam maximas opes; πενέσται enim apud Thessalos nobiles pars divitiarum erant, sicuti hodie in Russia servi glebae adscripti. De penestis vide *Harpocrat.* p. 285. et *Valcken.* ad Ammon. p. 192. Servos poëta viro ingenuo, multos uni opponit.

DORIEI EPIGRAMMA.

¶. 63.] Relatum est in Append. Planud. p. 519. St. 21. W. ex *Athenaeo* L. X. p. 412. F. ubi, post quaedam ingentis voracitatis exempla laudata, Φύλαρχος δέ φησιν, ait, ἐν τῇ τρίτῃ τῶν ἱστοριῶν, τὸν Μίλωνα ταῦρον καταφαγεῖν κατακλιθέντα πρὸ τοῦ βωμοῦ τοῦ Διός. διὸ καὶ ποιῆσαι εἰς αὐτὸν Δωριέα τὸν ποιητὴν τάδε· Τοῖος ἦν . . . . Hoc Epigramma, ni fallor, respexit *Solin.* p. 6. B. *Milonem quoque Crotoniensem egisse omnia supra quam homo valet. Etiam hoc proditur, quod ictu nudae manus taurum fecit victimam: eumque solidum, qua mactaverat die, absumsit solus non gravatim. Super hoc nihil dubium: nam factum elogium exstat.* Vide *Salmasium* p. 27. C. D. Quae de Milone vulgo narrabantur, in Aegonem transtulit, nonnullis mutatis, *Theocrit.* Eid. IV. 35. — V. 6. πρόσθεν. Haec *Athenaeus* interpretatur sic: κατακλιθέντα πρὸ τοῦ βωμοῦ τοῦ Διός. Ante Jovis aram et in ipso Jovis Olympici adspectu taurum devoravit. — V. 8. Suspiceris πάντα καθ' ἕν. Sed vulgatam, in qua particula σὺν valde elumbis est, tuetur *Eustath.* ad Od. p. 206. 38. Περὶ δὲ Μίλωνος τοῦ Κροτωνιάτου φησὶ Δωριεύς, ὅτι, ὃν ἐπόμπευσε βοῦν, εἰς κρέα τόνδε κόψας πάντα κατ' σὺν μοῦνος ἐδαίσατό νιν.

ARCHIMELI EPIGRAMMATA.

¶. 64.] *I.* Illatum in Append. Anth. Plan. p. 519. St. 21. W. ex *Athen.* L. V. p. 209. C. Scriptum est in sumtuosissimam navem, quam, ostentationis causa exstructam, Hiero Ptolemaeo dono misit. Hujus navis structuram et ornamenta accurate descripta vide ap. *Athen.* l. c. p. 206. C. Similis magnificentiae navem,

Ptolemaei Philopatoris fortasse, (conf. *Athen.* L. V. p. 203. sqq.) descripsit *Maxim. Tyr.* Diss. I. 3. in qua fuisse ait παστάδας καὶ εὐνὰς καὶ δρόμους. Novissimam vocem sollicitat *Marklandus*; sed temere. Satis eam tuetur *Athen.* p. 207. D. κατὰ δὲ τὴν ἀνωτάτω πάροδον γυμνάσιον ἦν καὶ περίπατοι, σύμμετρον ἔχοντες τὴν κατασκευὴν τῷ τοῦ πλοίου μεγέθει. Archimeli nostri carmen magnificentius, quam pro ejus praestantia, remuneratus est Hiero. *Athen.* p. 209. B. Ἱέρων καὶ Ἀρχίμηλον, τὸν τῶν Ἐπιγραμμάτων ποιητὴν, γράψαντα εἰς τὴν ναῦν Ἐπίγραμμα, χιλίοις πυρῶν μεδίμνοις, οὓς καὶ παρέπεμψεν ἰδίοις δαπανήμασιν εἰς τὸν Πειραιᾶ, ἐτίμησεν. — V. 3. ὀρευόχων. trabes erectae carinam sustinentes, quibus ea imponitur, quando exstruendae navis exordiuntur opus naupegi. *Eustath.* ad Homer. p. 1878. in fin. ubi v. 3. 4. hujus carminis laudat." *Brunck.* in Not. ad Aristoph. Thesm. v. 52. — V. 5. Αἴτνας. *Antip. Sidon.* Ep. LI. χῶμα — Ἀθωίας ἴσον ἐρίπνᾳ. Quae sequuntur, ex eodem poëta derivata sunt: ἢ ποῖοι χθονὸς υἷες ἀνηψήσαντο Γίγαντες. Haec de mole dicta, nemo facile reprehenderit; de nave, eadem longe ineptissima sunt. — V. 9. τριελίκτους. Intelligit triplicem navis contignationem. θώραξ. πύργος. *Hesych. Suid.* Sic *Horat.* I. Epod. v. 1. 2. *Ibis Liburnis inter alta navium, Amice, propugnacula.* ubi vide Intpp. — Navis, poëta ait, summis antennis et velis coelum contingit, ipsum corpus suum intra nubes condit. In νεφέων haerebat *Jos. Scaliger*, qui ὑψέων conjecit, improbante *Casaubono*. Aliter judicat *Brunckius*, cujus haec sunt: „Parum congruum est epitheton μεγάλων. Quumque jam dixerit ἄστρων γὰρ ψαύει καρχήσια, nubium mentio fere inutilis videtur. Ideo Scaligeri emendationem probo, reponentis, ἐντὸς ἔχει ὑψέων, quod hujus loci sententiae non adversatur. Triplex enim contignatio Terrigenis ad coelum scansuris scalae instar erat. Vide Scaligerum ad Catulli Carm. de Nupt. Pel. et Th. v. 10." Emendationis necessitatem plane non video. Nubes sideribus inferiores; recte itaque poëta ait, antennas sidera, ipsum navis κύτος autem nubes attingere; imo ejusmodi acumine, quod in meliore poëta vix toleris, nihil versificatore nostro dignius. μεγάλων non valde aptum est epitheton; fateor; sed quid impedit, quominus lenissima mutatione unius literae corrigamus:

θώρακας μελάνων ἐντὸς ἔχει νεφέων.

— V. 11. Anchorae hujus navis funibus nituntur, quales ii erant, quibus Xerxes Hellespontum junxit. Hi funes quam crassi fuerint, diserte docet *Herodotus* L. VII. 36. p. 527. 20. Rem auxit *Tzetz.* Chil. I. v. 599. — V. 15. Hinc *Casaubonus* intellexit, navis inscriptionem fuisse hanc: Ἱέρων Ἱεροκλέους βασιλεὺς Συρακούσιος τοῖς τε ἄλλοις Ἕλλησι καὶ ταῖς νήσοις τοῦτο τὸ σιτηγὸν πλοῖον. Subaudiendum: κατεσκευάσατο. — V. 16. δωροφόρον. *Arben.* In Excerpt. Hoeschel.: καρπῶν πίονα δωροφόρον. Emendavit *Casaubonus* δωροφορῶν. Sed prior lectio videtur verior. Navis ipsa, frumento onusta, vocatur πίων δωροφόρος καρπῶν. Tum ad accusativum subaudiendum verbum ἔπεμψε.

II. Cod. Vat. p. 215. Ἀρχιμήδους. σκωπτικόν. ut exhibuit etiam *Dorvillius* ad Charit. p. 387. qui primus hoc carmen integrum edidit. Nam in Planud. p. 274. St. 395. W. postremum distichon desideratur, et auctoris nomen deest. Scopticum esse, inepte pronuntiat lemmatis auctor, quem medii distichi sensus fefellisse videtur. In laudem Euripidis scriptum est, cujus orationem, quamvis specie facillimam, nemo facile cum successu imitandam susceperit. — V. 1. ἐπὶ βάλλον. Vat. Cod. — δύσβατον οἶμον. Similiter *Oppian.* Cyneg. L. I. 20. τρηχεῖαν ἐπιστείβωμεν ἀταρπόν, Τὴν μερόπων οὔπω τις ἑῇς ἐπάτησεν ἀοιδαῖς. — ἀοιδοθέτης formatum ad analogiam τοῦ ὑμνοθέτης. de quo vide ad *Meleagr.* Ep. I. T. I. p. 3. —

V. 3

V. 3. δεινὴ μ. γ. ἰ. καὶ ἐπίῤῥοθος. Vat. Cod. Melius hoc loco *Planudes:* λείη — quod verum esse, oppositionis lex et norma evincit. *Dioscor.* Ep. VII. λείῃ μνᾶμα παρὰ τριόδῳ. Ductus color ex loco celeberrimo *Hesiodi* O. et D. 290. μακρὸς δὲ καὶ ὄρθιος οἶμος ἐπ' αὐτήν, Καὶ τρηχὺς τὸ πρῶτον· ἐπὴν δ' εἰς ἄκρον ἵκηαι, Ῥηϊδίη δ' ἤπειτα πέλει, χαλεπή περ ἐοῦσα. — ἐπίῤῥοθος. Cum, quae vulgo huic vocabulo significatio tribuitur, ad hunc locum nihil faciat, *Dorvillius* eleganter emendavit ἐπίκροτος; *via frequentata, multum rotis pulsata, et ideo adplanata.* Vocem usurpat *Xenoph.* de Off. Mag. Eq. c. III. 14. ἐν τῷ ἐπικρότῳ ἐν Ἀκαδημίᾳ ἱππεύειν, ubi *Brodaeus* tamen ἱπποκρότῳ malit. — Mox Cod. Vat.

κ
ἣν δέ τις α. εἰςβαίνει, et in exitu pentametri σκόπελος. Ad vulgatam lectionem inprimis facit *Lucian.* V. Hist. L. II. 30. Tom. IV. p. 289. Bip. ἧς δ' ἐπέβημεν, τοιάδε ἦν· κύκλῳ μὲν πᾶσα κρημνώδης καὶ ἀπόξυρος, πέτραις καὶ τράχωσι κατεσκληκυῖα, ... προῄειμεν διά τινος ἀκανθώδους καὶ σκολόπων μεστῆς ἀτραποῦ. *Barnesius* in Vita Euripid. §. XX. σκοπέλου legendum conjicit. — V. 4. 5. „Ultimum distichon „δυσνόητον sane. Videtur Tragoediam Medeae, ut summi „artificii drama laudare. Sed pentameter mihi obscurus „manet, licet verba aperta. An mansit in metaphora? „Et si alias quidem Euripidis tragoedias quis velit aemu„lari, asperam inventurus sit viam, licet appareat levis „et facilis: at si tentet Medeam, praecipitatum iri ta„lem poëtam et omni poëtica gloria privatum iri." Haec *Dorvillius.* Vitium videtur haerere in χαράξῃς. Quid, si legeris:

ἢν δὲ τὰ Μηδείης Αἰητίδος οὐ παραθρέξῃς,
ἀμνήμων κείσῃ νέρθεν — —

τὰ Μηδείης est Medeae historia, qualem *Euripides* in celeberrima illa tragoedia exposuit; ipsam igitur tragoediam significat. Nisi enim Medeam superaveris, ignotus et inglorius inter umbras versaberis. Quare tibi suadeo, ut totum illud tragoedias scribendi negotium omittas. Facile οὔπαρα in ἄκρα abire potuit. ἀμνάμων κελεῃ ductum ex *Sapphus* carmine Fr. X. ap. *Br.* κατθανοῖσα δὲ κείσεαι· οὐδέ τι μναμοσύνα σέθεν ἔσσεται.

DEMETRII BITHYNI DISTICHA.

¶. 65.] *I. II.* Duo haec Epigrammata leguntur in Vat. Cod. p. 477. et in Plan. p. 304. St. 444. W. sine lectionis diversitate. Prius distichon expressit *Ausonius* Ep. LXIII.

Me vitulus cernens, immugiet: irruet in me
Taurus amans: pastor cum grege mittet agens.

HERODICI BABYLONII EPIGRAMMA.

Servavit *Athenaeus* L. V. p. 222. A. unde *Stephanus* illud in Appendicem retulit p. 524. Wecheliani idem inseruerunt Libro II. c. X. p. 199. et iterum repetiverunt in Append. p. 23. In Grammaticos, nugarum captatores, invehitur. Facit ad sensum hujus carminis locus in *Wolfii* Prolegg. in Homer. p. CCXXXV. „Post-„quam Zenodoti et aliorum in optimos versus et uni-„versa carmina grassantium, libidinem nimium sensissent „vetusta monumenta, ars ista jure coepit in crimen et „reprehensionem modestorum et prudentium incurrere, „notarique a multis censoria insolentia et acerbitas et „frigida cura rerum minutissimarum.“ Conf. inprimis *Antiphan.* Epigr. V. *Philippi* Ep. XLIII. XLIV. — V. 1. φεύγετ'. Ex Homero haec ducta. Il. β. 159. Ἀργεῖοι φεύξονται ἐπ' εὐρέα νῶτα θαλάσσης. In vers. sq. fortasse respicitur *Alc. Mess.* Ep. XXII. 6. — V. 3. γωνιοβόμβυκες. qui in angulorum tenebris et sordibus versantur. *Lucian.* in Pseud. 24. Tom. III. p. 181. de verbis obsoletis agens: ποῦ γὰρ ταῦτα τῶν βιβλίων εὑρίσκεις; ἐν γωνίᾳ που τάχα τῶν ἰαλέμων τινὸς ποιητῶν κατορωρυγμένα, εὐρῶτος καὶ ἀραχνίων μεστά. — V. 4. τὸ σφῖν καὶ σφῶϊν. vulgo ap. *Athenaeum.* καὶ τὸ σφῶν correxit *Pierson.* ad Moer. p. 340. — V. 5. δυσπέμφελοι. δυσάρεστοι. δύσκολοι. δυσμετάπειστοι. ut *Eustath.* interpretatur ad Il. p. 1111. 41. laudans *Hesiod.* in 'E. καὶ 'H. 722. Cf. Il. π. 748. — V. 6. ὑὰς Wechel. 'Ελλάς. Herodicus se Aristarcheis illis praeponit seque dignum judicat, ut, illis ex Graecia relegatis, in eadem terra maneat floreatque.

PTOLEMAEI REGIS EPIGRAMMATA.

§. 66.] *I.* Saepe hoc carmen est editum. Primus dedit *Fulvius Ursinus* in Virgilio c. Gr. coll. p. 15. ed. Valck. Emendatius ex suis conjecturis *Victorius* ad calcem commentarii Isagogici Eratosthenis s. Hipparchi εἰς τὰ Φαινόμενα. unde id sumsit *Fabricius* in Bibl. Gr. T. IV. p. 92. ed. nov. *Fellus* in Vita Arati fol. 3 a. *Scaliger* ad Manil. ubi graecos Phaenomenorum auctores recenset, p. 7. Cum Grotii versione *Burmann.* in Addend. ad Anth. Lat. T. II. p. 729. — Arati carmen Hegesianactis et Hermippi operibus ejusdem argumenti longe praeferendum esse judicat poëta. — V. 3. σκοτοῦ δ' ἄνω πάντες ἅμαρτον 'Αλλά γε λεπτόλογος σ. 'Αρατος ἔχει. *Ursin.* Sic, ut hic legitur, hoc distichon exstat ap. *Fellum* et *Scaliger.* cum in notis ad Manil. tum in iis, quas edidit *Villoison.* Epp. Vinar. p. 79. — τὸ λεπτολόγου σκῆπτρον. acutae subtilitatis principatum Aratus obtinet. In hoc enim poëmatum genere, quod in artium tractatione versatur, praecipue laudatur τὸ λεπτὸν sive ἡ λεπτοσύνη, *subtilis tenuitas*. Cf. Not. ad *Callim*. Ep. XXXV. T. II. p. 290.

II. Cod. Vat. p. 455. Planud. p. 67. St. 96. W. Suspicabatur *Stephanus*, in titulo scribendum esse Εἰς Πτολεμαῖον. Deinde haec notavit: *Synesius* in libello περὶ δώρου (ad Paeonium p. 311. D. ed. Petav.) hujus Epigrammatis mentionem faciens, τὸ μὲν ὕστερον, ait, τὸ τετράστιχον, ἀρχαῖόν ἐστιν, ἀπλούστερον ἔχον Ἀστρονομίας ἐγκώμιον. Οἶδ᾽ ὅτι .... — V. 1. In Catal. Codd. Bibl. Laurent. T. I. p. 489. hic versus sic legitur: Οἶδ᾽ ὅτι θνητὸς ἔφυν καὶ ἐφήμερος. — θνητὸς etiam Cod. Vat. — V. 2. πυκινάς. Cod. Laur. ἴχνεσιν πυκινάς. *Synes*. Utroque loco in v. 3. ordine inverso legitur: ἐπιψαύω γαίης ποσί. — V. 4. διοτρεφέος. Plan. διοτροφέος. Synes. Ζηνὶ θεοτρεφέος. Cod. Laur.

III. Cod. Vat. p. 252. Plan. p. 218. St. 317. W. Timon tumulum suum praetereuntibus mortem imprecatur. Expressum ex Ep. quod *Leonidae Alexandrino* tribuit *Br*. nr. XXXIX. T. II. p. 198. sed quod aut *Tarentini* aut *Antipatri* est.

ZENODOTI STOICI EPIGRAMMA.

¶. 78.] Ex *Diogene Laërt*. L. VII. 30. p. 383. ubi diserte *Zenodoto* tribuitur, relatum est in Append. Plan. p. 527. St. 25. W. *Suidas*, qui postremum distichon profert v. Κάδμος Μιλήσιος T. II. p. 217. tanquam *Zenonis* laudat. — Exstat in Vat. Cod. p. 224. — Laudatur Zeno, rigidae virtutis veraeque libertatis inter homines auctor. Facit huc *Varro* ap. *Nonium* v. *Desubulare*, quem locum, praeeunte *Lipsio* in Antiq. Lect. I. p. 19. sic corrigo: *Viam veritatis Zenon moenisse, duce virtute; hanc esse nobilem; alteram Carneadem desubulasse, bona corporis secutum.* — V. 1. ἐυτίᾳ. Vat. Cod. a pr. man. Vett. *Diogen.* editiones κτήσας. — Frugalitatis, paucis iisque, quae natura flagitat, contentae, fundamenta posuisti. De αὐταρκείᾳ vide *Gatacker.* ad Antonin. p. 24. et p. 85. — V. 3. λόγον. Sapientiam virilem primus invenisti. Zenonis philosophia eorum sententiae opponitur, qui finem bonorum non in virtute, sed in voluptate ponebant. — ἐνηθλήσω *Stephano* debetur; vulgo ἀνεθλήσω legitur. *Meibomius* ἀναθλήσω. Vir doctus in Cod. Scalig. ap. *Huetium* p. 81. ἐεθλήσω. Ipse *Huetius* ἀνετλήσω. Post προνοίᾳ incidendum esse, monet *Lennep.* ad Phalar. p. 149. Cui obtemperans, necesse est, αἵρεσιν cum λόγον arcte conjungas. Si verba recte intelligo, ἐνηθλήσω προνοίᾳ significant: tu providentiae propugnasti, quam Stoici inprimis divinae naturae solebant adjungere. — Zenonis autem disciplinam poëta ματέρα ἐλευθερίας vocat, quandoquidem sapiens *solus recte liber* vocatur, *nec dominationi cujusquam parens, neque obediens cupiditati: recte invictus, cujus etiam si corpus constringatur, animo tamen vincula nulla injici possint;* ut *Cicero* ait de Stoicorum philosophia agens, de Finib. L. II. 75. Non omittendum, lectionem ἐνηθλήσω confirmari a *Suida*, qui h. l. laudat v. ἄτρεστος T. I. p. 374. — ἐλευθερίης. Vat. Cod. et *Suid.* (In ed. Lips. corrige: αἵρεσιν, ἀτρέστων.) — V. 5. ἦν καὶ Κάδμ. *Suidas* vitiose v. Κάδμος T. II. p. 217. *Menagius* legendum suspicabatur ἦνθεν ὁ Κ. — Negat *Lennep.* l. c. formulam τίς ὁ φθόνος eo sensu, quo hic ponitur, usurpari. Legendum itaque: εἰ δὲ πάτρα Φοῖνιξ, οὐδεὶς φθόνος· ἦν καὶ – –. *Si patria Phoenix, nil refert, erat etiam Cadmus* (Phoenix), *ille, a quo* etc. *Jo. Goropius Becanus*, teste *Pantino* ad Mich. Apostol. p. 378. correxit: ἔστι πάτρα Φοίνισσα· τ. ὁ. φ. εἰμὶ δὲ Κάδμος. – — Ceterum color, ut ap. *Meleagr.* Ep. CXXVII. εἰ δὲ Σύρος, τί τὸ θαῦμα; μίαν, ξένε, πατρίδα ναίομεν Νάομεν. — Pro πεῖνος *Meibomius* κλεινὸς tentat, citra necessitatem. Vulgata etiam gravior.

CORNELII SYLLAE EPIGRAMMA.

Ex Lect. p. 267.] „Servavit *Appian.* de Bell. civ. „L. I. p. 411. Cornelius Sylla Veneri coronam aut „securim dedicat. In τόνδε intelligitur στέφανον, vel „πέλεκυν; nisi forte olim τούςδε, ad utrumque referen„dum, scriptum fuerit.“ *Brunck.* Huic conjecturae patrocinatur latina inscriptio ap. *Pithoeum* L. IV. p. 146. et in Anthol. Lat. T. I. p. 39. LXIV.

Haec tibi, diva Venus, deponit munera Sylla,
Ut somno monitus, Martis armatus in armis,
Pugnantem atque acies armatas inter agentem.

Grotii versionem pretulit *Burm.* ad Anth. Lat. T. II. p. 705. — Sylla se sub singulari Veneris tutela esse existimabat, quare tropaea inscripsit: Κορνήλιος Σύλλας Ἐπαφρόδιτος. *Plutarch.* T. II. p. 318. D.

ARTEMONIS EPIGRAMMATA.

79.] I. Edidit *Dorville* ad Chariton. p. 196. In formosum puerum, sive Demum sive Echedemum appellatum, quem poëta Apollini comparat. In Cod. Vat. p. 576. lemma est: ἄδηλον, οἱ δὲ Ἀρτέμωνος. — V. 1. Apollo in insula Delo, Echedemus Athenis imperium habet. — αὐχένα. De locis altis et montosis, quae per angustum tractum porriguntur. Conf. *Wessling.* ad Herodot. L. I. p. 35. 86. — V. 3. „Scriptura Codicis est: „Κυκλαδων δ' ἄχι Δᾶμος. Divisas sic voces in nomen pro-

„prium 'Εχίδημος conjungi nolebat *Buberius*, qui car„men hoc in Atheniensem Δῆμον factum censebat, Pyri„lampis filium, de quo videndus *Meursius* Attic. Lectt. „IV. 5. Nihil est in ipso carmine, quod huic opinioni „adversetur; at obstat sequens, in quo idem nomen „'Εχίδημος occurrit." *Brunck*. Lectt. p. 318. Idem in Notis ad *Aristophanis* Vesp. 98. T. II. p. 205. ἶχε Δῆμος exhibuit, Vaticanas quoque membranas sic exhibere affirmans. In quo fallitur. Codex habet, ut *Dorvillius* edidit, 'Εχίδημος, quam scripturam sequens Epigr. confirmat. *Echedemi* nomen Atheniensibus non incognitum fuit. Cf. *Livium* L. XXXVII. 7. — ἶχε ex superioribus facile suppleri potest. — V. 4. Hunc versum respexit *Alberti* ad Hesych. v. ἀβροκομᾷ. — ἔλαμψεν. vi transitiva positum, ἴσως λαμπρὸν ἄνθος. ut ap. *Antip. Thess.* Ep. XIII. λάμψω φέγγος ἐπουράνιον. — V. 5. Athenae, quae virtute et armis mari et terra regnabant, nunc pulcritudinis quoque imperium exercent. *Julian. Aegypt.* Ep. III. 'Ελλάδα νικήσασαν ὑπέρβιον ἀσπίδα Μήδων Λαὶς ἔθηκεν ἑῷ κάλλεϊ ληϊδίην. — In fine Vat. Cod. ὑπεπιγέγραπται.

II. Cod. Vat. p. 587. ἄδηλον, οἱ δὲ 'Αρτέμωνος. Primum hujus carminis distichon edidit *Warton*. ad Theocr. T. II. p. 103. Argumentum, propter medii distichi depravationem, obscurum est. — V. 1. λάθρῃ et παρὰ φαιῇν Cod. Vat. Bene emendatum παρὰ φλιήν. *Warton*. φλιῆς dedit. Finge tibi puerum in angulo prope januam latentem furtimque prospicientem interdum. — V. 3. „In Codice valde depravata est hujus distichi scriptura:

„δειμαίνων καὶ γάρ μοι ἐνύπνιος ἦλθε φαρέτρην
„αἰτᾶων καὶ δοιὺς ᾖχετ' ἀλεκτρυόνας.

„quod dedi, e *Salmasii* conjectura est. Sed in vers. quarto „αἰτᾶν nihili est. Scribo αἴρων, i. e. φέρων. Tum mallem: „καὶ δοιοὺς ἦγεν' ἀλεκτρυόνας. *ducebat, comites habebat*." *Br*. At haec nec *Salmasio* nec *Brunckio* digna. Si insomnium vidit poëta, quid, quaeſo, in eo inerat, quod ipſius animum timore percelleret? Si vero puer pharetram gerens galloſque gallinaceos ſecum ducens, ſecundum philoſophiam ὀνειροκριτικὴν aliquid mali portendebat, id a poëta diſertius explicandum erat. Sed non opus eſt, diu in his conjecturis refutandis immoremur. — Rem ipſam ſpectemus. Ea, de quibus hoc carmine agitur, in patria Echedemi domo facta eſſe videntur. Puer, a patre cuſtoditus, ut ſe tamen amanti morigerum gereret, cuſtodiam fallens, deſcenderat ad januam, ibique latens, non ſine gravi timore, partem noctis cum amante transegerat. Hoc argumentum ſi probabiliter a nobis fingitur, verba depravatiſſima ſic reſtituenda ſuſpicor:

δειμαίνων· παῖς γὰρ μεσονύκτιος ἦλθε ΘΥΡΕΤΡΟΝ,
εἶτ' ἀίων κελάδους ᾤχετ' ἀλεκτρυόνος.

Haec, ni fallor, ſenſum efficiunt valde commodum, et a Codicis ſcriptura proxime abſunt. δειμαίνων cum praecedentibus arcte jungendum eſt. *Tibull.* I. El. VI. 59. *Haec mihi te adducit tenebris, multoque timore Conjungit noſtras clam taciturna manus.* Conf. *Marc. Argent.* Ep. XIII. — μεσονύκτιος, ut *Theocrit.* XIII. 69. ἱστία δ' αἴθεοι μεσονύκτιον ἐξεκάθαιρον. Cf. Eid. XXIV. 11. et quae collegit *Wetſten.* ad N. T. I. p. 624. θύρετρον pro θύραν, forma apud poëtas obvia. *Homer.* Il. β. 415. *Tibull.* I. Eleg. IX. 43. *Saepe inſperanti venit tibi munere noſtro* (puella) *Et latuit clauſas poſt adoperta fores.* *Propert.* L. II. VII. 92. *Furtim miſero janua adoperta mihi.* — εἶτ' ἀίων. Vix quidquam poterit reperiri, quod propius accedat ad Cod. lectionem αἰτάλων; quantillum autem interſit inter ΚΑΙΔΟΥΣ et ΚΕΛΑΔΟΥΣ, in oculos incurrit. Vocabulum κέλαδον de galli cantu recte dici poſſe, nullus dubito cum non ſolum de quovis ſtrepitu, verum etiam de ſono muſico uſurpetur. κέλαδον ἑπτατόνου λύρας. *Euripid.* Iphig. T. 1129. — Puer, audito galli gallinacei cantu, in thalamum rediit. Multa his similia ap. veteres exstant; sed unum laudasse suffecerit *Lucianum* T. III. p. 42. Puella εἰςελθοῦσα περιβάλλει τὸν Γλαυκίαν, ὡς ἂν ἐμμανέστατα ἐρῶσα, καὶ συνῆν ἄχρι δὴ ἀλεκτρυόνων ἠκούσαμεν ᾀδόντων. — Ille autem puer minus constanti erat animo, sed modo arridebat amanti, modo infestum in eum monstrabat animum: ἄλλοτε μειδιόων, ὁτὲ δ' οὐ φίλος. — Pro ἄρα in Cod. Vat. est ἀνά. In marg. apographi Lips. ἀλλὰ legitur. — Amorem suum poëta apium examini, urticae et igni similem dicit, quandoquidem animum tranquillum esse non patiatur. De libidinibus, quae animum irritant et exstimulant, *Juvenal.* Sat. XI. 165. *Irritamentum Veneris languentis et acres Divitis urticae.*

DIODORI ZONAE EPIGRAMMATA.

¶. 80.] *I.* Vat. Cod. p. 513. cujus auctoritate *Diodoro* tribuitur; nam in Plan. p. 180. St. 264. W. ἄδηλον est. Sensus perspicuus. Postulat poëta, sibi dari poculum testaceum, qualia in Attica praefertim (vid. ad *Leonid. Tar.* Ep. LXXXVII.) et in Samo fingebantur. — V. 2. γενόμην. Plan. Vat. Cod. — ἐφ' ᾧ. Vat.

II. Cod. Vat. p. 159. Edidit *Kuster.* ad Suidam v. λυπρῇ T. II. p. 474. *Reiske* in Anth. nr. 409. p. 6. *Toup.* in Em. ad Suid. P. II. p. 255. Heronax, macri agelli possessor, Cereri et Horis primitias quasdam offert. — V. 1. 2. 3. laudat *Suid.* in λικμαία T. II. p. 447. V. 2. et 3. iterum in ὀλιγηροσίῃ T. II. p. 676. — Ceres λικμαία, quae grana ventilantibus praeest. — ἐν αὔλακοφοίτισιν divisim Vat. et *Suid.* — Pro πενιχρῆς, quae est Cod. lectio, ap. *Suid.* in λικμαίῃ legitur πενιχρῶν, unde *R.* πενιχρὴν fecit. Idem ὀλιγηροσύνης edidit. Sed vera est lectio, quam Cod. praebet, ὀλιγηροσίῃ, de agro angustiis finibus circumscripto. — V. 3. „ἀλωρίταις. Sic docte et „vere *Reiskius*, qui simul Suidam emendat, cujus forte „in integrioribus Codd. exemplum hoc reperiretur: nam „verisimilo est admodum, eum huc respexisse in hac „glossa, quae sic scribenda est: ἀλωρῖται. οἱ τὰς ἅλως „φυλάσσοντες. Male legitur: οἱ τοὺς ἅλας. In apogr. Bu„heriano scriptum ἀλωρῖται. In margine haec notata: „*In Msc. est* ἀλωεῖται. *Forte legendum* ἀλωίτα, *genitivus* „*doricus ab* ἀλωίτης. ἀλωίτας στάχυς. ἀλωίτα στάχυος. „Suum ἀωρῖται sibi habeat Toup, quo omnino carere „possumus: nam in his dedicatoriis Epigrammatibus „nihil frequentius ellipsi verborum donandi, dedicandi, „consecrandi etc. quod ipse alicubi etiam vir doctissi„mus observavit.“ *Br.* In Cod. Vat. est ἀλωεῖται. ap. *Suid.* ἀλοεῖται. *Kusterus* conjecit: μοῖραν ἀλείφρου καὶ — *primitias farinae et spicarum*; ipse huic conjecturae diffidens. *Tyrwhitt* in Not. ad Toupii Emend. T. IV. p. 420. ἀλωεινᾶς conjicit. *Secundus* Ep. II. ἵπποις ἀλωειναῖς. — V. 4. ὃς πρὶν Vat. Cod. ὡς πρὶν *Kuster.* ὄσπρια *Reiskii* inventum est: ὄσπρια πάντων σπερμάτων: *legumina ex omni genere seminum prognata. Suidas:* ἡ ἐκ τῶν ὀσπρίων μῖξις. — Haec munera ponit ἐπὶ πλακίνου τρίποδος, in tabula marmorea, tribus pedibus fulta. — V. 5. πιπαιτο. Vat. in marg. γρ. πίναιτο, quae scioli sunt emendationes, de metro male solliciti. — V. 5. 6. *Suidas* in γεώλοφον. ὄρος. ὕψωμα γῆς. T. I. p. 475. in λυπρῇ T. II. p. 474. in πίναιτο T. III. p. 76. *Reiskius*, cum in apogr. Lips. describentis vitio γεωφίλῳ reperisset, γεωφιλῷ edidit, quod ipse a φιλλὸς derivat. Unice vera est scriptura Codicis.

III. Vat. Cod. p. 144. nomen auctoris adscriptum non habet. *Zonae* tribuitur auctoritate Planudeae p. 430. St. 564. W. Priapo primitiae quaedam ex horto consecrantur. Expressit hoc carmen *Philipp.* Ep. XX. — V. 1. excitat *Suidas* in ἀκρισχανῆ Tom. I. p. 339. —

malum punicum paulo ante ruptum, quod maturitatis signum. εὔσχιστον ῥοιὴν vocat *Crinagor.* Ep. VI. — ἀρτίχνουν. Infra Ep. VI. μάλων χνοῦν ἐπικαρπίδιον. Quod noster χνοῦν appellat, ap. *Philipp.* l. c. λεπτὴ ἄχνη vocatur. De malis lanatis sive cydoniis agitur, quae λασιόμαλα dicuntur. *Hesych.* λασιόμαλον. μῆλον τὸ ἔχον χνοῦν. Vide *Bod. a Stap.* ad Theophr. L. IV. p. 340. Ubi de malis cydoniis agit *Athen.* L. III. p. 82. A. B. *Nicandri* locum laudat ex Ἑτεροιουμένοις·

αὐτίχ' ὅγ' ἐκ Σιδόεντος ἢ' Πλείστου ἀπὸ κήπων
μῆλα ταμὼν χλοάοντα τύπους νωμήσατο Κάδμου.

Scribendum puto χνοάοντα. De Acontio videtur agi, qui ad decipiendam Cydippen cydonio malo usus esse dicitur ap. *Aristaenet.* L. I. Ep. X. p. 23. In eadem pagina corrigendi sunt versus *Antigoni Carystii:*

ἦν δέ μοι ὡραίων πολὺ φίλτερος ἢ λασιμήλων
πορφυρέων, Ἐφύρῃ τάπος αὔξεται ἠνεμοέσσῃ.

Vulgo: ἤχι μ. ὠ. π. φ. ἢδ' ἀκριμήλων. Fraudi fuit librariis genitivus post comparandi particulam, quae in hoc schemate abundat. Vide *Abresch.* Auct. Diluc. Thucyd. p. 414. — V. 2. ap. *Suid.* in ῥυτὶς T. III. p. 272. ἐπ' ὀμφάλιον divisim Vat. Cod. » ἐπομφάλιον non est *rotundum,* » ut Brodaeus explicuit, sed *umbilicum habentem.* Nican- » dri Schol. in Alexiph. 348. ὀμφαλόεσσαν. ἢ τὴν τῷ ὀμ- » φαλῷ προσιζάνουσαν, ἢ τὴν ἐκ σύκων τῶν ὀμφαλοὺς ἐχόντων. » τὰ γὰρ σῦκα κάτω ὀπὰς ἔχουσι δίκην ὀμφαλοῦ, δι' οὗπερ ὁ » ὀπὸς αὐτῶν ῥεῖ.« *Br.* Ficum cum pediculo lectam interpretatur *Schneider.* ad Nicandr. p. 188. De ficuum umbilico vide etiam *Bodaeum* ad Theophr. L. IV. p. 382. — V. 3. laudat *Suid.* in πιδακίαν T. III. p. 112. ubi συκνοῤῥᾶγα. quod *Br.* restituendum censet. In Planud. editt. vett. συκνορῥᾶγον. In Ascens. συκνοῤῥᾶγον. Cod. Vat. πορφυρίαν τε β. μεθυπίδακα συκνοῤῥᾶγα. — Uvam purpuream, succo tumentem, abundantem acinis. De μεθυκλάσμα vide ad *Philodemi* Ep. XVIII. 7. — V. 4. Ap. *Suid.* in ἀντίδορον T. I. p. 222. τὸ τοῦ δέρματος δέρμα. ἐν Ἐπιγρ. καὶ κάρυον χλωρῆς ἀντίδορον λ. Sic plane legitur in Cod. Vat. et hinc *Br.* χλωρῆς sumsit pro vulgato λεπτῆς. *Philipp.* Ep. XX. καὶ κάρυον χλωρῶν ἐκφανὲς ἐκ λεπίδων. ἀντίδορον esset *recens excoriatum*; sed in Planud. et ap. omnes alios ἀντίδορον legitur. Quam vim praepositio in hac compositione habere possit, non video; an fuit ἀμφίδορον? — V. 5. ap. *Suid.* in ἀγροιώτης T. I. p. 41. una cum v. 6. in Πρίαπος T. III. p. 172. In Vat. Cod. ἀγροιῶτα. „μονοστέρθυγγι. Hoc ad Priapi veretrum referri non potest. „Inepta est Brodaei explicatio. μονοστέρθυγξ est μονόξυλος, „*ex uno stipite dolatus* — Quis Horatii Priapum ignorat „e ficulno trunco factum?" *Br.* In Vat. Cod. superscriptum μονόποδι, et in marg. ἐπὶ ἑνὶ ποδὶ ἱστάμενος. στέρθυγξ δὲ λέγεται πᾶν εἰς ὀξὺ λῆγον· καὶ ὁ τῆς συὸς ὀδούς. Λυκόφρων· στέρθυγξ ὀδοῦσι· τὸν κτανόντ' ἠμύνατο. Recte *Scholiasten* explicuisse v. στέρθυγξ, apparet ex versu *Sophocl.* ap. *Aelian.* H. A. VII. 39. cerva attollens κεραοφόρους στέρθυγγας εἶρπεν ἴχνιος. De Priapo bene peculiato locum interpretatur *Salmas.* ad Scr. Hist. Aug. T. I. p. 813. qui *Huetium* in errorem induxit, ut p. 41. suspicaretur scribendum esse ὀνοστέρθυγγι· nam Priapum partis obscoenae magnitudine cum asino certare.

IV. Bis in Cod. Vat. legitur, p. 161. et p. 191. Planud. p. 434. St. 568. W. Teleson, venator, Pani belluae exuvias cum clava dedicat, ut ipsi venanti in posterum faveat, rogans. — Expressum est carmen ex *Leonid. Tar.* Ep. XXXIV. — V. 1. τοῦτό τοι Vat. loco sec. — ἀγρειώδεος. Vat. loco pr. ἀγρεῖης πλατάνου est ap. *Leonidam.* Primum hoc distichon laud. *Suidas* in ὑλασσώτης T. III. p. 528. v. secundum idem in λυκοσφαλοτης T. II. p. 469. ubi Τελέσων. male. Utroque loco ed. Mediol. ἐκρίμασε Τ. recte scribit. In edit. Anthol. Aldin. pr. et sec. nomen Τελέσων penitus desideratur. —

¶. 81.] V. 3. 4. *Suid.* in κότινος T. II. p. 356. Clavae ex oleastro solebant fieri. Cf. Not. ad *Leonid. Tar.* Ep. XI. — V. 4. χειρός. Vat. loco pr. — V. 5. βουνῖτα. Vat. utroque loco. Πὰν βουνίτης, qui in collibus colitur. Conf. *Eustath.* Il. λ. p. 831. 32. et *Valcken.* ad Herodot. IV. p. 352. 41. — V. 6. *Brunck.* hunc versum sic edidit, ut in Plan. legitur. Vat. Cod. scriptura discrepat. Loco pr. habetur: εὐάγρει τῷδε πίτυσσον ὄρος. Loco sec. εὐάγρει τῷδε πίτυσσον ὄρος. Fuitne igitur:

καὶ εὔαγρον τῷδε πίτυσσον ὄρος.

ei montem feris refertum pande. Vulgatam tamen praetulerim.

V. Cod. Vat. p. 408. Plan. p. 26. St. 40. W. Vetat Epigramma, ne quis quercus, unde primum hominum genus prodierit, excidere velit. — V. 1. τὰν φαλ. Plan. τὰν β. τὰν μ. Vat. Cod. — V. 4. πρῖνον ἢ κόμαρον. Haec passim junguntur. *Amphis* ap. *Athen.* L. II. p. 50. F. ἔφερει Ὁ πρῖνος κοτίνους, ὁ κόμαρος μιμαίκυλα. *Eupolis* ap. *Macrobium* Saturn. L. VII. 5. capras induxerat de victus copia jactantes, πρίνου κομάρου τε πτόρθους ἁπαλοὺς ἀποτρώγουσαι. De κομάρῳ nonnulla collegit *Bod. a St.* ad Theophr. L. III. p. 242. — V. 5. A quercu securim prohibe, nam majores nostri tradiderunt, nos e quercubus procreatos esse. Hominum ex quercubus originem attigit *Virgil.* Aen. VIII. 315. *Haec nemora indigenae Fauni Nymphaeque tenebant, Gensque virum truncis et duro robore nata. Juvenal.* Sat. VI. 12. *Homines, qui rupto robore nati Compositive luto nullos habuere parentes.* κοκκύβαι. (vulgo κοκκύαι.) οἱ πάπποι καὶ οἱ πρόγονοι. *Hesych.* Ionicum esse vocabulum, notavit *Etymol. M. Suidas* v. κοκκύβαι. αἱ πρόγονοι. ἀφ' ὑμῶν κοκκύβαι καθημένη κεχαίνει. quem locum *Toupius* tentavit in Emend. P. II. p. 232. parum feliciter. In voculis ἀφ' ὑμῶν auctoris nomen latere videtur, Tortasse Εὐφορίων. — In Plan.

κοινῇ, accentu in ultima poſito. — Pro ἀντὶ Cod. Vat. ἄντι.

VI. Cod. Vat. p. 392. ſq. Planud. p. 85. St. 124. W. Apes exhortatur, ut diligenter mella conficiant. Comp. *Niciae* Ep. VII. *Antiphili* Ep. XXIX. — V. 1. Εἰ δ' ἄγετε. Plan. — V. 2. ἢ θυμί. Vat. Cod. ἢ θύμον. Plan. male; nam θύμος priorem corripit. Pro περικνίδια Ed. pr. πεκνίδια. Huic vocabulo quis ſenſus tribuendus ſit, non conſtat: *rugoſos ramuſculos* vertit *Opſop. ſurculos Brodaeus*; quae hariolatio eſt. περικνίδια a κνίζειν derivatum antepenultimam debet producere, ut κνίδη, quod metri leges in hoc verſu non patiuntur. Depravata videtur ſcriptura, nec tamen probabilem emendationem reperio. — V. 3. μήκωνος ἢ ἀσταφιστίδι καρφύγα Vat. Cod. — V. 5. ἄγγεα. Pro alvearibus poſuit *Phocylides* v. 163. ſi vera eſt emendatio *Ruhnkenii* ſcribentis:

κάμνει δ' ἠεροφοῖτος ἀριστοπόνος τε μέλισσα
ἢ κοίλης πέτρης κατὰ χοιράδος ἢ δονάκεσσιν,
ἢ δρυὸς ὠγυγίης κατὰ κοιλάδος, ἔνδοθι σίμβλων
σμήνεσι μυριότρητα κατ' ἄγγεα κηροδομοῦσα.

— V. 6. μελισσοσόος. Cod. Vat. — ἐπικυψέλιος, a κυψέλη. Pan apium cuſtos. ut et Pan partem ſuam accipiat, et is, qui mel alvearibus eximet, et vobis quoque pars relinquatur. — καπνώσας. *Si quando ſedem auguſtam ſervataque mella Theſauris relines; prius hauſtu ſparſus aquarum, Ora fove fumosque manu praetende ſequaces.* *Virgil.* Georg. IV. 228. — βλιστηρίδι χειρί. ἀπὸ τοῦ βλίττειν. Vide ad *Antip. Sid.* Ep. LXXIX. Male *Stephanus* ex Aſcenſ. recepit βλυστηρίδι. Vera lectio eſt in Ed. Flor. et Ald. pr.

Ex Tom. III. p. 331.] *VI**. Cod. Vat. p. 451. Elegantiſſimum hoc Epigramma *Br.* primus edidit. Pan Nymphas rogat, an Daphnin lavantem viderint, et an ipsis pulcher sit visus. — V. 1. In Cod. Vat. non est, ut *Br.* ait, ναρηΐδας, sed Νηρηΐδες, et in marg. λιπηΐδες. Illud reponendum. Lectio marginalis ipsa illius scripturae vestigia habet clarissima. — De forma vocis Νηρηΐδες vide *Valckenar.* ad Ammon. p. 163. sq. — V. 2. χθιζὸν ἐ. ὡς ἐ. κόμην. In marg. κόνιν. „ἐπαχνίδιαν si rectum est, „de quo forte quis ambiget, quum nullibi, quod sciam, „haec vox reperiatur, significabit, lanugini cutis adhae„rentem. ἄχνη enim est lanugo. Pronum esset reponere „ἐπαμαλλίαν." *Br.* Tum vero κόμην revocandum. Sed ἐπαχνίδιος mihi quidem longe videtur elegantius. Est autem κόνις ἐπαχνιδία, pulvis, tanquam ἄχνη, sive lanugo quaedam, corpori inhaerens. — V. 3. σειριόκανθος invenit *Br.* in apogr. suo. At in nostro σειριόκαντος est, nec sequenti versu μάλλα παρῆιδα reperio, sed μάλα παρηΐδα. Hinc *Schneiderus* suspicatur καλὰ παρῄδια. *Rufin.* Ep. XI. φοινίσσετο χιονέη σάρξ. *Musaeus* v. 58. ἄκρα δὲ χιονέων φοινίσσετο κύκλα παρειῶν. — V. 5. ἐγὼ Vat. Cod. et mox μοῦνον ἐγνώσθην et κραδίην. Sensus est: Dicite mihi, an vobis pulcher fuerit visus? an ego, sicuti pedibus incedo hircinis, sensu quoque et judicio, non humano, sed hircino sim praeditus?

VII. Cod. Vat. p. 259. Edidit *Reiske* in Anth. nr. 593. p. 82. Charontem poëta monet, ut Adonidi, delicato puero, ad inferos descendenti manum porrigat. — V. 1. Ἀΐδῃ Cod. Vat. et sic *R.* edidit, qui Charontem designari censet, nisi forte vertendum sit: Invise, non conspiciende mortalibus. *Br.* ἀΐδῃ edidit, hanc vocem cum βᾶριν jungendam esse ratus: κελαινὲ Χάρων, ὃς κωπεύεις ἀΐδῃ βᾶριν νεκύων ἐλαυνομένην ἐν τῷ ὕδατι κ. λ. Nam ἐλαυνομένην quoque ex conjectura dedit, pro ἐλὼν ἐδύνας. *Salmasius* conjiciebat αἰδοῖ (αἰδοῖε Χάρων) et ἐλαυνόδυνον. Aliam viam, haud paulo meliorem, instituit *Schneiderus* in not. mst. ubi et ἄιδος et in fine pentametri ἰδὼν ὀδύνας τῷ K. corrigendum proponit. *Leonidas Tar.* Ep. LIX. Ἄϊδεω λυπρὴ διηκόνε, τοῦτ' Ἀχέροντος Ὕδωρ ὃς πλώεις πορθμίδι κυανέῃ. *Archias* Ep. XXXIV. ἅιδεω ὦ νεκυηγὲ κεχαρμένε δάκρυσι πάντων, Ὃς βαθὺ πορθμεύεις τοῦτ' Ἀχέροντος ὕδωρ. — Non omittendum, quod Vat. Cod. a pr. man. κωπεύη habet, et v. 3. ἐμβαίνοντι. v. 4. Χάρον. v. 5. θήνας. — *Reiskius* verba ἔχων ὀδύνας, sic enim exhibuit, ad Charontem refert, qui cymbam non sine sudore impellat; memor fortasse querelarum laboriosissimi senis in Contempl. §. 1. *Luciani* Opp. T. III. p. 31. ed. Bip. Deinde idem scribit τὸν Κινύραν. In proximis *Reiskium* scriptura apogr. Lips. πλάτει in errorem induxit, ut θραύοι corrigeret; eidem mox debetur θεῖναι. Quamvis fortasse acquiescendum est in *Schneideri* emendatione, nondum tamen me poenitet conjecturae, olim propositae in Emendatt. in Epigr. Gr. p. 24.

Ἀΐδος ὃς ταύτης καλαμώδεος ὕδατι λίμνης
κωπεύεις νεκύων βᾶριν, ἔχοντι δύας
τῷ Κινύρου τὴν χεῖρα βακτηρίδος ἐμβαίνοντι
κλίμακος ἐκτείνας, δέξο καλαινὲ Χάρων.

Ad v. καλαμώδεος conf. *Propert.* II. El. XX. 71. *Jam licet et sedeat Stygia sub arundine remex.* ubi vide Intrpp. et *Ruhnkenium* ad Hermesian. v. 5. p. 286. — In ἔχοντι δύας finge tibi puerum delicatulum, qui nec sandalia ferre, neque nudis pedibus per litoris arenam incedere potest. Inprimis huc facit *Philostrat.* Epist. XXII. μαλακώτερον διετέθης ὑπὸ τοῦ σανδαλίου. θλίβει σε, ὡς πέπεισμαι. δεινοὶ γὰρ δακεῖν σάρκας ἁπαλὰς αἱ τῶν δερμάτων καινότητες. et paulo infra: τί οὖν οὐκ ἀνυπόδητος βαδίζεις; τί δὲ τῇ γῇ φθονεῖς; λαῦτια (l. βλαῦτια) καὶ σανδάλια — νοσούντων ἐστὶ φαρμακα. — δύη pro dolore, aerumna, passim ap. poëtas obvium. V. *Suidam* in κακοπάθεια. *Aeschyl.* Prom. v. 524. δύαις ἐμὲ γναμπτόμενος βαρείαν.. *Apollon. Rhod.* L. I. 120. — V. 3. βακτηρίδος — κλίμακος, quae verba cum ἐκτείνας jungenda sunt, idem quod τῆς ἀποβάθρας, *scalae navalis.*

Dor-

Dorvill. ad Charit. p. 597. *Manum a scala porrige in gratiam filii Cinyrae, eumque in cymbam accipe.* — Simili humanitate Charontem excepturum esse Glauciam puerum, auguratur *Statius* II. Silv. I. 186. *quin ipse avidae trux navita cymbae Interius steriles ripas et adusta subibit Litora, ne puero dura ascendisse facultas.*

¶. 82.] *VIII.* Cod. Vat. p. 214. Διοτίμου. Nusquam antea editum carmen in Aristophanis cippum scriptum est. Ipse poëta comicus μνᾶμα ἀρχαίας χοροστασίας, monimentum veteris comoediae, vocatur.

IX. Cod. Vat. p. 267. Ζωνᾶ Σαρδιανοῦ. εἴς τινα ἔμπορον ναυηγήσαντα καὶ ἐπὶ ψάμμου ταφῆς ἀξιώσαντα. In Plan. p. 254. St. 368. W. Ζωνοῦ est in lemmate, quod *Fabricius* Bibl. Gr. T. II. p. 726. in Ζωνᾶ mutandum esse monuit. Pius quidam viator, naufragi cadaver in litore offendens, illud parvo pulveris munere impertit. — V. 1. ἐπ'· ἀμήσομαι. Cod. Vat. In talibus ἐπαμήσασθαι *aggerere, congerere* significat. Ulysses Od. ε. 482. αὐτὴν ἐπαμήσατο χερσὶ φίλῃσιν Εὐρεῖαν. Vide *Eustath.* p. 353. 4. *Apollon. Rhod.* L. I. 1305. Τύμβον ἐν ἀμφιρύτῃ πέφνε καὶ ἀμήσατο γαῖαν Ἀμφ' αὐτοῖς. Vide inprimis *Valckenar.* ad Herodot. L. VIII. p. 630. 12. et *Dorvill.* ad Charit. p. 366. sq. — *Wakefield* in Sylv. crit. T. II. p. 100. corrigit: ψυχρά σοι κεφαλά. — V. 3. σου Vat. Cod. — V. 4. „Ἀλεξάντῃ. Corruptelae suspicione non vacat. „ἀλιξάντῳ in Vat. Cod. scriptum. Mirum est eum, qui „hominis incogniti cadaver fluctibus in litus ejectum „sepulturae mandat, hominis hujus matrem nomine „compellare posse. Forte scribendum: οἶδεν ἀλιξάντου τὸν „μάρον αἰνάλιον. Sed neque hoc placet. Pro οἶδεν Flor. „εἶδεν [et sic Vat. Cod.] in duobus Planudeae codd. et„iam observatum." *Br.* *Wakefield* l. c. corrigit: οἶδεν ἀλιξάντῳ σοὶ σορὸν εἰνάλιον. *Curabat tibi tumulum litoralem.* Comparat idem *Euripid.* Rhes. v. 199. ubi ἐπιδεῖν curandi et prospiciendi significatione occurrit. Sed hujus loci diversa est ratio. Mihi olim in mentem venerat scribere:

οὐ γάρ σευ μήτηρ ἐπιτύμβια κωκύουσα
εἶδεν ἀλίξαντον σῶμα τόδ᾽ εἰνάλιον.

Non enim matri tuae, ad cenotaphium tuum ploranti, contigit, ut hoc fluctibus laceratum et in undis jactatum corpus videres; sed jaces in deserto litore — —. Elegia ad Liviam v. 95. *At miseranda parens suprema nec oscula fixit Frigida nec fovit membra tremente sinu. Non animam apposito fugientem excepit hiatu, Nec traxit caesas per tua membra comas.* ἀλίξαντον σῶμα, ut λείψανον ξανθὲν ὑπὸ σπιλάδι in Epigr. *Antip Sid.* XIV. Vide, quae de hoc vocabulo collegit *Markland.* ad Suppl. p. 150. et *Toup.* ad Suid. P. III. p. 375. — V. 5. »ᾐόνες. Sic »Vat. Cod. et Planudeae regius optimus. Editiones »ᾐόνος. Unde probabiliter *Reiskius*: δέξαντ᾽ αἰγιαλὸς γεί»τονος ᾐόνος. quod aliis lectionibus praeferendum cen»seo, modo scribatur: δέξαντ᾽. πλαταμῶνες ipsa litora »non sunt, sed ὕφαλοι πέτραι, ὁμαλαὶ πέτραι ὀλίγον ἐξέχουσαι »τῆς θαλάσσης, *litorales rupes*; ut exponunt Grammatici »veteres. Eae ᾐόνες dici non possunt. Tum quid sunt »ᾐόνες γείτονες γαίης, tanquam si litus terra non esset?« *Br.* In conjecturam, qua *R.* textum sanavit, inciderat etiam *Jos. Scaliger* in not. mst. Huic non praeferenda suspicio cl. *Wakefield*: δέξονται γαίης γείτονες ᾐόνες. In Vat. autem Cod. a pr. quidem manu ᾐόνες legitur, sed deinde ᾐόνος correctum. — V. 7. μέρειν βραχύ. *Horat.* I. Carm. XXVIII. *Pulveris exigui prope litus munera.* — πολύ. Cod. Vat. — Pro ἔχε μὲν Plan. conjunctim ἐχέμεν, i. e. ὥστε σε ἔχειν. Praeferenda scriptura Vat. Cod.

Diodoro nostro Vat. Cod. tribuit Epigr. *Heliodori* T. II. p. 306.

PHILODEMI EPIGRAMMATA.

¶. 83.] *I.* Cod. Vat. p. 595. Edidit *Dan. Heinsius* de Sat. Horat. II. p. 224. et ex eo *Sam. Petitus* in Obff. L. I. p. 93. Ex *Dacierii* Verfione Horatii idem repetivit *La Monnoye* in Menagianis T. III. p. 371. Poëta meretricis et ingenuae puellae amore inflammatus hanc fibi magis defiderabilem videri ait. — V. 5. „Δημώφιον" in Cod. Quod variis emendationibus et expofitionibus „locum dedit, quibus fenfus et venuftas carminis perit. „Petitus demonftravit fcribendum effe Δημαρίον. Δημώ „et Δημάριον idem nomen. Hoc ὑποκοριστικόν. Λέξω τὴν „παρθένον Θέρμιον πολυευκτοτέρην Δημαρίου." *Br. Moneta* in Menagianis l. c. ἡ γὰρ ἕτοιμα fufpicatur legendum: *paratam Venerem amo, fed magis defidero diu negata gaudia.* Nihil hic mutandum. Sententia eft, qualis apud *Ovidium* II. Amor. XIX 3.

Quod licet, ingratum eft; quod non licet, acrius urit.
Ferreus eft, fi quis quod finit alter amat.

Callimach. Epigr. I. μισέω καὶ περίφοιτον ἐρώμενον — σικχαίνω πάντα τὰ δημόσια. Idem Ep. XI. χοὐμὸς Ἔρως τοιόσδε· τὰ μὲν φεύγοντα διώκειν Οἶδε, τὰ δ' ἐν μέσσῳ κείμενα παρπέταται — Quod ap. *Philodemum* τὸ φυλασσόμενον vocatur, *Horatio* funt *interdicta, valle circumdata*, quae matronarum amantem *infanum* reddere ait. I. Serm. II. 96.

II. Cod. Vat. p. 104. Planud. p. 469. St. 610. W. Quatuor fe puellas amaffe ait, nomine Δημοῦς appellatas, unde fibi Philodemi nomen fatale effe fufpicatur. — V. 3. Pro Ἀσιακῆς Cod. Vat. ὑσιακῆς legit, quod fufpicionem facit, aliud quid in hoc verfu olim lectum fuiffe. Nomen urbis vel provinciae defideratur. Plura conjici poffunt. Fortaffe:

καὶ πάλι Ὑσκαρικῆς Δημοῦς τρίτον.

Demus fortasse Hyccarica, ut Laïs. Vide *Athen.* L. XIII. p. 588. B. C. et *Burmann.* ad *Propert.* II. El. 5. p. 249. — V. 5. Ipsae igitur Parcae me Philodemum appellarunt, ut me nunquam non Demus cujusdam teneret desiderium. *Et semper causa est, cur ego semper amem. Sive ita nascenti legem dixere sorores, Nec data sunt vitae fila severa meae.* Sappho in Epist. ap. *Ovid.* XV. 80. Protesilao Parcas hoc nomen tribuisse, ut futurum ejus casum significarent, dixit *Ausonius* Ep. XX. 4. *Protesilae tibi nomen sic Fata dederunt, Victima quod Trojae prima futurus eras.* Cum *Philodemo* cf. *Meleagrum* Ep. XXXI. Vide Not. T. I. p. 51. sq.

III. Cod. Vat. p. 95. Edidit *Reiskius* in Misc. Lips. IX. p. 114. nr. 291. Poëtae cum meretrice perquam humana colloquium. — V. 1. καὶ σύγχαιρε. apogr. Lips. — Mox in puellae responso Cod. Vat. non τί δέ, ut *R.* sed σὺ δὲ exhibet. Haec et quae proxime sequuntur, obscuriora sunt. *Reiskius* vertit: *Quo nomine oportet te citare? — Quid vero hoc ad te? Nondum hoc quaere. — Seria es? — Neque tu esto serius.* Sed haec non bene cohaerent. Verborum ordo fortasse nonnihil turbatus est. Certe nihil obscuritatis remanebit, si scripseris:

α. τί δεῖ σε καλεῖν; β. σὺ τί τοῦτο;
α. μὴ σὺ φιλόσπουδος. β. μήτε σύ.

A. *Quo nomine appellanda es?* B. *Quid hoc quaeris?* A. *Ne tu tantopere festines.* B. *At nec tu.* Finge tibi puellam porro euntem; quare amator eam retinet verbis μὴ σὺ φιλόσπουδος. Eadem illa retorquet: nec tu tam festinanter agas. Elegans in his ambiguitas, qualem diverbia amant. Festinatio viri in eo se declaraverat, quod statim post primam salutationem puellam rogaverat nomen. — V. 3. αἰεὶ τὸν φιλέοντα. eum semper habeo, qui me habere cupiat. — V. 4. εἶτ' ἀπὸ σοῦ π. apogr. Lips. unde *R.* ἦτ' ἀπὸ σοῦ. vertens: *anne vero sponte tua venies?* Optime *Valckenar.* in Diatr. p. 286. B. εἶτα πόσον παρέσῃ; *quo mibi pretio aderis?* Eodem modo, praepositione suppressa, *Antip. Sid.* Ep. VI. δραχμῆς Εὐφράτην τὴν Ἀτθίδα — ἔχε. *Strato* Ep. LXXVI. οἶδα τὸ ποῦ, καὶ πῶς, καὶ τίνι, καὶ τὸ πόσον. *Machon* ap. *Athen.* L. XIII. p. 580. D. μειράκιον ὁ καλός, φησί, πόσον ἵστης, φράσον. ut eleganter correxit *Lennep.* ad Phalar. p. 95. 1. Lectione Vat. Cod. εὖγε servata *Schneiderus* in Per. crit. p. 105. hunc versum sic correxit, ut ap. *Br.* legitur. — V. 5. Viro puellae aliquid arrhabonis offerente, id illa recusat; quod cum hic admiretur, ut rem a meretricum consuetudine alienam, puella illecebris artibusque suis confisa, tantum sibi pretii paciscitur, quantum ipsi post rem peractam fuerit visum. — V. 7. ποῦ γίνῃ. *ubi babitas. mittam, qui te arcessat.* καταμάνθανε. *Reisk.* haec sic accipit, quasi puella amanti domicilium suum digito indicet. Si res Londini, Parisiisve ageretur, meretriculam viro tabellam porrigere dixeris, in qua et nomen et mansio perscripta esset. — V. 8. πρόαγε. De puero nimis morigero *Strato* Ep. XXVI. ἐπένευσεν Ὀφρύσι, καὶ φανερῶς αὐτὸς ἐρεῖ, πρόαγε, Οὐ γὰρ ἀνάβλησις.

¶. 84.] *IV.* Hoc carmen *Philodemo* tribuitur auctoritate *Planud.* p. 470. St. 611. W. Vat. Cod. p. 140. τοῦ αὐτοῦ inscribit (i. e. Ἀντιφίλου, cujus carmen praecessit) ἢ μᾶλλον Φιλοδήμου. — V. 1. τί τοι Plan. — V. 3. μετὰ σοῦ. aliquem, qui te arcessat. Sed hoc sensu praepositio μετὰ cum accusativo jungitur. Vide *Brunck.* ad *Apoll. Rh.* I. 4. Quare *Scaliger* in not. mss. σ' εὖν correxisse videtur. At hoc languet. Interpretare igitur: mittam tecum, cui domum monstres. — V. 4. ὑγίαινε. Dicebatur, ut χαῖρε, sed eo discrimine, ut hoc matutino potissimum tempore, illud vespertino adhiberetur. Vide *Thom. Mag.* v. Χαίρειν p. 909. Hinc *Strato* Ep. XIX. Ἑσπερίην Μοῖρίς με, καθ' ἣν ὑγιαίνομεν ὥραν — ἠσπάσατο. — οὐδ' ὑγίαινε λέγεις. *nec salutem quidem reddis?* Hoc imitatus est *Strato* Ep. XXVIII. ubi superbientem describens puerum, ἄχρι τίνος ταύτην τὴν ὀφρύα τὴν ὑπέρογκον, Μέντορ, τηρήσεις, μηδὲ τὸ χαῖρε λέγων. — V. 5. πρὸς ἐλεύσομαι. Vat. Cod. — οἶδα μαλάσσειν. et te duriores emollire scio, pecunia scil. data. *Marc. Argent.* Ep. X. ἀλλ' ὅμως αὐτὴν ὑγροτέρουσαν, ἣν ἐπιπέμψω Κύπριδος ἰχνευτὰς ἀργυρέους σκύλακας.

V. Cod. Vat. p. 104. Φιλοδήμου εἰς τὴν ἑαυτοῦ μοιχαλίδα νυκτὸς πρὸς αὐτὸν ἐλθοῦσαν. *Reiske* in Misc. Lips. IX. p. 137. nr. 316. Mulier loquitur, quae, conjuge relicto, nocte intempesta ad inertem amasium venerat. — V. 1. τὴν ἰδὼν κλέπτουσα edidit *R.* Schedae Lacroz. ἰμὴν, ut est in Vat. Cod. unde etiam κλέψασα. Hunc versum profert *Alberti* ad Hesych. in συνεῦνον. — V. 2. Depravata lectione versus praecedentis in errorem inductus *Reiskius* ἦλθεν dedit. Deinde συνῇ τ. ψακάδι. In Cod. Vat. est συνεινῇ τ. ψακάδι. Nihil hic interest, ψακὰς an ψεκὰς scribatur. Vide *Interpp. Moeridis* p. 419. Retinenda igitur scriptura Codicis. *Tibullus* de artibus agens, quas Venus amantes doceat, L. I. El. II. 23. *Nec docet hoc omnes, sed, quos nec inertia tardat, Nec vetat obscura surgere nocte timor. — Non mihi pigra nocent hibernae frigora noctis, Non mihi, cum multa decidit imber aqua.* — V. 3. »Bona est versus tertii scriptura; non retinenda tamen Salmasii conjectura: τοὔνεκεν ἄπρηκτοι κατακείμεθα, quod, ob verbi praesertim significantiam, »praeferendum videtur.« *Br.* *Reiske* dedit ἐν εὐπρήκτοισι, quod merito repudiavit *Toupius* in Em. in Suid. P. III. p. 456. qui tamen, omisso in fine interrogandi signo, parum recte haec verba interpretatur sic: dicit puella, se media de nocte ad Philodemum clam marito venisse, sed ita frigore et pluvia defatigatam, ut nihil agerent. — Est potius vir, qui ἄπρηκτος jacet, de quo puella conqueritur: Hanc igitur ob causam noctis pericula, frigus et pluviam non extimui, ut nunc segnes et inertes jaceremus, et minime ne, ut amantes decet? Desidero tamen in hac interrogatione particulam ἆρα. Fortasse fuit:

τοῦνεκ' ἐν ἀπρήκτοις ἆρα κείμεθα;

ἐν ἀπρήκτοις pro ἄπρηκτοι. Apte *Toupius* comparat *Diogen. Laert.* IV. 2. 3. de Phryne: καὶ τέλος πολλὰ ἐκλιπαροῦσα, ἄπρακτος ἀναστῆναι. Similem reprehensionem Cynthiae suae refert *Propert.* L. II. El. XII. 5. *Illa meos somno lapsos patefecit ocellos Ore suo, et dixit: Siccine lente jaces?* Idem II. XI. 13. *Nec mihi jam fastus opponere quaerit iniquos Nec mihi ploranti lenta jacere potest.* i. e. ἄπρηκτος. Hoc vocabulo de segnibus et inertibus utitur *Manetho* L. IV. 517. νωχελέες τε πέλουσι καὶ ἄπρηκτοι καὶ ἄτολμοι. Plura, quae huc pertineant, collegit *Dorville* in Charit. p. 159. — Verba ὡς εὕδειν – ad λαλεῦντες, non ad totam enuntiationem referenda sunt. Amantes se invicem verbis et grata loquacitate juvare decet. *Ovidius* III. Amor. XIV. 24. *Illic nec voces, nec verba juvantia cessent.* Art. Am. II. 705. *celeberrima verba loquentur, Nec manus in lecto laeva jacebit iners.*

VI. Cod. Vat. p. 140. Planud. p. 467. St. 607. W. In amantem (qualem se Petala habere ait ap. *Aristaenet.* I. Ep. XXXVI. p. 162. ἐγὼ δὲ ἡ τάλαινα θρηνῳδὸν, οὐκ ἐραστὴν ἔχω) qui, postquam multis et precibus et lacrymis a puella id, quod petierat, consecutus est, iners et cunctabundus sedet, nec occasione sibi oblata fruitur. — V. 1. περίεργα θεωρεῖς. In re amatoria passim. *Strato* Ep. XVII. τίς καλοὺς οὐ περίεργα βλέπει; *Achilles Tat.* p. 9. περιεργότερον ἔβλεπον τὸν Ἔρωτα. Idem p. 50. ἤδη δὲ καὶ αὐτὴ περιεργότερον εἰς ἐμὲ βλέπειν ἐθρασύνετο. *Philostrat.* Epist. LIII. p. 940. meis oculis συνέγνωκα δεινὴν περιεργίαν. *Aristaenet.* L. II. Ep. XXI. p. 105. περίεργος διατελῶ πρὸς τὰ γύναια πανταχῇ, οὐχ ἵνα τούτων ἅψωμαι. — V. 3. ταῦτα μὲν ἐστιν ἐρῶντος. *Xenoph. Ephes.* L. III. 2. p. 54. καὶ τὰ πρῶτά γε τοῦ ἔρωτος ἐδοιπορεῖ φιλήματα καὶ ψαύσματα καὶ πολλὰ παρ' ἐμοῦ δάκρυα. *Aristaenet.* L. I. Ep. XXVIII.

p. 68. τότε μὲν ἱδρώσης ἅπαντα πράττει, καί μοι τὸν πόθον ὑφάπτει πολύν. — V. 4. Quum dico, en, tecum cubo, tu autem iners jaces, tum profecto nihil amantis habes. Et Planud. et Cod. Vat. μένεις ἄπλους. ἄπλους *Br.* recepit ex conjectura *Toupii* in Em. in Suid. p. 433. *Meleager* Ep. LXIX. συμπαίζει πάντας ἐρωτοπλοεῖν. πλέειν, ἐρέττειν et alia verba de re nautica petita passim ad rem veneream transferuntur. Vide Not. ad *Antiphili* Ep. I.

VII. Cod. Vat. p. 84. Edidit *D. Heinsius* in Carmin. Gr. p. 143. *Wolf* in Fragm. Sapph. p. 250. *Reiske* in Miscell. Lips. IX. p. 139. nr. 318. Poëta noctem cum puella transigens, lunam rogat, ut Veneris mysteria radiis suis illustrare velit. — V. 2. δι' εὐτρήτων θυρίδων. Veteres fenestras lignis vermiculatis claudere solebant. Habebant tamen etiam fenestras lapide speculari clausas. Vide *Salmas.* ad Solin. p. 770. sq. quem fugit locus illustris ap. *Philonem* in Leg. ad Caj. p. 599. 15. — V. 4. ἀθανάτη. Cod. Vat. quod positum ex more poëtarum pro σοί. *Brunckius*, cui fortassis generalis enunciatio huic loco accommodatior videbatur, ἀθανάτοις dedit. Hoc jam *Heinsio* obversabatur, qui vertit: *amantum Haud pudor est magnos furta videre deos.* — V. 4. »Scriptum in Cod. ὀλβίζεις καὶ τήνδε καὶ ἡ. Salmasii emen»dationem recepi.« *Br.* At haec emendatio nullius assis est. Sensus est in scriptura Codicis: Scio, Luna, te et hanc (puellam) et me felices praedicare. Non enim ignara es horum furtorum et voluptatis, quae inde percipitur. Nam tuum quoque pectus inflammavit Endymion. Leander ap. *Ovidium* Epist. XVIII. 59.

Luna fere tremulum praebebat lumen eunti,
Ut comes in nostras officiosa vias.
Hanc ego suspiciens, Faveas, dea candida, dixi;
Et subeant animo Latmia saxa tuo.
Non sinat Endymion te pectoris esse severi.
Flecte, precor, vultus ad mea furta tuos.

VIII. Cod. Vat. p. 105. Φιλοδήμου τωθαστικὸν ἐπί τινι ἐρῶντι σαπρῷ καὶ πολλὰ παρεχομένῳ ταῖς ἑταίραις. Edidit *Reiske* in Misc. Lips. IX. p. 140. nr. 319. — V. 1. Falsum est lemma graecum, quod primum hoc distichon de meretricum sectatore interpretatur. De moecho potius agitur, qui in matronas insanit, nec solum, ut eas corrumpat, multum impendit pecuniae, verum etiam gravissima quaeque pericula subit. βινεῖ φρίσσων. *Horatius* I. Serm. II. 38. de moechis agens, audire est, ait, operae pretium,

ut omni parte laborent:
utque illis multo corrupta dolore voluptas,
Atque haec rara, cadat dura inter saepe pericla.

In eodem argumento versatur fragmentum *Xenarchi* ap. *Athenae.* L. XIII. p. 569. C. quod sic scribendum est:

Καὶ τῶνδ' ἑκάστην ἔστιν ἀδεῶς, εὐτελῶς,
μεθ' ἡμέραν, πρὸς ἑσπέραν, πάντας τρόπους.
τὰς δ' οὔτ' ἰδεῖν ἔσθ', οὔθ' ὁρῶντ' ἰδεῖν σαφῶς,
ἀεὶ δὲ τετρεμαίνοντα καὶ φοβούμενον
δεδιότα τ' ἐν τῇ χειρὶ τὴν ψυχὴν ἔχονθ',
ὅπως ποτ', ὦ δέσποινα ποντία Κύπρις,
βινεῖν δύνανται, τῶν Δρακοντείων νόμων
ὁπόταν ἀναμνησθῶσι παρατετιλμένοι.

Vide *Valckenar.* in Diatr. p. 208. E. — καί, μὰ τόν. De hac ellipsi alibi dictum est. — ¶. 85.] V. 3. δραγμᾶς τ. δ. τῇ Λ. Vat. Cod. Duodenos amplexus quinque drachmis emo, et praeterea pulchriorem puellam habeo, et palam id facio, *nec vereor, ne, dum futuo, vir rure recurrat.* *Horat.* I. Serm. II. 127. Bene praecepit Diogenes Cynicus ap. *Pseudo-Plutarch.* T. II. p. 5. C. εἰσελθὲ εἰς πορνεῖόν που, ἵνα μάθῃς, ὅτι τῶν ἀναξίων τὰ τίμια οὐ διαφέρει. — V. 6. κείνου. moechi illius. διδύμους. Vide ad *Marc. Argentar.* Ep. XVI. *Clemens Alex.* Cohort. p. 13. 30. ὁ Ζεὺς τοῦ κριοῦ τοὺς διδύμους ἀποσπάσας.

Horatius l. c. *Quin etiam illud Accidit, ut cuidam testes caudamque salacem Demeteret ferrum.*

IX. Hoc Epigr. *Reiskius* reperit in apogr. Lips. in fine Sepulcralium nr. 651. (p. 111.) et in Schedis Lacrozianis. In has unde venerit, penitus ignoramus; a Vat. enim Cod. abest. Nec in aliis apographis esse videtur, cum illud et *Heinsium* et *Bentlejum* latuerit, utrumque in Horatii elegantiis ex graecorum Epigrammatum fontibus illustrandis admodum sedulum. Fraudem recentioris graeculi suspicatur *Chardon de la Rochette* in Museo Encyclop. Ann. IV. T. I. p. 563. Elegans tamen Epigramma, nec vetere poëta indignum. — Philodemus, qui simul Romanam puellam paulo severioris ingenii et Corinthiam lascivissimam amare fingitur, meretriculam matronae praeferendam existimat. — V. 4. ἀπὸ κεκρυφάλου. Immutavit poëta locutionem paroemiacam ἐς πόδας ἐκ κεφαλῆς, qua plures post *Homerum* usi sunt. *Talos a vertice pulcher ad imos. Horat.* II. Ep. II. 4. — V. 5. χόδιν παρέχει. Hinc *Strato* Ep. XLII. τὸν εὐθὺ θέλοντα καὶ παρέχοντα χόδιν. Proprie de meretricibus et pueris meritoriis παρέχειν. — V. 6. πλαστουργ. Idem de muliere impudica *Tibullus* I. El. IX. 63. *Illa nulla queat mediam consumere noctem, Aut operum varias disposuisse vices.* Lusus in Priap. III.

> *Obscoenis rigido deo tabellas*
> *Ducens ex Elephantidos libellis,*
> *Dat donum Lalage: rogatque, tentet,*
> *Si pictas opus edat ad figuras.*

Quae hic *figurae* sunt, apud *Philodemum* τόποι vocantur. De Elephantide ejusque libro vide *Interpp. Suetonii* ad Tiber. XLIII. *Fabric.* Bibl. Gr. T. VI. p. 811. — V. 7. τί δὲ μέν. Sched. Lacroz. ἂν dedit *Reisk.* quod cum ἐπιτέλλεις soloecum est. εἰ correxit *Toup.* in Em. in Suid. P. II. p. 158. — Ἄειδεν αἴρειν, apogr. Lips. Πειθὼ μ' αἰρεῖν. Schedae Lacr. Hoc merito probavit *Toupius* prae *Reiskii* μ' αἴρειν. Piſo autem, quem hic poëta alloquitur, Lucius ille Piſo eſt, in quem *Ciceronis* exſtat oratio. cf. cap. XXVIII. — V. 8. εἰν 'Εφύρῃ. Corinthiam mihi puellam ſumo. γ' ἄλλος apogr. Lipſ. In marg. Γάλλος. et comparatio loci Horatiani I. Serm. II. 120. Eandem notam Lacroz. ſchedae exhibent. Haec lectio, fateor, levem fraudis ſuſpicionem excitare poſſit; certe, qui fraudem inſucare voluiſſet, non aliter egiſſet. Nemo ignorat *Horatii* verba:

Illam, poſt paulo; ſed pluris; ſi exierit vir;
Gallis hanc, Philodemus ait; ſibi, quae neque magno
Stet pretio, neque cunctetur, cum eſt juſſa venire.

Inepte *Toupius* dubitat, an Venuſinus poëta mentem *Philodemi* recte ceperit; ſibi enim lectionem apogr. Lipſ. τὴν δ' ἄρα γ' ἄλλος ἔχοι veriorem videri. In quo neminem ſibi aſſentientem habebit, qui fruges a glandibus discernere didicerit. Sed ſic nonnunquam vir acutiſſimus ipſo acumine ſuo in transverſum rapitur. — Ceterum hoc loco reperto — modo ſincerum ſit carmen — refellitur et eorum conjectura, qui ap. *Horatium*, *Philo, demus, ait*, legendum putarunt, et *Bentleji* opinio, qui majorem diſtinctionem poſt *Gallis* ponebat. Similis color ap. *Martialem* L. IX. 33.

Hanc volo, quae facilis, quae palliolata vagatur:
Hanc volo, quae puero jam dedit ante meo:
Hanc volo, quam redimit totam denarius alter:
Hanc volo, quae pariter ſufficit una tribus.
Poſcentem nummos et grandia verba ſonantem
Poſſideat craſſi mentula Burdigali.

X. Cod. Vat. p. 104. ſq. Εἰς φιλήνιον ἑταίραν. Planud. p. 469. St. 610. W. In puellam, amantibus, ſaepe nulla mercede accepta, in omnibus morigeram. — V. 1. 2. 3. laudat *Suidas* in μαργαρῖτα T. II. p. 480.

Puellae nomen incertum. In Vat. Cod. hoc versu legitur Φιλίννιον, ut in lemmate; versu quinto autem Φιλαίνιον. Planud. utroque loco Φιλαίνιον, quod nomen passim occurrit in Anthol. Vide Indicem. — Parvam quidem et subnigram puellam esse ait; eandem tamen haec vitia multis virtutibus compensare. — σελίνων. Cod. Vat. σελίνων verum est. τὸ οὖλον apio tribuitur ap. *Philostratum* II. Icon. VI. p. 818. κότινοι καλοὶ καὶ κατὰ τὴν τῶν σελίνων οὐλότητα. De crinibus crispis cogitasse videtur *Philodemus*. *Theocrit.* Eid. XX. 23. χαῖται δ' οἷα σέλινα περὶ κροτάφοισι κέχυντο. *Lucian.* in Imag. §. 5. T. VI. p. 31. ed. Bip. ποιητῶν — οὔλους τινὰς πλοκάμους ἀναπλεκόντων, καὶ σελίνοις τοὺς μηδὲ ὅλως ὄντας εἰκαζόντων. Similis est comparatio ap. *Alciphron.* L. III. 1. p. 274. βοστρύχους ἔχει βρύων οὐλοτέρους. Crispis capillis praeditum *Archilochus* τρίχουλον, *Telesilla* οὐλοκίκιννον appellavit secundum *Pollucem* L. II. 23. — V. 2. „καὶ μνοῦ. Sic Suidas in μνοῦς. „(T. II. p. 569.) Male in Anthologia legebatur καὶ „ἀμνοῦ, quod Salmasius jam emendaverat, et postea vidit „etiam sagacissimus Toup. ad Suidam. P. II. p. 269. „Lips. — Quod autem Kusterus in Suida v. μαγώτερα „ediderit κάμνου, id mirari subit. Si e Msc. cod. petita „haec lectio, monere debuisset; sin, supinam negligen„tiam prodit: nam Suidas in hoc loco ex altero corri„gendus erat, aut repraesentanda Mediolanensis editio„nis lectio, quae habet καὶ μνου." *Br.* μνοῦς est lana prima, pilus tenerrimus. *Suid.* μνοῦς. ἡ ἁπαλὴ θρίξ. *Hesych.* ἔριον ἁπαλώτατον, καὶ ἡ πρώτη τῶν ἀμνῶν καὶ πώλων ἐξάνθησις· καὶ τὸ λεπτότατον πτερὸν, κυρίως δὲ τῶν χηνῶν. *Pollux* L. X. 38. εἴποις δ' ἂν οἶμαι καὶ χνοῦν καὶ μνοῦν ἐπὶ τῶν μαλακῶν, ubi vide *Jungermannum*. — V. 3. κεστοῦ. quae quum loquitur, tot habet illecebras, ut Veneris cingulum induisse videatur; vel cujus voces etiam plus philtri habent, quam Veneris κεστός. *Alciphron* L. I. Ep. 38.

p. 178. ὅσαι ταῖς ὁμιλίαις αὐτῆς σειρῆνες ἐνίδρυντο. ὡς δὲ ἡδύ τι καὶ ἀκήρατον ἀπὸ τῶν φιλημάτων νέκταρ ἔσταζεν. ἐπ' ἄκροις μοι δοκεῖ τοῖς χείλεσιν αὐτῆς ἐκάθισεν ἡ Πειθώ. ἅπαντα ἐκείνη γε τὸν κεστὸν ὑπεζώσατο. Hinc hortulos ſuos irrigavit *Ariſtaenet.* L. I. 1. p. 4. *Plutarch.* T. II. p. 141. C. ἄμαχον οὖν τι γίνεται — ἡ γυνή - ἂν ἐν αὐτῇ πάντα θεμένη καὶ προῖκα καὶ γένος καὶ φάρμακα καὶ τὸν κεστὸν αὐτὸν, ἤθει καὶ ἀρετῇ κατεργάσηται τὴν εὔνοιαν. *Himer.* Or. III. §. 8. p. 440. οὐδ' εἰ τὸν κεστὸν ἔχων τὸν Ὁμήρου φθέγξαιτο. — V. 4. παντὶ ſuſpicatur *Joſ. Scaliger* in not. mſt. male. Non hoc laudat *Philodemus*, quod Philaenium omnibus, ſed quod ſibi omnia, quaecunque popoſcerit, praebeat. Rem extra dubium ponit *Macedon.* Epigr. IV. πεῖθετ' ἐμοὶ ξύμπαντα, καὶ οὐκ ἀλέγιζεν ἐμεῖο Κύπριδι παντοίη σώματος ὀπτομένου. — „καὶ αἰτήσεις πολλάκις φειδομένη. Ridiculi „ſunt vulgati interpretes, quorum explicatione nihil „ineptius. Alter, *prius dans quam rogetur.* Alter, *preces* „*minime expectans.* Immo, *pecuniam minime poſcens.* „*Gratis ſaepiſſime copiam corporis ſui faciens.*" *Br.* De verbo αἰτεῖν, in hac re uſurpato, cf. not. ad *Aſclepiad.* Ep. I. T. II. p. 21. — ἄχρις ἄν. Se non ſemper eam amaturum promittit, ſed usque dum aliam hac etiam perfectiorem repererit.

XI. Cod. Vat. p. 91. Φιλοδήμου εἰς Ἡλιοδώραν τὴν ἑταίραν. Plan. p. 468. St. 608. W. Quamvis utroque in loco *Philodemo* hoc carmen tribuitur, Heliodorae tamen nomen et totus ſcribendi character efficit, ut illud *Meleagri* eſſe ſuſpicer. — V. 2. τοὺς πρίν. cruciatuum, quos olim perpeſſa eſt, probe memor.

¶. 86.] *XII.* Cod. Vat. p. 511. Neminem ſcio, qui hoc carmen ante *Br.* ediderit. De virium ſuarum deminutione conqueritur. — V. 3. οἴμοι καὶ ταῦτα. Vat. Cod. et ſic ſchedae Lacroz. ex quibus *Reiskius* hoc carmen in ſuas ſchedulas retulit, φθίνει μοι corrigens. Ex *R.* igitur conjectura sic edidit *Brunckius*, (vide Praef. nostr. p. XXIII.) quam nec certam, nec verisimilem existimo. Continuandam puto orationem, et fortasse corrigendum:

— — ἐς ἥλιον·
οἴμοι καὶ τοῦτ' αὐτὸ μάλα βραδὺ — — —

Sic haec bene cohaerent: *et semel tantum, et lento motu; quin saepenumero ne ad finem quidem res perducitur.* — V. 4. ποτὶ τερμόνιον. Sic cod. τὸ τοῦ τέρματος μεθόριον. „Nisi forte τερμόνιον legendum est. Pro ἡμιθανὴς, quod „genuinum non videtur, reponendum censeo ἡμιτελής." *Br.* Utinam vera lectio tam clare appareat, quam sensus loci. Significare voluit poëta, se in medio nonnunquam Veneris stadio corruere, (ἥμισυ κελεύθου κυπριδίης ἀνύσας. *Paul. Sil.* Ep. XII. 4.) quum olim puella officium suum tota nocte valere experta fuerit, ut *Propertius* loquitur L. II. XVIII. 24. *Rufinus* Ep. V. ἔκλυτος ὑπναλέῳ γυῖα κέκμηκα πόνῳ. Quare vide, an scribendum sit:

πολλάκι δ' ἤδη
ἡμιτελὴς θνήσκει, οὐδ' ἐπὶ τέκμαρ ἰκάν.

Postrema haec probabilitate non carent. τέκμαρ. πέρας. τέλος. *Hesych.* In his omnibus subaudiendum τὸ βινεῖν. *Martial.* L. III. Ep. LXXIX. *Rem peragit nullam Sertorius, inchoat omnes; Hunc ego, cum futuit, non puto perficere.* — V 5. Similes querelas *Ovidius* fundit Amor. III. El. VII. 17. cum iners juxta amicam jacuisset: *Quae mihi ventura est, (siquidem ventura) senectus, Cum desit numeris ipsa juventa suis?* et mox: *Exigere a nobis angusta nocte Corinnam, Me memini numeros sustinuisse novem.*

XIII. Cod. Vat. p. 106. Plan. p. 469. St. 610. W. Animae suae a Xanthippe, jam pubescere incipiente, magnum auguratur incendium. — V. 1. λαλιῇ. Vat. Cod. male. — κωτίλον ὄμμα. oculi diserti et loquaces. λαμυρὰ ὄμματα vocat *Meleager* Ep. L. — πῦρ καταρχόμε-

υτ. Haec est venturi prima favilla mali. Propert. L. I. IX. 17. Conf. Ep. XV. — V. 3. ἐκ τίνος. ex qua causa. Plane huc facit idem Propert. II. El. I. 75. *nec causam, nec apertos cernimus ictus, Unde tamen veniant tot mala, caeca via est.*

XIV. Cod. Vat. p. 513. unde emendatum et auctori suo vindicatum edidit *Dorville* ad Charit. p. 529. Nam in Plan. p. 180. St. 264. W. ἀδέσποτον est et mutilum. In edit. pr. plane desideratur. Insequentes edd. illud ex Lectionibus Aldinae pr. receperunt. — Poëta, jam medio vitae suae spatio peracto, se amori adhuc et voluptatibus indulgere fatetur. — V. 2. βιβλίου. Vat. Cod. Notanda locutio βιβλίου σελίδες, *vitae pagina*, pro vitae summa. Ducta videtur metaphora a tabella, in quam rationes referuntur. — V. 3. Similis color ap. *Tibull.* L. I. El. I. 71. *Jam subrepet iners aetas, nec amare decebit, Dicere nec cano blanditias capite.* — Hunc vers. omittit Planud. — V. 4. συνετῆς. Hinc *Apollonid.* Ep. I. ἀλλ' ἄγ' ἐκείνου Ἡ συνετὴ κορωνὶς ἄπτεται ἡμετέρων. *Sera et sapientior aetas* ap. *Ovid.* I. A. A. 65. — V. 5. μέλλοντας. Aldinae edd. — Mox veteres quaedam edd. ἐπλείστη. — V. 7. 8. desiderantur in Planud. αὐταὶ suspicatur *Br.* in Lect. p. 318. κορωνίδα γράφειν dicuntur scribae, cum librum ad finem perduxerunt; est igitur finem imponere. Optat Philodemus, ut Musae, sub quarum tutela vitam agit, Xanthippes amorem sibi coronidis loco scribant, in eoque ipsum desinentem faciant. De locutione κορωνίδα γράφειν sive ἐπιτιθέναι disputavit *Schwarz* de Ornam. Libror. p. 76. sq. — Μοῦσαι δεσπ. μου. *Propert.* L. I. El. IX. 41. *Sunt igitur Musae, neque amanti tardus Apollo: Queis ego fretus amo.*

XV. Cod. Vat. p. 105. Planud. p. 468. St. 608. W. In Lysidicen, puellam tenera aetate adhuc, sed jam omnibus splendentem veneribus. — V. I. κάλυκας sunt rosae, quae h. l. vernantem puellae pulcritudinem significant. γυμνὸν. quia se nondum penitus prodit, nondum tota e calice prorupit. — βότρυς. Nigrescit uva, cum ad maturitatem pervenit. Lysidicen igitur viro nondum maturam esse ait. Saepissime ab uvis metaphorae ad aetatem significandam traducuntur. *Onestes* Ep. I. puellam, quam velit, describens, εἴη, ait, μήτ' ὄμφαξ, μήτ' ἀσταφίς. Similiter in Ep. ἀδεσπ. LXIX. ὄμφαξ οὐκ ἐπένευσας· ὅτ' ἦς σταφυλὴ, παρεπέμψω. De πρωτοβολῶν dictum est ad Ep. *Platonis* VI. 4. — V. 3. τόξα. Pro *sagittis* passim. — ¶. 87.] V. 5. Fugiamus, dum Amores spicula nondum imposuerunt nervo. — Mox pro μεγάλης, quae est Cod. Vat. lectio, Planud. πολλῆς legit. Res eodem redit. — *Plato* Ep. VI. ὦ δειλοὶ, νεότητος ὑπαντιάσαντες ἀναίνης Πρωτοβόλου, δι' ὅσης ἤλθετε πυρκαϊῆς. Obversabatur hoc carmen *Antiphilo* Ep. II.

XVI. Cod. Vat. p. 91. Plan. p. 468. St. 608. W. Poëta quamvis se in Cydillae amore nullis non periculis obnoxium esse sciat, amoris tamen impotentiae resistere nequit. Cydilla igitur matrona fuisse videtur. Cf. not. ad Ep. VIII. *Pseudo-Plutarch.* T. II. p. 5. B. de juvenum perditorum flagitiis agens, ἤδη δέ τινες, ait, καὶ τῶν νεανικωτέρων ἅπτονται κακῶν, μοιχεύοντες καὶ καταφθειροῦντες, καὶ μίαν ἡδονὴν θανάτου τιμώμενοι. — V. 1. ὑποπόλπιος. *Theocrit.* Eid. XIV. 37. ἄλλος τοι γλυκίων ὑποκόλπιος. — V. 3. παρὰ κρ. Vat. Cod. — παρὰ κρημνὸν πόρον τέμνειν paroemiae speciem habet de iis, qui caput magnis periculis objiciunt. *Non ego per praeceps et acuta cacumina vadam. Ovid.* A. A. I. 381. — τέμνειν πόρον eleganter, ut *viam secare* ap. Latinos. *Lucian.* T. VI p. 50. ed. Bip. οὐδὲ ἐγὼ πρῶτος ταύτην ἐτεμόμην τὴν ὁδόν. *Eurip.* Phoen. v. 1. ὦ τὴν ἐν ἄστροις οὐρανοῦ τέμνων ὁδόν. Conf. *Gottleber.* ad Thucyd. II. 100. p. 407. *Elsner.* Obss. Sacr. T. II. p. 311. sq. — κύβον ῥίπτειν et ἀναῤῥιπτεῖν plures illustrarunt. Vide not. ad *Antip. Sid.* Ep. XCIII. et *Dorvill.*

ad

ad Charit. p. 88. — Hunc versum cum parte praecedentis laudat *Suid.* v. κόβος T. II. p. 389. — V. 5. οὖν, quod me in vulgata magnopere offendit, a Vat. Cod. abest, quod corruptelae suspicionem auget. Fortasse legendum:

ἀλλὰ τί μοι πλέον ἐστίν; ἄγαν θρασὺς — —

Quanta incurram pericula, non ignoro. Quid autem? nimis audax, nimis violentus est amor, qui, cum amantem aliquo trahat, nullum prorsus timorem novit. — V. 6. πάντοτ᾽ ἔ. et φόβου. Plan. et Vat. Cod. — φόβον praebet Ed. Flor. pr. ἄρχῃν adverbialiter est positum, quod fraudi fuit librariis. Vide *Lennep.* ad Phalar. p. 82. sqq. — οὐδ᾽ ὄναρ. Graviter negat. Cf. notas ad *Callim.* Ep. XV. T. II. p. 272.

XVII. Cod. Vat. p. 88. Φιλοδήμου εἰς Φιλαινίδα τὴν νεωτέραν. Plan. p. 467. St. 608. W. ubi ultimum distichon deest. Elegans carmen. Philaenida ancillam, lucerna accensa, exire jubet poëta ex thalamo, in quo eum puella cubat. A versu quinto ipsam puellam alloquitur. — V. 1. τὸν σιγῶντα — λύχνον. μύστην λύχνον vocat *Pompejus* Ep. II. p. 105. Hinc *Meleager* Ep. LXXI. λύχνον συνίστορα dixit, ubi vide notas. Adde *Burm.* ad Anthol. Lat. T. I. p. 684. — τῶν ἀλαλήτων. eorum, quae silentio premi et occultari volunt, qualia sunt Amoris mysteria. Hoc sensu vocabulum ἀλαλήτων accipiendum esse, contextus docet; nec etymologia obstat. *Tibull.* I. El. II. 33. *Parcite luminibus, seu vir, seu femina fiat Obvia: celari vult sua furta Venus.* — V. 2. ἐκμεθύουσα. affundens oleum. μεθύειν dicuntur, quae repleta sunt et saturata. *Homer.* Il. XVII. 390. βοείην — μεθύουσαν ἀλοιφῇ. Attigit *Toup.* in Not. ad Hesych. T. I. p. 255. — V. 4. τυατήν. Vulgo. πυκτήν. Vat. Cod. Hoc in πτυκτὴν mutandum videtur. Intelligitur janua valvata, δικλίς. πτύχες autem sunt tabulae, quibus janua operitur. Vide

Salmas. in Plin. p. 651. F. — Nec tamen spernenda *Br.* emendatio πηκτὴν θύραν, quod nititur auctoritate *Hesychii:* πηκταὶ θύραι, καὶ σύμπηκτοι καὶ εὔθυροι. Confer *Rufin.* Ep. XXVII. τὸ πρόθυρον σφίγγε. — In fine versus θύρην. Vat. Cod. — V. 5. φιλη et φιλαρόεσσ' ἄκοιτις Vat. Cod. — Hunc versum a *Br.* penitus emendatum esse, valde dubito. Quid enim est ξανθῷ? quo sensu accipiendum est? Vix verbum reperiri poterit, quod apte suppleatur. Deinde hoc me male habet, quod puella, in cujus amplexus poëta se ruere fingit, bis appellatur. Pro meo sensu oratio ad ancillam continuatur, usque ad verba: σὺ δ' ὦ φ. κ. Quare vide, an poëta scripserit:

καὶ σὺ φύλαξ ἐν δόμῳ . . . Σὺ δ' ὦ φ. κ.

Et tu quidem, o Philaeni, custos in domo maneas. — Tu autem —. Ancillae excubias in limine agentes passim obviae. — Jam his omnibus dispositis puellam ad peragenda Veneris mysteria exhortatur. τὰ λειπόμενα. *Cetera quis nescit? lassi requievimus ambo. Ovid.* I. Amor. V. 25.

XVIII. Cod. Vat. p. 89. „Hujus Epigrammatis duo „tantum disticha, primum et tertium, in vulgata Anthol. „leguntur. p. 468. St. 609. W. Philodemo valde in„fensus fuit Flanndes. Secundum integrum exstat ap. „Suidam in λόγδην (T. II. p. 465.), quod unde decerptum „esset, mirum non est ignorasse Kusterum; et partim „in κυνοειδής. (T. II. p. 365.) Hinc corrigendus Suidas, „ap. quem male legitur: περιτρομώδεις." *Br.* Charito, sexaginta annorum mulier, sed adhuc multis veneribus conspicua, hoc carmine laudatur. — V. 1. Vulgo corrupte in Plan. λυκάβαντες ἐς ὥρας. *Jos. Scaliger* in notis mst. ἱέρας emendavit, nescio quo sensu. *Huetius* p. 46. triplicem proponit conjecturam: sive πολὺ λυκάβαντας ἐς ὥρας. sive πλέοι λυκάβαντος ἐ. ὦ. sive πολλῷ λ. ἐ. ὦ. Veram lectionem Vat. Cod. dedit. Vulgatae tamen patrocinatur *G. Wakefield* in Sylv. crit. T. III. p. 57. qui hanc locutionem τελεῖ ἐς ὥρας, *venit ad sexaginta anni tempestates*, exquisitae venustatis esse affirmat. Dicitur enim τελεῖν ἐς, ut ἀνύειν, omisso ὁδὸν, quod *W.* illustrat in *Sylv. crit.* T. II. p. 2. *Musgr.* ad Hippol. 750. et *Markland.* ad Suppl. 1142. — In mulieris nomine est diversitas lectionis. Cod. Vat. Χαριτῶ. In Edit. Fl. et Ald. pr. Χαρικλώ. Reliquae Ald. Χαριτώ. — V. 3. 4. omittit Plan. pudori consulens. — κἀν Vat. Cod. — λύγδινα. Vide ad *Antip. Sid.* Ep. XXIV. *Lucilius* ap. *Nonium* v. *Stare: Hic corpus solidum invenies, hic stare papillas Pectore marmoreo.* quem locum apte comparavit *Toup.* in Cur. nov. p. 249. ubi tria priora hujus carminis disticha ex Cod. protulit. *Paul. Silent.* Ep. VIII. quod et ipsum in vetulam venustam conscriptum est: μαζῶν νεαρῆς ὄρθιον ἡλικίης. *Sororiantibus papillis* conspicuam mulierem uno vocabulo εἰαρόμασθον appellavit *Rufin.* Ep. XIX. — V. 4. ἕστηκε. Vel nullo strophio papillas ambiente et erigente, stant tamen firmae et solidae. Ejusmodi μαστοῖς opponuntur *mammae inclinatae*, ut ap. *Propert.* L. II. El. XII. 21: *Necdum inclinatae prohibent te ludere mammae.* Cf. *Burmann.* ad Anth. Lat. T. I. p. 516. — περιδρομάδες est in Vat. Cod. περιτρομάδες *Suid.* quod *G. Wakefield* in περιτροχάδες mutat. Acquiescendum est in lectione Codicis. — V. 5. ἀμβροσίη. Ed. Fl. Ald. pr. et tertia et Vat. Cod. Ed. Ascens. ἀμβροσίην. — V. 6. πᾶσας. Edd. vett. praeter *Stephan.* quae πᾶσαν exhibet. πάσαν (sic) Vat. Cod. πᾶσαν etiam *Wakefield* legendum suadet, jungens πειθὼ πᾶσαν, *totam, qualis quantaque sit, suadelam.* — ἐπιστάζει. Ald. pr. et Ascens. In marg. Vat. Cod. γρ. ἀπό. Suavior est vulgata lectio et gravior. — V. 7. 8. absunt a Planud. „Ultimi distichi hexameter valde corruptus est in membranis, quarum scripturam hic repraesentabo, ut de mea emendatione judicent eruditi, et meliorem afferant, quibus mea non placuerit; talis autem est: ἀλλὰ

„τιθῆς ὀργῶντας ὅσοι μὴ φλέγετ' ἐρασταί. Cetera e Cod. „Vat. meliora dedi." *Br.* In apogr. Gothano non τιθῆς, ſed τίθους legitur. In Brunckiana lectione primum me offendit particula γε, quam in hoc loco nemo facile deſideraverit; deinde ὀργῶντας, quod, ſic nude poſitum, mihi quidem non ſatis commodum videtur. Jejunus enim evadit ſenſus, ſi *ſucci plenas* verteris, (quis enim non ſucculentum corpus macilento praetulerit?) ſin *prurientes et libidinoſas*, vereor, ne hoc contextui parum conveniat. Perſpicaciſſimus *Wakefield* corrigit:

ἀλλὰ τιτθοὺς ὀργῶντας ὅσοι μὴ φεύγετ' ἐρασταὶ,
δεῦρ' ἴτε τρεῖς ἑτέων λησάμενοι δεκάδας.

Metro ſe non timere ſcribit; poſſe enim priorem in τιτθοὺς corripi, aut τιθοὺς emendari; idem enim τιθὴ et τιτθὴ, τιθὸς et τιτθός. At ſi hac ratione ſanandus ſit locus, ſaltem ſcripſerim:

ὦ τιτθοὺς ὀργῶντας — —

Ceterum eadem emendatio ſeſe obtulerat cl. *Eichſtaedt*, qui eam mecum per literas communicavit. Hoc unum mihi in hac lectione diſplicet, quod poëta ſic ad ſingulam partem venerum Chariclus delabitur, cum jam antea et hujus et aliarum partium mentionem fecerit. Optime ſic res procederet, ſi tertium diſtichon abeſſet; ſed cum poëta poſt papillarum commemorationem etiam ambroſium cutis odorem, oris ſuadelam, reliquasque innumeras mulieris gratias praedicaverit, mirarer, ſi nunc iterum de papillis ſermonem faceret. Quare reconditius quiddam latere ſuſpicor. Fortaſſe in lectione codicis, ἀλλὰ πιθουοργῶντας ὅσοι μὴ φλεγετιρμεταί, latent haec:

ἀλλὰ μεθυσπαργῶντας ὅσοι μὴ φεύγετε ῥᾶγας.

Vetulam, ſucci plenam, cum acino uvae, bacchico liquore turgente, comparat. Supra Ep. XV. de puella: οὐδὲ μελαίνει βότρυς ὁ παρθενίους πρωτοβολῶν χάριτας. Galateam ſuam Cyclops ap. *Theocrit.* Eid. XI. 21. φιαρωτέραν esse ait ὄμφακος ὠμᾶς. In ipsa igitur imagine nihil est, quod a *Philodemi* nostri elegantia abhorreat. Jam singula verba videamus. ῥᾶγες sunt uvarum acini. Hi ubi tument, σπαργᾷν dicuntur et ὀργᾷν. *Aristaen.* L. I. Ep III. p. 19. βότρυς δὲ οἱ μὲν ὀργῶσιν, οἱ δὲ περκάζουσι. *Pollux* L. I. 230. ἐπὶ φυτῶν καὶ δένδρων καρποφόρων ὀρᾶς ἀκμάζειν, ὀργᾷν, σπαργᾷν. Vide *Ruhnken.* ad Tim. p. 234. Recte autem μεθυσπαργῶν, *uva mustis tumens* (*Ovid.* I. Amor. XV. 11.), ut ap. *Diodor. Zon.* Ep. III. πορφύρεόν τε βότρυν, μεθυπίδακα, πυκνόῤῥαγα. Ipsa vitis ἄμπελος μεθυτρόφος ap. *Simonid.* Ep. LIV. Acinum turgentem *ebriosum*, μεθύοντα, appellat *Catullus* XXVII. 3. *Posthumiae ebriosa acina ebriosioris.* — Ut autem hoc loco mulier juvenili vigore florens et succulenta cum uva tumente comparatur, sic contra vetula *uvis aridior passis* est in Lusibus XXXIII. ubi *Burmannum* consule.

¶. 88.] *XIX.* Cod. Vat. p. 103. Planud. p. 468. St. 609. W. Poëta, canis admonitus, pristinam licentiam relinquit, et ludum incidit. — V. 2. ἀλλ' ὁμάτην. Haec paulo gravior reprehensio; sed facile repellitur, culpa in Amorem conjecta. Sic poëta in Anth. Lat. L. III. Ep. CXVII. *Institit et stimulis ardentibus, institit actum, Sive fuit fatum, seu fuit ille deus.* — Non omittendum, in Plan. κεκόμικα legi, pravaque verborum distinctione omnem hujus distichi tolli elegantiam. — V. 3. ἐῤῥίφθω. *Brodaeus* supplet ἔρως, in quo *Opsopoeum* sibi consentientem habet. — μελαίνη θρὶξ. Juvenilem aetatem indicat. *Horat.* I. Ep. VII. 25. *reddes Forte latus, nigros angusta fronte capillos.* Male in Plan. post θρὶξ distinguitur. — συνετῆς. Idem dixit Ep. XIV. 4. — V. 5. παίζειν ὅτε καιρός. Sic Latini *ludere*, ut *Horat.* I. Ep. XIV. 35. *Nec lusisse pudet, sed non incidere ludum.* Ad sensum facit idem II. Od. III. 13. *Huc vina - ferre jube - Dum res et aetas et sororum Fila trium patiuntur atra.* — V. 6. λωιτέρης. Vulgo,

XX. Cod. Vat. p. 102. qui *Philodemo* hoc carmen vindicat, quod in Planud. p. 484. St. 628. W. ἄδηλον est. Puellae, a se relictae, pristinas, quibus frustra usus fuerit, minas in mentem revocat. — V. 1. φιλεῖν πάλι conjecit *Jos. Scaliger* in not. mst. Eadem est sententia in Ep. ἀδεσπ. XXXVII. Est hoc ex viri boni officio, amicis et benevolis omni ratione bene facere, hostes contra quovis modo laedere. De Thespesio *Plutarch.* de S. N. V. p. 85. ed. *Wyttenb.* οὔτε γὰρ δικαιότερον περὶ τὰ συμβόλαια γινώσκουσιν ἕτερον Κίλικες ἐν τοῖς τότε χρόνοις γινόμενον, οὔτε πρὸς τὸ θεῖον ὁσιώτερον, οὔτε λυπηρότερον ἐχθροῖς, ἢ βεβαιότερον φίλοις. Conf. *Luzac.* in Exercitt. Academ. Spec. III. p. 153. sq. — τὸν με δακόντα. eum, qui me laeserit. *Musonius* ap. *Stobaeum* XIX. p. 170. 25. καὶ γὰρ δὴ τὸ μὲν σκοπεῖν, ὅπως ἀντιδήξηταί τις τὸν δάκνοντα καὶ ἀντιποιήσῃ κακῶς τὸν ὑπάρξαντα, θηρίου τινός, οὐκ ἀνθρώπου ἐστίν. — V. 3. λίην. Plan. et Vat. Cod. — μηδ᾽ ἐρέθιζε, majore distinctione in versus fine posita, et v. seq. μὴ θέλε Planud. legit. Anonymus Bibl. Bodl. emendavit: ἐρεθίζειν τ. β. μοι θέλε. sive ἐρέθιζε· τ. β. μηδ᾽ ἔλε. Veram lectionem ex schedis Tryll. restituit *Schneider.* in Per. crit. p. 10. Similiter *Propertius* perfidae puellae minatur L. II. El. IV. 3. ubi scribo:

Haec merui sperare? dabis mihi, perfida, poenas,
Nobis Archilochi, Cynthia, virus eris.
Inveniam tamen e multis fallacibus unam,
Quae fieri nostro carmine nota velis,
Nec mihi tam duris insultet moribus, et te
Vellicet: heu sero flebis amata diu.

Pro στέργοντα Schedae Tryll. στέργοντε. male. — V. 5. ταῦτ᾽. Plan. — ἴσα πέτρῃ. *Horat.* III. Od. VII. 21. *Scopulis surdior Icari voces audit.* *Euripides* Medea v. 28. ὡς δὲ πέτρος ἢ θαλάσσιος κλύδων ἀκούει νουθετουμένη φίλων. Similia vide ap. *Valcken.* in Hippol. p. 196. C. — V. 7

τοὶ γάρ. Vat. Cod. qui etiam in fine verſus vitioſe habet βαύζοις et v. ſq. ἤμεραι ναὶάδες. Nulla cauſa erat, cur *Br.* vulgatam βαύζεις lectioni Codicis poſtponeret. Non enim optative haec efferuntur, ſed indicative. Id, quod poëta puellae jamdudum minatus erat, jam factum eſt: ipſe in alius puellae amplexibus haeret, illa autem κλαίουσα βαύζει. Canum proprium eſt vocabulum βαύζειν. *Theocrit.* Eid. VI. 10. Conf. *Valcken.* ad Ammon. p. 231. 13. Translatam ſignificationem illuſtravit *Stanlei* ad Aeſchyl. T. II. p. 765. — ἐν κόλποις ἥμεθα. *Tibull.* I. El. IX. 79. ad delicias ſuas: *Tunc flebis, cum me vinctum puer alter habebit, Et geret in gremio regna ſuperba ſuo. Ovid.* Amor. L. II. 2. 62. *in gremio judicis illa ſedet.*

XXI. Cod. Vat. p. 106. Planud. p. 469. St. 610. W. Puellae opicae veneres mente admiratione perculſa celebrat. — V. 1. ὦ Vat. Cod. per totum hoc carmen; male. Haec fortaſſe obverſabantur *Horatio* I. Serm. II. 92. *ne corporis optima Lynceis Contemplere oculis, Hypſaea caecior illa, Quae mala ſunt, ſpectes: O crus! o brachia! Verum depygis —. Ovid.* I. Amor. V. 19. *Quos humeros, quales vidi tetigique lacertos! Forma papillarum quam fuit apta premi! Quam caſtigato planus ſub pectore venter! Quantum et quale latus, quam juvenile femur!* — V. 2. κτενός. *Pollux* L. II. 174. αἰδοῖα καὶ τῶν γυναικῶν· ὧν τὸ μὲν σύμπαν κτεὶς, ἐπίσειον. *Clemens Alex.* Coh. ad Gent. T. I. p. 36. κτεὶς γυναικεῖος· ὅ ἐστιν εὐφήμως καὶ μυστικῶς εἰπεῖν, μόριον γυναικεῖον. — V. 3. ὤμοιν. Vat. Cod. — V. 5. ὦ κατὰ τιχ. Vat. Cod. Veram lectionem ſervavit *Planudes.* Hinc *Automedon* Ep. III. ὀρχεῖσθαι τὴν κακοτέχνοις σχήμασιν ἐξ ἁπαλῶν κινυμένην ὀνύχων. Talem in ſe laſciviam a Phaone laudatam eſſe ait *Sappho* ap. *Ovid.* Her. XV. 45. *Haec quoque laudabas: omnique a parte placebam, Sed tum praecipue, cum fit amoris opus. Tunc te plus ſolito laſcivia noſtra juvabat, Crebraque mobili-*

tas, aptaque verba joco. — V. 5. περὶ ἄλλων. Vat. Cod. — κλάμαθα ex *Brodaei* emendatione in contextum venit. In vett. editt. κλῶμαι legitur; in sola Ascens. κλάομαι, unde *Canterus* Nov. Lect. IV. 27. p. 234. κάομαι emendandum proposuit. Quum in Vat. membranis ὦ τῶν θόομα φ. legatur, majoris corruptelae oritur suspicio. — V. 7. „Codd. et libri excusi εἰ δ' ὀπικὴ καὶ φλωρά. ὀπικὴ vox est „latina, quam graece usurpavit Philodemus. φλωρὰ nec „graecum nec latinum est. χλωρὰ etiam scripsisse video „Martinium in Lex. philol. quem vide in *Opicus*." *Br.* χλωρὰ est ex emendatione *Brodaei*, qui apte comparat *Ovid.* Heroid. XV. 35.

Candida si non sum, placuit Cepheïa Perseo
Andromeda patriae fusca colore suae.

ubi *N. Heinsius Philodemi* versus excitavit. Idem II. A. A. 643. *Nec suus Andromedae color est objectus ab illo, Mobilis in gemino cui pede penna fuit.* τὸ χλωρὸν est in vitiis coloris. *Theocrit.* Eid. II. 88. καί μευ χρὼς μὲν ὁμοῖος ἐγίνετο πολλάκι θάψῳ. χλωρός, ξανθός. Tamen hoc ipsum vitium amantibus nonnunquam placere ait *Plutarch.* T. II. p. 84. F. οἱ ἐρῶντες καὶ τραυλότητας ἀσπάζονται τῶν ἐν ὥρᾳ καὶ ὠχρότητας. — Pro φλωρὰ *Huetius* p. 46. φλαῦρα dubitanter proponit. Et in hoc fortasse vocabulo reconditius quid latet. — *Opicum* inter convitia fuisse, quibus Graeci Romanos peterent, apparet ex loco *Catonis* ap. *Plin.* H. N. XXIX, 1. 7. *Nos quoque dictitant barbaros, et spurcius nos quam alios Opicos appellatione vocant.* *Juvenal.* Sat. III. 207. *divina Opici rodebant carmina mures.* ubi Schol.; 'Οπίζειν *Graeci dicunt de iis, qui imperite loquuntur. Alii Opicos dicunt eos, qui foedam vocem habent.* Idem Sat. VI. 455. de muliere putide docta: *Nec curanda viris opicae castigat amicae.* Schol.: *Imperite, male pronuntiantis.*

4. 89.] *XXII.* Cod. Vat. p. 512. Poëta se caras illas delicias, quibus opulenti utuntur homines, vinum

Chium, unguenta pretiosa, meretricem magna mercede conductam, et quae his sunt similia, relinquere, ait, viliori voluptate nec care emenda contentum. — V. 2. laudat *Salmasius* in Exerc. Plin. p. 745. E. et 747. F. qui utroque loco sic exhibet, ut est ap. *Br.* In Cod. tamen legitur: καὶ σ. δὴ σμ. ἔχειν Συρίην. Haeremus in voce λευκοίνους, quam in λευκόϊον mutandam esse puto. Idem suspicabatur cl. *Schneiderus*, cui nec λευκοΐνους displiceret, i. e. στεφάνους. Nec δεῖ hic locum habet, sed δὴ scribendum, ut versu seq. Si audaciori esse liceat, scripserim:

λευκοΐων στεφάνων, καὶ ψάλματα - — —.

Vide ad *Posidippum* Ep. XX. Sed erunt fortasse, qui illud πάλι, in sequentibus toties repetitum, nec hoc loco obliterandum esse existiment. Ceterum τὸ λευκόϊον, quod est e praestantioribus floribus coronariis, opponitur τῷ ναρκίσσῳ vers. 5. flori viliori. Infra Ep. XXXI. φῦε — τῷ φιλοβάκχῳ Μὴ βάτον, ἀλλ' ἀπαλὰς λευκοΐων κάλυκας. Lycidas ap. *Theocrit.* Eid. VII. 62. amici reditum celebraturus ἀνήθινον ἢ ῥοδόεντα Ἢ καὶ λευκοΐων στέφανον περὶ κρατὶ φυλάσσων. *Theophrastus* ap. *Athen.* L. XV. p. 680. E. στεφανωματικὰ δὲ ἄνθη καταλέγει Θεόφραστος τάδε· ἴον, Διὸς ἄνθος, ἴφυον, φλόγα, ἡμεροκαλλές. πρῶτον δὲ τῶν ἀνθῶν ἐκφαίνεσθαι τὸ λευκόϊον. — Vinum Chium reliquis omnibus anteponunt cum alii, tum *Hermippus* ap. *Athen.* L. I. p. 29. E. ubi de vino Thasio:

τοῦτον ἐγὼ κρίνω πολὺ πάντων εἶναι ἄριστον
τῶν ἄλλων οἴνων μετ' ἀμύμονα Χῖον ἄλυπον.

— V. 2. σμύρνα Συρίη est ex pretiosissimis unguentis. Vide *Salmas.* l. c. et p. 367. D. — V. 3. καὶ ἴχει. Vat. Cod. — διψάδα πόρνην, sive bibulam, sive cupidam et rapacem. Verbum διψῆν de appetitu vehementiore usurpatum illustravit *Alberti* in Obss. phil. p. 29. et *Wetsten.* ad N. T. I. p. 288. Maxime huc facit *Artemidor.* Oneirocr. I. 68. τὸ μὲν γὰρ διψῆν οὐδὲν ἄλλο ἐστὶν ἢ ἐπιθυμεῖν.

δίψα Ἀφροδίτης de voluptatis desiderio dixit *Oppian.* Hal. L. III. 56. δίψα γυναικῶν ἔχει σε. *Erycius* Ep. VI. — V. 5. πλαγιαύλων γεύσατε. Notanda locutio. Proprie γεύειν dicuntur, qui alicujus rei gustum praebent. vide *Valcken.* ad Herodot. p. 532. 77. Si igitur vera est lectio, πλαγιαύλων γεύσατε vertendum: tibiarum mihi cantum percipiendum date. Insolentius tamen dictum. — V. 6. κροκίνοις μύροις. Crocinum igitur unguentum, *Philodemi* quidem aevo, inter viliora numerabatur. — V. 7. πνεύμονα τέγξατε. Vide not. ad *Eratosth.* Ep. I. T. II. p. 312. — V. 8. φωλάδα. meretricem e lupanari. Reptilia, quaeque sub terra latent bestiae, ἐν μυχοῖς γῆς φωλεύειν dicuntur. αἱ τοιαῦται δὲ φωλάδες λέγονται, ὅτι φωλεύουσι. *Eustath.* ad Od. λ. p. 431. 49. Vide ad *Antip. Sid.* Ep. XXXVII. *Horatius* II. Od. XI. 21. *Quis devium scortum eliciet domo Lyden.* — Loca autem, ubi volutantur ferae, (φωλεοὶ) et meretricum diverticula a Latinis eodem vocabulo *lustra* appellata esse, nemo ignorat.

XXIII. Cod. Vat. p. 512. De convivio, ubi de symbola coenabatur. Cum servo loqui videtur poëta, cui, et quid adsit apparatus, et quid praeterea comparandum sit, indicat. — V. 2. βολβίσκους. Hanc vocem lexica ignorant. Diminutivum esse videtur vocis βολβός. Bulbos inter alia olera in coenae apparatu commemorat *Ammian.* Ep. XX. θρίδακες, πράσα, βολβοί. Sed vide inprimis *Athen.* L. II. p. 63. sq. ubi *Alexidis* locus est sic leviter corrigendus:

πίννας, κάραβον,
βολβούς, κοχλίας, κήρυκας. ᾠά, ἀκροκώλια,
τοσαῦτα τούτων ἄν τις εὕροι φάρμακα,
ἐρῶν ἑταίρας, χἄτερα χρησιμώτερα.

— V. 3. ἡπάτιον. jecur, anserinum fortasse, quod magni faciebant veteres. *Plin* H. N. X. 27. T. I. p. 555. ubi vide *Harduinum.* *Athen.* L. IX. p. 384. — V. 5. ᾠόν,

Ovis veteres coenam auspicatos esse et terminasse, docent *Interpp. Horatii* I. Serm. III. 6. Conf. Not. ad *Asclepiad.* Ep. XXVII. 8. — σάμβαλα i. e. σάνδαλα (vid. *Hesychium* v.) in coenae apparatu non facile exspectasses. Sed tenendum, Romanos, ad quorum mores *Philodemus* sese composuisse videtur, *soleas* non gestasse, nisi in tricliniis et coenaculis. Vide *Turneb.* Advers. XXIV. 17. Hanc ob causam tribulis ap. *Horatium* L. I. Ep. XIII. 15. ad coenam properans soleas sub ala portat. Cf. *Gellium* L. XIII. 21. — V. 6. τῆς δεκ. ex *Reiskii* emendatione recepisse videtur *Br.* Sic enim ille in Schedis correxit, cum in Cod. καὶ legatur. Hora decima igitur convenire statuerant. Vide ad *Posidipp.* Ep. XII. 6. ὥρας γὰρ πέμπτης πάντες ἀθροιζόμεθα.

XXIV. Cod. Vat. p. 493. Plan. p. 41. St. 60. W. Venerem poëta precatur, ut ipsum fluctibus agitatum in portum deducat. — V. 1. γαλαναίῃ. Plan. et in fine vers. δικαίοις. Utrumque ex Vat. Cod. mutatum est. — V. 3. κροκέων. Vat. Cod. Se νεόνυμφον coactum esse ait sponsam et thalamum relinquere. Miror, *Jos. Scaligerum* pro κροκέων tentasse ῥοδέων. Thalamus ap. veteres croco spargebatur. *Antip. Sidon.* Ep. XCVIII. Ἤδη μὲν κροκόεις — παστὸς ἔσω θαλάμων. Obversabatur poëtae locus de Protesilao, a quo καὶ ἀμφιδρυφὴς ἄλοχος Φυλάκῃ ἐλέλειπτο Καὶ δόμος ἡμιτελής. — V. 4. νειφόμενον. Cod. Vat. — Hunc versum dubites utrum proprio sensu accipias, an allegorico. Fortasse poëta unum ex nobilibus Romanis in Galliam secutus erat; quare illius regionis frigus ipsum animum suum penetrasse ait. At χιόνες Κελτικαὶ paroemiae vim habent. Frigidi cujusdam scriptoris orationem describens *Lucian.* de Hist. Scr. §. 19. T. IV. p. 181. Bip. τοσαύτη ψυχρότης ἐστὶν ὑπὲρ τὴν Κασπιακὴν χιόνα καὶ τὸν κρύσταλλον τὸν Κελτικόν. *Petron.* c. XIX. ubi Encolpius, terrore perculsus gravi, *Ascyltos quidem*, ait, *paulisper obstupuit: ego autem frigidior hieme Gallica factus, nullum posui verbum emittere.* ubi recte comparant *Theocrit.* Eid. II. 106. πᾶσα μὲν ἐψύχθην χιόνος πλέον. — In hunc sensum *Schol.* in edit. Wech. *Philodemi* versum accepit: δεδοικότα. εἰ γὰρ φοβούμενοι φρίττουσι καὶ ῥιγοῦσι. Finge tibi poëtam in medio mari versantem et tempestatibus vexatum. — V. 5. κοῦφα. *stulte. inepte.* Non is erat Philodemus, qui gloriaretur nihil tale dixisse. Scribendum κοῦφα, i. e. *superbe.* οὐδενὶ pro οὐδὲν e Cod. Vat. reposui." *Brunck. Antiphil.* Ep. XLIII. κοῦφον ἔπος, dictum temerariae confidentiae, qua nihil est quod deorum iram magis excitet. *Tibull.* I. El. II. 79. *Num' Veneris magnae violavi numina verbo, Et mea nunc poenas impia lingua luit.* — In *Mesomedis* Hymno I. Nemesis τὰ κοῦφα φρυάγματα θνατῶν ἐπέχειν dicitur. — V. 6. εἰς πελάγει. Sub Veneris enim tutela mare. Duplicem interpretationem dedit *Schol.* alteram allegoricam, quandoquidem amantes passim dicuntur in Veneris undis versari. Cf. Epigr. ἀδέσπ. XXXI. Not. ad *Meleagri* Ep. XXIX. Simplicior et, ut mihi quidem videtur, verior est eorum interpretatio, qui ipsum mare intelligunt. — V. 8. Ῥωμαϊκούς. Romam itaque revertitur poëta, nescio ex quibus regionibus. At vulgata lectio minus certa est. In Cod. enim Vat. legitur: ναϊκακοὺς ἤδη δεσπότη. In qua lectione quidvis potius quam ῥωμαϊκοὺς latet, quod *Planudis* fortasse inventum est. Lubrica in ejusmodi locis conjectura; sed vide, an scribi possit:

ἀκτιακοὺς ἤδη, δεσπότι, πρὸς λιμένας.

Philodemo nimirum ex Italia in Graeciam proficiscente. Actium in Acarnania jam antiquitus nobilis propter portum urbs. Vide *Strabon.* L. X. p. 693. B.

¶. 90.] *XXV.* Cod. Vat. p. 206. Edidit *Dorville* ad Charit. p. 181. *Reiske* in Anth. p. 66. nr. 546. Deos maris rogat, ut se salvum in Piraeeum conducant. — V. 1. γλαύκη. Vat. Cod. quod *Reisk.* in γλαυκοῦ mutavit. Nostrum dedit *Dorvillius.* — Pro σύ τε apogr. Lips. σὺ δὲ. — V. 3. Νηρηΐδων. Cod. Vat. in quo vocabulo aut syriizesin admittendam aut Νηρῄδων scribendum existimat *Dorvill.* — V. 5. φοροῖτε *Dorv.* — φυγόντα, proficiscentem; nihil amplius. — V. 6. γλαυκὸν ἐπὶ Πειραιέα. Vat. Cod. In marg. ap. Lips. γρ. γλαυκὴν, ζωὸν ἐπὶ γλαυκερὸν. *Dorvill.* et *Reisk.*

XXVI. Cod. Vat. p. 549. *Philodemo* hoc carmen vindicat. In Plan. p. 132. St. 191. W. ἄδηλον est. Scriptum in astrologum mollem, ineptum et gulosum. — V. 5. „ὀχευτάς. Hoc pertinet ad arietem, quod animal „stolidum est et salax. μαλακὸς ad Geminos, quorum con„junctio masculam Venerem notat. ὀψοφάγος ad pisces, „qui voraces et ipsi proprie ὄψα vocantur.“ *Huetius* p. 14. — V. 6. μαλακοῦς ἐστί. vitiose Vat. Cod.

XXVII. Cod. Vat. p. 186. Φιλοδήμου, οἱ δὲ Ἀργενταρίου. Soli *Philodemo* tribuitur in veteribus Planud. edd. et in Steph. p 412. In Wechel. autem p. 547. auctoris nomen omissum est. Charmus, Lycini fil., victoria in ludis Isthmicis parta, Neptuno frena, phaleras, et quae alia ad equorum usum pertinent, dedicat. — V. 1. 2. laudat *Suidas* in κημὸς T. II. p. 308. versum secundum iterum in στέργοις T. III. p. 372. φιλοψάλαθρα κημὸν hinc profert *Heinsius* ad Hesych. in ψάθυρες. μυντῆρες. Quid sit κημὸς, diserte docuit *Eustath.* ad Od. ω. p. 833. 21. Circumligabatur equorum aliarumque bestiarum ori, ne morderent; nonnunquam etiam homines sibi κημοὺς alligabant, quando opus faciendum erat summa cum munditie. Conf. *Xenophon* de Re Equ. V. 3. p. 116. ed. *Zeun.* et *Schol. Aristoph.* Equ. 1147. Hoc instrumentum, quod Latini *capistrum* vocant, quia nares ambit, φιλοψάλαθρον appellatur. — V. 2. ὀδοντοφόρον. Fuisse videtur lorum, dentibus distinctum, pectora equi ambiens, quale ornamentum et hodie equis adhiberi solet. — V. 3. καὶ σύνιγγα ῥάβδον. Plan. *Brunckius* exhibuit emendationem *Salmasii*, quam *Brodaeus* occupavit κολουνίγγα legens. σίφωνα *Jos. Scaliger* quoque in not. mstis. Idem tamen ap. *Huetium* p. 38. καὶ σιβύνην καὶ ῥάβδον. In Cod. Vat. ita legitur, ut in Planud. — V. 5. ψήκτραν. *Sophocles* in Oenomao ap. *Polluc.* L. X. 56. in fragmento a *Brunckio* omisso, quod sic emendandum videtur:

διὰ ψήκτρας σ' ἐρῶ
ξανθὴν καθαίρονθ' ἵππου αὐχμηρὰς τρίχας.

— V. 7. Λυκίνου. Vat. Cod. Fortasse idem est Lycinus, cujus mentionem fecit *Pausanias* L. V. 2. p. 454. Spartanus fuit: ἀγαγὼν δ' ἐς Ὀλυμπίαν πώλους καὶ οὐ δοκιμασθέντος ἑνὸς ἐξ αὐτῶν, καθῆκεν εἰς τῶν ἵππων τὸν δρόμον τῶν τελείων τοὺς πώλους καὶ ἐνίκα δι' αὐτῶν. Commemoratur etiam Lycinus, qui in pugilatu victoriam inter pueros retulit. *Pausan.* VI. 7. p. 470.

XXVIII. Anthol. Plan. p. 337. St. 477. W. Scriptum est in statuam, quae simul Pana, Herculem et Mercurium referebat. *Winkelmann.* Monim. Ined. T. II. p. 48. hoc non de una, sed de pluribus statuis accipiebat, (un groppo) in quo sibi non assentientem habet *Heynium* in Comment. X. p. 90. qui animadvertit, hoc signum male cum Hermerote confundi ab *Harduino* ad *Plinium* H. N. XXXVI. 4. 10. De more veterum plurium deorum signa in unum conflandi egit *Huetius* ad h. l. p. 32. Huic mori fortasse locum dedit nobilissima ap. *Homerum* descriptio Il. β. 479. μετὰ δὲ κρείων Ἀγαμέμνων, Ὄμματα καὶ κεφαλὴν ἴκελος Διὶ τερπικεραύνῳ, Ἄρεϊ δὲ ζώνην, στέρνον δὲ Ποσειδάωνι. — ¶. 91.] V. 5. Est, quae ad homines invitandos valeat, commoditas, quod uno sacro tres sibi deos faventes reddere possunt.

XXIX. Cod. Vat. p. 504. *Philodemo* vindicat carmen, quod in Plan. p. 122. St. 175. W. ἄδηλον est. Tenebris sensum hujus carminis involvit depravata primi versus lectio, τὴν πρότερον θυμέλην, quam *Brodaeus* de deliciis et veluti scenico apparatu (tabulae), aut etiam de magno illo quaestu, quem is, de quo agitur, olim fortasse in scena fecisset, interpretatur. Sed hoc hariolari est, non interpretari. θυμέλης, *scenae*, ab hoc loco prorsus aliena est mentio. *Joseph. Scaliger* in notis mst. de puella Θυμέλῃ cogitasse videtur; sic enim hoc vocabulum, initiali majore, scribi jubet. At nec hoc ad rem facit. Scribendum puto:

Τὴν πρώιμον φίβαλιν μήτ' ἔμβλεπε, μήτε παρέλθῃς.

Divites praecoces amare fructus, et, quae suo tempore numino enituri essent, ante tempus auro emere, satis constat. Haec stultitia hoc carmine tangitur. *Caricas praecoces ne adspicias, nec praetereas*, ne eorum adspectus salivam moveat. πρώιμον in hac re fere solemne est. *Hesych.* πρώιμον. σῦκον πρωανμάζον. τῶν φιβάλεων σύκων multi veterum mentionem fecerunt. Vide *Athenaeum* L. III. p. 75. B. C. *Aristoph.* in Acharn. v. 802. τί δαί; φιβάλεως ἰσχάδας; ubi Schol.: τόπος Μεγαρίδος. ἄλλοι Ἀττικῆς. γένος δὲ συκῆς ἡ φίβαλις. *Hesych.* φιβάλεα. εἶδος σύκων, καὶ ἡ συκῆ ὁμωνύμως. τινὲς δὲ ἰσχάδας. Caricas Atticas cum aliquando vidisset Xerxes, juravit, se non prius praestantissimas has φιβάλεις gustaturum esse, quam terra, quae tales fructus ferret, potitus esset. Quare *Eusebius* in Chron. L. I. p. 53. 14. Ὁ Μηδικὸς πόλεμος ἐκινήθη, διὰ φιβάλεις ἰσχάδας συστὰς Πέρσαις καὶ Ἀθηναίοις καὶ πᾶσιν Ἕλλησιν ὑπ' αὐτοῦ. Φιβάλεις δὲ δῆμος τῆς Ἀττικῆς. Confer *Potterum* ad Clem. Alex. Paedag. L. II. p. 164. 7. 8. De voce φίβαλις quaedam collegit *Bod. a Stap.* ad *Theophr.* L. IV. p. 387. — V. 2. Ad macellum mittitur homo inops, ubi famem omaso, drachma emto, expleat. δραχμῆς, ὤνια scil. — κολοκορδόκολα. ἡ χολὰς καὶ ἔντερα καὶ χορδάς. *Schol.* Obscurum vocabulum, a κόλον derivandum, quod intestina significare apparet ex *Hesych.* v. κόλον. Sed quae sint κορδύκαλα, penitus ignoro. Fortasse hoc vocabulum labis non immune; fortasse saltem χορδύκαλα scribendum a χορδὴ, quod *Schol.* significat. — V. 3. Hic procul dubio cum *H. Stephano* et *Jos. Scaligero* scribendum ἓν γίνεται. Totum autem versum propter antithesin, quae est in verbis ἣν δ' ἀναμείνῃς, sic concinnaverim:

νῦν σῦκον δραχμῆς ἓν γίνεται.

Nunc una ex illis praecocibus ficubus drachma emitur; quod si exspectaveris, mille eodem pretio emes. — V. 4. τοῖς πτωχοῖς. Haec paroemiae habent speciem. — Deum τὸν Καιρὸν *Menander* dixerat, secundum *Pallad.* Ep. CXVIII. εὖγε λέγων τὸν Καιρὸν ἔφης θεὸν, εὖγε, Μένανδρε. *Sophocl.* Electr. 179. χρόνος γὰρ εὐμαρὴς θεός.

XXX. Cod. Vat. p. 428. Plan. p. 53. St. 76. W. Ex poëtae sodalitio Antigenes et Bacchius subitanea morte exstincti erant. Hoc tam inopinato casu graviter afflictus, se epularum apparatu non delectari ait, nec ad litus epulandi causa, ut antea, iturum esse. Perperam *Opsopoeus* existimavit, poëtam sodales dehortari, ne in litus ad epulandum descendant, quod heri duo ex amicis suis fracto litore perierint. — V. 1. Inest in his veris descriptio, quod anni tempus potissimum ad fructum vitae invitat. — καυλοῖο male Vat. Cod. καυλοὺς κράμβης cum lente et cochleis commemorat *Automed.* Ep. VI. *Martial.* L. X. 48. in descriptione apparatus coenae: *Et faba fabrorum, prototomique rudes.* *Columella* L. X. 36.. *Sed jam prototomos tempus decidere caules.* Cf. *Bod. a Stap.* ad Theophr. L. VII. p. 775. — V. 3. ζαλαγεῦσα. Vat. Cod. et Plan. *Jos. Scalig.* in not. mst. σελαγεῦσα corrigit; *Stephanus* λαλαγεῦσα et ζαγλαγεῦσα legi monet; posterius vocabulum derivat a ζα et γλάγος. λαλαγεῦσα legendum vidit *Lascaris*, qui tamen μαίνη pro herbae genere habuit, quae secta sonum quendam ederet. μαίνη nihil diversa videtur a μαινὶς, qui piscis est e sparorum genere.

genere. Vide *Gesner.* de Aquatil. p. 612. *Schneider.* ad *Aelianum* H. A. XII. 28. p. 394. Sunt quidam pisces, qui sonum putantur edere, quorum nonnullos recenset *Aelian.* X. 11. — ἀλίτροφος. cascus bene salsus et vixdum coactus. — V. 4. θριδάκων. lactuca sativa, quae distinguitur a θριδακίνη. Vide *Salmas.* in Plin. p. 896. *Bod. a Stapel* ad Theophr. VII. p. 778. Hujus folia cur ἀφροφόρα appellentur, non satis apparet; *Schneiderus* malit ἀγριόφυλλα. — V. 5. ἀκτῆς. Homines gulae et voluptatibus dediti, in litore convivari solebant. Inter voluptatis instrumenta *actae* commemorantur ap. *Ciceron.* c. Coelium §. 35. *Accusatores quidem libidines, amores, adulteria, Bajas, actas, convivia, commessationes, cantus, symphonias, navigia jactant.* Magis etiam illustris est locus in Verrinis Or. V. §. 96. *Ac primo ad illa aestiva praetoris accedamus, ipsam illam ad partem litoris, ubi iste per eos dies, tabernaculis positis, castra luxuriae collocarat.* *Actas et voluptates* conjungit *Cicero* Epp. ad Famil. IX. 6. — Hunc versum cum sequente laudans *Salmas.* ad Scr. Hist. Aug. T. I. p. 157. ἀκτῶον de zeta interpretatur, quae prospectum maris habeat. — ὡς αἰεί. ut olim, eodem anni tempore, nunquam non solebamus facere. Nisi fallor, in fine hujus distichi interrogandi signum ponendum est. Quod si feceris, sensus existet fere hic: Tempus anni nos ad pristinas voluptates renovandas invitat. Quid est igitur, quod non ad actam properemus ibique in locis amoenis epulemur, ut antea? Non cessare debet, si quis vita frui capiat. Ipsa vitae brevitas et rerum vicissitudines nos admonent, ut ne fruendi opportunitatem nobis patiamur elabi. Habemus exempla, eaque non longe quaerenda, quae nos fragilitatis nostrae admoneant, Antigenem et Bacchium, qui heri (paulo ante) luserunt, hodie sepeliuntur. — Hanc poëtae mentem esse, *Brodaeus* quoque existimasse videtur, cum scribit:

ἐχθὲς ἔπαιζον. paucis ante diebus. Quum brevis sit vitae humanae cursus, cur voluptates aspernamur?

XXXI. Vat. Cod. p. 240. Εἰς Τρυγόνιον ἑταίραν τοῦ Σαβακῶν ἔθνους ἐρωμένην. Plan. p. 226. St. 329. W. Nihil falsius lemmate Vat. Codicis. Scriptum est in mortem Trypherae, puellae, dum viveret, delicatissimae. In ejus tumulo suavissimos flores poëta nasci optat. — V. 1. laudat *Suidas* v. βίθος T. III. p. 255. ubi recte legitur Τρυφέρας pro τρυφερῆς, quod est in Plan. et Cod. Vat. *Tryphera* est puellae nomen ap. *Meleagr.* Ep. LXVIII. *Asclepiad.* Ep. XXVIII. Ep. ἀδέσπ. DCCXXI. — Quod autem sequitur vocabulum τρυγόνιον, ab interpretibus pro nomine proprio habitum, *Toupius* in Em. in Suid. P. III. p. 406. ex amantium blanditiis esse docuit. *Plautus* Asin. III. 3. 103. *Dic igitur me anaticulam, columbulam, vel catellum.* — V. 2. habet *Suidas* T. III. p. 272. σαβακῶν. διενωσιακῶν. Ibidem σαλμακίδων interpretatur ἑταιρῶν. Diceretur igitur Tryphera *flos meretricum Bacchicarum.* Quid Baccho, Σαβαζίῳ, cum meretriculis sit commercii, non satis apparet. Vix enim, et ne vix quidem admittenda est *Brodaei* explicatio, *quae Thyadum instar παρωνεῖν atque debacchari consueverunt, sese coagitantium.* Veriorem interpretationem nobis suppeditat *Hesych.* Σαβακός. ὁ σαθρός. Χῖοι. ubi Intrpp. nostrum locum afferre non neglexerunt. Jam vero τὸ σαθρὸν non solum de rebus, quae propter vetustatem labuntur et corruunt, sed omnino de marcidis et languescentibus usurpatur, ut *putris* ap. Latinos, quod τῷ σαθρῷ ad amussim respondet. — ἄνθεμα pro ἄνθος positum satis adstruxit *Brodaeus*; *Dorvillius* tamen ad Char. p. 717. pro ἀνάθεμα accipere malit. In quo fallitur. Graeci rem eximiam et inter alias excellentem ἄνθος, ἄωτον, (vide *Fischer.* ad Anacr. Fragm. I. 4. p. 328.) non ἀνάθεμα appellare solent. — V. 3. „ἡ Κυβέλῃ καὶ δοῦπος ὑπέπρεπεν. Sic Salmas. ad Hist. Aug. p. 493. (T. II. p. 823.) pro cor-

„rupto δοῦμος recte δοῦπος reposuit, quae emendatio mul„to probabilior est ea, quam Toup. ad Suid. III. 115. „(p. 40.) protulit. Sed librorum omnium καλύβη mu„tandum non erat. Hoc quidem perperam interpreta„batur Scaliger ad Copam, quem jure reprehendit Sal„masius; sed ideo genuina lectio ejicienda non erat, „quam etiam in vetustissimis membranis repererat, et „quam ipse recte exponit. Καλύβη est παστὰς seu θάλαμος „Matris Deûm, circa quam saltabant hujuscemodi mu„lieres ministrae et θαλαμηπόλοι Cybeles cum tympanis „et crotalis caputque jactabant bacchabundae. Repo„nendum itaque ἣ καλύβη καὶ δοῦπος ἐνέπρεπεν. Jam est in „seq. vers. Κυβέλη, nam ea est μήτηρ θεῶν. Depravata est „etiam lectio Ep. VI. Satyrii Thyilli, quod suo loco vi„debitur" *Br.* δοῦπος correxit etiam *Jos. Scaliger* in not. mst. ἣ Κυβέλη καὶ δοῦπος dubitanter *Brodaeus.* ἣ Κυβέλη καὶ κῶμος *Toupius*, qui se sic eleganter correxisse gloriatur. καλύβαι aediculae erant in interiore et secretiore aedium parte, in quibus deorum simulacra et pulvinaria erant. Vide not. ad *Dioscorid.* Ep. VII. — Mox Planud. ἣ φιλοπαίγμων Στυμβλὴ μήτηρ. ἣν ἐφίλησε θέων. et sic Vat. Cod. — Interpretes cogitabant de Theone, sophista, hominum mordacissimo. — Nihil hac lectione ineptius. θεῶν ad marg. Cod. sui emendavit *Jos. Scaliger.* — V. 5. ἀμφὶ γυναικῶν *Toupius* esse vult *seorsim a mulieribus*; Trypheram enim Veneris sacra non in conventu mulierum, sed clanculum cum commilitone suo celebrasse. Quae vix vera interpretatio. Junge potius τὰ ὄργια ἀμφὶ γυναικῶν, quae est periphrasis sacrorum, quae mulieres celebrant. ὄργια. τὰ τῆς Ἀφροδίτης ὄργια dixit *Aristoph.* Lysistr. 832. — V. 6. ἀψαμένα. Vat. Cod. a pr. man. Trypheram venustate et illecebris proxime ad Laïdem accessisse ait. — V. 7. 8. Similia vota passim. Ex nostro fortasse expressum Ep. ἀδ. DCCV.

Ex Lect. p. 144.] *XXXII.* Cod. Vat. p. 454. Hoc carmen, quod *Brunckius* sic exhibuit, ut in Cod. est, praeterquam quod ibi non μυρόπνοε, sed μυρόχροε habetur, *Schneiderus* in Schedis sic ingeniose restituit:

Ξανθὴ, κηρόπλαστε, μυρόχροε, μουσοπρόσωπε,
εὔλαλε, διπτερύγων καλὸν ἄγαλμα Πόθων,
ψάλλον μοι χερσὶν δροσιναῖς μύρον· ἐν μονοκλίνῳ
δεῖ με λιθοδμήτῳ, δεῖ ποτε, πετριδίῳ
εὕδειν ἀθανάτως πουλὺν χρόνον· ᾆδε πάλιν μοι,
Ξανθάριον, ναὶ, ναὶ, τὸ γλυκὺ τοῦτο μέλος.

Cum his versibus conjungendum est distichon, quod *Br.* dedit in Lect. p. 145. (in ed. Lips. p. 79. nr. XXXIV.) tanquam peculiare carmen; in Vat. autem Cod. non separatim, sed conjunctum cum illo carmine legitur.

οὐκ ἀΐεις, ἄνθρωπε, τοκογλύφος; ἐν μονοκλίνῳ
δεῖ σ' ἄξιον ναίειν, δύσμορε, πετριδίῳ.

Hoc Epigramma sic ex *Schneideri* mente emendatum, scriptum est in puellam Xantharium, quam poëta rogat, ut sibi carmen canat, quo avari et foeneratores futuri fati admoneantur. Videamus singula. — V. 1. puella vocatur κηρόπλαστος, tanquam e cera formata, (ut ap. *Sophocl.* ξανθῆς μελίσσης κηρόπλαστον ὄργανον, in *Schol.* ad *Eurip.* Phoen. 116. et *Clem. Alex.* Strom. VI. p. 565. sq.) propter pulcritudinem. Imaginibus ex marmore cerave fictis pulcri pulcraeque comparantur. Fortasse etiam ad colorem solum respicitur. Pro μυρόχροε, cujus cutis unguentis uncta est, *Br.* μυρόπνοε suspicabatur. Cod. lectionem haud facile mutaverim; μυρόχροος idem, quod ἡδύχροος; nam quodcunque suave et jucundum est, μύρον vocatur. — Etiam epitheton μουσοπρόσωπε ad puellae pulcritudinem non minus quam ad doctrinam citharistriae referendum videtur. — V. 2. εὔλαλε. ἡ λαλιὰ, jucunda garrulitas, nonnunquam in laudem dicitur. *Ruhnken.* Ep. cr. II. p. 297. — καλὸν ἄγαλμα. alatorum Cupidinum decus et ornamentum. In hunc sensum vocem ἄγαλμα acceperim, ut in *Musaeo* v. 8. λύχνον Ἔρωτος ἄγαλμα. ubi vide *Heinrich.* p. 41. sq. — V. 3. Quum forma δρόσεσσι alibi non occurrat, suspiceris, scriptum fuisse δροσίμαις, sive

χερσὶ ῥαδιναῖς.

ut ap. *Theognid.* v. 6. φοίνικος ῥαδινῆς χερσὶν ἐφαψαμένη. *Ovid.* I. A. A. 622. *teretes digitos.* Sed nolim huic conjecturae multum tribuere. δροσερὸν et δρόσιμον de rebus delicata teneritate insignibus usurpatur. Vide *Spanhem.* ad Aristoph. Nub. 974. *Strato* Ep. L. ἢ τρυφεροῖς σφίγξαι περὶ χείλεσιν, ἢ κατὰ μηρῶν εἰλίσσοι δροσερῶν. ubi sibi invicem respondent epitheta. — ψάλλον μοι μόρον. Fatum mihi fatale, i. e. carmen de morte cane. Nisi forte fuit: ψάλλον μοι χ. λ. μέλος. Quae sequuntur, pro carmine ipso habenda sunt. Fortasse etiam scribendum:

ψάλλον μοι χερσὶν δροσίμαις μόρον· ἐν μ. — —

manibus unguento delibutis. Hoc simplicissimum. — V. 4. πετριδίῳ. De sepulcro in rupe exciso mox dicemus. — V. 7. 8. (Ep. XXXIV. in ed. Lips.) *Br.* edidit ex emendatione *Salmasii* in Plin. p. 850. A. qui tamen τόκων γλύφος legit. In Vat. Cod. sic habetur:

οὐ καὶ εἰς, ἀνθρωφοτοκογλυφος ἐν μονοκλίνῳ
δεῖ σε βίον καὶ δύσμορε πετριδίῳ.

Philodemus non sine gravitate ad foeneratores convertitur, et ab iis quaerit, an illius carminis sententiam recte perceperint, quae ejusmodi est, ut mortales ab omni divitiarum colligendarum studio deterreat. Fortasse nulla fere mutatione legendum:

οὐκ ἀΐεις, ἄνθρωφ᾽ ὁ τόκων γλύφος — —

Audisne, homo, te appello, qui foenus computas digitis? — τοκογλύφοι sive τόκων γλύφοι comica fuisse videtur appellatio foeneratorum. Vide *Bergler.* ad *Alciphr.* L. I. 25. p. 102. Vide ad *Pallad.* Ep. LXXXVI.

Longe diversam viam in hoc Epigrammate emendando instituit Vir doctus, qui *Philodemi* nostri opus de Musica ex Voluminibus Herculanensibus edidit, in Prolegg. p. 5. 6. qui illud in hunc modum corrigere conatus est:

Ξάνθ', ὦ κηροπλάστα, μυροῤῥόε, μουσοπρόσωπε,
εὔλαλε, διπτερύγων καλὸν ἄγαλμα Πόθων,
ψῆλόν μοι χερσὶ δροσίμαις μύρον, ἐν μονοκλίνῳ
δεῖ με λιθοδμήτῳ δή ποτε πετριδίῳ
εὕδειν ἀθανάτως πουλὺν χρόνον· ᾆδε πάλιν μοι
Ξανθάριον, ναὶ ναί, τὸ γλυκὺ τοῦτο μέλος.
οὐκ ἀΐεις, ἄνθρωπε τυμβογλύφος; ἐν μονοκλίνῳ
δεῖ σ' ἄβιον κεῖσθαι, δύσμορε, πετριδίῳ.

Auctor harum emendationum toto hoc carmine poëtam verba ad apem facere existimat, in qua opinione et ipse olim fui, antequam elegantes *Schneideri* correctiones videre contigerat. Huic sententiae lectiones accommodavit ille. — V. 1. Apis vocatur κηροπλάστης, mellis sive cerae opifex. πλάττειν proprie de apibus. *Antipat. Sid.* XLVIII. ξουθὰς περὶ χείλεσιν ἑσμὸς Ἔπλασε κηρόδετον, Πίνδαρε, σοῦ μέλι. Idem vir doctus proponit ξανθοῦ κηροῦ πλάστα. quod minime elegans. ξανθαὶ et ξουθαὶ passim vocantur apes; ut in fragm. *Sophoclis* supra laudato, ap. *Theocrit.* Eid. VII. 142. *Platon.* Ep XXIX. — μυροῤῥόε. quae unguentum fundis. Unguenti autem nomine τὸ μέλι significari, arbitratus est V. D. — μουσοπρόσωπε sic tuetur: »Si toti Epigrammati eam tribueris sententiam, quam »supra adscripsimus, continuo fatearis oportet, nostrum »poëtam novam sibi apis formam procudisse. Quam »enim tantum βομβεῦσαν Theocritus dixit, ipse εὔλαλον »appellat, ejusque bombum, revera ineptum et mole»stum, non modo γλυκὺ μέλος dicit, sed et παραμυθητικὸν »sibi esse affirmat. Quid porro mirum, si tam bene apte»que sibi canentem μουσοπρόσωπον vocet? Quid cerebroso »facies poëtae ?« Ad hanc explicationem confirmandam laudat *Meleagr.* Ep. CXII. ubi locusta ἀρουραίη Μοῦσα vocatur; ejusd. Ep. XC. ubi culex φιλόμουσος occurrit; et *Mnasalc.* Ep. X. — Imaginem, qua poëta in pentametro utitur, V. D. non attigit; etsi haec quoque probabiliter exornari possit. ἄγαλμα Πόθων in hoc contextu non foret, ut supra haec verba interpretati sumus, *ornamentum*, sed *imago, simulacrum Cupidinum*. Quis non meminerit carminis Theocritei XIX. 7. τὺ δ' οὐκ ἴσον ἐσσὶ μελίσσαις; Ὃς τυτθὸς μὲν ἐὼν, τὰ δὲ τραύματα ἁλίκα ποιεῖς; et *Meleagri* Ep. CVIII. *Straton.* Ep. LXXXVIII. Similitudo est in eo, quod et apis et Amor spiculis vulnerat. — V. 3. ψίλον. Nihil vetare ait emendationis auctor, quominus hoc verbum, quod vulgo *denudare*, *deglabrare* significat, pro *attenuare* accipiatur. Unguenti autem majus fuisse pretium, cum attenuatum esset. At, si nihil aliud, usus dicendi vetat, ne sic legamus. Nunquam veteres verbo ψιλόω hac significatione usi sunt. Mox recte V. D. δροσίμοις, quod nos supra ab eo mutuati sumus. — *Brunckius*, quod supra monere neglreximus, pro ψίλον conjecit στάζον, post hoc vocabulum aliquid excidisse putans. Recte monuit academicus Neapolitanus, fieri non posse, ut apis unguentum roscidis manibus fundere dicatur. Fingere autem poëtam, sibi audito apis bombo succurrisse, ejusdem ministerio mel ad cadaver suum condiendum apparari: qua recordatione ipsum minime perterritum, quinimo exhilaratum, utpote cui mors nihil posset surripere, eam rogare, ut festinet ipsi unguentum elaborare. Deinde docere instituit, τὸ μύρον h. l. vel absolute mel esse, vel certe unguenti genus, quod melle inprimis constaret. Quasdam autem gentes melle ad condienda cadavera usos esse, constat ex *Lucretio* L. III. 904. De Assyriis *Strabo* L. XVI. T. II. p. 1082. B. θάπτουσι δὲ ἐν μέλιτι κηρῷ περιπλάσαντες. Judaeos autem, in quorum terra *Philodemus* degebat, sepulcris in saxo excisis usos fuisse, nemo ignorat, nisi qui historiam de Christi sepultura ignorat. — V. 5. *οἶδεν ἀθανάτως Brunck.* illustrat allato versu *Lucretii* L. III. 882. *mortalem vitam mors quoi immortalis ademit.* Majorem in hoc vocabulo emphasin frustra quaerebat Neapolitanus editor, qui vertit: *immortalium deorum instar*, qui itidem in marmoreis loculis inertes nullaque re indigentes sedent. Poëtam igitur apem hortari, ut bombum suum iteret, quem sibi gratum esse affirmet, quandoquidem mortem laborum finem in animum sibi revocet. Propterea eum quasi *ἐπιμυθεύμενον* ad foeneratorem sese convertentem rogare, cur ipse hujusmodi susurrum non exaudiat, qui memoriam illius temporis ipsi refricet. cum sibi tantopere pecuniae inhianti, omnibus vitae commodis orbato in arca lapidea habitandum sit. — Male excusum est in v. 4. *δὲ ποτε*, cum V. D. procul dubio *δή ποτε* voluerit dari. — V. 8. praeter Salmasianam lectionem aliam profert, quae propius accedit ad scripturam Codicis: *δεῖ σε βιοῦν αἰεί.* Sed verbum *βιοῦν* huic contextui minus accommodatum.

Ex Lect. p. 145.] *XXXIII.* Hanc carminis particulam *Brunckius* repetivit ex *Salmasii* Not. in Histor. Aug. T. II. p. 633. Integrum carmen, quod exstat in Vat. Cod. p. 513. primus protulit editor Neapolitanus *Philodemi* de Musica in Praef. p. 10. In Codice sic habetur:

Αὔριον εἰς λιτήν σε καλιάδα, φίλτατε Πείσων,
ἐξ ἐνάτης ἕλκει μουσοφιλὴς ἕταρος,
εἰκάδα δειπνίζων ἐνιαύσιον· εἰ δ' ἀπολείψεις
οὔθατα καὶ Βρομίου χιογενῆ πρόποσιν,
ἀλλ' ἑτάρους ὄψει παναληθέας, ἀλλ' ἐπακούσῃ
Φαιήκων γαίης πουλὺ μελιχρότερα.
ἢν δέ ποτε στρέψῃς καὶ ἐς ἡμέας ὄμματα Πείσων
ἄξομεν ἐκ λιτῆς εἰκάδα πιοτέρην.

Philodemus Pisonem invitat, ut secum vicesimum mensis diem coena celebret. Praeclare monuit Neapolitanus editor, agi hoc carmine de anniversario festo, quod Epicurei in magistri sui natalibus celebrare solebant, unde Εἰκαδισταὶ appellati sunt. Sed non solum natalem suum, sed vicesimum quemque lunae diem epulis celebrari per testamentum jusserat. *Cicero* de Fin. L. II. §. 101. *Quaero autem, quid sit quod, cum dissolutione sensus omnis exstinguatur — tam diligenter tamque accurate caveat et sanciat, ut Amynomachus et Timocrates, heredes sui, de Hermachi sententia dent, quod satis sit ad diem agendum natalem suum quotannis, mense Gamelione: itemque omnibus mensibus vicesimo die lunae dent ad eorum epulas, qui una secum philosophati sint, ut et sui et Metrodori memoria colatur.* Vide inprimis *Menagium* ad *Diog. Laert.* X. 18. p. 454. Philodemum vero ex Epicureorum fuisse familia, novimus ex *Ciceronis* Or. in Pison. c. 28. et 29. — Domum suam sive coenaculum καλιάδα vocat; sic enim appellantur aediculae ex ligno exstructae, quae eaedem sunt καλιαί. Vide not. ad *Apollonid.* Ep. IX. — Pro ἕταρις editor ἕταρος corrigit. — Invitat autem eum, ut *hora nona* coenatum veniat, quo tempore negotiosi homines et sobrii inibant coenam. Conf. *Salmasium* ad Scr. Hist. Aug. l. c. — V. 3. ἀπολείψῃς. Vix sincerum. Saltem scribendum ἀπολείψεις, et seq. vers. πρόποσις. Quod si sumina et Chium vinum deerit, amicos invenies sinceros et acroamata exaudies, Phaeacum acroamatis longe jucundiora. οὔθατα. Quanti Romani sumina fecerint, multa veterum loca declarant. Vide *Interpp. Martial.* L. XIII. 44. — V. 5. ἐπακούσεαι legendum. — V. 6. Φαιήκων. Comparat editor *Homer.* Od. θ. 248. αἰεὶ δ' ἡμῖν δαίς τε φίλη, κίθαρίς τε χοροί τε. — V. 7. 8. Editor in his verbis praederastici quid sibi animadvertere visus, efflagitationem illam τοῦ τρέψαι ὄμματα εἰς αὐτὸν (nam edidit τρέψῃς) nihil aliud esse putabat, nisi turpis rei modestam sollicitationem. Inepte. Philodemus, Graeculus, Pisonem, virum nobilem eumque Romanum ad coenam invitat; qui si venerit, poëtamque, *qui aquam praebet*, placidis adspexerit oculis, ille sibi coelum digito attigisse videbitur. Sensus est igitur, quem ille in versione latina minus recte reddidit: Si in me converteris oculos, illud anniversarium non exiguum et tenue, sed pingue et opimum festum a nobis celebrabitur. In his igitur verbis summae est reverentiae, qualis clientem erga patronum decet, significatio *).

ARCHIAE EPIGRAMMATA.

§. 92.] *I.* Cod. Vat. p. 97. Edidit *Reisk.* in Misc. Lips. IX. p. 124. nr. 300. Optat, ut Amor omnia tela in se unum effundens, postea non habeat, quomodo alios configat. Haec fortasse ante oculos habuit *Lucian.* in Amor. §. 2. T. V. p. 257. Bip. Ἔγωγ' οὖν ἅπασαν αὐτῶν κενὴν ἐκκεκενῶσθαι φαρέτραν νομίζω, κἂν ἐπ' ἄλλον τινὰ πτῆναι θελήσῃ, ἄνοπλος αὐτοῦ ἡ δεξιὰ γελασθήσεται. *Propert.* L. II. El. X. 1. *Non tot Achaemeniis armantur Susa sagittis, Spicula quot nostro pectore fixit Amor.* — V. 1. τὸ περίγυον Vat. Cod. Superscriptum γρ. τὸ πέρινον. Male *Reiskius* hunc versum distinxit, puncto post κορθμοῦ με posito. — τὸ περίγυον eleganter pro περιγύως, i. e. ἀληθῶς. Vide *Valcken.* in Decem Eid. Theocr. p. 68. — V. 3. ἄλης corrigit *Br.* — V. 4. ἴσχεις Cod. Vat. Fuisse videtur ἴλεις et ἴσχεις. *Reiskius* tamen ἴσχῃς ex apogr. Lips. protulit. — Ad sensum conf. *Paul. Silent.* Ep. XX.

*) His scriptis in manus mihi venit liber bonae frugis plenissimus, *Magasin encyclopédique*, qui Parisiis prodit cura Viri cl. *A. L. Millin.* In ejus Tomo V. nr. 20. nostrum carmen edidit et illustravit Vir eruditissimus *Chardon de la Rochette* p. 483. sqq. qui ultimum distichon sic, ut nos, interpretatur, Neapolitani editoris sententia repudiata.

II. »In Planud. p. 481. St. 624. W. hoc distichon »subjungitur alteri, quod cum eo nullam sententiae »rationem habet. Duo diversa sunt Epigrammata, sin- »gula unius distichi. Alterum est Capitonis et legitur »infra p. 199.[a] *Br.* In Vat. Cod. p. 101. inscriptum: ἄδηλον. οἱ δὲ Ἀρχίου. Peculiare hoc carmen esse, intellexit *Jos. Scaliger.* Nihil sibi loci relictum esse ait ad nova Amoris tela recipienda. Sed hoc distichon distinctione laborare, vix dubito. σκοπὸς ipse est poëta sive illius animus. Jam, quaeso, quid est, quod dicat: Para, Venus, tela et ad me vulnerandum accede. *Alium* enim vulneris locum non habeo. Distinguendum videtur:

καὶ εἰς σκοπὸν ἥσυχος ἐλθὲ
ἄλλον· ἐγὼ γὰρ ἔχω τραύματος οὐδὲ τόπον.

Suadet igitur Veneri, ut alium tandem scopum figat. *Propert.* L. II. IX. 18. *Si pudor est, alio trajice tela tua.* — V. 2. ἐγὼ γάρ. Sic fere Hercules ap. *Eurip.* in Herc. Fur. 1245. γέμω κακῶν δή, κοὐκέτ' ἔσθ' ὅπῃ τεθῇ. Similis color in Ep. *Macedonii* VIII.

Λῆξον, Ἔρως, κραδίης τε καὶ ἥπατος· εἰ δ' ἐπιθυμεῖς
βάλλειν, ἄλλο τι που τῶν μελέων κατάβα.

III. Cod. Vat. p. 97. *Archiae* vindicat. In Plan. p. 486. St. 631. W. sine auctoris nomine legitur. Expressum videtur ex Ep. *Leonid. Tar.* LIII. — V. 1. δεῖ τὸν Cod. Vat.

IV. Cod. Vat. p. 175. Ἀρχίου γραμματικοῦ. Edidit *L. Holsten.* ad Steph. Byz. p. 145. *Reisk.* Anth. p. 20. nr. 452. »Expressum est ex *Tymnis* Ep. I. Inde hic »versu 2. recte scriptum Μίκκος. Hic Codex habet Παλ- »λανεῖος, at in Tymnis carmine Παλλανεύς. Utrum ex »altero emendandum sit, dicat, qui Miccam hunc »aliunde sibi notum sciverit, cujas fuerit, quod ego »prorsus ignoro. Utroque in loco Παλλανεὺς scribendum

»esset, si de gentilibus nominibus vera tradidisset Ste»phanus in Παλλήνῃ, quem redarguit Holstenius." *Br.* Vide not. ad Ep. Tymn. I. ¡In apogr. Lips. hoc quoque loco Παλλαναῖος scribitur. De diversitate orthographiae in hoc vocabulo vide *Wesseling.* ad Diodor. Sic. T. I. p. 572. — V. 2. ἀμβρεμέταν. Vat. Cod. a pr. man. ubi pro nomine viri σμικρὸν legitur, ex glossa procul dubio, quam ante *Br.* correxerat *Reiskius. Holstenius* Νικαῖς. — V. 3. ἅ ποτι. Vat. Cod. — In fine vers. ap. Lips. ἴμελπε. — V. 4. στοναχᾶς. pugnae signum canens. εἰρήνης. pacis. Vide *Verbeyk.* ad Anton. Liber. IV. p. 24. ubi εἰρήνη opponitur πολέμῳ, ἔριδι, στάσει. *Antip. Sidon.* Ep. XI. in eodem argumento: Ἁ πάρος αἱματόεν πολέμου μέλος ἐν δαῒ σάλπιγξ Καὶ γλυκὺν εἰρήνας ἐντρεχίουσα νόμον.

V. Cod. Vat. p. 178. Edidit *Kuster.* ad Suid. v. κεκρύφαλον T. II. p. 292. *Reiske* in Anth. p. 25. nr. 461. et hinc *Toup.* in Ep. crit. p. 98. Expressum est ex Ep. *Antipatri Sid.* XXI. cum quo illud in singulis comparavit cl. *Ilgen* in Opusc. phil. T. II. p. 80. sqq. Quatuor Aristotelis filiae Veneri munera afferunt. — V. 1. Male in Ed. Lips. βίττα. Majori initiali scribendum. — In Cod. Vat. πολύπλεγκτόν τε φ. *Kuster.* et *Reisk.* πολύπλεκτον. Sed sic χαίτας est sine epitheto, quod *Toupius* ei tribuit πολυπλέκτου scribendo, ex *Antip. Sid.* l. c. φιλοπλέκτοιο κόμας σφιγκτῆρα. — Nostrum ante oculos habuisse videtur Auctor Ep. ἀδεσπ. CXV. τόν τε κόμας ῥύτορα κεκρύφαλον. — V. 2. laudat *Suid.* in κεκρύφαλον T. II. p. 292. — V. 3. In contextu Cod. Vat. omittuntur verba inde a πόθον usque ad Ἡράκλεια τόδε, quae tamen in marg. leguntur antiqua manu scripta. In nonnullis apogr. desiderantur, ut in eo, quo *Kusterus* usus est. — πόθον πείθουσαν ὄμμα. Vat. πείθουσα νόημα. ap. Lips. unde *Reiskius* τεθηγμένον ὄμμα dedit. Hujus vestigiis insistens *Toupius* nostrum invenit. Ducta est flabelli descriptio ex *Dioscorid.* Ep. XII. ῥιπίδα τὴν μαλακοῖσιν ἀεὶ πτεροῖσιν ἑλίσσειν.

Cum πόδῳ κύματι, vento *flabello*, comparandus *Nonn.* Dionyf. L. III. p. 108. ubi nutrix pallio moto ventum facit infantibus, καὶ ἴσβοοι καύματος ἀμφ' Ἀντίτυπον φύσημα χέων πεπτὸς κύτεος. — V. 4. ἀμυνομένην. Vat. Cod. Doricam terminationem fervat *Suid.* in μαλερὸν T. II. p. 486. — §. 93.] V. 5. προπαλ. πρρε. velum tenuiffimum, tanquam ab aranea textum. *Antipater Sid.* l. c. ἔργον ἀραχναίοις νήμασιν ἰσόμορον. — ἀρπεδόνας, quod de laqueis paffim occurrit, de reti hoc loco accipiendum eft. *Apollonid.* Ep. XV. ἀρπεδόνην καὶ στάλικας jungit. De ferum filis *Paufan.* VI. 26. p. 519. τὰ δὲ ἄλλα εἴκασται ταῖς ἀράχναις — ἐγγίνονταί τε ὑπὸ πλημμελῶς καὶ ἀπαθανόντος οὕτω τὸ πολὺ τῆς ἀρπεδόνης εὑρίσκουσιν ἴσον. Hunc verf. cum praeced. laudat *Suid.* in ἀρπεδόνι T. I. p. 336. — V. 7. αἱ δὲ. Ap. Lipf. ανίρημα. Vat. Cod. — Quo fenfu verba περισφυρίων δράκοντας accipienda fint, vide ad *Antip. Sid.* l. c. — V. 8. ἐνεκαμένα. Ap. Lipf. — V. 9. 10. Ad verba *Herodoti* L. II. p. 169. 79. φιλέουσι δὲ καὶ ἐν τῇ Ναυκράτι ἐπαφρόδιτοι γίνεσθαι αἱ ἑταῖραι — *Weffelingius* hoc difitchon excitat fic ut ap. *Kufterum* et *Br.* fcriptum. In Vat. Cod. legitur: αἱ γνάλαι Ναυκρατίδες.

VI. Cod. Vat. p. 172. Plan. p. 432. St. 566. W. Argumentum hoc carmine tractatum primus tractaffe videtur *Leonidas Tar.* Ep. XIX. Carmina, quae in eodem verfantur argumento, recenfuit *Ilgen* in Opufc. phil. T. II. p. 65. fqq. — V. 1. Θαλάσσαις a man. fec. Vat. Cod. — V. 3. Πίγρις. Idem a man. pr. — V. 5. χοιραίοισιν. Idem. — V. 6. πλωτοῖς. Plan. — Ἀγρεὺς. ὁ Πάν. *Hefych.*

VII. Cod. Vat. p. 143. Plan. p. 431. St. 565. W. Primum difitchon laudat *Suidas* v. σκοπιήτης T. III. p. 335. — V. 1. In ed. Lipf. vitiofe αἴναιμα pro αἴναιμοι excufum. — V. 2. Λιποσταθίης. Plan. et Vat. — τρισσῆς.

Plan. et Suid. — V. 3. ἄμμι et Πογγεν. Vat. — στηςνῶν. Idem. — V. 5. ἐς αἴθεις. Idem. — τὸν δ' ἔτι. Vat. et Plan.

VIII. Cod. Vat. p. 172. Plan. p. 432. St. 566. W. — V. 1. 2. laudat *Suidas* T. I. p. 432. βιαρκέος. τῆς εἰς τὸ ζῆν ἐπαρκούσης. — V. 3. Πίγρις. Vat. a pr. man. — διερραχθές. Vat. Plan. et *Suid.* qui h. v. excitat T. I. p. 534. in διερραχθείς. τὸ τὴν διερὴν ἀλγοῦντα. *Brunckius* tamen διεράγχεις genuinum esse censebat. *Philippi* Ep. VIII. καὶ πάγας διεράγχεις. *Antip. Sid.* Ep. XVII. ἀνασπαστούς τε διεράγχας. — πετανῶν. Vat. — V. 4. ὑλακόμαν Cod. Vat. — V. 5. αἴθρης. Plan. — V. 6. καὶ πελάγους καὶ γᾶς. Vat. Cod.

T. 94.] *IX*. Cod. Vat. p. 173. Plan. p. 432. St. 566. W. — V. 1. οὐρανίοι καὶ κ. Vat. — V. 2. vulgo σοὶ τάδε Π. δ'. Nec aliter est in Vat. Cod. γέρα igitur ex *Brunckii* correctione legitur. Haud facile dixeris, quid olim hic lectum sit; nam totum hoc hemistichion, σοὶ τάδε Πὰν ἔθεσαν, ductum esse videtur ex Ep. *Alexandri Aetoli* I. — V. 3. Πίγρις. ut supra, Vat. Cod. — V. 4. ἔπορον. Vulgo et in Vat. — V. 5. ψαφίσιν Vat. — V. 6. εἰδὼς ὁ δ' ἐν π. ἄγραν εὔστιχον ἄγραν ἔχοι. Vat. Vulgo ἄγραν.

X. Cod. Vat. p. 174. sq. ἀνάθημα τῷ Πριήπῳ παρὰ Φιντύλου. Edidit *Kuster*. ad Suid. T. I. p. 462. *Reisk.* Anth. p. 19. nr. 450. Phintylus piscator, senectute confectus, instrumenta artis Priapo ponit. Expressum ex *Leonid. Tar.* XXV. Similia plura sunt in Planud.

L. VI. c. 3. — V. 1. ἀκταίῳ Πριήπῳ. Vat. Cod. *Kuster*. comparavit Ep. ἀδέσπ. CXXVIII. δέξο σαγηναίοιο λίνου τετρημμένον ἅλμῃ λείψανον. — V. 2. ἐυρίμασιν. Vat. — V. 3. 4. laudat *Suidas* in γάμψον T. I. p. 462. ubi ἐμπταίοισι est, ut in Vat. Cod. — *Reisk.* ex ap. Lips. ἐμπαίοισι dedit. In Ep. ἀδεσπ. supra laudato: καὶ βαθὺν ἐμπαίοις πεπτημένον ἄγματι χαίτης — λιμνοφυῆ δόνακα. — V. 5. *Suid.* in τριτάνοτον T. III. p. 506. Arundinem *admodum longam* significare videtur. Reliqua hujus versiculi cum v. 6. idem excitat in φελλὸς T. III. p. 591. et in βόλος T. I. p. 440. Totum hunc versum sibi vindicavit Auctor Ep. Incert. supr. l. — βόλον h. l. aut rete aut nassam esse, in aqua depressam, similium locorum docet comparatio. Suberini enim cortices nassis et retibus aptabantur, ut, in aquae superficie natantes, illorum in fundo sedem indicarent. *Philipp.* Ep. XXII. ἀπαγγελτῆρα δὲ κύρτου φελλόν. Idem Ep. XXIII. τὸν καὶ φελλοῖς κύρτους ἐλεγχομένους. *Julian. Aeg.* Ep. VI. φελλοὺς κύρτων μάρτυρας εἰναλίων. *Plutarch.* T. II. p. 592. ὥσπερ τοὺς τὰ δίκτυα διασημαίνοντας ἐν τῇ θαλάσσῃ φελλοὺς ὁρῶμεν ἐπιφερομένους. Ex his locis simul apparet, quam temere *Reiskius* textum immutaverit, legens: φελλὸν, ἁλιερκέων σῆμ᾽ ἀναδύντα βόλων. *jactuum undis abditorum sursum edens indicium.*

XI. Cod. Vat. p. 147. Plan. p. 423. St. 557. W. Tres Xuthi et Melitae filiae artis textoriae instrumenta, quibus pauperem vitam diu sustentaverant, Minervae dedicant. Expressum est hoc carmen ex *Leonidae Tar.* Ep. IX. *Antip. Sid.* XXVI. — V. 1. καὶ Εὔκλεια Vat. Cod.
αν
a pr. man. — V. 2. ξουθου. Vat. Cod. — V. 3. *Suidas* laudat in κρέκχνειον νῆμα T. I. p. 309. et cum v. 4. in ἄτρακτον T. I. p. 373. et in μίτος T. II. p. 567. *Leonid. Tar.* l. c. τὸν μιτοεργὸν λειδίνητον ἄτρακτον. — Fusos simul cum longa colo. ἠλακάτη pars ἀτράκτου, ut videtur. — V. 5. *Suidas* Tom. III. p. 147. in πολυσπαθής. ὁ πλειστάκις ὑπὸ σπάθης ἐνεργηθείς. — πέπλοι πολυσπαθεῖς sunt concutes, bene condensatae vestes. Vide *Salmas.* ad Scr. Hist. Aug. T. II. p. 410. — V. 6. τριτάτη. Vat. Cod. — V. 8. σοὶ in Vat. Cod. lineae superscriptum. Parum suaviter ad aures accidunt haec: ταῦθ᾽ αἱ σαὶ σοὶ, quorum fortasse olim reperietur emendatio.

p. 95.] *XII.* Bis exstat in Planud. L. IV. c. 7. et c. 11, utroque loco sine auctoris nomine. Scire velim, qua auctoritate a *Brunckio* tributum sit *Archiae*; nam a Cod. Vat. abest hoc carmen cum omnibus aliis, in quibus artis opera describuntur. Si unus ex Planudeae Codd. quibus cl. editor usus est, *Archiae* nomen adscriptum habuit, id indicandum erat. — Scriptum est in aprum Calydonium ex aere. — V. 1. ἤνυσε. vulgo. — V. 3. θηκτόν. omnes veteres edd. praeter Stephan. quae θηητὸν habet, quod Wechel. receperunt. Poëta expressisse videtur locum *Hesiodi* in Scut. 388. θήγει δέ τε λευκὸν ὀδόντα δοχμωθεὶς, ἀφρὸς δὲ περὶ στόμα μαστιχόωντι λείβεται, ὄσσε δέ οἱ πυρὶ λαμπετόωντι ἐΐκτην, Ὀρθὰς δ' ἐν λοφιῇ φρίσσει τρίχας ἀμφί τε δειρήν. Similis est apri descriptio ap. *Homer.* Il. ν. 473. φρίσσει δέ τε νῶτον ὕπερθεν· Ὀφθαλμὼ δ' ἄρα οἱ πυρὶ λάμπετον· αὐτὰρ ὀδόντας θήγει. Cf. Il. λ. 415. *Philostratus* I. Icon. XXVIII. p. 803. Ὁρᾷ δὲ αὐτὸν καὶ τὴν χαίτην φρίττοντα, καὶ πῦρ ἐμβλέποντα, καὶ οἱ ὀδόντας αὐτοῦ καταγνύουσιν ἐφ' ὑμᾶς. — V. 5. δεδειγμένα. Vulgo. — οὐκ ἔτι. Plan. — Non amplius mirandum, cum tam terribilis fuerit aper Calydonius, si delectorum juvenum turbam perdidit. Secundum *Homer.* Il. ι. 546. πολλοὺς δὲ πυρῆς ἐπέβησ' ἀλεγεινῆς.

XIII. In Planud. p. 326. St. 465. W. In Apellis Venerem Anadyomenen. Expressum ex *Leonid. Tar.* Ep. XLI. et *Antip. Sidon.* XXXII. ubi vide not. — V. 2. γυμνήν. Sic in Ep. *Platoni* tributo nr. IX. ποῦ γυμνὴν εἶδέ με Πραξιτέλης; — V. 4. De puellae capillis *Ovid.* I. Amor. XIV. 33. *Illis contulerim, quas quondam nuda Dione Pingitur humenti sustinuisse manu.*

XIV. Anth. Plan. p. 321. St. 460. W. Λευκιανοῦ, οἱ δὲ Ἀρχίου. Confer cum eleganti hoc carmine Ep. ἀδέσπ. CCLXXIV. — V. 2. ἀντίτυπον φθογγήν. *Satyr. Thyill.* Ep. II. μίμνουσιν Ἀχὼ ἀντίθροον — ἔπη. *Julian.* Epist. LIV. p. 441.

p. 441. ὅτι ἐστὶν ἠχὼ φωνῆς ἐξ ἀέρος πλῆξιν ἀντίτυπος ἠχή, πρὸς τοὔμπαλιν τῆς ἀκοῆς ἀντανακλωμένη. Vide *Elsnerum* in Obss. sacr. T. II. p. 407. sq. — φθομένην est in ed. pr. et Ascens. φθεομένην in Aldinis. — V. 3. Variarum vocum vocalem *imaginem*; ut *Virgil*. Georg. IV. 50. *Psittacus — loquax, humanae vocis imago*. *Ovid*. II. Amor. VI. 37. Locus montanus πάντων τῶν λεγομένων μιμητὴν φωνὴν ἀποδίδου. *Longus* L. III. p. 87. 20. — V. 4. ὅσσα λέγεις. *quae audita reportat*, ut ait *Ovid*. III. Metam. 369. Epigr. ἀδεσπ. her. XXIX. p. 149. ὁπποῖόν κ' εἴπησθα ἔπος, τοῖόν κ' ἐπακούσαις.

XV. Cod. Vat. p. 362. Ἀρχίου, οἱ δὲ Παρμενίωνος. Uni Archiae inscribitur in Plan. p. 50. St. 73. W. Ingeniose Echo docet, sua lingua nullam aequiorem esse. — V. 1. γλώσσῃ vulgo. τὰν λ. Vat. Cod. et Plan. Conf. *Ovid*. III. Metam. 356. *Vocalis Nymphe, quae nec reticere loquenti, Nec prior ipsa loqui didicit, resonabilis Echo.*

¶. 96.] *XVI*. Cod. Vat. p. 490. Plan. p. 76. St. 111. W. Priapus in Bosporo Thracico collocatus, se nautis, qui numen implorent suum, praesens auxilium ferre et propterea ab iisdem nunquam non donis et honoribus coli gloriatur. — V. 1. κυμοπλῆγος. Vat. Cod. — V. 4. κατὰ πρύμνης. ventum secundum, πρύμνιμον, a puppi flantem, quem inde πρυμναῖον appellabant; cui oppositus πνεῦμα ἐκ πρώρας, ut ap. *Sophocl*. Phil. 640. Cf. *Dorville* ad Charit. p. 115. — V. 5. πάκνισον. Sic Vat. Cod. perperam. Scripturam hanc temere et inconsiderate secutus sum. Frequentissime in veteribus libris occurrunt κνῖσα et composita, unico σ et producto ι. Defendi posset auctoritate Herodiani Grammatici ap. Eustathium cum alibi, tum p. 1819. l. 39. ἡ δὲ κνίσσα, κοινότερον μὲν διὰ δύο σ γράφεται. Ἡρωδιανὸς δὲ ἐθέλει ἀπὸ μέλλοντος αὐτὴν γενομένην τοῦ κνίζω κνίσω, δι' ἑνός τε γράφεσθαι σ, καὶ ἔκτασιν λαβεῖν τοῦ ι. Sed falsum est. Cum enim futurum

»κτίσιν primam corripiat, κτίσα inde deductum eundem »syllabae modulum servare debet. Recte itaque Etymol. »M. Auctor: κτίζω, κτίσω, κτίσα. τὸ κτι βραχύ. τὰ γὰρ »διὰ τοῦ ιζω ῥήματα τὸ ι βραχὺ ἔχουσι. Hinc ubi metri lex »syllabam productam requirit, κτίσσα scribendum est. »Producitur i in κτίδη, deducto a praesenti κτίζω.« *Brunck.* — V. 7. Aram meam nunquam non odoribus et victimis ornatam videbis. Eadem sibi fieri narrat Priapus ap. *Catullum* nr. XIX. 10. *Florido mihi ponitur picta vere corolla Primitu', et tenera virens spica mollis arista. — Sanguine hanc etiam mihi, sed tacebitis, aram Barbatus linit hirculus, cornipesque capella.* — Mox vulgata ἐν δ' ἑκατόμβη, quae sensum non habet, emendata est ex Cod. Vat. qui paulo ante v. 6. ἐμὰν legit. — τιμά. Idem ait Thanatos ap. *Eurip.* in Alcest. 54. Vide *Valck.* ad Hippol p. 161. D.

XVII. Cod. Vat. p. 490. Plan. p. 57. St. 82. W. Priapus rudi arte elaboratus, se piscatoribus et nautis opem ferre ait, numenque suum adeo operibus potius quam forma manifestum fieri. — V. 1. ἐπ' αἰγιαλίτιδα divisim Plan. et Vat. Cod. — χηλὴ proprie portus brachia, sed saepe etiam, significatione paulo generaliore, aggeres, moles, curvamine quodam in mare productae, sive natura sive artis opera, quae verba sunt *Dorvillii* ad Charit. p. 116. sq. — V. 2. αἰθυίαις οὔποτε ἀντιβίαις. Vat. Cod. et Plan. nisi quod hic ἀντιβίοις legitur; quod *Brodaeus* de mergis nunquam in Priapi, falce eos deterrentis, adspectum venientibus interpretatur; et sic *Grotius: Cujus in adspectu mergus adesse timet.* His nimirum obversabantur haec *Tibulli* I. El. I. 17. *Pomosisque ruber custos ponatur in hortis, Terreat ut saeva falce, Priapus, aves.* Sed non satis apparet, cur Priapus in litoris arena positus, ubi nulla pomorum cura, mergos terrere dicatur. Quare melior sensus ex *Brunckii* lectione emergit, ubi deus Hellespontiacus se in hac regione avibus infestum esse negat. Jam litora mergi inprimis frequentare solent. Paulo aliter *Jos. Scaliger* in not. mst. αἰθυίαις οὔποτε ἐντριβίην. Si quid mutandum, nostram lectionem praeferendam censeo. — V. 3. φοξός. capite fastigiato, ut fere in monimentis conspicitur. *Homer.* Il. β. 219. φοξὸς ἔην κεφαλήν. Cf. *Eustath.* p. 156. 44. — ἄπτωτος οἴονται. vitiose Vat. Cod. et mox ξέσσατο. *Ego haec, ego arte fabricata rustica, Ego arida, o viator, ecce populus.* *Catull.* XX. 1. 2. Lusus in Priap. LXIV. 9. *me terribilem deum fuste Manus sine arte rusticae dolaverunt.* Ejusmodi enim deorum signa *properanti falce dolabantur*, ut *Propertius* de Vertumno ait IV. 2. 59. — V. 6. πνοιῆς. quovis vento pernicior. Comparatio passim obvia. Vide *Valcken.* in Diatr. p. 108. B. — V. 7. τὰ θέοντα. De piscibus sunt qui accipiant. Quod secus videtur. Opis, quam piscatoribus Priapus affert, satis in praecedentibus facta est mentio; idem vero praeterea nautis opitulari solet. Quare τὰ θέοντα καθ' ὕδατος naves esse videntur, per omne mare quae *currunt*. *Leonid. Tar.* Ep. XC. Λιβυκοῦ μέσσα θέων πελάγευς. — V. 8. γνωστὸν τύπον. Deorum indoles ex eorum operibus cognoscitur. τύπος est signum, quo quid cognoscitur; vestigium alicui rei impressum; nonnunquam etiam rudis rei delineatio, quam sibi describit artifex. Vide *Alberti* Obss. phil. p. 428. θεῖον τύπον, *divinam speciem*, dixit *Rufin.* Ep. XI. κραδίᾳ γνωστὸς ἔνεστι τύπος. *Meleag.* Ep. LIII. ubi vide not. p. 70. De charactere accipiendum in locutionibus τὸν τύπον ποιεῖν, ἐκτυποῦν, de quibus nonnulla dedit *Toup.* ad Longin. p. 308. sq.

XVIII. Cod. Vat. p. 227. sq. Planud. p. 237. St. 344. W. Continetur his versibus laus Ajacis, cui, cum summa virtute pro Graecis pugnasset, virtutis praemium, Achillis arma, fato jubente, detracta esse poëta affirmat. — V. 1. ἐναιρομένοισιν corrigere tentat *Opsopoeus* et *Brodaeus*, qui hanc vocem cum ποτὶ conjungit vertitque, *quas ab incendio servavit.* Similiter *Jos. Scaliger* in not. mst. ἐναιρομένοισιν. Jam ἐναίρειν de rebus usurpari, pro *perdere*, docet locus in Odyss. T. 263. μηκέτι νῦν χρόα καλὸν ἐναίρεο. ubi *Eustathius* hoc verbum per ἀφανίζειν, αἰσχύνειν interpretatur. Vix tamen putaverim, hac emendatione opus esse.' οἱ ἐναιρόμενοι Achivi sunt a Trojanis caesi, pro quibus Ajax, ne a Trojanis spoliarentur, propugnavit. Hoc autem fiebat potissimum scuto praetento. Jam lege Il. ρ. 132. Αἴας δ' ἀμφὶ Μενοιτιάδῃ σάκος εὐρὺ καλύψας Ἑστήκει. Ad hunc locum respexit *Archias*. In *Sophocl.* Ajace 1269. Teucer conqueritur, quod Agamemnon beneficiorum, quae ab Ajace acceperit, plane sit immemor — οὐ σὺ πολλάκις τὴν σὴν προτείνων προὔκαμες ψυχὴν δορί. — Jam versu secundo alterum laudis argumentum est illustris pugna ad naves, ubi solus Ajax naves ab Hectoris impetu defendebat. Conf. Il. XV. 415. sqq. Rem tragico spiritu persequitur *Sophocles* in Aj. v. 1273. sqq. — Pro ὑπέρμαχον Vat. Cod. ὑπέρμαχος; versu sq. autem αἰὲν (cum Plan.) et ἄρην. *Suidas*, qui hoc distichon excitavit v. ἐναίρειν T. I. p. 740. αἰὲν quoque legit. Nihil hac vocula in hoc contextu languidius; nec fieri posse puto, ut herois, qui hoc carmine celebratur, nomen in decem versibus ne semel quidem ponatur. Probanda igitur *Brunckii* lectio, cujus fontem, ut multis aliis in locis, hic quoque indicare neglexit.— Ceterum ἄρην, quod membranae Vat. offerunt, non respuendum. Vide *Maittaire* de Dial. p. 361. C. — V. 3. ὦσεν. Vat. Cod. — Laudat h. v. *Suidas* in χερμαδίῳ T. III. p. 664. — V. 5. προβλὴς. προβλῆτι. τόπῳ προβεβλημένῳ καὶ προνενευκότι εἰς τὴν θάλασσαν. *Etym. M.* Ducta fortasse comparatio ex Il. ο. 618. ἴσχον γὰρ πυργηδὸν ἀρηρότες, ἠΰτε πέτρη ἠλίβατος, μεγάλη, πολιῆς ἁλὸς ἐγγὺς ἐοῦσα. Conf. *Virgil.* Aen. X. 693. *Sophocl.* in Aj. 1212. καὶ πρὶν μὲν οὖν ἐννυχίου δείματος ἦν μοι προβολὰ καὶ βελέων θούριος Αἴας. — V. 6. ἱδρυθεὶς. Vat. Cod. — λαίλαπι.

Tempestatibus similes pugnae. Multa hujus generis ex vett. collegit *Klotz*. ad Tyrt. IV, 8. — ¶. 97.] V. 7. De hac ὅπλων κρίσει, in qua Ajax Ulyssi, fortior versutiori, cedebat, veterum loca collegimus ad *Tzetzae* Posthomer. v. 481. sqq. — V. 9. τόδ' ἤμπλακεν. Peccavit quidem, sed fato jubente peccavit. ἄμπλακεν. Vat. Cod. Idem mox εὖ σῦ pro vulgato τοῦ. Nemo dignus erat, qui de tali viro referret victoriam; hinc factum, ut se ipse occideret.

XIX. Anth. Plan. p. 350. St. 489. W. In annulum ex jaspide viridissimo, cui boves insculpti. In Vat. Cod. p. 479. τὴν ἴασπιν legitur. χλοηκομέειν. quasi herbam pascentibus subjiciens. Conf. Ep. Platonis XVII.

XX. Cod. Vat. p. 371. Ἀρχίου νεωτέρου. Edidit *Jensius* nr. 108. *Reiske* p. 157. nr. 759. — V. 1. membranae Καρυκίου. *Reiske* Κωρύκου emendavit. Nam Corycum esse nomen urbis in Cilicia; Corycium esse promontorium et antrum urbi vicinum. Posse quoque Κωρυκίων, πόλιν sc. legi. Priorem hanc conjecturam metri lex respuit; nam in Κωρύκου media corripitur. Optima est *Br.* lectio Κωρυκίων, *Coryciorum urbem*. Vide *Steph. Byz.* p. 499. ed. Berk. — V. 2. Ad ὀσίῃ in marg. scribitur νῦν τῇ θυσίῃ. Quam glossam *Reiskius* ex conjectura in textu posuit. *Suidas*: Ὀσίαν. κυδσίαν. τὴν ἐπὶ νεκροῖς τιμήν. — λιτὴ ὁσίη est igitur *honor modicus*, *parvum munusculum* deo ab homine, ut suspicari licet, paupere allatum.

XXI. Cod. Vat. p. 413. Ἀρχίου Μιτυληναίου. Planud. p. 30. St. 46. W. *Stobaei* Floril. T. IX. p. 99. Gesn. 59. Grot. In corvum a scorpione, quem rapturus erat, percussum. — V. 1. μελαίνπτερος. Gesn. „μελάμπτερος. Sic „ap. *Stobaeum* legitur in Florilegio *Grotii*. Perperam „Planudea μελάντερος. Vat. Cod. μελάντερον. unde genui„nam lectionem esse credo μέλαν πτερόν. numeri enallage „pro μέλανα τὰ μέλανα πτερὰ ἐν αἰθέρι." *Brunck*. In μελάμπτερος inciderat etiam *Jos. Scaliger* in not. mst. et *Musgrav.* ad Euripid. Alcest. 846. — Pro νυμῶν Ald. pr. et Junt. νυμῶν. *Soter* in Epigr. quae ex Planudea excerpta dedit ao. 1525. ναίων, procul dubio ex conjectura. — V. 2. εἶδε. *Steph.* male. Aldinae omnes εἶδε legunt. — V. 3. μάρψας. Ed. Fl. Ald. pr. et Junt. μάρψαν ex Lectt. Ald. pr. in contextum venit. Et sic Vat. Cod. Conatus indicatur, non factum. — V. 4. ἐν κέντρῳ. vitiose Vat. — V. 5. ζωᾶς μέν. Idem. — ὧδ' ἴσαν. Plan. et Vat. C. — Inepta lectio, cui nihil respondet in altero enuntiationis membro. Quare *Br.* leni mutatione – nam ex Codd. profectam esse emendationem dubito – ὡς ἂν scripsit. Eandem conjecturam in *Jos. Scaligeri* schedis reperio.

XXII. Cod. Vat. p. 316. Ἀρχίου Μιτυληναίου. Planud. p. 220. St. 321. W. Nymphae Marsyam in pinu suspensum lugent, quod dulcem tibiae cantum, quo ipsas olim delectaverit, non amplius auditurae sint. Frustra Interpretes in hoc carmine ironiam quaesiverunt. Quos falsa, quam de Marsya imbiberant, opinio fefellit. Non contemnendus ille musicus, quamvis nihil ad Apollinem. *Hygin.* Fab. CLXV. *quas* (fistulas) *Marsyas, Oeagri filius* (*Hyagnis fil.* corrigit *Seldenus* ad Epoch. Gr. p. 1496. Si quid mutandum, *Olympi* potius scripserim.) *pastor, unus ex Satyris inventis; quibus assidue commeletando, sonum in dies suaviorem faciebat.* De Marsya vide not. ad *Dioscorid.* Ep. XV. — V. 1. αἰωρῇ. Marsyae pellis Celaenis in acropoli monstrabatur suspensa, ubi Marsyae fluvii fontes. *Herodot.* L. VII. 26. p. 523. 99. ἐν τῇ καὶ ὁ τοῦ Σιληνοῦ Μαρσύεω ἀσκὸς (ἐν τῇ πόλει omittendum judicat *Valcken.*) ἀνακρέμαται. Conf. *Perizon.* ad *Aelian.* V. H. XIII. 21, et *Zeunium* ad Xenoph. Ἀ. Κ. L. I. 2. 8. p. 11. Locis, quos hi attulerunt, adde *Agathiam* L. IV. p. 128. ed. Vulc. ἀποδαρὲν αὐτῷ τὸ δέρμα καὶ ἐπὶ δένδρου φορούμενον. Anthol. Lat. T. I. p. 100. Ep. CXXXVIII. *Aërio victus dependet Marsya ramo, Nativusque probat pectora*

tenſa rubor. — V. 1. θήρειον l. δέμας. Vat. Cod. — θήρειον δέμας. Satyri enim θῆρες. — V. 3. αἰώρῃ. Vat. Cod. — ἀνάρσιον ἔριν gravem et fatalem. Vide *Euſtath.* ad Il. p. 1489. 33. *Ruhnken.* ad Tim. p. 30. — V. 4. Κελαινήτην. Vat. Cod. — πρῶνα. Rupem illam procul dubio, ubi *Nymphas Marſyae amore recenſas conſidere* poëtae dixerant, tradente *Curtio* L. III. 1. 2. — V. 6. τὰς
θα
κάρας et in fine πευθόμενον. Vat. Cod.

¶. 98.] *XXIII.* Cod. Vat. p. 414. Plan. p. 84. St. 124. W. Hiſtoria de merula ſimul cum turdis in laqueos incidente, ſed liberata. Expreſſum ex Ep. *Antip. Sid.* LXII. ubi vide not. — V. 1. „In Planudea legitur αὐνταῖς, quod nihil ſignificat, et depravatum videtur ex „διτταῖς, unde δισσαῖς ſcripſi." *Br.* αὐταῖς etiam membr. Vat. Vix vera *Brunckii* emendatio. In talibus enim αὐταῖς idem eſt, quod ἅμα, niſi plane abundare dixeris. *Homer.* Il. ι. 194. ταφὼν δ' ἀνόρουσεν Ἀχιλλεὺς Αὐτῇ σὺν φόρμιγγι. *Xenoph.* K. Π. L. II. p. 46. ὁ δὲ νεανίας ἐκεῖνος οἴχετο τῷ λοχαγῷ αὐτῷ σὺν τῷ θώρακι. *Athen.* L. XIII. p. 575. E. καταλιπὼν ἔν τινι τόπῳ αὐτῷ ἅρματι τὸν ἁρματηλάτην. Plane abundat αὐταῖς ap. *Theocrit.* Eid. VII. 70. αὐταῖσι κυλίκεσσι καὶ ἐς τρύγα χεῖλος ἐρείδων. — V. 2. νεφέλης. λίνου νεφοειδεῖ κόλπῳ dixit *Paul. Silent.* Ep. LXXII. νεφέλας et νέφεα, retia tenuiſſima. Vide *Huetium* p. 10. — V. 3. θώμιξ. Vat. Cod. — θώμιγξ. λεπτὸν σχοινίον. θώμιγγες, δεσμαί. ὁρμιαί. σχοινία. χορδαί. σπαρτία. κανάβινα. *Heſych.* Primitus retis limbum deſignaſſe, ſuſpicatur *Arnaldus* in Lect. gr. p. 185. Vide *Fiſcher.* ad Anacr. p. 359. *Scaligerum* ad Feſtum v. *Thomices.* — V. 4. αὖ μεθῆκε. Vat. Cod. αὖθι μεθῆκε. Plan. — V. 5. ἱερόν. Vat. — ἔτυμον Vat. et vett. edd. omnes. ἐτύμως Steph. — In fine verſ. πολλή. Vat. Cod. — *Antipater* l. c. ἦν ἄρ' ἀοιδῶν φειδὼ κἠν κωφαῖς, ξεῖνε, λινοστασίαις. — πτηνῶν. Vulgo.

XXIV. Cod. Vat. p. 361. Ἀρχίου Μιτυλην. Planud. p. 45. St. 65. W. Equi ſortem poëta conqueritur, qui, poſt multas victorias ex gymnicis certaminibus reportatas, molam agere cogebatur. — V. 1. ἀελλοπόδων. Ex *Simonid.* ap. Ariſtot. Rh. L. III. 2. χαίρετ' ἀελλοπόδων θύγατρες ἵππων. Similia collegit *Bocbartus* in Hieroz. II. c. IX. p. 161. — Αἰετός. a pedum pernicitate. *Oppian.* Κυν. L. I. 280. de equis Hispaniae: κείνοισιν τάχα μοῦνος ἐναντίον ἰσοφαρίζοι Αἰετὸς αἰθερίοισιν ἐπιθύνων γυάλοισιν. De nominibus equorum vide T. I. P. I. p. 405. — V. 2. κῶλα. Equorum itaque in certaminibus pedes taeniis ornabantur. Vide *Brodaeum.* — V. 4. πτανοῖς. Harpyiae, equi, ap. *Heſiod.* Theog. 268. αἵ ῥ' ἀνέμων πνοιῇσι καὶ οἰωνοῖς ἅμ' ἕπονται Ὠκείῃς πτερύγεσσι. *Apollon. Rhod.* L. IV. 220. Αἰήτης ἵπποισι μετέτρεχεν, οὕς οἱ ὄπασσεν Ἠέλιος πνοιῇσιν ἐειδομένους ἀνέμοιο. Hujus et ſimilium comparationum fons eſt in *Homer.* Il. XVI. 149. XIX. 415. — V. 5. νεμέρ. vitioſe Vat. Cod. — V. 7. δειρῇ et χαλινὸν Cod. Vat. — κλοιῷ. Loco freni nunc ligneo collari inſtructus ſum, κλοιὸν (vide ad *Antip. Sid.* Ep. XVII.) itaque hujusmodi equi in cervicibus gerebant, unde lora, ni fallor, alligabantur. — V. 8. Vulgo ἁλῷ et ὀκρυόεντι. Vat. Cod. ἀλαί, quod eodem redit. ἀλεῖ *Caſaubonus* emendavit in not. mſt. et *Jo. Pierſon.* ad Moer. p. 18. ὄνοι ἀλοῦντες ſunt ap. *Aelian.* in H. A. XII. 34. *Plutarch.* T. II. p. 157. τῆς ξένης ἤκουσεν ᾀδούσης πρὸς τὴν μύλην, ἐν Λέσβῳ γενόμενος· ἄλει, μύλα, ἄλει. Huc facit *Aeſopi* Fab. CXCIII. γέρων ἵππος ἐπράθη πρὸς τὸ ἀλήθειν· ζευχθεὶς δὲ ἐν τῷ μύλωνι στενάζων εἶπεν· Ἐκ ποίων δρόμων εἰς οἵους καμπτῆρας ἦλθον. Haec pro recepta lectione afferri poſſunt. Non tamen valde offendor vulgata ἁλῷ. Proprie quidem lapis molaris ἐλαύνεται, quo facto fruges ἀλήθονται, *franguntur.* Jam igitur poëtae licebat dicere: καρπὸν ἁλῷ λίθῳ, pro λίθον ἐλαύνων τὸν καρπὸν ἀλεῖ. Sic ſolent poëtae. — V. 9. ἴσαν. Vat. — Elegia in Maecen. v. 69. *Impiger Alcide, multo defuncte labore, Sic memorans curas te poſuiſſe tuas.* Conf. *Ovidii* Heroid. IX. 81.

XXV. Hoc carmen, quod idem argumentum, ſed longe brevius et elegantius, enarrat, in Planud. p. 48. St. 69. W. Λεόντεως inſcribitur. In Vat. Cod. p. 361. auctoris nomen non additur; ſed lemma eſt: Εἰς τὸ αὐτὸ ὁμοίως. Qua igitur commotus auctoritate *Brunckius* hoc carmen inter *Archiae* poëmata retulerit, non conſtat; ſed conjecturam potius quam Codicis cujusdam auctoritatem ſecutus eſſe videtur. *Ilgen* Vir. cl. qui in Opuſc. philol. T. II. optime de *Archiae* carminibus meruit, p. 73. *Archiae Antiocheno* illud tribuere malit; niſi potius pro Λεόντεως Λεοντίου, vel etiam Λεωνίδου corrigendum ſit. Hoc enim poëta dignum, ejusque nomen cum *Leonis* nomine confundi; veriſimile denique, ex hoc exemplari ſuperius carmen expreſſum eſſe. Jam vero, *Archiam Leonidae* inprimis ſcrinia compilaſſe, ex multis exemplis patere. — V. 1. ὦ 'νερ, ὁ τὸ πρὶν Διοσ. Vulgo. Et ſic in Vat. Cod. ubi τὸ lineae ſuperſcriptum. Nec hoc placet, nec *Brunckianum*. Loco vocabuli ὦνερ, quo facile carere poſſumus, equi nomen lectum fuiſſe probabile eſt. Longe ſine dubio elegantior foret lectio ſic:

Ὁ πρὶν ἐπ' Ἀλφειῷ στεφανηφόρος Αἰετὸς, ὁ πρὶν — —

Vix tamen putaverim, librarios tantopere a veritate aberraſſe. Quare vide, an corrigi poſſit:

Ὁ πρὶν ἐπ' Ἀλφειῷ στεφανηφόρος, ἱερὸν ὁ πρὶν
δισσάκι κηρυχθεὶς Κασταλίης παρ' ὕδωρ.

Junge ἱερὸν παρ' ὕδωρ. Vocabulum ἱερὸν primam ſyllabam modo producit, modo corripit. Recte autem et ex poëtarum conſuetudine Caſtaliae aqua vocatur *ſancta. Senec.* Oedip. 276. *Frondifera ſanctae nemora Caſtaliae.* Idem 220. *Sancta fontis lympha Caſtalii ſtetit.* — V. 4. πτηνοῖς. Vat. et Plan. Non dubito, quin legendum ſit:

ὁ πρὶν πτανοῖς ἶσα δραμὼν τ' ἀνέμοις.

Duplex eſt comparatio, altera alterâ gravior, cum equus primum aves, deinde etiam ventos currendo aequare dicatur. Sic plane *Heſiod.* in Theog. 268. quem locum ſupra laudavimus. — V. 6. στεφάνων ὕβριν. Vulgo. Noſtrum eſt in Vat. membranis.

¶. 99.] *XXVI.* In Plan. p. 120. St. 173. W. hoc carmen cum alio in Medeam, quod *Br.* retulit inter Ep. *Leonidae Alex.* nr. XXXI., *Archiae* inſcribitur, ſed falſo. In Vat. Cod. p. 414. utrumque *Leonidae* eſt illius, et quidem ἰσόψηφον, quo luſuum genere ille oblectabatur. Error inde ortus, quod in Anthol. Conſtantini, unde Planudes ſuam excerpſit, *Archiae* Epigramma (nr. XXIII.) proximo loco praeceſſit. — Scriptum in hirundinem, quae in tabula Medeae imaginem exhibente nidum conſtruxerat. — V. 2. γραπτῆς νοσσοτροφοῖς πυκτίδι. Vat. Cod. — νεοσσοτροφοῖς. Ald. pr. — *Suid.* πυκτίον. τὸ βιβλίον. τὸ πινακίδιον. Idem πυκτίς. tabula. *Joſ. Scaliger* tamen mallet πυξίδι. πυξίδα. δίπτυχα. *Heſych.* — V. 3. Sperasne, fore, ut, quae ne ſuis quidem liberis perpercerit, ea tuis pullis praeſtet fidem? — Idem argumentum, ſed diverſa ratione, tractavit *Philippus* Ep. LIII.

XXVII. Plan. p. 308. St. 448. W. Ἀρχίου nomen omiſſum in Ed. *Jani Laſcaris*, acceſſit in Ald. pr. unde in ſqq. edd. pervenit. — Monentur agri Nemeaei incolae, leone interfecto ne amplius timeant. Tum ad Herculem converſus poëta, eum, ut Junonis iram placare pergat, hortatur. — V. 1. ταυροφθόρου. Frequens ap. poëtas leonum epitheton. Conf. *G. Wakefield* in Delect. Trag. T. II. p. 195. — Quum Hercules, leonis quaerendi cauſa, in agrum Nemeaeum veniſſet, οὐδέ μιν ἀνθρώπων τις ἔην ἐπὶ βουσὶ καὶ ἔργοις φαινόμενος — Ἀλλὰ κατὰ σταθμοὺς χλωρὸν δέος εἶχεν ἕκαστον. Carmen inter *Theocrit.* XXV. 218. ſqq. — V. 4. ἀγχόμενος. Fauces leoni praecludens Hercules passim in priscae artis monimentis occurrit. Auctor carminis modo laudati v. 266. ἤγχεν δ' ἐγκρατέως, στιβαρὰς σὺν χεῖρας ἐρείσας Ἐξόπιθεν. — V. 5. Jam licet greges iterum in pascua educi. Comparanda similis imago regionis ab hostium incursionibus liberatae ap. *Theocrit.* XVI. 88 — 93. — V. 7. πάλιν. Haec non satis perspicua sunt. ῥινὸς potest esse scutum, quo nonnulli Herculem armaverunt. Vide not. ad Ep. *Theocriti* XIX. Sed pronum est de leonis exuviis cogitare, quibus thoracis loco utebatur. Tum sensus: Iterum atque iterum arma sume, (clavam, arcum, leonis pellem) novisque semper facinoribus editis Junonis novercae iram placare studeas. Hac enim arte *vagus Hercules Enisus arces attigit igneas*, ap. *Horat.* III. Carm. III. v. 10.

XXVIII. Cod. Vat. p. 235. Planud. p. 264. St. 380. W. In picae loquacissimae mortem. — V. 1. 2. *Suidas* T. I. p. 231. in ἀντιφθογγον, ὅμοιον, hoc distichon proferens, legit ἡ πάρος ἀ. ἀντικλάγξασα, ut Vat. Cod. In idem incidit *Jos. Scal.* in not. mst. Hoc restituendum. Il. κ. 276. ἐρωδιοῦ — κλάγξαντος ἄκουσαν. Il. μ. 207. αὐτὸς δὲ κλάγξας πέτετο. — Pica pastoribus, piscatoribus et lignariis respondens et quodammodo cum iis certans fingitur. Similiter *Theocr.* XVI. 94. ἄιδοι τέττιξ Ποιμένας ἐνδίους πεφυλαγμένος, ἔνδοθι δένδρων Ἀχεῖ ἐν ἀκρεμόνεσσι. — V. 3. „πολλάκι δὲ — sic codices, Florentina, et Suidae „princeps editio, apud quem integrum hoc distichon „legitur v. κεφτόμος. (T. II. p. 302.) ubi male pro „κρέξασα legitur κράξασα. Nescio an non melius scribe„retur: οἷά τις ἠχὼ κέρτομος." *Br.* — V. 3 — 6. *Suidas* iterum laudat v. ἀντῳδὴν T. I. p. 232. et v. 5. 6. in ἀγλαττία T. I. p. 31. Si quid mutandum sit, malim equidem:

πολλάκι δὲ κρέξασα, πολύθροος οἷά τις ἠχὼ,
κέρτομον ἀντῳδοῖς χείλεσιν ἁρμονίαν.

quae epithetorum structura poëtarum consuetudini et

elegantiae accommodatiſſima. Vulgo πολλάκι δὴ legitur. In Vat. Cod. ἀντ' ᾠδοῖς. — V. 5. *Suidas* neglecto dorismo μιμητὴν ζῆλον ἀναγραψαμένη. — μιμητὴς ζᾶλος, illud voces cum hominum tum beſtiarum imitandi ſtudium. *Ovid.* II. Amor. VI. 1. *Pſittacus Eois imitatrix ales ab Indis.* et 23. *Non fuit in terris vocum ſimulantior ales, Reddebas blaeſo tam bene verba ſono.* *Statius* II. Sylv. IV. 2. *Humanae ſolers imitator, pſittace, linguae – affatus etiam meditataque verba Reddideras: at nunc aeterna ſilentia Lethes Ille canorus habes.*

XXIX. Cod. Vat. p. 238. Planud. p. 265. St. 382. W. In cicadam a formicis conſectam. In prioribus duobus diſtichis color ductus ex Ep. *Meleagri* CXI. et *Mnaſalc.* Ep. X. — V. 1. χλοεροῖς. Vulgo. — πτόρθοις. Vat. Cod. a pr. man. — ¶. 100.] V. 3. 4. excitat *Suid.* v. ἰξὸν T. II. p. 120. qui ἀχέτα legit, ut eſt in Ed. Flor. et Aldin. omnibus. ἠχέτα Steph. dedit ex Aſcenſ. — V. 4. τερπνότερον. Vat. Cod. *Suidas* et Plan. Nec temere ſpernenda haec lectio. Neutrum τερπνότερον ad totam enuntiationem referendum eſt: τοῦτο τὸ κρέκον μολπὰν εἰνοδίαις τερπνότερον χέλυος. Similis eſt generis enallage ap. *Ariſtoph.* in Acharn. 1115. πότερον ἀκρίδας ἥδιόν ἐστιν ἢ κίχλας. — V. 6. *Suidas* v. ἀτροφίης T. I. p. 304. — ἀμφ' ἐκάλυψε. Cod. Vat. — V. 7. 8. *Suidas* in Μαιονίδης T. II. p. 512. Cicadam, voce muſica pollentem, cum ſummo poëtarum comparat. συγγνωστόν. Non tam indigne hoc fatum ferendum eſt. — κοίρανος ὕμνων. *Antipater Theſſ.* Ep. XXIV. ὕμνων [illegible] Ὅμηρος ἔχει. *Hermeſianax* El. v. 28. ἥδιστον πάντων δαίμονα μουσοπόλων. *Propert.* I. El. VII. 3. *Atque ita ſim felix, primo contendis Homero.* — Fabula de Homeri morte ſatis nota. Vide ad *Alc. Meſſen.* Ep. VII. — V. 8. ἔθανεν. Vulgo et in Vat. Cod.

XXX. Cod. Vat. p. 238. ſq. Bis *Kuſterus* exhibuit ad *Suidam* T. III. p. 230. et p. 459. *Reiskius* Anth.

p. 76. nr. 574. Lemma in Cod.: Ἀρχίου εἰς δελφῖνα ἐκβρασθέντα ἐκ θαλάσσης ἐν τῇ χέρσῳ. — Imitatus est auctor Ep. Anytes XII. — V. 1. ἅλμας ex correctione legit Vat. Cod. — Mox Kusteri et apogr. Lips. vitiosam lectionem ποιήσεις optime emendavit Reisk. πτοιήσεις, quod nunc ipsae membranae confirmant. Erycius Ep. VII. κύνες ἀνεγείρονες ἐπτοίασαν θῆρα μέγαν. Interpretationis loco est Oppianus Hal. V. 433. οἱ δ' ἔκτοσθεν ἐπαΐσσοντες ὁμαρτῇ Δελφῖνες φοβέουσι. — V. 3. „οὐδὲ πρὸς εὐτρήτοις. „Sic recte Reiskius. Scriptum in Cod: οὐδὲ πολυτρήτοις. „Oppian. ἁλ. ε. 455. de delphino: καὶ κελαδεινῇ τερπό„μενος σύριγγι λιλαίεται ἐγγύθεν αὐτοῖς Μίσγεσθαι. Plinius: „Delphinus non homini tantum amicum animal, verum et „musicae arti; mulcetur symphoniae cantu et praecipue „hydrauli sono.“ Br. Vide, quae notavimus ad Arionis Hymnum, Vol. I. P. I. p. 179. sq. — V. 4. ἀναβλίψαις. Vat. Cod. — V. 5. 6. laudat Suidas in πρῶνες T. III. p. 171. sic: ἢ τὸ γέραρον ἴσον πρηῶνι Μαλείης, ᾧ ἐκυκήθη κῦμα πολυψάμμους ἠϊὸν ἐπὶ ψαμάθους. Sic pentameter legitur in Cod. Vat. Initio hexametri autem idem legit εἰ, quod in ἢ mutandum, ut Kusterus loco priore edidit. Ἴσον πρηῶνι Lucian. T. III. p. 254. καὶ τὸ κῦμα πολλάκις αὐτῷ προσαγεὶς τῷ σκοπέλῳ. — V. 6. „Scriptum in Cod. κῦμμα „πολυψάμμους ἠϊὸν ἐπὶ ψαμάθους. quod manifesto corru„ptum. Emendabat Salmasius πολυψήφους ᾔεί σ' ἐπὶ ψαμά„θους. Quum non mala esset Toupii lectio, ab ea disce„dere nolui. Plurimis tamen modis emendatio tentari „poterat, et quod mihi optimum videtur proponam: „πολυψάμμους σ' ᾔσεν ἐπ' αἰγιαλούς. Conf. Anytes Ep. XII. „ex quo hoc expressum.“ Br. Reiskius dedit πολυψάλμου σ' ᾔσεν ἐ. ψαμάθου. quod secundum ipsum auctorem litus planctuosum significat. Toupius πολυξάντους scripsit, litus a maris fluctibus verberatum, ex Qu. Maecii Ep. VIII. ἁλιξάντοισι χοιράσι. At hoc epitheton, quod rupibus egregie convenit, quas unda verberando excavat et tantum non lacerat, arenae litoris minus accommodatum videtur. Certe in tanta rei incertitudine tam incerta conjectura admittenda non erat. — V. 7. 8. laudatur a *Suida* in Τηθὺς T. III. p. 459. ubi, haud aliter ac in Cod. Vat. ἀφρηστὰ habetur. ἄφρηστα apogr. Lips. quod *Reisk.* pro ἄφραστα, i. e. ἀφράστως, positum autumans, *Toupium* induxit, ut ἄφραστα scriberet idque cum πείρατα jungeret: *usque ad fines incognitos oceani.* His somniis longe exquisitiorem esse lectionem Codicis, serius intellexit cl. editor, cujus haec sunt: „Non est autem, „quod ridicule somniabat Kusterus, vox composita „ἀφρηστὴς, ab ἀφρὸς et ἔδω: sed nomen verbale ab ἀφρέω, „ut ὀρχηστὴς ab ὀρχέω; et sicut hoc non significat *coleos „edentem*, ita nec illud *spumam edentem.* Spuma maris „non vescuntur delphini, sed minoribus piscibus, quos „praedantur: at lascivientes aquam spargunt et spu„mam excitant. Post κοῖλον delendum comma et ponen„dum post νώτοις." In ed. Lips. hujus loci lectio et interpunctio ad *Br.* mentem emendata est. — Pro Νηρηΐδες Cod. Vat. Νηρηΐδας. Delphini ἀθύρματα Nereïdum vocantur ap. *Arion.* in Hymn. v. 9. Thetis coerula *pisce frenato vecta* nota ex *Tibull.* L. I. El. V. 46. ubi vide ill. *Heynium.* *Moschi* Europa v. 114. Νηρεΐδες δ' ἀνέδυσαν ὑπ' ἐξ ἁλὸς, αἱ δ' ἄρα πᾶσαι Κητείοις νώτοισιν ἐφήμεναι ἐστιχόωντο. Conf. elegantem *Lenzii* commentarium ad *Catulli* Epithal. v. 14. p. 95.

XXXI. Cod. Vat. Ἀρχίου Μιτυλ. In Plan. p. 16. St. 27. W. gentile non additur. Laudat poëta morem Thracum infantes recens natos lugendi, defunctos contra felices praedicandi. Facit huc inprimis *Herodot.* L. V. 4. p. 374. τὸν μὲν γενόμενον περιιζόμενοι οἱ προσήκοντες ὀλοφύρονται, ὅσα μιν δεῖ, ἐπείτε ἐγένετο, ἀναπλῆσαι κακὰ, ἀνηγεόμενοι τὰ ἀνθρωπήϊα πάντα πάθεα· τὸν δ' ἀπογενόμενον παίζοντές τε καὶ ἡδόμενοι γῇ κρύπτουσι, ἐπιλέγοντες, ὅσων κακῶν ἐξαπαλλαχθεὶς ἐστὶ ἐν πάσῃ εὐδαιμονίῃ. At quem locum docta notavit *Valckenarius*. In hanc sententiam *Plutarch*. T. II. p. 107. C. τοιούτου δὲ τοῦ βίου τῶν ἀνθρώπων ὄντος, πῶς οὐκ εὐδαιμονίζειν μᾶλλον προσήκει τοὺς ἀπολυθέντας τῆς ἐν αὐτῷ λατρείας ἢ κατοικτείρειν τε καὶ θρηνεῖν, ὅπερ οἱ πολλοὶ δρῶσι δι' ἀμαθίαν. Versus *Euripidis* ex Cresphonte, in quibus eandem sententiam persequitur, latinos fecit *Cicero* in Tusc. Qu. I. 48. *Nam nos decebat coetus celebrantes domum Lugere, ubi esset aliquis in lucem editus, Humanae vitae varia reputantes mala: At qui labores morte finisset graves, Hunc omni amicos laude et laetitia exsequi.* Ex his fontibus *Archias* Epigramma suum derivavit. — V. 4. Μόρος. idem qui Θάνατος. Hic μάρπτει mortales — *omnibus obscuras injicit illa manus.* — V. 6. φθίμενος Vat. Cod. a pr. man.

XXXII. Cod. Vat. p. 224. Ἀρχίου Μακεδόνος. Plan. p. 239. St. 346. W. In Hectoris cippum. — V. 3. πατὴρ μὲν Πρ Vat. Cod. — V. 4. ὦ ξέν' vulgo. Sed omnes edd. vett. praeter Ascens. ξεῖν' legunt.

¶. 101.] *XXXIII.* Cod. Vat. p. 247. sq. Ἀρχίου Βυζαντ. Plan. p. 257. St. 371. W. Naufragus conqueritur, quod, cum in litore maris sepultus sit, ne defunctus quidem quiete fruatur, maris sibi infesti nunquam non exaudiens strepitum. In simili argumento versatur *Antip. Thess.* Ep. LXIX. et *Posidipp.* Ep. XIX. — V. 2. ἄγχουροι ἠϊόνες, litora, in quibus primum inhumatus jacuerat, dulcis illius somni, qui humatis contingit, expers. At etiamnum, postquam sepulturam nactus est, in eadem sibi conditione videtur, qua tum fuerat. Sic haec explicanda videntur; quamvis fateor, vel sic aliquid difficultatis superesse. Fortasse pro ἠϊόνων aliud quid olim lectum fuit. Quanto expeditior esset sensus, si legeretur:

ἐγρέτυπον λήσομαι Ἰονίου.

Ne defunctus quidem maris obliviscar, quo perii, cujus nimirum strepitus usque aures meas implet. Sic *Antipa-*

ter Thess. l. c. καὶ νέκυν ἀπρήϋντος ἐνιήσει με θάλασσα. Quod hic ἀπρήϋντον mare appellat, illi est ἄγρυπνον. — Ἰονίου, πόντου scil., ut ap. *Theaet. Schol.* Ep. II. ἄτρομος Ἰονίου τέρμα θαλασσοπόρει. *Diodor.* Ep. XVI. ὕβρεις, Ἰονίοιο πολυπτοίητε θάλασσα. — V. 3. Vulgo περὶ χοιράσιν. ut in Ep. *Qu. Maecii* VIII. Nostrum est in Vat. Cod. δειράδες. οἱ τραχώδεις τόποι τῶν ὀρῶν. *Suid.* Etiam de rupibus prope mare. *Eurip.* Iph. T. 1090. παρὰ τὰς πετρίνας πόντου δειράδας. et 1240. ἀπὸ δειράδος ἐναλίας. *Antipater* l. c. ἠρεμαίῃ κρυπτὸν ὑπὸ σπιλάδι. — V. 4. ξείνου. Vat. Cod. — V. 5. Junge λίαν καὶ ἐν νεκύεσσι. — V. 6. δοῦπον ἀπεχθόμενον. Vulgo. Longe gravior est Vat. lectio. — V. 7. με κατ' ἔπαυσεν. Vat. Cod. Ne mors quidem me liberavit a molestiis. — V. 8. θανὼν τελίῃ. Sic membranae Vat. unde *Brunckius* emendavit τελέῃ.

XXXIV. Cod. Vat. p. 217. sq. cujus auctoritate *Archiae* tribuitur. Nam in Plan. p. 284 b. St. 420. W. sine auctoris nomine prostat. Expressum est hoc carmen ex *Leonid. Tar.* Ep. LIX. ubi vide not. — V. 3. laudat *Suid.* in καμόντων T. II. p. 236. εἴδωλα καμόντων dixit *Homer.* Od. λ. 475.

Ex Tom. II. p. 528.] *XXXV.* Hoc carmen, quod in Vat. Cod. p. 226. et in Plan. p. 239. St. 347. W. auctoris nomine caret, tanquam incognitum dignumque, quod Anthologiae insereretur, ex Cod. Msc. in quo *Archiae* tribuitur, *Barnesio* prolatum est ad Il. ω. 729. — Trojam poëta ait cum Hectore, Pellam cum Alexandro concidisse. Urbes et terras igitur virorum gloria, non viros patria sua celebrari. — V. 1. Τροίη. Vat. — χεῖρας ἀντ. Non amplius Danaorum impetum sustinuit. — V. 3. σὺν ἀπώλετο. Vat. Cod.

TUL-

TULLII LAUREAE EPIGRAMMATA.

¶. 102.] *I.* Cod. Vat. p. 572. Duo priora hujus carminis disticha *Reiskius* protulit in Notit. Poët. p. 226. sq. Poëta, cum Polemo puer, quem in deliciis habebat, se in iter daret, vota ad Apollinem fecerat, si puer rediisset salvus. Ille barbatus rediit; quare se voti damnatum esse negat ille. In eodem argumento versatur *Flaccus* Ep. II. et *Strato* Ep. XII. XIII. Ex his carminibus *Br.* scribendum censet v. 1. ἀνῆλθεν. v. 3. ῥέζειν. v. 6. ἦλθεν ἔχων. De re perfecta enim sermonem esse: ἦλθε δὲ σὺν πώγωνι. Aliter temporum rationem non constare. — V. 1. *Reisk.* χαρτέσυνος. In versu minore lacuna est in Cod. Vat. 'οιοσα   κοίρανε πεμπόμενος (sic). Hanc inepte explevit, qui Buherianum Cod. scripsit: οἷος ἀφ' ἡμείων κ. In Gaulmini apogr. margine οἷος ἀπέλλω σοι κ. *Brunckius Salmasii* conjecturam recepit. *Reiskius* legit: οἷος ἀνῆρε, νεῶν κοίρανε. Quae omnia valde jejuna sunt. Felicius res successit *Schneidero*, qui in schedis sic corrigit:

Εἴ μοι χαρτὸς ἐμὸς Πολέμων καὶ σῶος ἀνέλθοι,
  οἷος ἔην, Δήλου κοίρανε, πεμπόμενος,
ῥέξειν, οὐκ ἀπόφημι, τὸν ὀρθροβόην ἐπὶ βωμοῖς
  ὄρνιν, ὑπ' (malim ὃν) εὐχωλαῖς ὡμολόγησα, τεοῖς.

— V. 5. ἢ ante πλέον in Cod. omittitur. Supplevit *Reisk.* in apogr. sui margine. — V. 7. 8. In apogr. Lips. hoc distichon hoc loco omissum, insertum est Epigrammati *Scythini* I. (post versum secundum), quod in membranis in eadem pagina legitur. *Klotzius*, qui *Scythini* carmen edidit ad *Tyrtaeum* p. 79. non intellexit, quam alienum hoc distichon ab illo carmine esset. In Vat. Cod. τὴν θυσίην πρὸς σὲ legitur, quod recte emendatum est in marg. apogr. Gaulmini. *Klotzius* prorsus inepte: πρὸς θεὸν εὐξάμενος.

II. In Plan. p. 247. St. 358. W. Στατυλλίου inscribitur. Cujus erroris causa praeclare patet ex Vat. Cod. p. 250. ubi legitur: Τατυλλίου Λαυρέα. De piscatore, qui, cum tempestate in undis periisset, paulo post manibus abrosis in litore inventus est. — V. 1. ἁλιτρεύοντες. De hominibus passim. ἁλιτρύτοιο γέροντος *Theocr.* Eid. I. 45. H. l. de cymba, fluctibus multum quassata. Notanda vox κύμβη, hac significatione rarius obvia. *Athen.* L. XI. p. 482. E. ὅτι δὲ καὶ πλοῖον ἡ κύμβη, Σοφοκλῆς ἐν Ἀνδρομέδᾳ φησίν· Ἵπποισιν ἢ κύμβαισι ναυστολεῖς χθόνα; ubi vide *Brunck.* et *Intpp. Hesych.* in κύμβη, νεὼς εἶδος. — V. 3. ἐκ abest a Cod. Vat. — κατ' ἠϊόνος. Vat. — V. 4. Idem mare eundem mane ejecit in litus. — προκάλην vulgo. Accentum mutavit *Br.* ut hoc vocabulum adjectivi vim indueret, de quo jam *Huetius* p. 23. cogitavit, cui primo ἠϊόνος arridebat.

§. 103.] *III.* Cod. Vat. p. 210. Plan. p. 279. St. 404. W. Sappho loquitur. Tumulum ab hominibus sibi exstructum brevi deletum iri; mortalia enim opera diu durare non posse; sed carmina, quae ab ipsis Musis accepisset muneri, nomen suum ad omnem posteritatem propagatura esse. — V. 3. 4. laudat *Suid.* in ληθεδὼν T. II. p. 438. — V. 5. Μουσέων αἰτήσας χ. Vulgo. *Stephanus*, ut metro succurreret, Μουσῶν scripsit. Nostrum est in membranis. Quod si pretium mihi ex honore, a Musis mihi habito, statueris, facile intelliges, me Orci tenebras effugisse. — ἐννεάδι. Ex hoc uno loco, ni fallor, constat, Sapphus carmina lyrica in novem libros descripta fuisse. Octavum τῶν μελῶν librum laudat *Photius* in Bibl. Cod. CLXI. p. 176. Ceterum color idem, qui in Epigrammate in Herodotum ἄδεσπ. DXXXII. Ἡρόδοτος Μούσας ὑπεδέξατο· τῷ δ' ἄρ' ἑκάστη Ἀντὶ φιλοξενίης βίβλον ἐννέα μίαν. — V. 7. ἀΐδα σκότος. Vulgo. Similia passim poëtae de gloria, praestantissimo laborum suorum praemio. *Ovid.* I. Amor. XV. 7. *Mortale est quod quaeris opus: mihi fama perennis Quaeritur, in toto semper ut urbe canar.* Vel illustrissima monimenta *Concutiet, sternetque dies, quoque altius exstet Quodque opus, hoc illud carpet ederque magis. Carmina sola carent fato, mortemque repellunt; Carminibus vives semper, Homere, tuis.* Anthol. Lat. III. p. 448. *Martialis* L. X. Ep. 2. *At chartis nec furta nocent, nec secula praesunt, Solaque non norunt haec monumenta mori.*

SCYTHINI TEII EPIGRAMMATA.

¶. 104.] *I.* Cod. Vat. p. 572. Σκυθίνου. Ex apogr. Lipſ. edidit *Klotz.* ad *Tyrtaeum* p. 79. Quum ad poëtam veniſſet puer pulcherrimus et venuſtiſſimus, ille ſibi graviſſimos ex amoris, quo ſe correptum ſentit, flammâ cruciatus auguratur. — V. 1. ἦλθεν μοι. Vat. — Pro Ἡλιόδωρος *Br.* in not. ad *Apollon. Rhod.* I. 215. p. 14. Ἰλισσὸς legendum ſuſpicatur; nomen pueri ductum de nomine amnis in Attica celeberrimi. Hoc ipſum *Reiskius* monuit in apogr. ſui margine. — V. 3. Sedecim annos natus, quae aetas ad amores puëriles accommodatiſſima. *Strato* Ep. IV. ἑξεκαιδέκατον δὲ θεῶν ἔτος. — V. 4. πάντας καὶ μ. Vat. Cod. et *Klotz.* — V. 5. Haec omnia poëta ἐν ἤθει proferre videri debet. Laudat vocem mellitam; labia ad oſculandum veluti formata, et ἁμαρτητόν τι πρὸς τὸ ἔνδον λαβεῖν. His verbis lucem affundit *Stratonis* Ep. XCVII. — Ex verbis καὶ πρὸς ἀναγνῶναι ſuſpiceris, Iliſſum puerum Scythino magiſtro fuiſſe traditum, qui eum legere et recitare doceret. Quam ſaepe Grammatici opportunitate ipſis oblata ad flagitia abuſi ſint, plures veterum dicunt. Conf. *Straton.* Ep. XXIX. — V. 7. Formulam τί πάθω; et τί γὰρ πάθω; illuſtravit *Valcken.* ad Phoeniſſ. p. 335. *Brunck.* ad Ariſt. Lyſiſtr. 884. —

Quae ſequuntur, φασὶν γὰρ ὁρᾷν μόνον, ad puerum referenda videntur: dicunt enim, eum amantibus nihil niſi adſpectum concedere, eum amantes nonniſi intueri. Fortaſſe tamen aliquid latet. — V. 8. χειρομαχεῖν. Satis facete rem turpem et flagitioſam expreſſit.

II. Cod. Vat. p. 604. Nemo, quod ſciam, ante *Br.* edidit. — Comparandus *Ovid.* III. Amor. VII. 65. *Noſtra tamen jacuere velut praemortua membra Turpiter, heſterna languidiora roſa. Quae nunc ecce vigent intempeſtiva valentque, Nunc opus expoſcunt militiamque ſuam. Quin iſtac pudibunda jaces, pars peſſima noſtri?* Luſus in Priap. LXXXIII. *Silente nocte candidus mihi puer Tepente cum jaceret abditus ſinu, Venus fuit quieta, nec viriliter Iners ſenile penis extulit caput.* *Strato* Ep. LVIII. Νῦν ὀρθὴ, κατάρατε, καὶ εὔτονος, ἡνίκα μηδέν· Ἡνίκα δ' ἦν ἐχθὲς, οὐδὲν ὅλως ἐμπνεῖς. — V. 2. ἐντέτασ' αἰδὼς ἄν. Vat. Cod. In apogr. Lipſ. ἐντέτασαι δ' ὡς ἐάν. — V. 3. μοι abeſt a Cod. — V. 4. Malim ἃ Ἤθελον. — V. 5. 6. In apogr. Lipſ. hoc diſtichon a ſuperioribus ſejunctum eſt. In eodem vitioſe: ὅλως χ. ἐπ' ἡμετέρας.

POMPEJI JUNIORIS EPIGRAMMATA.

¶. 105.] *I.* Cod. Vat. p. 362. Πομπηΐου, οἱ δὲ Μάρκου νεωτέρου. Eandem inſcriptionem habet Plan. p. 99. St. 146. W. De Mycenis, temporis vetuſtate dirutis et everſis. Ipſa urbs loquitur. Quantum olim valuerit, Trojae ruinas indicare et Homeri teſtimonium. Conf. *Alphei* Ep. VIII. *Munatii* Ep. T. II. p. 240. — V. 2. ἀμαυροτέρη σκ. rupe nuda obſcurior et ignotior. ἀμαυροῦν, imminuere, pulchritudine et ſplendore detracto, ap. *Simonid.* Ep. XV. — V. 3. ἧς ἐπάτησα τείχεα. Proprie de victore, qui pede ſuperbo dirutae urbis cineres et ruinas calcat. *Horat.* Epod. XVI. 11. *Barbarus heu cineres insistet victor, et Urbem Eques sonante verberabit ungula.* Omnino autem verbis πατεῖν et καταπατεῖν adhaesit contemnendi et despiciendi notio. *Hesych.* πατέουσι, καταφρονήσουσι. Vide *Fischer.* ad Anacr. p. 101. — V. 6. Μαιονίδης. Homeri, tanti praeconis, testimonium mihi sufficit. Vide *Wasse* ad *Thucyd.* L. II. p. 423. ed. Bip. qui hoc distichon, sed vitiose scriptum, laudat.

II. Cod. Vat. p. 240. Plan. p. 225. St. 328. W. In Laïdis tumulum. — V. 1. τὸ καλὸν ἄνθος. Sic *Theocrit.* Eid. III. 3. ubi vide *Valcken.* — V. 2. laudat *Suidas* in λείρια T. II. p. 437. Mulier, cui praestantissima a Gratiis munera obtigerant, τῶν Χαρίτων λείρια δρέψασθαι dicitur. Similiter poëtae Musarum flores dicuntur decerpere; cujus generis nonnulla collegimus ad *Nossid.* Ep. XI. T. I. P. I. p. 420. — V. 3. „δρόμον in omnibus libris „est. *Suidas* (in χρυσοχάλινον T. III. p. 694.) aut memo„ria lapsus, aut pravo deceptus Cod. habet φάος in χρυ„σοχάλινον, quam vocem inepte interpretatur λαμπρὸν, „ἔντιμον. Versum vertit Kusterus: *non amplius aureum „adspicit lumen solis.* χρυσοχάλινος δρόμος est *cursus, qui „aureis equorum frenis regitur.* Epitheton hoc cum δρό„μον bene, cum φάος neutiquam conjungi potest.“ *Br.* Epitheton χρυσοχ. quod proprie ad ἥλιον pertinet, more poëtarum ad alterum substantivum translatum est. — V. 5. 6. profert *Suidas* in ζηλώματα T. II. p. 7. et in κνίσματα T. II. p. 335. Utroque loco *Kusterus* ποθεύντων exhibuit. At in Ed. Mediol. et in Anthol. edd. omnibus ποθεόντων legitur. — μύστην λύχνον. nocturnae Veneris clandestinum testem. Sic *Meleager* Ep. CXIV. λύχνον, Κύπρι φίλη, μύστην σὺν θέτο παννυχίδων. Vide ad *Meleagri* Ep. LXXI. p. 87.

AELII GALLI EPIGRAMMATA.

V. 106.] *I.* Vat. Cod. p. 95. τοῦ Αἰλίου Γάλλου ἐπί-γραμμα ἀδιανόητον. Edidit *Reiske* in Miscell. Lipſ. IX. p. 117. nr. 293. Hinc *Toup.* in Epiſt. crit. p. 79. — Meretrix loquitur, *quae pariter ſufficiat una tribus,* ut eſt ap. *Martial.* IX. 33. — V. 1. Apogr. Lipſ. εἰ τρισί. ἐνεὶ emendavit *Reiske.* ἢ *Schneiderus* in Peric. crit. p. 7. quod Cod. Vat. confirmat. — πρὸς ἓν τάχος. Cod. λέχος *Toup.* — *Brunckius* de hujus verſus lectione totiusque carminis ſenſu in hunc modum disputat: »In cod. ſcri»ptum ἢ τρισί, contra manifeſtum epigrammatis ſenſum. »Lyde haec tres ſubibat perſonas, quas tribus meretri»cibus, ſingulis ſingulas, partitus eſt Lucianus Ep. I. »Hic autem φιλυβριστὴς is eſt, quocum rem habebat »Lucianea Laïs, quae quaeſtum faciebat ἐπ' οὐρανίων. »Recte diſtinctus eſt in cod. tertius verſus. In primo »cl. Toupii emendationem recepi. In altero diſticho, »quod planum et perſpicuum eſt, fatebatur vir piae »memoriae, ſe nihil intelligere: divinarat tamen τρισὶ »librario deberi, qui ipſe nihil in hoc carmine viderat, »cujus hic eſt ſenſus, oratione ſin eleganti, ſaltem pu»dica expreſſus: Haec ego, quae duobus operam do, »habeo aliquid adhuc, quo tertium, ſi venerit, deti»neam. Tria enim haec praeſtare poſſum. Itaque ſi »feſtinans duobus comitatus acceſſeris, non ideo ſubſiſte: »tertio locus eſt. — τῷ μὲν — τῷ δὲ in ſecundo verſu ἐνεὶ »in primo adſtruunt.« *Br.* — Priorum hujus carminis verborum mutatio nititur opinione de ſinceritate ſcripturae in verſ. 2. At haec in cod. paulo discrepat ab ea, quam *Br.* dedit:

τῷ μὲν ὑπὲρ νηδὺν, τῷ δ' ὑπὸ τοῖς ὄπιθεν.

unde in apogr. Lipſ. τῷ δ' ὑπὸ τὸ ὄπιθεν. Schedae Tryllitſch. ὑπὲρ τὸν ὄπιθεν. *Brunckius Reiskii* emendationem recepit; temere, ut mihi quidem videtur. Minima mutatione *Tyrwhitt.* in Not. ad *Toupii* Em. in Suid. T. IV. p. 426.

τῷ μὲν ὑπὲρ νηδὺν, τῷ δ' ὑπὸ, τῷ δ' ὄπιθεν.

Sic tres sunt, quae Veneri operantur in una muliere. Primus est ὁ φιλυβριστὴς, qui partes superiores petit, τὰ ὑπὲρ τὴν νηδὺν (quae ultra ventris limites sunt posita); alter legitimae Veneri litat, ὑπὸ τῆς νηδύος; tertius denique τὰ ὄπιθεν sibi vindicavit. Hinc efficitur, ut vera sit cod. lectio: ἡ τρισὶ λειτουργοῦσα. — Jam vero secundum distichon mihi non tam sincere scriptum videtur, quam *Br.* Festinationis enim nulla causa; unde verba εἰ σπεύδεις in mendo cubare existimo. Nec *Schneiderus* in lectione Codicis acquiescebat, sed legendum proposuit in Per. crit. p. 8. εἰ σπεύδεις ἐθέλων, σὺν δυσὶ ἧκε τάχος. Sed ne sic quidem difficultas tollitur. Paulo audaciorem proponam conjecturam, probabilitate tamen, ut mihi quidem videtur, non destitutam. Legam:

εἰ δ' ἀπιθεῖς, ἐλθὼν σὺν δυσὶ, δεῖγμα δέχου.

Quod si mihi denegas fidem, cum duobus aliis veni, ut, me vera praedicare, experimento edoctus intelligas. Quantillum intersit inter εἰ σπεύδεις et εἰ ἀπιθεῖς, inter ΜΗΚΑΤΕΧΟΥ et ΔΕΙΓΜΑΔΕΧΟΥ, sponte apparet. Similis color ap. *Lucian.* T. III. p. 292. πάρεχε γοῦν, ὦ Λέαινα, εἰ ἀπιστεῖς, καὶ γνώσῃ οὐδὲν ἐνδέουσάν με τῶν ἀνδρῶν. — Voce δεῖγμα hoc sensu usus est *Eurip.* Suppl. 354. λαβὼν δ' Ἄδραστον δεῖγμα τῶν ἐμῶν λόγων. Electra v. 1174. τρόπαια δείγματ' ἀθλίων προσφθεγμάτων. Ut autem noster dixit δεῖγμα δέχου, sic idem Tragicus in Or. 245. τὸ πιστὸν τῶνδε λόγων ἐμῶν δέχου.

II. Anth. Plan. p. 307. St. 447. W. In Tantalum scypho insculptum, quem, cum vinum scypho infusum nunquam usque ad ejus labia ascenderet, ad perpetuam sitim damnatum esse poëta ait. Hoc igitur symbolo silentium mortalibus commendari docet. Noti versus

Ovidiani II. Amor. II. 43. *Quaerit aquas in aquis et poma fugacia captat Tantalus: hoc illi garrula lingua dedit.*

MYRINI EPIGRAMMATA.

¶. 107.] *I.* Cod. Vat. p. 161. Edidit *Kuster.* ad Suid. v. κεράντορες T. II. p. 369. *Alberti* ad Hesych. v. Θυίπολος. *Reiske* in Anthol. nr. 413. p. 9. Diotimus Panas, sacro facto, rogat, ut greges ipsius augere velint. — V. 2. laudat *Suid.* v. βουχίλου T. I. p. 450. et in κεράντορες l. c. Temere *Guyetus* βουθύλου tentavit. In Cod. Vat. βουχείλου. — Est Arcadia boves nutriens, a χιλός. Vide *Eustath.* ad Il. α. p. 12. 4. — Versu praec. Cod. Vat. χαροπαῖται, quod in nonnullis apogr. emendatum est. — Πᾶνες plurali numero dixit etiam *Columella* X. 427. et *Propert.* III. El. XV. 34. *Capripedes calamo Panes hiante canent.*

II. Cod. Vat. p. 190. Edidit *Kuster.* ad Suid. in θέριστρον T. II. p. 187. *Reiske* Anth. nr. 504. p. 47. *Brunckius* hoc carmen dedit scriptum ad mentem *Toupii* Em. in Suid. P. III. p. 539. Est in Statyllium, hominem mollem, qui, cum ad inferos descensurus erat, apparatum mollitiei suae Priapo dedicavit. — V. 1. Στατύλλιον ἀνδρόγυνον. Recte intellexit *Reiskius*, hominem pathicum significari, qui, quia muliebria patiebatur, ἀνδρόγυνος vocatur. ἀνδρογύνους ἔρωτας dixit *Lucian.* Amor. 28. Tom. V. p. 290. ed. Bip. Hoc hominum genus quali ornatu fuerit, et quam impudenter mollitiem suam jactaverit, ex multis veterum locis apparet. *Petron.* c. XXI. *Ultimo cinaedus supervenit, myrtea subornatus gausapina, cinguloque succinctus.* et mox de eodem c. XXIII. *Perfluebant per frontem sudantis acaciae rivi, et inter rugas malarum tantum erat cretae, ut putares, de-*

tectum parietem nimbo laborare. — Eundem hominem, qui in Veneris sinistrae servitio consenuerat, Παφίης δρῦν μαλακὴν appellat *Myrinus*; Graecis enim quicquid annosum δρῦς appellatur, monente *Reiskio* et *Toupio*. Hic laudat *Artemidorum* II. 25. δρῦς δηλοῖ καὶ πρεσβύτην διὰ τὸ πολυετές. De vetula *Horat*. IV. Carm. XIII. 9. *Amor – importunus transvolat aridas quercus.* — V. 3. 4. profert *Salmas.* in Plin. p. 193. B. et inde *Bod. a Stapel* ad Theophr. L. III. p. 239. Idem habet *Suidas* in θερίστρον. θεριστρὸν ἱμάτιον· τὸ ἐκ κόκκου βαφὲν καὶ ὑ. θ. Καὶ τοὺς ἀνδρολιπαῖς κ. τ. Idem T. III. p. 567. ὕστινος. βάμματος εἶδος· τὰ κόκκῳ βαφέντα καὶ ὑστίνῳ θέριστρα. In Cod. Vat. legitur τὰκκόκκου β. κ. ὑστίνῳ (man. rec. corr. ὑσγίνῳ) — et v. seq. τοὺς ἀνδρολιπαῖς. Emendatiorem lectionem *Kuster*. et *Reisk*. in apographis suis repererunt. — θερίστρια, ut est ap. *Theocrit*. Eid. XV. 69. sive θέριστρα, tenuia vestimenta fuerunt, quae per aestatis calorem induebantur. *Harpocrat.* Σείρων ἐκάλουν λεπτὸν ἱμάτιον ἀναπάδητον, οἷον θέριστρον. Eadem nihil fortasse a Ταραντινιδίοις diversa fuisse, suspicatur *Valcken*. in Adoniaz. p. 368. C. — ὑσγίνοιο. Fuit color hysginus e coccino purpureoque commistus. De purpura agens *Plinius* IX. 65. p. 528. *Quin et terrena miscere coccoque tinctum Tyrio tingere, ut fieret hysginum.* ubi vide *Harduinum*, et *Salmasium* l. c. — V. 4. ταρδολιπαῖς. Optima depravati vocabuli ἀνδρολιπαῖς emendatio, quam *Salmasio* deberi suspicor. — Ceterum hominem muliebris elegantiae crines supposititios gestasse, non miraberis. Talibus Galli quoque ἀνδρόγυνοι instructi fuerunt. — V. 5. *Suid.* T. III. p. 588. φαικά. ἐν Ἐπιγράμματι· φαικὰ δ' αὔτ' εἶτ. ubi Lexicographum prava Codicis sui lectione in errorem inductum fuisse apparet. φαικὰς *Toupius* idem fuisse putat, quod φαικάσιον. *Eratosth.* ap. *Pollux*. L. VII. 90. πέλμα ποτισφίγγοντα σιμοῦ ἐλαφροῦ φαικασίου. — V. 6. τριτοδίναις κ. παμβαυλίδεν. Cod. Vat. et depravatius etiam *Kuster*. κοττίδα. *Reiskius*, qui recte κοιτάδα dedit, haec poëtica licentia existimabat dicta, pro κοιτὰς ἢ δοχεῖον παμβακίδων τρωτῶν. Intelligi autem lintea carpta, quibus chirurgi in vulneribus obligandis utuntur. His autem Statyllium usum fuisse ad condendas in illis tibiarum ligulas, quae a vi quacunque paulo majore laedi potuissent. *Toupius* γρυτοδόκην emendat, arculam interpretatus, in qua mulieres suppellectilem suam asservabant: nam Graecos ejusmodi mercimonia γρύτην appellare. Vide *Salmas.* ad Scr. H. A. T. II. p. 535. *Hesychius:* Γρυμαία. ἐσθής. καὶ ἀγγεῖον, σκευοθήκη, ἐν ᾧ ἡ γρύτη· ἤδη δὲ καὶ τὰ λεπτὰ σκευάρια, ἃ καὶ γρύτην λέγομεν. *Schol.* ad *Aristoph.* Plut. v. 17. γρύτη· τὰ λεπτὰ σκεύη. καὶ γρυτοπώλης, ὅπερ οὐκ εἴρηται παρὰ τοῖς παλαιοῖς, ἀλλ' ἀντὶ τούτου ῥωποπώλης. — Ceterum *Suidas* T. I. p. 414. βάμβαξ. ἢ πάμβαξ. καὶ παμβακίς. τὸ παρὰ πολλοῖς λεγόμενον βαμβάκιον· ἐν Ἐπιγρ. καὶ τὴν γρυτοδόκην κοιτίδα παμβακίδων. Eadem repetit in πάμβαξ T. III. p. 11. Idem denique T. III. p. 513. γρυτοδόκη. ἡ θήκη τῆς γρυτάνης. Vocem βαμβακίδων sic interpretatur *Toupius:* »Est βάμμα »sive βάμβα *fucus muliebris* sive *tinctura*, qua homines »molliusculi et elegantiores in capillis colorandis et cute »curanda uti solebant. *Hesych.* βάμβα. τὸ χρῶμα καὶ μάρου »τι γένος. βάμμα Κυζικηνόν. Κυζικηνοὶ διὰ τὸ Ἴωνες εἶναι ἐκαλλωπίζοντο ἐπὶ μαλακίᾳ. βάμμα Σαρδιανικόν. τὸ φοινικοῦν. διάφορα δὲ ἦν τὰ ἐν Σάρδεσι βάμματα. *Etymol. M.* βάμμα »Κυζικηνόν. τὴν ἀκάθαρτον ἀσχημοσύνην Ἀττικοὶ λέγουσιν. διὰ »τὸ τίλημα. (l. τίλμα) ἐσκώπτοντο γὰρ ἐπὶ μαλακίᾳ. τίλλειν »in obscoenis est. Atque hinc βαμβακίδες, *mulieres tinctrices et depilatrices*, quae a cute et capillis erant scilicet. »Βαπτρίας vocat Eupolis ap. Polluc. VII. 1. Idem βαμβακίδες et βαμβακεύτριαι, ut φαρμακίδες et φαρμακεύτριαι. »*Hesychius:* βαμβακεύτριαι. μαγγανεύτριαι. οἱ δὲ φαρμακεύτριαι. »τὸ δὲ βαμβακείας χάριν, φαρμακείας χάριν. Vulgo βαμβαχίας »legitur. Quare per κοιτίδα βαμβακίδων nihil aliud intel»ligendum quam cista tinctoria sive arcula, qua mulie-

„res istae tinctrices pigmenta, unguenta et reliquam „suam supellectilem, quam γρύτην Graeci appellant, re„condebant.“ Haec *Toupius*. — V. 7. ἑταιρίοις. Vat. Cod. — ἐπὶ προθύρων. in vestibulo sacelli, Priapo sacri.

III. Cod. Vat. p. 318. Planud. p. 283ª. St. 410. W. Tabulae pictae argumentum hoc carmine enarrari suspicor. Thyrsis, qui Nympharum greges solebat pascere, in pini umbra dormit; prope adstat Amor, pedoque sumto, pastorem agit. Pro Amore sollicitus poëta Nymphas monet, ut Thyrsidem expergefaciant, ne Amor ferarum praeda fiat. — V. 1. ὁ τὰν ν. Vat. Cod. — V. 3. οἰωνότη Vat. et τὰν πίτυν. — V. 4. Dii nonnunquam pastoribus adesse eorumque munera finguntur suscipere. *Anton. Liber.* c. XXII. p. 142. de Terambo, musico praestantissimo: ἐγένετο δὲ αὐτῷ θρέμματα πλεῖστα, καὶ αὐτὰ ἐποίμαινεν αὐτὸς, Νύμφαι δὲ συνελάμβανον αὐτῷ, διότι αὐτὰς ἐν τοῖς ὄρεσιν ᾖδων ἔτερπεν. — V. 5. Apud *Hesych.* ex hoc loco pro λυκοθρασὴς *Toupius* Em. in Hesych. T. IV. p. 335. corrigit: λύκοις θηρσὶ. θρασεῖς. — V. 6. γένηθ' ὁ Ἔ. Vulgo.

¶. 108.] *IV.* Vat. Cod. p. 518. Plan. p. 134. St. 193. W. Vetulae, quae juvencula videri volebat, consilium dat poëta, quomodo repuerascere possit. *Martial.* I. 101. comparat *Lessing.* de Epigr. Tom. I. Opp. p. 298. sq.

Mammas atque tatas habet Afra: sed ipsa tatarum
Dici et mammarum maxima mamma potest.

— V. 1. ὃ τετρακόσι' ἐστί. ὃ est interjectio admirantium, docente *Schol.* ad *Aristoph.* Plut. v. 896. unde *Suidas:* ὃ, ἐπίφθεγμα θαυμαστικόν. Jam finge tibi vetulam, infantium in morem omnia admirantem, ore balbutiente et blaeso. Quae cum frequenter illa interjectione ὃ, ὃ, utatur, poëta hoc maligne interpretatur sic, ut eam annorum suorum numerum clamare dicat. Litera τ autem inter numeros designat CCCC. In Cod. Vat. τετρακορώνει legitur. — V. 2. τρυφερὴ Λαΐ tu, quae mollis, delicata, tenera, et altera Laïs videri cupis. Sic malim, vetulam a poëta Laïdem vocari, ut eam irrideat; si quis tamen existimaverit, illud ipsum vetulae nomen fuisse, non valde refragabor. — κορὼν ἑκάβη. Vat. Cod. cui debetur optima lectio Λαΐ, cum in Plan. legatur: τρυφερὴ τετρακόρων' Ἑκάβη. ἔλαφος τετρακόρωνος est in fr. *Hesiodi* ap. *Plutarch.* T. II. p. 415. C. unde plures profecerunt, quos comparavit *Rubnken.* in Ep. crit. I. p. 112. sq. inter alios *Alciphr.* I. Ep. XXVIII. τρικόρωνον καὶ παλαιότατον γερόντιον, ut emendavit *Dorvill.* ad Charit. p. 444. probante *Valcken.* in Praef. ad Phal. Ep. XII. — Nova nec infiiceta compositione noster κορωνεκάβη, cujus anni ad cornicis et Hecubae annos accedunt, vel Hecubarum decrepitissima. — V. 3. μάμη. Vat. Cod. *Eustath.* ad Il. ξ. p. 457. 41. οἱ παλαιοὶ ἀνδρὸς μάμμην καὶ μαῖαν. μάμμην γὰρ Ἀττικοὶ καὶ μαμμαῖαν τὴν μητέρα καλοῦσι. — Similiter de vetula in Lusibus nr. LVIII. 3. *Quae forsan potuisset esse nutrix Tithoni Priamique Nestorisque, Illis ni pueris anus fuisset.* *Martial.* L. X. 39.

Consule te Bruto quid juras, Lesbia, natam?
Mentiris; nata es, Lesbia, rege Numa.
Sic quoque mentiris. Namque, ut tua secula narrant,
Ficta Prometheo diceris esse luto.

Idem L. X. 67.

Pyrrhae filia, Nestoris noverca,
Quam vidit Niobe puella canam,
Laërtes aviam senex vocavit,
Nutricem Priamus, socrum Thyestes;
Jam cornicibus omnibus superstes – –.

— V. 4. λέγε πᾶσι τατᾶ. Commode *Brodaeus* advocavit *Nonium* II. 97. *Quum cibum ac potionem buas ac papas vocant, matrem mammam, patrem tatam.* Plures hanc vocem illustrarunt, quos vide ap. *Gesner.* in Thes. v. *Tata.* Adde *Scaligerum* in Lect. Auson. L. I. c. 29. et *Fabric.* in Bibl. Gr. T. III. p. 58. ed. nov. Esse eam puerorum balbutientium et nutricularum, cum infantibus blaeso ore loquentium, sponte apparet. Quare vetulae nostrae Myrinus suadet, ut omnes viros patres, idque balbutiendo appellet, quo magis puella et juvencula videatur. Balbutire autem moris fuisse inter puellas elegantiores, ex *Ovidio* constat III. A. A. 293. ubi de puellarum artibus agit:

Quid? cum legitima fraudatur litera voce,
Blaesaque fit jusso lingua coacta sono:
In vitio decor est, quaedam male reddere verba,
Discunt posse minus, quam potuere, loqui.

Conf. not. ad *Asclepiad.* Ep. VI. Tom. II. p. 25.

ARISTOCLIS EPIGRAMMA.

Servavit hos versus Aelian. in H. A. XI. 4. Vide *Meursii* Graeciam feriatam in χθόνια. *Gronovii* Thesaur. Antiq. T. VII. p. 865. sq. et *Schneider.* ad *Aelian.* l. c. p. 347. Hermionae, nobili Argolidis urbe, (vide *Wasse* ad *Thucyd.* T. II. p. 438. ed. Bip.) Ceres Chthonia colebatur multis cum caeremoniis, quas describit *Pausan.* II. 35. p. 194. sq. Hic scriptor inter alia haec habet: τοῖς δὲ τὴν πομπὴν πέμπουσιν ἕπονται θήλειαν ἐξ ἀγέλης βοῦν ἄγοντες διειλημμένην δεσμοῖς τε καὶ ὑβρίζουσαν ἔτι ὑπὸ ἀγριότητος. ἐλάσαντες δὲ πρὸς τὸν ναόν, οἱ μὲν ἔσω φέρεσθαι τὴν βοῦν ἐς τὸ ἱερὸν ἀνῆκαν ἐκ τῶν δεσμῶν, ἕτεροι δὲ ἀναπεπταμένας ἔχοντες τέως τὰς θύρας, ἐπειδὰν τὴν βοῦν ἴδωσιν ἐντὸς τοῦ ναοῦ, προσέθεσαν τὰς θύρας, τέσσαρες δὲ ἔνδον ὑπολειπόμεναι γρᾶες αὗται τὴν βοῦν εἰσιν κατεργαζόμεναι. Cum igitur *Aelianus* ex *Aristocle* nostro narrat, Cereris Chthoniae sacerdotem bovem, quem nec decem viri domare possint, ad aram ducere minime reluctantem, eumque solam conficere, id de tauro post pompam intra templum incluso accipiendum est. Boni ominis habebatur, victimam sacerdotem sponte sequi et ad aram properare. *Aelianus* de hostiis narrans, quas Indi ad Plutonis antrum mactare solebant, H. An. XVI. 16. τὰ δὲ ἄγονται οὔτε δεσμοῖς ἐπαγόμενα, οὔτε ἐλαυνόμενα ἄλλως, ἑκόντα δὲ τὴν ὁδὸν ταύτην ἰόντα, ἕλξει τινὶ καὶ ἴυγγι ἀπορρήτῳ. εἶτα ἐπιστάντα τῷ στομίῳ ἑκόντα ἐμπηδᾷ. Illustre illud Cereris Chthoniae templum dirutum est a piratis, Pompeji aetate mare Aegaeum infestantibus. *Plutarch*. Vit. Pomp. XXIV. p. 165. Nostrum carmen ex *Aeliano* repetivit *P. Leopardus* Emend. V. 19. p. 193. — V. 2. παρ' Ἐρεχθεΐδαις. propter mysteria Eleusine celebrata. — ἐν δέ τι . . . μέγα *Aelian*. claudicante metro. *Gesnerus* τοῦτο addidit, quod tuetur *T Hemsterhus*. ad *Lucian*. T. I. p. 230. ed. Bip. ubi formulam μέγα τι explicat, qua Graeci rem memorabilem et admirandam significabant. θαῦμα debetur *Gronovio*. — V. 3. κραίνετ' malit *Brunckius*. — ἀφειδῆ ταύρων, non parcentem viribus, indomitum. — V. 8. κλᾶρος ex Cod. Medic. Vulgo κλῆρος. Rogat poëta Cererem, ut Hermionensium agros florentes et frugiferos reddat. De κλᾶρος vide ad *Dioscoridem* Ep. II. T. II. p. 159.

PISONIS DISTICHON.

Cod. Vat. p. 567. Planud. p. 168. St. 244. W. ubi Ἀντιόχου inscribitur. Ex Galatia horum versuum auctor ne flores quidem decerpendos esse ait, cum ex illius regionis sinu Erinnyes enatae sint. μηδ' ἄνθεα. quandoquidem flores esse putantur, qui, coronis intexti, capiti noceant, de quibus inter Graecos scripserant Mneſitheus et Callimachus, tradente *Plinio* L. XXI. 9. T. II. p. 235. Quid ſit autem, quod Piſo in Gallograecia tantopere vituperet, ignoro equidem. *Brodaeus* ad *mel rabidum*, τὸ μαινόμενον μέλι, putat reſpici, quod etiam *Ponticum* vocatur. Vide *Beckmann.* ad *Ariſtot.* Mir. Auſc. 17. p. 43. ſq. — V. 2. ἀνθρώπων vulgo. In Vat. ἀνθρώποις.

ANTIPATRI THESSALONICENSIS

EPIGRAMMATA.

¶. 109.] *I.* In Vat. Cod. p. 510. τοῦ αὐτοῦ. Praeceſſit autem *Antipatri Sid.* Ep. I. In Plan. contra p. 173. St. 253. W. ubi *Theſſalonicenſis* Epigr. XLV. praeceſſit, etiam τοῦ αὐτοῦ inſcribitur. Vini Italici (Αὐσονος) in hoc carmine commemoratio animum fere ad Theſſalonicenſem auctorem inclinat. Nec tamen hoc momentum ſatis grave. — Scriptum carmen in Heliconem, pincernam, cujus ſe unum poculum pluris facere ait, quam mille pocula aquae ex fonte Heliconio. — V. 1. ὕδωρ ἀοιδῶν. *canorum laticem*, qui canendi facultatem inſpirare putabatur. Similiter *pallidam Pirenen* Perſius dixit in Prolog. 4. quae pallidos doctosque facit. — V. 4. ἀμοιρημονεςτέρης. Quia poëtae, ut Heliconis ſcopulos ſuperent, multum difficultatis ſuperare debent. — V. 6. Ante ἢ ſupplendum μᾶλλον, ut in *Meleagr.* Ep. VI. ubi quaedam de hac ellipſi notavimus.

II. Cod. Vat. p. 92. Plan. p. 480. St. 623. W. Eximie ap. Homerum Venerem appellari auream; auro enim omnia in amore impedimenta tolli; nihil ferentibus omnia clauſa eſſe. Similis luſus ap. *Ovid.* II. A. A. 278. — V. 1. καλῶς. vett. edd. usque ad Aſcenſ. — ὅτι vulgo. Male. Omnia quidem praeclare ab Homero dicta, illud autem, quod Venerem vocavit auream, omnium praeclarissime. — V. 2. Μαιονίδας. Vat. Cod. — V. 3. τὸ χάραγμα. nummos. Vide *Salmas.* ad Scr. Hist. Aug. T. II. p. 337. et 518. — φίλος. Pro vocativo habendum est; de quo dicendi usu vide *Koen.* ad Gregor. p. 47. *Valcken.* ad Phoen. v. 1332. — οὔτι θυρωρὸς ἐν ποσίν. nec janitor tibi impedimento erit. *Ovid.* III. Amor. VIII. 31. sqq. *Me probibet custos: in me timet illa maritum. Si dederim, tota cedet uterque domo.* Ap. *Propert.* IV. El. V. 47. lena puellam fraudem dolosque docens, *Janitor*, ait, *ad dantes vigilet: si pulset inanis* (ὁ οὐδὲν φέρων), *Surdus in obductam somniet usque seram.* — Ad nostrum autem locum inprimis facit *Tibullus* L. II. 4. 30. Postquam tenues vestes lapidesque pretiosi in honore esse coeperunt,

clavem janua sensit,
Et coepit custos janitis esse canis.
Sed pretium si grande feras, custodia victa est,
Nec probibent claves, et canis ipse tacet.

De canibus, quos veteres in aedium custodiam nutrire solebant, nonnulla dedit *Casaubon.* ad Theophr. Char. IV. p. 55. nostri loci non immemor, ut nec *Gataker.* in Adversl. misc. posth. 38. p. 827. Ap. *Aristoph.* in Thesm. 414. mulier conqueritur, quod viri, Euripidis in mulieres conviciis incensi,

— ταῖς γυναικωνίτισιν
σφραγῖδας ἐμβάλλουσιν ἤδη καὶ μοχλούς,
τηροῦντες ἡμᾶς, καὶ προσέτι Μολοττικοὺς
τρέφουσι, μορμολυκεῖα τοῖς μοιχοῖς, κύνας.

In *Antipatro* nostro *Br.* pro δέδεται malit ὑλάει. Hoc plane conveniret cum loco *Tibulli*: — *et canis ipse tacet.* Nec tamen necessaria emendatio. δέδεται positum pro ἐστί. Quod si canis postibus alligatus est, nihil tamen prohibet, quominus adulterum latrando abigat. — V. 5. ἑτέρως. Si sine muneribus veneris, ipsum reperies Cerberum.

berum. — Lectio πλεονέκται οἱ πλούτου mihi parum videtur elegans. Legerim:

ὦ πλεονέκται
πλούτου, τὴν πενίην — —

Postrema haec optime expressit *Grotius*, cujus versionem *Burmannus* protulit ad *Propert.* p. 798. *facitis quos mala pauperibus!* Nec admittenda *Opsopoei* conjectura, Παφίην pro πενίην legentis: qua mutatione omne hujus dicti acumen perit.

III. Cod. Vat. p. 92. ὅτι πάσας τὰς ἄλλας ἡ ἡδονὴ ἀσπάζεται, καὶ χωρὶς χρυσοῦ ἑταίρα οὐχ ἁλίσκεται. Edidit *Reiske* in Misc. Lips. IX. p. 106. nr. 183. unde *Toup.* in Cur. nov. p. 286. Sensus carminis est, quem his verbis inclusit *Tibullus* II. 3. 49. *Heu, heu, divitibus video gaudere puellas; Jam veniant praedae, si Venus optat opes.* — V. 1. ἀργύρεον. Ap. Lips. vitiose. — V. 2. τὰ νῦν. Cod. Vat. — V. 5. Νέστορ. Nestorem quendam poëta alloquitur. Causa non est, cur haec lectio vitiosa videatur. *Toupius* tamen corrigit: καὶ τοὺς ἀργυρέους οὔ ποτ' ἀποστρέφεται Νέστορας ἡ Παφίη. *senes bene nummatos.* Huic conjecturae calculum adjicit *Br.* eamque in textu ponendam censet; in qua sententia a se discrepantem habet *Thomam Tyrwhitt* in Not. ad Toup. Em. in Suid. T. IV. p. 429. Et sane *Toupii* lectio aliquid infert, quod ab argumento hujus carminis alienum est. Hodiernae puellae, ait, et aurum accipiunt, et argentum et quodvis denique nummorum genus. Senes sint, juvenesve, qui pecuniam afferant, hoc loco non quaeritur. Inter alia praecepta, quibus lena puellam imbuit ap. *Propert.* IV. 5. 53. etiam hoc est: *Aurum spectato, non quae manus adferat aurum.* Aliter tamen sentiebat illa ap. *Aristaenetum* L. I. Ep. XVIII. p. 46. τοὺς πρεσβύτας [f. καὶ π.] παντελῶς ἀτιμάζεις καὶ τοὔμπαλιν ἀποστρέφεις· κἂν τις γέρων προτείνῃ Ταντάλου θησαυρούς, οὐχ ἑκατὸν ταῦτα παραμόθιον κρίνεις πρὸς ἀναφρόδιτον πολιάν. Qui locus mihi alium in mentem revocat ejusdem scriptoris L. I. Ep. X. p. 27. Ἀντίτιας οὐκ ἂν ἤλλαξατο τὸν Μίδου χρυσόν, οὐδὲ τὸν πάντα πλοῦτον ἰσοστάσιον ἡγεῖτο τῷ κάρῳ. Nihil inficetius verbis τὸν πάντα πλ. post *Midae* inprimis *aurum*. Repone: τὸν Ταντάλου πλοῦτον. Vide Paroemiographos in Ταντάλου τάλαντα. — V. 6. χρυσοῦ Vat. Cod. — Danaës fabulam in eundem modum interpretatur *Horatius* III. Carm. XVI.

§. 110.] *IV.* Cod. Vat. p. 550. Ἀντιπ. Θεσσαλ. — Alterum distichon protulit *Valcken.* in Adon. p. 210. ubi pro γοῖ, γοῖ, legendum censet Γοργοῖ, quam conjecturam merito repudiat *Brunckius*, e cujus longiore nota ea adscribam, quae ad rem faciunt. „Lectorem docere „debuisset vir doctissimus, quare hic Γοργοῖ scribendum „sit, et unde pendeant illi in primo disticho accusativi. „Ni mutilum est carmen et distichon deest, quo inchoa„batur, integrum autem esse credo, mordicus retinendi „sunt adverbia detestandi et abominandi γοῖ, γοῖ, quae „si graeca non sunt, aut in his, quae ad nos pervene„runt, graecorum scriptis non occurrunt, forte sunt „Syriaca, graece ab Antipatro adhibita, ut σαλαμ et „αυδονις in Meleagri Ep. CXXVI. Hoc extra controver„siam est, recepto Γοργοῖ nullam in his constructionem „fore, nisi hic γοργοῖ interjectio fuerit seu adverbium, „cujus exempla proferenda essent." Haec *Brunckius*; qui hoc carmen *Sidonii* esse suspicatur. Abominandi particulas esse γοῖ. γοῖ, etiam *Lacrozius* judicavit, qui lectores remittit ad *Amirae* Gramm. Syr. p. 449. — V. 1. τὴν ξηρὴν κ. τ. Locustae ad instar, cui *Apollonid.* Ep. XXV. ξηρὰ νῶτα tribuit. Conf. *Theocrit.* Eid. X. 18. — V. 3. αἰπόλος. quod pastorum genus infimum et sordidissimum. Sed ne talis quidem, quamvis ebrius, cum Lycaenide rem habere velit. παροιμιωδῶς haec dici, apparet ex verbo φασί. De caprariorum immoderata lascivia notus locus est *Theocriti* Eid. I. 86. sqq. ubi *Schol.* οἱ ὡς αἰπόλοι λέγουσι. Huc ſpectat etiam proverbium αἰπόλος ἐν κύματι, ap. *Suid.* v. Αὖλὸς ἐν μεσημβρίᾳ.

V. Cod. Vat. p. 88. Ἀντιπ. Θεσσ. Plan. p. 480. St. 624. W. Poëta cum Chryſilla cubans Aurorae iraſcitur et gallo gallinaceo, quod ipſum e puellae amplexibus abigant. Comparandum Ep. *Meleagri* LXXII. *M. Argentarii* VIII. — V. 2. φθονερήν. Plan. et Vat. Cod. — V. 3. φθονερώτατος. Vat. Cod. — V. 4. εἰς — θάμνους. Haec vix aliter poſſunt accipi, quam de puerorum coetu, qui poëtae ſcholas frequentabant. *Ovid.* I. Amor. XIII. 17. ad Auroram: *Tu pueros ſomno fraudas tradisque magiſtris.* ubi et haec occurrunt cum proximis comparanda: *cum refugis* (Tithonum), *longo quia grandior aevo, Surgis ad inviſas a ſene mane rotas; Cur ego plectar amans, ſi vir tibi marcet ab annis?* — A noſtro tamen Tithonus conjugem primo mane e lecto nuptiali exturbare fingitur.

VI. Cod. Vat. p. 374. Ἀντιπ. Θεσσαλ. Plan. p. 50. St. 72. W. Quum aſtrologi poëtae praedixiſſent, eum ſex et triginta annos impleturum eſſe, ille triginta annorum aetatem ſibi ſufficere ait. Expreſſum carmen ex Ep. ἀδεσπ. CCCCVII. quod archetypum eſſe nullus dubito. — V. 1. τρεῖς. Vat. Cod. — V. 3. βιοτῆς ὅρος. Hunc terminum natura ſtatuit verae vitae, quae juvenilis aetatis tempore continetur. Sic Ep. ἀδεσπ. l. c. ὁ γὰρ χρόνος, ἄνθος ἄριστον ἡλικίης. Reſpicitur autem ad vulgarem opinionem de γενεαῖς. Vide *Schol. Homeri* Il. α. 250. *Alberti* ad *Heſych.* v. γενεά. *Weſſeling.* ad Herodot. L. II. p. 173. 16. — Verba οἱ δ' ἐπὶ τούτοις Νέστορι mihi obſcuriora eſſe fateor. οἱ videntur eſſe οἱ ἄνθρωποι, ἐπὶ τούτοις, βιοῦντες, ſcil. qui illum vitae terminum ſuperant, Νέστορι, εἴκελοί εἰσι. Sed hoc quam durum ſit, apparet. Fortaſſe interpretatio melius ſuccedet, ſi ad οἱ ſubaudias χρόνοι, quae illos annos ſequuntur tempora: Νέστορι reſpondet τοῖς ἀνθρώποις in praecedente enuntiatione. Sic *Grotius* haec verba videtur accepiſſe: *Hoc ſatis, haec hominum vita est, quae tempora restant, Nestoris; ad manes ivit et ille tamen.* Quo jure autem *Antipater* annos, qui tricesimum annum sive primam aetatem excurrunt, Nestoreis annis annumeret, ipse viderit. Auctor incert. h. c. verius et elegantius:

> ἀρκοῦμαι τούτοισιν· ὁ γὰρ χρόνος, ἄνθος ἄριστον
> ἡλικίης· ἔθανε χ' ὁ τριγέρων Πύλιος.

cum quibus comparandus *Propert.* II. El. X. 45. *Nam quo tam dubiae servetur spiritus horae? Nestoris est visus post tria secla cinis.*

VII. Cod. Vat. p. 537. Ἀντιπάτρου. Nec Planud. p. 143. St. 207. W. gentile addit. Argutum carmen in hominem impuri oris, sed quod ab Interpretibus minus recte acceptum est. Nec Planudes verum sensum perspexit, qui illud in caput εἰς ἀναιδεῖς retulit. Longe majus flagitium Pamphilo nostro objicitur. — οὐ πιστεύω. non quidem fidem habeo iis, qui te spurcum esse dicant, quamvis fide non indigni sint. Male *Casaubonus* in schedis οὐ φιλέω tentavit, quo hujus loci acumen perit. Ad καίτοι πιστοί τινες subaudi λέγουσι. — Facetum hoc, quod, cum se illi rumori fidem habere neget, Pamphilum tamen impensius rogat, ne eum osculetur. Lusus est in ambigua significatione verbi φιλεῖν. Simile est *Nicarchi* Ep. XXV. Conf. *Lucian.* T. III. p. 179. sq. ed. Reitz.

VIII. Cod. Vat. p. 566. Ἀντιπάτρου ἢ Νικάρχου. In Plan. p. 143. St. 208. W. ἀδέσποτον est. *Nicarcho* potius tribuendum esse judicabat *Schneiderus.* Illius est hoc (XXIV.): Οὐ δύναμαι γνῶναι, πότερον χαίνεις, Θεόδωρε, Ἢ βδεῖς· πνεῖς γὰρ ἴσον πνεῦμα κάτω καὶ ἄνω. — V. 3. Cum spiras, pedere, nec ex ore, sed ex inferiori regione vocem videris emittere. — V. 4. τὰ κάτω ἄνω γέγονε. Solemnem locutionem de rerum conversione et confusione apte et facete ad rem ridiculam significandam convertit. Vide *Wesseling.* ad Herodot. p. 194. 58. *Abresch.* ad Aesch. T. II. p. 94.

§. III.] *IX.* Anthol. Plan. p. 300. St. 440. W. Ἀντιπάτρου. Cotyn regem poëta Jovi potentia, Phoebo pulchritudine, Marti virtute comparat. Plures hujus nominis reges fuerunt in Thracia. Vide *Fabricium* ad Dion. Cass. T. I. p. 749. 33. Hoc loco is videtur intelligendus esse, quem *Suidas* ex *Polybio* narrat virum fuisse κατὰ τὴν ἐπιφάνειαν ἀξιόλογον καὶ πρὸς τὰς πολεμικὰς χρείας διαφέροντα. Is Cotys Perseo favebat Macedoniae regi, cum bellum adversus Romanos instrueret circa Ol. CLII. 1. Cf. *Livium* L. XLII. 29. et *Diodorum* T. II. p. 577. qui eum insignibus ornat laudibus. Qui hunc aliosque hujus nominis reges commemorarunt, laudat *Fabric.* ad Dion. Cass. T. I. p. 749. et *Schweigh.* ad Polyb. T. VII. p. 600. *Reiskius* in Not. Poët. p. 189. eum malit intelligi, quem Caligula Armeniae praefecisse dicitur ap. *Dion. Cass.* T. II. p. 915. ubi vide *Fabric.* — V. 1. Cotys regum progenies diisque similis. Obversabatur poëtae locus celeberrimus de Agamemnone ap. *Homer.* Il. β. 478. sq. — Verba εἴκταίῳ εὐτακίῳ non bene cum reliquis coëunt. — V. 3. Quaecunque regibus ornamento sunt, tibi fata larga manu impertiverunt. — V. 4. ἔργον materia, in qua poëtae sese exercerent. — V. 5. 6. Quae illi dii singula habent, eadem tibi contigerunt cuncta.

X. Cod. Vat. p. 203. Ἀντιπάτρου. Edidit *Boivin.* in Mém. de l'Acad. des Inscr. T. III. p. 357. *Kuster.* ad Suid. T. II. p. 284. in καυσίη, ubi Lexicographus primum distichon excitat, ut et in εκέτευεν T. III. p. 327. unde illud laudavit *Potter.* in Archaeol. L. III. 4. p. 445. *Gronov.* Ap. *Reisk.* Anthol. p. 64. nr. 451. ἄδηλον inscribitur. — Pisoni, Thracibus bellum inferenti, causia offertur dono. Est is L. Calpurnius Piso, qui, Thracibus in arma accensis, bellum intra biennium profligavit et provinciae Macedoniae securitatem reddidit, circa A. U. 743. Vide *Fabric.* ad Dion. Cass. T. I. p. 765. — V. 1. 2. Ex Suida hoc distichon profert *T. H.* ad Polluc.

X. p. 1347. et *Gataker* in Misc. adv. posth. p. 692. E. ubi multa de causia. Pilei genus erat, cum latis umbellis, solem arcentibus. Macedones eam solebant gerere, et qui solis radiis expositi erant. Hinc *Plaut.* Mil. glor. IV. 4. 42. *ornatu nauclerio causiam habeas ferrugineam.* Vide *Valck.* in Adon. p. 345. B. Regum Macedoniae causia diademate cincta fuit, unde *Duris* ap. Athen, L. XII. p. 536. sq. τὴν καυσίαν ἔχουσαν τὸ διάδημα τὸ βασιλικόν. *Eustath.* Od. α. p. 30. 50. Plura, quae huc faciunt, dedit *T. H.* ad Lucian. T. III. p. 358. Caracalla, qui se ad Alexandri M. habitum componebat, περιῄει ἐν Μακεδονικῷ σχήματι, καυσίαν τε ἐπὶ τὴν κεφαλὴν φέρων καὶ κρηπῖδας ὑποδούμενος. *Herodian.* L. IV. 8. 5. — V. 2. quae et nives a capite arceat et galeae loco sit. Idem color est in fragm. *Callimachi* CXLII. de leonis exuviis: τὸ δὲ σκύλον ἀνδρὶ καλύπτρη γιγνόμενον, νιφετοῦ καὶ βελέων ἔρυμα. Idem de pileo fr. CXXIV. αἴλης ἀμφὶ δέ οἱ κεφαλῇ νέον Αἱμονίηθεν μεμβλωκὸς πίλημα περίτροχον ἄλκαρ ἔκειτο. ut haec restituerunt duumviri, *Valcken.* ad Adon. p. 344. B. *Toup.* ad Suid. p. 357. — V. 3. πιεῖν. *Lucret.* IV. 1122. *vestis — sudorem exercita potat.* — V. 4. Ἠμαθίας. sic Vat. Cod. — ἦλθον est in membranis, et ap. *Boivin.* *Kuster.* ἤλθον. — V. 5. κρόκας. A nominativo κρόξ formatur κρόκα ap. *Hesiod.* Ἔ. κ. Ἡ. 538. Hoc loco κρόκας ipsam significant causiam ex lino textam. *Suidas:* κρόκη. ῥοδάνη καὶ κροκύφαντος, ὅτι διὰ κρόκης ὑφαίνεται. — V. 6. ὑπ' ἀξόμεθα. Vat. Cod.

XI. Bis exstat in membranis p. 186. et 479. ut etiam in Plan. p. 362. et 444. St. 501. et 577. W. Nusquam gentile *Antipatri* nomini additur. Pylaemenis galea Pisoni dono offertur. Pylaemenes is esse videtur, quem Paphlagonum ducem fuisse ait *Homer.* Il. β. 851. Hujus enim milites, post Trojam eversam, antequam in Venetiam penetrassent, in Thraciam venisse narrat *Strabo* L. XII. p. 819. B. Hujus igitur herois galeam, nescio ubi servatam, dignum Pisone manus existimat *Antipater*. — V. 1. κόρις. Cod. Vat. — V. 2. φόβος, i. e. φοβερά. — V. 3. ἵπποις δ' ἄλλοις. Vat. et Plan. altero loco. — V. 4. αι χαιτας. Vat. Cod. loco pr. — κόμη. Idem loco sec.

XII. Cod. Vat. p. 450. Ἀντιπάτρου sine gentili. *Jensius* nr. 49. Anth. Reisk. nr. 729. p. 146. Alexandri gladius, e ferro Macedonico conflatus, Pisoni traditur. — V. 1. τὰ πρὸς ἀ. i. e. ἄλκιμος εἶναι διδασκόμενος ἀπὸ τῆς Ἀλεξάνδρου χειρός. — V. 3. τοῦτο δὲ φανῷ χαίρων, δ. Reiske. Prava distinctio. Sed φανεῖ est in Cod. — Gaudet gladius, quod ex fortissimi viri haereditate in fortis viri manum pervenerit.

¶. 112.] *XIII.* Cod. Vat. p. 187. Ἀντιπάτρου. Plan. p. 426. St. 561. W. Pisoni poëta in Saturnalibus cereum dat muneri. Hoc pauperes clientes fecisse, constat ex *Macrob.* Sat. I. c. 7. *Inde mos per Saturnalia missitandis cereis coepit.* *Varro* de L. L. IV. p. 19. ed. Bip. ubi *Scaliger* hoc Epigr. profert et explicat. — V. 1. κηροχίτωνα. candela cero quasi induta. Prius distichon excitavit *Suid.* in τυφήρεα. τυφωνικήν. T. III. p. 520. et in πατύρῳ p. 23. *Toupius* Em. in Suid. P. III. p. 505. λύχνον τυφήρεα interpretatur lychnum ἐκ τύφης factum. Ut a κλίνη κλινήρης, sic a τύφη τυφήρης. Est autem τύφη herba palustris, quae lucernis faciendis inserviebat, de qua *Strabo* L. V. p. 346. τύφη δὲ καὶ πάπυρος ἀνθήλη τε πολλὴ κατακομίζεται ποταμοῖς εἰς τὴν Ῥώμην. Vide Intrpp. — Verba λιτῷ παπύρῳ accipienda sunt de scirpi cortice, e quo candelae fiebant, teste *Plin.* XVI. 37. T. II. p. 30. *Scirpi fragiles palustresque, ad tegulum tegetesque, e quibus detracto cortice candelae luminibus et funeribus serviunt.* Naturam papyraceam hic cortex habebat, qui semper intelligi debet, ubi de papyro lychnis adhibito agitur, docente *Salmas.* ad Solin. p. 705. G. et ex eo

Bod. a Stapel ad Theophr. L. IV. p. 430. et p. 454. *Schol. Juven.* Sat. I. 155. Nero Christianos *taeda, papyro, et cera supervestiebat, et sic ad ignem admoveri jubebat, ut melius arderent.* Recte *Burmann.* nostrum carmen admovit carminibus duobus in Anth. Lat. T. II. p. 462.

Lenta paludigenam vestivit cera papyrum,
Lumine ut accenso dent alimenta simul.

et:

Ut devota piis clarescant lumina templis,
Niliacam texit cerea lamna budam.

Ceterum παπύρῳ h. l. mediam corripit. Latini eandem syllabam constanter producunt, Atticorum in eo consuetudinem secuti, si fides *Moeridi* p. 311. — V. 3. ἣν δέ μ' ἀν. quod si me accendens preces ad Saturnum fundet. Hoc veteres dicebant *lucem Saturno facere*, interprete *Scaligero* l. c. — Vulgo ἀκουσίθεον legitur, quod jam *Scaliger* in ἀκουσίθεον mutavit. Idem voluisse *Huetium* p. 40. ubi ἀκουσίθεον legitur, nullus dubito. Nititur autem haec lectio auctoritate membranarum et *Suidae* T. I. p. 89. ἀκουσίθεον. τὸ εἰς θεοῦ ἀκοὰς ἐρχόμενον. ἣν δέ . . . . Male ibi εὔχηται. — φέγγος ἀκουσίθεον flammam boni ominis esse puto, quae preces, coram candela conceptas, ad deorum aures pervenisse indicabat.

XIV. Cod. Vat. p. 431. Ἀντιπ. Θεσσ. In Plan. p. 35. St. 52. W. gentile non additur. *Jos. Scaliger*, qui hoc carmen tanquam *Sidonii Antipatri* opus profert ad Hieron. Chron. p. 152. scriptum putabat in M. Lucullum, qui hujus poëtae aetate de Bessis triumphavit. *Opsopoeus* autem de *Philippo* putabat agi, Demetrii filio, quem item bella cum Bessis gessisse constat. Nihil statuebat *Huetius* p. 6. Sed recte monuit *Brunckius* post *Reiskium* Not. Poët. p. 188. hoc quoque carmen in L. Calpurnium Pisonem scriptum esse, de quo vide ad Ep. X. Nec reliquorum carminum comparatio nos de hujus conjecturae veritate dubitare patitur. — V. 1. Ipsum poëma loquitur, quod *Antipater* de rebus a Pisone gestis composuisse videtur. Quae enim v. 3. 4. dicuntur, vix aliter quam de carmine epico explicari possunt. Nec aliter accepit *Reiskius* l. c. et *Huetius*. — Θεσσαλονίκη, μήτηρ — —. Huc faciunt verba *Strabonis* in Excerpt. L. VII. p. 509. B. ὅτι μετὰ τὸν Ἀξιὸν ποταμὸν ἡ Θεσσαλονίκη ἐστὶν πόλις, ἣ πρότερον Θέρμη ἐκαλεῖτο· κτίσμα δέ ἐστι Κασσάνδρου· ὃς ἐπὶ τῷ ὀνόματι τῆς ἑαυτοῦ γυναικὸς, παιδὸς δὲ Φιλίππου τοῦ Ἀμύντου, ὠνόμασε· μετῴκισε δὲ τὰ πέριξ πολίχνια εἰς αὐτήν. Hanc ob causam pro metropoli Macedoniae habenda urbs. Vide *Spanh.* de Usu et Praest. Num. T. I. p. 653. — V. 5. ἀλλά μοι. Plan. et Vat. Ut dii mortales, sic tu quoque preces meas audire digneris. Quis enim tam occupatus est, qui Musis aurem non praebeat?

XV. Cod. Vat. p. 448. sq. Ἀντιπάτρου εἰς ποτήριον. Plan. p. 67. St. 96. W. Theogenes Pisoni bina pocula mittit sphaerica, in quorum altero borealis, altero australis sphaerae stellae expressae erant. — V. 1. Διογένης Vat. Cod. a pr. man. *Brunckius* haec refert ad Theogenem Apolloniatam mathematicum, de quo *Sueton.* in Vit. Aug. p. 457. — V. 3. σφαίρη τομήμεθα. Vat. Cod. — In fine vers. ὑμῖν, ut in Plan. — V. 4. τὰ β. Vat. Cod. — V. 5. „Inepte et contra Epigrammatis sensum in „Plan. legitur μηκέτ' ἐς Ἄρατον ἐπίβλεπε. Lectionem Vat. „Cod. dedi, quam probavit Holstein ad Stephanum „p. 301. cui frustra obloquitur vir doctissimus ad Calli„machi Epigr. XXXV. Falsum est quod ait primam in „nomine proprio Ἄρατος syllabam longam esse. Immo „natura brevis est. Theocritus ipsum hunc de quo hic „agitur, Aratum Solensem plus semel compellat, cor„repta semper prima syllaba: Eid. VI. 2. VII. 102. „122. Supra in Ptolemaei Epigrammate: ἀλλὰ τὸ λεπτο„λόγου σκῆπτρον Ἄρατος ἔχει. Quandoque etiam producitur

„prima, tum ob licentiam, in nominibus propriis con„cessam, tum vi literae ρ, quae in pronunciando gemi„natur, et sic praecedentem vocalem brevem afficit. „Sic in nominibus Ἀραβίη, Ἀράβιος saepe prima produci„tur, ubi minime necesse est, Ἀῤῥαβίη et Ἀῤῥάβιος scri„bere. Diversa ratio est appellativi ἀρητὸς ab ἀράομαι et „ἀρὰ, in quibus prima semper et ubique producitur." *Brunck.* *Holstenius* hoc distichon addiderat Epigrammati Callimachi XXXV. cum quo nulla ratione coire potest; quidquid dicat Clericus in Silv. phil. p. 242. — In fine versus vulgo δοιὰ δ' ἐν ἀ. In Vat. Cod. δισσὰ γὰρ ἀ. Quod si verum, sequente versu necessario legendum ἀθρεῖς. — τὰ φαινόμενα. Respicitur ad carmen notissimum Arati, quo signa coelestia enumerantur. Utrumque poculum ebibens, ait, omnia signa videbis, nec necesse erit, Aratum de stellis consulas. Inepte hunc locum interpretatur *Huetius* p. 8. sic: Ita cerebro commoveberis ex vino, ut coelum cum astris omnibus sis visurus, etiam media luce; vel, ut fert gallicum adagium, mille lampades meridie visurus sis.

XVI. Hoc carmen, quod abest a membranis Vat. in Plan. p. 327. St. 466. W. *Sidonio* tribuitur *Antipatro*. Sed Pisonis commemoratio efficit, ut veram esse putemus conjecturam *Boivinii* in Mém. de l'Acad. T. III. p. 383. qui illud *Thessalonicensi* adscribit, cujus poëtae stilum sibi videbatur agnoscere. Certe acumen in fine carminis plane idem, quod est in Ep. XI. — Scriptum est in Bacchi statuam, in Pisonis aedibus collocatam. — V. 1. συνασπιστής. A bellis enim minime alienus Dionysus. Conf. Intrpp. Horatii II. Carm. XIX. 25. Epigr. ἀδέσπ. CCLI. in Bacchum et Herculem: ἀμφότεροι θύβηθε καὶ ἀμφότεροι πολεμισταί. Causam, cur Piso Bacchum sibi in bellis faventem putaret, ex *Dione Cass.* T. I. p. 764. suspicari possumus. Is, qui Bessos ad seditionem incenderat, Vologesus fuit, Bacchi sacerdos, qui se deo opitulante bellum gerere volebat videri. Quum vero Pisonis et Romanorum copiis resistere non posset, verisimile est, Graeculos finxisse, Bacchum, barbari illius partibus relictis, cum Pisone fuisse.

¶. 113.] *XVII.* Cod. Vat. p. 371. Ἀντιπατρ. Σιδων. sed suprascriptum Θεσσαλ. Planud. p. 39. St. 58. W. gentile non addidit. *Thessalonicensis* est, qui patrono suo Pisoni, natales celebranti, versiculos mittens, eum rogat, ut exiguum munusculum, unius noctis laborem, serena fronte excipere velit. — V. 3. ἀείδειν. In Plan. et Vat. Cod. Hoc non mutandum erat. αἰνεῖν h. l. significat *consentum esse*, ut in *Euripid.* Alc. 2. θῆσσαν τράπεζαν αἰνέσαι. *Nec dedignare poëtam*, *Grotius* vertit. — V. 4. male vulgo distinguitur. In edd. Aldin. μέγας ὥς. — Pro πειθόμενος in Cod. Vat. σπεισάμενος habetur. Sed tum saltem scribendum: Ζεὺς μέγας ὥς, ὀλίγῳ σπεισάμενον λιβάνῳ. Praeferenda vulgata. Deos muneribus gaudere parvis, modo piis manibus oblata sint, passim inculcant poëtae et philosophi. *Horat.* III. Carm. XXIII. 17. sqq. *Tibull.* L. IV. El. 1. 14. *Parvaque coelestes pacavit mica; nec illis Semper inaurato taurus cadit hostia cornu. Hic quoque sit gratus parvus labor, ut tibi possim Inde alios aliosque memor componere versus.* *Philostrat.* Vit. Apoll. VI. 11. p. 243. θεοὺς ἥδιον φαίνεσθαι μικρὰ θύσαντα ἢ οἱ προχέοντες αὐτοῖς τὸ τῶν ταύρων αἷμα. Alia vide ap. *Burmann.* in Anth. Lat. T. I. p. 37.

XVIII. Cod. Vat. p. 494. Ἀντιπάτρου. Edidit *L. Holsten.* ad Steph. Byz. p. 241. Scriptum hoc carmen eo tempore, quo poëta, Pisonem secutus, in Asiam proficiscebatur. Rogat proinde Apollinem Panormitanum, ut felicem ipsi navigationem praebeat. Verisimile est, de illa navigatione agi, quam Piso instituit, cum Pamphyliam peteret, cui eum praefuisse circa ann. 743. narrat *Dio Cass.* T. I. p. 765. 65. — Κεφαλλήνων. Apollinem in Cephallenia peculiari honore fuiſſe habitum, an aliunde conſtet, ignoro equidem. De Panormo, illius inſulae portu, videndus *Holſtenius* l. c. Pluribus portubus hoc nomen commune fuit. — τρηχείης. *Ithacae ſcopulos. Virgil.* Aen. L. III. 272. κραναὴν paſſim appellat *Homerus.* — V. 5. τὸν ἐμὸν βασιλῆα. Tiberium Piſoni propitium, eundemque meis carminibus faventem reddas.

XIX. Cod. Vat. p. 366. Ἀντιπάτρου. Gentile nec in Plan. additur p. 71. St. 104. W. „Mirum eſt argumen„tum: quatuor ſignorum anaglyphum in faſtigio aedium „C. Caeſaris, Auguſti nepotis e filia, quatuor Victorias „exhibens, quatuor numina, Minervam, Venerem, Her„culem et Martem, in coelum evehentes. Putes deos „deasque ſaltem in bigis a Victoriis vehi; ſed verba ſatis „declarant humeris Victoriarum eos inſediſſe. Anagly„phum faſtigii potius fuiſſe cenſeo quam ſtatuas; cum „propter verba εἶδο κατ' εὔροφον γραπτὸν στέγος, tum quod „quatuor, non tria ſunt ſigna.“ *Heynii* verba ſunt viri ill. in Commentatt. T. X. p. 110. Aliter ſentiebat *Salmaſius*, qui hoc carmen tractavit in Script. Hiſt. Aug. T. II. p. 628. de ſtatuis in faſtigio domus ex aere vel gypſo factis interpretatus. — Victoriae binae binis aquilis inſidentes in porticu arcis ap. Spartanos vidit *Pauſan.* L. III. 17. p. 251. — V. 1. αἰωρεῦσιν τὸν πτερύγων. vitioſe Vat. Cod. et verſ. ſeq. νίκα καί. Victoria alata nihil frequentius in monimentis veterum. χρυσοπτέρυγον eam vocat *Himerius* Orat. XIX. 3. p. 716. ubi vide *Wernsdorf.* Plures Victoriae auratis alis (χρυσοπτέρυγες) incedebant in ſplendida illa Ptolemaei pompa, quam deſcribit *Athen.* L. V. p. 197. F. — V. 3. πολεμοδόκον ex Aſcenſ. venit in Steph. Aldinae omnes πολεμαδόκον. ut etiam *Huetius* correxit p. 9. De hoc epitheto vide ad *Niciae Mileſ.* Ep. I. Vol. I. P. II. p. 153. — V. 4. τὸν Ἀλ. Vat. Cod. — ἁ δ' ἀμφίβαντον. Idem. Voluit ἀμφιβῶστον. — V. 5. κατεσδρομον. Junctim vulgo. Hoc jam *Stephan.* emendavit, et post eum *Salmasius.* — γραπτὸν τέγος. picturis nonnunquam aedium fastigia ornata fuisse, apparet ex *Pausan.* L. I. 18. p. 43. καὶ οἰκήματα ἐνταῦθα ἐστιν ὀρόφῳ τε ἐπιχρύσῳ καὶ ἀλαβάστρῳ λίθῳ, πρὸς δὲ ἀγάλμασι κεκοσμημένα καὶ γραφαῖς. *Euripides* in Hypsip. ap. *Galen.* T. V. p. 615. 20. ἰδοὺ πρὸς αἰθέρ' ἐξαμιλλῶντας κόρας, Γραπτοὺς ἐν αἰετοῖσι προσβλέπειν τύπους. ut hunc locum eleganter correxit *Valckenar.* in Diatr. p. 214. B. — V. 6. „Γαΐς. Cajus is est Agrippae filius, Augusti e Julia „nepos, quem avus adoptarit et successorem imperii sibi „destinavit.“ *Br.* Omnes edd. vett. usque ad Steph. Γάϊε. — V. 7. ὁ βουφάγος. Hercules. — εἰ omittit Vat. Cod.

XX. Cod. Vat. p. 406. Ἀντιπάτρου. Edidit *Boivin.* dans les Mém. de l'Ac. T. III. p. 387. *Jensius* nr. 17. *Reisk.* in Anth. nr. 667. p. 118. Scriptum videtur in apparatum belli contra Parthos, quo effectum est, ut Parthi signa legionum Romanarum, quae cum Crasso perierant, redderent. Quod factum A. U. 734. Vid. *Dio Cass.* L. LIV. p. 736. et *Bentl.* ad *Horat.* I. Epist. XVIII. 55. — V. 1. ἐπ' Εὐφρ. vitiose Vat. Cod. — Ζηνὸς τέκος. Divum Julium interpretatur *Reiskius.* Augustus enim ex Graecia in Asiam transiens Parthis bellum illaturus esse videbatur. — V. 2. αὐτομολεῦσι. *Boivin.* Non enim adventum exspectabunt tuum, sed ultro pacem rogaturi venient. Pro ἥξουσι *Reiskius* suspicabatur ἱππεῦσι, quia Cod. lectio ipsi languere videbatur. At quam inepti *equestres Parthorum pedes* forent! — V. 3. ἤπτη Vat. Cod. — κεκλασμένα. *Boiv.* male. — V. 4. πατρῴων. Haec cum sequentibus non satis expedita sunt. Quid est, quod oriens vocetur πατρῷος? An ad Trojanam ab Aenea originem respicitur? — ¶. 114.] V. 1. Haec fortasse sic expedienda: Romani imperii, quod jam ab omnibus partibus oceano terminatur, fines usque ad solis ortum proferas. Quod Romanorum imperium πάντοθεν, undique, ab oceano circumflui dicitur, in poëta domino adulante non urgendum. — σφραγίσαις. obsignes, claudas, termines. — In fine Vat. Cod. ἰαλένῳ.

XXI. Cod. Vat. p. 175. Ἀντιπ. Θεσσ. Plan. p. 440. St. 573. W. ubi nonnisi duo priora disticha leguntur sine auctoris nomine. Mutilum esse animadvertit *Toup.* in Em. in Suid. III. p. 500. ex *Suidae* Lexico, ubi v. τοῖιν T. III. p. 514. vers. quartus cum initio v. quinti alienissimo loco legitur. Integrum carmen primus *Brunckius* edidit. — Lycon Phoebo primam barbam cum votis offert. Vide de hoc more ad *Apollonid.* Ep. VIII. — V. 1 — 3. laudat *Suid.* in ἴουλος T. II. p. 126. — ἄρσενας. *virilis aetatis circa genas nascentia signa.* — V. 3. πρῶτον γέρας. Hic *Apollonidas* fortasse invenerat scriptum — πρῶτον θέρος, ut ex ejus imitatione suspicari licet:

> ἤδη παρηΐδων πρῶτον θέρος ἤματι τούτῳ
> κείρεο καὶ γενύων ἠϊθέους ἕλικας.

— V. 5. τοῖιν ἀλλ' ἐπίνευε. *Suid.* l. c. Frustra *Toupius* tentabat ἀπὸ κροτάφοιν τοῖιν δε. Hic locus fortasse obversabatur *Crinagorae* Ep. XII. δαίμονες ἀλλὰ δέχοισθε, καὶ αὐτίκα τῶνδ' ἀπ' ἰούλων Εὐκλείδην πολιῆς ἄχρις ἄγοιτε τριχός. — ὡς πρό. Ut eum usque ad virilem aetatem perduxisti, ita, quaeso, eundem ad senectutem perducas. — νιφόμενον. *capitis nives* dixit *Horat.* IV. Carm. XIII. 12.

XXII. Cod. Vat. p. 178. sq. Ἀντιπάτρου. Sequitur Epigr. *Antip. Sidonii* XXIV. cum lemmate τοῦ αὐτοῦ. At p. 419. nostrum carmen iterum legitur cum lemmate: Ἀντιπ. Θεσσαλ. In Plan. p. 441. St. 547. W. auctoris nomini gentile non additur. Paulo obscurius argumentum carminis. In pictam tabulam scriptum esse arbitrabar, in qua mulieres trinae trina dona manibus tenentes, una cum Veneris templo et simulacro repraesentatae erant. *Heynius* autem Vir cl. in Comment. T. X. p. 116. tres illas meretriculas Veneri templum et statuam, Aristomachi opus, dedicare censet. Huic interpretationi inprimis favent verba ἄνθεμα δ' αὐτῶν ξυνόν, quae optime ad proxima verba referuntur. Eadem tamen nec nostrae sententiae adversantur. — V. 1. ἃ δέ, Vat. loco sec. Et sic v. 2. — V. 3. δ' ὁ ναός. Vat. loco sec. et Plan. — V. 4. 'Αριστομένους. Cod. Vat. loco sec. *Aristomachus* statuarius *Junio* in Catal. p. 30. aliunde notus non erat; sed *Aristomenem* pictorem nobis excitat ex *Vitruvii* Prooem. L. III. Qui apud hunc scriptorem *Thasius* vocatur, idem *Strymonius* vocari potuit a poëta, cum Thasos insula non longo intervallo a Strymonis ostiis posita fuerit. — V. 5. πᾶσαι δ' ἑταί. Vat. Cod. loco pr. Lectio, quam *Br.* recepit, est loco sec. — V. 6. εὐκερῆτον. Vulg. εὐκρίτου Vat. loco pr. εὐκταίης loco sec. — νῦν ἐστὶ δεῖ μία. Respexit poëta legem, quam ad Cecropem referre solebant Attici, ap. *Athen.* L. XIII. p. 555. D. ἐν δὲ 'Αθήναις πρῶτος Κέκροψ μίαν ἑνὶ ἔζευξεν, ἀνέδην τὸ πρότερον οὐσῶν τῶν συνόδων καὶ κοινογαμίων ὄντων. *Diog. Laert.* II. 5. nr. 10. quem correxit *Toup.* ad Suid. P. II. p. 221. ubi plura vide. Nos quoque nonnulla hujus generis notavimus ad Ep. *Asclepiad.* V. T. II. p. 24.

XXIII. Cod. Vat. p. 362. 'Αντιπατρ. Θεσσ. Plan. p. 91. St. 133. W. In novem poëtrias, quae in Graecia floruerunt. — V. 1. ἔθρεψε ὕμνοις. carminibus aluit, carmina ipsis inspiravit, quandoquidem canendi facultas ex fonte caballino hauritur. — V. 3. Praxilla, Sicyonia, cujus Scolion dedimus T. I, p. 90. XIII. Vide *Fabricii* Bibl. gr. T. II. p. 135. ed. Harl. — Pro vulgato Μυρὼ Vat. Cod. Μοιρώ. quam scripturam sequitur etiam *Athen.* p. 490. E. et veriorem judicat *Salmas.* de Modo Usur. p. 42. — 'Ανύτης στόμα. Eadem circumlocutione *Vellejus* utitur L. I. 18. p. 73. *nisi Thebas unum os Pindari inluminares.* ubi *Ruhnken.* comparavit *Plin.* H. N. II. 12.

Stesichori et Pindari sublimia ora. Supra *Dioscorid.* Ep. XVII. de Aeschylo: ὁ στόμα πάντων δεξιὸν, ἀρχαίων ἡμιθέων. *Antip. Sidon.* Ep. LXVIII. Ὅμηρον ὑγιέαντα στόμα κόσμου Παντός. — Anyten poëta Θῆλυν Ὅμηρον appellat, ut eam ad Homeri praestantiam ascendisse indicet. Simile quid de Sappho dixit *Antip. Sid.* LXXI. — V. 5. Telesilla Argiva, ἡ Σπαρτιάταις ἀνθωπλισμένη, ut ait *Lucian.* Amor. 30. T. V. p. 292. cur ἀγακλὴς appelletur, apparet ex *Plutarch.* T. II. p. 245. C. D. Poëtriam *Agaclen* hinc procudit *Gyraldus* in Dial. III. p. 170. — V. 6. Θοῦριν. Fuit igitur inter Corinnae carmina unum, quod Minervae scutum celebrabat. Ex nobilissimis fuisse, hic locus docet. — V. 7. Μύρτιν. Hanc *Pindari* magistram fuisse, narrat *Suidas* in Πίνδαρος, ubi nihili est conjectura *Pearsonii.* Eadem Corinnam instituit, eodem auctore in Κόριννα. Eam cum Pindaro in certamen descendisse, apparet ex fragm. *Corinnae* ap. *Apollon. Dysc.* de Pronom. μέμφομαι λιγυρὰν Μυρτίδα, μέμφομαι, ὅτι βάνα φοῦσα ἔβα Πινδάροιο ποτ' ἔριν. — V. 8. Poëtriae carminum immortalium (αἰωνίων) ἐργάτιδες, fere ut ap. *Antiphil.* Ep. XXIX. apes αἰθερίου νέκταρος ἐργάτιδες. — V. 9. Olympus novem Musas progenuit, totidem terra edidit. Verisimile est, eos, qui poëtriarum cyclum condiderunt, in numero constituendo Musarum habuisse rationem; praecipue cum de poëtis quoque lyricis nonnisi novem in ordinem redacti sint.

§. 115.] XXIV. Cod. Vat. p. 268. Ἀντιπ. Θεσσ. Edidit *Salmas.* ad Scr. Hist. Aug. T. I. p. 154. Ex Mantissa Anthologiae Grotianae idem profert *Burm.* ad Propert. p. 471. Scriptum est in laudem Antimachi, quem uni Homero cedere, reliquis autem poëtis praestare affirmat *Antipater.* De judiciis veterum de *Antimachi* ingenio vide not. ad *Call. Gramm.* Ep. T. II. p. 3. — V. 1. ἀκαμάτου. Cod. Vat. καμάτου. *Salmas.* et *Burmann.* — ὄβριμος στίχος et ad heroici carminis materiam et

ad

ad dicendi genus sublime et elatum referendus videtur. *Tumidum* ei scribendi genus exprobrat *Catullus* XCV. 10. *At populus tumido gaudeat Antimacho*, ubi *Salmasio* memoria suppeditabat *mundo Antimacho*, quod a *Catulli* mente alienum. Ut hic Antimacho, poëtae epico, ὄβριμος στίχος tribuitur, sic *Horat.* I. Serm. X. 44. *Forte epos acer, Ut nemo, Varius ducit.* *Tibull.* IV. El. XV. 3.

Ne fores aut elegis molles qui fleret amores,
Aut caneret forti regia bella pede.

— V. 2. ὀφρύες. Dignitatem gravitatemque heroum significat. ὀφρὺν καὶ τῦφον junxit *Lucill.* Ep. CXIX. ὀφρύας καὶ γαῦρα φρονήματα. *Rufin.* Ep. XXVII. *Supercilium* sic passim ap. Latinos. Lusus in Priap. Praef. *Conveniens Latio pone supercilium.* ubi vide Intpp. — V. 3. χαλκευτάν. Ductum ex *Antip. Sid.* Ep. LXXIX. τὸν εὐαχέων βαρὺν ὕμνων χαλκευτὰν — Πίνδαρον. ubi vide not. — εἰ τορὸν οὖας. si *teretes aures* nactus es, ut *Salmasius* quidem interpretatur in Plin. Exerc. p. 502. E. ubi h. v. excitat. Latinorum *teres* cognatum esse vocabulo τορὸς, animadvertit etiam *Lennep.* in Origin. T. II. p. 1291. — V. 4. εἰ εὐαλοῖς. *Burm.* In ἀγέλαστον ὄπα *Antipater* respexit forsasse dictum Heracliti ap. *Plutarchum* T. II. p. 397. A. Σίβυλλα μαινομένῳ στόματι, καθ' Ἡράκλειτον, ἀγέλαστα καὶ ἀκαλλώπιστα καὶ ἀμύριστα φθεγγομένη. *Antimachum affectibus et jucunditate destitui*, judicavit *Quintil.* Inst. Or. X. 1. 53. qui totus locus comparari meretur. — V. 5. ἄτρεπτον. Cod. Vat. male. — Si ipse per iter ab aliis non tritum ad laudem grassaris. — V. 6. εἰ δ' ὕμνων. Color idem, qui ap. *Horatium* IV. Carm. IX. 5.

Non, si priores Maeonius tenet
Sedes Homerus, Pindaricae latent,
Ceaeque et Alcaei minaces
Stesichorique graves Camoenae.

Cicero in Orat. I. 4. *Prima enim sequentem honestum est in secundis tertiisque consistere. Nam in poëtis non Ho-*

mero soli locus est, ut de Graecis loquar, aut Archilocho, aut Sophocli, aut Pindaro; sed horum vel secundis vel infra secundos. — V. 6. σκᾶπτρον. tanquam rex. *Parentem eloquentiae, deum* appellat *Maeonium*, *Columella* L. I. Praef. δαίμονα μουσοπόλων *Hermesianax* El. 28. — V. 7. κρίσσων. Vat. Cod. qui etiam supra v. 4. τὸν δ. ἄ. habet. — V. 9. ὑπίζωνται. Homero uno minor, ceteris omnibus praeferendus.

XXV. Hoc carmen, quod in Plan. p. 93. St. 136. W. ἄδηλον est, *Antipatro Thess.* vindicat Vat. Cod. p. 386. In Aristophanis carmina et Bacchici spiritus et venustatis plenissima. — V. 2. ἴονιες Vat. Cod. et omnes vett. edd. usque ad *Stephan.* qui ἴωνες habet. Illud verum esse, vidit *Huetius* p. 12. Color hujus loci ductus est ex Ep. *Simmiae Theb.* I. de Sophocle, cui πολλάκις ἐν θυμέλῃσι καὶ ἐν σκηνῇσι τεθηλὼς κισσὸς Ἀχαρνίτης βλαισὸς ἔρεψε κόμην. — V. 3. λάβρυσσον. Vat. Cod. — Vide, ut Bacchicum enthusiasmum carmina spirent! Aristophanes ut Bacchi τεχνίτης laudatur. Spiritus poëticus passim a Baccho repetitur. *Philostrat.* Vit. Soph. L. I. p. 511. ἡ δὲ ἰδέα τῶν λόγων τοῦ μὲν ἀρχαίου καὶ πολιτικοῦ ἐκπέπτωκεν, ὑπόβακχος γὰρ καὶ διθυραμβώδης. ubi vide *Olear.* Cf. *Wernsdorf.* ad *Himer.* p. 181. — V. 4. φοβερῶν χαρίτων. *Demetr. Phal.* §. 130. p. 55. ed. *Schn.* Homerus, ait, καὶ παίζων φοβερώτερός ἐστι, πρῶτός τε εὑρηκέναι δοκεῖ φοβερὰς χάριτας. unde apparet, hanc dictionem inter artifices artis dicendi receptam fuisse. Attigit eam cl. *Ernestus* in Lex. Techn. Rhet. p. 376. Thucydidis κάλλος φοβερὸν Herodoti ἱλαρῷ κάλλει opponit *Dionys. Hal.* Epist. ad Pompej. p. 773. — V. 5. καὶ Ἑλλάδος ἤθεσιν ἶσα vulgo et in Vat. Cod. Nullam omnino mutationis causam video, nec eam consulto factam esse puto. — Sales et facetias Comici laudat, facetis Graeciae moribus congruentes, i. e. Graecorum ingenio dignas. — V. 6. στίξας. Plan. Nostrum est in

Vat. Cod. qui etiam ἄξια legit pro ἄξια. Haereo in hac voce, nescio quomodo, quae mihi post ἴσα abundare videtur. Vide, an corrigendum sit:

καὶ σκῶξας ἀστικὰ καὶ γελάσας.

urbanus, sive rideas, sive lacessas. Veteres quanti fecerint Aristophanis ἀστεϊσμὸν, inter omnes constat. Vide, quae de verbis ἀστεῖος et ἀστείζεσθαι docte disputavit *Pierson.* ad Moerin p. 74. sqq. Discrimen, quod *Ammonius* esse statuit inter ἀστικὸς et ἀστεῖος, vanum esse, multis exemplis docuit *Ruhnkenius* ad Longin. p. 259. cujus praeclara est emendatio *Alciphronis* L. III. 43. p. 368. ἀνάπαιστα εὕρετα ἐπιλέγοντες, αὐτοσχεμμάτων ἀστικῶν καὶ αὐτοχαρίτων Ἀττικῶν καὶ αἱμυλίας γέμοντα.

XXVI. Cod. Vat. p. 291. Ἀντιπ. Θεσσ. Edidit *Kuster.* ad Suidam T. I. p. 319. *Jensius* nr. 98. *Heringa* in Obss. p. 268. et *Ruhnkenius* Ep. crit. p. 69. Historia de Damatrio Lacedaemonio, quem, e proelio reversum, mater interemit. Expressit *Antipater* Epigramma *Tymnis* IV. — V. 2. κοίλαν. Vat. Cod. *Suidas*, qui h. v. laudat T. I. p. 319. in Ἄρης, κυρίως ὁ σίδηρος, legit βεβαμμένη κοίλαν. *Eurip.* in Phoen. 1570. χαλκόδετον δὲ λαβοῦσα νεκρῶν πάρα φάσγανον, εἴσω σαρκὸς ἔβαψε. — V. 3. μάτηρ, ἅ σ' ἔτεκεν. Plane sic *Eurip.* in Alc. 16. γεραιάν θ', ἥ σφ' ἔτικτε, μητέρα. — Laudat h. v. cum seq. *Suidas* T. III. p. 644. in φόρδην, συγκεχυμένως: ubi male φόνον exhibetur. — V. 5. *Suid.* in ἀφρόεν T. I. p. 398. et in κόναβος T. II. p. 345. Pro ἐκπρίουσα *Leichius* ἐκπρίζουσα suspicabatur: inepte. *Wesseling*, qui hoc carmen ex *Jensio* repetivit, ὑπερβρύχουσα dedit, ut est ap. *Tymn.* l. c. ἰδόντα 'Οξὺν ὑπεβρύχουσ', οἷα Λάκαινα γυνά. — V. 6. *Suid.* in λοξὰ T. II. p. 457. *Kusterus* οἷα Μάνα reponendum censet, eique assentitur *Ruhnkenius* comparans *Callimach.* Hymn. in Cer. 51. τὸν δ' ἄρ' ὑποβλέψας χαλεπώτερον ἠὲ κυναγὸν Ὤρεσιν ἐν Τμαρίοισιν ὑποβλέπει ἄνδρα λέαινα Ὠμοτόκος, τᾶς φαντὶ πάλιν βλοσυρώτατον ὄμμα. *Salmasius* λάμπον malebat. Nihil mutandum censet *Brunckius*. Vide not. ad *Tymnem* l. c. — V. 7. 8. *Suid.* in κορώνην T. I. p. 907. ubi dasismo neglecto legitur: οἶδα φυγὴν τελέθειν. — φυγὴν cum omisisset *Jensius*, viri docti, integrum versum a *Kustero* editum esse ignorantes, lacunam explere conati sunt. Vide *Leichium* ad Carm. Sepulcr. XIII. — *Reiskius*, cui locutio εἰδέναι φυγὴν suspecta erat, legendum proposuit: ἄνίαι δειλῷν οἶσθα φυγών — —. Esse δειλῷν idem, quod δειλιῶν. Nemo facile hanc conjecturam lectioni Cod. praetulerit. Nec video, quid in illa lectione tantopere displicere possit. Variavit poëta locutionem οἶσθα δειλὰς φυγεῖν, quod idem est ac δειλὰς ἔφυγες. Nam οἶδα cum infinitivo positum eleganti periphrasi non minus inservit, quam Latinorum *novi*. Vide *Barth.* ad *Claudian.* p. 892. *Abresch.* ad *Aristaenet.* p. 336.

§. 116.] XXVII. Anth. Plan. p. 363. St. 502. W. Scriptum in laudem Pyladis, qui Bacchum saltaverat. Est hic Pylades nobilissimus mimicae saltationis inventor, de quo vide *Suidam* in Πυλάδης et *Athen.* L. I. p. 20. E. ubi inter alia: ἦν δὲ ἡ Πυλάδου ὄρχησις ὀγκώδης, παθητική τε καὶ πολύκοπος· ἡ δὲ Βαθύλλειος ἱλαρωτέρα. ubi *Salmasius* ingeniose corrigit καὶ πολυπρόσωπος, ex *Plutarchi* Sympos. Probl. VII. c. 8. (T. II. p. 711. E.) Vid. Not. ad Scr. Hist. Aug. T. II. p. 828. sqq. Augusti aetate illam artem inventam esse, testatur *Zosimus* L. I. 6. p. 11. ἥ τε γὰρ παντόμιμος ὄρχησις ἐν ἐκείνοις εἰσήχθη τοῖς χρόνοις, οὔπω πρότερον οὖσα, Πυλάδου καὶ Βαθύλλου πρώτων αὐτὴν μετελθόντων. Conf. *Lucianum* de Saltat. c. XXXIV. *Dion. Cass.* LIV. 17. p. 747. Pyladem Bacchum saltantem vehementer probasse videntur Romani. Conf. Ep. *Boethi* p. 127. — V. 1. αὐτόν. Hunc locum expressit auctor carminis inter ἀδέσπ. CCCLIII.

Αὐτὸν ἄρ᾽ Ἰόβακχον ἐδόξαμεν, ἡνίκα Ληναῖς
ὁ πρέσβυς νεαροῖς ἦρχε χορευομένοις.

— V. 3. τερπνὸν ἄστυ. Plan. vitiose. Emendavit *Salmas.* ad Scr. H. Aug. T. II. p. 835. — V. 4. ἔπλησε. Tanquam verus Dionysus totam urbem divino suo numine implevit. Enthusiasmum, eumque plane eximium (ἄκρητον) significat. ἄκρητον μανίην. Ep. ἀδέσπ. XXV. ἄκρητον πνεῦμα. *Antiphil.* Ep. XII. Hunc usum vocabuli ἄκρητος, quo *vehementiam* significat, illustravit *Gatacker.* in Adv. Posthum. p. 450. sq. — V. 5. Bacchus ille Thebanus igne est editus: ille vero, quem nos loquacibus digitis editum vidimus, vere coelestis est. Frigidum acumen. Ceterum *loquaces* pantomimorum *manus* passim ap. veteres laudantur. Ep. ἀδέσπ. DCCXLIV.

Ἱστορίας δείξας καὶ χερσὶν ἅπαντα λαλήσας,
ἔμπειρος Βρομίου σοφῆς ἱερῆς τε χορείας.

Demetrius Cynicus cum pantomimum (Hylam fortasse, Pyladis discipulum, ut probabile fit ex *Macrob.* Saturn. II. 7.) videret, fabulam de Marte et Venere egregie saltantem, ἀκούω, clamavit, ἄνθρωπε, ἃ ποιεῖς, οὐχ ὁρῶ μόνον, ἀλλά μοι δοκεῖς ταῖς χερσὶν αὐταῖς λαλεῖν. *Lucian.* de Salt. c. 63. Anthol. Lat. T. I. p. 622. *Ingressus scenam, populum saltator adorat, Sollerti spondens prodere verba manu — —. Tot linguae, quot membra viro; mirabilis ars est, Quae facis articulos ore silente loqui.* *Cassiodorus* Var. IV. Ep. 51. *His sunt additae orchestrarum loquacissimae manus, linguosi digiti, clamosum silentium, expositio tacita.* Idem I. Ep. 20. *Hanc partem musicae disciplinae mutam nominavere majores, scilicet, quae ore clauso manibus loquitur.* — Nostri loci non immemor fuit, ubi de loquacibus pantomimorum manibus agit *Rigaltius* ad Artemidor. p. 37.

XXVIII. Cod. Vat. p. 445. Ἀντιπ. Θεσσ. Plan. p. 14. St. 24. W. In Glaphyrum tibicinem. — V. 1. σὺ δ' Ὀρφέα. Tu Orpheum moves, ut te sequatur et audiat. — V. 2. τὸν Φρύγα. Marsyam. — Deinde σοὶ δὴ καὶ μελιτρεφέων γλάφυρε. Vat. Cod. „Γλαφύρα. Planud. Codd. meliores „Γλάφυρε. Glaphyri tibicinis, qui sub Augusto floruit, „meminit Juvenal. Sat. VI. 77. *Accipis uxorem, de qua „citharoedus Echion, Aut Glaphyrus fiat pater, Ambro„siusque choraules.*" *Br.* Hujus viri nomen reponendum esse, jam *Scaliger* viderat in not. mst. — V. 3. ὄνομα τέχνας. quandoquidem hujus viri cantus *concinnus* erat, *suavis* et *elegans*. Transfertur enim τὸ γλαφυρὸν ab artis operibus, quae magna cum elegantia elaborata sunt, (unde σῶμα γλαφυρὸν) ad cantum et orationem. Vide inprimis *Eustathium* ad Odyss. p. 11. 23. et *Ernestum* in Lex. Techn. Rhetor. p. 61. — V. 4. ἔρριψεν αὐλούς. in marg. Vat. Cod. *Alcaeus Messen.* Ep. X. de Marsyae tibiis: λωτοὶ δ' οἱ κλάζοντες ἴσον φόρμιγγι μελιχρόν. — V. 5. ποικιλώτερα κεὶ κἀφ' ὑπνώσαι. Plan. ποικιλώτερα τᾶς ἐφ' ὑπνώσα. sic Vat. Cod. Qua lectione praeclare confirmatur eximia emendatio *Huberti van Eldick* in Suspic. Spec. c. V. p. 27. quam *Br.* auctore non indicato recepit: *Somnus ipse, suaves hos numeros audiens, in Pasithea ulnis expergisceretur.* — Elegans conversio et meliore poëta non indigna.

XXIX. Vat. Cod. p. 400. Ἀντιπάτρου εἰς Μαρσύαν τὸν αὐλητὴν διά τι γλαφυρὸν καὶ ἐμμελὲς αὐλεῖν. Ineptum lemma. In Plan. p. 13. St. 23. W. *Philippo* tribuitur; haud scio, an rectius. — Scriptum est in eundem Glaphyrum, quem poëta Minervae tibiis uti affirmat. — V. 2. γλαφύρα. vulgo. γλαφύρῳ Aldus reperit in Cod. et sic legitur in Aldina sec. et tert. et in Vat. Cod. In vulgata lectione frustra lusum quaerebat *Huetius* p. 5. De Glaphyro, tanquam de homine eximie ap. Romanos probato, loquitur *Martial.* L. IV. Ep. V. 8. — V. 3. Mentitus es, Marsya, cum te Minervae tibias reperisse gloriatus es. — V. 5. „Antipater eos auctores sequitur, qui Hyagni„dem Marsyae patrem fuisse tradiderunt, quos laudat

„Munkerus ad Hyginum p. 278. Juxta alios Hyagnis „ipse tibias invenerat, ut supra ad Dioscorid. Ep. XVI „notatum. Alcaeo X. Marsyas Nymphae filius: νυμφογενὴς σάτυρος. Patrem vero habuit Olympum, juxta Apollo„dorum p. 11. cujus in his rebus magna auctoritas. „Alii tamen Olympum Marsyae discipulum et amasium „faciunt, quos sequitur Ovid. Metam. VI. 392. abi „vide Intrpp. Heinsium et Burmannum." *Br.*

XXX. Cod. Vat. p. 371. Ἀντιπ. Θεσσ. ἐπὶ φιλοξενίᾳ τινὸς σοφοῦ, ὃς τῷ ξενίσαντι ταῦτα προσεῖπε τὰ μέλιτος γλυκερώτερα ἔπη. Plan. p. 94. St. 137. W. Viro cuidam, quem non nominat, promittit, se ipsi carminibus benefacta retributurum esse. — V. 1. *Philostrat.* Epist. XVII. p. 921. poëtam eroticum amico commendans, cum locustis eum comparat. Tum addit: ὡς δ' ἂν μὴ δρόσῳ, ἀλλὰ σιτίοις τραφείη, ποιήσεις μέ σοι μελῳδεῖν. Mollem quendam et delicatum rhetorem ξένον τι φάσμα, δρόσῳ καὶ ἀμβροσίᾳ τρεφόμενον, appellat *Lucian.* T. III. p. 12. — V. 4. Pauca accipiens, multa remuneratur poëta, carminibus illum, a quo accepit, celebrans. — ¶. 117.] V. 5. 6. Hoc distichon sic legit Vat. Cod. τοὔνεκα σοι (sic tres Aldinae. σὺ Ascens. et Steph.) πρώτως μὲν ἀμειβομένην (sic Planudeae omnes.) δ' ἐθέλουσιν Μοῖραι (sic Cod. Aldi. vulgo Μοῖραν.) πολλάκι μοι (μου vulgo.) κλείσεται (sic Ed. Flor. et omnes Aldinae. κλείσαι Asc. et Steph.) ἐν σελίσιν. *Brunckius* hoc distichon constituit secundum emendationes *Salmasii*. Eadem ratione emendavit *Jos. Scaliger* in not. mst. — κλεΐσαι etiam *Opsopoeus* vidit legendum esse. σὺν πρώτοις tentavit V. D. ap. *Huetium* p. 12. *Toupius*, qui hoc carmen profert in Animadv. in Schol. Theocriti p. 212. emendandum existimabat: τοὔνεκα σὺ πρώτας μὲν, ἀμειβομένην δὲ φιλοῦσι Μοῦσαι. *amant alterna Camoenae*; quae Brunckianis longe deteriora sunt. — πολλάκι μοι κλεΐσαι ἐν σελίσι. Dictum, ut ap. *Evenum* Ep. XIV. πάντων δ' Ἑλλήνων κλεΐζομαι ἐν στόματι. ubi vide not. p. 327.

XXXI. Anth. Plan. p. 319. St. 458. W. Ἀντιπάτρου Μακεδόνος. In Medeae imaginem, in qua furor cum misericordia mixtus conſpiciebatur. Multa ſimilia in hoc Planudeae capite leguntur. τὸ μὲν, τὸ δὲ, non ad ὄμμα referendum, ſed per *partim*, *partim*, *cum*, *tum*, explicandum cenſet *Heynius* in Comment. X. p. 113. Fieri tamen poſſit, ut *Antipater* noſter, non magni judicii homo, quod alii de duplici affectu in eodem vultu commiſto dixerunt, ita acceperit, ut, ſicut in quibusdam perſonis tragicis (vide not. ad *Callim.* Ep. XXVIII. p. 281.) alterum Medeae oculum liberorum amorem, alterum iram et furorem ostendiſſe putaret.

XXXII. Vat. Cod. p. 453. Ἀντιπάτρου. Nec in Plan. p. 39. St. 57. W. gentile appoſitum. *Sidonio* igitur tribuendum videri, aſteriſco appoſito indicavit *Br.* Scriptum in Antiodemiden, mimam, ut videtur, quae, Graecia relicta, in Italiam transierat. — V. 2. κροκύδων. Vat. Cod. quod *Brunckius* pro vero habet. κρόκυδες, *flocci*, *tomentum*; unde κροκυδίζω. Molliſſimam et delicatiſſimam lanam, cui Antiodemis, ut columba nido, incubuerit, intelligendam eſſe apparet. — V. 3. λεύσσουσα. Vat. Cod. — τακεραῖς κόραις. *Berglerus*, ubi τὸ τακερὸν βλέπειν egregie illuſtrat, ad *Alciphr.* L. I. 28. p. 117. noſtrum quoque verſum laudat. μαλακὸν βλέμμα noſtro dicitur μαλακώτερον ὕπνου, quod ductum ex *Theocrit.* Eid. V. 51. εἴρια — ὕπνω μαλακώτερα. XV. 125. πορφύρεοι δὲ τάπητες ἄνω, μαλακώτεροι ὕπνω. ubi vide Intpp. *Clemens Alex.* in Paedag. II. c. 9. chriſtianos habere vetat χλαίνας ἐφόπερθεν οὔλας καὶ τὰς εὐνὰς μαλακωτέρας ὕπνου. *Somno mollior herba.* *Virgil.* VII. Ecl. 45. His omnibus audacior *Antipater* ipſis oculis puellae obtutum ſomno molliorem tribuit. — V. 4. Λωΐδος ἀλκυών. Fruſtra haec verba explicare conatus eſt *Brodaeus*, qui λωΐδος cum μέθυς conjungit. ἀλκυὼν vocari videtur ob mollem, ſuavem et jucundam vocem, quae huic avi a poëtis tribuitur. Conf. *Tymnes* Ep. II. et *Dor-*

vill. in Charit. p. 253. Quare Λέσβιδος ἀλκυὼν h. l. idem esse, quod λυσιῳδὸς, equidem vix dubitaverim. Dicti sunt λυσιῳδοὶ a Lyside, obscoenorum carminum auctore, ut ait *Salmas.* ad Solin. p. 76. G. quae sententia miti videtur loco *Strabonis* L. XIV. p. 959. A. B. ubi *Lysis* τὰ κιναιδολογεῖν primus dicitur in lyricam invexisse poësin. *Athenaeus* L. XIV. p. 620. E. Ἀριστόξενος δέ φησι, τὸν μὲν ἀνδρεῖα καὶ γυναικεῖα πρόσωπα ὑποκρινόμενον μαγῳδὸν καλεῖσθαι· τὸν δὲ γυναικεῖα ἀνδρείοις λυσιῳδόν. τὰ αὐτὰ δὲ μέλη ᾄδουσι καὶ τἆλλα πάντα ἐστὶν ὅμοια. quem locum exscripsit *Eustath.* ad Odyss. p. 806. 49. Conf. *Bergler.* ad Alciphr. p. 66. — Puella, quae libidinosa et mollia cantabat carmina, veluti ii, qui ex Lysidis disciplina profecti ἐκπαιδολόγησαν, probe ἀλκυὼν Λέσβιδος vocari potuit. Quod si recte statuimus, scribendum;

Λέσβιδος ἀλκυὼν — — —.

— V. 5. ὑδατίνας. mollicula et delicatas manus, interprete *Toupio* Ep. de Syrac. p. 341. qui fallitur in eo, quod comparat *Theocrit.* Eid. XXVIII. 11. ubi ὑδάτινα βράκη de braccis viridantis sive coerulei coloris accipienda sunt. Apte ad nostrum locum *Dorvill.* in Charit. p. 163. excitavit *Aristaenet.* L. I. Ep. I. p. 4. οὕτω μέντοι σύμμετρα καὶ τρυφερὰ τῆς Λαΐδος τὰ μέλη, ὡς ὑγροφυῶς αὐτῆς λυγίζεσθαι τὰ ὀστᾶ τῷ παρατυγχάνοντι δοκεῖν· τετρυφερῶν ταῦτα μικροῦ γε ὁμοίως δι' ἀναλύτου συναπομαλάττεται τῇ σαρκί. — Erat autem tam molli corpore membrisque tam lentis et flexibilibus, ut *ossa habere* non videretur, ἡ μόνη ὀστοῦν οὐ λέχων. Vide *Interpp. Lucretii* L. IV. 1266. et *Herald.* ad *Arnobium* L. VI. p. 245. — Quam ob causam poëta eam cum lacte in calathis coagulato comparat. τοῦν ταλάροισι γάλα. In calathis lac coactum servatum esse, apparet ex *Calpurn.* II. Ecl. 76. *Pausan.* L. VI. 7. p. 470. Quod ad comparationem ipsam attinet, plures ea usi sunt. *Ovidius* Metam. XIII. 796. *Mollior et cygni plumis et lacte coacto.* qui locus obversabatur *Martiali*

L. VIII. Ep. 64. *Vincis mollitie trementa plumas, Aut massam lactis modo alligati.* Ap. *Alciphron.* L. I. Ep. XXXIX. p. 188. puella per vestem bombycinam τρέμουσαν οἷόν τι νεόπηκτον (sic *Bergler.* vulgo μελίπηκτα. Vir D. in Misc. Obs. V. p. 62. οἷον πιμελὴ ἢ πηκτὸν) γάλα τὴν ὀσφὺν ἀνεσάλευσε. *Appulej.* Metam. X. p. 226. *Tam lucida, tamque tenera et lacte et melle confecta membra duris ungulis amplecti.* — V. 7. Romam profecta est Antiodemis, ut molli sua venustate bellicosum Romanorum animum emolliret.

XXXIII. Cod. Vat. p. 450. Ἀντιπάτρου. Edidit *L. Holstenius* ad Steph. Byz. v. Νικόπολις p. 225. *Jensius* nr. 79. *Reiske* p. 146. nr. 730. In urbem Nicopolin, ab Augusto in earum urbium, quas bellum everterat, locum exstructam. Augustum in hanc urbem, ad sinum Ambracium contra promontorium Actiacum a se conditam (*Sueton.* V. Aug. 18.), incolas ex pluribus Acarnaniae urbibus deduxisse, narrat *Strabo* L. X. p. 691. A. Idem L. VII. p. 501. A. Ambraciam aliasque vicinas urbes, ait, cum Augustus Romanorum et Macedonum bellis tantum non desertas vidisset, εἰς μίαν συνῴκισε τὴν ὑπ' αὐτοῦ κληθεῖσαν Νικόπολιν ἐν τῷ κόλπῳ τούτῳ. Conf. *Pausan.* V. 23. p. 437. VII. 18. p. 569. — V. 1. ἐρίβωλος vocatur *Ambracia* ob pristinas divitias: quare poëtae magnam de hac urbe inter deos contentionem fuisse finxerant; ut ex *Nicandri* Ἑτεροιουμένοις narrat *Antonin. Lib.* c. IV. — V. 2. Θυρείου. De hujus nominis orthographia vide *Berkelium* ad Stephan. v. Θυρέα p. 405. — V. 5. In Vat. Cod. ἀέξονται legitur; et sic *Jensius*, apud quem δείκνυται, lectio Holsteniana, in margine posita est. Revocanda membranarum scriptura. Nicopolis Apollini sacra fuit; quare Apollo eam pro auxilio, quod Augusto in pugna navali cum Antonio tulerit, accepisse dicitur. Pugnae Actiacae eventum Apollini a poëtis tribui, constat vel ex *Virgil.* III. Aen. 274. ubi *Servius*: *Leucate est mons altissimus, prope peninsula in promontorio Epiri, juxta Ambraciam, sinum et civitatem; quam Augustus Nicopolin appellavit, victis illic Antonio et Cleopatra; ibi et templum Actiaco in promontorio Apollini constituit et ludos Actiacos.* Conf. *Propert.* IV. El. VI. 19. sqq. *Burmann.* ad Anth. Lat. T. I. p. 263. *Fabric.* ad *Dion. Cass.* T. I. p. 631.

XXXIV. Vat. Cod. p. 318. Ἀντιπάτρου. ζήτει τὸ ἐπίγραμμα, ὅτι ἀσύνετον καὶ ἀκέφαλον. Edidit *L. Holstenius* ad Stephan. v. Ἀμφίπολις p. 33. Ex apogr. regio *Boivin.* in Mém. de l'Acad. T. III. p. 388. *Bentlej.* ad *Callimach.* p. 567. ed. Ernest. et ad *Horatium* III. Carm. XXV. 9. *Wesseling.* ad Hieroclis Synecd. p. 604. ubi Phyllidis casus et quae ad Lacedaemoniorum cum Atheniensibus de Amphipoli rixam faciunt, exponuntur. — V. 1. πεπολημένων. Vat. Cod. et Holst. et v. 2. iidem Ἀμφιπόλει. *Bentlejus* altero loco πεπολεμημένη Ἀμφιπόλει legit; altero sic, ut *Br.* dedit. πεπολεμημένων servavit *Reisk.* in Anthol. p. 129. nr. 688, recte, ut mihi quidem videtur. Amphipolis pro monimento Phyllidi exstructo habetur. — V. 3. Αἰθιόπης — νηῷ. Vat. Cod. et sic *Holst.* nisi quod vitiose Ἀνθιόπης ibi excusum. νηῷ. Jens. νηοῦ emendavit *Wesseling.* qui hoc distichon profert ad *Diodor. Sic.* T. II. p. 260. 37. ubi templum Dianae Ταυροπόλου commemoratur; et *Toup.* qui integrum carmen dedit in Em. in Suid. P. III. p. 376. Αἰθοπίης debetur *Bentlejo.* Vide Not. ad *Sapphus* Ep. II. p. 183. sq. — Diana Brauronia eadem, quae Taurica. Vide *Pausan.* L. I. 33. p. 80. *Euripid.* Iph. in T. 1463. — λεπτὰ in hoc contextu vim sententiae imminuit. Non parum juvabitur oratio, si mecum legeris:

Λειπτά τοι Αἰθοπίης Βραυρωνίδος ἴχνια νηοῦ
μίμνει — —

Tenuia supersunt vestigia. Exigua ingentis retinet vestigia famae. Anth. Lat. T. I. p. 454. ἴχνη ἀμαυρὰ καὶ ἀσαφῆ dixit *Lucian.* T. III. p. 9. οὐ σώζει πρότερης ἴχνιον ἀγλαΐης.

Isidorus in Epigr. T. II. p. 474. *Philostrat.* Vit. Apoll. VI. 4. p. 238. στηλῶν παρεχόμενα τρόφῃ καὶ τειχῶν ἴχνη. — ¶. 118.] V. 5. 6. Separatim hoc distichon exhibetur in Vat. Cod. cum lemmate: ἄδηλον ἐν τισι. Proximum tamen locum a praecedentibus occupat distichis. αἰγιλδεᾶν. Cod. et sic fere Holst. *Boivin*, cum in apogr. suo ἀλγιήδεων reperisset, correxit Ἀργιλίοις, ad *Thucydidem* remittens L. IV. 103. Αἰγείδεων *Bentl.* legit ad *Horatium* l. c. Αἰγείδαις ad *Callimachum*. Huic emendationi assentitur *Toupius*. — *Aegidae* h. l. sunt Athenienses ab Aegéo vocati. Alibi idem vocabulum de tribu Atticae usurpatur. Vide *Harpocrat.* v. Αἰγεῖδαι p. 16. — μεγάλην ἕρην. Similiter de Athenis in Ep. Anth. Lat. T. I. p. 455. II. — *quae veteris famae vix tibi signa dabunt: Hasne dei, dices, caelo petiere relicto? Rixane* (sic lege cum *T. Hemsterh.* pro *Regnaque*) *partitis haec fuit una deis?* — ἀλιανθεῖς apogr. regii *Boivin* in ἀλιανθὲς mutavit. ὡς ἀλιτυχὲς τρύχος in mentem venerat *Bentlejo: tanquam laceros pannos post naufragium in litus ejectos.* *Toupio* placuit: ὡς ἁλὶ ξανθόν τε. quod ipsi auctori valde arridet. Vulgatae patrocinatur *Wesseling.* ad Itin. Hierosl. p. 604. ubi ἀλιανθὲς explicat per ἄνθει ἁλὸς ἐνθισμένον. ἀλιανθέα κόχλον est ap. *Paul. Silent.* Ep. XXII. — In fine cod. ᾖδειν.

XXXV. Cod. Vat. p. 427. sq. Ἀπολλωνίδου, οἱ δὲ Ἀντιπάτρου. Idem lemma invenit Aldus in Cod. suo, cum in edit. pr. soli *Antipatro* inscriptum sit. Anth. Plan. p. 81. St. 118. W. *Alpheus Mit.* Ep. X. ad hoc Epigr. respiciens, *Antipatrum* ut ejus auctorem nominat; cujus auctoritate quin *Antipatro* recte vindicatum sit, dubitari nequit. Sed Sidonii sit poëtae an Thessalonicensis, minus certum est. Quum enim ille circa Ol. CLXIX. claruisse existimetur, nihil vetat, judice *Dorvillio* in Misc. Obss. Vol. VII., quominus Ol. CLXXIII. carmina conscripserit, qua Olympiade Delos vastata est. At in hoc carmine non tam de recenti clade, quam de vetere agitur. Quare verisimilius Thessalonicensi tribuitur. De Deli expugnatione *Pausan.* L. III. 23. p. 269. Μηνοφάνης Μιθριδάτου στρατηγὸς — ἅτε οὔσης ἀτειχίστου τῆς Δήλου καὶ ὅπλα οὐ κεκτημένων ἀνδρῶν, τριήρεσιν ἐσπλεύσας — αὐτὴν εἰς ἔδαφος κατέβαλε τὴν Δῆλον. — Poëta insulam facit optantem, ut nunquam floruerit; cum post illas opes, quibus olim conspicua fuerit, vastitas sibi sua et solitudo intolerabilis videatur. — V. 1. ἔτι πλάζεσθαι. *Propert.* L. IV. 6. 27. *Delos – tulit iratos mobilis ante Notos.* *Anthol. Lat.* T. I. p. 460. VII. *Delos jam stabili revincta terra, Olim purpureo mari natabat, Et moto levis hinc et inde vento Ibat fluctibus inquieta summis.* Quaedam alia vide ap. *Barth.* in Adverf. XLIX. 5. p. 2289. — V. 2. ἀλωομένην. Vat. Cod. — V. 4. ἴσσαις. Hoc derivatum ex *Callimach.* H. in Del. 315. τίς δέ σε ναύτης Ἔμπορος Αἰγαίοιο παρήλυθε νηὶ θεούσῃ. — V. 5. ὀψέ πη ἥρω. Vulgo. κοινῇ Vat. Cod. — *Salmas.* qui hoc carmen illustravit ad *Tertull.* de Pall. p. 150. ὀψέ σοι dedit; quod tamen pro operarum peccato habendum. — V. 6. Λητοῦς, ob Latonam receptam. Verbis accusandi, condemnandi, arguendi enim jungitur genitivus rei. Male igitur *Huetius* p. 10. Λητοῖ corrigit.

XXXVI. Cod. Vat. p. 450. Ἀντιπάτρου. Plan. p. 81. St. 118. W. eidem auctori tribuit. Apud *Salmasium* tamen in Tertull. p. 151. *Alpheo Mitylenaeo* inscribitur: temere. Insula Tenos cum Delo comparatur. Tenos una e Cycladibus, non longe ab Andro et Delo, quam ob aquarum abundantiam Hydrussam vocari ait Aristoteles, secundum *Plin.* L. IV. 22. p. 211. ubi vide *Harduinum.* Parvam esse urbem, sed templum Neptuni habere cum luco, dignum, qui spectetur, ait *Strabo* L. X. p. 488. — V. 1. ποιμην. Vat. Cod. et Edd. vett. usque ad Ascens. quae κλαίειν habet. κλαυθὴν emendavit *Opsop.* et *Jos. Scalig.* in not. mss. Sic jam *Steph.* edidit. — V. 2. Δῆλε.

Vat. Cod. in marg. Τήνῳ. — Βορηϊάδα. Vulgo, quod cum στυγνοὶ non congruit. Quare *Scalig.* in mſt. not. Βορηϊάδαις emendavit; quod membranae confirmant. — Ap. *Apollonium Rhod.* L. I. 1304. filios Boreae, Zeten et Calaïn, in patriam revertentes, Hercules

> Τήνῳ ἐν ἀμφιρύτῃ πέφνε, καὶ ἀμήσατο γαῖαν
> ἀμφ' αὐτοῖς, στήλας δὲ δύω καθύπερθεν ἔτευξε.

Conf. *Heynium* ad *Apollodor*. L. III. 15. 2. p. 855. ſq.— V. 3. 'Ορτυγίη. Delos eſt. Vide ad *Noſſid.* Ep. III. *Plin.* L. IV. 22. p. 212. De hujus inſulae gloria omnia plena ſunt. — 'Υπερβορέων. 'Ριπαία. ὄρος 'Υπερβορέων. *Stephan. Byz.* Ab Hyperboreis autem *Apollinem Delphos adveniſſe ferunt*, ſecundum *Ciceron.* de N. D. III. 23. Hinc primitiae adferebantur Delum:

> πᾶσαι δὲ χοροὺς ἀνάγουσι πόληες,
> αἵ τε πρὸς ἠέλιον, αἵ θ' ἕσπερον, αἵ τ' ἀνὰ μέσσην
> κλήρους ἐστήσαντο καὶ οἱ καθύπερθε βορείης
> οἰκία θινὸς ἔχουσι, πολυχρονιώτατον αἷμα.

Callim. H. in Del. v. 279. ſq. ubi vide *Interpp. Valckenaer.* ad *Herodot.* L. IV. 33. p. 295. *Weſſeling.* ad *Diodor. Sic.* T. II. p. 159. — V. 5. ζωεῖς. Vat. Cod. — Urbes dicuntur *vivere* et *mori*, quod multis exemplis, noſtro loco non omiſſo, illuſtravit *Gataker.* ad Antonin. L. IV. p. 130.

XXXVII. Cod. Vat. p. 430. 'Αντιπ. Μακεδ. Edidit *L. Holſten.* ad Steph. v. Φολέγανδρος p. 348. *Jenſius* nr. 3. *Reiske* Anth. nr. 654. p. 113. Inſulas maris Aegaei, Deli inſulae exemplum ſecutas, vaſtitate ſqualere ait. — V. 1. ἐρημάδες. *Raisk.* — τρύφεα χθονός. *continentis fruſta.* Partem rupis a Neptuno avulſam τρύφος appellat *Homer.* Od. δ. 517. ἤλασε Γυραίην πέτρην, ἀπὸ δ' ἔσχισεν αὐτήν· καὶ τὸ μὲν αὐτόθι μεῖνε, τὸ δὲ τρύφος ἔμπεσε πόντῳ. Similiter Demades rhetor Samum inſulam ἀπόῤῥωγα τῆς πόλεως vocat ap. *Athen.* L. III. p. 99. D. — V. 3. Siphnos, una e Cycladibus, cujus res Polycratis tyranni aetate satis florebant, teste *Herodoto* L. III. 57. p. 224. Siphnorum thesaurum Delphis commemorat *Pausan.* L. X. 11. p. 823. — Φολέγανδρος. una e Sporadibus: ἣν Ἄρατος σιδηρείην ὀνομάζει διὰ τὴν τραχύτητα. *Strabo* L. X. p. 484. *Hesychius*: Φολέγανδρος (vulgo male Φλέγανδρος), νῆσος ἐρήμη. Minimo honore fuisse, apparet ex versu *Solonis* ap. *Diogen. Laert.* L. I. 27. p. 48. Εἴην δὴ τότ' ἐγὼ Φολεγάνδριος ἢ Σικινίτης Ἀντί γ' Ἀθηναίου. — V. 4. ἁ. δ' ὤλεσαν' *Reisk.* — V. 5. ἵνα τρέτον. Vat. Cod. et Jens. quod in ἴδν mutavit *Heringa* in Obs. crit. p. 184. eumque secutus *Reiskius*. — In fine versus ἡ τότε λευκὴ Vat. Cod. ποτὲ correxit *Heringa*, κλεινὴ *Reiskius*. — V. 6. ἐρημαῖος δαίμων. Delos, quae prima, iniquo fato jubente, solitudine et vastitate laborare coepit.

XXXVIII. Cod. Vat. p. 400. Ἀντιπ. Θεσσ. Edidit *Berkelius* ad Stephan. in Κρήτη p. 479. *Jensius* nr. 197. *Reisk.* in Anth. nr. 788. p. 169. Historia de cane Cretensi, quae vix cervo, quem persequuta fuerat, interfecto, novem catulos uno partu edidit. Eandem historiam narrat *Aelian.* V. H. VII. 12. Κύων θηρῶσα, λαγὼς δὲ ἦν τὸ ἄγρευμα αὐτῇ, καὶ ἔκυει ἡ κύων, ἐπεὶ δὲ τῆς σπουδῆς τῆς προειρημένης τετύχηκε, τῷ μὲν δεσπότῃ τοῦ θηράματος ἀπέστη· ἀναχωρήσασα δὲ, ἐννέα, φασὶ, σκύλακας ἀποκυήσασα, εἶτα ἐξέθρεψεν αὐτούς. — V. 1. κατίχνιος junctim dedit *Reiskius*, quia graece non κατ' ἴχνιος, sed κατ' ἴχνος, quarto casu, diceretur. Hoc recte animadversum; et fortasse revera scriptum fuit κατ' ἴχνος ἔδραμε, brevi syllaba producta, cujus licentiae non unum exemplum apud veteres. Vide *G. Wakefield* in Sylv. crit. I. p. 81. *Hermann.* de Metr. p. 71. sq. — Γόργη exhibuit *Berkel.* et *Reisk.* In Cod. est γοργή. Nomen proprium, quod *Br.* monuit, fors. Γοργώ. Hoc nomen fuit uni canum Actaeonis ap. *Hygin.* Fab. CXXXI. p. 253. *Munk.* — V. 2. ἀμφοτέρην Ἄρτεμιν.

et venationis deam et Lucinam. — ¶. 119.] V. 3. Ἐλευθώ. (Ἐλθῶ vitiose *Berkel.*) Ilithyia. Vide *Interpp. Hesychii* v. Ἐλευθώ. — V. 6. τοκάδων. Cod. Vat. *Berk.* et *Reisk.* Hic etiam διδασκόμενα dedit pro lectione membranarum διδασκόμεναι. *Bernardus* ad Thom. Mag. p. 201. δεδιδασκόμενα corrigit. Sed verior est emendatio *Reiskii.* Fortasse tamen praeterea emendandum:

φεύγετε Κρήσσας,
κεμμάδες, ἐκ τοκάδος τέκνα διδασκόμενα.

Fugite, cervi, fugite catulos, ab hac Cretensi matre venandi artem edoctos. Non igitur Cretensibus solum, sed omnibus, quotquot sunt, cervis fugam poëta suadet; et recte nobis scripsisse videmur Κρήσσας τοκάδος, *Cretensis puerperae;* quod non sine gravitate dictum; fortissimum enim Cretenses canum genus, *Pollux* L. V. 37.

XXXIX. Cod. Vat. p. 429. hoc carmen eidem *Antipatro* tribuit, cujus est Ep. LXIV. inter Epigrammata *Antipatri Sidonii.* Primus edidit *Salmasius* ad Scr. Hist. Aug. T. I. p. 857. et post eum *Boivin.* in Mémoir. de l'Acad. T. III. p. 391. *Jensius* nr. 2. *Reisk.* nr. 653. p. 112. Agit poëta de inventione rotarum in molis aquariis adhibitarum. Vide *Salmas.* ad Solin. p. 416. B. — V. 1. ἀλετρίδες. mulieres, quae molam manibus movent. μυλωροί. Vide *Callimach.* H. in Del. 242. et *Spanhem.* p. 526. *Schol. Aristoph.* Pac. 258. *Eustath.* ad Odyss. p. 273. 25. et 724. 31. Nonnullos τὴν μυλακρίδα vocitare ἀλετρίδα notavit *Pollux* VII. 19. — V. 2. προλέγετε Cod. et Jens. Soloecismum *Salmas.* sustulit. — V. 3. In posterum non manibus opus est ad molam agendam, cum Ceres Nymphis hoc negotium tribuerit. — χερῶν *Boivinus* dedit, cum in Cod. esset χορῶν. Illud etiam *Heringae* Obss. p. 184. in mentem venerat; sed *Reiskius* alteram ejusdem conjecturam κερῶν praetulit. Quae doctus hic vir praeterea tentavit, memoratu indigna sunt.

ſunt. — V. 4. ἀλλόμενον. Cod. Vat. ἀλλόμενοι Boivin. Idem voluiſſe videtur Salmaſius, ap. quem ἀλόμενοι perperam excuſum. Deinde Reisk. κατ' ἀκροτάτης τροχιῆς in contextu exhibuit; non negans tamen, codicis lectionem fortaſſe ſervandam fuiſſe. Hoc dubitari nequit, ſecundum caſum cum recepto uſu praepoſitionis κατὰ melius convenire. — V. 5. δινεῦεν. Vat. Cod. Apographa δινεύουσιν. — Aqua in rotam molarum decidens axem agit; rotâ autem (hanc circumſcribit verbis ἀκτίνεσσιν ἑλικταῖς, radiis circumactis) quatuor lapides molares moventur. Pro ἑλικταῖς Reisk. poſuit ὁλικῆσιν, axis una cum radiis circumactus. — V. 6. στρωφῶσι π. Cod. Vat. — V. 7. Redit priſca aurea aetas, cum Cereris frugibus ſine labore frui liceat. Reſpexit poëta Heſiodi Ἔ. κ. Ἡ. 114.

ἐσθλὰ δὲ πάντα
τοῖσιν ἔην· καρπὸν δ' ἔφερε ζείδωρος ἄρουρα
αὐτομάτη πολλόν τε καὶ ἄφθονον.

Pro εἰ δίχα Bernardus in Epiſt. ad Reisk. p. 506. ᾗ δίχα μ. tentat; quod non capio. Fortaſſe voluit ἧ δ. ubi licebat. Sed nihil mutandum. Particula εἰ non ſemper rem dubiam et incertam indicat, ſed cauſam reddit. Vide Bud. in Comm. L. Gr. p. 519. Markland ad Lyſiam p. 670. Reisk. Hoogeveen de P. L. Gr. p. 227. ſq. ed. Schütz.

XL. Cod. Vat. p. 403. Ἀντιπ. Μακεδ. Edidit Jenſius nr. 153. Reiske in Anthol. nr. 804. p. 175. Viatores poëta rogat, ne laurum quandam, prope viam, ut videtur, poſitam, frondibus privare velint; prope adeſſe varia arbuſtorum genera, unde, quibus opus ſit, petitum eant. Simile eſt Epigramma Antipatri, quod ex Cod. Vat. edidimus in Exercitatt. crit. T. II. p. 81. — V. 1. εἴπατε δάφνης φείσασθε δμώων χερσὶν ἑτοιμοτόμοις. Vat. Cod. — Sic etiam Reisk. ex Jenſio, niſi quod ibi φείσασθαι habetur. Hac una emendatione admiſſa, non video, quid in membranarum lectione reprehendi queat, quidve commoverit *Brunckium*, ut tam multa in hoc disticho immutaret. Fingit sibi poëta viatorem, cum servorum comitatu iter facientem, qui sub lauri umbra, in loco amoeno, morari cupiens, servos fortasse frondes lauri, ad stratum faciendum, decerpere jubet. Nisi hoc ita se haberet, δρεπτόμενοι χερσὶν legendum dicerem. Vulgaris autem dicendi ratio ferret, εἴπατε δμωσὶν φείσασθαι δάφνας. Ceterum hic locus fortasse obversabatur *Nonno* in Dion. L. II. p. 46. Ὑλοτόμοι, τάδε δένδρα παρέλθετε, μὴ φυτὰ δάφνης Τέμνετε δειλαίας τετρημένα, φεῖδεο, τέκτον. — V. 3. κομάρου. Herbae genus hoc loco esse videtur ἡ κόμαρος, ut passim ap. *Theocritum*. Cf. *Schreberum* ad Eid. V. 129. *Salmas.* in Hom. H. I. c. V. p. 6. — De τερέβινθος vide *Geopon.* X. 73. XVI. 65. *Bod. a Stap.* ad Theophr. L. III. p. 229. et L. V. p. 519. — V. 4. χθαμαλὴν ἐς (sic Vat. Cod.) κλίσιν i. e. ἐς χαμεύνην. Comparandus *Theocr.* Eid. XIII. 33. sqq. — V. 6. ὕλη πανθαλής unde viatores, quibus cubile ad ripam placet, frondes decerpere possunt. Fluvius a nostra lauro, sive laureto, tria plethra, ab illo autem loco, ubi ὕλη πανθαλὴς (cujusvis generis materia) nascebatur, nonnisi duo remotus erat.

XLI. Cod. Vat. p. 365. Ἀντιπ. Μακεδ. In Anth. Plan. p. 40. St. 59. W. Καλλινίου inscribitur, quod nomen inter auctores Anthologiae non occurrit. Ab Ed. Flor. et Ald. pr. lemma plane abest. — Historia de muliere coeca et sterili, quae eodem tempore et peperit et visum accepit. — V. 3. τίκτε γὰρ οὐδὲς. Recte animadvertit *Br.* absurdam esse lectionem Plan. et Cod. Vat. οὐδὲς, nec μετ' οὐ πολὺ simul stare posse. Hanc ob causam ἠδὲν ex conjectura posuit. Audacter sane. In οὐδὲς nomen mulieris latere videtur. Fortasse:

τίκτε γὰρ Ἀτθὶς ἄβλεπτος μετ' οὐ πολύ,

— Deinde in Plan. et Cod. Vat. παρέλθετον sed in

membranis praeterea φάες pro φάους. — V. 5. „Scribendum ἐπήκοος. Infra *Addaeus* Ep. IV. κούραις οὔτι γυναιξὶν „ἐπήκοος. Significatio vocis ἰκτῆνος hic locum non habet." *Br.* — V. 6. ἡ σελ. Vat. Cod. ἢ Plan. ex correctione. Vett. edd. ἤ. Illud *Brodaeus* verum censebat. Dubito, an *Br.* recte mutaverit vulgatam. — Ceterum memorabile hoc, quod Diana illam mulierem non solum in puerperio adjuvisse, sed ei etiam oculorum lumen tribuisse dicitur.

¶. 120.] *XLII.* Cod. Vat. p. 400. sq. *Antipatro Thessalonicensi* carmen vindicat, quod in Plan. p. 74. St. 108. W. tanquam *Philippi* legitur. — Continet historiam de Antagorá et Pisistrato, quorum ille, cum, naufragio facto, alterum de tabula in undas dejecisset, a cane marino devoratus est; dum Pisistratus salvus e fluctibus enatavit. — Mihi hoc carmen *Philippi* potius quam *Antipatri* ingenium spirare videtur. — V. 1. ὕδασι vulgo. — V. 4. ἦν γὰρ ὑπὲρ ψυχῆς. ἀγὼν scil. Qui de vita certant, dicuntur περὶ ψυχῆς τρέχειν, κινδυνεύειν, ἀγωνίζεσθαι, quae illustrat *Valckenar.* ad Herodot. L. VII. p. 537. 43. *Wesseling.* ad L. VIII. p. 653. 92. — Μέλει. Vat. Cod. et edd. vett. usque ad Ascensianam. Fortasse recte. Nam μέλειν non solum *curae esse* significat, sed etiam *curam gerere*, φροντίζειν. *Dorville* ad Charit. p. 252. — V. 5. νῆχε δ' Vat. Cod. et mox κύων ἁλὸς· παναλ. χηρῶν. Vat. Cod. Vulgo ἄλλος π. χήρων. Aldina sec. χείρων vitiose. Qui ineptam lectionem sibi interpretandam sumserunt, ad ineptias confugere necesse habuerunt. *Huetius* p. 9. χήρων pro χείρων existimabat scriptum. Recte *Brodaeus* emendavit κηρῶν. Sed vel sic hoc distichon penitus emendatum esse dubito. Nam in hexametro numeri elumbes sunt; et postrema enuntiatio cum praecedentibus nullis compagibus conjuncta est. Quare leni mutatione, membranis praeeuntibus, lego:

νήχεθ' ὁ μὲν, τὸν δ' εἷλε κύων ἁλός· ἦ παναλέντας
κηρῶν οὐδ' ὑγρῇ παύεται ἐν πελάγει.

Facile omitti potuit Η ante Π. Frequenter autem Epigrammatographi enuntiationes, quae acumen quoddam continent, cum particulis ἦ, ἦ ἄρα subjiciunt. *Antip. Sid.* Ep. LXIV. 5. *Callimach.* Ep. LV. 3. Noster Ep. XLIV. 5. *Philipp.* Ep. LXXIII. 7. — Eadem ratione scribere possis, non majore mutatione:

— κύων ἁλός· ἢ ἄρ' ἀλάστωρ —.

De cane marino vide *Aelian.* H. A. I. 55. *Camus* Notae ad Aristot. H. A. p. 221.

XLIII. Vat. Cod. p. 369. Ἀντιπ. Θεσσ. Plan. p. 116. St. 167. W. ubi inscriptum: Ἀρίστωνος ἢ Ἑρμοδώρου. Juno Jovis et Ganymedis amoribus ad iram incensa Trojae ruinam minatur. — V. 1. Πριομένα. Epigr. XXVI. 5. μουνοβόλον ἐπιπρίσασα γένειον. *Babrius* ap. *Suid.* v. πρίων. — πρίοντες εἴτε τὰς σιαγόνας πρίων. ἀντὶ τοῦ βρύχων. *Hesych.* βρύχοντα. ἐθυμοῦντο. ἔτριζον τοὺς ὀδόντας. πρίεσθαι ad internum animi affectum spectare, exemplis allatis docuit *Gataker*, Adv. Misc. c. XLVII. p. 916. sq. Adde *Wetsten.* ad N. T. II. p. 487. — V. 2. θυμοβόρον ex Vat. Cod. receptum pro vulg. θυμοβάρου. — V. 3. ἔπνευσ. Vat. Cod. — Ep. ἄδεσπ. III. πυρσοὶ ἄρσενες. Ep. IX. ἄρσενα θερμόν (sic Vat. Cod. non θεσμόν, ut *Br.*) — V. 4. Πάριν. belli flammam incensurum Paridem. *Horat.* III. Od. III. 18. sqq. — ἐπὶ Τροίαν. vulgo. — V. 5. ἀετός. non aquila, ut ad Ganymedem rapiendum, sed vultures, ad pascenda cadavera. — V. 6. ἐπ' ἄν. Vat. Cod.

XLIV. Cod. Vat. p. 359. Ἀντιπ. Θεσσ. Plan. p. 60. St. 87. W. Historia de polypo, qui aquilam, cujus unguibus raptus erat, cirris suis constrictam in undas traxit. Eandem historiam ita narrat *Aelian.* H. A. VII. 11. ut nostrum carmen expressisse videatur. — V. 1. εἰναλίῳ. Cod. Vat. — V. 2. πολλῶν ποδῶν. Octo pedibus instructi sunt. *Aristotel.* H. A. IV. 1. Fortasse etiam hoc epitheton ad pedum longitudinem referri debet. Polypi pedes enim nonnunquam ad ingentem excrescere longitudinem, et *Aristoteles* narrat, et *Plin.* H. N. IX. 48. p. 517. — Non igitur opus est emendatione *Jos. Scaligeri* πάλλειν. — ἰλλῷ ψύχειν. μάλα κομψῶς ὑπεσθάλπετο. *Aelian.* — V. 3. πέτρῃ ἴκελος. οὐ μὲν ἑαυτὸν εἰς τὴν χρόαν τῆς πέτρας ἀντρέψας ἤδη ἦν. *Aelian.* *Ovidius* Halieut. v. 30. *At contra scopulis crinali corpore segnis Polypus haeret, et hac eludit retia fraude, Ut sub lege loci sumat mutetque colorem, Semper ei similis, quem contigit.* Ut hunc loc. constituit *T. H.* ad *Lucian.* Dial. Mar. IV. 3. Loca veterum de polypo colorem mutante multi collegerunt, quos vide ap. *Gataker.* ad M. Anton. p. 13. *Leunep.* ad Phalar. p. 196. — V. 4. ὀξὺς ἥμαρψεν. *celeriter descendens corripuit.* ὀξὺς cum ἰδὼν conjunxisse videtur *Aelianus:* ἰδὼν οὖν ὀξὺ μὲν, ἑαυτῷ δὲ οὐκ ἀγαθὸν τὸ θήραμα ἀετός. — V. 5. πλοχμοῖς, *cirris*, πλεκτάναις, ἕλιξι. (*Antiphil.* Ep. XXIII.) *Aelianus:* πλόκαμοι δὲ ἄρα ἰχθύος ἐκείνου περιβάλλουσι τῷ αἰετῷ σφᾶς ἑαυτοὺς, καὶ ἀπρὶξ ἐχόμενοι, εἶτα ἕλκουσι κάτω τὸν ἔχθιστον. — V. 6. ἀμφοῖν emendat *Jos. Scaliger.* in not. mst.

XLV. Cod. Vat. p. 510. Ἀντιπ. Θεσσ. Plan. p. 173. St. 252. W. Poëta Archilocho et Homero sacra facturus, versificatores illos, qui ingenium, quo destituti sint, obscura eruditione compensare studeant, facessere jubet. — V. 1. φεύγετ' ὅσοι. Vat. Cod. — Vos, qui verbis obsoletis et obscuris utimini; cujusmodi verborum quaedam laudat, illis forte familiaria. — λόκκας *calvas* interpretatur *Brodaeus.* *Hesychius:* λοκός. λοκρός. φαλακρός, quo loco, ubi sunt, qui λόκκος legant, *D. Heinsius* nostrum locum affert. Ap. eundem pro λοκρὸς *Salmasius* λόκκη legendum censebat. Hac emendatione admissa λόκκη foret χλαινίς. — λοφνίδες. παρὰ Λυκόφρονι οἱ ἐξ ὄρους μονόξυλοι λαμπάδες. *Eustath.* Il. ψ. 1431. 29. et ad Od. ε. p. 389. 36. Κλείταρχος δὲ ἐν ταῖς γλώσσαις λοφνίδα φησὶ καλεῖν Ῥοδίους τὴν ἐκ τοῦ φλοιοῦ καὶ ἀμπέλου λαμπάδα. *Athen.*

XV. p. 701. A. Conf. *Etymol. M.* et *Insp. Hesychii* v. λοφνὶς. — καμασῆνας pisces appellaverat *Empedocles* ap. *Athen.* L. VIII. p. 334. B. Vide *Casaubon.* p. 581. *Plutarch.* T. II. p. 685. — Poëtas in ejusmodi glossarum senticetis versantes ἀκανθολόγους vocat *Antipater.* Similiter de Grammaticis *Antiphanes* Ep. V. ἐντυχεῖς αὐτοῦ ἀκανθοβάται. Cacozeliam, qua multi illa aetate laborabant, glossis vel in communi sermone utendi *Lucianus* perstrinxit in Lexiphane, et *Athenaeus* L. III. p. 97. sq. Facete hoc distichon vertit summus *Grotius:*

Qui canitis topper, qui betere, quique cerusses,
Vates implicitis sensibus, ite procul.

— V. 3. λελυγισμένον. Cod. Vat. Sic scribendum pro λελυγωμένον. Debet enim esse a verbo λυγίζειν. Intelligo carmina ultra modum laevigata et munda, ita ut omnis orationis vis et robur quasi fractum et comminutum sit. De mollibus usurpatur λυγίζεσθαι. *Themist.* Or. XX. p. 238. C. τὸν αὐχένα λυγίζοντο ὑπὸ τρυφῆς τε καὶ ἀκρασίας. Idem p. 249. B. πολλὰ καμπτόμενοί τε καὶ λυγιζόμενοι. *Aristophanes* in Ran. 775 de fractis Euripidis numeris agens: οἱ δ' ἀκροώμενοι τῶν ἀντιλογιῶν καὶ λυγισμῶν καὶ στροφῶν, ὑπερεμάνησαν, κἀνόμισαν σοφώτατον. Vide *Intrpp. Hesychii* v. λυγίζει. — Ejusmodi poëtae nonnisi exiguum haustum ex sacro fonte traxisse videntur. — ¶. 121.] V. 5. Hodie Homeri et Archilochi, qui se largis ex Musarum fonte haustibus invitarunt, celebramus diem; unde jejunos et in verbis tantum componendis occupatos poëtas excludimus. Proximum post Homerum locum, ex veterum criticorum sententia, Archilochus occupabat; eumque illi, si in eodem genere elaborasset, principatum fortasse erepturum fuisse existimabant. In hunc sensum accipiendum Epigramma *Hadriani* V. p. 286. *Dio Chrysost.* Or. XXXIII. p. 397. A. δύο γὰρ ποιητῶν γεγονότων, ἐξ ἅπαντος τοῦ αἰῶνος, οἷς οὐδένα τῶν ἄλλων ξυμβαλεῖν ἄξιον, Ὁμήρου τε καὶ Ἀρχιλόχου. Cf. Orat. LV.

p. 559. C. *Vellejus Paterc.* L. I. 5. 2. *Neque quemquam alium, cujus operis primus auctor fuerit, in eo perfectissimum praeter Homerum et Archilochum reperiemus.* Lyricum illum poëtam a rhapsodis non minus quam Homerum et Hesiodum recitari et explicari solitum esse, apparet ex *Platonis* Ione T. I. p. 531. A. 532. A. Conf. *Visconti* in Museo Pio-Clement. T. VI. p. 32. — V. 6. ἀγωνίς. Cod. Vat. — ὑδροπότας. homines frigidos, invita Musis operantes Minerva, secundum illud *Horatii* I. Epist. XIX. 3. *Nulla placere diu, nec vivere carmina possunt, Quae scribuntur aquae potoribus.* Cf. *Erasmum* Paroem. H. Chil. VI. Cent. 2. Lamprus musicus, abstemius, cum obiisset, *Phrynichus* dixit, eum λάρους θρηνεῖν; cum fuisset ὑδροπότας, μινυρός, ὑπερσοφιστής, μουσῶν σκελετὸς, ἄωρος (f. εὐάμενος) ᾄδων. ap. *Athen.* L. II. p. 44. D.

XLVI. Cod. Vat. p. 372. Ἀντιπάτρου. Plan. p. 108. St. 159. W. gentile addit. *Stob.* Flor. Tit. V. p. 64. Gesn. 39. Grot. Pater moribundus puellam, ut piam castamque vitam agat, hortatur. — V. 2. νεύματος εἰς Ἀΐδαν. Vat. Cod. — V. 4. ἠλακάτα κτῆμα in *Stobaeo Grotii.* Vertit tamen: *cura sequatur Te colus: hoc tenuis sat sibi vita putet.* — V. 5. ἡ Ἀχαιῒς nomen proprium esse videtur et sic accepit *Grotius*: *probitatem ab Achaïde matre exprime.* Aliter intelligebat *Salmasius*: ἀχαιΐδος, ἐριουργοῦ, ab ἀχαιὰ, ὄρια μαλακά." *Br.*

XLVII. Cod. Vat. p. 361. sq. Ἀντιπάτρου. Nec Planud. p. 74. St. 109. W. gentile adjicit. Archippus, agricola, cum moriturus esset, hortatur filios, ut paternum agrum colere pergant, maris autem periculis abstineant. — V. 2. ἴλλωπον conjecit *Jos. Scaliger* in not. mst. quod blanditur. — V. 3. νήσσεσθαι φ. Ed. Flor. Ald. pr. et sec. νήσσεσθαι Ald. tert. νήσσειν Asc. et hinc Steph. qui in notis ad versum stabiliendum νήσσειν ἐστὶ φ. corrigit. Hoc assensu suo probabat *Jos. Scaliger.* —

Br. lectio ex Vat. membranis fluxit. Ini particulam *kaì*, huic loco non valde accommodatam, nemo facile incidisset. — V. 4. ἀφορτίτων. Cod. Vat. — V. 6. ἀνοψία. Idem. — V. 7. 8. *Alciphron* L. I. Ep. III. p. 14. χρηστὸν ἡ γῆ καὶ ὁ βῶλος ἀκίνδυνον· οὐ μάτην γοῦν ἀνησιδώραν ταύτην ὀνομάζουσιν Ἀθηναῖοι, ἀνιεῖσαν δῶρα, δι' ὧν ἔστι ζῆν καὶ σώζεσθαι. χαλεπὸν ἡ θάλαττα καὶ ἡ ναυτιλία ῥιψοκίνδυνον. Terra homines alens, mari opposita, matri similis; eadem ratione regio, ubi quis natus et educatus est, cum matre, ubi exul aut inquilinus vivit, cum noverca comparatur. Illustris vox Scipionis ap. *Plutarchum* T. II. p. 201. E. ἐμὲ οὐδέποτε στρατοπέδων ἀλαλαγμὸς ἐθορύβησεν, οὔτιγε συγκλύδων ἀνθρώπων, ὧν οὐ μητέρα τὴν Ἰταλίαν, ἀλλὰ μητρυιὰν οὖσαν ἐπίσταμαι. Fontem dicti aperuerunt *Gronovius* in Obss. L. III. c. XI. p. 406. ed. Lips. et *Ruhnken.* ad *Vellejum* L. II. 4. 4. p. 85.

XLVIII. Hoc carmen, quod in Plan. p. 232. St. 337. W. ἄδηλον est, Vat. Cod. p. 231. *Antipatro Thessalonicensi* vindicat. — Temere et in suam perniciem mulieres sobolem sibi precari, Polyxo ait puerpera, quae, trinis filiis uno partu editis, in ipsis obstetricis ulnis animam reddidit. — V. 1. Πολυξώ. Plures Graecae antiquitatis mulieres, quibus hoc nomen fuerit, recenset *Spanhem.* ad *Callim.* H. in Cer. 79. p. 797. — V. 3. μαίης. Illustrat hanc vocem, nostro quoque carmine laudato, *Burmann.* ad Anth. Lat. T. II. p. 231. — V. 4. ἄῤῥενας. Vat. Cod. — V. 5. 6. Similis color in Ep. *Martialis* de Spectac. XIII. de sue, partum ex vulnere edente: *confossa vulnere mater Sus pariter vitam perdidit atque dedit.* — ἔτεκον. Vat. Cod.

§. 122.] *XLIX.* In Vat. Cod. ubi p. 308. praecedit Ep. *Antipatri Sid.* CVIII. lemma est: Τοῦ αὐτοῦ. Quum in priori illo carmine auctoris nomini gentile non sit additum, incertum est, utri horum poëtarum ὁμωνύμων utrumque carmen tribui debeat. — Nostrum edidit *Dorville* ad Charit. p. 599. *Jensius* nr. 85. *Reisk.* in Anth. nr. 736. p. 149. — Pyro quidam, malacia in mari regnante ventisque torpentibus, a piratis captus, mare quietum sibi non minus infestum habuit, quam alii tempestates. — V. 1. Μύρωνι scribendum censet *Heringa* in Obss. crit. p. 267. — V. 2. πουλύς. Vat. Cod. πολλῆς. apogr. Jens. Ipse editor πολλὰ conjecit. πουλὺ dedit *Dorvillius*. — γαληναίη, idem quod γαλήνη. — V. 3. In Cod. Vat. scriptum νῆα γὰρ ἀπλοΐη πεπεδημένην ἔ. ναύταις. ut *Jensius* edidit. Nam quae *Br.*, tanquam Cod. lectiones, profert, ἀπλοΐῃ πεπεδημένον, ex interpolato fluxerunt apographo. πεπεδημένου *Dorvill.* et in fine νηός. Hoc sensum facit probabilem: νῆα Πύρωνος πεπεδημένου ἀπλοΐῃ ἔφθασεν νηὸς ληιστῶν. quamvis repetitio ejusdem vocabuli in eodem versu parum habet elegantiae. Tentabat *Heringa*: νηὸς ἀπλοΐῃ γὰρ πεπεδημένον ἔ. ναύτην. ἀπλοΐην ipse emendationis auctor explicat per *navis ad velificandum ineptitudinem*, quae nautae huic inimica erat, eumque piratas remigio insequentes effugere vetabat. *Reiskius*, nulla metri ratione habita, inepte scripsit: νῆα γὰρ ἀπλοΐῃ πεπεδημένην ἔφθασεν ἄκατος Λ. Mihi videbatur, praeeunte *Dorvillio*, scribendum esse:

νῆα γὰρ ἀπλοΐῃ πεπεδημένου ἔφθασε κώπαις
ληιστέων ταχινῇ δίκροτος εἰρομένη.

κώπαις a ναύταις proxime abest, et ad sensum egregie facit. Pyro, qui velis utebatur, ventis silentibus, navigare non poterat, dum piratae parvum navigium suum remis impellebant. δίκροτος, quae a duobus remigibus impellitur. *Xenoph.* Hist. Gr. L. II. 1. 28. αἱ μὲν τῶν νεῶν δίκροτοι ἦσαν, αἱ δὲ μονόκροτοι, αἱ δὲ παντελῶς κεναί. Negabat tamen *Morus* ad h. l. navigii genus intelligi. Sed vide *Dorvillium* l. c. — Ceterum haec obversabantur *Isidoro Aeg.* Ep. IV. p. 474.

Οὐ χεῖμα Νικόφημον, οὐκ ἄστρων δύσις,
ἁλὸς Λιβύσσης κύματ' οὐ κατέκλυσεν·
ἀλλ' ἐν γαλήνῃ, φεῦ τάλας, ἀνηνέμῳ
πλόου πεδηθεὶς, ἐφρύγη δίψευς ὕπο.

— V. 5. γαληναίῳ ὑπ' αἰθέρι Ἔκτανεν. Vat. Cod. ὑπ' αἰθέρι edidit *Dorv.* Iterum metro infestus *Reiskius* γαλήνη αὐτῷ ὑπ' αἰθέρι Ἔκτανεν. *Brunckius* suas conjecturas in textum invexit. *Isidori* imitatio efficit, ut existimem, latere aliquid, quod commiserationem significet. Fortasse:

χεῖμα δέ μιν προφυγόντα, γαλήνη τὸν πανώλεθρον
ἔκτανεν —.

Hunc, qui tempestatum pericula effugerat, hunc, hominum infelicissimum, malacia peremit. Scribitur πανόλεθρος et πανώλεθρος. Duplici significatione gaudet; indicat modo *perniciosum* et *exitialem*; ut in *Sophocl.* Phil. 322. τοῖς πανωλέθροις Ἀτρείδαις. modo *perditum*, ut ap. eund. in Electra 1009. πρὶν πανωλέθρους τὸ πᾶν ἡμᾶς ὀλέσθαι. *Eurip.* Androm. 1226. πανώλεθρόν μ' ὄψεσθε πιτνοῦντα πρὸς γᾶν. — Vox κακορμισίη Lexicis addenda. *Infaustam navium stationem* indicare videtur. Sed sunt quaedam in hoc vocabulo, quae me morentur. Prius, idque minoris momenti, quod ad hoc substantivum epitheton λυγρῆς plane abundat; cujusmodi tamen abundantiae exempla in compositis vocabulis passim reperiuntur: alterum, quod Pyronis navis non per stationis, quam teneret, conditionem, sed ventorum silentium periit. *Isidorus*, qui hoc carmen, ut supra vidimus, imitatione expressit, haec habet in fine:

καὶ τοῦτ' ἀνέμων ἔργον. ἃ πόσον κακὸν
ναύταισιν ἢ πνέοντες ἢ μεμυκότες!

Haec dum reputo, fere adducor, ut scribendum putem:

ἃ λυγρῆς, αἰαῖ, ἀνέμων μύσιος.

Vae triste illud ventorum silentium! μύειν dicuntur, qui labris compressis silent; μύσις igitur labiorum compressio.

Hoc vocabulum, ab ἤμυσα, μύσας derivandum, priorem modo producit, modo corripit, ut verbum, unde derivatur. *Antip. Sid.* Ep. CIX. πνεύμονα δὲ ψυχθεῖσα κατήμυσε. *Pallad.* Ep. XVI. ἔσθιε, πῖνε, μύσας ἐπὶ πένθεσι.

L. Vat. Cod. p. 239. Ἀντιπ. Θεσσ. inscribit carmen, quod ἄδηλον est in Plan. p. 241. St. 350. W. Delphinus, fluctibus in litoris arenam delatus ibique sepultus, de maris perfidia conqueritur. Vide *Anytes* Ep. XII. *Archias* Ep. XXX. — V. 1. ἔσωρεν. Vat. Cod. a pr. m. — V. 2. ξείνοις. Vat. Cod. et edd. vett. *Brodaeus* ξείνης emendavit, idque recepit *Stephanus*. ξυνῆς malebat *Opsopoeus* et *Casaubonus* in not. mst. Mihi non displiceret:

ξείνης καινὸν ὅραμα τύχης.

— V. 3–6. *Suidas* proferens in τάφος T. III. p. 488. ἄλσον habet. ἄλσει quaedam e vett. ἅλμῃ Vat. Cod. — V. 4. Hunc versum *Br.* ex Vat. Cod. et *Suida* emendatiorem dedit. *Stephanus* cum Ascens. οὐδὲς πρὸς τύμβον μ' ἔστεφον εὐσεβέες. In vetustioribus edd. οὐδείς με πρὸς τ' ἔστεφον ε'. *Casaubonus* in ἔστεφον incidebat. — V. 5. νῦν δέ. Vulgo et in Vat. Cod. et *Suid.* Aliquid latere videtur. — V. 6. σὺν τροφ. Vat. Cod.

LI. Vat. Cod. p. 369. Ἀντιπ. Θεσσ. Plan. p. 68. St. 100. W. Historia de Ione quodam, qui, in ipso portu, ebrius e navi in pontum excussus periit. — V. 1. πεπτεῶτα. Vat. Cod. — In Ed. Ald. sec. μηδ' ἔτ' ἐπ', quae vitiosa lectio *Jos. Scaligerum* induxit, ut corrigeret: μηδὲ τ' ἐπ' ἐ. — V. 2. ἴσχει. Vat. Cod. — V. 3. ἐς δέ. Vinum impedivit eum, quominus manibus uteretur ad natandum. — V. 5. χοροιτυπίην. convivia et ebrietatem. — ἐχθρός. Postquam Bacchus Tyrrhenos in delphinos mutavit, pontus Baccho infestus fieri coepit.

LII. Cod. Vat. p. 390. Ἀντιπ. Μακεδ. Idem lemma in Plan. p. 73. St. 106. W. De Cleonice quadam, Dyrrhachio oriunda, quae, cum sponsi conveniendi causa Hellespontum trajiceret, naufragio periit. — V. 1. ἁλί Vat. Cod. — V. 2. κλεινίας. Idem. — V. 4. ἐπεπλώσαντο. Vat. Cod. ἀπεπλάσαντο. Plan. In marg. Wechel. γρ. ἀπεσπάσαντο, eamque ſive lectionem ſive conjecturam V. D. probat ad marginem exempl. Aldinae ſec. quod in Bibl. Götting. aſſervatur. Vera videtur *Brunckii* emendatio ἀπεσπάσαντο. Hoc ſenſu *Antiphilus* Ep. XXII. mus oſtrea captus αὐτοφόνον τύμβον ἀπεσπάσατο. *Palladas* Ep. XV. πολλῶν μακρὴν ἔχθραν ἀπεσπασάμην. — Hero ap. *Ovid.* in Epiſt. XIX. 127. de Hellesponto: *Non favet, ut nunc eſt, teneris locus iſte puellis; Hac Helle periit, hac ego laedor aqua.* — ¶. 123.] V. 5. Ἡρώ. Vulgo. In Vat. Cod. ambiguum eſt, utrum ἡρεῖ an ἡροῖ ſcriptum ſit. — V. 6. ἐν παύροις σταδίοις. De Hellesponti latitudine vide, quae collegit *Brodaeus* ad h. l. et *Burm.* ad *Ovid.* Heroid. XIX. 142.

LIII. Cod. Vat. p. 407. Ἀντιπάτρου. Plan. p. 53. St. 76. W. In Hermonacten, apum confectum aculeis. Conf. *Bianor.* Ep. XV. — V. 2. κύνες. propter crudelitatem et ἀναίδειαν. — ἑρπυστήν. Cod. Vat. et Plan. Non ſatis video, cur *Br.* vulgatam lectionem prae conjectura reliquerit. Non dubitari poteſt, quin a verbo ἑρπύζω recte derivetur ἑρπυστής. Ejusdem eſt originis ἑρπυστήρ, ut ἑρπυστῆρας ὄφεις, *Oppian.* Cyneg. L. III. 411. Noſtrum locum fortaſſe in mente habuit *Suid.* T. I. p. 863. ἑρπυσμός. ἑρπυστής. ἑρπυστικός. ὁ ἕρπων. In *Antiphili* Ep. XXII. παμφάγος, ἑρπυστὴς — μῦς. ubi *Br.* iterum ἑρπηστὴς dedit, accinentibus tamen membranis. — Puerum tibi finge, nondum pedibus valentem, ſed ad alvearia arrepentem. *Bianor* l. c. κοῦρον ἀπὸ πλαγίων ἑρπύζοντα. — V. 3. ὀψιφίμον. Vat. Cod. — V. 4. αὐτοῖς δ' οἶδ' ὄφ. Vat. Cod. οἷδ' ὄφ. Plan. Praeclare *Brodaeus* emendavit οἵτ', quod huic contextui unice convenit. — Cum vos in homines tam crudeliter agentes videamus, quid eſt, quod ſerpentibus et ſerpentum luſtris exprobremus? —

V. 5. Amyntor et Lysidice Hermonactis parentes. — μολίσσαις. Cod. Vat. — V. 6. μέλι. Apum enim mella non semper dulcia, sed nonnunquam amara sunt; ut hic mellis cupiditas puero mortem intulit. — Ineptum acumen, quod tum demum locum haberet, si Hermonax, melle gustato, ipsius mellis vitio periisset. Vide igitur, an *Antipater* scripserit:

κηρίναις πικρὸν ἔνεστι βέλος.

βέλος in Codd. scribitur ut μέλος. Jam, quam crebro in postremis verborum syllabis a librariis peccatum sit, nemo ignorat. — Poëta apes cum serpentibus comparat; utrisque enim perniciosa et exitialia arma a natura tributa sunt.

LIV. Cod. Vat. p. 312. Ἀντιπ. Θεσσ. Plan. p. 217. St. 317. W. Poëta lectores per regiones Leandri et Herus amoribus celebratas circumducit. — V. 1. Λεάνδροιο. Vat. Cod. — V. 2. μὴ μοῦνον. qui non Leandrum solum, fluctibus mersum, sed puellam quoque, quam amabat, perdidit. — V. 3. τὰ πύργου λείψανα. Herus turris *Musaei* interpretibus negotium creavit. Sed πύργοι non solum aedes excelsiores arteque munitae, sed separatae quoque ab aliis et solitariae aedificationes vocantur. Jam Herus turris, ab urbe remota, in litoris solitudine exstructa erat. *Musaeus* v. 32. Ἡρὼ — πύργον ἀπὸ προγόνων παρὰ γείτονι ναῖε θαλάσσῃ. Timon, quum se ab hominum consortio coepisset abducere, in turri habitasse dicitur ap. *Pausan.* L. I. 30. p. 76. κατὰ τοῦτο τῆς χώρας φαίνεται πύργος Τίμωνος, ὃς μόνος εἶδε μηδένα τρόπον εὐδαίμονα εἶναι γενέσθαι, πλὴν τοὺς ἄλλους φεύγοντα ἀνθρώπους. *Lucian.* T. I. p. 110. ed. Bip. αὐτὸς ἤδη πᾶσαν πριάμενος τὴν ἐσχατιάν, πυργίον οἰκοδομησάμενος ὑπὲρ τοῦ θησαυροῦ, μόνῳ ἐμοὶ ἱκανὸν ἐνδιαιτᾶσθαι. — Thalamum, quem Acrisius filiae exstruxerat, ut omnes ab ejus commercio arceret, *turris* vocatur ap. *Horat.* III. Carm. XVI. 1. Nec minus Cassandra, propter vaticinia ab hominum familiaritate secreta, πύργῳ habitasse dicitur ap. *Lycophron.* v. 349. et 1460. — V. 5. κοιτεύς. Vat. Cod.

LV. Cod. Vat. p. 290. 'Αντιπ. Θεσσ. Plan. p. 217. St. 316. W. Niobe cum liberis suis, ab Apolline et Diana interfectis, in Charontis cymbam recipi postulat. — V. 2. Ταντaλίδης. Vat. Cod. — V. 4. ἐκόλλα. Idem.

LVI. Cod. Vat. p. 210. 'Αντιπ. Θεσσ. Plan. p. 275. St. 398. W. In Alcmanis, sive Lydii, sive Spartani, tumulum. Conf. *Alexandri Aet.* Ep. III. et *Leonid. Tar.* LXXX. — V. 1. 2. Hujus distichi partem excitat *Suidas* v. λιτὸς T. II. p. 452. De Pompejo Anthol. Lat. T. I. p. 709. *Nempe manet magnos parvula terra duces.* — V. 3. 4. *Suidas* v. ἐλατὴρ T. I. p. 709. et iterum in εἰδήσεις T. II. p. 19. — λύρας ἐλατὴρ vocatur Alcman, ut Ep. ἀδεσπ. DXXXVIII. Timotheus κιθάρας δεξιὸς ἡνίοχος. — V. 4. Μουσέων. Vat. Cod. — quem novem Musae tenent, i. e. amare significant, praeclara carmina tribuendo. Nisi forte argutiori sensu haec dicta sunt. Novem fuerunt Lyrici, numero, ut videtur, ad Musarum numerum concinnato. Vide ad Epigr. XXIII. 9. Quem igitur Grammatici in hunc novenarium numerum retulissent, eum fortasse ἀριθμὸς Μουσῶν ἔχειν, *numerus Musarum habere* poterat dici. — ¶. 124.] V. 5. διδύμοις. Vat. Cod. ἠπείροις. Ed. Flor. — Vitiose *Suidas* in Λυδοὶ T. II. p. 466. ἐρίσει δ' ἔγε A. Idem tamen in pentametro cum Vat. Cod. πολλαὶ μητέρες, quod a *Br.* spretum esse miror. Recte enim judicavit *G. Wakefield* Sylv. T. IV. p. 170. parum credibile esse, librariorum socordiam tam feliciter erravisse. — De Homero *Alpheus Mit.* Ep. V. ὃν οὐ μία πατρὶς ἀοιδὸν Κοσμεῖται, γαίης δ' ἀμφοτέρων κλίματα.

LVII. Cod. Vat. p. 214. 'Αντιπ. Θεσσ. Plan. p. 273. St. 393. W. In Aeschylum in Sicilia, longe a patria Eleusine, sepultum. — V. 1. 2. *Suidas* laudat v. πυργώσας T. III. p. 242. ubi ὦ τρ. legitur. πυργώσας. ὑψώσας. αὐξήσας. μεγαλύνας. ἐπὶ τὸ σεμνότερον ἀγαγὼν τὰ ποιήματα. Ducta sunt haec ex *Aristoph.* Ran. 1004. qui item de Aeschylo: ἀλλ' ὦ πρῶτος τῶν Ἑλλήνων πυργώσας ῥήματα σεμνὰ καὶ κοσμήσας τραγικὸν λῆρον. Dedimus quaedam de verbo πυργόω in Exercitt. crit. Vol. I. c. 26. p. 199. — Etiam ἡ ὀφρυόεσσα ἀοιδὴ eidem Comico debetur in Ran. 953. ῥήματ', ἂν βόεια δώδεκ' εἶπεν 'Οφρῦς ἔχοντα καὶ λόφους δείν' ἄττα μορμορωπά. Recte *Scholiast.* ῥήματα ὑψηλά, ὑπερήφανα: In hujus loci imitationem *Plutarch.* T. II. p. 68. D. ὁ κενὸν ἐν παιδιᾷ λόγον, ὀφρὺν ἀνασπῶντα καὶ συνιστάντα τὸ πρόσωπον. Similiter *Philostratus* Epist. XIII. p. 919. Critiam et Thucydidem ait a Gorgia τὴν ὀφρὺν κεκτημένους. — V. 2. εὔκλῃ. Vat. Cod. — V. 4. »Ταναγρίην »male in Planudea legitur. Sic primo scriptum fuerat »in Cod. *Jani Lascaris:* sed in textu et ad oram ab »eadem manu repositum Τρινακρίην. Sic etiam in marg. »Vat. Cod. Sed scribendum Τρινακίην.« *Br.* Veriorem lectionem etiam *Scaliger* vidit in not. mst. *Eustath.* ad Dionys. Perieg. 467. p. 197. ὅτι τὴν παρ' Ὁμήρῳ Θρινακίαν, Τρινακίαν αὐτός φησι, τουτέστι τὴν Σικελίαν. Vide de hujus nominis orthographia *Dorvill.* in Sic. T. I. p. 163.

LVIII. Desideratur in Cod. Vat., in nostro saltem apographo, quod quam plenum, quam accuratum sit, saepius demonstravimus. *Brunckius* tamen se hoc distichon Vat. Cod. auctoritate *Antipatro* ait tribuere. In quo ne erraverit, vereor. In Plan. p. 203. St. 295. W. *Anytes* est. Inter *Anytes* carmina retulit *Wolfius* in Fr. Poëtr. p. 98. Themistoclis tumulum poëta monimentum malevolentiae et invidiae Graecorum esse ait. Carmen non satis perspicuum. Themistoclis ossa ex Magnesia Athenas esse translata, narrat *Pausan.* L. I. 1. p. 3. — V. 1. κέχωσται tentavit *Casaub.* in not. mst. — V. 2. »κακοεργεσίης. In Vat. Cod. quo auctore Antipatro tribu»tum hoc carmen, κακοφραδίης, sed ex correctione: alind

„quid fuit antea, quod Salmasius discernere non potuit.“ κακοτροπία. πανιλία καὶ παντοδαπὴ πανουργία. Ammon. de D. V. p. 80. De verbo κακοτροπεύεσθαι vide Budaei Comment. L. Gr. p. 26, 24.

LIX. Cod. Vat. p. 306. Ἀντιπάτρου. In Plan. p. 288ᵃ. St. 417. W. gentile non magis additur. Poëta in Athenienses propter Socratis judicium invehitur. — V. 3. ηλεις a pr. m. Vat. Supra correctum νηλεις et νηλεις. — In fine versus idem οὐδ᾽ ἐν αἴδου. Vulgo οὐδὲν ἐν ᾅδου. In marg. Wechelianae notatum: ἴσως οἶδας ἐν ᾅδου. πάντως τι τοιοῦτον. καὶ δὲ τὸ κάνειον. Inepta conjectura. Joseph. Scaliger in not. mst. οὐδενὶ αἰδοῖ, quod non satis perspicuum. Depravatam esse lectionem, quam Brodaeus frustra interpretari conatur, recte intellexit Opsopoeus; quod moneo, quia se raro tam perspicacem ostendit bonus Vincentius. — Br. unde praeclaram suam lectionem petiverit, non indicavit. — V. 4. Br. exhibuit lectionem Planud. In Vat. Cod. ὄντες· οἱ τοιοῦτοι κ. κ. — Ceterum Antipater respexit, in secundo praesertim versu, locum Euripidis de Palamede ap. Diog. Laert. II. 44. ἐκάνετ᾽ ἐκάνετε τὸν Πάνσοφον, ὦ Δαναοί, τὰν οὐδὲν ἀλγύνουσαν Ἀηδόνα μουσᾶν, τὸν Ἑλλάνων τὸν ἄριστον. quae verba ad Socratem referre solent veteres. Vide Valcken. in Diatr. p. 190. sq.

LX. Cod. Vat. p. 234. Ἀντιπ. Θεσσ. Plan. p. 261. St. 377. W. In servam Libycam, quae, dum viveret, a domina sua filiae in locum habita, defuncta, liberam sepulturam nacta est. — V. 1. Ῥώμας. Vat. a man. sec. — V. 4. ἐλευθεριάνα. Vat. Cod. — τύμβον ἐλευθερίην. Ex poëtarum dicendi consuetudine haec verba nihil aliud significant, nisi ἐλευθέραν ἔθηκεν ἐν τύμβῳ. Servae libertatem concesserat domina; non igitur, ut serva, sed libera sepulta est. Ceterum servos servasque non concrematos esse constat, id quod ipsis cum pauperioribus commune fuit.

fuit. — V. 5. πῦρ ἕτερον. faces nuptiales, non rogi flammam. Pompeja igitur hanc suam servam cremandam curavit. — τὸ δ' ἔφθασεν. ante nuptias perii. τὸ, i. e. τὸ τῆς πυρκαϊῆς πῦρ. Similia vide in notis ad Meleagr. Ep. CXXV. — V. 6. ἁμετέραν ἧψεν λ. Περσ. Vat. Cod. — Φερσεφόνη. Plan. et Vat. a man. sec.

LXI. Cod. Vat. p. 249. Ἀντιπάτρου. Plan. p. 246. St. 357. W. gentile non addit. Scriptum in naufragum, cujus carnes pisces comederant, ossa fluctus in litus ejecerant. — V. 1. θάλαττα. Vulgo.

¶. 125.] *LXII.* Cod. Vat. p. 249. Ἀντιπ. Μακεδ. Plan. p. 246. St. 357. W. In naufragum, quem, cum in terram enatasset, lupus ad Penei ostia interemit. Expressum carmen ex *Leonid. Tar.*, Ep. XCIV. — V. 3. μούνιος λύκος. Vide notata ad *Leonid. Tar.* Ep. VI. — θορῶν Edd. vett. θορὼν tamen Aldus jam in ed. pr. correxit. — V. 4. »In Plan. ὢ γ. κ. πικρότερα. contra sen»sum. Sic etiam in Vat. Cod. scriptum; sed supra cor»rectum ab eadem manu πιστότερα, quod verum est.« *Br.* Nullum correctionis signum in apogr. Goth. sed in contextu πιστότερα habetur, sine ulla rasurae nota. *Leonid. Tar.* l. c. ὦ τάλαν, ὅστις Νηρείδων Νύμφας ἔσχες ἀπιστοτέρας. Noster Ep. L. τίς παρὰ πόντῳ Πίστις, ὅς οὐδ' ἰδίης φείσατο συντροφίης. *Apollonid*, Ep. XIII. ὡς κρύνῃ χέρσον ἀπιστοτέρην. Haec igitur lectio unice probanda. *Dorvill.* ad Charit. p. 316. corrigebat: πρηότερα. *van Eldick* in Suspic. p. 27. ὢ γαίης κύματ' ἀπιρότερα.

LXIII. Cod. Vat. p. 325. Ἀντιπάτρου. Edidit *Salmasius* ad Solin. p. 17. C. Hermocratea, undetriginta liberorum mater, se nullius eorum mortem vidisse gloriatur, suamque felicitatem cum Niobes clade comparat. — V. 1. Ἑρμοκρατία. *Salm.* — V. 2. πύγασα μὲν θ. *Wakefield* scribendum censet in Sylv. crit. T. II. p. 114. Necessitatem emendandi non video. αὐγάζομαι, terminatione media, dixerunt plures. *Homer.* Il. ψ. 458. οἴας ἐγὼν ἵππους αὐγάζομαι, ἠὲ καὶ ὑμεῖς; *Callimach.* H. in Dian. 129. οὓς δέ κεν εὐμειδής τε καὶ ἵλαος αὐγάσσηαι. H. in Cerer. 5. τὸν κάλαθον μηδ' ὑψόθεν αὐγάσσησθε. — Similis felicitatis exemplum proposuit *Martial.* X. 63. in matrona, quae – *nihil extremos perdidit ante rogos. Quinque dedit pueros, totidem mihi Juno puellas: Clauserunt omnes lumina nostra manus.* Adde *Propert.* IV. El. XI. 97. sq. — V. 4. ἄλλ. Vat. Cod. Emendavit *Salm.* — V. 5. ἁ μέν. Vat. Cod. „Mallet quis forte ἐμῶν ὠδῖνα θυγατρῶν. Ultima vox subauditur." *Br.* Sed sic manca est oratio; nec ferenda ellipsis, hoc praesertim loco, ubi antithesis expressam rei oppositae commemorationem postulat. *Wakefield* l. c. corrigit: ἐμὴν ὠδῖνα μ. *meum partum*, i. e. *meos liberos.* At etiam οἱ ἄῤῥενες Hermocrateae sunt liberi. Ceterum sic, ut cl. *Wakefield*, hunc versum laudat *Wetsten.* ad Nov. Test. II. p. 467. Mihi hic versus emendatricem manum passus esse videtur. Nihil impedimenti foret, si legeretur:

> ἔμπαλι δ' ἡ μὲν θηλυτέρων ὠδῖνας ἔλυσε,
>
> Φοῖβος δ' εἰς ἥβην ἄρσενας ἤγαγετο.

Sic justa est antithesis. — V. 6. ἥβαν et ἀγάγετο. Vat. Cod. — V. 8. παισὶ καὶ γ. Cod. παισί τε καὶ γλ. mallet *Br.* Sic *Salmasius* dedit et *Wakefield.* — Ταντααλίδη. Vat. Cod.

LXIV. Cod. Vat. p. 260. Ἀντιπάτρου εἰς νυμφίον τινὰ ἐπὶ τῆς παστάδος τελευτήσαντα. Edidit *Leich.* in Sepulcr. p. 22. *Reisk.* in Anth. nr. 595. p. 93. — V. 1. λέγει. Cod. Vat. In marg. apogr. Lips. λέγω, (quod *Leichius* recepit) et λέγοις. Verior est conjectura *Reiskii* λέγειν, infinitivo pro imperativo posito. — V. 2. ἀμβλὺ νέφος, caligo, quae oculorum aciem hebetabat. — V. 3. ὄμμασι δὲ κν. σὺν ἀνέβλεπε μ. ἰδόντες. Vat. Cod. ἰδόντος habetur in marg. apogr. Lips. qua lectione spreta, *Reiskius* ἰδόντ' ἐς in textum invexit. Junge: τοῦτο τὸ νέφος (caligo illa ex animi deliquio orta) σὺν ὄμμασι (simul cum oculorum lumine) ἀπέσβεσε πνοιήν, (ipsam animam exstinxit Egerii) αὐτοῦ ἰδόντος μόνον τὴν κόρην. (qui puellam viderat tantum, qui nonnisi adspectu puellae fructus erat.) — V. 4. κοῦρον. Cod. Vat. quod in κούραν mutavit R. — θευμορίης. Vide de hac voce ad *Callimachi* Ep. III. p. 255. — Ἠλιε. Conf. *Eurip.* Epigr. T. II. p. 57. (Ed. Lips. T. I. p. 96.) — V. 5. σέλας. facis, quae nuptae praeferebatur. Hujus adspectus cum Egerio mortem videretur attulisse, Orcus eam incendisse dicitur. Cf. supra Ep. LX.

¶. 126.] *LXV.* Cod. Vat. p. 266. Ἀντιπάτρου. Εἰς Λυσιδίκην γραῦν, ἣν ἡ οἰκία πεσοῦσα ἔκτανε. *Alberti* ad Hesych. v. βυρμός p. 780. *Leich.* in Sepulcr. p. 24. *Reisk.* in Anth. p. 90. nr. 607. — V. 1. θριγκοῖσι. apogr. Lips. — Nix circa pinnas muri collecta et liquefacta, effecit, ut murus aedium concideret et Lysidicen vetulam ruina perimeret. — V. 3. „ὠμόλινος. lectio est cod. nequaquam „sollicitanda. *Salmasius* ὠμήλιμος." *Br.* *Apollon.* *Rh.* L. II. 396. Βύζηρες ἐπὶ τοῖσιν ὁμώλακας. *Schol.* ὅμουροι. ὤλακα γὰρ τὴν αὔλακα, Δωρικῶς. Idem L. II. 787. ὁμώλακας Ἀρσίνας. — V. 4. πύργον. ipsas domus ruinas in tumuli locum exstruxerunt. *Turrem*, πύργον, vocat domum solitariam. Vide ad Ep. LIV. Temere hanc lectionem sollicitavit sive *Guyetus* sive *Salmasius*, qui βυρμὸν corrigebat. *Hesych.* βυρμός. σταθμός. i. e. ὅρμος, *statio navium*, ut recte *Vossius*, quo nihil ab h. l. magis alienum est.

LXVI. Vat. Cod. p. 248. sq. Ἀντιπ. Θεσσ. Plan. p. 253. St. 366. W. Nisi Vat. Cod. hoc carmen, in hominem Tyrium conscriptum, diserte nostro *Antipatro* tribueret, Sidonii esse putarem. — V. 1. μοιρ. πόντῳ. mari debitus; cui quodammodo fatale fuit, ut in undis perires. — V. 5. Tantae tuae divitiae te a morte redimere non potuerunt. Comparandus locus nobilissimus ap. *Petronium* c. CXV. *Ubi impotentia tua? Nempe piscibus belluisque expositus es, et, qui paulo ante jactabas vires imperii tui, de tam magna nave ne tabulam quidem naufragus habes. Ite nunc, mortales, et magnis cogitationibus pectus implete. Ite, tanti, et opes, fraudibus captas, per mille annos disponite.* Adde *Horat.* II. Carm. 18. 36.

LXVII. Cod. Vat. p. 264. Ἀντιπ. Plan. p. 216. St. 315. W. sine gentili. — In Apollodorum, stadiodromum, cum Pisa abiret, fulmine percussum. — V. 2. αὐτῇ. Ad hujus montis radices Apollodorus sepultus est. — V. 3. Πισσῆθεν. Vulgo. — ἄρης. Vat. Cod. — V. 5. „Αἰγανίης. Scribendum Αἰανίης. ut recte a *Brodaeo* emen„datum." *Br.* Sic quoque *Jos. Scaliger* emendavit in not. mst. Aeane et Beroë Macedoniae urbes. — V. 6. „Vox Διὸς ad sensum et metrum necessaria, quae „in Planudea deest, e Vat. Cod. reposita est. Versus „sunt Phalaecii Hendecasyllabi." *Br.* Varia tentarunt viri docti, ut versum explerent. *Huetius* p. 21. ν. ὁ δρ. τῷδε καθεύδει. *Anonymus* Bibl. Bodl. νιν. σταδιοδρόμος κ. sive νιν. ὁ δρ. ἐκεῖ κ. *Jos. Scaliger* in not. mst. μόρῳ καθεύδει.

LXVIII. Cod. Vat. p. 316. Ἀντιπάτρου. οἱ δὲ Φιλίππου Θεσς. Edidit *Jens.* nr. 134. *Reiske* in Anth. nr. 785. p. 168. In Glyconem athletam, quem Augusti aetate vixisse credibile est ex *Horat.* I. Ep. I. 28. *Nec quia desperes invicti membra Glyconis, Nodosa corpus nolis probibere podagra,* quem locum *Reisk.* non neglexit comparare. Conf. *Lessing.* de Epigramm. Tom. I. Opp. p. 324. sqq. — V. 2. κεραυνός. propter vim et celeritatem. *Pausan.* L. I. 16. p. 38. Πτολεμαῖος — ἄλλως δὲ τολμῆσαι πρόχειρος, καὶ δι' αὐτὸ κεραυνὸς καλούμενος. Idem eundem Ptolemaeum sic appellatum esse ait διὰ τὸ ἄγαν τολμηρόν. L. X. 19. p. 843. — V. 3. Ἄτλας. Vide ad *Antip. Sid.* Ep. XI. — V. 4. τὸν δὲ πρ. quod in ἔθλον τοιόνδε πρ. mutavit *Reisk.* — Deinde membr. οὔτ' ἐν 'Ι. οὐδ' 'Ε. τὸ πρ. οὔτ' ἐν 'Α. Haec ſenſum praebent minime ineptum: Talem virum nunquam nec inter Italos, nec inter Graecos, nec inter Aſiaticos denique Orcus, omnia vincens, proſtravit. — Multo minus perſpicuus ſenſus in lectione Brunckiana. Male tamen etiam in illa lectione πρόσθεν et τὸ πρῶτον junguntur. Vide, an corrigendum ſit:

ἔῤῥοντι· τοῖον δὲ ἔθνος οὔτ' ἐν 'Ιταλοῖς,
οὔθ' 'Ελλάδι τὸ πρῶτον, οὔτ' ἐν 'Ασίδι,
ὃ πάντα νικῶν 'Αΐδης ἀνέτρεπε.

— V. 6. laudans *Weiſten.* ad N. T. II. p. 174. apte confert *Luciani* Contemp. §. 8. ὑπὸ τοῦ ἀμαχωτάτου τῶν ἀνταγωνιστῶν καταπαλαισθεὶς, τοῦ θανάτου. *Euſebius* de Laud. Conſtant. 7. p. 621. C. οἱ μηκέτ' ὄντες μετὰ θάνατον, νικητὴν ἁπάντων καὶ μέγαν θεὸν τὸν θάνατον ἀνηγόρευον.

§. 127.] *LXIX.* Cod. Vat. p. 249. 'Αντιπάτρου. Planud. p. 256. St. 371. W. In Lyſin, naufragum, in litore ſepultum. Comp. *Archiae* Ep. XXXIII. — V. 3. οὔατι. Vat. Cod. et Plan. — V. 5. »τὸν οὐκ ἔτι φορτίδι νηὶ »ἔμπορον. Forte Lyſis hic dives fuerat mercator, qui ad»verſam fortunam expertus eo redactus fuerat, ut *non »amplius magna opus haberet navi*, ad vehendas merces »ſuas; ſicque οὐκ ἔτι commodam interpretationem ac»cipit. At probabilius ſcriptum fuiſſe olim οὐκ ἐπὶ φ. »ἔτι et ἐπὶ ſaepe permutantur.« *Br.* Debetur haec conjectura, ſive emendatio potius, *Schneideri* acumini. Mari avaritia paſſim exprobratur. Jam igitur hoc in maris invidiam dicitur, quod Lyſin, quamvis parvo navigio vectum exiguisque inſtructum copiis, tamen ſubmerſerit. — V. 7. μαστεύων ζωήν. *Theocritus* ap. *Athen.* L. VII. p. 284. A. καί τις ἀνὴρ αἰτεῖτ' — εὐαγρεσίαν τε καὶ ὄλβον, 'Ἐξ ἁλὸς ᾧ ζωὴ, τὰ δὲ δίκτυα κείνῳ ἄροτρα. prout haec emendavit *Toup.* in Add. ad Theocr. p. 408. Conf. Eid. XXI. 65. ſqq.

Ex Lectt. p. 155.] *LXX.* Cod. Vat. p. 460. Ἀντιπάτρου. *Sidonio* fortasse tribuendum. Scriptum videtur in tabulam pictam, quinque Bacchas, in variis rebus occupatas, exhibentem. — V. 1. Διωνύσου. Vat. Cod. — Postremas hujus versiculi voces *Br.* in σαώτου contrahendas recte censuit. Idem tamen tentat: αἵδε σαώτῃ Ἐντύνουσι θεῷ. quod nihili. Scribendum videtur:

αἵδε σαώτου
ἐντύνουσι θοὰς ἔργα χοροστασίης.

Sic jamdudum correxeram, cum *Schneiderum* quoque ἐντύνουσι legisse viderem. *Callim.* H. in Apoll. 8. οἱ δὲ νέοι μολπήν τε καὶ ἐς χορὸν ἐντύνεσθε. Vide *Ruhnk.* Ep. crit. II. p. 130. Verum quoque θοάς, quod Vat. Cod. firmat, ubi non θεαί, sed θοᾶς legitur, i. e. θοάς. *Quintus Maec.* Ep. XI. αὐτὸς ἄναξ ἔμβαινε θοῷ σκηνήματι. — Repraesentabatur igitur chorus Bacchi Servatoris. Erat ap. Troezenios templum Διονύσου, κατὰ δή τι μάντευμα ἐπίκλησιν σαώτου *Pausan.* L. II. 31. p. 184. Item prope Amymonen, fluvium Argolidis, Διόνυσος erat σαώτης, καθήμενον ξόανον. *Pausan.* L. II. 37. p. 198. — V. 3. λογγάζουσα. Vat. Cod. — V. 6. ἁ δὲ πέμπτα. Vat. Cod. — V. 7. 8. „Nullus ex ultimo disticho sensus expiscari potest. Cor„rupta verba, quae vide an sic sanari possint:

„πᾶσαι φοιταλέαι τε, παρηόριόν τε νόημα
„ἐκπλαγέες, λύσσῃ δαίμονος οὐλάδι."

Brunck. Tam facilis tamque egregia emendatio non debebat dubitanter proponi. In cod. est λύσσαι, i. e. λύσσῃ. Idem παρήορος et παρηόριος. *Homer.* Il. ψ. 603. ἐπεὶ οὔτι παρήορος, οὐδ' ἀεσίφρων Ἦσθα πάρος. *Archilochus* ap. *Stob.* p. 561. Gesn. νέου παρήορος. Vide *Etym. M.* p. 683. 49. et inprimis *Valckenar.* ad Adon. p. 241. sqq.

BOETHI EPIGRAMMA.

Cod. Vat. p. 397. Βοήθου τοῦ ἐλεγειογράφου. Plan. p. 13. St. 23. W. Scriptum in Pyladem, pantomimum, qui Bacchum ſaltaverat. Conf. *Antip. Theſſ.* Ep. XXVII. Scio, hoc carmen illuſtratum eſſe a *Bened. Averanio* T. I. Diſſ. XVI. p. 49. ſqq. ſed liber non ad manus eſt. — V. 3. ὀρχήσατο. Vat. Cod. — Pro κεῖνον ὀρθὰ κατὰ τε. *Scaliger* in not. mſt. et ad *Euſebium* ann. 1995. p. 169. ὀρχήσατο κεῖνον κόρδακα καί τε. cui conjecturae ſpeciem facit *Suidas* in Πυλάδης Κίλιξ ..... ἔγραψε περὶ ὀρχήσεως, ἥτις ὑπ' αὐτοῦ εὑρέθη, ἀπὸ τῆς κωμικῆς καλουμένης ὀρχήσεως, ἥτις ἐκαλεῖτο κόρδαξ, καὶ τῆς τραγικῆς, ἥτις ἐκαλεῖτο σίκιννις, καὶ τῆς σατυρικῆς, ἥτις ἐμμέλεια. *Scaligeri* tamen conatui obviam ivit *Salmaſ.* ad Scr. Hiſt. Aug. T. II. p. 836. qui cod. lectionem ſic interpretatur: Pylades Bacchum ſaltavit ſecundum rectas leges et inſtituta tragicorum ὀρχηστοδιδασκάλων. ſive νομίμως ὀρχήσατο, ut Seleucus dixit de Bathyllo ap. *Athen.* L. I. p. 20. E. quem locum comparavit *Caſaubonus* ad *Perſii* Sat. V. p. 174ᵇ.

ALPHEI MITYLENAEI

EPIGRAMMATA.

¶. 128.] *I.* Cod. Vat. p. 571. *Menagius* edidit in Obſſ. ad *Taſſonis* Amintam p. 184. qui liber mihi non ad manus eſt. Primum diſtichon protulit *Bernard.* ad *Thom. Mag.* p. 89. ubi vim verbi ἀνέραστος exponit. In ſchedis Tryll. Ἀλκαίου inſcribitur. In membranis eſt Ἀλφειοῦ Μιτυλ. — Amor non fugiendus, ſed ſectandus eſt, quippe qui deſidiam et ſegnitiem ex animo excutiat. — V. 1. τλήμονες. *Horat.* III. Carm. XII. 1. *Miſe-*

rarum est neque amori dare ludum. Ad totius carminis argumentum praeclare facit *Ovidius* I. Amor. IX. 31. *Ergo desidiam quicunque vocabit amorem, Desinat, ingenii est experientis amor.* et in fine: *Qui nolet fieri desidiosus, amet.* — V. 3. καὶ γὰρ ἐγώ. Sic plane idem l. c. v. 41. *Ipse ego segnis eram discinctaque in otia natus: Mollierant animos lectus et umbra meos. Impulit ignavum formosae cura puellae.* — V. 4. ξεινόφιλον. Vat. Cod. Hoc cur mutatum sit, non video. Nomen ξεινοφίλου tuetur *Simonides* Ep. LVIII. p. 137. — V. 6. ψυχῆς ἀκόνη. quae animum impellunt et exercent, dicuntur ἀκονᾷν τὰς ψυχὰς, ut ap. *Xenophont.* Oecon. 21. 3. et παρακονᾷν, ut in Cyropaed. VI. 2. Paulo audacius res ipsa, quae impellit et acuit, ἀκόνη vocatur; cujus audaciae illustre exemplum est ap. *Pindar.* Ol. VI. 141. quod nuper praeclare tractavit *Heynius* p. 79. Oppidum, quod Lacedaemoniis multum negotii fecerat, cum quidam ex eorum regibus vastare vellet, Ephori dixerunt: μηδαμῶς ἀφανίσῃς, μηδ' ἀνέλῃς τὴν ἀκόνην τῶν νέων. *Plutarch.* T. II. p. 233. D. Inter recentiores hac imagine usus est *Torqu. Tassus* in Gierus. liber. XX. 114. *Tale ai suoi sdegni desta, ed alle cote D'amor gli aguzza ed alle fiamme avviva.*

II. Vat. Cod. p. 173. Ἀλκαίου Μιτυλ. Hoc tamen lemma in membranis a sec. manu esse, *Brunckius* asserit, cum prius Ἀλφειοῦ fuerit. In nostro apogr. nullum correctionis vestigium. *Alpheo* tribuitur in Planud. p. 433. St. 567. W. ubi compares magnam ejusdem argumenti carminum multitudinem. — V. 1. ἄλλης ἀπ' ἄλλης. Vat. Cod. Miror, praepositionem ἀπὸ bis positam doctissimo editori stomachum non movisse. Verba ἄνθεα ἀπ' ab imperito librario, qui versum mutilum reperiebat, addita esse puto, cum *Alpheus* fortasse dedisset:

ἦλθε τόδ' αἰαίης σύμβολον ἀγγελίης.

Conf. *Archias* Ep. VI. VII. VIII. IX. — V. 3. ὑπὸ μοίρῃ

Vat. Cod. — V. 4. ἰθυντῆρ. Vat. et *Suid.* qui h. v. excitavit v. στάλικας T. III. p. 368. — V. 5. ὃ μὲν Plan. — V. 6. Ap. *Suid.* v. ἀφελείας T. II. p. 773. ὧδε νήμοις. quod emendavit *Toup.* Em. in Suid. P. II. p. 301.

III. Planud. p. 332. St. 472. W. Amori dormienti poëta facem et pharetram eripere conatur; sed saevum puerum vel dormientem timens a conatu abstinet. Expressit hoc carmen *Statyll. Flacc.* Ep. VIII. — V. 1. χερὸς omittit Ald. pr. et sec. lacuna relicta. καὶ inseruit ed. fil. Aldi. χερὸς primus *Ascensius* dedit. Ab ed. Flor. pr. hoc carmen plane abest. — V. 3. εὐνομίη. εἰρήνη. *Suid.* *Philippus* Ep. XXIX. Καίσαρος εὐνομίη· χερὶ τὰ χάρις· ὅπλα γὰρ ἐχθρῶν Καρπὸν εἰρήνης ἀντεδίδαξε φέρειν. — ¶. 129.] V. 5. Sed vel sic, dolose, timeo, ne quem mihi dolum struas, somniumque, mihi infestum, mente concipias. Ex δολοπλόκε ad κεύθῃς substantivum δόλον assumendum est. — πικρόν. ἐχθρόν. Vide *Schol. Sophocl.* Phil. 254. *Valckenar.* ad Phoen. p. 352. — *Statyll. Fl.* l. c. ἐγὼ δ', ἀγρέμαχε, δέδοικα, Μή μοι καὶ κνώσσων πικρὸν ὄνειρον ἴδῃς.

IV. Cod. Vat. p. 374. Planud. p. 14. St. 25. W. Animum, praesentibus aequum, omnibus divitiis praeferendum esse. — V. 1. βαθυληΐους. agros segete longe lateque tectos. τέμενος βαθυλήϊον *Homer.* Il. σ. 550. — V. 2. „Ex Archilochi versibus (Fr. X.), quos sibi imitan„dos proposuisse Alpheus videtur, summus Criticus „*Rich. Bentl.* ad Horat. p. 132. scribendum censet, οὐκ „ὄλβον, πολύχρυσος οἷα Γύγης. Nihil muto. Quum ἀρούρας „epitheton habeat, sic substantivo ὄλβον bene jungitur „πολύχρυσον et utrumque ad Gygen refertur, qui fuit di„ves et agri et auri.“ *Br.* In eandem sententiam, colore non absimili, *Horat.* III. Carm. XVI. 39. *Contracto melius parva cupidine Vectigalia porrigam, Quam si Mygdoniis regnum Alyattei Campis continuem.* *Tibullus* L. III. El. 3. 29. *Nec me regna juvant, nec Lydius aurifer amnis, Nec quas terrarum sustinet orbis opes. Haec alii cupiant. Li-*

cum mihi paupero cultu Securo cara conjuge posse frui. Ut Gygae et Croesi divitiae pro magnis opibus paroemiace dicuntur, sic Tantali quoque talenta passim occurrunt. Ap. *Aristaenetum* L. I. 10. p. 27. olim lectum fuisse suspicor: Ἀλύπιος οὐκ ἂν ἠλλάξατο τὸν Μίδου χρυσὸν, ἀλλὰ τὸν Ταντάλου πλοῦτον ἑκατοντάκις ἡγεῖτο τῇ μέρει, cum vulgo legatur τὸν πάντα πλοῦτον, perquam inficete. Vide *Zenobium* in Prov. VI. 4. p. 152. ibique *Schottum*. — V. 3. Macrinum, quem Alpheus h. l. alloquitur, Macrinum imperatorem esse putavit *Fabric.* in Bibl. Gr. Vol. II. L. I. 12. p. 14. sine causa idonea, ut monuit *Dorville* in Misc. Obss. T. VII. p. 70. — V. 4. τὸ μηδὲν ἄγαν. De auctore hujus dicti vide *Schol. Eurip.* Hipp. 265. et Epigr. ἀδέσπ. DVIII.

V. Cod. Vat. p. 372. Planud. p. 90. St. 132. W. Gloria Trojae rerumque sub Trojae moenibus gestarum memoria per Homeri carmina adhuc viget et durat. — V. 3. πύργῳ στεφάνη τε πόληος. Haec est Codd. omnium „et editionum veterum lectio, quam primus mutavit „H. Stephanus ob corruptum ἢ δὲ τὸν initio sequentis „versus. Hoc corrigendum erat et illud retinendum.“ *Br.* *Stephanus* dedit: ὑπὸ στεφάνῃσι π. Ἢ δὲ τὸν. Optima est *Brunckii* emendatio. Sequitur *Alpheus* eos, qui Hectorem ab Achille circa moenia raptum dicebant. *Euripid.* Androm. 107. Ἕκτορα, τὸν περὶ τείχη εἵλκυσε διφρεύων παῖς ἁλίας Θέτιδος. Vide *Heyn.* Excurs. ad Aen. I. 483. XVIII. p. 161. sq. — V. 5. ὅν. quo vate non una quaedam urbs, sed utriusque mundi, Orientis non minus quam Occidentis, plaga gloriatur.

VI. Cod. Vat. p. 371. Edidit *Jensius* nr. 109. *Reisk.* Anth. nr. 760. p. 157. Poëta ex Syria Romam profecturus Neptunum secundam navigationem rogat. — V. 1. ἵππιε. Notus Neptunus ἵππιος, rei equestris praeses. — V. 2. [illegible] ἀμφ. [illegible]. Ad hunc scopulum

„naufragium fecit *Reiskius*. Loquitur poëta de Caphareo, „quem praeternavigabant, qui Italiam e Syria pete- „bant. Infra p. 161. ὀλλύμενοι νήσοισι Καφηρίδος." *Br.* Hunc scopulum *Reiskius* certe non ignorabat, cum ad hoc carmen dubitaret, quod saxum Euboeae poëta signi- ficare voluerit. Qui Italiam e Syria petebant, Caphareum promontorium praeternavigabant quidem, sed ingenti intervallo, ita ut poëtam hujus potissimum rei causa Neptunum invocasse vix crediderim. Commemorari so- lent in deorum invocationibus loca, ubi maxime colun- tur et habitare putantur. Jam Neptuni regia circa Eu- boeam fuit. Apud *Homer*. Il. ν. 20. Neptunus, Samo- thracia relicta, τρὶς μὲν ὀρέξατ' ἰών· τὸ δὲ τέτρατον ἵκετο τέκμωρ, Αἰγάς· ἔνθα δέ οἱ κλυτὰ δώματα βένθεσι λίμνης χρύσεα μαρμαίροντα τετεύχαται. Conf. *Strabon*. L. VII. p. 592. — Hanc domum in fundo maris significare videtur *Alpheus* verbis ἀμφιαγεῖ σπήλαιῳ, rupem fluctibus exesam, an- trum, undique saxis dependentibus circumdatum. In Cod. Vat. Εὐβοίης legitur. — V. 3. Simili modo pre- catur *Philodemus* Ep. XXIV. 7. 8.

VII. Cod. Vat. p. 447. Planud. p. 8. St. 15. W. Expressum est carmen ex Epigr. *Alcaei Mess.* XIII. Ro- manorum arma terram et mare subegerunt; nihil jam superest praeter coelum. Quare Jovem poëta monet, ut portas Olympi claudat. Ex postremis verbis οὐρανὸν οἶμος ἔτ' ἔστ' ἄβατος, *Opsopoeus* inepte suspicatur, hoc carmen in Romanorum contumeliam scriptum esse; significari enim, Romanos coelo indignos esse. — V. 4. οὐρανίη δ' ὁμῶς. Cod. Vat. In marg. γρ. οἶμος.

T. 130.] *VIII.* Cod. Vat. p. 373. cujus auctoritate *Alpheo Mitylenaeo* tribuitur, in Planud. enim p. 99. St. 146. W. *Antipatro Thessalonicensi* inscriptum est. He- roum, Trojano bello illustrium, patrias fere eversas esse. Mycenarum quidem nec ruinas conspici. *Eustath.* ad

Il. β. p. 219. 30. ἐταπεινώθησαν δέ, φησί, μετὰ τὰ Τρωϊκὰ αἱ Μυκῆναι· καὶ οἱ τὸ Ἄργος ἔχοντες εἶχον καὶ Μυκήνας συντελούσας εἰς ἕν. χρόνοις δ' ὕστερον κατεσκάφησαν ὑπ' Ἀργείων, ὥς μηδ' ἴχνος εὑρίσκεσθαι τῆς Μυκηναίων πόλεως. Hoc et ſequens Epigramma imitatione expreſſit *Auſonius Argivus* T. II. p. 240. — V. 1. μὲν ὀνόματι. Vat. Cod. Fuit fortaſſe ἐν ὄμματι. — V. 2. πολλῶν. Vat. et Plan. Male. Vera eſt *Brunckii* lectio, quamvis ejus auctoritatem penitus ignoramus. Librarii metro timentes πολλὸν in πολλῶν mutaverunt. Breves ſyllabas in hac pentametri parte nonnunquam produci paſſim monuimus. — V. 3. παρερχόμενός τε Μυκήνην omnes editt. veteres. *Stephanus* γε ſcripſit. — Comparandus illuſtris *Sulpicii* locus ad *Ciceronem* Epiſt. ad Div. L. IV. 5. — Μυκήνη legendum eſſe, vidit *Joſ. Scaliger* in not. mſtis. — V. 5. αἰπολικὸν μήνυμα. De loco plane deſerto, μηλοβότῳ, ubi caprarum greges paſcentes conſpiciuntur. *Huetius* p. 12. comparat Epigr. ſeq. ubi item de urbibus dirutis δείκνυσθ' εὑμύκων αὔλια βουκολίων. Sed miror, poëtam eandem rem bis dixiſſe, idque iisdem prope verbis. Quare verſu praec. αἰπολίου deberi ſuſpicor librario, qui ad αἰπολικὸν oculis aberraverat. Scribe:

— ἔγνων, καὶ σκοπίλου παντὸς ἐρημοτέρην.

quam emendationem commendat et lenitas mutationis, et locus *Pompeji* Ep. I. p. 105. quem noſter ante oculos habuit:

Εἰ καὶ ἐρημαίῃ κέχυμαι κόνις ἔνθα Μυκήνη,
εἰ καὶ ἀμαυροτέρη παντὸς ἰδεῖν σκοπέλου.

— V. 5. Senes tantum urbem hoc loco fuiſſe meminerunt. — Κυκλώπων. Vide notas ad *Antip. Sidon.* Ep. LI. *Interppr. Thucyd.* L. VIII. p. 243. ſq.

IX. Cod. Vat. p. 373. Planud. p. 100. St. 147. W. Urbes, unde Trojae victores prodierint, everſas jacere, Trojam contra ſtare et ſupereſſe. — Magis poëtice quam vere hoc dici monuit *Dorvillius* in Misc. Obss. T. VII. p. 71. quum *Strabo* quidem L. VIII. p. 578. Argos et superesse et primum post Spartam locum obtinere dixerit. — Ἑλλάδος. Fuerunt inter veteres, qui Ἑλλὰς ap. *Homer.* Il. β. 681. pro urbis nomine haberent; nec, ut videtur, injuria. Vide *Strabon.* L. IX. p. 659. C. Cf. *Schönemann* de Geogr. Homeri p. 72. *Alpheus* certe Achillis patriam significare voluit. — V. 2. χρυσέη ἄκρ. Mycenae, quam urbem *Homerus* τὴν πολύχρυσον appellare solet. Hinc Perseus ortus. Praeclarus locus est *Pausaniae* L. VIII. 33. p. 668. de fortunae impotentia, in grandia aeque ac in exigua grassantis, ubi etiam Mycenarum fortunam commemorat: Μυκῆναι μέν γε τοῦ πρὸς Ἰλίῳ πολέμου τοῖς Ἕλλησιν ἡγησαμένη — ἠρήμωνται πανώλεθροι. — V. 3. ἔσβεσθ' ἡρώων emend. *Jos. Scaliger* in not. mstis. *Exstincta est gloria heroum, quorum virtute Trojae conciderunt moenia.* — Hoc ab *Alpheo* dici miror, qui Epigr. V. recte dixerat, heroum, in bello Trojano illustrium, nomen et gloriam ad omne aevum durare. Nec id profecto hoc loco agitur, heroum illorum nomina utrum floreant, an in oblivionem abierint, cum nonnisi urbium, unde victor Graecorum exercitus prodierat, fatum cum Trojae fortuna compararetur. Quae cum ita se habeant, *Alpheum* non sic scripsisse puto, ut vulgatur, κεῖνον κλέος, sed potius:

ἐσβέσαθ' ἡρώων κείνων ἕδος.

Sedes et patria heroum. *Hesych.* Κυκλώπων ἕδος. ἐπειδὴ Κύκλωπες ἐτείχισαν τὰς Μυκήνας. *Pindar.* Ol. β. 22. ὦ Κρόνιε — ἕδος Ὀλύμπου νέμων. Isthm. α. 42. ἐν Ἀχαιοῖς ὑψίπεδον Θεράπνας οἰκέων ἕδος. *Euripid.* Orest. 1247. κατὰ Πελασγὸν ἕδος Ἀργείων. Iphig. in Aul. 1527. δολόεντα Τροίας ἕδη. De deorum sedibus et templis ἕδος eleganter usurpatur, docente *Ruhnk.* ad Tim. p. 93. — Ne cui vero durior videatur metaphora in verbis ἐσβέσατο ἕδος, verbum σβέννυμι simili ratione passim occurrit pro *evertere, finire, ex-*

cidere; et in passivo pro *cessare, evanescere*. Ep. ἀδέσπ. T. III. p. 146. XX. σβέννυνται δὲ πηγαί. exaruerunt fontes, non solis aestu, sed serpente aquam potante. Ibid. p. 141. II. Tereus γλῶσσαν ἐμὴν ἔθέρισε, καὶ ἔσβεσεν Ἑλλάδα φωνήν. T. III. p. 284. DCXXIX. σβεννύντας κατὰ τεῦχεα τυραννίδα. — V. 4. ὄρφνην. Cod. Vat. — V. 5. ἄστυ πόλις Vat. Cod. Troja a Julio Caesare et Augusto agro, libertate et immunitate operum donata. Vide *Strabon.* L. XIII. p. 889. et *Interpp. Horatii* III. Carmin. III. 60. Ad sensum facit Epigr. Anth. Lat. T. I. p. 456. II. *Idem Agamemnonias dices cum videris arces: Heu victrix victa vastior urbe jaces.* — V. 6. εὐμύκων. Ex Lect. Ald. pr. in Ald. 2. et tertiam venit. εὐμύκων restituit *Ascensius.*

X. Cod. Vat. p. 372. Planud. p. 81. St. 118. W. *Antipatrum Thessalonicensem* reprehendit, quod Ep. XXXV. Delum insulam de vastitate sua conquerentem induxerit. Vide, quae ibi notavimus. Tractavit hoc carmen *Dorvill.* in Exercit. Del. p. 68. — Lemmati hujus carminis adscripsit *Jos. Scaliger* καὶ τοῦ Ἀντιπάτρου. quod quid sibi velit, non assequor. Certe hoc carmen pro *Antipatri* opere haberi nequit. — V. 1. ἀκάλευτον. Vide, quae congessit *Wernsdorf.* ad *Himer.* Or. IV. 2. p. 457. sq. — Κρονίδης. Neptunus fortasse, qui Jovi hoc praestitisse dicitur ap. *Lucian.* Dial. D. Mar. X. — V. 3. θεοὺς ap. *Stephanum*, typographi fortasse vitio. Veteres enim edd. omnes τεοὺς legunt. Per Apollinem et Dianam poëta jurat. — Membr. Vat. μὰ τέου — δαίμονες. — V. 6. Ἄγροιμ' οὐκ ἄ. ἤ σε λίγοι. sic Cod. Vat.

XI. „E *Pausania* L. VIII. p. 706. Non exstat in „Planudeae codicibus, ideo ab omnibus editionibus „abest. A Stephano in Appendicem relatum, et licet ibi „repetitum sit in Wecheliana p. 9. qui hanc editionem „curavit, hoc Epigr. addidit L. III. capite εἰς ἀνδριάντας. „Hoc loco in Vat. Cod. videtur esse; nam in Salmasii

„editione adſcriptum eſt auctoris nomen, quod ap. Pau„ſaniam non legitur, et additae variae lectiones, qui„buscum Pauſanias concinit." *Br.* Unde *Salmaſius* habeat, hoc carmen *Alphei* eſſe, fruſtra quaeſiveris. In Vat. membranis non magis legitur, quam in Planudea. *Alcaeo Meſſenio* tribuendum eſſe, ſuſpicabatur *Schneiderus.* Inſcriptum erat ſtatuae Philopoemenis Tegeae. Statuam equeſtrem eidem Delphis poſitam commemorat *Plutarch.* T. II. p. 451. ed. Tubing. — Valde hoc Epigramma torſit *Huetium* p. 21. qui id ap. *Pauſaniam* emendatius quam in Wecheliana legi non meminerat. — V. 2. πειγεαμένων. Wech. — πολλὰ μὲν ἄλλοις —. Idem de ſuo heroë Godofredo Italorum Virgilius: *Molto egli oprò col ſenno e colla mano.* — V. 3. αἰχματά. Wech. — ¶. 131.] V. 5. τροπαὶ ἐστεγμένα. Wech. — Praeclarum belli ducem fuiſſe Philopoemenem, evincunt duae de duobus Spartae tyrannis reportatae victoriae. Machanidam et Nabin poëta ſignificat. *Plutarch.* in Vit. Philop. c. X. et XIV. — V. 6. Wech. omiſſo Σπάρτας legit τὰν αὔξανομέναν. Eadem v. 7. ἐπεὶ αὐτὸ γία. ubi parum abfuit quin *Huetius* veram lectionem conjectando aſſequeretur.

XII. Cod. Vat. p. 372. Planud. p. 119. St. 172. W. In gallinam, quae, cum pullis incubaret, nive obruta eſt. — V. 1. χειμερίαις vulgo. — παλυνομένη τιτθὰς. Vat. Cod. — παλύνειν *inſpergere* paſſim. Ap. *Homerum* Od. ξ. 429. παλύνας ἀλφίτου ἀκτῇ. Il. λ. 560. λεύκ' ἄλφιτα πολλὰ πάλυνεν. De nive *Apollon. Rhod.* L. III. 69. νιφετῷ δ' ἐπαλύνετο πάντα. — τιθὰς ὄρνις. τιθαὶ ὄρνιθες. *Aratus* Dioſem. 228. Vide *Arnald.* Lect. gr. p. 128. — V. 3. οὐράνιος Vat. Cod. a pr. man. — V. 4. αἰθέρος οὐρανίων α. Vat. Cod. et Plan. *Brunckii* lectio ex ipſius editoris conjectura fluxiſſe videtur. Corruptelae ſuſpicionem movet tautologia in verbis νεφέων οὐρανίων αἰθέρος, et ejusdem vocabuli repetitio. Quamvis hanc paſſim admiſerunt Epigrammatarii. Fortaſſe ſcribendum:

— ἣ γὰρ ἔμεινεν
αἴθριος, οὐρανίων ἀντίπαλος νεφέων.

αἴθριος idem, quod ὑπαίθριος. Sub divo mansit, frigori exposita, tempestatem a pullis prohibens. αἴθριος. ὑπὸ τὸν ἀέρα. *Hesych.* αἰθρία. ἔξω ὑπὸ τὸν ἀέρα. λέγεται δὲ καὶ ὕπαιθρον. — αἴθρια στέφη. τὰ ἐξ Ὑπερβορέων κομιζόμενα· ὡς ἂν ἐν ὑπαίθρῳ τιθέμενα. αἴθριον καὶ αἴθριος ὁ ὑπὸ τὸν ἀέρα. *Suidas.* Conf. inprimis *Salmas.* ad Tertull. de Pall. p. 137. — Pro νεφέων autem si quis νιφάδων scribendum duxerit, me non valde refragantem habebit. *Antip. Sidon.* Ep. LXI. κρυερῶν ἀντίπαλον νιφάδων. ubi vide not. — V. 5. Πρόκνη κ. Μ. qui liberos vestris manibus obtruncastis. — ὀρνιθ. Color, ut ap. *Callimach.* Fragm. CXXIX. αἱρέων ἔργα διδασκόμενος.

APOLLONIDAE SMYRNAEI

EPIGRAMMATA.

¶. 132.] *I.* Cod. Vat. p. 510. Planud. p. 173. St. 253. W. Dormientem convivam poëta excitat, eumque, quam cito mors omnibus instet, monens ad potandum hortatur. — V. 1. ὑπνώεις. Vat. Cod. ὦ ἑταῖρε. Plan. et Vat. ὦ 'ταῖρε legendum esse, monuit *Casaub.* in not. mst. — V. 2. μοιριδίη μελέτη. Somnum *mortis quasi meditationem* vocat, ut imaginem mortis alii. Vide *Scheffer.* ad Aelian. V. H. II. 35. p. 136. — V. 4. ἄχρις. merum bibe, usque dum genua titubent. Cf. not. ad *Leonid. Tar.* Ep. XXXVIII. 2. T. II. p. 97. — V. 5. ἔτ' οὐ corrigendum, ut Plan. et Vat. habent. — Pro πολλὸς χρόνος membr. Vat. πολλός, πολλός, omisso χρόνος, quod fortasse verum est. — Deinde eaedem ἀλλ' ἄγ' ὀλίγον pro ἀλλά γ' ἐν. quod vel sine codicibus corrigendum erat. — V. 6. ἡ πολιή. vulgo. Longe elegantior Cod. Vat. lectio

ἡ συνἡ συνετή. *Philodem.* Ep. XIX. πολλὴ γὰρ ἐπείγεται ἀντὶ μελαίνης θρὶξ ἤδη, συνετῆς ἄγγελος ἡλικίης. Cf. ejusd. Ep. XIV. 3. 4.

II. Hoc et ſequens Epigr. in Leonem, puerum formoſum, Rhodenſem, non legitur in Muſa puerili, quam quidem hodie habemus in Vat. Cod. Planudes igitur exemplo copioſiore uſus eſt. Vide Prolegg. p. LXXXVI. Servata enim in Plan. p 294. St. 433. W. — V. 1. Κινύρην. Formoſiſſimus mortalium, Aſſyriorum rex, ſecundum *Hygin.* Fab. CCLXX. et CCXLII. Cypriorum regem eundem vocat, et Apollini in deliciis fuiſſe narrat *Pindar.* Pyth. II. 27. ſqq. ubi vide *Schol.* Conf. *Heynium* in Apollodor. III. 14. 3. p. 825. et *Munkerum* ad Anton. Lib. c. XXXIV. — φεύγας ἄμφω. Ganymedem et Paridem. — V. 3. Κερκαφίδη. Vid. Ep XIV. et *Strabon.* L. XIV. p. 654. — V. 4. ἢ τοίῳ λάμπεται ἠελίῳ. Formoſi pueri cum ſole comparantur, ut ap. *Meleagr.* Ep. XXXV. ubi vide not. p. 55. Simul autem, quod *Brodaeus* bene monuit, ad Solem, tutelarem inſulae deum, reſpicitur. — Pro ἴσον' Ed. Flor. pr. ἴσο' et verſu ſeq. λάμπεται. Prius Aldinae omnes et Aſcenſ. ſervarunt; alterum inepte commutarunt cum λάμπεται. Si vera eſt noſtra lectio, pro καὶ Ῥόδος legerim ἡ Ῥόδος.

III. Planud. p. 294. St. 434. W. Luſus in nomine Leonis. — Pro Ἀλκείδεω, quae eſt omnium editt. lectio, *Br.* Ἀλκείδην corrigit. — τὸ δωδέκατον. Victoria de leone non inter duodecim Herculis certamina foret, ſi ejusmodi ipſi leo obviam eſſet factus. In formoſos enim et formoſas non nimis fortem fuiſſe Herculem, omnis clamat antiquitas.

IV. Cod. Vat. p. 325. Edidit *Jenſius* nr. 42. *Reisk.* in Anth. p. 131. nr. 692. In mulierem, quae, cum oculorum lumine privata eſſet, binos enixa pueros ſolem jam pluribus quam antea oculis adſpicere videretur. —

V. 1. τεόν. Vat. quod *Reisk.* in τεῶν mutavit. Nec hoc valde elegans; non tamen editoris, sed poëtae vitio. φίλον φάος magis foret e poëtarum consuetudine. οὐκέτι non amplius oculis privata dici poteris. — V. 2. ἀνστόμῳ. *Jens.* ἀυστόμῳ. Cod. Vat. Hoc utrum in διαστόμῳ commutandum sit, an cum *Brunckio* in δοιοστόμῳ, difficile fuerit judicatu. — V. 3. ἐν abundat, ut saepe. περιθαλπές. Vat. Cod. — *Jensius* et *Reisk.* περικαλλές. — V. 4. τελειοτέρη. Perfectior et quodammodo integrior dicitur mulier, quae peperit; cum contra sterilis mulier praecipua quadam honoris sui parte carere videatur. Cf. *Propert.* IV. 11. 60. — Hanc poëtae sententiam esse, nullus dubito. *Reiskius* de initiatione in mysteria Orphica cogitans, totius carminis argumentum mire pervertit.

¶. 133.] *V.* Cod. Vat. p. 185. Edidit *Kuster* ad *Suidam* v. ἐπάρχεσθαι Tom. I. p. 248. *Reisk.* Anthol. nr. 486. p. 37. Euphron, parvi agri, nec majoris vineae possessor, deo, nescio cui, parva ex parvis munera offert; largiora promittens, si major ipsi copia contigerit. — Viri, qui loquens inducitur, nomen in Cod. Vat. Εὔφρων est. Σώφρων *Kusterus* exhibuit, eumque secutus *Reiskius*, licet in apogr. Lips. Εὔφρων repererit. Revocanda membranarum lectio. *Euphronis* nomen occurrit ap. *Heraclid. Sinop.* Ep. I. 5. T. II. p. 261. Omisso viri nomine hunc versum *Suidas* laudat in πολυσταφύλακος, sequentem in πολυγλεύκου Tom. III. p. 143. — βότρυος πολυγλ. uvae multum fundentis mustum, pro magna vinea. — V. 3. ἐπὶ κνίζοντι. Vat. ἐπικνίζοντι apogr. Lips. — V. 4. ῥᾶγας. Cod. Vat. Idem a pr. man. ῥῶγας exhibet. De vocabulis ῥάξ et ῥώξ, eorumque discrimine vide *Intrpp. Thomae M.* p. 774. sq. ubi *Bernardus* hunc versum excitavit. Conf. not. ad *Philodemi* Ep. XVIII. 7. — V. 5. εἰμὶ δ' ἐξ. Vat. et *Suid.* qui hoc distichon profert T. I. p. 248. σοὶ νῦν, quod *Kusterus* in apogr. Bigot. reperit, *Brunckius* in Buheriano, ex *Salmasii* libro profluxisse videtur. Non igitur erat, cur *Br. Reiskium* reprehenderet, qui et ipse emendationem periclitatus, ἐστὶ μὲν ἐξ ὀ. scribendum putavit. Proxime ad membranarum lectionem accederet:

ἡ μὲν δ' ἐξ ὀλίγων ὀλίγη χάρις — —

sive:

ἥδε μὲν ἐξ — —.

— V. 6. ἀπ' ἀρξόμεθα. *Leonidas Tar.* Ep. VIII. τῇδε πενιχρῇ Ἐξ ὀλίγων ὀλίγην μοῖραν ἀπαρχόμεθα.

VI. Cod. Vat. p. 185. Edidit *Kuster* ad *Suidam* v. θαλάμαι T. II. p. 161. *Reisk.* in Anthol. nr. 487. p. 37. *Goens* ad *Porphyr.* de Antr. Nymph. p. 105. Clito mellis ex alvearibus primitias diis offert. — V. 1. 2. laudat *Suidas* in σμήνη T. III. p. 342. ubi ἀντινομαίων legitur. Vocem divisit *Toupius* Em. in Suid. P. III. p. 427. ἀντὶ νομαίων, *victimarum loco.* Nempe Clito nec hoedum, nec ovem, sed quae in promtu erant, offerebat dona. νομαία, ἡ ἐκ τῆς νομῆς. *Suid.* T. II. p. 629. In Cod. Vat. ἀμφινεμοίων (αι supra) legitur. ἀμφινομαίων *Goens.* *Reiskius* incidit in ἀνθονομαίων, *flores depascentium.* — Nomen dedicantis ap. *Suidam* est Κλειτός. — V. 3. 4. *Suidas* in τηλοτόνοις, τῆς πόρρω τεταμένης, T. III. p. 461. ubi δῶρον ἀφ' ἱμάντου, sine sensu. *Kusterus* in suo apographo ἀπημάντου inveniens, veram lectionem facile detexit. — V. 5. 6. *Suid.* in θαλάμαι T. II. p. 161. ubi edd. vett. σμηνοπαγεῖς legunt. Idem v. 5. profert in θεσμοτόκων. τὰς μελίσσας φησὶ διὰ τὸ αὐτακτον. T. II. p. 190. In Vat. quoque junctim legitur θεσμοτόκων, quod *Suidas* igitur accepit de apibus, quae *magnis agitant sub legibus aevum.* *Virgil.* Georg. IV. 154. Sed noli dubitare, quin recte scripserit *Br.*: δ' ἑσμοτόκων. *Kuster.* et *Goens* δ' omiserunt. — Mox ἐκ δὲ μ. ex *Suida* assumtum est. In Cod. enim Vat. οὐ legitur. — νέκταρος. *Eurip.* in Bacch. 142. ῥεῖ δὲ μελισσᾶν νέκταρι. *Virgil.* Georg. IV. 163. *aliae purissima mella Stipant, et liquido dissendunt nectare cellas.* — κηροπαγὴς θάλαμος est ap. *Niciam* Ep. VII. μελισσῶν ἄπλαστοι χειρῶν αὐτοπαγεῖς θαλάμοι. *Antiphil.* Ep. XXIX.

VII. Cod. Vat. p. 161. Planud. p. 415. St. 550. W. Menis, piscator, Dianae dapes pro paupertate sua apponit, ut largam ipsi capturam praebeat, precatus. — V. 1. *Suidas* h. versum cum particula sequentis profert in λιμενῖτιν T. II. p. 447. Idem integrum distichon laudat in τρίγλαις T. III. p. 502. et in φυκίδα T. III. p. 642. In his omnibus locis λιμενῖτιν legit, quae est Vat. Cod. lectio. Sed λιμενῖτιν legendum esse contendit *Toup.* ad Suidam P. III. p. 491. Πέλαγος λιμενίτας est ap. *Leon. Tar.* Ep. LVII. Sed fortasse ne sic quidem vera lectio restituta est, cum legendum sit:

καὶ φυκίδα σοί, λιμενῖτι

Ἄρτεμι — — —

tibi, o Diana, quae in portubus coleris. unde λιμενοσκόπος ap. *Callimach.* H. in Dian. 259. qui etiam v. 39. Jovem Dianae munia tribuentem inducens, καὶ μὲν ἀγυιαῖς, ait, ἔσσῃ καὶ λιμένεσσιν ἐπίσκοπος. Hinc poëta divam interrogat v. 183. Τίς δαί νύ τοι νήσων, ποῖον δ' ὄρος εὔαδε πλεῖστον; Τίς δὲ λιμήν; — τρίγλην ἐπ' ἀνθρακιῆς. mullum in carbonibus tostum et adhuc calentem. Vide de τρίγλη *Camus* Notes sur Aristote p. 788. Mullus Dianae sacer, ut alii dicunt, propter nomen: vide *Phurnut.* de N. D. p. 232. *Athen.* L. VII. p. 325. Alii ludicram causam afferunt; ut poëta ap. *Athen.* L. I. p. 5. D. Τρίγλη δ' οὐκ ἐθέλει νεῦρον ἀκήρατος εἶναι. Παρθένου Ἀρτέμιδος γὰρ ἔφυ καὶ στύματα μισεῖ. — φυκίδα. Vide *Asclepiad.* Ep. XXVIII. — V. 2. Qui hic Μῆνις vocatur, ap. *Suidam* et in Plan. Θῆρις est. In Planudeae tamen Codd. Μῆνις. — V. 3. *Suidas* T. II. p. 15. ζωρότερον. ἀκρατότερον. ἐν ἐπιγράμματι· καὶ ζωρότερον κεράσας ἰσοχειλέα. καὶ Ὅμηρος· εἰπὼν, ζωρότερον δὲ κέραιε. — ἰσοχειλέα. usque ad scyphi marginem. Xe-

noph. Exp. Cyri L. IV. 5. 19. οἶνος κρίθινος ἐν κρατῆρσιν· ἐνῆσαν δὲ καὶ αὐταὶ αἱ κριθαὶ ἰσοχειλεῖς. — Particulam hujus versus cum sequente integro laudat *Suid.* in αὖον T. I. p. 382. — V. 5. αἰῶν. Plan. Vat. — λίνα. tibi, Diva, omnia retium, i. e. venationis genera tributa sunt. Dianae autem piscatus, non minus ac venationis, primitiae offerebantur. *Spanhem.* ad Callim. H. in Dian. 39. p. 197.

VIII. Cod. Vat. p. 493. Plan. p. 35. St. 51. W. Cajum, Lucii filium, primam barbam detondentem, poëta, ceteris aurea munera ferentibus, carminibus celebrat. Expressum hoc carmen ex *Antip. Thess.* XXI. De more diem, quo juvenes barbam comamque ponebant, celebrandi vide *Raderum* ad *Martial.* L. IX. 17. *Barthium* ad *Statii* Sylv. III. 4. p. 326. et quos laudat *Fabric.* ad *Dion. Cass.* T. I. p. 551. De Cajo, in cujus honorem nostrum Epigramma conscriptum est, conjecturas protulit *Reiskius* in Not. Poët. p. 194. de quibus tum dicemus, ubi de *Apollonidae* aetate disputabimus. — V. 1. παρειῶν πρῶτον. vulgo. πρῶτον est in Aldinis. Cod. Vat. vulgarem formam παρειῶν poëticae substituit. — θέρος. *primam messem*, primum proventum. Epigr. VI. ἀμώντας ἐκ με ταμὼν, γλυκερὸν θέρος. Poëta respexit *Callimach.* H. in Del. 298. παῖδες δὲ θέρος τὸ πρῶτον ἰούλων Ἄρσενες ἠιθέοισιν ἀπαρχόμενοι φορέουσιν, quod *Ruhnkenius* monuit Epist. crit. p. 163. — ἕλικας. *Strato* Ep. IX. τρυφεραὶ κροτάφων ξανθοφυεῖς ἕλικες. — Pro κείρειν Ald. sec. vitiose κόρειν. — V. 4. λευκον. Cod. Vat. Aldus in Codd. invenit ἰούλων λευκον. quod in Ald. sec. et tert. receptum est. — ¶. 134.] V. 5. χρυσείοισιν. In eundem sensum *Horat.* IV. Carm. VIII. 9. – *non haec mihi vis: nec tibi talium Res est aut animus deliciarum egens. Gaudes carminibus: carmina possumus Donare et pretium dicere muneri.*

IX. Planud. p. 338. St. 478. W. In Priapum, Phylomachi opus, qui, non procul a Gratiis collocatus, se in genua concidisse ait. Genubus innixus Priapus conspicitur ap. *Montefalconium* Suppl. T. I. P. II. Planche 180. — V. 3. „Φυλόμαχος. Sic Vat. Cod. Triplici modo „scriptum occurrit hujus statuarii nomen: Φιλόμαχος in „Polybii fragm. ap. *Suidam* v. Προυσίας. Φυλόμαχος et Φυ„ρόμαχος. Hoc ultimum verum est. Vide Diodori Ex„cerpta p. 588. Primo modo hoc nomen efferri debere, „frustra contendit P. Leopardus Emend. III. 21. Plus „semel a Plinio memoratus, cui Pyromachus audit. Vide „*Harduin.* T. II. p. 656. not. 145. Florebat circa „Olymp. CXX. Falsus est circa hunc artificem Junius „in Catal. qui duos ex uno facit." *Br.* Hoc carmen si in Vat. Cod. legitur, meam diligentiam effugit; sed cum ad artium opera spectet, equidem in illo codice reperiri dubito. — V. 3. Χαρίτων καλιῆν. μίαν τῶν Χαρίτων, καὶ ταύτην καλήν. Sed depravata videtur vulgata lectio et sic emendanda:

Χαρίτων δέ με ἄγχι καλιῆν
ἀθρήσας — —.

Prope Priapum illum Phyromachi Gratiarum sacellum fuit. Hinc poëta supplicantem dei statum ingeniose interpretatur: Gratiarum sacellum in propinquo conspicatus, ne quaeras, cur sic in genua procubuerim. καλιαὶ, *tuguria*, (vide *Graevii* Lectt. Hesiod. XI. p. 57.) passim deorum sacella significant. *Hesych.* καλιαί. νοσσιαὶ ἐκ ξύλων· καὶ ξύλινά τινα περιέχοντα ἀγάλματα εἰδώλων. δηλοῖ δὲ καὶ σκηνὴν οἰκίαν. *Crinagor.* Ep. VII. Πανός τ' ἠχήεσσα πιτυστέπτοιο καλιή. Idem Ep. XV. Ἑκάλης φιλοξείνοιο καλιὴν, de Hecales tugurio, ut *Leonid. Tar.* Ep. LV. et *Apollon. Rhod.* L. I. 170. μυχάτῃ καλιῇ.

X. Planud. p. 337. St. 477. W. Pan, deus agrestis, sibi ex aureis poculis, vino pretioso, majoribusque victimis litari nolit. — V. 2. Ἰταλοῦ. e longinquo arcessiti.

Finge tibi poëtam, cum haec scriberet, in Smyrnae aliusve oppidi Asiae agro versantem. Recensum vinorum Italiae ex *Galeno* dedit *Athenaeus* L. I. p. 25. sq. — V. 3. γυροὺς τένοντας. Fortasse de torosis taurorum cervicibus accipi debet. τένοντα pro ipsa cervice posuit *Lucian.* in Tyranno §. 19. T. III. p. 199. ed. Bip. ἀνάβαινε σὺν καὶ τὸν τένοντα τοῦ ἀλιτηρίου καταπέτει. Fortasse etiam de incurvatis tauri cruribus. Conf. *Foesium* in Oec. Hipp. v. τένοντες p. 370. — πέτρῃ. De ara interpretantur. Vide, an scriptum fuerit πεύκῃ, sive πτελέῃ, *ulmo*, in cujus umbra Panis signum collocatum fuit scilicet. Cf. not. ad *Anytes* Ep. VII. p. 426. — V. 5. »αὐτόξυλος. μονόξυλος. « Vide Hesychii Intrpp. in hac voce. Idem est, quod μονοστόρθυγξ supra in Diodori Ep. III. p. 80.« *Br.* Optima est observatio *Eustathii* ad Il. ψ. p. 1457. 34. plurimis vocabulis, quae cum αὐτὸς composita sunt, recensitis: αὐτόξυλον ἔκπωμα παρὰ Σοφοκλεῖ (Philoct. 35.) καὶ ὅλως ὅσα ἔργα οὐκ εἰς κάλλος ἐσκεύασται. Eodem sensu *Philippus* Ep. VII. κόψας ἐκ φηγοῦ σε τὸν αὐτόφλοιον ἔθηκε Πᾶνα Φιλοξενίδης. — ἀρνοθοίνῃς. agna contentus, taurum mihi immolari nolo. — V. 6. ἐγχθονίου κύλικος. vini domestici, in ipso agro nati, pocula. *Brodaeus* mallet καὶ ἐκ χθονίου, ut sit mustum ex fictilibus poculis. Non placet. Quamvis in hoc disticho nihil est, quod opponatur χρυσείοις δεπάεσσι vers. 1., non tamen sic in ordinem cogendi sunt poëtae, ut eos ad severam dialectices normam exigere conemur.

XI. Cod. Vat. p. 398. sq. Planud. p. 88. St. 129. W. Fons, cui nomen *puri*, manare desierat, ex quo latro ibi cruentas manus abluerat. Huc facit *Pausan.* L. IX. 30. p. 769. de amne Helicone agens, quem Diatae olim aperto alveo manasse narrabant: τὰς γυναῖκας δὲ, αἳ τὸν Ὀρφέα ἀπέκτειναν, ἐναπονίψασθαί οἱ θελῆσαι τὸ αἷμα· καταδῦναι δὲ ἐπὶ τούτῳ τὸν ποταμὸν εἰς τὴν γῆν, ἵνα δὴ μὴ τοῦ φόνου καθάρσια τὸ ὕδωρ παράσχηται. — V. 1. ἡ καθαρή. Vat. Cod.

et Plan. Nec mutanda erat lectio. Junge: ἡ καθαρὴ — οὔκέτι βλύζω. Paulo longior verborum ambitus, sed propterea non vitiosus. Quin Brunckiana lectione admissa omnis contextus elegantia penitus tollitur, postremo disticho, paralytici membri instar, misere pendente. — V. 2. κρήνη. Ed. pr. tres Ald. et Ascens. — V. 3. παρακλίντορας. Vat. Cod. — Latro viros quosdam ad hunc fontem recubantes interemerat. — Expressit hoc carmen *Antiphanes* Ep. VII. p. 205.

XII. Cod. Vat. p. 242. Planud. p. 199. St. 290. W. Scriptum in Aelium, militem fortissimum, qui gravi et incurabili vexatus morbo, gladio incubuerat, ne quis eum a morbo superatum dicere posset. Imitatus est hoc carmen *Philippus* Ep. XXV. p. 218. — V. 2. σπειρόεσσι. multis aureis coronis, quas virtutis causa acceperat, cumulatus. Non de coronis proprie dictis, quas inter militum Romanorum praemia fuisse nemo ignorat, sed de torquibus aureis agi videtur, quae item fortibus donabantur. Vide *Taciti* Annal. II. 9. *Quintil.* Inst. Or. VI. 3. 79. — *Philippus* l. c. ὁ ψελλίοις αὐχένα χρυσοδέτοις ἐκ πολέμου στεφάνοις. — αὐχένας ὅπλοφ. suam cervicem, armorum pondere gravatam. — ¶. 135.] V. 3. τέρμα ἄφυκτον, quam *extremam necessitatem* vocat *Sallustius* Fragm. p. 940. Cort. qui *neminem*, *nisi qui muliebri ingenio sit*, *illam exspectare* pronuntiat. — Hunc versum cum sequ. laudat *Suid.* in ὑπάτῳ T. III. p. 533. ubi εἶδεν exhibetur, quod a vulgata nihil differre temere judicat *Toupius* Em. in Suid. P. III. p. 513. — „In Planud. ἀρείονα ὑμφανὲς εἰς ἰδίην. At codd quatuor, vett. editiones et „Suidas habent ἐμφανὲς, quod genuinae lectioni propius „accedit, quam a Reiskio sagaciter detectam recepi. „Mallem ἔφθασεν. Nam ἔφθανεν est imperfectum, in quo „α longum. Corripiunt tamen Attici. Vide Clark. ad „Il. β. 43. Hunc morem Epigrammatarii saepe sequun„tur. Vide infra Bianoris V. 6. et Leonidae IV. 3.“ *Br.*

ἀμφανὴς habet Ed. pr. et Ascens. ἀμφανὲς Aldinae. Vitium notavit *Toupius* l. c. qui ἀρούτεων ἔδραμον εἰς ἰδίων correxit ex Ep. *Philippi*: τηξιμελεῖ νούσῳ κεκολουμένος ἔδραμε θυμῷ Ἐς προτέρων ἔργων ἄρσενα μαρτυρίην. Huic conjecturae calculum adjecit *Gilb. Wakefield* in Sylv. crit. T. I. p. 163. ubi praeterea pro νοῦσον ὅτ' εἰς — tentat: νόσσων ὅτ' εἰς ὁ. quod *Philippi* imitatione refellitur. — V. 5. θνήσκων. Vat. Cod.

XIII. Cod. Vat. p. 401. Planud. p. 73. St. 107. W. Maris perfidiam et rapacitatem poëta increpat, quod Aristomenem ipsis halcyoniis diebus submerserit. — V. 1. „In Planudea corrupte legitur καί ποτε ἀνήεις. Verbum „νάω adstruit Spanhem. ad Callim. p. 329. editionis no„vissimae." *Br.* In antiquis edd. omnibus ἀνοίης habetur. In Vat. Cod. ἀνήεις, et superscriptum a rec. man. θεῖεα Βόσπορος; fortasse pro ἀνηθεῖεα Βόσπορος. quod nihil est. Pro meo tamen sensu Brunckiana emendatio languet. Verbo carere possumus, si legatur:

καὶ πότε δὴ νήσοισ' ἄφοβος πόρος — — —

nec, si literarum spectaveris ductus, haec lectio illa minus videbitur probabilis. *Lollius Bass.* Ep. V. εὐλίμενοι νήσοι Καφηρίδες. — V. 2. ἐν omittit Vat. De diebus halcyoniis multi dixerunt. Vide *Interpp. Lucian.* T. I. p. 444. ed. Bip. — αἷς πόντος. Quod poëta mare in halcyonum gratiam facere ait, id *Theocritus* ipsis halcyonibus tribuit Eid. VII. 57. Ἁλκυόνες στορεσεῦντι τὰ κύματα, τάν τε θάλασσαν — Ἁλκυόνες, γλαυκαῖς Νηρηίσι ταί τε μάλιστα Ὀρνίχων ἐφίλαθεν, ὅσαισί περ ἐξ ἁλὸς ἄγρα. — στηρίξατο. ἐστήρισε. ἔθηκε. firmum et tantum non immobile reddidit, ita ut vel ipsa terra minus videatur fida. — V. 5. „γαῖα. Inepte. Scribendum μαῖα. Ingeniosa et certissi„ma emendatio Munkero debetur ad Hyginum p. 133. „Sic supra Antip. Thessal. XXXV. Delum Latonae „μαῖαν vocat." *Br.* Sensus est: Eo ipso tempore, quo

Z 5

te maternos animos sumsisse et halcyonum partibus favere gloriaris, Aristomenem una cum navi mersisti fluctibus. Vulgatam ita defendi posse putabat *Huetius* p. 9. ut γαῖα sit, *cum te alteram terram esse jactas*. *Scaliger* tentabat γαίῃ καὶ νήσσαν ἐ. in quo felix ejus ingenium desidero. Male etiam *Brodaeus* ὠδίνεσσι *procreatis hominibus* interpretatur, cum manifestum sit, ad halcyonum ὠδῖνας respici. *Grotius* vertit:

Tempore at hoc, fidum jactas quo partubus esse,
Ipsum onus et dominum mergis Aristomenem.

ulcus hujus loci non attingens. Sed *Hieronymus de Bosch*, Vir clar. hoc tamen loco *Munkeri* emendationem μαῖα in textu posuit. Hoc vocabulum sensu figurato usurpavit *Dionysius* Ep. X. οὐδὲ Κυρήνη Μαῖά σε πατρῴων ἐντὸς ἔδεκτο τάφων. *Julian. Aeg.* Ep. XXXII. Παφίη προὔνευσε — Μαῖαν Ἀπολλωνίου εὑραμένη παλάμην.

XIV. Cod. Vat. p. 404. Planud. p. 83. St. 123. W. Historia de aquila, quae, quo tempore Tiberius Nero Rhodi habitabat, in fastigio aedium ejus consedit. Rem narrat *Sueton.* Vit. Tiber. c. XIV. *Ante paucos vero quam revocaretur* (Tiberius) *dies aquila, nunquam antea Rhodi conspecta, in culmine domus ejus adsedit*; cui loco *Casaubonus* Epigramma nostrum admovit. — V. 1. Ῥοδίοισιν ἀνέμβατος. *Rhodus aquilam non habet. Plin.* H. N. L. X. 41. Tom. I. p. 560. — ἀνέμβατος insolenter vi activa ponitur, de eo, qui accedere ad locum non solebat, cum proprie sit *inaccessus*. — V. 2. Κερκαφίδαις. Vide ad Ep. II. 3. — ἄϊστον. quam nunquam viderant; quam fando audiverant tantum. — V. 3. ὑψιπετῆ ταρσόν.

ω

alas, quibus summa coeli petit. — ἀερθεὶς Vat. Cod. — V. 4. Ἀελίου νᾶσον. Rhodum, Soli sacram insulam. Vide ad *Antiphil.* Ep. XIX. — V. 5. χειρὶ συνήθης. ut ad Jovis, ita ad Neronis manus accedere consueta. — V. 6. Ζῆνα τὸν ἐσσόμενον. Hinc intelligitur, Epigramma scriptum esse demum post Tiberii adoptionem, tribus annis post illud portentum. Nam quo tempore Rhodi versabatur, Cajo et Lucio adhuc viventibus, nulla futuri regni spes fuit. Postea, rebus immutatis, illa aquila futurum Tiberii honorem portendisse videbatur. Simile augurium narrat *Plutarch.* T. II. p. 340. C.

XV. Cod. Vat. p. 396. Plan. p. 32. St. 48. W. De cervis, qui, cum nivem in montibus collectam fugientes, in fluvium descendissent, aqua subito frigore constricta, glacie tanquam compedibus capti sunt. — V. 3. ἐφόρμησαν ἐλπίδι φρούδῳ. Vat. Cod. cujus lectionis ductu *Pierson.* ad Moer. p. 383. correxit ἐλπίσι φρούδαις, cum vulgo χειμεραῖς legatur. *Spe irrita ad fluvium venerunt.* ἐλπίδας φρούδας. *Eurip.* Ion. 866. — Versu sequ. vulgo ἄσθμασιν legitur; in Vat. Cod. ἄσθμασι. Hoc in νάμασι mutavit *Ruhnkenius* ap. *Piersonum.* Ad fluvium cervi venerant, ut liquidis aquis genua soverent. Nihil tamen vitii hic suspicatus est *Grotius*, qui vertit: *Spe subeunte petunt fluvios, velocia crura Mitior ut surgens aura tepefaceret.* Pro meo quidem sensu νοτερὸν ἄσθμα non solum idem dicit, ac *Ruhnkenii* emendatio, sed etiam exquisitius. ἄσθμα est aura ex aquis commota, vel in aquis latens, quae calore quodam artus fovet et penetrat. *Antip. Sid.* Ep. LXIII. ἤειπεν ἰσχαλέον λάβρον ἐπ' ἄσθμα πυρός. Epigr. inedit. φυγόντες ὀπωρινὸν κυνὸς ἄσθμα. — Pro γόνυ Cod. Vat. γόνου. — V. 6. χειμερίης. Vat. Cod. — Glacie tanquam in pedica capti sunt. — V. 7. Turba agricolarum, cum cervos sic captos vidissent, eos occidit praedamque sine retibus ullove labore (λίνου) partam consumsit. — V. 8. στάλικα. Vat. Cod.

¶. 136.] *XVI.* Vat. Cod. p. 405. Planud. p. 97. St. 142. W. De Scyllo, urinatore, qui clam mare subiens anchoras, quibus Persarum naves nitebantur, amputavit. — V. 1. ὁ Σκύλλις. Hujus viri nomen triplici mo-

„do effertur, Σκυλλίας, Ionice Σκυλλίης, Σκύλλις et Σκύλλος. „Vide Kuhn. ad Polluc. p. 787. Hic in omnibus libris „ſcriptum eſt Σκύλλις, in Vat. etiam membrana, ubi „praefixum hoc lemma: εἰς Σκύλλον τὸν τὰς ἀγκύρας τῶν „Περσικῶν νεῶν νυκτὸς ἀποκείραντα. Mutandum non erat ju„dice Valckenar. ap. Herodot. p. 622. Sciam aliquan„do, quid in Athenaei ſcriptis libris ſit, ubi forte repe„rietur Κυάνης φησὶ τῆς Σκυλλίου." *Br.* Locus *Athenaei*, quem in animo habebat *Brunckius*, eſt L. VII. p. 296. F. a *Valckenario* tentatus ad Herodotum l. c. Αἰσχρίων δὲ ὁ Σάμιος ἔν τινι τῶν Ἰάμβων, Ὕδνης (Κυάνης) φησὶ τῆς Σκύλλου τοῦ Σκιωναίου κατακολυμβητοῦ θυγατρὸς τὸν θαλάσσιον Γλαῦκον ἐρασθῆναι. Ap. *Pauſaniam* enim L. X. p. 842. Scyllis (ſic enim ibi vocatur) filiam Cyanen docuiſſe narratur καταδῦναι καὶ εἰς τὰ βαθύτατα τῆς θαλάσσης. Scylli hujus δύτεω τῶν τότε ἀνθρώπων ἀρίστου, ut *Herodotus* ait, nobile facinus, de quo hoc carmine agitur, in tabula picta repraeſentatum fuiſſe docet *Plin.* XXXV. 39. 32. *Androbius pinxit Scyllin anchoras Perſicae claſſis praecidentem.* Vide *Heynium* in Comment. X. p. 97. Poſita eſt eidem ſtatua Delphis, quam *Pauſanias* vidit, qui inprimis conſulendus eſt L. X. 19. p. 842. — Σκύλλις *Brunckius* ex *Brodaei* conjectura recepit. — V. 2. ἤλαυνεν. Cod. Vat. Carere poſſumus inutili fulcro, quod etiam abeſt ab ed. pr. tribus Aldinis et Aſcenſ. κακοῖς ἐλαύνειν hoc ſenſu dixit *Euripid.* Androm. v. 31. ἐλαύνεται συμφοραῖς οἶκος. Ion. 1619. — εὕρετο. Vat. Cod. Mox idem Νηρῆος et ὑποπλεύσας. — λαθρίοις τενάγεσσι. Ipſe Scyllis clam (λάθριος) deſcendit usque ad fundum maris, qui h. l. τέναγος vocatur, quod proprie locum coenoſum ſignificat. — ὅρμον. Idem quod ἕρμα, ipſum ancorae pondus, quo navis retinetur. *Pauſan.* l. c. οὗτοι (Scyllis cum filia) περὶ τὸ ὄρος τὸ Πήλιον ἐπιπεσόντος ναυτικῷ τῷ Ξέρξου βιαίου χειμῶνος προσεξειργάσαντο σφίσιν ἀπώλειαν, τάς τε ἀγκύρας καὶ εἰ δή τι ἄλλο ἔρυμα ταῖς τριήρεσιν ἦν, ὑφέλκοντες. —

V. 5. ἐπὶ γῆς. navibus versus litus pulsis Persae perierunt. In talibus ἐπὶ motum ad locum significat. ἐπὶ τῆς γῆς κατεπίπτον. *Xenoph.* K. Π. IV. 5. 54. — ὤλισθον. omnes edd. vett. Stephaniana, operarum vitio, ὠλίσθανε. — πρώτη πεῖρα Θεμ. Themistoclem igitur Scyllin excitasse putavit *Apollonidas*, ut illud facinus aggrederetur: Fuerunt fortasse ex Atticis scriptoribus, qui rem in Themistoclis laudem traherent; sicut alii Boream, ab Atheniensibus invocatum, Persis illam cladem intulisse narrabant. Vide *Herodotum* L. VII. 189. sq. p. 594.

XVII. Cod. Vat. p. 393. Planud. p. 111. St. 162. W. In Melitinnam, quae, cùm nuntium de filii Dionis naufragio accepisset, naufragi cujusdam cadaver, ad litus appulsum, tanquam filii sui corpus, sepelivit; cum, ecce, brevi post tempore Dio salvus cum nave sua rediit. — V. 1. Μελίτεια. Cod. Vat. Μελίτινα vulgo. Prius verum videtur. Μελίτεια bis occurrit ap. *Leonid. Tar.* Ep. VIII. et IX. — V. 3. 4. Eleganter *Grotius*: *Conspicit alterius propulsum corpus ab undis, Et miseram proprii movit imago mali.* — V. 6. » ἐς » γαλήνην. Vat. Cod. et duo Planudeae ἤλυθεν ἐκ γαλῆς, unde » Salmasius reponebat Αἰγαλῆς. Proba videtur vulgata » lectio « *Br.* Inepta est *Salmasii* conjectura; sed vulgata, quae *Planudis* inventum est, ita languet, ut nefas sit dubitare, quin in Vat. Cod. lectione ἐκ γαλῆς verum lateat. Scribe:

ἤλυθεν εὐκταίης· οὗτος ἀπ' ἐμπορίης.

Nihil hac emendatione certius. Peregrinatione ex voto peracta salvus rediit mercator. *Theo* Ep. I. T. II. p. 405. εὐκταίων ἄχρις ἵθην λιμένων. *Crinagor.* Ep. XII. ἠοῖ ἐπ' εὐκταίῃ. Apud *Euripidem* Med. 169. vulgo legitur: Θέμιν εὐκταίαν ἐπιβοᾶται — ubi ἰχναίαν legendum censebat *Ruhnkenius*, probante *Piersono* ad Moerin p. 137. sq. Frustra vulgatam tuetur *Musgravius*. Sed vide, an scribendum sit:

Θέμιν ἱκταίαν ἐπιβοᾶται.

quod propius accedit ad εὐνταίαν. Frequenter enim ευ et α in Codd. commutantur. ἀνταῖος eſt, quae ſupplicum exaudit preces. Vide *Heſychium* v. ἀνταία, et *Ilgen* in Opuſc. Philol. p. 271. — V. 7. Quam diverſae ſunt matrum ſortes! Haec (Melitea) quem nunquam videre ſperaverat, vivum ampleƈtitur; illa (cujus filium Melitea pro ſuo humaverat) ne mortuum quidem videbit filium.

XVIII. Cod. Vat. p. 403. Planud. p. 11. St. 19. W. De equo humanis carnibus veſcente. Ejusmodi equi portentum monſtrabatur Londini ao. 1771. Qui cum forte vincula rupiſſet, hominem devoravit, aliusque laniavit viſcera. Vide *Camus* Notes ſur Ariſtote p. 200. n. 6.

μασσ

— V. 1. ξυνὴν Vat. Cod. — V. 2. ὑπ' ἀ. ε. φρισσόμενον. Vat. Cod. φρυάττεσθαι de equo hinniente ſolemnius. Sed propter hanc ipſam cauſam Vatic. Cod. lectionem praetulerim. *Schol. Theocriti* Eid. V. 141. φριμάσσεσθαι. ἀπὸ τοῦ ἤχου τῶν αἰγῶν ὠνοματοπεποίηται. λέγεται δὲ τοῦτο καὶ ἐπὶ τῶν ἵππων. *Herodot.* L. III. 87. p. 242. τὴν χεῖρα πρὸς τοῦ Δαρείου ἵππου τοὺς μυκτῆρας προσενεῖκαι. τὸν δὲ αἰσθόμενον φριμάξεσθαι καὶ χρεμετίσαι. *Suidas:* φριμασσομένη. χρεμετίζουσα. ἐγειρομένη. ἡ ἀτάκτως πηδῶσα. ἡ δὲ ἵππος ὑπεσθόρμητα φριμασσομένη ἐχώρει, καὶ ἀδύνατα εἶχεν ἐς τὰ ἄδενδρα (κατάδενδρα. *Toup.* Em. P. III. p. 553.) ἐπιβῆναι. καὶ αὖθις. κτύπου τῶν ὅπλων καὶ φριμαγμοῦ τῶν ἵππων καταπεσόντες ἐξεπλήσσοντο. — V. 3. Θρηϊκίης φάτνης. Vetus de Diomedis equis fabula animum ſubit. Vide *Hygin.* Fab. XXX. et quos laudavit *Fiſcherus* ad Palaeph. c. IV. p. 35. — παλιὸς Vat. Cod. pro παλαιὸς, ut videtur; male. Exquiſitae eſt elegantiae illud παλιὸς λόγος, cui ſimilia dedit *Pierſon.* ad Moerin p. 353.

XIX. Cod. Vat. p. 430. Plan. p. 19. St. 31. W. Philinna moribunda maritum Diogenem rogaverat, ut liberorum cauſa ſecundas nuptias ne contraheret. At ille, conjuge defuncta, promissi immemor, uxorem ducere parat. Quo facto, ipsa nuptiarum nocte, cubiculum gravi ruina dormientes opprimit. — V. 2. σπείσαις. vulgo. Nostrum est in Vat. Cod. Cum his precibus comparanda sunt, quae Alcestis Admetum rogat ap. *Euripidem* v. 304.

— τούς γε γὰρ φιλεῖς
οὐχ ἧσσον ἢ 'γὼ παῖδας, εἴπερ εὖ φρονεῖς·
τούτους ἀνάσχου δεσπότας ἐμῶν δόμων,
καὶ μὴ 'πιγήμῃς τοῖσδε μητρυιὰν τέκνοις.

— V. 3. ἑταίρην. Vat. Totum hunc versum omittit Ald. sec. — ¶ 137.] V. 4. Mire haec vertit *Grotius: Tam grave dissidium prima nam nocte subortum est, Cerneres ut thalami gaudia nulla sequens.* θάλαμον igitur sensu figurato de conjugio accepit, statim a prima nocte ira quadam (μήνιδι) sponsorum turbato et dirupto. Nescio, quid alii sentiant; mihi certe haec interpretatio vehementer jejuna videtur. Nullus dubito, quin thalami ruinam significare voluerit *Apollonidas*, qualem casum deplorat auctor Ep. ἀδεσπ. DCLXXIV. ubi sponsum cum sponsa ὄλβιον ἐν πρώτῃ νυκτὶ πεσὼν θάλαμος. Tanta autem ruina fuit, ut altero mane sol oriens ne lectum quidem cerneret, omnibus oppressis et obtritis scilicet. Id autem factum *Philinnae irâ*, quae novis nuptis graviter succensebat. σχάζειν idem est, quod καταλύειν, *solvere, rumpere.* Vide *Foesium* in Oecon. Hipp. p. 365. Hoc sensu *Crinagor.* Ep. IX. rosae πορφυρέας σχάσσαμεν κάλυκας. Cf. not. ad *Meleagr.* Ep. CXXV. p. 140. — Ne quid tamen dissimulem, offendit me nonnihil vocabulum μῆνις sine genitivo causae positum. Fere scribendum suspicor:

νυκτὶ γὰρ ἐν πρώτῃ θάλαμον σχάσ' Ἐριννὺς ἄφυκτος.

Ex σχασεριννυς perquam facile σχασε μηνις fieri potuit. Furiarum autem uni haec ruina tribuitur, quandoquidem magnae calamitates, ex inimicorum ira et vindicta exortae, ad Furias referri solebant. Teucer ap. *Sophoclem* in Ajace v. 1034. cum fratrem vidisset gladio, quem ab Hectore acceperat, percussum, ἆρ' οὐκ Ἐριννὺς, inquit, τοῦτ' ἐχάλκευσε ξίφος; Quare imprecationes ipsae ἐριννύες vocantur. *Eurip.* Phoen. 626. πατρὸς οὐ φεύξεσθ' ἐριννῦς; Ib. 1316. ἄκοσμος ὁ φόνος Ἕνεκεν ἐριννύων. Malus igitur daemon imprecationibus, ira vindictaeque studio excitatus Ἐριννὺς est. *Eurip.* Med. 1259. κατάπαυσον, ἔξελ' οἴκων φονίαν Τάλαινάν τ' Ἐριννὺν ὑπ' ἀλαστόρων. ubi recte *Schol.*: τάλαιναν Ἐριννύν φησι αὐτὴν τὸν Μηδείας δαίμονα, οὐ τὴν Μήδειαν. Hinc fit, ut ipsa calamitas eodem vocabulo appelletur. *Sophocl.* Trach. 893. de Iole, quae totam Herculis domum in ingentia mala immerserat: ἔτεκεν μεγάλαν Ἁ νέορτος ἅδε νύμφα Δόμοισι τοῖσδ' ἐριννύν.

XX. Cod. Vat. p. 396. Planud. p. 29. St. 45. W. In puerum Aristippum, qui eodem die, quo flagrantem effugerat domum, fulmine ictus periit. — V. 3. ἔμφυγεν ed. Flor. pr.

XXI. Cod. Vat. p. 400. Plan. p. 30. St. 45. W. Aquila, quae Cretensis cujusdam sagitta confixa erat, de coelo delapsa, virum ejusdem sagittae cuspide peremit. Idem argumentum tractavit *Bianor* Ep. X. — V. 1. ἰστυπείς. Vat. Cod. — V. 3. ξένον pro κεῖνον idem. In his membranis versus terminatur syllaba πάλιν, reliquis omissis. — V. 4. ἠέριον — ἴθανεν. Vat. Cod. — V. 5. Non Cretensium solum sagittae certissimae, sed etiam Jovis tela non facile a scopo aberrant. Frigida ἔννοια, quam paulo ingeniosius convertit *Tull. Geminus* Ep. IX. τόξων (f. Λοξίου) εὐστοχίην θαυμάζομεν, ὃς δὲ (f. γε) κατ' ἐχθρῶν Ἤδη καὶ κιθάρην εὔστοχον ὅπλον ἔχει. — Pro αὐχεῖθ' Vat. Cod. αὐχεῖσθ' exhibet.

XXII. Cod. Vat. p. 402. sq. Planud. p. 107. St. 158. W. — V. 1. ὦ Λαΐλιε. Sic Vat. membr. et lemma:

ποῖ;

„εἰς Λαίλιον ὕπατον Ῥωμαίων. Apollonides ſub Auguſto vixit, „qua aetate conſules fuerunt A. V. 748. C. Antiſtius „et Laelius Balbus. Lemmati additum: ζήτει ἔννοιαν τοῦ „ἐπιγράμματος. Obſcurus nempe ſenſus eſt, ſed quem, „ut reor, fruſtra quaeſieris; mutila enim haec et hiulca „mihi videntur." *Br.* Equidem duo carmina diverſi argumenti, alterum in fine, alterum in capite mutilum in unum coaluiſſe ſuſpicor. Vide, quomodo *Grotius* ſe ex his ſalebris expedire conatus ſit:

Vidit ut Eurotam generis lux prima Latini,
Laelius, o Spartes optima dixit aqua;
Cumque manu vatum chartas evolveret, omen
Ad caput en ſtudii vidit adeſſe ſui;
Namque in frondiferis picae convallibus ore
Edebant varios nos imitante ſonos.
Addidit hoc animos: felix labor ille, poëtae,
Veſter, ait, quorum verba ſequuntur aves.

Αἴλιος habet Stephan. ex Ed. Fl. pr. et Aſcenſ. Aldus in Cod. ſuo Λάλιος invenit, quod is, qui Ald. ſec. curavit, in Λαίλιος mutavit. Hoc *Boſchius* quoque recepit. — ὕπατον vulgo. ὑπάτων in Vat. Cod. a manu ſec. — V. 4. κορυφῆς. De montis Taÿgeti vertice interpretatur *Brodaeus*; male. Viri illius, de quo h. l agitur, caput intellige, ſuper quo, in arboribus puta, conſidebant aviculae. — σύμβολον εὐμαθίης. doctrinae etiam inter aves, humanam vocem imitantes, ſignum. — V. 5. εἶπε. Vat. Vulgo, verborum ſtructura vacillante, εἴπας. — πτερόν. volucris, ut Ep. XXV. 8. βιότου. Humanum genus et hic et multis aliis in locis notat. Vide *Daviſium* ad *Max. Tyr.* p. 539. *Phaedrus* Praef. L. I. 4. *quod prudenti vitam conſilio monet.* ubi vide *Burmannum.* — V. 7. παῖδε. vulgo. — τί δ' οὐ. Quis eloquentiae ſummo ſtudio totoque pectore operam dare recuſaverit, cum vel aves noſtram vocem amare et imitari viderit? Verba γάρυος ἡμετέρης omittit Vat. Cod.

§. 138.] *XXIII.* Vat. Cod. p. 318. Planud. p. 197. St. 286. W. De piscatore Menestrato, quem piscis in guttur delapsus suffocavit. In eodem argumento versatur Ep. *Leonidae Tar.* XCIII. — V. 2. „ἱππείης. Rectum „hoc videtur: sed ex emendatione est. Nam Codd. „omnes habent ἐξαμίης et ἐξάμιης. Prius est in Vat. „Cod." *Br.* ἱππείης debetur *Brodaeo.* Scholiastes αὐτερχεῖ suspicatur, ἢ καλῶς τρίχας ἐχούσης δόνακος. Pro ἐξ ἁμίης, sic enim vett. editt. legunt, *Jos. Scaliger* et *Casaubonus* tentant: ἐξ ἁλίης —. Sed hoc cum verbis ἐκ τριχὸς consistere nequit. *Schneiderus* ἑξαμίτης conjecit, ut sit linea sex setarum, sive e sex setis contorta. δόνακα τριτάνυστον dixit *Archias* Ep. X. E setis equinis hae lineae fiunt. Ep. ἀδεσπ. CXXVIII. βαιὸν ἱππείης πεπεδημένον ἅμματι χαίτης, Οὐκ ἄτερ ἀγκίστρων, λιμνοφυῆ δόνακα. *Oppian.* Hal. L. III. Οἱ μὲν δονάκεσσιν ἐπαψάμενοι δολιχοῖσιν Ὀρμιὴν ἵππειον εὔπλεκτον ἀγρώσσουσι. — V. 3. πλάνον et Cod. Vat. et edd. omnes; nec aliter legi debet. εἶδαρ, φόνιον πλάνον. escam, quae pisces fallit et in perniciem adducit. Obversabatur *Apollonidae Theocritus* Eid. XXI. 42. καθεζόμενος δ' ἐδόκευον Ἰχθύας, ἐκ καλάμων δὲ πλάνον κατέσειον ἐδωδάν. — V. 4. ἔθρεξε adscripsit *Casaubonus;* quod locum non habet. Verum est ἔφριξε. Piscis hamo inhaerens tremulo motu lineam concussit, i. e. ἔφριξε. Nihil hoc verbo in hac re significantius. — V. 5. ἀγρομένη δ' ὑπ' ὀδόντι. Ex Vat. Cod. in contextum admissum est. Vulgo ἀγνυμένη δ' ὑποδόντα. Quaedam editiones ἀχνυμένη, unde *Casaubonus* ἀχνυμένη δ' ὑπ' ὀδόντι. ὑπ' ὀδόντα, quod ut diversa lectio in marg. Wechel. legitur, assensu suo probavit *Jos. Scaliger* et *Huetius* p. 20. qui piscatores pisces dentibus solere occidere monet. Sic est ap. *Leonid. Tar.* l. c. ἰουλίδα πετρήεσσαν δακνάζων — Ἔφθιτ'· ὀλισθηρὴ γὰρ ὑπ' ἐκ χειρὸς ἀΐξασα Ὤιχετ' ἐπὶ στεινὸν παλλομένη φάρυγα. — In fine duae Aldinae φαρύγγων, quod Aldus in Cod. quodam reperit.

XXIV. Cod. Vat. p. 308. Edidit *Jens.* nr. 64. *Reisk.* Anth. nr. 714. p. 139. In Menoetem Samium, Diophanis filium, qui pia quadam de caussa navigans, naufragio facto in fluctibus periit. Carmen in fine mutilum est. — V. 1. δειλαιω Vat. Cod. Cum *Jensius* δειλαιω elidisset, *Reiskius* emendavit Σύρου καὶ Δήλου, ut significetur insula Syrus, paulo supra Delum versus septentrionem sita; quam Pherecydis natales illustraverunt. *Heringa* in Obss. p. 267. Ἕβρου καὶ Νείλου corrigendum existimabat; quo admisso, Menoetes e Thracia in Aegyptum navigasse putandus est. — V. 3. Pro εἰς ὅσιον *Reiskius* dedit εἰς Ἀσίαν; incertus tamen, an recte sic scripserit, εἰς Θάσον et εἰς Σηστὸν conjecit praeterea. Habent lectores, quod sibi eligant. Mibi tutissimum videtur, membranarum lectionem tueri. Si sincera sunt postrema carminis verba, νούσῳ πατρὸς ἐπειγόμενον (Cod. ἐπειγομένους), Menoetes, cum patrem in morbum incidisse certior esset factus, nulla mora interposita domum videtur properasse. Hoc poëta ὅσιον τάχος vocat; nisi fortasse ὅσιον τέλος scribendum est. — V. 4. *Reiskius* dedit: καὶ νούσοι παύσαν ἐπειγόμενον. At Menoetes non morbo, sed naufragio periit, κλύδων σὺν φόρτῳ κρύψεν αὐτόν.

XXV. Cod. Vat. p. 399. sq. Ἀπολλωνίδα, οἱ δὲ Φιλίππου. Edidit *Jensius* nr. 139. *Reisk.* in Anth. nr. 787. p. 169. Criton auceps cum locustam cepisset, ex eo inde tempore, a fortuna destitutus, avibus frustra dolos struxit. Conf. *Bianor.* Ep. III. — V. 1. πρῶνας Vat. Cod. quod *Reiskius* servavit. — V. 2. πτερῷ jungendum cum ῥοιζῶν. Alis commotis locustas strepitum illum edere, satis constat. Comparandus inprimis, unde noster colorem duxit, *Nicias* Ep. VIII. οὐκέτι δὴ τανύφυλλον ὑπὸ πλάκα κλωνὸς ἑλιχθεὶς τέρψομ', ἀπὸ ῥαδινῶν φθόγγον ἱεὶς πτερύγων. et *Pamphilus* Ep. II. ubi scribendum puto:

Οὐκέτι δὴ χλωροῖσιν ἐφεζόμενος πετάλοισιν
ἁδεῖαν πτερύγων (vulgo μέλπων) ἐκπρογέεις ἰαχάν.

— V. 2. μέσσον. Vat. μέσαν νηδὺν dedit *Reiskius*. Longe elegantior est *Brunckii* emendatio. Locustas sole incalescente maxime strepere, alibi docuimus. — V. 3. δαίδαλον. Cod. Apud *Jensium* praeterea βαυΐζων legitur. Utrumque eleganter correxit *Reiskius*. — αὐτουργῷ. carmine nativo, non arte, sed natura edoctae. Vide ad Epigr. X. 5. — V. 5. „Πιαλεύς. e Pialia, Thessaliae „urbe. Vide Stephanum, ad quem miror hoc Epigram„ma ab Holstenio prolatum non fuisse.“ *Br.* — πάσης θήρης. qui omnia avium genera arundinibus capiebat. — V. 6. Hunc versum omisit editio *Jensiana* et *R.* — In Cod. legitur ἀκάρπου νῶτα δονῶν. Locusta ἄσαρκος, ut ap. *Anacreont.* Od. XLIII. 17. ἀναιμόσαρκε. Hinc puellam macilentam cum locusta comparat ille ap. *Theocrit.* Eid. X. 18. — Rem non plane insolentem fuisse, locustas arundinibus captare, intelligitur ex *Aristoph.* ap. *Athen.* L. IV. p. 133. B. τέττιγα ἱέραξ φαγεῖν καὶ κερκώπην θηρευσαμένη καλάμῳ λεπτῷ. — V. 7. Sensus est, ut apparet ex *Bianore* l. c. Critonem post illud facinus infelix exercuisse aucupium. Verba obscuriora. Sic accipio: ἀλᾶται σφαλεὶς εἰς τὰς ἠ. π. pro ἐν ταῖς ἤθεσι πάγαις. in consueto aucupio spe frustratus, errat, frustra aves, quas aucupetur, desiderans.

XXVI. Cod. Vat. p. 316. Edidit *Jensius* nr. 115. *Reisk.* in Anth. nr. 766. p. 160. In tumulum piscatoris prope litus. — V. 1. Nomen Γλᾶνιν *Reiskio* suspectum est, qui in Latinis *Glaucum* expressit. Illud tamen nomen, quod nec ipsum *R.* fugit, occurrit etiam ap. *Suidam*: Γλάνις· εἶδος ἰχθύος, καὶ χρησμολόγος, Βάκιδος ἀδελφός. — Idem post primum versum unum intercidisse putabat, in quo causa illius calamitatis, nempe ventus aut vertigo, exposita fuerit; nam πικρῇ δίνῃ idem esse atque εἰς δίνην. Hoc mihi secus videtur. κύματος δίνη est κῦμα δινῆεν, unda turbine excitata, quae Glenin in saxo prope litus sedentem in fluctus deturbavit. — V. 2. πινρὴ Cod. Vat. — V. 3. De ἀποῤῥὼξ agens *Eustathius* ad Il. β. p. 253. 34. λαμβάνεται δέ ποτε καὶ ἐπὶ πετρῶν ἀπεσχισμένων ἐξ ἀλλήλων· οὕτω γὰρ ἀποῤῥὼξ πέτρα πηγὴν προβάλλουσα λέγεται. *Soph.* Philoct. 937. καταῤῥῶγος πέτρας. *Plutarch.* in Vit. Syllae c. XV. φρούριον ἀποῤῥῶγι κρημνῷ περικοπτόμενον. — V. 4. „Repone, uti recte in Cod: scriptum est, συνεργήτης. Pravum συνεργύτης oscitabundus e Reiskio recepi, quod „versum perimit. Sunt enim choliambi perfectissimi.“ *Br.* At Codicis scriptura ne graeca quidem est. Servanda est *Reiskii* lectio, verbis tamen transpositis, ne numeri pereant:

χῶσαν δέ μ' ὅσσος ἦν συνεργύτης λαός.

Ductum hoc ex *Leonida Tar.* Ep. XCI. item in piscatorem: σῆμα δὲ τόδ' οὐ παῖδες ἐφήρμοσαν, οὐδ' ὁμόλεκτρος, Ἀλλὰ συνεργατίνης ἰχθυβόλων θίασος. — ¶. 139.] V. 5. γαληναίην θῖνα. Litus tranquillum et minime procellosum piscatoribus precatur, sui casus rationem habens. Hoc aptius, quam ad piscandi opportunitatem referre verba.

XXVII. Cod. Vat. p. 306. Planud. p. 251. St. 364. W. In Diphilum Diogenis fil. Milesium, qui, naufragio facto, in insula Andro sepultus est. — V. 1. ὅρμον omittit Cod. Vat. — Φοιβήϊον. Milesii Phoebum praecipuo honore colebant. Celebrabantur ibi Φοίβου ἀποδημίαι, teste *Menandro* rhetore de Encomiis c. IV. p. 38. ed. *Heeren.* Veterum loca collegerunt *Spanhem.* ad Callim. H. in Dian. 226. p. 329. et inprimis *Dorvillius* ad Charit. p. 246. qui nec Epigr. nostrum neglexit. — V. 4. πελάγους vulgo. Nostrum est in Vat. Cod.

XXVIII. Cod. Vat. p. 262. Planud. p. 207. St. 301. W. ubi hoc carmen exstare serius animadvertit *Reiskius*, qui id recepit in Anth. nr. 598. p. 85. Scriptum est in Heliodorum et Diogeniam, ejus conjugem, quae maritum defunctum brevissimo tempore secuta est. — V. 1. νύμφαν. sic Vat. membr. et Planudeorum regius optimus in uno loco: bis enim in eo legitur hoc carmen. Aldus in secunda ἴφθαναν habet, quem sequitur Nicolinorum editio. At Florentina et Aldina pr. πάνθανον. De prosodia dictum supra ad Ep. XII." Br. πάνθανον servavit Ascens. et Steph. Pro οὐδ' ἴσον apogr. Lips. οἱ ἴσον, describentis errore. Nam in Vat. Cod. οὐδ' legitur. ὥρην Opsopoeus de tempore trimestri interpretatur: Brodaeus de horae unius intervallo; hoc verius.— V. 3. ὡς ὑμέναιον ἐπὶ πλ. vulgo; nec aliter membr. Vat. Br. recepit conjecturam Toupii in Em. in Suid. P. III. p. 367. comparantis Ep. ἀδέσπ. DCXLIX. ἦδ' ἐγὼ ἡ περίβωτος ὑπὸ πλακὶ τῇδε τέθαμμαι. Sub lapide nuptiali, non sepulcrali, ut ille interpretatur. Haec lectio, quam Toupius elegantem vocat, mihi et frigida et subabsurda videtur. Utinam sciam, quid Casaubonus h. l. tentaverit; nam quod ex Schedis Bodlej. enotatum reperio, ὁμονοίαν, depravatum est. Tyrwhitt in Notis ad Toupii Emend. T. IV. p. 420. corrigit: ἄμφω δ', ὡς ἅμ' ἔναιον, ὑπὸ πλακὶ τυμβ. Ambo, ut olim simul habitaverunt, sic nunc simul sub eodem cippo sepulti jacent. — V. 4. In Vat. Cod. a pr. m. θάνατον pro θάλαμον scriptum. In καὶ τάφον grata est emphasis: etiam de sepulcro communi non minus laetantur, quam olim de communi thalamo. *Ausonius* in Parental. Ep. III. *Aeternum placidos Manes complexa mariti, Viva torum quondam, functa fovet tumulum.* Idem Ep. XVII. *At tibi dilecti ne desit cura mariti, Functa colis thalamo nunc monimenta tuo. Hic ubi primus Hymen sedes ibi moesta sepulcri. Nupta magis dici quam tumulata potes.*

XXIX. Cod. Vat. p. 233. Planud. p. 236. St. 342. W. Servus, cum domino sepulcrum excavaret, ruente terra obrutus et exstinctus loquitur. Nihil hic viderunt *Opsop.* et *Brod.* — V. 1. θανάτου. Cod. Vat. Tua mors mihi vitâ constitit. — ἀντὶ δὲ σοῦ. Sepulcrum, quod tibi implendum erat, ipse implevi, qui feci. — V. 3. 4. laudat *Suidas* in ὑψίω T. II. p. 75. ubi legitur: ὑψίω ἐωσάμενα κ. μ. ὑ. τύχῃ —. quod minime spernendum. σοῦ enim in vulgata prorsus abundat, cum sequatur, ὡς ἂν ἀποφθιμένου καὶ θι δόμος στερίου. Recipienda igitur in posterum elegantior lectio. — V. 5. ἀμφὶ δέ μ' ὤλισθε ξυνὴ κ. Plan. non omnino male. Verior tamen videtur Codicis lectio γυρὴ κόνις, terra subtus excavata, et inde ad decidendum prona. — V. 6. Mortem sibi minus acerbam videri ait, quod sub domini sui tutela etiam apud inferos sit futurus. Simile fidei exemplum est in Ep. *Dioscorid.* XXXV. Ep. ἀδεσπ. DCLXXVI.

XXX. Cod. Vat. p. 264. Planud. p. 287ª. St. 415. W. In Posidippum, qui, quatuor filiis morte exstinctis, flendo privatus est oculis. — V. 1. Quis est, qui unius filii mortem deplorans, non ultimum malorum se perpessum esse existimet? Atqui Posidippus omnes suos intra paucos dies pereuntes vidit. Pro κλαύσας *Opsop.* suspicatur θάψας, nullam aliam ob causam, nisi quod θάψε sequitur. — V. 2. Ποσιδίππου. Vat. — ὁ Ποσ. δύμας. ipse Posidippus. — V. 3. συνήριθμον ἦμαρ. quatuor dies quatuor filiis attulerunt mortem. — V. 4. κειράμενον. Vat. Cod. Et hoc bene; participium referendum ad ἦμαρ. — V. 5. κατ' ὀμβρηθέντα. Vat. Epigr. ἀδέσπ. DCLXV. ὀμβρήσας δακρύοις λάγιακα. *Asclepiad.* Ep. IV. κάτομβρα γὰρ ὄμματ' ἐρώντων. — V. 6. κοινὴ νύξ. illos Orci, hunc coecitatis tenebrae.

E Lection. p. 159.] *XXXI.* Vat. Cod. p. 484. Quantum ex depravata scriptura conjici potest, scriptum est hoc carmen in Veneris templum, quod Posthumus quidam in ipso mari exstruxit. *Schneiderus* cogitabat de C. Posthumo Pollione, architecto, qui Apollinis templum struxerat, ubi hodie ecclesia princeps Terracinensis. Vid. *Stosch.* in Praef. ad Gemm. cael. p. VIII. — Mutilum videtur hoc carmen, sive ab initio, sive post vers. secundum. Posthumus se Veneri templum dedicare ait:

Μητρὶ περιστεφέα σηκὸν, Κυθέρεια, θαλάσσῃ
κρηπῖδας βυθίας οἴδματι πηξάμενος — —

Sic haec scribenda videntur et distinguenda. *Posthumus tibi, Venus, templum mari, quod te genuit, circumdatum exstruxit, fundamentis ejus in ipsa maris profunditate positis.* — Recte mihi scripsisse videor, σηκὸν περιστεφέα θαλάσσῃ, de fano, ad quod unda alluebat. *Homeri* Hymn. in Apoll. 410. Πὰρ δὲ Λακωνίδα γαῖαν ἁλιστέφανον πτολίεθρον Ἶξον. Confusum περιστέφει et περιστρέφει ap. *Callim.* H. in Del. 93. Vide *Dorvill.* ad Charit. p. 236. — Recte etiam πηξάμενος κρηπῖδας, de eo, qui fundamentum ponit. *Callim.* H. in Apoll. 58. Τετραέτης τὰ πρῶτα θεμείλια Φοῖβος ἔπηξε Καλῇ ἐν Ὀρτυγίῃ. *Agathias* Ep. LVII. hirundo κάρφεσι πηξαμένη θάλαμον. *Himerius* Orat. XVI. 4. δέον ἐπὶ ταῖς ὑμετέραις ᾠδαῖς τοῦ θεοῦ τὴν παστάδα πήξασθαι. Idem Ecl. XII. 5. εἴποτέ μοι καὶ Ἀττικὸν πήξαιο θέατρον. Ex *Nonno* quaedam vide ap. *Ruhnk.* Ep. cr. p. 139. alia ap. *Wetsten.* in N. T. II. p. 411. — Alterum distichon sic corrigendum puto:

χαίρει δ' ἀμφί σε πόντος, ὑπὸ ζεφύροιο πνοιῇσιν
ἁβρὸν ὑπὲρ νώτου κυανέου γελάσας.

Tibi rident aequora ponti. Lucret. L. I. 8. γαληναίη δὲ θάλασσα Μειδιάει. *Satyr. Thyill* Ep. VI. Mare igitur laetatur circa divam, eique arridet. — ἁβρὸν γελᾷν, ut ap. *Anacreont.* Od. V. 5. πίνωμεν ἁβρὰ γελῶντες. et VI. 3. Pontus zephyri flatu leniter commotus et crispatus videtur ἁβρὸν γελᾷν. *Moschus* fr. V. τὰν ἅλα τὰν γλαυκὰν, ὅταν ὤνεμος ἀτρέμα βάλλῃ, τὰν φρένα τὰν δειλὰν ἐρεθίζομαι, οὐδ' ἔτι μοι γᾶ Ἐστὶ φίλα, ποθεῖ δὲ πολὺ πλέον ὄμμα γαλάνας. ut mihi haec corrigenda videntur. *Lucret.* V. 1002,

Nec poteras quemquam placidi pellacia ponti Subdola pellicere in fraudem ridentibus undis. Fortasse huc etiam trahendus *Aeschyli* Prom. v. 89. ποντίων δὲ κυμάτων Ἀνήριθμον γέλασμα. — V. 5. *Brunckius* corrigendum esse vidit: νηοῦ θ' ἐν ἱδρύματι σοῦ. Postremus versus conclamatus videtur. Nisi audacior esse viderer, corrigendum proponerem:

> εἵνεκα δ' εὐσεβίης νηοῦ θ', ἐν ἱδρύματι, φαιδρούς
> Πόντιον ὑμετέροις λιθωσεις ὄμμασιν, ὦ Παφίη.

Vide notas ad *Callimach.* Ep. LXII. 5. — Sed alios spero inventuros esse, quod propius ad Codicis scripturam accedat.

CRINAGORAE EPIGRAMMATA.

¶. 140.] *I.* Anthol. Plan. p. 330. St. 469. W. Vincti amoris simulacra passim commemorantur in Anthologia. Conf. *Alcaei Mess.* Ep. XI. *Antip. Sid.* XLI. *Quinti Maecii* IX. *Satyrii Thyill.* IV. — V. 1. συσφίγγων κ. τ. manus vehementer constringens et complodens, ut desperantes solent facere. *Huetius* p. 32. sic interpretatur: quia, dum manus conatur vinculis exsolvere, eo magis adstringit eas. Idem tamen legi mallet: σὺ σφίγξον. *Tu vero, o minister, colliga pueri manus.* Inepte. Comparatio hujus carminis cum iis, in quibus idem argumentum tractatur, efficit, ut depravationem scripturae suspiceris. In omnibus Amoris manus vinculis constrictae dicuntur. *Satyrius Thyillus:* τίς — τὰς ἀναφθέλους περιηγέας ἐσφίγξατο χεῖρας; *Alcaeus Mess.* τίς πάλιν ὄπισθεν δήσας χέρας; An *Crinagoras* scripsit:

> καὶ κλαίοις καὶ στένυζε νῦν, σφιγχθεὶς χεροῖν
> τένοντας — —

ut est ap. *Quint. Maec.* l. c. δυσαφέντας σφιγχθεὶς χέρας.

Alcaeus Meff. Ep. X. δὴ γὰρ ἀλυκτοπέδαις σφίγγε χέρας. *Meleager* LII. χαλκόδετον σφίγξω σοὺς περὶ ποσσὶ πέδην. *Aufonius* in Amore Cruci aff. v. 60. *Amorem Devinctum post terga manus, fubftrictaque plantis Vincula moerentem.* — V. 3. ὀλοὸν ὑποβλέπει. Elegans hujus verbi ufus ad fignificandum obtutum triftem et ad miferationem compofitum. Proprie ii, qui limis et furtivis oculis aliquem adfpiciunt, ὑποβλέπειν dicuntur. Vide *Dorvill.* ad Char. p. 506. — V. 5. καρδίᾳ vulgo. *Brunckii* lectio ex conjectura videtur fluxiffe, nec improbabili. — V. 8. πέπονθας, οἷ' ἔρξας. *Meleager* LVIII. ἄξια πάσχεις, ὧν ἔδρασας. Idem Ep. XLII. ὡς μόλις, οἷ' ἔρξας πρόσθε, παθὼν ἔμαθες. Vide not. p. 61.

II. Cod. Vat. p. 431. Edidit *L. Holften.* ad Steph. Byz. p. 166. *Jenfius* nr. 152. *Reisk.* in Anth. p. 175. nr. 803. Puella Arifto Nauplium Graecorum naves face fublata perdentem cecinerat; quo cantu audito poëtae animus amore incenfus eft. Nauplii fabula mimorum illius aevi argumentum fuiffe, apparet ex *Suetonio* in Ner. c. 39. *Transeuntem Ifidorus Cynicus in publico clara voce corripuerat, quod Nauplii mala bene cantitaret, fua bona male disponeret.* Cf. *Lucian.* de Saltat. §. 46. T. V. p. 152. ed. Bip. — V. 2. ἐκ μολπῆς. Expreffa funt haec ex *Diofcorid.* Ep. X.

Ἵππον Ἀθήνιον ᾖσεν ἐμοὶ κακόν· ἐν πυρὶ πᾶσα
Ἴλιος ἦν, κἠγὼ κείνῳ ἅμ' ἐφλεγόμαν.

— V. 3. ὑπὲρ v. ταφηρείης. Cod. Vat. Recte hoc emendarunt defcribentes. *Propert.* IV. El. I. 115. *Nauplius ultores fub noctem porrigit ignes.* Id. III. El. 5. 54. *Saxa triumphales fregere Capharea puppes.* — Qui hic eft φαέοντας πυρσούς, ap. *Eurip.* Helen. 1142. δόλιος ἀστὴρ vocatur. — V. 4. δύσμορος Cod. Vat. ut et *Reisk.* et *Holft.* ediderunt. δύσμορον fufpicatur *Br.* quod elegantius.

III. Cod. Vat. p. 104. Planud. p. 482. St. 625. W. Per noctem poëta infomnem de folitudine fua conqueritur. — V. 1. κἂν ῥίψῃς. Ex *Homero* fortasse expressa verba Il. ω. 4. οὐδέ μιν ὕπνος Ἥιρει πανδαμάτωρ, ἀλλ' ἐστρέφετ' ἔνθα καὶ ἔνθα — Ἄλλοτ' ἐπὶ πλευρὰς κατακείμενος, ἄλλοτε δ' αὖτε Ὕπτιος, ἄλλοτε δὲ πρηνής. quo respexit *Juven.* Sat. III. 279. *Ovid.* I. Amor. II. init.

Esse quid hoc dicam, quod tam mihi dura videntur
Strata, neque in lecto pallia nostra sedent?
Et vacuus somno noctem, quam longa peregi;
Lassaque versati corporis ossa dolent.

Hinc lux *Propertio* L. II. 13. 59. quem frustra corrigere conati sunt VV. DD. *Horum ego sum vates, quoties desertus amaras Explevi noctes, fractus utroque toro.* i. e. lassitudine (κόπῳ) fractus, cum in lecto volutatus, ἐπὶ λαιὰ καὶ ἐπὶ δεξιὰ ῥιψάμενος, somnum frustra arcessens, ingratas noctes exegi. Idem L. II. El. XVIII. 46. *Speranti subito si qua venire negat, Quanta illum toto versant suspiria lecto.* — V. 3. γέμιλλα. vulgo. — V. 4. κοιμηθείς, in lecto compositus; ne de ipso somno accipias.

¶. 141.] *IV.* Cod. Vat. p. 183. Edidit *Kuster.* ad Suid. v. ἀρτιδαεῖ T. I. p. 339. *Reiske* Anth. p. 32. nr. 477. et hinc *Toup.* in Ep. crit. p. 55. ad cujus mentem a *Brunckio* exhibitum est. — Poëta Proclo natales celebranti calamum scriptorium mittit dono. — V. 2. δουρατίην Vat. Cod. *Suidas* v. 1. cum parte ultimi excitat (T. I. p. 339.) sic: ἀργύφεόν σοι τόνδε γενέθλιον εἰς τεὸν ἦμαρ Πέμπω ἀρτιδαεῖ σύμπνοον ἐργασίῃ. *Kusterus*, qui νεόσμηκτον de calamo usurpari posse dubitabat, tentavit νεόγλυπτον vel σμιλευτὸν vel νεόσμηκτον. Neque δουρατίην (sic enim in apogr.) sincerum esse putabat. Hoc vocabulum in δουράτιον mutavit *Toup.* qui comparat *Nicetam* in Joann. Comn. p. 19. ἀλλὰ καὶ δοράτια ἐκ καλάμων κραδαίνοντες ταῖς τοῦ βασιλέως συμπλέουσαι φάλαγξιν. Qui locus quam parum faciat ad *Toupii* conjecturam firmandam, sponte apparet. *Brunckius* haec notavit: νεόσμηκτον a Kustero

„sollicitari non debebat. Suidas, qui hunc respexisse videtur, exponit νεόθηκτον καὶ νεοκάθαρτον. Nescio, an ex „poëtae conditione et fortuna ἀργύρεος κάλαμος recte dicatur ὀλίγη δόσις. Vide sq. carmen. Nec mihi valde „placet, calamum, scribendi instrumentum, per appositionem vocari νεόσμηκτον δουράτιον. δουράτιον est parvum „hastile, quod cum calamo nihil commune habet, nec „cum eo comparari potest. [In Cod. scriptum δουρατίην „[δουρατίην]. Scribendum censeo δουράτεον, et ἀργύρεον „cum Reiskio referendum ad ἦμαρ. ἀργύρεον ἦμαρ diem „natalitium vocat, quia eo mittebantur dona pretiosa, „aurea, argentea etc. Leonidas infra p. 194. ἄλλος μὲν „χρύσεον ... , ὁ δ' ἄργυρον, οἱ δὲ τοπάζους Πάμφιλε, πλούτου „δῶρα γενέθλια. Sensus est: *Natali tuo die, quo tibi alii „argentea mittent dona, ligneum huncce calamum ego „mitto, parvi quidem pretii, sed majori ex affectu.*“ Br. — V. 3. κεράεσσι. κέρατα calami sunt apices, qui calamo in infima parte fisso exoriuntur, unde iis διπλοῖ ὀδόντες tribuuntur in Ep. *Pauli Silent.* LI. *Ausonius* Epist. VII. 49. *Nec jam fissipedis per calami vias Grassetur Cnidiae sulcus arundinis.* Vide *Schwarzium* de Ornam. Libr. vet. p. 214. sq. et *Salmas.* in Exerc. Plin. p. 735. D. — V. 4. arundo, quae atramentum in laevem chartam facile effundit. Chartae solebant laevigari, ne calamus festinans retineretur scabritie. *Cicero* ad Quint. Fr. L. II. Ep. 14. *Calamo et atramento temperato, dentata etiam charta res agetur,* i. e. dente complanata et laevigata. *Plin.* L. XIII. 25. p. 691. — V. 6. ἀρτιδαεῖ σύμφωνον εὐμαθίῃ. Vat. Cod. ἀρτιδαεῖ ex *Suida* in textum venit, ubi σύμφωνον ἐργασίῃ legitur. Non satis video, cur in postrema voce a Codicis scriptura recessum sit. — Ceterum ex hoc versu intelligimus, Proclum puerum fuisse, qui scribendi artem paulo ante didicerat.

V. Cod. Vat. p. 183. *Reisk.* in Anth. nr. 478. p. 33. Dentiscalpium poëta Lucio cuidam mittit ex pinna aquilae factum. *Martial.* L. XIV. Ep. 19. *Lentiscum melius, sed si tibi frondea cuspis Defuerit, dentes pinna levare potest.* Ex lentisco enim et metallo potissimum fiebant dentiscalpia. Vide *Raderum* ad Martial. L. VI. Ep. LXXIV. — V. 1. „ἀγκυλόχειλος. Sic cod. Salmasius „reponebat ἀγκυλοχείλου, quod cum Reiskio minime ne„cessarium puto. In Macedonii Epigr. antea inedito „T. III. p. 332. genitivus est ἀφιλοσταχύου, qui ex re„gula deberet esse ἀφιλοστάχυος: cetera enim composita „στάχυς flexionem simplicis retinent. Contraria ratio„ne genitivum ῥοδοδάκτυλος protulit Reiskius e Leonis „Philosophi carmine de Mensibus, quod legitur T. III. „p. 130. ubi hanc scripturam retinui, quam praeter „edd. vett. habet etiam cod. Jani Lascaris." *Br.* αἰετὸν γοργὸν τὸ βλέμμα καὶ ἀγκυλοχείλην τὸ στόμα. *Alciphr.* L. III. p. 422. αἰγυπιοὶ γαμψώνυχες, ἀγκυλοχεῖλαι. *Homer.* Il. π. 428. — V. 3. μίμνου. apogr. Lips. — μετὰ δόρπον. Vat. Cod. — V. 4. κνήθειν. Vat. Cod. et *Reisk.* ἐκκνήθειν emendavit *Valckenar.* ad Herodot. VII. p. 617. 35. — V. 5. βαιόν. ut in praeced. Epigr. ὀλίγην ἔδωκεν, ἀλλ' ἀπὸ θυμοῦ πλείονος. — οἷα δεδαπὸς (non δεδαπαὸς) Cod. Vat. In marg. apogr. Lips. δὲ δαιτός, unde *Reisk.* fecit: οἷα δὲ λιτός — *qualia sibi dona venire par est a domino curtae supellectilis;* in cujus emendationis gratiam etiam seq. versu δῶρ' ἂν ὀπάσσοι dedit. δεδαπὸς est ex emendatione *Salmasii.* — V. 6. δῶρον ὀπάσσ' ἐπὶ σοί. Cod. — Dubito, an in hoc disticho *Crinagorae* manum teneamus.

VI. Cod. Vat. p. 184. Edidit *L. Kusterus* ad Suid. v. γέλγιθες T. I. p. 471. *Reisk.* Anth. nr. 481. p. 34. Philoxenides quidam Pani et Priapo bellaria affert. — V. 1. Profert *Suid.* T. II. p. 668. in οἰνοπέπαντοι. cui vocabulo interpretationem non addidit. De *racemis maturis* interpretatur *Kuster. Reiskius* vertit: *Racemos uvarum vino maturo plenos. Epigon. Thess.* Ep. I. uva πεπάνων βοτρύων ἦγα κυμοσαμένη. *Philipp.* Ep. LXVIII. τοῦς ὑποσκάπτοντος βότρυας. — V. 2. *Suid.* T. III. p. 383. — στρόβιλος. *nux pinea.* Vide *Bod. a Stapel* ad Theophr. L. III. p. 164. et *Wesseling* ad *Herodot.* p. 755. 13. — V. 3. *Suid.* T. I. p. 145. ἀμυγδαλῆ. τὸ δένδρον. ἀμυγδάλη δὲ ὁ καρπός. καὶ δειλαὶ δάκνεσθε ἀμυγδάλαι. *Kusterus* dedit ἀμυγδαλαῖ, contra grammaticorum praecepta. *Reiskius* vero, cum in apogr. Lips. invenisset scriptum δακρύεσθε, emendandum putavit δειλαὶ δακρυοῦσσαι, *miseras ploratrices amygdalas*, propter olei abundantiam; inepta conjectura. *Toupius* Em. in Suid. P. I. p. 26. interpretatur: *amygdalae, quae facile frangi queunt*; a qua interpretatione ipse recessit in Cur. nov. p. 169. ubi δειναὶ δάκνεσθαι corrigit; amygdalas enim ad compotationem promovendam arcendamque ebrietatem aptissimas esse praestantes vocari. At vix dubitari potest, quin in δάκνεσθαι ad corticem durum fractuque difficilem respiciatur. Ejusmodi nucibus, duris putaminibus munitis, opponuntur ἀμύγδαλα σιγαλόεντα *Hermippi* ap. *Athen.* L. I. p. 28. *quae sine strepitu manduntur*; si vera est explicatio *Palmerii* Exercitatt. p. 482. — Equidem nuces δειλὰς δάκνεσθαι explicaverim eas, *quae, ne frangantur, timent*, quandoquidem hoc illis imminet. δειλαὶ pro δειλιάζουσαι, δεδοικυῖαι. Sed vide, an in voculis ΚΑΙΔΕΙΛΑΙ lateat ΚΑΡΓΑΛΕΑΙ?

καργαλέαι δάκνεσθαι ἀμυγδάλαι — —

nuces fractu difficiles. In Codd. ubi *ſ* et δ, *ει* et *α* saepissime inter se confunduntur, sunt enim simillima, una tantum litera inter se discrepant καρ*ſ*αλεαι et καιδειλαι. — Pro ὅτε apogr. Lips. αἶτε. — V. 4. *Suidas* in ποπάδες T. III. p. 152. ἴτριναι ποπάδες sunt placentae tenues, ex sesamo et melle confectae, quae alias ἴτρια dicebantur. *Salmasius* ap. *Kusterum* emendat ποπάδες ὑτερίαι, i. e. τομάχη ὑτέρου ὑγροῦ ὑπογαστρίου ὑείου. *suminis suilli frustum.* »ποπάδες, idem quod πόπανα, πλακούντια πλατέα καὶ λεπτά, »ἰτρίναι dicta, quia ex genere τῶν ἰτρίων, ex eadem ma»teria facta, qua ἴτρια. Vide Hesych. v. et Intrpp. prae-

» sertim Foesii Oeconom. Hipp. Haec absque causa sol- » licitabat Salmasius." *Br.* — V. 5. γελγῖθες. Cod. Vat. et *Suidas* T. I. p. 471. qui totum locum sic exhibet: καὶ εὔτιμοι γέλγ.θες· ἠδέ τε ὄγχναι· δαψιλῆ οἰνοπόταις γαστρὸς ἐπεισόδια. *Hesych.* γελγῖθες. αἱ τῶν σκορόδων κεφαλαί. Vide *Salmas.* ad Solin. p. 822. sq. *Schneiderum* ad Nicandri Alex. 432. p. 219. qui et nostri loci mentionem fecit. — Mox in Cod. legitur ἠδ' ὑελοσκνάδες ὄγχναι. Hoc epitheton *Suidas* omisit et loco laud. et iterum in ἐπεισόδιον T. I. p. 798. γέλγιθες καὶ ὄχναι καὶ ῥοιαὶ καὶ σταφυλαὶ δαψιλὲς ο. γ. ἐπεισόδιον. — *Reiskius* cum in apogr. Lips. invenisset ὑελοσκνάδες, correxit ὑστοσκνάδες. Sic *aquosa pyra* appellari posse putabat. *Toup.* in Cur. nov. p. 169. ὑελοοίδακας tentat: *cyathi ad instar tumentes.* *Suidas*: οἴδακες. οἱ λεγόμενοι φήληκες. φήληκας οἰδαίνοντας dixit *Aristoph.* Pac. 1165. — ὄγχνη h. l. pro *pyro sativo* accipiendum, ut passim. Conf. *Bod. a Stapel* ad Theophr. II. p. 89. Non inutile fuerit observasse, pyra in conviviis cum aqua fuisse apposita. *Athen.* L. XIV. p. 650. C. ἔτι δὲ τοὺς ἀπίους ἐν ὕδατι εἰσέφερον εἰς τὰ συμπόσια, Ἄλεξις ἐν Βρεττίᾳ (f. Ἐρετρίᾳ. vide *Stob.* Flor. CIII. p. 558.) παρίστησιν διὰ τούτων· εἶδές ποτε Πεινῶσιν ἀνθρώποις ἀπίους παρακειμένους Ἐν ὕδατι πολλῷ. — V. 6. ἐπ' εἰσόδια. Vat. — ἐπεισόδια vocari has ad potandum illecebras, quia veluti accessio sint potationis, et inter potandum, tanquam aliud agendo, deglutiantur, recte monuit *Reiskius*. — V. 7. φιλοσκήπωνι. Notandus Pan, baculo instructus. Intellige pedum, instrumentum pastorum. — » εὐστόρθυγξ hic est » coleata cuspide pulcre peculiatus; cui obscoena por- » rectus ab inguine palus." *Br.*

VII. Cod. Vat. p. 190. Ter hoc carmen *Kusterus* edidit: T. II. p. 18. in εἴβεσθαι, ubi *Suidas* primum distichon excitat; T. III. p. 363. in σκύλυγγες, ubi in contextu vers. 1. habetur; denique T. III. p. 121. in πίτυς. *Reisk.* Anthol. nr. 494. p. 41. Hinc *Goens* in Diss. de

Porphyr. ● II. p. XXXII. ubi veterum loca collegit, in quibus aquarum ſcaturigines in antris Nympharum commemorantur. — Soſander venator Nymphis, Pani et Mercurio cervorum ſpolia dedicat. — V. 2. λείβουσαι. apugr. Lipſ. Noſtrum eſt in Cod. Vat. et ap. *Suid.* in πρεὼν T. III. p. 170. in πρῶνες ibid. p. 217. et in σπήλυγγες. — σκολιὸς flexuoſus. — ¶. 142.] V. 3. *Suidas* in πίτυς vitioſe Π. τειχήεσσα. Vocale et canorum vocatur Panis ſacellum propter ipſius dei cantum. — De καλῇ vide ad *Apollonid.* Ep. IX. — V. 4. Κασσαίης. Vat. Cod. et apogr. Lipſ. unde Κρισσαίης fecit *Reiskius.* Κασπίης *Kuſterus.* — „Κασταλίης. Sic e Salmaſii emendatione. „In codice [in interpolato apogr.] Κασπίης. quod metro „quidem non repugnat, ſed rei veritati: apud Graecos „Pani habitus honor, nullus autem apud barbaras gen„tes Caſpii montis vicinas. Melius forte Κωρυκίης repo„ſitum fuiſſet. Corycium antrum Nympharum et Panos „ſacrum erat. Sed quid reponi poſſit, facilius eſt dicere, „quam quid revera fuerit. Κασταλία fontis eſt nomen, „qui Muſis erat ſacer, et hic alienum eſt." *Br.* Fortaſſe fruſtra in his loci nomen quaeritur. Scripſerim equidem:

τὴν ὑπὸ [τῆς] Λασίης ποσσὶ Λίλογχα πέτρης.

quam ad radices horridae hujus petrae habet. *Agathias* Ep. XXIX.

Πανὶ φιλοσκοπέλῳ λάσιον παρὰ πρῶνα Χαρικλῆς
κνακὸν ὑπηνήταν τόνδ' ἀνέθηκε τράγον.

Plato Ep. XIV. λάσιον δρυάζον λέπας. *Marian.* Ep. III. ποταμὸς λασίην παραμείβεται ὄχθην. — Pro Λίλογχα Vat. vitioſe Λίλογχα. — V. 5. ἱερά τ' Vat. Cod. quod ipſum deſiderabat *Br.* pro vulgato ἱερὰ δ'. — ἀγρευταῖσι. Cod. — πρέμνα γεράνδρυον. Vetuſtum intellige ſtipitem, ad quem venatores captarum ferarum cornua aliasque exuvias affigere ſolebant. Vide *Paſſerat.* ad Catull. p. 44. et *Schot-*

tum

sum in Obss. L. I. c. 12. — *γεράνδρυον. αἱ παλαιαὶ δρύες, καὶ τὰ παλαιὰ δένδρα γεράνδρυα. Apollon. Rhod.* L. I. 1118. *πρέμνον γεράνδρυον. Erycius* Ep. IX. *ἀνὰ ἐκτάμνοντι γεράνδρυα.* Vide *Spanh.* ad Callim. H. in Jov. 22. p. 38. — V. 6. *λιθολεγέος.* Vat. Cod. et ap. Lips. Emendavit *Reisk.* ex *Kustero.* Cf. *Pierson* ad Moer. p. 53. Intelliguntur lapidum acervi, qui Mercurio solebant exstrui, *ἑρμαῖα* sive *ἕρμακες* appellati. Vide *Schol.* in *Homeri* Od. π. 471. ad quem locum *Eustathius* quoque p. 625. 30. multa de *Ἑρμοῦ λόφοις* disputat. Qua forma fuerint, intelligitur ex *Strabone* L. XVII. p. 1173. B. ubi vide *Casaubonum.* In ejusmodi lapidum struem scriptum Epigr. *ἀδέσπ.* CCXXXIV. ubi vid. not. — V. 7. *ἀρχαιόθε.* Vat. a pr. man. — V. 8. *ἐλαφηβολίης. Kuster.* ex interpolato Codice. In membranis *ἐλαφοσσόης* legitur. Id ex apogr. Lips. *Reisk.* restituit, tanquam longe elegantius. A *σόος, impetus,* (*Hesych. ἡ ὁρμή*) derivatur *σόω* et *σοέω.* Hinc *σοῦδος,* quod vocabulum *Is. Vossius* praeclare detexit in glossa *Hesychii: σοῦδος ἡ σοβάδες, διὰ τὸ σεσοβῆσθαι ἐν τῷ βακχεύειν. σόος γὰρ ἡ ὁρμὴ καὶ φορά.* — Sed uno tantum *σ* scribendum *ἐλαφοσόης,* quod sine metri detrimento fieri potest. Hujusmodi enim literae in pronuntiando duplicari solent.

VIII. Cod. Vat. p. 192. Totum hoc carmen exstat ap. *Suidam* in *ὄλπη* T. II. p. 680. *Reisk.* Anth. nr. 508. p. 49. Simonis filio, natales celebranti, poëta ampullam aeneam muneri mittit. — V. 1. *ὄλπαι,* quarum in palaestra erat utilitas, (vide *Interpp. Theocriti* Eid. II. 156.) proprie *δερματίναι, coriaceae,* fuisse videntur. Sed hoc non urgendum. *Theocr.* Eid. XVIII. 45. *ἀργυρέας ἐξ ὄλπιδος. Achaeus* ap. *Athen.* L. X. p. 451. D. *λιθάργυρος δ' ὄλπη παρῃωρεῖτο χρίσματος. Stesichorus* in Helena, eodem auctore l. c. *λιθαργύρεον ποδανιπτῆρα* dixit. Hujus fortasse materiae *Crinagorae* ampullam fuisse suspicatur *Schneiderus.* Vide eundem in Lexic. crit. v. — Cur appelletur haec ampulla opus indicum, se ignorare fatetur *Reiskius*. Nec mihi quidquam de Indorum in hujusmodi artibus peritia constat. — V. 3. Verba νὰ Σίμωνος omittit *Suidas*.

IX. Cod. Vat. p. 205. *Reisk*. Anth. nr. 542. p. 64. Rosae, media hyeme florentes, ad puellam, natales celebrantem, missae loquuntur. — V. 1. ἤνθει μέν. Cod. Vat. et *Reisk*. — Non satis causae erat, cur membranarum lectio rejiceretur. Olim rosae verno tempore florebant; nos autem nunc calices media hyeme reclusimus. — V. 3. σῇ ἐπὶ μ. γενέθλῃ. Vat. Cod. σῇ improbabat *Br*. probabat *Schneiderus*. — σοὶ ex apogr. Lips. protulit *Reisk*. — V. 4. λεχέων. Desponsata igitur fuit puella, cui rosae mittebantur et jam nuptiarum dies instabat. Sic haec accipienda videntur. — V. 5. καλλίστῃ στεφθῆναι. Vat. Cod. et apogr. Lips. unde *R*. fecit καλλίστης στεφθῆναι. *pulcherrimae mulieris tempora cingere*. Quanto elegantior *Br*. lectio! Videtur autem scribendum: καλλίστης δ' ἐφθῆναι. unde depravationis fons etiam melius apparet.

X. Cod. Vat. p. 206. *Reisk*. Anthol. nr. 547. p. 66. Non satis perspicuum carminis argumentum. Scriptum est in Demosthenem Milesium, qui, ni fallor, triplicem inter tubicines victoriam Olympia reportaverat. Nam σαλπιγκταὶ quoque inter se certabant, in ara stantes, quae Olympiae erat, ἐν ἄλτει. *Pausan*. L. V. 22. p. 434. Cf. ad Epigr. ἀδέσπ. in Lect. p. 274. (Ed. Lips. CCCXIII[b].) Ut de ejusmodi potissimum victoria hoc carmen explicari velim, efficit tertium distichon. — Non tamen tam certa est haec interpretatio, ut alia locum habere nequeat. — V. 1. Τυρσηνίς. Vide not. ad *Tymnae* Ep. I. — V. 2. στρηνές. τρηχίως. De undis rauco strepitu ad litus allisis, passim. *Apollon. Rh*. L. II. 323. στρηνὲς δὲ πέρι στυφελῇ βρέμει ἀκτῇ. *Antip. Thess*. Ep. LXIX. Θάλασσα — στρηνὲς ἐπὶ φωνεῦσα παρ' οὔατα. Vide *T. H.* ad *Hesych.* v. ἀστρηνές.

— V. 3. ὁ πρίν. Paulo contortius haec videntur dicta. Sensum hunc esse puto: Praeteritum tempus tubae sonum in binis victoriis audivit; plures binas e certaminibus victorias reportarunt, sive tubâ inter tibicines, sive alio certaminis genere, victoriâ ad sonum tubae renuntiatâ. — V. 4. Sic haec leguntur in membr. Vat. ubi vers. sq. Μιλήτου habetur. In apogr. Lips. τρισσοῖς ἤγαγες ἐν στεφάνοις ἐκ Μιλήτου. *Reisk.* ἤγαλες dedit, a verbo ἀγάλλω. — Lectio Cod. Vat. in versu quinto Μιλήτου efficit, ut scribendum putem:

εἰ δὲ σὺ καὶ τρισσοὺς ἤλασας εἰς στεφάνους,
ἐκτὸς Μιλήτου, Δαμάσθενες — —

Quum tu autem usque ad trinas victorias progressus sis, fatendum est, tubam nunquam graviorem edidisse sonum, i. e. nunquam tubicinem tubam fortius inflasse, sive, metaphorica significatione, nunquam ab ullo clariorem victoriam reportatam esse. εἰ causam indicans supra illustravimus. Recte ἤλασας εἰς στεφάνους. Sic Epigr. ἀδεσπ. DCLIII. ἐς γὰρ ἄκρον Μούσης καὶ ἥβης ἦκεν ἐλάσας. *Aelian.* H. A. X. σοφίας εἰς ἄκρον ἐληλακότα ἄνδρα. *Alciphron* L. III. p. 280. εἰς ὅσον ἀμηχανίας ἐληλάκασι. *Erycius* Ep. XI. ἤλασα καὶ μανίης ἐπὶ δὴ τόσον. — Recte etiam ἐκτὸς Μιλήτου. — κώδων. idem quod σάλπιγξ. Vide not. ad *Hedyli* Ep. IV. (VIII.) p. 338. — V. 6. cum parte praecedentis versus laudat *Wetsten.* ad N. T. II. p. 155. ubi similia de αὐλῶν βόμβῳ collegit.

¶. 143.] *XI.* Bis legitur in membranis Vat. p. 169. et p. 205. Plan. p. 440. St. 573. W. Marcellus, qui puer in bellum profectus erat, vir factus in patriam rediit. Hoc carmen et Ep. XV. ad Octaviae, sororis Augusti, filium referenda esse monuit *Br.* post *Dorvillium* in Vanno crit. p. 192. qui de bello Cantabrico circa ann. U. C. 729. confecto agi censebat. Qui cum anno 731. e vita excesserit (*Dio Cass.* LIII. 30. p. 725.), vicesimo aetatis anno vixdum superato (vid. *Vellej. Paterc.* II. 93.), hoc carmen paulo ante ejus obitum scriptum sit, necesse est. — V. 2. νιφεταῖς. Sic libri omnes. „At aptius videtur epitheton, quod habet Suidas in „νεκυλοφόρος [T. III. p. 340. ubi prius distichon excita„tur]. Bis in membranis legitur hoc carmen: uno loco „scriptum τέφρα. in altero τίλεα. Minus obviae vocis „notiorem esse glossema suspicari quis posset. At τίλεον „in singulari a poëtis usurpatum scio: plurale τίλεα le„gisse non memini." *Br.* At quam multa in carminibus Anthologiae occurrunt ἅπαξ λεγόμενα! Recentiores illi Graeculi priscam linguam saepe immutarunt, vel novas formas fingentes, vel veteres nonnihil deflectentes, vel denique raro obvias et archaicas formas ex vetustate eruentes, cujus generis τίλεα fuisse videtur. In nullo Graecorum, qui supersunt, occurrit ἴτεος, cum ἰτέα omnes dixerint; nemo tamen dubitabit, quin in fr. *Archilochi* III. 2. forma singularis numeri recte a *Brunckio* reposita sit. Nec *Hesychii* sospitator a forma τίλεα abhorruit, cum in glossa: τίλεας· στροφάς. τίλη. νόσητα. — suspicaretur τίλεα olim scriptum fuisse, litera ς e concursu sequentis vocabuli adhaerente. — V. 4. ὕστερον Vat. Cod. utroque loco.

XII. Cod. Vat. p. 186. „Edidit *Dorville* ad Charit. „p. 30. absque ulla vitii suspicione; de quibusdam ni„mis anxius est *Pierson.* Verisim. p. 90. quae mihi bona „et non sollicitanda videntur." *Br.* Anth. *Reisk.* nr. 488. p. 38. Vota facit poëta pro incolumitate fratris Euclidis, eo die, quo ille primam barbam deposuit. — V. 1. 2. profert *Wetsten.* ad Nov. Test. I. p. 317. — Ἠὼς apogr. Lips. quod R correxit ex *Dorvillii* exemplo. — V. 2. εὐλόχῳ corrigit *Pierson.* ex *Callim.* Ep. XXI. ubi vulgo εὔλοχος legebatur, nunc vero ex Vat. Cod. ἐς λέχος emendatum est. Neque hic locus emendatione eget. — Veteres μείλιχος et μειλίχιος dicebant. *Suid.* Μειλιχία καὶ μειλίχιος.

πρᾶος. χρηστός. *Hesych.* Μείλιχα. ἥδιστα. γλυκέα. προσηνῆ. ἠπιανεῖ. Diana, quae puerperii dolores mitigat. — V. 3. ὅτ' ἄχνοος. antequam juvenilem aetatem attingeret; ad praeteritum tempus verba referenda. — εὔξατο. *Reisk.* — V. 4. τὸ πρῶτον ἔαρ. quod *Apollonid.* Ep. VIII. ἀλλὰ περιπλόων πρῶτον θέρος vocat. — V. 5. δέχοισθε. Cum emphasi videtur dictum. Dii, quos benigno animo et propitii respiciunt, eorum munera dicuntur δέχεσθαι; sin aliter, aspernari et rejicere. — Sententia ducta videtur ex *Antip. Thess.* Ep. XXI.

XIII. Cod. Vat. p. 186. Edidit *Dorville* in Vann. crit. p. 190. in Obss. Misc. Nov. Vol. I. P. III. p. 154. *Reiske* in Anth. nr. 489. p. 38. Poëtae pro Antonia ad Lucinam preces. Vers. 6. dubitari non patitur, quin de Antonia minore, Antonii triumviri ex Octavia filia, agatur, quam Drusus, Liviae filius, in matrimonio habebat. Vide *Plutarch.* Vit. Anton. T. I. p. 955. F. *Fabric.* ad *Dion. Cass.* T. II. p. 885. — V. 1. Εἰλειθυιῶν. Vat. Cod. et *Reisk.* Ἐλειθυιῶν *Dorv.* Ilithyae plurali numero occurrunt ap. *Homer.* Il. λ. 270. et τ. 119. Earum mater Juno. Cf. *Eustath.* ad Il. λ. p. 781. 20. Εἰλείθυιαι τε Ἥρας θυγατέρες. *Aelian.* H. A. VII. 15. et X. 47. — Ἥρη δέ. Vat. et apogr. Lips. τε *Dorvill.* — κουρίγη, τελείη ex ingenio scripsit *Reisk.* Sed poëta Junonem saepius non sine gravitate compellat. — Junonem τελείην autem, una cum Jove τελείῳ, Venere, Suadela et Lucina novi sponsi potissimum invocabant, teste *Plutarcho* T. II. p. 264. B. Quo sensu illis τῶν τελείων cognomen tributum sit, apparet ex *Aeschyl.* Agam. 982. Ζεῦ, Ζεῦ, τέλειε, τὰς ἐμὰς εὐχὰς τέλει. Idem in Eumen. 26. τέλειον ὕψιστον Δία. — V. 2. πατὴρ *Reisk.* qui versu 1. μήτηρ dedit. — V. 4. Ἠπιόνης. Noster Ep. XVI. φάρμακα πρηεῖς οἶσθα παρ' Ἠπιόνας. Ap. Epidaurios colebatur, ut Aesculapii conjux. *Pausan.* L. II. p. 177. Ut mater complurium numinum, quae sanitati conservandae praesunt, laudatur ap.

Aristidem T. I. p. 46. 3. ed. Oxon. εἰς Ἰασώ τε καὶ Πανάκειαν καὶ Αἴγλην σύνεστι καὶ Ὑγιεία, ἡ πάντων ἀντίρροπος, Ἠπιόνης δὴ παῖδες ἐπώνυμοι. ut h. l. egregie emendavit *Valckenar.* in Diatr. p. 290. B. quem vide. — V. 5. γε γηθ. ap. Lips. — γεγηθήσεις, tanquam a verbo γεγηθέω; dedit *Reisk.* — πόσις est Drusus, Liviae ex Claudio Nerone filius; μήτηρ, Octavia, Augusti soror; ἑκυρὰ, ipsa Livia.

XIV. Cod. Vat. p. 395. Edidit *Pauw* ad Anacr. p. 3. *Dorvill.* Vann. crit. p. 185. *Jensius* nr. 19. Anthol. *Reisk.* nr. 670. p. 120. Conf. *Fischer.* ad Anacr. p. 507. ed. nov. — Antoniae poeta Anacreontis codicem dono offert. — V. 1. βίβλων. *R.* — V. 2. πεντάς. In quinque igitur libros Anacreontis carmina descripta fuerunt, in eo saltem codice, de quo h. l. agitur. De numero librorum vide *Dorvillium* l. c. et qui ejus vestigia pressit, *Fischerum* in not. ad Anacr. p. 3. — V. 2. Sic Epigr. XLI. ἦν γὰρ ἅπαντα Λεύκας' ἡμιμέτρων τῶν ἐπὶ σοὶ Χαρίτων. — V. 3. In Cod. Vat. sic: Ἀνακρέοντος ἃς ὁ Τήϊος ᾖδε πρέσβυς. Sequ. versu autem verba ἠ σὺν Ἱμέροις a recentiore manu sunt addita. *Dorvillius* in libro interpolato invenit: ἃς Ἀνακρέων ᾖδε πρέσβυς ὁ Τήϊος. quae verba ille sic transposuit, ut *Br.* exhibuit. Minori mutatione *Heringa* in Obss. crit. p. 193. ἃς Ἀνακρέων ὁ πρέσβυς ᾖδε Τήϊος. Fateor, hos conatus mihi nec valde verisimiles, neque elegantes videri. Si illis et meam qualemcunque conjecturam adjicere licet, verba ᾖδε πρέσβυς ex glossemate versui adjecta esse arbitror, cum fortasse scriptum esset:

Ἀνακρέων ποθ' ἃς γ' ὁ Τήϊος κύκνος.

Vocem κύκνος erat qui per ᾖδε πρέσβυς interpretaretur. *Cygni* enim vocantur poëtae et senes. *Antip. Sid.* LXXVI. Τύμβος Ἀνακρείοντος, ὁ Τήϊος ἐνθάδε κύκνος εὕδει. Ἑλληνίδος κύκνος Pindarus vocatur ap. *Christodor.* in Ecphr. p. 470. Sed nota res. Ad utramque notionem, cantoris et senis, facit *Eurip.* in Herc. Fur. 692. — *Reiskius* tamen totum hunc locum, ἃς — ἥμερας, tanquam novi Graeculi miserabile scholion a sua editione exulare jussit. Exempla diversorum metrorum, in uno carmine commistorum, collegit *Dorville* in Vann. crit. p. 186. — V. 5. Ἀντωνίη, casu recto, Cod. Vat. et Jens. — V. 6. ἐνεγκαμένην. Idem. Utrumque emendavit *Dorvill.* — ἱερὴ ἠώς. Dies natalitius esse videtur.

¶. 144.] *XV.* Cod. Vat. p. 449. Plan. p. 95. St. 139. W. In Cod. Constantini Lascaris, quem *Iriarte* descripsit, nomen Κριναγόρου mutatum in Καλλιμάχου. — M. Claudio Marcello (vide ad Ep. XI.) puero Crinagoras Hecalen Callimachi dono mittit. — V. 1. 2. Hoc distichon laudans *Schol. Aristoph.* Eqq. 753. ὦ 'νὴρ exhibet. — τορευτὸν ἔπος carmen studiose expolitum. Similia collegit ad hoc ipsum Epigramma *Bentlejus* in Fr. Callim. XL. p. 429. ed. *Ern.* — πάντας ἔσεισε κάλως. (κάλους Vat. Cod.) in quo summo cum studio elaboravit. Proverbialem locutionem illustravit, nostro loco non neglecto, *P. Leopardus* in Emend. L. X. 8. p. 259. sqq. — V. 3. 'Εκάβης. Edd. quaedam veteres, ex prava correctione. δὲ ἁ 'Εκάλης. Vat. Cod. Hecales, quae Theseum hospitio apud se acceperat, historiam narrat *Plutarch.* T. I. p. 6. B. Cf. *Politiani* Miscell. c. 24. Mirari subit, quod *Crinagorae* loci nemo meminerit ad fragm. *Callimachi* ap. *Suidam* in ἐπαύλια, et *Etym. M.* in θάνατος, quod inter incerta fragmenta relatum est, nr. CXXXI. p. 494. cum, ex Hecale petitum esse, hic ipse locus manifestum faciat. Theseus, hospitale Hecales tugurium relinquens, haec dixisse videtur:

πολλάκι σεῦ, ὦ μαῖα, φιλοξείνοιο καλιῆς
μνησόμεθα· ξυνὸν γὰρ ἐπαύλιον ἔσκεν ἅπασι.

Idem poëta ap. *Schol. Aristoph.* ad Acharn. p. 266. τίον δέ ἑ πάντες ὁδῖται Ἦ ῥα φιλοξενίης· ἔχε γὰρ τέγος ἀκλήϊστον. Hinc ei cognomen τῆς φιλοξένου adhaesit. *Plutarch.* l. c.

ἀρχῆ τὰς οἰχομένας ἀμοιβὰς τῆς φιλοξενίας. Perpetuus *Callimachi* imitator *Nonnus* Dion. III. p. 98. φιλοξείνοιο δὲ Νύμφης. XVII. p. 466. φιλοξείνῳ δὲ νομῆι Ἴλαον ὄμμα φέρων. — V. 4. Μαραθών. Ad taurum Marathonium referendum. Vide *Plutarch.* l. c. — τοὺς ἐν. π. Plan. et mox νεαρῶν. Utrumque ex Vat. Cod. emendatum. — V. 5. Utinam juvenile robur Thesei, et gloria, quae illius herois illustravit vitam, tibi, o Marcelle, contingat. — V. 6. κοινοῦ *Brodaeus* in suo exemplo invenit. — Pro οἷη ἀρέσθαι in marg. Vat. Cod. οἰνάρεσθαι legitur.

XVI. Anth. Plan. p. 346. St. 485. W. In laudem Praxagorae medici, cujus meminit *Plinius* L. XXVI. 6. p. 391. ubi *Harduinus* hoc Epigramma attulit, et *Cornelius Celsus* in Praef. p. 3. 6. *Post quem* (Hippocratem) *Diocles Carystius, deinde Praxagoras et Chrysippus, tum Herophilus et Erasistratus sic artem hanc exercuerunt, ut etiam in diversas curandi vias processerint.* — V. 2. πανάκην. Herba panacea (*ipso nomine omnium morborum remedia promittente*, ut *Plinius* loquitur L. XXV. 11. p. 363. ubi vide *Harduin.*) Aesculapius sibi manus inunxit, iisque in Praxagorae sinum demissis, pectus ejus artis salutiferae scientia implevit. Sic enim dii suas virtutes cum hominibus communicare putantur. *Meleagr.* Ep. XXIII. ubi vide not. *Theocrit.* Eid. XVII. 36. Τᾶς μὲν Κύπρον ἔχοισα Διώνας πότνια κούρα Κόλπον ἐς εὐώδη ῥαδινὰς ἐσεμάξατο χεῖρας. *Callimachus* ap. *Schol. Pindari* Nem. IV. 12. Gratias rogat, ut manus in ipsius elegis abstergant: Ἔλλατε νῦν, ἐλέγοισι δ' ἐνιψήσασθε λιπώσας Χεῖρας, ἵνα μοι πουλὺ μένωσιν ἔτος. ubi *Hemsterh.* nostrum locum laudare non neglexit. — ἠπίων. Hanc ob causam omnia febrium remedia omnemque vulnerum curandorum rationem tenes. — Ἠπιόνης. Vide ad Ep. XIII. — V. 7. 8. Similiter *Magnus Medicus* T. II. p. 304. de Galeno:

χάρμασι δὲ μέλαθρα πολυπλάνεον Ἀχέροντος,
σῇ παλάμῃ χειρὶ βιαζόμενα.

XVII. Anth. Plan. p. 292. St. 432. W. „Quis hic „sit Crispus, nescio. Si verum est lemma, locata fuerit „illius imago in vico, ubi tres Fortunae statuae positae. „Verisimilius est factum carmen occasione trium Fortu„nae statuarum, aut pictarum imaginum, quibus ornata „Crispi illius domus.“ *Br.* *Banduri* in Antiqq. CP. T. II. p. 838. de Crispo, Phocae imperatoris genero, cogitabat; quem tamen alii Priscum appellant. T. II. p. 721. sq. Optime *Schneiderus* in not. msr.: „C. Crispus „iterum Consul A. U. C. 797: sub Claudio ap. Dio„nem p. 960. nescio an idem. Tiberium quosdam sta„tuis honorasse et funere publico mortuos, tradit qui„dem Dio p. 869. sed de vivis tacet. Quid, quod ne „sermo quidem hoc loco est de imagine Crispi? Sed „vivus erat adhuc et fortunae gradus altiores conscen„dere cogitabat favore Tiberii.“ — V. 1 – 4. Tam benignus tuus et ad auxilium ferendum promtus animus multis fortunae copiis indiget, ut ingenitum illud bene faciendi desiderium explere possis. — V. 4. μυρίων. Aldinae omnes et Asc. μύριον non de multitudine tantum, sed frequenter etiam de magnitudine dicitur. μύριος μόχθος, μύριον κῦδος, μύριον ἄλγος passim in Anthologia obvia. — V. 5. κρέσσων. Caesar Fortuna potentior te in altiore honoris gradu collocet. Nam quae Fortuna, mihi ab ipso profecta, satis firma videri possit? Sic fere ἄρηρε explicari malim, quam *placuit.* *Hesych.* Ἄρηρεν. ἰσχυρῶς ἥρμοσται. Ἀρηρός. ἰσχυρῶς ἡρμοσμένον.

¶. 145.] *XVIII.* Anth. Plan. p. 297. St. 436. W. Statuae, in lemmate commemoratae, in ipso carmine nulla fit mentio. Agitur de Tiberii Neronis expeditionibus in Asiam et Germaniam. Missus est ab Augusto in Armeniam, ut Tigranem (secundum *Suetonium* Vit. Tib. c. IX. et alios, quos vide ad *Dion. Cass.* T. I. p. 738. et *Vellej.* L. II. c. 94.) in regnum restitueret. *Vellejus* solus Artavasdis causa hoc bellum susceptum esse tradidit, nisi potius cum *Lipsio* legendum est: *regnum ejus Artavasdi ereptum Tigrani dedit.* Cf. *Ruhnken.* p. 383. Deinde in Germaniam missus egregie bellavit. Vide *Velleium* L. II. 105. sqq. *Sueton.* c. 9. *Dion. Cass.* p. 801. — V. 1. καὶ τὰ Ν. vulgo. quod an recte mutatum sit, dubito. Nulla est antithesis. Mundus terminatur oriente et occidente; *etiam* Neronis res gestae utrumque mundi finem attingunt. — V. 4. εἶχε. vulgo. οἶδε correxit *Jos. Scaliger* in not. mst. et *Huetius* p. 29. — V. 5. δισσὸν κέρας, i. e. νίκην, ut passim ap. poëtas. — οἶδεν. Neronis virtutem experti sunt, et qui ad Araxem et qui ad Rhenum habitant.

XIX. Cod. Vat. p. 394. Edidit *Jens.* nr. 18. Anth. *Reisk.* nr. 669. p. 119. In nuptias regum, nescio quorum, Aegypti et Libyae, quorum societate has terras in posterum inter se conjunctissimas fore, poëta auguratur. *Reiskius* hoc carmen non *Crinagorae*, certe non ei, qui sub Augusto vixerit, sed fortasse *Callimacho* tribuendum esse suspicatur. Respici enim ad nuptias Berenices, quae Magae, Cyrenarum praefecti, filia fuit, cum Ptolemaeo Euergeta. Vid. *Justin.* L. XXVI. 3. coll. *Pausan.* L. I. p. 17. sq. Inciderunt hae nuptiae in *Callimachi* aetatem, etsi annus ipse ignoretur. — V. 2. τέμνει. Nilus ab Aethiopibus in Aegyptum decurrens, Cyrenae incolas et reguo Cyrenaico adjunctos populos ab Aegyptiis secernit.

XX. Cod. Vat. p. 403. Edidit *Jensius* nr. 15. *Reisk.* in Anth. nr. 666. p. 118. *Wesseling.* ad *Diodor. Sic.* T. II. p. 591. e: ex eo *Toup.* Em. in Hesych. T. IV. p. 354. Corinthi, a pessimis civibus habitatae, sortem poëta conqueritur. Respicitur nimirum ad libertinorum coloniam, quae Julio Caesare quintum Consule A. U. 710. in Isthmum deducta est. Vide inprimis *Strabon.* L. XVII. p. 833. *Pausan.* L. II. p. 111. et p. 116.

quos laudat *Fabricius* ad *Dion. Cass.* T. I. p. 377. — V. 1. οἵους ἀνθ' οἵων. Sic loquuntur veteres. *Euripid.* Alcest. 142. ὦ τλῆμον, οἵας οἷος ὢν ἁμαρτάνεις. *Sophocl.* Antig. 942. οἷα πρὸς οἵων ἀνδρῶν πάσχω. Plura vide a *Wyttenbachio* collata in Bibl. crit. T. III. P. II. p. 21. — V. 2. ἠμερίη. Vat. Cod. — V. 3. „Scriptum in Cod. „αὐτίκα καὶ γᾶς ἡ χθαμαλωτέρη. corrupte. Utinam mari „submersa fuisses! Sed ne sic quidem locus sanatus est; „nam recta loquendi ratio nomen hic in quarto casu „requirit: Κόρινθε, εἴθε σε κεῖσθαι χθαμαλωτέρην πόντου καὶ „ἐρημοτέρην — quod non patitur versus. An χθαμαλώτερον scribendum adverbialiter, et ἐρημοτέρην? aut sic re„fingendus locus?

„ὤφελες ἢ πόντου χθαμαλωτέρη εἴθε Κόρινθε
„κεῖσθαι, ἢ Λιβυκῆς ψάμμου ἐρημοτέρη."

Brunck. *Wesselingius* et post eum *Toup.* αὐτίκα καὶ γᾶς ἧς. Sine sensu. *Reiske* refinxit: Ἀστυπαλαίας ἢ χθαμαλώτερα κεῖσαι Κόρινθε, κεῖσαι καὶ Λ. *quae hic jaces humilior Astypalaea, jaces desertior arenis Libycis.* Recte fortasse vidit vir perspicacissimus, proprium urbis aut regionis nomen hic desiderari, sed non tanta licentia in membranarum lectionem grassandum, multo minus metrum tam graviter laedendum erat. — Minima mutatione legerim:

αὐτίκα δ' Αἰγείρας χθαμαλωτέρη — — —.

Perparum interest inter καιγας et Αἰγείρας. Commemoratur Aegira inter eas urbes, quas mare obruerit. Vide *Jos. Scaliger.* ad Hieron. Chron. p. 123. et not. in *Bianor.* Ep. XII. 7. Sic Helice et Bura, quibus eadem calamitas accidit, passim, tanquam παροιμιακῶς, commemorantur. — αὐτίκα cum κεῖσαι jungendum. Ep. XII. καὶ αὐτίκα τῆνδ' ἐπ' ἰούλων Ἑλλ. πολλῆς ἄχρις ἄγοντι τρίχας. Ep. XXVI. 5. ἥξω δ' αὐτίκα σεῦ καὶ ἐς ἑσπέρας. — V. 5. Pro διὰ πᾶσα *Reiskius* dedit διάσπασμα, ut esset *direptum permissa.* Inutilis et inepta mutatio. Junge: ἡ πᾶσα διαδοθοῖσι θλ. — παλίμπρητοι, *servi nequam et inutiles*. ὁ πολλάκις ἐν' ἐμπορίῳ μεταβεβλημένος, παλίμπρητος. *Harpocrat.* In παλίμβολα. *Chrysost.* Or. XXXI. p. 321. D. jungit παλίμβολα καὶ παλίμπρατα. Vide *Ruhnken.* ad Tim. p. 205. — ἐνθοῖσι. Vat. Cod. et Jenf. — V. 6. Veterum Bacchiadarum, qui priscis temporibus Corinthi imperium tenebant, ossa premere videbatur urbs, habitata civibus, prioribus illis nobilissimae urbis incolis dissimillimis. Quid in hac lectione tantopere offenderit *Reiskium*, non video. Ille tamen dedit: ὄλβιά γ' ἀρχαίων ὀ. B.

XXI. Cod. Vat. p. 430. Edidit *L. Holsten.* ad Steph. v. Ἑρκύνιον p. 116. *Dorville* ad Charit. p. 423. et iterum in Sicul. T. I. p. 34. *Jensius* nr. 13. Anthol. *Reisk.* nr. 664. p. 117. — In aquas quasdam in Pyrenaeis, quae Caesaris adventu illustratae esse dicuntur. — V. 1. „Holstein habet Ἑρκυναῖον e Msc. cod. cujus ubique „scripturam fideliter repraesentavit; quam lectionem „magis probo." *Br.* Magis etiam probabat *Heringa* in Obff. p. 191. Sylva Hercynia pro remotissima aliqua regione dici potuit, sicut Σελλοῖς. In Palatinis tamen membranis Ὀρκυναῖον legitur, etiam *Dorvillio* teste. Nec fortasse male, modo scribas, spiritu mutato, Ὁρκυναῖον. ὁ Ὀρκύνιος δρυμὸς est etiam ap. *Ptolem.* T. II. Geogr. XI. p. 57. Dubitat tamen *Dorv.* an non potius Ὀρκαναῖον scribendum sit, an Ὑρκαναῖον (hoc recepit *Reiskius*), cum etiam *Agathias* in Prooemio v. 75. Hyrcanum sive Caspium sinum pro ultimis navigationis finibus posuerit. — μυχὸς de recessu montano non minus bene quam de sinu maris dicitur. Vide *Dorvill.* ad *Char.* l. c. — Σολόεντα. Libyae promontorium; vide *Herodotum* L. IV. 43. p. 299. quo promontorio, *Scylace* teste p. 125., navigatio in Oceano Atlantico terminabatur. — V. 2. ἔλθῃς. Cod. et Jenf. ἔλθῃ. *Dorv.* et *Reisk.* — Ἑσπερίδων. De Hesperidibus Libyae vide *Salmas.* ad Solin. p. 264. — V. 3. Gloria Augustum sequitur, quocunque iveris id quod Pyrenaei testantur fontes. Quibus enim ne lignatores quidem, circum eos habitantes, uti solebant, ad hos in posterum utriusque continentis incolae accedent. — Sic omnia perspicua, quae antea ob pravam distinctionem intelligi non poterant. *Heringae* conjecturas adscribere supersedeo. — Aquis autem, quibus illustrem famam auguratur *Crinagoras*, Augustus usus esse videbatur *Dorvillio*, cum, Cantabria domita, destillationibus jecinore vitiato, frigida balnea adhibere coepit, Antonio Musa auctore. Vide *Sueton.* Vit. Aug. 81. p. 153. ed. Ern. Vereor tamen, ne haec conjectura concidat, comparato *Dione* p. 720. et 725. ex quibus locis intelligitur, frigidae aquae medicinam ab Augusto nonnisi duobus annis post reditum ex Hispania fuisse adhibitam. — Ceterum color idem ap. *Nazarium* in Paneg. Constant. XVI. *Nusquam gradum extulisti, quin ubique te gloria quasi umbra comitata sit.* — V. 4. „Πυρήνης. Sic cod. recte. Vetustissimae regiae membranae, in quibus Dionysii Periegesis, v. 288. habent: „τοῖς δ' ἐπὶ Πυρηναῖον ὄρος καὶ δώματα Κελτῶν. In edd. geminata ρ legitur Πυῤῥηναῖον. Sic etiam ap. latinos poëtas „Pyrene prima producta. Infra tamen XXVIII. ubi „editi libri habent οὔρεα Πυρηναῖα, Vat. Cod. Πυῤῥηναῖα.“ *Br.* — ¶. 146.] V. 5. 6. Hoc distichon ab inepta interpretatione nescio cujus in Misc. Lips. IV. p. 127. vindicat *Dorville* ad Char. p. 117.

XXII. Cod. Vat. p. 432. Εἰς πρόβατον τρίτονον· καὶ νῦν εἰσὶ τοιαῦτα πρόβατα οὐκ ἐν Ἀρμενίᾳ μόνον, ἀλλὰ καὶ ἐν Σκυθίᾳ. Edidit *Salmas.* de Homon. H. I. p. 165. *Jensius* nr. 154. Anth. *Reisk.* nr. 805. p. 176. — V. 1. ἐντόσ Ἀράξεω. Cod. Vat. Hoc *Pierson.* ad *Moer.* p. 422. mutavit in ἔνθα γ' Ἀράξεω. *Reisk.* in ἔνθεν. Initium carminis deesse suspicabatur *Salmasius.* — Ἀγαῤῥινή. *Salmasius* Agariam in Sarmatia Europaea quaerebat, quia Ptolemaeus fluvii Agari et promontorii Agarici in illa regione mentionem facit. Putabat itaque, ovium istarum sobolem ex Agarrica Sarmatiae in Armeniam translatam esse. Memoratur Agarra in Susiana, prope Eulaeum fluvium, satis longo intervallo ab Armenia dissita. Quum in eadem regione habeatur fluvius *Araxes*, qui ad Hecatompylas ortus in Persicum sinum effunditur, vide, an *Crinagoras*, τῇ ὁμωνυμίᾳ in errorem inductus, ovem, quae Persicae esset originis (Ἀγαῤῥικὰ) et ad Araxen, Persiae fluvium, inveniretur, ad fluvium ejusdem nominis, sed illo longe notiorem, in Armenia collocaverit. — De fluviis, qui Araxis nomen antiquitus habuerunt, vide *Buberium* in Differt. Herodot. c. XVIII. p. 190. — Caeterum *Schneiderus* hoc carmen refert ad Armenicam Tiberii expeditionem, quem vide ad *Oppian.* Cyneg. I. 378. p. 361. — V. 3. „Recte Salmasius μήλων, licet „in Cod. scriptum sit μήλοις. Ordo, χαῖται δ' αὐταῖς οὐκ „εἰσιν ἅτε που ἐπὶ μαλακοῖς μαλλοῖς τῶν μήλων. Simile quid „de ovium quodam genere habet Oppian. in Cyneg. „τάχ' αἰγὸς ἂν ἀντιφερίζοι τρηχυτάτῃ χαίτῃ δυσπαίπαλος, οὐκ „ὀΐεσσι." *Br.* Cod. Vat. χαῖται δ' οὐ μήλοις. *Reiske* dedit: χαῖται δ' οὐ, μήλοις ἅτε που μαλακοῖς, ἐπιμαλλοι. *at coma non est densa, crispa, mollis, qualis esse solet ovibus delicatis.* — De ovibus *Plin.* H. N. VIII. 75. p. 478. *Istriae Liburniaeque pilo propior quam lanae, pexis aliena vestibus.* In Britanniae quoque partibus septentrionalibus oves pro lana pilos habent, a caprarum pilis parum diversos. Vide *Küttneri Beyträge zur Kenntniss von England*, Fasc. XVI. p. 146. — V. 4. ψεδναί. *raris crinibus iisque asperis.* *Homer.* Il. β. 219. φοξὸς ἔην κεφαλήν, ψεδνὴ δ' ἐπενήνοθε λάχνη. quod certatim expresserunt recentiores. Vide *Pierson.* ad *Moerin* p. 421. sq. — V. 6. οὐ θαλέον. *Jens.* — In contextu Cod. et iterum in marg. οὐθαπίου. — V. 8. ἀλλὰ vitiose in Analectis. ἄλλα legendum. — De forma γία pro γαῖα vide *Eustath.* ad Il. σ. p. 2111. 7.

XXIII. Cod. Vat. p. 451. Edidit *L. Holsten.* ad Steph. v. Φαίαξ p. 338. *Jens.* nr. 81. Anthol. *Reisk.* nr. 732. p. 147. Insula quaedam describitur, parva, sed fertilis, multaque incolis commoda praebens. — V. 1. εἰ καί με. Vat. Cod. et *Holst. Jens.* εἰ χ' οἵ με π. ὁρῶεν emendavit *Reiske: quamvis me dicent spatii exiguam, qui me forte mensi fuerint.* Hujus vestigia pressit *Toup.* in Em. in Suid. P. I. p. 160. ubi h. v. sic constituit, ut ap. *Br.* habetur. — V. 2. στα?ίους. Vat. Cod. — V. 3. ἐπ' αὔλακα π. ἀρότρου. Vat. Cod. *Holst. Jens.* — ἐπαύλακα junctim exhibuit *R.* cui vulgata lectio negotia fecit: πῖαρ ἀλεύρου conjecit. Mirum, Homericum locutionem οὖθαρ ἀρούρης viro doctissimo non in mentem venisse. Hunc quoque vers. eleganter correxit *Toupius.* — V. 4. ἀκροδρύων. Omnes arborei fructus, qui corticem ligneum habent, ἀκρόδρυα vocantur; quin alii eandem vocem de quibuscunque fructibus arboreis usurparunt. Vide *Salmas.* ad *Solin.* p. 430. C. *Bod. a Stapel* ad Theophr. L. II. p. 89. 342. — V. 5. ὑπ' ἰχθύσι. Vat. Cod. ἐπ' *Jens.* et *Holst.* — εὐαγρος. qui piscatoribus largam piscium copiam affert. — ὑπὸ μαίρῃ. Cod. Vat. μαίρην emendavit *R. Hesych.* Μαῖρα. κύων τὸ ἄστρον ἢ ἀκμαιότατον καῦμα. Sic de patria sua gloriatur *Ovidius* II. Amor. XVI. 3. *Sol licet admoto tellurem sidere findat, Et micet Icarii stella proterva canis; Arva pererrantur Peligna liquentibus undis. Libanius* in Antioch. T. I. p. 283. ed. *Reisk.* — V. 6. λιμένων τ' ἤπιον. Vat. Cod. recte. Idem ἀτρεμίη casu recto. — Vitiose apogr. Voss. ἀρτεμίη ap. *Pierson.* in Veris. p. 226. — V. 8. τῷ ἐπεμέλεθην. Vat. Cod. *Holst.* — In lectione Reiskiana, τῷ ἔπι ὠφλεθην, verba sic jungi debent: ἔθέμην τοῦτο τὸ ὄνομα, ἐφ' ᾧ ὤφλεθην γελᾶσθαι. *Nomen accepi, unde mihi fatale erat rideri.* Suspicabatur *Reiskius*, respici ad Σύβοτα, quod nomen tribus insulis, inter Corcyram et Epirum sitis, commune fuit. Vide *Strabon.* VII. p. 499. A. B. *Thucyd.* L. I. 47. Sed de una tantum insula in hoc Epigr. agitur, non de pluribus. Et fuerunt in eadem regione ἄλλαι νησῖδες, οὐκ ἄξιαι μνήμης, secundum *Strabonem* l. c. quarum una fortasse hoc carmine significatur.

XXIV. Cod. Vat. p. 452. Edidit *Salmas.* in Plin. p. 597. A. Poëta navigationem in Italiam parans, Menippum geographum compellat, qui ipsum quasi manu per regiones peragrandas ducat. Respicitur hoc carmine Menippi Pergameni Periplus, quo internum mare tribus libris descripserat. *Marcianus Heracleota*: Μένιππος δὲ ὁ Περγαμηνὸς, καὶ αὐτὸς τῆς ἐντὸς θαλάσσης περίπλουν ἐν τρισὶν ἤθροισε βίβλοις, ἱστορικήν τινα καὶ γεωγραφικὴν ἐποιήσατο ἐπαγγελίαν. Vide *Dodwell.* in Diss. VII. Tom. I. Geogr. minorum p. 146. ubi Menippi fragmenta leguntur, hoc Epigrammate praemisso. Conf. *Fabricii* Bibl. Gr. T. IV. p. 614. not. 99. ed. *Harl.* — V. 3. διφῶ. Vat. Cod. Notanda forma διφέω pro διφάω. — ἡγητῆρα περίπλοον *Salmasius* interpretatur περιηγητήν, qui per singula ducat, memorabilia quaeque ostendens et describens. — V. 4. Σχερίης. *Homer.* Od. ε. 34. Σχερίην ἐρίβωλον, Φαιήκων ἐς γαῖαν. Eadem, quae Corcyra. Vide *Schol.* ad *Homeri* loc. et ad *Apollon. Rh.* L. IV. p. 984. — V. 5. ἀλλά σύλλαβέ μοι. operam mihi navare velis. ἵστορα κύκλον. Periplum illum, de quo supra. Vide *Salmasium* Praef. ad Solin. p. 11. ubi partem hujus distichi excitat, et ad *Solin.* p. 596. G.

§. 147.] *XXV.* Anth. Plan. p. 9. St. 16. W. In Cod. Vat. p. 324. primo disticho adscriptum lemma: Κριναγόρου. εἰς Ὀθρυάδην τὸν Σπαρτιάτην. Versui tertio autem hoc: Ἄδηλον. εἰς Ῥωμαῖον στρατιώτην ἀριστεύσαντα ἀξαιίως. *Scaliger* quoque in not. ap. *Huetium* p. 4. hoc distichon a reliquis separandum, idque a capite et calce truncum esse censebat. Verbum, ut εἶχε, vel ἀνέχει per interrogationem, supplendum suspicabatur *Huetius*.

Qua-

Quatuor haec diſticha unius carminis eſſe, mihi perſuaſum habeo, nec Vaticani Cod. auctoritatem moror, qui ſaepiſſime jungenda diſcerpit et non initio ſolum carminum, ſed in partibus etiam eorum lemmata ponere ſolet. Vide ad Ep. *Hegeſippi* IV. 5. 6. Vol. I. 2. p. 173. Quum in Anth. Plan. verſ. 2. καλλιπτολέμων legatur, *Brunckius* cum Vat. membr. κάλει πτόλεμον dedit, ut ſenſus eſſet integer. In idem incidit *Anonym.* bibl. Bodl. cui etiam καλοττόμενος in mentem venerat. Hoc illi praetulerim, niſi tum πάντων fulcro careret. Vatic. lectionem etiam *Dorvill.* probavit ad Charit. p. 607. Sed quo ſenſu haec dicta ſunt? κάλει 'Οθρ. *voca, invoca, in memoriam tibi revoca* clariſſima priſcae aetatis facinora? Hoc mihi perquam inſolenter videtur dictum. Deinde, quod etiam gravius, hac lectione et interpretatione admiſſa, ſententiae hiant, ſequentibus diſtichis cum primo nulla ratione coëuntibus. Adde, quod ſic vocabulum καλλιπτολέμων, quod et elegans eſt et ſupra librariorum captum, expellitur. Quae cum ita ſe habeant, conjectura hunc locum tentari poſſe exiſtimo. Quid? ſi ſcripſerit Mitylenaeus noſter:

'Οθρυάδην ΠΑΡΑΘΕΙ, τὸ μέγα κλέος, ἢ Κυνέγειρον
ναύμαχον, ἢ πάντων ἔργα καλλιπτολέμων
Ἄῤῥιος αἰχμητὴς Ἰταλὸς παρὰ χεύμασι — —

Arrius Romanus miles omnium, qui unquam claruerunt bello, Othryadis, Cynegiri, aliorum, facinora ſuperat. Qui cum ad Rheni ripas jaceret, vulneribus tantum non confectus, et aquilam ſuis hoſtili manu eripi vidiſſet, contumeliam non tulit, ſed exſiliens eum, qui vexillum tenebat, interfecit aquilamque ſervavit. — παραθεῖν pro *ſuperare* dicitur, ut παριέναι, παρέρχεσθαι. — τὸ μέγα κλέος, abſolute poſitum, nec ineleganter, ut mihi quidem videtur. Sic poëtae abstractis, quas vocant, pro concretis uti ſolent. Qui omnes gloria ſuperabat, μέγα κλέος dici potuit, ut homo malis obrutus συμφορά. Vide

Wesseling. ad *Herodot.* I. 13. p. 16. Possis etiam: Ὀθρυάδου — τὸ μέγα κλέος. — V. 3. Ἄρειος. Vat. Cod. et Plan. Ἀλφειος debetur *Scaligero* ap. *Huetium* l. c. — Pro Ῥήνου in membr. Vat. Νεῖλον, vulgata tamen lectione supra scripta. — V. 8. μοῦνος. Hoc eximium tulit, hoc ei soli contigit, ut, cum interficeretur, non vinceretur.

XXVI. Cod. Vat. p. 392. Plan. p. 46. St. 67. W. Capella quaedam, quam Caesar, Augustus an Tiberius, non constat, nave secum duxerat, ut dulcissimo ejus lacte frueretur, se inter astra relatum iri sperat. — V. 3. ἐπεὶ ex *Br.* emendatione, ut videtur. Vulgo et in Cod. ἔπειτ'. Pro ἐφράσσατο vett. edd. omnes usque ad *Stephanum* ἐφράσατο. Sed vide *Clark.* ad Homer. Il. α. 140. et ψ. 126. — V. 4. γηθεῖν σ. εἰργάσατο. Vat. Cod. Hoc mihi vulgata videtur verius. Certe ἠγάγετο glossam redolet. — V. 5. Ut illa, quae Jovem aluit, capella inter astra relata est, sic mihi quoque idem obtingere debet, cum ille Jove nihilo minor sit.

XXVII. Cod. Vat. p. 452. In Plan. p. 84. St. 123. W. hoc carmen *Philippo* tribuitur. Scriptum est in psittacum, qui, cum e cavea aufugiens in sylvam rediisset, ibi quoque illud suum *Ave Caesar* repetebat reliquasque etiam aves easdem voces pronuntiare docebat. — V. 1. λιγοτευχία. Ed. Fl. κύρτος. De *nassa* passim usurpatum, hoc loco de *cavea* viminibus contexta dicitur. *Pollux* X. 160. κύρτη σιδηρᾶ ὀργανεῖόν τι, οἷον οἰκίσκος ὀρνίθων, παρὰ Ἡροδότῳ καὶ Ἀρχιλόχῳ. Magnificam psittaci caveam describit *Statius* Sylv. II. 4. 11. *At tibi quanta domus rutila testudine fulgens, Connexusque ebori virgarum argenteus ordo.* — V. 2. ἀνθοφυεῖ. variis coloribus picta. *Quem non gemmata volucris Junonia cauda Vinceret.* *Statius* l. c. v. 26. — V. 3. ἀμελετῶν. *verba meditatus.* *Statius* v. 7. *Martialis* L. XIV. 72.

Psittacus a vobis aliorum nomina discam:
Hoc didici per me dicere: Caesar ave.

Hanc potiſſimum ſalutationem pſittacos docebant. Veterum loca collegit *Burmann.* ad Anthol. Lat. T. III. p. 428. — V. 6. δαίμων, ſic nude poſitum pro *Caeſare, domino*, mihi valde videtur inſolens. Mallem:

τίς φθέγμα δύναται ΔΕCΠΟΤΑ ΧΑΙΡ' ἐνέπειν.

Domine ſalve. — V. 7. οὔρεσιν αὐτοῖς δὲ κ. Vat. Cod. ἐς δὲ σε κ. Plan. Aliud quid latere videtur. Fortaſſe:

Ὀρφεὺς θῆρας ἔπεισεν ἐν οὔρεσιν· ἴσα δὲ, Καῖσαρ,
νῦν ἀκέλευστος ἅπας σ' ὄρνις ἀνακρέκεται.

— V. 8. ἀκέλευστος. Vat. Cod.

¶. 148.] *XXVIII.* Cod. Vat. p. 403. *Crinagorae* tribuit, quod in Plan. p. 6. St. 11. W. Βάσσου inſcribitur. Scriptum in Germanicum multa fortiter in bello gerentem. Interpretes haec referunt ad Germanicum Druſi et Antoniae minoris filium, de cujus in Germania rebus geſtis vide *Sueton.* Vit. Calig. 1. ſqq. *Dion. Caſſ.* T. II. p. 823. et p. 864. — V. 1. Πυῤῥηναῖα. Vat. Cod. ſed vide ad Ep. XXI. — βαθυάγγεος. Edd. vett. βαθάγκεος. Caſtigavit *Brodaeus.* — V. 3. ἀντίων. Germanico, tanquam Jovi alicui, fulgura tribuit. De Glycone athleta *Antip. Theſſ.* LXVIII. ὁ παμμάχων κεραυνός. Notum *Virgilii* Aen. VI. 842. *geminos, duo fulmina belli, Scipiadas.* ubi vide ill. *Heynium.* — V. 4. ἀστράπτων. *Virgil.* IV. Georg. 560. *Caeſar dum magnus ad altum Fulminat Euphratem bello.* Hanc metaphoram illuſtravit exemplis *Oudendorp.* ad *Lucan.* I. 254. — V. 6. τοιαύταις. *Non alias quaerunt numina noſtra manus* vertit *Grotius.* — ὀφείλεσθαι dicitur, ut *deberi*, pro *obnoxium eſſe.* Enyo igitur et Mars in Germanico majus quoddam numen agnoſcunt, cui ſuam ipſorum vim et potentiam debeant.

XXIX. Cod. Vat. p. 405. Anth. Plan. p. 6. St. 12. W. Tutum et immotum Romanum imperium fore auguratur poëta, quamdiu invicta Caeſaris dextra reipublicae gubernaculum teneat. — V. 1. παμμεδέων. Nec ſi maximae malorum undae irruerint. Dubito, an πλημμύρα sensu proprio de oceani fluctibus in terram redundantibus, an de hominum, oceanum accolentium, copia accipiendum sit. Sequenti certe versu Ῥῆνος de Germaniae copiis dictum videtur. Cogitavit poëta de prodigioso graecorum scriptorum commento, qui flumina a Xerxis exercitu exhausta tradiderant. *Herodotus* L. VII. 21. p. 520. τί γὰρ οὐκ ἤγαγε ἐκ τῆς Ἀσίης ἔθνος ἐπὶ τὴν Ἑλλάδα Ξέρξης; κοῖον δὲ πινόμενόν μιν ὕδωρ οὐκ ἐπέλιπε, πλὴν τῶν μεγάλων ποταμῶν; *Diodor. Sic.* T. I. p. 407. φασὶ τοὺς ἐνδόξους ποταμοὺς διὰ τὴν τοῦ πλήθους συνέχειαν ἐκλιπεῖν. Vide, quae de hac re collegit *Wernsdorf.* ad *Himer.* Or. II. p. 408. — V. 4. Major in fine versus ponenda distinctio, quae omissa est in Ed. Lips. — V. 5. 6. Eleganter et ingeniose *Cr.* usus est imagine ap. Homer. Il. μ. 132. sqq. quam exornavit *Virgil.* Aen. IV. 441.

annoso validam cum robore quercum
Alpini Boreae nunc hinc, nunc flatibus illinc
Eruere inter se certant: it stridor et altae
Consternunt terram concusso stipite frondes:
Ipsa haeret scopulis.

XXX. Cod. Vat. p. 513. Plan. p. 38. St. 56. W. „Vide Meursii Eleusinia p. 48. Athenis initiatus fuit „Augustus, cujus exemplum probabile est multos Roma„norum secutos fuisse. Quaedam in hoc carmine e Vat. „Cod. emendata.“ *Br.* Tractavit hoc carmen *Scaliger* ad *Tibull.* p. 168. sq. Initiatus est Augustus A. U. C. 723. narrante *Dione Cass* T. I. p. 635. *Suet.* Vit. Aug. c. XCIII. — V. 3. ἐν ἐκείναις. Plan. ἂν ἐκείναις Vat. Cod. — V. 4. Δημήτρειος μεγάλας νύκτας. Vat. Cod. Etiam in Plan. μεγάλας. Haec igitur non ex Vat. membranis, sed ex conjectura mutata sunt, quod *Br.*, ut videtur, lectores celatum voluit. Et profecto longe acutior et probabilior emendatio *Jos. Scaligeri* in not. mst. et ad *Tibul.*

bum l. c. ἔφρα δ' ἱκανῆς (possis etiam ἔφρ' ἂν ἱκανῆς) Δε μεγάλας v. Hoc enim epitheton deabus, quae mysteriis praesunt, tribuitur. De ἱκανῇ Περσεφόνεια vide *Graevium* in Lect. Hesiod. c. XXIII. ad Theog. 768. p. 116. — V. 5. κἀν. vulgo. De mystarum felicitate, etiam post fata, loca collegit *Brod.* et *Valck.* ad Eurip. Hipp. p. 163. Ad nostrum locum inprimis facit *Sophocl.* ap. *Plutarch.* T. II. p. 21. E. ὡς τρισόλβιοι κεῖνοι βροτῶν, οἳ ταῦτα δερχθέντες τέλη Μόλωσ' ἐς ᾅδου· τοῖσδε γὰρ μόνοις ἐκεῖ ζῆν ἔστι, τοῖς δ' ἄλλοισι πάντ' ἐκεῖ κακά. quod facete dictis occasionem dedit, quae narrat *Plutarch.* l. c. et p. 224. E. — V. 6. ἐς πλεόνων, ad inferos. Vide *Leonid. Tar.* Ep. LXXIX. 6. *Eustath.* ad Il. ι. p. 451. 34. *Casaubon.* ad *Diogen. Laert.* L. I. p. 67.

XXXI. Cod. Vat. p. 402. Plan. p. 51. St. 73. W. — Historia de muliere, quae cum stans in litore vestem ablueret, a fluctu redundante in mare delata periit. — V. 1. προσκάλυει. vulgo. — T. 149.] V. 5. πενίη. Vat. Cod. Paupertatis onere simul cum vita liberata est. — τίς θαρσήσαι. Quis, quaeso, mari confidat, nave conscensa, cum ne ii quidem, qui in terra versantur, ejus furorem et saevitiam effugere queant. οἱ πεζοὶ opponuntur ταῖς ναύταις, ut in Ep. *Meleagri* LXXX. 6.

XXXII. Cod. Vat. p. 445. cum nota: ἀδιανόητον παντελῶς. „Carminis hujus ultimum tantum distichon in „Planudea legitur [p. 87. St. 127. W.]. Integrum jam „dederat Huetius in not. ad Anthol. p. 11. ita ut in „notis ad Hesychium v. κῖμε T. II. p. 959. non recte „ineditum dicatur. Ibi prolatus secundus pentameter „absque ulla emendatione, quam nec tentavit *Huetius*: „foede tamen corruptus est; nec ipse quid reponendum „sit excogito. Latet animalis nomen, cujus renium „adeps gravi odore canes fugat, aut eorum latratum „cohibet. Quodnam id sit, dixerint rerum naturalium

„periliores." *Br.* Artificium narrat, quo Ligures latrones ad canes fallendos utebantur. — V. 1. ἔρδοι τὴν ἔμαθέν τις. Paroemia passim obvia. *Aristoph.* Vesp. 1432. paulo plenius: ἔρδοι τις ἣν ἕκαστος εἰδείη τέχνην. Cicero Tusc. Qu. L. I. 18. *Quam quisque norit artem, in hac se exerceat.* — *Unumquemque hoc agere debere, quod nosset*, Alexander Severus solebat dicere, ap. *Aelium Lampr.* T. I. p. 998. Per parodiam *Stratonicus* ap. *Athen.* L. VIII. p. 351. E. ᾄδοι τις ἣν ἕκαστος εἰδείη τέχνην. Vide *Gataker.* de St. N. Instr. p. 129. sq. *Valckenar.* in Diatr. p. 76. C. et *Lennep.* ad Phalar. p. 246. — Pro ὄντων saltem ὄντως scribendum, nisi reconditior latet lectio. — V. 4. *Aelian.* H. A. L. I. 37. p. 41. Θηρίων δὲ ἀλεξιφάρμακον ἦν ἄρα πάντων πιμελὴ ἐλέφαντος, ἣν εἴ τις ἐπιχρίσαιτο, καὶ εἰ γυμνὸς ὁμόσε χωροίη τοῖς ἀγριωτάτοις, ἀσινὴς ἀπαλλάττεται. Ad h. l. *Schneiderus* certissima emendatione hunc versum refinxit sic:

χρίονται νεβρῶν (sive νεφρῶν) πῖαρ ἀποστίλβοντα.

comparato *Anatolio* in *Fabricii* Bibl. gr. T. IV. p. 300. — V. 5. ἀναδύμενοι, quo facto fallunt nares canum. — V. 6. μήτροφον. Vat. Cod. — λιβάνῳ temere tentabat *Brodaeus.* — ἀγαθῶν. Cod. Vat. In marg. ἀγαθόν.

XXXIII. Cod. Vat. p. 394. Plan. p. 107. St. 157. W. Animum ab inani divitiarum spe et cupiditate ad jucundiora Musarum negotia revocat. — V. 1. ὦ δειλ. vulgo. ἐπ' ἐλπ. Vat. Cod. — V. 2. πεπτηδώς. de animo spe metuque suspenso. Quibus parva spes relicta, ἐπὶ λεπτῆς ἐλπίδος ὀχεῖσθαι dicuntur, ap. *Aristoph.* Eqq. 1241. quod illustravit *T. H.* ad *Lucian.* T. I. p. 216. Bip. *Philo* de Temul. p. 245. C. ἄνθρωποι κεναῖς αἰωρούμενοι δόξαις. Julius Caesar paulo ante, quam inimicorum succubuit insidiis, sibi visus est ὑπὲρ τῶν νεφελῶν μετέωρος αἰωρεῖσθαι καὶ τῆς τοῦ Διὸς χειρὸς ἅπτεσθαι. *Dio Cass.* T. I. p. 392. 1. — V. 3. Junge ἄλλα ἐπ' ἄλλοις ὄνειρα ἐφάπτων διαγράφεις. quousque tibi alia super aliis divitiarum somnia finges? — ὄνειρα. vana illa vota, cum spe exoptati eventus conjuncta, quibus animum per otium pascimus. — V. 4. οὐδέν. vulgo. — Nihil hominibus sponte, absque laboribus et studio, contingit. — Aliam sententiam hoc loco exspectabam, praesertim cum haec ne per se quidem spectata satis veritatis habeat. — V. 5. ἀμυδρά. ἀφανῆ. σκοτεινά. Suid. εἴδωλον ἀμαυρόν. Homer. Od. δ. 824. — Vana illa et inania somnia, spes et vota. De voce εἴδωλα vide quae dedit Elsnerus in Obss. sacr. T. II. p. 97. — ἠλιθιότησι. stultis et ineptiis. Cf. Eustath. ad Il. p. 484. 38. — μύθοις. Vat. Cod.

XXXIV. Vat. Cod. p. 369. Plan. p. 52. St. 75. W. ubi auctoris nomen primus restituit Aldus. In Ed. pr. et Ascens. ἀδέσποτον est. De Nicia, Coorum tyranno, cujus cadaver é terra erutum et mutilatum est. De hoc tyranno, qui sub Tiberii regno Coorum libertatem oppressit, tradidit Strabo, L. XIV. p. 972. B. et Plutarch. in Vit. Brut. T. I. p. 994. Perizonius ejus nomen restituit Aeliano V. H. I. 29. p. 42. ubi vulgo Νικίππου legitur. — V. 1. καμοῦσιν. defunctis. — εἴπους et μετὰ vulgo. — V. 2. ζωῆς. Omnes edd. vett. praeter Steph. qui ζωῆς habet, sine sensu. — ἔτερψε. Vat. Cod. fortasse rectius quam ἔτερψεν, quae lectio minus exquisita. Comparandus Aelian. V. H. IV. 7. οὐκ ἦν ἄρα τοῖς κακοῖς οὐδὲ τὸ ἀποθανεῖν κέρδος, ὅπου μηδὲ τότε ἀναπαύονται· ἀλλ' ἢ ταφῆς πολλάκις ἀμοιροῦσι ταφῆς, ἢ καὶ, ἐὰν φθάσωσι ταφέντες, ὅμως καὶ ἐκ τῆς τελευταίας τιμῆς, καὶ τοῦ κοινοῦ πάντων σωμάτων ὅρμου, καὶ ἐκεῖθεν ἐκπίπτουσι. — V. 5. μετοχλίσαντες. Vat. Cod.

¶. 150.] XXXV. Cod. Vat. p. 434. In Plan. p. 53. St. 77. W. Ἀντιφίλου inscribitur. In cranium, prope viam positum. — V. 1. κέλυφος. proprie putamen, deinde omnia excavata. Cymbam significat ap. Antiphil. Ep. XLI. 7. Contra σκάφιον de cranio dixit Aristoph. ap. Pol.

Inc. Il. 39. ἀστέρων κάλλος Pollux VI. 51. — V. 2. ἀρμοσθέν. Vat. Cod. — V. 3. ἕρκος. Cogitavit de Homerico ψυχὴ — ἐπεὶ ἄρ κεν ἀμείψεται ἕρκος ὀδόντων. Il. ι. 408. — θανάτοιο insolenter dictum pro θανόντος. — V. 4. εἰνόδιον. quod in via positum praetereuntibus lacrymas elicit. — V. 5. σὺ omittunt omnes edd. vett. usque ad Ascens. et Steph. etiam Vat. Cod. — παρ' ἀτραπιτὸν, quod *Br.* in margine libri Salmasiani reperit, est ex membr. Palat. Vulgo παρὰ πρέμνον. Parum feliciter *Brodaeus* πρῖνον suspicabatur. — Pro ἀθρήσαις Cod. Vat. ἀθρήσας. Magnus *Grotius* hoc distichon sic vertit:

Propter iter radice jacens super, aspice, quanto
Plus habeant, cara est queis sua vita, boni.

Legit itaque παρ' ἀτραπιτὸν, quod cl. *Boschius* in textum recepit. In pentametro autem an verum sensum viderit, dubito. Si poëta verba φείδεσθαι βιότου hoc sensu posuit, homines monere voluit, ne vitam periculis objiciant. Quod praeceptum ut in hoc contextu habeat locum, fingendum est, cranium, de quo agitur, hominis fuisse vitae prodigi. Sed unde hoc noverat *Crinagoras*? ubi id dixit? Teneamus igitur interpretationem, quam *Brodaeus* dedit, *quid tandem lucrentur ii, qui victui parcant;* quamvis sic minime apparet, quomodo cranium haec videre et intelligere possit; nec, si intellexerit, quid inde boni lucretur. Dicam, quod sentio. Antiquitus depravatum fuit hoc distichon, ut monstrant omissio τοῦ σὺ, numeri in hexametro prorsus elumbes et inepti, ὄφρα in versus exitu positum, et sensus denique difficultas. πέλας cum πρέμνοιο jungendum, deleto κατὰ, quod sciolus aliquis ad versus vitium quadam ratione tollendum interposuit. Jam vides, numeros longe elegantius decurrere:

κεῖσο πέλας πρέμνοιο παρ' ἀτραπιτὸν, ὄφρα .....

Exitus versiculi intercidit.

XXXVI. Cod. Vat. p. 262. Εἰς Εὐνικίδαν τινα, οὗτινος ἡ λάρναξ ἀπὸ λυγδίνου: πλακὸς ἐχρημάτιζε. Edidit *Bentlej.* in not. ad Callim. p. 16. T. II. ed. *Ern.* Anth. *Reisk.* nr. 600. p. 86. — V. 1. Sensus non omnino certus. Si supples ἐστι, sensus erit: Quamvis hic tumulus marmoreo et artificiose elaborato monimento ornatus est, non tamen boni viri ossa tegit. Sin ἦν subaudis, hoc dixit *Crinagoras*: Etiamsi superbum monimentum hunc tumulum ornaret, non tamen propterea is, qui sub eo jacet, bonus vir erit. — πλακός. *Leonid. Tar.* Ep. LXVIII. 2. — V. 3. μὴ λίθῳ τεκμαίρεο. Expressit fortasse *Antip. Thess.* LVI. ἀνέρα μὴ πέτρῃ τεκμαίρεο· λιτὸς ὁ τύμβος Ὀφθῆναι, μεγάλου δ' ὀστέα φωτὸς ἔχει. Conf. Ep. ἀδέσπ. DCXIX. *Diodor.* Ep. XI. — V. 4. κωφὴν (χεῖμα) ἡ λίθος. Lapis sensu expers, nec mali viri ossa premere refugit. Post hunc versum aliquid excidisse suspicor. Nulla enim est relatio inter vocabula κωφὴν et ζοφώδεος. — νέκυς ζοφώδης. nigri cadaver hominis, i. e. mali et improbi. Ad mores referendum videtur epitheton; nam μέλανες vocabantur, quibus mores improbi. *Plutarch.* T. II. p. 12. D. μὴ συνδιατρίβειν μέλασιν ἀνθρώποις διὰ κακοήθειαν. *Hic niger est. Horat.* I. Serm. IV. 85. *Reisk.* τῇ καὶ ζ. legit. Parum profecto commodum illud καί; sed fortasse praecessit olim aliquid, quo referebatur. — V. 6. ὀλιγωπελής. Vat. Cod. In Apogr. nonnullis ὀλιγωπερής. ὀλιγωπελὴς emendavit *Bentl.* et *R.* — *Hesych.* ὀλιγηπελέων. ὀλίγον δυνάμενος. ἀσθενής. ἄτονος. ex *Homero* Il. ο. 24. Idem λιγηπελής. Vide inprimis *Valckenar.* in Diatr. p. 283. B. — ῥάκος. veluti pannus tritus et lacer. Non de cadavere accipi debet, ut fecit *T. H.* in loco mox laudando; sed vivi Eunicidae corpus infirmum, lacerum et turpe fuit, ut apparet ex sq. Epigrammate. — De homine nullius pretii *Lucian.* in Tim. §. 32. T. I. p. 102. Bip. μαλθακόν, καὶ ἄγροικον, καὶ ἀνόητον — ῥάκος ἤδη γεγονημένον. ubi vide *Hemsterh.* qui et nostri loci memor fuit. σῶμα ῥααὐδεῖ vetulae tribuit *Rufin.* Ep. XXXII. — V. 7. δ' ὑπό. Vat. Cod.

XXXVII. Cod. Vat. p. 266. Plan. p. 284ª. St. 411. W. In eandem Eunicidam, animo non minus quam corpore turpem. — V. 1. ἀκάνθαιον. terram aridam et sterilem, quae nihil praeter sentes et rubos effert. Vide ad *Zenodot. Ephes.* Ep. II. — V. 3. πλεῖν ἄκαιο ex Plan. receptum est. — Sed longe aliud quiddam olim hic lectum fuisse, apparet ex Vat. Cod. ubi in contextu habetur τοιουπρώτοντα, supra scriptum autem στέρνα τ' ὑποχρίοντα. Vera videtur correctio. Verbum compositum ὑποκρίνω occurrit ap. *Nicandr.* Ther. 790. Hinc derivatum adjectivum ὑποκρίνεις pro ὀκρίοεις. Hoc, quod de lapidibus asperis usurpari solet, non male ad mores asperos, duros et insuaves transfertur. *Hesych.* ὀκρίοεν. (sic recte emendatum pro ὀκρυόεν.) τραχύ. σκληρόν. στερεόν. ὀργίλον. Idem: ὀκριόωντο. ἐτραχύνοντο. ὠργίζοντο. μεταφορικῶς ἀπὸ τῶν ἄκρα πολλὰ ἐχόντων λίθων. Quae glossa ad nostrum locum praeclare facit. *Tibull.* I. El. I. 63. *non tua sunt duro praecordia ferro Vincta, nec in tenero stat tibi corde silex.* — V. 4. κώλων δούλιον οἰοπέδην. *Brodaeus* membrorum vinculum, compagem, in deserto loco jacentem, interpretatur. At non de membris in universum, sed de parte quadam corporis Eunicidae agi, contextus docet. κῶλα igitur sunt pedes, ut passim. *Euripid.* Phoen. 1400. 1421. Bacch. 168. Vide *Kuster.* ad *Aristoph.* Ran. 1400. Sed quid voci οἰοπέδην facias? οἰοπέδη est μονοπέδη, quod fortasse compedum genus fuit. Pedibus Eunicidam laborasse suspiceris, ita ut *pedum compedes* dictae sint, quasi *impedimenta pedum* per periphrasin, qui ipsum euntem impedirent magis quam juvarent scilicet. δούλιος autem additur, quia servi ejusmodi compedibus (ξύλοις, ποδοκάκῃ, ποδοστράβῃ. vide *Pollux.* VIII. 72.) solebant constringi. — V. 5. ἄτριχα. calvum, quod non deforme solum, sed etiam ridiculum. Vide not. ad

Luciani Ep. XVIII. — ἡμιφλέγεα. ambusta membra, de rogo detracta, antequam combusta essent, negligentiam et contemtum libitinariorum significant. *Ovid.* in Ibide v. 633. *Cliniadaeve modo circumdatus ignibus atris Membra feras Stygiae semicremata rati.* Clodium *ambustum tribunum plebis* per contumeliam vocat *Cicero* in Or. pro Milone 5. 12. et 13. 33. *Tu P. Clodii cruentum cadaver ejecisti domo — tu infelicissimis lignis semiustulatum nocturnis canibus dilaniandum reliquisti.* — V. 7. δυσμόρφοντα. quae virum tam foedum tamque improbum in sinum recipis. — κακοσκήνευς ἀνδρός. gravis sis cineribus viri tam deformi corpore. De σκῆνος, *corpus*, vide *Heins.* ad *Hesych.* T. II. p. 1208. Vocem γογγυλόσκηνος (στρογγύλον τὸ σῶμα ἔχων) servavit *Etym. M.* — τέφρῃ. Vulgo et in Var. Cod. Fortasse fuit τέφραις.

XXXVIII. Cod. Vat. p. 307. *Jensius* nr. 82. Anth. *Reisk.* nr. 733. p. 148. In mortem puellae, cui nomen Selene, quam a Luna ploratam esse ait. — V. 1. καὶ αὐτὴ ἤχλυσεν. Vat. Cod. Hinc *R.* καὶ αὐτὴ δ' ἠχλύωσεν. — V. 2. πένθος ἰδὸν, *Reiskio* interprete, *vultum lugentem* Lunae significat, tristitiam suam luctumque nocte et tenebris occultantis, celantis. Quod vereor ne nimis argutum sit. — ¶. 151.] V. 3. σύνευνα δή. Jens. In Vat. Cod. νῦν. Lusus est in nomine puellae, Selenes, quae cum ad Orci tenebras descendisset, Luna (Σελήνη) quoque tenebris immersa est. *Antip. Sid.* Ep. XCIX. καὶ ῥ' αὐτὰ διὰ πένθος ἀμαυρωθεῖσα Σελάνα Ἄστρα καὶ ὀρφναίας ἐστυγνασε μέλας. ubi vide not. — V. 5. κάλλος. Pulchros pulchrasque cum Luna comparare solent poëtae. Venus in Anchisae amplexus veniens ὡς Σελήνη Στήθεσιν ἀμφ' ἁπαλοῖσιν ἐλάμπετο, θαῦμα ἰδέσθαι. Hymn. in Vener. 89. *Musaeus* v. 55. Ἡρὼ μαρμαρυγὴν χαρίεντος ἀπαστράπτουσα προσώπου Οἷά τε λευκοπάρηος ἐπαντέλλουσα Σελήνη. ubi vide not. *Heinrichii* p. 61. sq. — V. 6. μίξεν. *Reisk.* dedit δεῖξεν ὑπ' ὀφρύσι. (sic *Jens.* contra Cod. fidem.) Mihi quoque olim verbum μέζον displicuit. Scribebam: λέξον. Lunam plorantem habemus in Epitaphio formosae puellae ap. *Schrader.* In Monim. Ital. p. 162. *Flevit Amor, moestae Charites, et Cynthia flevit, Pulcra Venus molles subsecuitque comas.* Nunc tamen Codicis lectioni inhaereo. μέζον respondet τῷ κοινώσατο in praec. versu. Ut olim pulcritudinem suam cum illa communicaverat, ita nunc quoque tenebras suas cum illius morte conjunxit. *Antiphil.* Ep. XL. ἀντὶ ἑνὸς δ' ἄλλον ἔμιξα φόβον.

XXXIX. Cod. Vat. p. 307. Edidit *Jensius* nr. 83. Anth. *Reisk.* nr. 734. p. 148. Naufragus, cujus cadaver fluctus in litus detulerant, pastoris vitam felicem praedicat. — V. 1. καὶ σύ. *Jens.* κατ' emendavit *Ruhnk.* in Epist. crit. p. 122. Similia, ubi Paeti naufragi mortem luget, *Propertius* L. III. Ep. 5. 67.

Quod si contentus patrio bove verteret agros,
Verbaque duxisset pondus habere mea:
Viveret ante suos dulcis conviva penates,
Pauper, at in terra, nil ubi flere potest.

Postrema verba nimis inepta sunt. Corrigo in transitu:

nil ubi turbo potest.

ubi venti et tempestates nihil valent. Vide *Burm.* in *Lucan.* L. IX. 449. — V. 2. ποτὸνδ' ἀνὰ scribendum fuisset, „ut jam ab elegantissimo Ruhnkenio factum noveram; „sed corruptum etiam credo λειναλοφον. Ideo cod. lectio„nem intactam reliqui. λειναλοφος de monte si dicatur, „glabrum apicem significare debet, cui epitheton ποιηρὸς „non congruit. Scripserat forte τόνδε ποιὸς ἀκρόλοφον." *Br.* τὸ λειναλοφον defendit *Reisk.* analogia τοῦ λεονάπετρον *Polyb.* L. III. 53. T. I. p. 504. ed. nov. ubi desertam et nudam petram significat. Fingere tibi debes collem in superiore cacumine nudum, circum radices mediamque regionem herbosum. — V. 3. „Hic versus despe„ratus

„ratus est. Nam Reiskii commentum minime proban-„dum est, nec multo magis placet, quod ipse conjece-„ram, κριοῖς ἀγητῆρσι κατὰ βληχὴν ἀκολουθῶν." *Br.* *Reisk.* dedit ποτ' ἐβληχημένα βάζων. *erga arietes, gregis duces, garriens balatum imitantia.* Et ipse olim hunc locum sine successu tentavi. Tutissimum est sine dubio ejusmodi ulcera plane non attingere: nonnunquam tamen audacia ad verum reperiendum prodest, nisi tibi ipsi, aliis tamen, qui, si nihil aliud, errores certe vitare discunt. Haec igitur alii fortasse olim melius restituent; interim sic legerim:

κριοὺς ἀγητῆρας ἰδὼν βληχητὰ βιβάζειν.

arietes videns oves ineuntes. τὰ βληχητὰ pro ovibus usurpavit *Aelian.* H. A. II. 54. — Est autem illud inter oblectamenta pastorum. *Theocrit.* Eid. α. 87. φωτίλας ὅκ' ἐσορῇ τὰς μηκάδας, οἷα βατεῦνται. unde emendatum Ep. ibidem. XL. τοὶ δὲ τράγισκοι Εἰς ἐμὲ δερκόμενοι τὰς χιμάρας ἐβάτευν. — V. 4. ὑπερμικρῇ. Vat. Cod. ἦ μικρῇ emendavit *Rubnk.* πρὶν μικρῇ. *Reisk.* — V. 6. „Εὖρος ἐφημίξατο „in cod. scriptum. Salmasii emendationem recepi. In „superioribus nihil sanavit, licet plura medica manu „indigerent." *Br.* In ed. pr. *Rubnk.* ἐλμήσατο. in altera magis in Salmasianam lectionem inclinat. Infeliciter *Reiske* Εὖρος ἐξεπλήσατο, quod ridicule vertit: et circa hunc arenaceum collem me horsum prorsum jactando Eurus vim suam ostentat. *Bernardus* in Epist. ad Reisk. p. 364. ἀφημίξατο. *cruciavit.* ἐκπημήσατο voluit.

XL. Cod. Vat. p. 308. *Jensius* nr. 84. *Reisk.* Anth. nr. 735. p. 149. Argumentum in graeco lemmate diserte indicatum. — V. 1. ἐπὶ μόρῳ ἀλλαχθέντι. *ad commutatam liberorum sortem.* — ἀμφοτέρους, et vivum et defunctum filium. — V. 3. τὸν ὑγιῶν. ejus, qui bona utebatur valetudine. — V. 4. οὗ σο. eum, qui infirmus fuerat. — μετανενομένον ex conjectura dedit *Reisk.* male.

— V. 6. Veſtra quidem ſors immutata eſt, mihi autem certus luctus manſit.

XLI. Vat. Cod. p. 102. Εἰς κόρην (male apogr. Lipſ. εἰς πόρνην) καλουμένην πρώτην. Edidit *Reisk.* in Miſc. Lipſ. T. IX. p. 134. nr. 313. — V. 1. τί δὲ λοίσθατον. Vat. Cod. et *R.* Hoc reponendum. Vid. *Euſtath.* ad Il. p. 1232. 37. *Heſych.* λοίσθατος. ὕστατος. ἔσχατος. μεθ᾽ ὃν οὐκ ἔστιν ἕτερος. — V. 2. Quum quaeſiſſet, quomodo miſeram illam puellam appellet, nihil invenit aptius quam δειλαίη, quod unicuique calamitatis generi accommodatum. — V. 3. 4. abſunt ab apogr. Lipſ. unde factum, ut *R.* in reliquis quoque caecutiret. — τὰ ἄκρα, ut τὰ πρῶτα, φέρεσθαι dicuntur, qui in aliqua re principatum tenent. Vide *Valcken.* ad *Herodot.* IX. p. 724. *Locella* ad *Xenoph. Eph.* p. 122. — In Cod. Vat. ψυχῆς ἤθεσι, quod fortaſſe non mutandum erat, quamquam lectio *Br.* elegantior. — ¶. 152.] V. 5. Pro σοὶ fortaſſe melius σ᾽ οὖν, i. e. σοὶ οὖν, legas. — V. 6. ἀμεμφέτων χαρ. Cf. Epigr. XIV. 2.

XLII. Cod. Vat. p. 308. Plan. p. 233. St. 339. W. In Hymnidis, novem annorum puellae, obitum. — V. 1. „Protulit ad Charit. p. 130. Orvillius, ubi eruditis „nugis lectorem detinet. Nihil frequentius permuta„tione diphthongorum ει et αι. Perperam in Vat. Cod. „ſcriptum eſt εἰνάετιν pro ἐνναέτιν. εἰνάετες ap. Homerum „pro ἐννάετες ſaepe." *Br.* In Plan. ubi hoc diſtichon diſtinctione laborat, ἐνναέτιν ſcribitur. De commutatione hujus vocabuli cum ſimilibus vide *Ruhnk.* in Ep. cr. II. p. 141. — V. 3. „Vat. membr. ἄλιστ᾽. Florent. ἄλιστ᾽. „Iterum hic librariorum deprehenditur error, quibus „cum ejusdem ſoni eſſent, ι et η, ſaepe permutatae „ſunt hae literae. Sed horum uter peccaverit, non facile „dictu eſt. ἄλιστ᾽ bene ſtare poteſt, quum certiſſimum „ſit, veteres in compoſitis vocibus liquidas non gemi-

„nasse. Vid. Clark. ad Il. p. 599. Usitatior est vulgo „scriptura ἄλλιστ'. Ex ἄλιστ' emendari etiam poterat, „quae Salmasii conjectura est, ἄλαστ'. Hesych. ἄλαστος. „ἀμετάτρεπτος. Ex ἄλιστ', si η recte positum, optima erui „potest lectio, quamque alteri praefero, ἄπληστ'. Sic „Bianor in sententiae similis Epigrammate, infra p. 158. „XVI. πάντα Χάρων ἄπληστε." *Br.* Eandem emendationem proposuit *Jos. Scaliger* in not. mst. et *Brod.* qui etiam *Bianoris* locum comparavit. — πρόωρον. πρὸ μοίρας. — ὁ βιαίως ἀποθανών. πρὸ ὥρας. ὁ ἐν νεότητι. *Ammon.* D. D. V. p. 120. — V. 4. τὴν π. σοὶ π. ἱεροψύτην. Vat. Cod. τὴν π. σοῦ π. ἱεροψύτην. vulgo. σοῦ dedit *Steph.* probante *Scalig.* in not. mst. — Sensus, qui ap. *Euripid.* in Alc. 55.

XLIII. Cod. Vat. p. 260. *Crinagorae* vindicat hoc carmen, quod in Plan. p. 55. St. 78. W. ἄδηλον est. Illius esse, sponte intellexerat *Scalig.* in not. mst. — Scriptum in poëtae servum, nimio solis aestu confectum. — V. 1. γῆ μεν. Terra me genuit, terra me defunctum tegit; nec ea, quae me in sinum recepit, illâ, quae me nutrivit, deterior est. — Quod is, qui loquitur, terram pro matre agnoscit, hominem significat nullius generis, *Terrae filium.* *Erasmi* Chil. I. VIII. 86. *Euripid.* Ion. 542. γῆς ἄρ' ἐκπέφυκα μητρός. Epigr. ἀδέσπ. DCLII[b]. γῆς ἂν πρόσθε γένος μητέρα γαῖαν ἔχω. Anth. Lat. T. II. L. IV. Ep. CCXLVI. *Terraque, quae nunc est mater sibi, sis levis opto.* Vide *Burm.* T. II. p. 207. — V. 3. αἰεὶ γὰρ αἰεὶ κείσομαι. *Sophocl.* Antig. 76. — V. 4. ἠελίου. Morbo heliaco itaque sive consternatione ex solis ictu orta periisse videtur.

XLIV. Cod. Vat. p. 309. Plan. p. 213. St. 310. W. Scriptum est in Philostratum, Academicum, qui, Antonio et Cleopatra, quorum castra sequebatur, devictis, omnia sua amiserat. Vide *Plutarch.* Vit. Caton. Min. T. IV.

p. 275. Vit. Anton. T. V. p. 146. ed. Bry. Epigramma in eum servavit *Philostratus* Vit. Soph. I. 5. p. 486.

Πάνσοφον ὀργὴν ἴσχε Φιλοστράτου, ὃς Κλεοπάτρῃ
νῦν προσομιλήσας, τοῖος ἰδεῖν ἐφάνη.

quos versus per parodiam expressos esse ex *Theognide* v. 215. bene monuit *Olearius*. Cf. *Gataker*. ad *M. Antonin*. p. 13. — V. 1. ποῦ. Ubi, quaeso, illorum regum potentia et opes, quibus fretus tu quoque beatus esse videbaris? — V. 3. „In Stephani edit. typothetae vitio „excusum ἢ ἐπὶ Νείλῳ, quod servavit Wecheliana. „Aliae omnes, ut et Codd. ἢ ἐπὶ — Qui teretes aures „habent, particulam μὲν, quam inserui, non damnabunt. „ἀπαιωρήσας est in omnibus libris, quos vidi. Vir doctus „in uno e Florentinae exemplaribus, quae habeo, ad„scripsit, nescio unde, οἷς μετεωρήσας." *Br.* Qui spe suspensi sunt, ἐπαιωρεῖσθαι dicuntur. *Herodian.* L. II. 9. 1. κούφοις καὶ ἀδήλοις ἐπαιωρούμενον ἐλπίσι. Vide *Bud.* Comm. L. Gr. p. 1173. Qui igitur omnem spem vitae in aliqua re collocant, βίον inde ἐπαιωρεῖν probe dici possunt. Simile est ἀναρτᾶν ἑαυτόν τινι πράγματι, quod illustratum dedit *Lennep.* ad Phalar. p. 169. — V. 4. Syllabae κεῖσαι 'ιον .. Vat. codici a recentiore manu sunt additae. Eas in nullo Cod. invenit *Br.* nec in duabus princ. edd. habentur. In Ald. sec. et ceteras receptae sunt ex Lectt. Ald. pr. Sed Aldus eas utrum in Cod. invenerit, an conjectando extuderit, incertum est. — Pro ὅροις Vat. Cod. ὄρβις. — V. 5. Romani milites copias, tua tibi industria comparatas, diripuerunt, cadaver autem tuum tenui testa conditum jacet. — ὀστρακίνῃ, πηλίνῃ scilicet; quod fuse exposuit *Salmas.* in Exerc. ad Solin. p. 848. B. ad locum *Plinii* L. XXXV. 46. p. 711. *Quin et defunctos sese multi fictilibus soliis condi maluere.* vide *Harduin.*

XLV. Cod. Vat. p. 261. sq. Plan. p. 213. St. 311. W. In Seleucum Lesbium, juvenem et moribus optimis et eloquentia conspicuum, quem mors immatura in Hispania oppresserat. — V. 1. δειλαῖοι et vers. seq. ἀτηρὸν αἰθόμενοι θάνατον. Vat. Cod. Vulgo ἀτηροῦ αἰθόμενοι βόθρον. Ex Vat. Cod. lectione fons corruptelae apparet. *Horat.* I. Carm. IV. 15. *Vitae summa brevis spem nos vetat incohoare longam.* *Macedonius* Ep. XXXIX. βροτὸς δ' εὖ οἶδα καὶ αὐτὸς θνητὸς ἐών· δολιχαῖς δ' ἐλπίσι παιζόμεθα. — V. 4. ἄρτιος. instructus. Vide *G. Wakefield* in Del. Trag. T. II. p. 331. — ἐπ' αὐρόμενος. Vat. Cod. — ¶. 153.] V. 5. Ἴβηρσι. in Hispania, ut inde apparet, quod Seleucus in maris litore sepultus esse dicitur. Cogitabat *Brodaeus* de Iberis Asiae, qui hodie Georgiani vocantur. — Quum eloquentiae studium in Seleuco commemoretur, suspicari licet, eum in Hispania arti dicendi, quae tum temporis in illis regionibus florebat, dedisse operam. — ἀμετρήτων αἰγιαλῶν. Sic Cod. Vat. et plurimae edd. vett. Ald. pr. αἰγιαλῷ, unde *Opsopoei* conjectura ἀμετρήτῳ.

XLVI. Cod. Vat. p. 306. Plan. p. 260. St. 376. W. Adscripta nota marg. Vat. Cod. ζήτει εἰ ἐν τὸ ἐπίγραμμα εἰς παῖδα παρ' αἰγιαλὸν τεθαμμένον. Agitur de puero formoso, cui nomen Ἔρως. Qui cum in insula nescio qua sepultus esset, cupit poëta illam cum circumjacentibus insulis Ἐρωτίδας vocari. — V. 1. ὑμνήσαντα. Exempla quaedam commutatorum in nobilium hominum gratiam nominum excitat *Brodaeus*. — V. 3. ἄμμος. Omnes edd. vett. usque ad Steph. Etiam V. C. ἄμμος. — V. 4. ἕξει ταύτην. Vat. Cod. ἕξει δὴ ταύτην. Edd. vett. Ed. pr. tamen ἕξει δὴ τ. quod probat *Jos. Scaliger* in not. mst. — δὴ omissum in optimo Plan. cod. quo *Br.* usus est. Aut ἕξει aut ἀμειβομένας legendum esse vidit *Huet.* p. 25. — V. 5. 6. Similis color in Ep. XXXVIII. 5. 6. — In puerum *Amorem* vocatum exstat Ep. in Anth. Lat. T. II. p. 190. CCL. ubi exempla nominis Ἔρως collegit

Burmann. — V. 7. *σημαντεῖσα.* terra in tumulum aggesta.

Ex Lect. p. 164.] *XLVII.* Vat. Cod. p. 449. Edidit *Jens.* nr. 77. Anth. *Reisk.* nr. 727. p. 145. Ab initio mutilum videbatur *Branckio*, cujus haec sunt: „Multa egregia sunt et probabilia in Reiskii ad hos „versus notis. Decantatus Bathyllus pantomimus, Py„ladis rivalis, de quo legenda erudita Salmasii nota ad „Hist. Aug. p. 496. Philonidis cantoris aut choraulis „qui meminerit, novi neminem. Sed qui hanc professio„nem exercuerunt, non omnium nobis tradita fuerunt „nomina. Scenicum artificem, non poëtam, innuit hic „Crinagoras. Fuit autem poëta comicus, aut *ὑπορχημά„των* auctor, ad quem directum hoc Epigr. cujus initium „deest. Quae supersunt duo disticha ad mentem cl. Reis„kii sic scribenda sunt:

„Θάρσει καὶ τέτταρσι διαπλασθέντα προσώποις
„μῦθον, καὶ τούτων γράψον ἔτι πλέοσιν.
„οὔτε σε γὰρ λείψουσι Φιλωνίδου, οὔτε Βαθύλλου,
„τοῦ μὲν, ἀοιδάων, τοῦ δὲ, χερῶν χάριτες.

„Comicam saltabat Bathyllus, accinente Philonide, qui, „si quatuor, aut plures in comico dramate personae es„sent, omnia, quae in eo agebantur, cantu et gestibus „exprimere valebant, uno Bathyllo quatuor, quinque „aut plures sustinente personas. Hoc ad Horatii prae„ceptum in A. P. quod vereor ut vulgati Interpretes „recte acceperint, *nec quarta loqui persona laboret*, re„ferendum non est. Alio enim spectat nec pantomimis „leges scripsit Horatius." *Br.* A *Branckii* sententia abhorrebat *Schneiderus.* Hic enim *Crinagoram* cum poëta loqui existimabat. Scriptas enim a poëtis esse fabulas pantomimorum, *Lucianus* testatur de saltat. §. 84. *τοῦ γὰρ ὁμοίου Αἴαντος αὐτῷ γραφέντος.* Idem laudat ejusdem scriptoris locum nobilissimum §. 66. ubi barbarus quidam ἰδὼν πέντε πρόσωπα τῷ ὀρχηστῇ παρεσκευασμένα (τοσούτων γὰρ μερῶν τὸ δρᾶμα ἦν) ἐζήτει, ἵνα ὁρῶν τὸν ὀρχηστὴν, τίνες οἱ ὀρχησόμενοι καὶ ὑποκρινούμενοι τὰ λοιπὰ πρόσωπα εἶεν. Adde Ep. in Vitalem Mimum Anth. Lat. T. II. p. 18. XX.

Fingebam vultus, habitus ac verba loquentum,
Ut plures uno crederes ore loqui.

Recte hinc concludit Vir Doctiss. fabulas ab initio in minores numero partes distributas fuisse, ita ut pantomimus tres vel summum quatuor personas saltando exprimeret. Deinde processisse artem ad quinque adeo personas, quibus reddendis pantomimi pares essent. Quum igitur sibi persuaderet *Schneiderus*, *Crinagoram* cum poëta loqui, fabulam a pantomimo et cantore reddendam scribente, totum carmen sic refinxit:

Θάρσει καὶ τέτταρσι διαπλασθέντι προσώποις
μύθῳ καὶ τούτων γράψον ἔτι πλέοσιν.
οὔτε σε γὰρ λείψουσι, Φιλωνίδη, οὔτε Βάθυλλον
τὸν μὲν ἀοιδάων, τὸν δὲ χερῶν χάριτες.

χερῶν χάριτες, ipso auctore interprete, sunt veneres et gratia in agendo, actionis declamationisque decor. *Onestas* Ep. II. κῶμον χαρίτων. De Pylade Bacchum saltante *Antipat. Thess.* XXVII. οἷα χορεύων, Δαίμονας ἀκρήτου πᾶσαν ἔπλησε πόλιν. — Haec quamvis ingeniosa, Reiskianis tamen veriora non puto. χερσὶν χάριτας de manuum peritia et loquacitate accipio, in qua venustatem aliquam et elegantiam locum habuisse, vix dubites. Vide, quae notavimus ad *Antip. Thess.* XXVII. 6. εὐφράνας δὲ οὗτος, ὁ παμφώνοις χερσὶ λοχευόμενος. — Ceterum in his fabulis alium cecinisse, alium saltasse, apparet ex *Lucian.* de Salt. §. 30. Πάλαι μὲν γὰρ οἱ αὐτοὶ καὶ ᾖδον καὶ ὠρχοῦντο· εἶτ' ἐπειδὴ κινουμένων τὸ ἄσθμα τὴν ᾠδὴν ἐπετάραττεν, ἄμεινον ἔδοξεν ἄλλους αὐτοῖς ὑπᾴδειν. Quod autem ad initium carminis attinet, mihi non tam mutilum quam depravatum videtur. *Crinagoras*, Philonidam et Bathyllum laudaturus, pantomimorum poëtam aliquem, nam certum quendam nominasse minime opus erat, exhortatur, ut peritis hisce artificibus fabulam scribat. Fortasse fuit olim:

Καὶ τρισὶ καὶ τέτταρσι διαπλασθέντα προσώποις
μῦθον καὶ τούτων γράψον ὅτι πλέοσιν.

Finis Partis primae Voluminis secundi.

www.ingramcontent.com/pod-product-compliance
Lightning Source LLC
Chambersburg PA
CBHW032303280326
41932CB00009B/683
9783743304307